D1985353

Lehr- und Handbücher der Politikwissenschaft

Herausgegeben von Dr. Arno Mohr

Bisher erschienene Titel:

Barrios, Stefes: Einführung in die Comparative Politics
Bellers, Benner, Gerke: Handbuch der Außenpolitik
Bellers, Frey, Rosenthal: Einführung in die Kommunalpolitik
Bellers, Kipke: Einführung in die Politikwissenschaft
Bellers: Politische Kultur und Außenpolitik im Vergleich
Benz: Der moderne Staat
Bierling: Die Außenpolitik der Bundesrepublik Deutschland
Bötticher, Mareš: Extremismus
Braun, Fuchs, Lemke, Toens: Feministische Perspektiven der Politikwissenschaft
Croissant, Kühn: Militär und zivile Politik
Czerwick: Politik als System
Deichmann: Lehrbuch Politikdidaktik
Detjen: Politische Bildung
Detterbeck, Renzsch, Schieren: Föderalismus in Deutschland
Freistein, Leininger: Handbuch Internationale Organisationen
Gabriel, Holtmann: Handbuch Politisches System der Bundesrepublik Deutschland
Glöckler-Fuchs: Institutionalisierung der europäischen Außenpolitik
Gu: Theorien der internationalen Beziehungen
Jäger, Haas, Welz: Regierungssystem der USA
Kempf: Chinas Außenpolitik
Krumm, Noetzel: Das Regierungssystem Großbritanniens
Lehmkuhl: Theorien internationaler Politik
Lemke: Internationale Beziehungen
Lenz, Ruchlak: Kleines Politik-Lexikon
Lietzmann, Bleek: Politikwissenschaft
Llanque: Politische Ideengeschichte – Ein Gewebe politischer Diskurse
Maier, Rattinger: Methoden der sozialwissenschaftlichen Datenanalyse
Mohr: Grundzüge der Politikwissenschaft
Naßmacher: Politikwissenschaft
Pilz, Ortwein: Das politische System Deutschlands
Rattinger: Einführung in die Politische Soziologie
Reese-Schäfer: Klassiker der politischen Ideengeschichte
Reese-Schäfer: Politisches Denken heute
Reese-Schäfer: Politische Theorie der Gegenwart in fünfzehn Modellen
Riescher, Ruß, Haas: Zweite Kammern
Rupp: Politische Geschichte der Bundesrepublik Deutschland
Schmid: Verbände – Interessensvermittlung und Interessensorganisation
Schubert, Bandelow: Lehrbuch der Politikfeldanalyse 2.0
Schumann: Persönlichkeitsbedingte Einstellungen zu Parteien
Schumann: Repräsentative Umfrage
Schwinger: Angewandte Ethik
Sommer: Institutionelle Verantwortung
Stockmann, Menzel, Nuscheler: Entwicklungspolitik
Tömmel: Das politische System der EU
Waschkuhn: Demokratietheorien
Waschkuhn: Kritischer Rationalismus
Waschkuhn: Kritische Theorie
Waschkuhn, Thumfart: Politik in Ostdeutschland
Waschkuhn: Grundlegung der Politikwissenschaft
Waschkuhn: Politische Utopien
Waschkuhn: Pragmatismus
Westphalen: Deutsches Regierungssystem
Wilhelm: Außenpolitik
Woyke, Varwick: Europäische Union

Extremismus

Theorien – Konzepte – Formen

von

Astrid Bötticher
Universität Witten/Herdecke

und

Dr. Miroslav Mareš
Masaryk Universität

Oldenbourg Verlag München

Bibliografische Information der Deutschen Nationalbibliothek

Die Deutsche Nationalbibliothek verzeichnet diese Publikation in der Deutschen Nationalbibliografie; detaillierte bibliografische Daten sind im Internet über http://dnb.d-nb.de abrufbar.

© 2012 Oldenbourg Wissenschaftsverlag GmbH
Rosenheimer Straße 145, D-81671 München
Telefon: (089) 45051-0
www.oldenbourg-verlag.de

Das Werk einschließlich aller Abbildungen ist urheberrechtlich geschützt. Jede Verwertung außerhalb der Grenzen des Urheberrechtsgesetzes ist ohne Zustimmung des Verlages unzulässig und strafbar. Das gilt insbesondere für Vervielfältigungen, Übersetzungen, Mikroverfilmungen und die Einspeicherung und Bearbeitung in elektronischen Systemen.

Lektorat: Anne Lennartz
Herstellung: Constanze Müller
Titelbild: thinkstockphotos.de
Einbandgestaltung: hauser lacour
Gesamtherstellung: Grafik & Druck GmbH, München

Dieses Papier ist alterungsbeständig nach DIN/ISO 9706.

ISBN 978-3-486-59793-6

Vorwort

Dieses Buch bietet Studierenden eine Einführung in den Bereich des Extremismus und seiner Implikationen.

Beschildern lässt sich dieses Buch mit einem ‚theoretisch-methodischen' Erkenntnisinteresse, die Publikation ist dem Anspruch der Lehre verhaftet. In seinem ersten Teil werden verschiedene Zugänge aufgezeigt, die sich in der Forschungslandschaft entwickelten. In seinem zweiten Teil werden die Extremismen benannt, klassifiziert und erklärt, so ist eine Hinwendung ‚zu den Phänomenen selbst' gegeben. Der Aufbau des Buches orientierte sich an didaktischen Gesichtspunkten. Der erste Teil des Buches behandelt bewusst kein Generalthema im Sinne der Einführung eigener Positionen, sondern benennt die verschiedenen Schulen der Extremismusforschung und die ihnen eigenen Forschungsmethoden und -theorien. In Konsequenz wurde ein weiter Blickwinkel eingenommen. Erkenntnisgewinn ist ein Prozess, der sich durch die Etappen der Differenzierung und der Integration auszeichnet und der sich mit den didaktischen Etappen des Suchens, Findens, Ordnens, Systematisierens und Konstruierens beschreiben lässt. Dieser Prozess soll durch dieses Buch evoziert werden. Ganz diesem pädagogischen Paradigma verpflichtet, wendet sich das Buch mit einer differenzierenden, problematisierenden und auf zukünftigen Erkenntniszuwachs ausgerichteten Sichtweise den bisherigen Konzepten, Theorien und Methoden der Extremismusforschung zu. Es werden die klassifizierenden und verstehenden Ansätze, die sich im Rahmen der wissenschaftlichen Auseinandersetzung mit dem Phänomen ‚Extremismus' entwickelten, vorgestellt, um so die wesentlichen Pole der Extremismusforschung abzudecken. Der erste Teil, von Astrid Bötticher bearbeitet, bietet all jenen eine Hilfestellung, die sich mit dem Phänomen und der vielfältigen Forschungslandschaft beschäftigen und an den allen Ansätzen gemeinsamen Problemstellungen Interesse besitzen. Trotz grundlegend unterschiedlichen Ansätzen in theoretisch-methodischer Hinsicht, finden sich immer wieder gemeinsame Anlagen und Perspektiven, die in diesem Buch präsentiert und aufgearbeitet werden. Die methodologische Positionierung der Traditionen wird durch Hinweise auf Anknüpfungspunkte zu anderen Konzepten durchbrochen. Der erste Teil ist als eine Art Werkzeugkasten konzipiert worden, dessen Inhalt dem Leser zur eigenständigen Verwendung dargereicht wird. Der zweite Teil des Buches richtet sein Interesse auf die Integration der Erkenntnisse und wendet diese auf die Phänomenbeschreibung an, dieser wurde von Miroslav Mareš erarbeitet. Die im ersten Abschnitt beschriebenen Werkzeuge werden so in ihrer Verwendungsweise vorgestellt, und es werden Möglichkeiten und Ausblicke aufgezeigt wie die verschiedenen Zugänge auf konkrete Phänomene zugehen, sie begründen und beschreiben. Die Zweiteilung entspricht einem stufenförmigen Modell des Erkenntnisprozesses, der etwas Unbekanntes erläutert, zu Bekanntem transformiert und nun auf etwas Neues, hier das Phänomen, angewandt wird. Die Rekonstruktion der Erkenntnisse über ein Phänomen zu ermöglichen – die Transparenz des wissenschaftlichen Forschungsprozesses – steht in diesem Sinne im Mittelpunkt des zweiten Teils dieses Buches. Die Positionierung politischer Regimes wird dabei genauso aufgegriffen, wie Akteure, Politikebenen und Methoden des Extremismus selbst, bevorzugte Strategien und Überzeugungsmodelle. Eine spezielle Hinwendung zu den einzelnen Extremismusformen im Rahmen einer Aufteilung nach dem Links-Rechts-Islamismus-Schema bietet eine Hinwendung zu der Sache selbst. Dabei geht es im speziellen um bisher vorgebrachte Definitionen und ihre Weiterentwicklungen, die die wissenschaftliche Diskussion evoziert hat. Es ist eine Hinwendung ‚zu der Sache selbst', die in Konsequenz Aha-Erlebnisse und ein vertieftes Wissen über Traditionen und geschichtliche Wegmarken extremistischer Strömungen ermöglichen. In der Tradition der konstruktivistischen Didaktik stehend, wird die Wirklichkeit, in der der Forscher steht, die Wirklichkeit, in der die Erkenntnisse des Forschers produziert wurden, die Regeln, die diesen Erkenntnissen zugrunde liegen und die Möglichkeiten der Erkenntnis, die mit den Forschungsparadigmen einhergehen, in diesem Buch aufgearbeitet.[1] Das Buch ist eine Einladung, sich weiter mit den spezifischen Fragestellungen und Phänomenen zu beschäftigen, die Kommunikation der verschiedenen Vertreter der Ansätze voranzutreiben, und sich ganz allgemein dem so wichtigen Thema im konzeptuell-methodischen und theoretischen Zusammenhang zu widmen, als auch Informationen über den bisher erreichten Sachstand zu geben. Die gemeinsamen Traditionen, Fragestellungen, methodischen Annäherungen und theoretischen Konzeptionen hervorzuheben, die in diesem Buch immer wieder Thema sein werden, bei gleichzeitiger Hinwendung zu den Erscheinungsformen des Extremismus in systematischer, wie auch historisch aufarbeitender Weise, war für die Autoren eine Herausforderung. Der Leser möge entscheiden, ob dieser Herausforderung entsprochen wurde.

Dieses Buch verdanken wir unserem Herausgeber Dr. Arno Mohr, der den Prozess des Schreibens kritisch und konstruktiv begleitete, den Anstoß zu einem pädagogischen Ansatz gab und sich immer wieder für die Belange einer (noch unsichtbaren) Studentenschaft einsetzte. Die Informationskästen im Buch enthalten Hintergrundinformationen, die hauptsächlich durch Herrn Dr. Mohr erarbeitet worden sind. Herr Mohr hat sich in ausgezeichneter Weise für diese Publikation und seine Autoren eingesetzt. Für alle Ratschläge und die freundschaftliche wie intellektuelle Betreuung danken wir ihm an dieser Stelle herzlich. Ebenso richten wir unseren Dank an den Verlag, der ein intensives Betreuungsszenario möglich machte und in diesem Bereich herausgehoben in der deutschen Verlagslandschaft steht.

Andere Personen nahmen regen Anteil an diesem Werk. Für vielfältige Ratschläge und Hinweise bedanken wir uns bei Prof. Dr. em. Hans-Dieter Klingemann und Prof. Dr. Christoph Gusy; für die freundliche Unterstützung und die Bereitstellung von Material möchten wir uns herzlich bei Prof. Dr. Eckhard Jesse bedanken. Interessante Hinweise bezüglich des Konzepts des Totalitarismus gaben uns Prof. Dr. Wippermann und Prof. Dr. Roger Griffin, denen ebenfalls Dank gebührt. Wir sind Herrn Prof. Dr. Uwe Backes sehr dankbar für geistreiche Diskussionen und freundlichen Hinweise, wie auch Stanislav Balik, Jan Holzer, Lubomir Kopecek, Josef Smolik, Martin Bastl und Tomas Smid und insbesondere Annika Kapitza. Für wichtige

[1] Zu den Fragen vgl. Klaus Fritz: Professionalität des Lehrberufes und die Bedeutung einer konstruktivistischen Didaktik. Dissertation. Freiburg 2005. S. 15.

Impulse in der wissenschaftlichen Arbeit möchten wir uns bei Prof. Dr. Klaus Schubert, Prof. Dr. Petr Fiala, Maxmilian Strmiska, Andreas Michael Vollmer, Prof. Dr. Angela Martini und Prof. Dr. Hans-Jürgen Lange herzlich bedanken. Unser Dank gilt ebenso dem Forum für kritische Rechtsextremismusforschung, welches zwischen dem 20.–21.11.2009 zu dem Workshop Ordnung.Macht.Extremismus nach Leipzig einlud und einen sehr kritischen Austausch über das Konzept des Extremismus ermöglichte und uns Impulse gab. Wichtige Erkenntnisse erhielten wir auch dank des Projekts „MUNI/A/0888/2010 – Veränderungen des politischen und sozialen Pluralismus im heutigen Europa", welches an der Masaryk Universität erfolgte und einen großen Beitrag für die Forschung insgesamt leistete. Auch den Wissenschaftlichen Hilfskräften und Studenten der Masaryk Universität Brünn und der Universität Witten/Herdecke sei für ihre vielfältige Unterstützung gedankt, dies gilt auch für Felix Kufus und Robin Geertz, die bei der Herstellung der Grafiken hilfreich waren. Selbstverständlich danken wir auch unseren Familien, die uns immer zur Seite standen.

Astrid Bötticher und Miroslav Mareš

Inhalt

Theorien und Ansätze der Extremismusforschung

1 Einleitung

Die Extremismusforschung ist ein Feld mit enormer theoretischer und methodischer Bandbreite, die ihren Ertragsreichtum aus dem hohen Vernetzungsgrad der Konzepte erfährt. Neben den aus der Vogelperspektive arbeitenden Ansätzen klassifikatorischer Natur, die vor allem zur Vorstrukturierung des Untersuchungsfeldes beigetragen haben, stehen theoretisch-methodische Konzepte, die das Phänomen gleichsam bei der Wurzel packen und wertvolle Beiträge zur Erforschung der Ursachen geleistet haben. Eine konsequente Hinwendung zu den verschiedenen Ansätzen der Forschung bleibt wegen des hohen Vernetzungsgrades unumgänglich. Zu verschieden sind die Standorte der Forschung – seien es Soziologie, Psychologie, Politologie, als dass einfach darüber hinweggegangen werden kann. Die schiere Größe an unterschiedlichen Standpunkten, Vorstellungen, Systematiken mag verwirrend sein, hat aber einen gewissen Methodenpluralismus begünstigt, der dem Phänomen angemessen ist.

Die Extremismusforschung zeigt eindrücklich, dass es angesichts komplexer Sachverhalte und Phänomene des gesellschaftlichen Lebens unsinnig ist, von der eklektischen Tradition Abstand zu nehmen. Einem Eklektizismus, der sinnvoll angewandt zur Vermehrung von Wissen und zu einem vertieften Verständnis gesellschaftlicher Problemlagen und der verbesserten Bearbeitung führt, kann so nur das Wort geredet werden. Vielmehr zeigt sich an diesem Kristallisationspunkt, dass die sozialwissenschaftliche Forschung nur dann ernst genommen werden kann, wenn sie in theoretisch-methodischer Hinsicht ihre Scheuklappen ablegt. Die Extremismusforschung leidet an definitorischen Unklarheiten. Die einerseits unscharf abzugrenzende Interdisziplinarität, die in einen befürworteten Eklektizismus mündet, wird von den Unklarheiten der Definitionen und der starken Varianz in der Gewichtung der Fokusse konterkariert. Es bleibt oft unpräzise, was das Wesen des Extremismus ausmacht, welche Themenfelder die Extremismusforschung deshalb bearbeitet und welche Methoden genutzt, welche Theorien angewendet werden. Es geht hier nicht um die Frage, welche dieser Anwendungen nun *insbesondere* der Extremismusforschung zuzurechnen sei, sondern um die Herausforderung, konzeptionell schlüssig zu arbeiten, trotz unscharfer Ränder und Vielfältigkeit dem Thema gerecht zu werden und die verschiedenen Möglichkeiten der Bearbeitung des Themenfeldes über die der Extremismusforschung dezidiert zugerechneten und konventionellen Bearbeitungskonzepte hinaus aufzuzeigen.

Das Phänomen Extremismus bearbeiten verschiedene Forschungszweige, die hier als inhärenter Teil der Extremismusforschung beschrieben werden und doch auf eindrückliche Weise ihre Selbstständigkeit beweisen: Die politische Theorie, die Konfliktlinienforschung, die Milieuforschung, die Biographieforschung, die Einstellungsforschung, die Organisationsforschung, die Genderforschung, die Kleingruppenforschung, die Bewegungsforschung und die Diskurstheorie sind hier als Beispiele zu nennen.

Im Besonderen wurde dieser Forschungszweig kritisierbar, weil das Phänomen selbst dazu einlädt, sich überdeutlich zu positionieren und angesichts der Landschaft der Publikationen konstatiert werden muss, dass eine ganze Vielzahl an Forschern dieser Einladung gefolgt ist. Polemik im Umgang mit dem Phänomen des Extremismus, der große gesellschaftliche Verwerfungen bewirken kann, ist nicht angebracht. Die Extremismusforschung benötigt die nüchterne Präsentation des Sachstandes und eine Positionsentwicklung der Sensibilität und Vorsicht vor Instrumentalisierungen, um sich weiter etablieren zu können. In diesem Sinne kann neben dem Eklektizismus das große Wort Pragmatismus stehen, der hier nicht so sehr an ein ‚anything goes' von Paul Feyerabend, als an ein ‚trotz der durch das Feld selbst evozierten Problematiken' anschließt.

Feyerabend:

Paul Feyerabend ist neben seinem Lehrer Karl Raimund Popper, Imre Lakatos und Thomas S. Kuhn ein wichtiger Wissenschaftsphilosoph der zweiten Hälfte des 20. Jahrhunderts und darüber hinaus. War er anfänglich noch vom Kritischen Rationalismus Poppers überzeugt, so radikalisierte er seine Vorstellungen der Wissenschaft seit den 60er Jahren und entwarf als Alternativmodell eine anarchistische Wissenschaftsphilosophie des ‚anything goes', die die Regelungebundenheit des wissenschaftlichen Erkenntnisprozesses zur Richtschnur macht.

Vielfach wird der Forschungsgemeinschaft, die diesen Phänomenbereich bearbeitet, vorgeworfen, einem übersimplifizierten Dualismus zwischen Extremismus und Demokratie Tür und Tor geöffnet zu haben, der nicht angemessen scheint. Dagegen mag man ins Felde führen, dass diese Gemeinschaft ein äußerst fragiles Gebilde ist, in dem bestimmte und sogar bestimmende Teile gar nicht kommunizieren und sich schlicht nicht zu Kenntnis nehmen, hier also genauso genommen gar nicht von *einer* Gemeinschaft gesprochen werden kann, sondern nur von Teilgemeinschaften die mit vollkommen unterschiedlichen Zugängen am gleichen Phänomen arbeiten. So mag darauf hingewiesen werden, dass eben nicht von Extremismusforschern als Dualisten die Rede sein kann, denn viele Forscher nutzen differenzierende Ansätze, und die Forschungslandschaft selbst ist zu vielfältig, als dass sie mit simplen Klassifizierungen beschrieben werden könnte.

Neben den Forschern, die sich mittels dualistisch geprägten Zugängen eine Bearbeitungsposition geschaffen haben, gibt es eine Vielzahl an Zugängen, die oft übersehen werden. So kann die Gewaltforschung genannt werden, die sich jenseits von Links und Rechts um eine sinnvolle Einordnung der Gewalt, die von Extremisten ausgehen kann, nach den direkten Zusammenhängen dieser bemüht. Hier sind es nicht so sehr die politischen Umstände als die tatsächlichen Markationspunkte der Tat, diejenigen Kräfte, die scheinbar neben aller Politik (die begünstigende Umstände schaffen kann) im Menschen selbst am Wirken sind. Evolutive Ansätze zählen hier ebenso dazu, wenngleich sie sich mit ihrer Biologielastigkeit auch deutlich von der Gewaltforschung im Sinne einer Soziologie der Gewalt absetzen. Insgesamt ist der Extremismus durch Multidimensionalität geprägt, die sich nicht auf Kernaussagen reduzieren lässt. Auch in dieser Hinsicht sind konventionelle Systematiken des Extremismus keine Option, dem Interessierten das tatsächliche Feld vorzustellen.

In eine ähnliche Richtung gehen Überlegungen der Sozialpsychologie, die nach den konkreten sozialen Zusammenhängen fragt, die den Extremismus begünstigen oder provozieren. Die Forschung um Gruppendynamiken, die den Menschen als soziales Wesen begreift, als Produkt seiner Wahrnehmung und Teil seiner Gruppe weisen ebenfalls keinen dualistischen Zugang auf, sondern speisen sich aus dem Menschenbild des reziproken Altruismus.

Forscher, die sich mit der Thematisierung von Geschlechterbildern in extremistischen Zusammenhängen beschäftigen, nutzen ebenfalls keinen Dualismus als Zugangspunkt zum Feld, dieser ist schlicht nicht dazu geeignet, das Phänomen in Zusammenhang mit Geschlechterfragen in angemessener Weise handzuhaben. Die Frage, warum Menschen in extremistischen Zusammenhängen eine überbordende Begeisterung zeigen, warum sie freiwillig und wohlgemute menschenverachtendsten Politiken mit Freude folgen, wird oft unter Anwendung des Konzepts der Politischen Religion bearbeitet, wie auch im Rahmen sozialpsychologischer Forschung untersucht. Beide folgen keinem simplen Dualismus.

Gleichzeitig ist dem dualistischen Theoriezweig der Versuch anzuerkennen, einen Zugang zum Feld geschaffen zu haben, der aus der Position der Menschenwürde heraus argumentiert und systemisch an den demokratischen Verfassungsstaat geknüpft wurde. Diese vorstaatliche bzw. überstaatliche Position der Menschenwürde als Zentrum und Maßstab guter Politik, die aus den Argumenten für die Anwendung des dualistischen Zugangs deutlich herauslesbar ist (wenngleich die Herleitung oft nicht dezidiert beschrieben ist und hintergründiges Element bleibt) ist letztlich der Versuch, eine Linie der Neutralität des Zugangs zu konstruieren, der sich gegenüber Vereinnahmungen linker oder rechter Prägung verwahrt. Dies ist nicht immer ganz gelungen. Die Linie der Neutralität der Extremismusforschung, die sich deutlich von den zutiefst politisch motivierten Konkurrenzmodellen wie Antikommunismus und Antifaschismus unterscheidet, besitzt eine staatstragende Note.

Dieser staatstragenden Note wird teilweise mit Reserviertheit begegnet, nicht zuletzt da der Wissenschaft das Postulat der Unabhängigkeit zukommt. Der schwierige Grad, der hier betreten ist, ist die Frage ob ein Wissenschaftler nicht unabhängig sein kann, selbst wenn er ein Konzept anwendet, welches eine staatstragende Note besitzt, oder ob das Postulat der Neutralität hier nicht höher wiegt.

Sicherlich ist eine Kritik an dem stark vereinfachenden Modell angebracht, denn es kann gesellschaftliche Entwicklungen die sich im Rahmen der Fortschreibung der Geschichte ergeben, nicht konzeptuell aufgreifen, sondern muss diese in einem zweiten Schritt mit einbeziehen. Kritikwürdig erscheint, wenn Extremismusforscher sich als Demokratiewissenschaftler bezeichnen, denn die Extremismusforschung ist nicht mit dem Erforschen elektoraler Prozesse, mit dem Vergleich verschiedener Verfassungen oder der Frage nach der ‚guten Verfassung', Beteiligungsprozessen usw. betraut. Sie ist Teil einer demokratiebezogenen Wissenschaft, denn sie erforscht Gruppen, Bewegungen und Parteien, die in Demokratien existieren. Eigene Forschungen zur Demokratie, eigene Modelle zu dessen Verständnis oder gar Zukunftsvoraussagen zur Entwicklung der Demokratie sind keine Produkte der Extremismusforschung.

Der Kritik an den Dualisten, sie folgten einer simplen Subsumtion von Ergebnissen anderer Wissenschaftszweige und vereinigten diese unter einen Oberbegriff, trügen aber selbst nichts zu neuen Erkenntnissen bei, kann nicht voll zugestimmt werden. Die Subsumtion wird immer durch die Entwicklung eines Oberbegriffes geleistet – Demokratie, Staat, Moderne. Alle diese Begriffe finden heterogene reale Entsprechungen. Die Suche nach einem quasi idealen Realtyp der Demokratie unter dem Anspruch, neues Wissen zu generieren, mag in diesem Sinne immer schon ein gewisses Scheitern mit inbegriffen haben und genauso mag dies für einen idealen Realtyp des Extremismus gelten. Es stehen immer mehrere Modelle zur Verfügung, und wissenschaftlich lässt sich darüber streiten, welche Modelle Entwicklungen besser darstellen, wie Begriffe zu verstehen sind und welche Analysekraft diese haben. Mit einem Begriff ist nichts anderes geschaffen, als das Feld grob abgesteckt zu haben. Dies hat die dualistische Perspektive geleistet. Aufgrund einer tendenziell recht oberflächlich bleibenden Beschreibung wird sie der Multidimensionalität, die verschiedene Wissenschaften fordert, nicht gerecht, dennoch bieten die dualistischen Zugänge interdisziplinäre Anknüpfungspunkte.

Michael Zürn verweist in seinem Artikel „Die Rückkehr der Demokratiefrage – Perspektiven demokratischen Regierens und die Rolle der Politikwissenschaft“[2] trefflich auf die Arbeit Philip Tetlocks[3] hin, die hier beachtet werden sollte und eine Hinwendung zu den empirisch-theoretischen Arbeiten durchaus zu rechtfertigen vermag:

„‚Igel‘ wissen meistens ‚eine große Sache‘, weiten die Erklärungsreichweite ihrer Theorie zumeist in deduktiver Weise aus, arbeiten nicht selten mit anspruchsvollen methodischen Instrumenten und sind voller Selbstvertrauen, was die Prognosefähigkeit ihrer Theorie anbetrifft. Sie machen aber schlechte Vorhersagen. ‚Füchse‘ hingegen wissen viel Unterschiedliches, changieren permanent zwischen Theorie und Empirie, bekennen sich zu einem gewissen Grad zum analytischen Eklektizismus und sind skeptisch, was ihre Prognosefähigkeit anbetrifft. Füchse prognostizieren aber deutlich besser als der Durchschnitt der Experten.“[4] In diesem Sinne sind Dualisten Igel und Empiriker Füchse.

Von der Kritik eines Dualismus bleibt die soziologisch-politologische Extremismusforschung, wie auch die historisch-genetische Forschung unberührt. Beide nehmen einen komplexen Forschungsausgang. Beide Traditionslinien nehmen die Frage der Definition des Extremismus hier in anderer Weise auf und sind komplex. Die Parteienforschung im Sinne einer empirischen politischen Soziologie ist hier genauso zu nennen, wie die Milieu-Forschung, die mit ähnlichen Grundvoraussetzungen arbeitet. Zu diesen Forschungszweigen gesellt sich auch die Einstellungsforschung. Diese Forschungsrichtung zeichnet sich durch das von Zürn ins Spiel gebrachte permanente Changieren zwischen Empirie und Methodik aus.

Die Handhabbarkeit der angesprochenen Herausforderungen ist davon abhängig, inwieweit man sich die Theoriekonstrukte vor Augen hält, die die verschiedenen Systematiken prägen. Sei es die Totalitarismustheorie, die in der Wahrnehmung dezidiert negativ von den Totalitarismusdoktrinen der Politik tangiert wurde und für sich genommen recht vielgestaltige Entwicklungspfade genommen hat, sei es die Ideologiekritik, die aus der Entwicklung des Begriffs der Ideologie hervorging und verschiedene Entwicklungspfade gerade im 20. Jahrhundert

---

2 Michael Zürn: Die Rückkehr der Demokratiefrage – Perspektiven demokratischen Regierens und die Rolle der Politikwissenschaft. In: Blätter für deutsche und Internationale Politik 6/2011. S. 61–74.

3 Philip E. Tetlock: Expert Political Judgement – how good is it? How can we know? Princeton 2005.

4 Michael Zürn 2011. S.64.

vorweisen kann, oder die Politische Religion, die das Verhältnis von Politik und Religion und dessen Austarierung nachzeichnet.

Eine wichtige Erklärung für die unterschiedlichen Traditionen der Extremismusforschung findet sich in dem Begriff der Mitte, den die beiden wichtigen Traditionslinien, der verfassungspolitische wie der soziologische Ansatz des Extremismus, verschieden auslegen. Diese definitorische Unklarheit führt zu unterschiedlichen Gewichtungen, Varianzen der Forschung.

In der Extremismusforschung steht die Frage des ‚Warum?' im Zentrum der Aufmerksamkeit. Neben den beschreibenden Ansätzen, die an Zahl gering sind, stehen die erklärenden Ansätze, die eine große Vielfältigkeit angenommen haben. Viele dieser Zugänge sind raffiniert und leben von bereits vorher existierenden Formeln bzw. Aussagen, die nun mehr und mehr verfeinert werden. Die unterschiedlichen Theorien reichen von einfachen Aussagen zu Relationen über generelle wie hochspezielle Thematiken des Extremismus bis zu erklärenden Systemen, die Verbindungen zu verschiedenen explanatorischen Theorien geschaffen haben. Die Kriterien, die zur Bewertung der unterschiedlichen Theorien herangezogen werden, sind höchst unterschiedlich und haben zu krassen Unterschieden in der Einschätzung der Qualität geführt. Es werden neben den allgemeinen Relationsaussagen (z.B. wie verhält sich der Extremismus zur Demokratie) verschiedene Ebenen des Phänomens angesprochen. Die häufigsten Theorien lassen sich auf der Ebene des sozialen Zusammenschlusses (sei es eine Gruppe, ein Netzwerk, eine Bewegung usw.) antreffen, die aufgrund verschiedener intellektueller Kontexte aufgearbeitet wurden. Daneben stehen Bemühungen, den Extremismus auch auf der individuellen bzw. makrostrukturellen Ebene zu erklären.

2 Vorstellungen und Analogien

An dieser Stelle sollen Vorstellungen und Analogien vorgestellt werden, die für die Extremismusforschung von grundlegender Natur sind. Aus Gleichnissen und Korrespondenzen ergeben sich Identitäten, die einen guten Teil der verschiedenen Strömungen innerhalb des Forschungsgebietes erklären.

2.1 Der Mittebegriff

Der Mittebegriff ist in vielfacher Hinsicht wichtig für die Extremismusforschung. Anhand der Begriffslegung lassen sich grob zwei verschiedene Traditionslinien der Forschung nachweisen, die die Mitte in vollkommen unterschiedlicher, paradigmatischer Weise nutzen. Auf der einen Seite finden sich eine ontologische Begriffsbestimmung die eine Mitte idealisiert, auf der anderen Seite finden wir eine soziologische Begriffsbestimmung, die sich wiederum nach ihren Reaktionen aufspalten lässt in eine beinahe ontisch-dämonisierende Seite und eine analysierende Seite der Mitte.

Mit dem Wort Mitte verbinden wir die Wörter Zentrum, oder Schaltstelle, Knotenpunkt und Kern, im politischen Sinne denken wir dabei oft an die Vermittlung oder den Kompromiss. Die Mitte kann auch in Wörtern gefunden werden: So finden wir den Mittelständler, der eine Unternehmung wagt und eine bestimmte Zahl an Angestellten nicht übertrifft oder unterschreitet, oder den Angehörigen der Mittelschicht, der über ein mittleres Einkommen verfügt.

Die Extremismusforschung hat je nach ihrer Traditionslinie einen eigenen Mittebegriff. Die eine Linie hat einen Idealbegriff von Mitte, der sich im weitesten Sinne mit „das Gute" beschreiben lässt und sich auf Parmenides zurückführen lässt.

„So grenzt Parmenides den Kosmos durch die Kugeloberfläche von der Mitte her ab, indem er das Ganze des Seienden einer ‚wohlgerundeten Kugel' vergleicht; nur so sei das Seiende sich selbst von allen Seiten her gleich. Dieser Bestimmung der Mitte als Vollendung im doppelten Sinne, als Grenze und Vollkommenheit nämlich, folgt auch Aristoteles – abgesehen von der direkten Anlehnung an Parmenides in der ‚Physik' –, insbesondere der ‚Nikomachischen Ethik', wo er die Arete als Mitte zweier Übel [...] definiert."[5]

---

[5] Joachim Ritter, Karlfried Gründer (Hrsg.): Historisches Wörterbuch der Philosophie, Bd. 5. Basel Stuttgart 1980, S. 1422.

Der verfassungspolitische Ansatz der Extremismusforschung nutzt den Mittebegriff als Ideal. Die zweite Traditionslinie ist ungleich moderner und entstammt der Soziologie. Mit ihr lässt sich Mitte nicht als Idealpunkt bestimmen, sondern ist vielmehr eine schlichte Verortung, die sich wirtschaftlich (Mittelstand) oder sozio-ökonomisch (Mittelschicht/Mittelklasse) deuten lässt und kein Ideal damit verbindet. Die Mittelschicht bleibt hier tatsächlich ein Maß, aber ist nicht *das* Maß. Diese Auffassung teilen die Befürworter eines „Extremismus der Mitte" wie etwa Seymour Martin Lipset, Harold D. Lasswell, Wolfgang Wippermann und Hans Gerd Jaschke sowie Hans-Dieter Klingemann. Die Mitte der Gesellschaft kann nach dieser Lesart durchaus extremistisch sein, denn diese Mitte ist kein Idealpunkt, sondern kann mit ‚der breiten Masse' der Bevölkerung umschrieben werden. Im Rahmen der Forschung, die sich diesem empirischen Mittebegriff zu nutze macht, können gerade die Verbindungen zwischen den den Extremismus befürwortenden Kräften und der breiten Masse der Bevölkerung untersucht werden. In einer freiheitlichen Staats- und Gesellschaftsordnung ist die Mitte eine umkämpfte Gruppe, vielfach vereinnahmt die praktische Politik sie und behauptet, für diese Gruppe politisch aktiv sein zu wollen. Auch hier ist die Mitte nichts anderes als die breite Masse der Bevölkerung. Die Empiriker gehen in einer freiheitlichen Staats- und Gesellschaftsordnung nicht mit simplen Zuschreibungen an die Mitte heran, entmystifizieren sie gleichsam, indem sie von einer diversen Mitte ausgehen, dessen Teile eventuell für eine Demokratie und für die Freiheit plädieren oder sich eben auch eventuell von Extremisten überzeugen lassen können. Diese Form des Mittebegriffs ist im Grunde philosophielos – weder kann man sie traditionell verorten, noch sind sie Motoren der Modernisierung oder können mittels irgendwelcher Eigenschaften charakterlich beschrieben werden, sondern sie sind schlicht eine nach sozial-ökonomischen oder ökonomischen Kriterien definierte Gruppe, die die Mehrheit der Bevölkerung darstellt (bemüht man die berühmte Wohlstandsschere, so verschwindet sie gerade). Neben dem empirischen Mittebegriff gibt es noch eine dritte Verständnislinie. Diese ist in der marxistischen Tradition verortet und hat dessen Ökonomiekritik übernommen und das Lipsetsche Extremismusmodell damit vermengt. Auch diese dritte Linie wird unter dem Oberbegriff des Extremismus der Mitte gefasst, was zu starken Problematiken geführt hat.

Aristoteles definiert die Mitte der Zeit als das Jetzt, das zwischen Vergangenheit und Zukunft liegt.[6] Dem Begriff der Mitte ist in der griechischen Philosophie der Begriff des Maßes zugeordnet. Der Begriff der Maßes, Inbegriff des Schönen und Guten, die Bedeutung der Tugend par excellence, verbindet die Idee des wohlgeordneten Alls mit dem Verständnis der rechten Ordnung, wie sie in der Polis zum Ausdruck kommt.[7]

„Schon die älteren Sprichwörter wie ‚Das Maß ist das beste', ‚Die Mitte ist das Beste' oder das bereits den sieben Weisen zugeschriebene ‚Nichts im Über-Maß', das in enger Verbindung zum ‚Erkenne dich selbst' und ‚Die Sterblichkeit bedenken' steht, zeigen die tiefe Verwurzelung dieser ethischen Grundhaltung mit der griechischen Auffassung von dem, was

6 Joachim Ritter, Karlfried Gründer 1980, S. 1422.

7 „Es ist der Hybris entgegengesetzt, der Scham verwandt und immer in einem gewissen Spannungsverhältnis zu den archaischen heroischen Tugenden der Tapferkeit und Großgesinntheit." Joachim Ritter, Karlfried Gründer 1980, S. 807.

dem Menschen als einem sterblichen Wesen gegenüber den Göttern und der Ordnung des Alls zukommt.“[8]

Hannah Arendt erwähnt zu der Verbindung von Maß und dem Guten kritisch:

„Die platonischen Ideen, ursprünglich konzipiert als Objekte der Kontemplation und erfahren im herstellen, werden erst zu Standards, Regeln und ‚Massen‘, wenn sie auf das Handeln bezogen werden!! Treten also bereits pervertiert und denaturiert in die Politik und Moral. Oder, anders ausgedrückt, die Idee sollte ursprünglich nie die ‚Idee des Guten‘ sein, sondern die Idee des Bettes, weil man im Politischen metra [Maße] brauchte, wurde die Idee des Guten ‚erfunden‘.“[9]

Die Idee der Mitte, eng verbunden mit der Idee des Guten, ist somit eine ideale Konstante, an der man einen Gegenstand „abgleichen“ kann. So kann man feststellen, inwieweit der Gegenstand diesem Maß gleicht; oder den Gegenstand vermessen – ganz so, als hätte man einen Kubus geformt und bestimmte diesen als „Meter“ und von Stund an vergliche man, wie groß der Gegenstand x im Vergleich zum Meter ist, oder wie viele Meter ein Gegenstand ergeben würde. Die Mitte ist ganz ein solcher philosophischer Begriff; es ist das festgemachte Ideal, das zwischen den extremen Punkten liegt. Auch hier lässt sich bereits entmystifizieren: Sie kann auch schlicht der festgemachte Punkt zwischen allen Punkten sein, ohne ein Ideal darzustellen.

Die Idee, was denn nun das Maß zur Überprüfung guter Handlungen ist, ist in der Philosophie weitaus umstrittener, als etwa die Frage des Längenmaßes. Auch ist die Idee des Versmaßes, oder des Taktmaßes nicht vergleichbar mit dem philosophischen Maß der Mitte. Gleichwohl haben sie eine Sache gemeinsam: Wer das Maß hält, den Takt einhält, den Vers wohl formt, der erhält, so glauben wir, das Gute. Woran wir aber in philosophischer Hinsicht das Maß halten sollen, um zu bestimmen, wie oder was etwas hier im Vergleich ist, ist umstritten: „Heideggers ‚Wir sind die Bedingten‘ kehrt scheinbar den Spruch vom Menschen als Maß aller Dinge um, in Wahrheit ergänzt es ihn nur. Wenn der Mensch als das Maß aller Dinge gesehen wird, so erhebt sich die Frage: Und was ist das Maß des Menschen, der ja im Sinne des ‚Maßes‘ nicht sein eigenes Maß sein kann? Auf diese Frage gibt es innerhalb eines alle Transzendenz vermeidenden Denkens nur die Antwort: Die Dinge sind das Maß des Menschen.“[10] Leicht schließt eine weitere Frage an: Welche Dinge sind es, die das Maß sein könnten? Wie sollte dies von statten gehen? Das Maß halten gebietet nicht zuviel zu essen, oder zuviel Sport zu treiben oder weniger Alkohol zu trinken. Es ist der Ruf nach dem nicht zuviel (!) und nicht zuwenig (!). Die Extreme sind negativ bewertete Punkte, während die Mitte ein positiv bewerteter Punkt ist.

„Absolute Größe, die dem ‚kleiner oder grösser als‘ entzogen ist, entsteht durch Messen, also Anlegen eines Maßstabes von außen. Sie erhält ihr Wesen in der Isolierung aus dem unendlichen Relationszusammenhang, in dem Dinge gegeben sind, Messen heißt bereits Isolieren.“[11]

---

8 Joachim Ritter, Karlfried Gründer 1980, S. 807.

9 Hannah Arendt: Denktagebuch. (Bd. 1). München/Zürich (2 Auflg.) 2003. S. 452f.

10 Hannah Arendt 2003. S. 338f.

11 Hannah Arendt 2003. S. 339.

Der Mittebegriff ist eng an die Philosophie der *aurea mediocritas* gebunden, die wiederum ein Verweis auf die Differenz ist. Der aurea mediocritas ist in diesem Sinne nicht mehr als die Differenz des Seienden. Die Vorstellung des aurea mediocritas, des goldenen Mittelmaßes des Horaz (Oden 2, 10, 5), ist an seinen in den Satiren geäußerten Gedanken „Est modus in rebus, sunt certi denique fines“ (Es ist ein Maß in den Dingen, es gibt schließlich bestimmte Grenzen) (mit dem Zusatz „Jenseits und diesseits derer das Rechte nicht bestehen kann“) gekoppelt. Er beschreibt den Zustand des Seins in seiner Differenzialität und die Grenzen, die dem Zustand innewohnen.[12]

Bei der Verquickung zwischen der Mitte als Maßpunkt und der Mitte als *das* Maß spielt eine christliche Wurzel hinein. Matthäus und Markus sprechen das Diktum „Mit dem Maß mit dem ihr messet, wird man euch wieder messen“ (Matthäus 7.2. Markus 4.24) aus. Auch der Wunsch, den sicheren, richtigen Weg zu gehen, spielt eine Rolle.

Albert von Stade schreibt im Troilus „Es ist ein Maß in den Dingen, die Mitte ist der sicherste Weg“[13]. In einem Gebet von Gerhard Tersteegen[14] steht sogar „Gott ist in der Mitte“ – was auf die Vollkommenheit der Mitte als exakter Punkt zwischen allen Punkten, weist. Der vorgestellte Mittebegriff ist theoretisch-deduktiv und essentialistisch. Er spielt für den verfassungspolitischen Ansatz eine Rolle.

Während der hier beschriebene Mittebegriff appellativ ausgestaltet ist und sich mehr an Max Webers Idee des Idealtyps zur Erfassung von sozialen oder politischen Zuständen hält, ist das durch die moderne Soziologie geprägte Verständnis von Mitte beinahe diametral gegenübergestellt. Auch hier finden wir ein Maß, und eine Mittedefinition als einen Punkt, der genau zwischen zwei anderen Punkten liegt und dadurch definiert ist – dies sind die Gemeinsamkeiten der beiden Auffassungsweisen der Mitte. Doch findet sich in diesem kein appellativer Moment, die Mitte ist nicht als Ideal definiert, sondern ‚ist‘ und kann als Referenzpunkt genutzt werden, der volkswirtschaftlich bzw. soziologisch zu begründen ist. Das Maß bewegt sich also in einem klar definierten Bereich, der sich nicht an die Frage nach ‚Gut‘ und ‚Böse‘ in der Philosophie anknüpfen lässt. Damit ist dieses Maß aber zeitlich gebunden – das Maß ist ein Produkt der Gesellschaft, in der es sich befindet. Es gibt hier keinen, der Zeit entrückten Existenzpunkt, sondern die Mitte muss immer wieder von Neuem vermessen werden.

Dies bedeutet nicht, dass sich soziologisch-politologische Analysen die mit dem modernen Mittebegriff arbeiten, der Frage nach Gut oder Böse entziehen, doch das Maßband selbst ist nicht durch eine Definition von Gut oder Böse, als ein zuviel oder zuwenig begründet, sondern durch den höchsten Verbrauch, das höchste Einkommen, die meisten Arbeitnehmer, im Gegensatz zu dem kleinsten Verbrauch, dem niedrigsten Einkommen, der kleinsten Arbeitnehmerschaft. Hernach bildet sich der Mittebegriff. Da die Mitte kein Idealpunkt ist, keine Idee hinter den Dingen, sondern sich als feste Größe in dieser Welt bewegt, muss eine jede Arbeit, die sich auf die soziologische Mitte bezieht, angeben, wie die Mitte zum Zeitpunkt x

---

12 Vgl. Chandran Kukathas: The Liberal Archipelago – a Theory of Diversity and Freedom. Oxford/New York 2003.

13 Albert von Stade: Troilus.Leipzig 1875.

14 Gerhard Tersteegen: Ohne Namen. Gebet. In: Erzbistum Hamburg, Erzbistum Osnabrück: Wer sterben kann, wer will den Zwingen? – Zur Seligsprechung der Lübecker Märtyrer. Werkheft. O.J. S. 104.

gestaltet ist. Es gibt keinen übergeschichtlichen Referenzpunkt, sondern die Mitte ist als eine historische Größe definiert, die sich durch weitere Faktoren, sei es nun das Einkommen oder etwas Ähnliches, beschreiben lässt. Dieser soziologischen Mitte kommen bestimmte Interessen zu – sie ist im Rahmen der Extremismusforschung weder gut noch schlecht. Wie alle gesellschaftlichen Gruppen kann sie den Extremismus unterstützen oder nicht. Die Frage der Mitte ist hier eben eine Frage des Durchschnitts, und ihr fehlt jegliche mythische Aufladung. Gerade in Hinblick auf historische Forschungen ist der Mittebegriff dieses Typs ein vorteilhafter Partner, denn mit ihm lassen sich gesellschaftliche Verwerfungen und die Folgen auf bestimmte Gruppen nachweisen, die Mitte ist hier also auch nicht auf die gerne so bemühte ‚Mitte der Gesellschaft' reduziert, sondern kann das Mittel der Arbeiter, der Kindergärtnerinnen, der Bildungsabschlüsse (und so weiter) spezifisch erfassen. Die Frage nach Gut oder Böse muss in diesem Rahmen an anderer Stelle gestellt werden, muss eine eigene Begründung finden, kann sich nicht aus dem Begriff der Mitte selbst ableiten. Deshalb ist die Anwendung dieses Mittebegriffs des Durchschnitts ungleich schwieriger zu bearbeiten und wird oft nicht genutzt. Das von Michael Zürn bereits erwähnte Changieren zwischen Empirie und Theorie lässt sich in Hinblick auf den hier angewandten Begriff der Mitte gut abbilden.

Arundhati Roy hat einen Begriff des Extremismus der Mittelklasse entwickelt, der sich von diesem Begriff noch abhebt, eine Unterform bildet. Dieser Begriff des Extremismus der Mitte, oder Totalitarismus der Mittelklasse, hat sich von der westlichen Industriegesellschaft gelöst. Es ist ein Blick von Außen auf die westliche Industriegesellschaft. Das Fundamentum dieser Kritik zentriert sich um das Phänomen einer sich unter Nivellisierungsdruck befindlichen Wohlstandsgesellschaft. Hier geht es ganz und gar nicht um einen hassbestimmten Extremismus, sondern um einen Extremismus der Gedankenlosigkeit (Siehe auch Banalität des Bösen/Hannah Arendt). Alternative Lebensmöglichkeiten und Nischenkulturen der Naturvölker werden ausgegrenzt. Hier handelt es sich um einen imperialistisch-kolonialistischen Autoritarismus der industrialisierten Völker gegenüber den Naturvölkern. Das Gewöhnliche in der industrialisierten Welt ist dieser Begriffsbildung zufolge das extremistische, da es die Lebensweise der Naturvölker systematisch verdrängt. In diesem Sinne ist der Extremismus der Mittelklasse eine sozialökonomische Kategorie. Der Nivellierungsdruck wird auf die Naturvölker ausgeweitet und ist langfristig erfolgreich durch die dominante Position der Industrieländer. Die Lebensgrundlagen der Naturvölker basieren auf autochthonen Wünschen und nicht auf von Außen vorgegebenen Kaufanreizen. Der westlich imprägnierte Konsumerismus erfährt bei Roy eine totalitäre Dimension, die sich aus dem Standpunkt marginalisierter Naturvölker ergibt. Die kapitalistische Wirtschaftsweise usupiert die Lebensgrundlagen der marginalisierten Naturvölker und enthält so ein Element der Vernichtung. Dieser sozioökonomische Begriff des Extremismus der Mitte kann sich nur auf den binären Code von Naturvolk und Industriegesellschaft beziehen. Er ist nicht geeignet für Arbeiten, die sich nur mit dem Extremismus der Mitte innerhalb von Industrienationen befassen.

Eine mythische Aufladung enthält die zweite Form des Verständnisses vom Extremismus der Mitte. Während der verfassungspolitische Ansatz in der Mitte das perfekte Ideal, das Gute erkennt, erkennt der marxistisch geprägte Extremismus der Mitte hier etwas potentiell Böses. Der Mittebegriff ist nicht idealisiert sondern dämonisiert und steht für latenten Faschismus. Der empirische Mittebegriff ist auch diesem ontisch-dämonisierenden Mittebegriff beinah diametral gegenübergestellt. Neben dem empirischen Begriff der Mitte, der die Existenz der verschiedenen Forschungsformen erklären kann, finden sich auch unterschiedliche Forschungsparadigmen, die sich im Rahmen der Auseinandersetzung mit denjenigen Systemen bildeten, die wir heute gemeinhin als totalitär bezeichnen. Diese verschiedenen Paradigmen wurden nur teilweise in die modernen Ansätze der Extremismusforschung integriert, oft findet sich ein Nebeneinander der Paradigmen. Neben der Totalitarismustheorie stehen das Konzept der Politischen Religion und die Ideologiekritik.

2.2 Totalitarismus

Die historische Darstellung der Disziplin der Extremismusforschung lässt sich anhand wichtiger Persönlichkeiten der Forschung, einflussreicher Forschungsparadigmen, wichtiger Probleme auf der Gegenstandsebene oder als Geschichte seiner Methoden darstellen. Alle diese Bereiche bedingen sich wechselseitig. Der Totalitarismus als Konzept bietet Hinweise auch zum Extremismus.

Totalitarismus

„Totalitarismus, 1) im politischen und fachwissenschaftlichen Sprachgebrauch allgemein Bezeichnung für eine alles umfassende (‚totale') Herrschaftsstruktur, die im Gegensatz zum liberaldemokratischen Verfassungsstaat, aber auch im Unterschied zu autoritären Regimen, keine nennenswerte Grenze zwischen dem öffentlichen und dem privaten Bereich akzeptiert, und darauf gerichtet ist, die Gesamtheit des gesellschaftlichen Lebens zu erfassen und zu reglementieren. 2) Zunächst war der T. ein kritischer Gegenbegriff gegen das Selbstverständnis und die Praxis des italienischen Faschismus und des deutschen Nationalsozialismus. Später insb. nach dem Zweiten Weltkrieg wurde der T.-Begriff Bestandteil kulturkritischer Sensibilität für Selbstgefährdungen der Moderne und im besonderen Teil einer umfassenden Lehre von der Herrschaft im totalen Staat, die neben dem Faschismus und dem Nationalsozialismus insb. das Selbstverständnis und die Regierungspraxis des Sowjetkommunismus vor allem in der stalinistischen Ära kritisch zu beschreiben und bewerten versuchte."

M. G. Schmidt, Art. „Totalitarismus". In: Ebd.: Wörterbuch zur Politik. Stuttgart 1995.

Die Erfahrung der Zwischenkriegszeit (1918–1939) und die Entwicklung einer Theorie des Totalitarismus bot eine Folie zur Analyse von extremistischem Gedankengut und extremistischer Praxis. Die Entwicklung einer Theorie des Totalitarismus nimmt eine prominente Stellung in der Entwicklung des Extremismuskonzepts ein. Die Theorie des Totalitarismus stand in gewisser Weise Pate für die Entwicklung der Extremismustheorie – beinahe möchte man von einem ‚Mutterkonzept' sprechen. Das Konzept zur Erforschung des Extremismus entsprang der Denkfigur des Totalitarismus, welche sich bereits vor dem Zweiten Weltkrieg zu entwickeln begann. Sich den wichtigsten Parametern der Totalitarismustheorie zuzuwenden, sich deren Entwicklungen, Aufwerfungen und Diskussionen zu erinnern, ist keinesfalls eine Zeitverschwendung, sondern eine wichtige Beschäftigung in Bezug auf Extremismus. Hier kann erlebt werden, dass die Beschäftigung mit den furchtbaren Aufwerfungen des

20. Jahrhunderts, die die (nach Hannah Arendt wahrhaft unpolitische) Politik verursachte, eine europäische, eine internationale Beschäftigung war und ist – die deutsche Faschismusforschung also eine Stimme in einem großen Chor repräsentiert und sich wahrlich keine Sonderstellung ausbedingen sollte. An den Schwierigkeiten, die das Theoriegebäude des Totalitarismus mit sich bringt, wird ersichtlich, weshalb die Extremismusforschung bisher letztlich kein Konzept, keine Methodik entwickeln konnte, die unumwunden anerkannt wird. Wie in der Totalitarismusforschung, hat sich hier ein Orchester der Forschungsparadigmen, der Überlegungen, Theorien und Methodiken entwickelt, der vor allem eines perfektioniert hat: das Zusammenspiel. Im Rahmen der Beschäftigung mit der Entwicklung des Konzepts des Totalitarismus wird deutlich, dass die Entwicklungen der Politikwissenschaft leicht als Folie für die Interessen der Politik dienen können, ohne einer wissenschaftlich kritischen Begutachtung stand halten zu können, oder die Zeit zu überdauern. So können wir sicherlich fragen, inwieweit es sinnvoll ist, den freien Markt als Institution der Demokratie zu modellieren – gerade in Hinblick auf ein aufstrebendes Land wie die Volksrepublik China, das es verstanden hat, den freien Markt ohne politische Freiheit aufzubauen. Einige der Konzepte sind sehr eng gefasst, halten ein Höchstmaß an schwer zu operationalisierenden Kriterien bereit, wie etwa Hannah Arendts Totalitarismustheorie, so dass es bei dessen Anwendung eine Handvoll Länder gibt, die demnach als totalitär bezeichnet werden können – und damit grundsätzlich als ‚den Weltfrieden gefährdend' einzustufen sind. Dies ist ein Hinweis auf die Schwierigkeit des Theorierahmens des Extremismus, die immer wieder aufflammen wird – es kann mit einer Demagogisierung einhergehen, es konstatiert eine grundsätzliche Gefährlichkeit, ist ein starkes Signal. Es ist in enger Weise an die Ethik des Forschers und die Plastizität der Methodik gebunden, sowie eine klare Darstellung des gewählten Bewertungsmaßstabs. Unsinnige Erweiterungen können einem Konzept unter Umständen mehr schaden als nutzen. „Wir haben daher allen Grund, mit dem Wort ‚totalitär' sparsam und vorsichtig umzugehen" schrieb Hannah Arendt in dem sie unsterblich werden lassenden Buch „Elemente und Ursprünge totalitärer Herrschaft", das 1951 in Amerika erschien und dies mag auch für den Begriff des ‚Extremismus' gelten.

Giovanni Almendola bezeichnete in einem Artikel der Zeitung „Il Mondo" vom 12.05.1923 die Politik der Faschisten, im Zusammenhang mit einem missbräuchlichen Umgang mit Wahlverfahren, zum ersten Mal als totalitär.[15] Mussolini übernahm die Bezeichnung später und versuchte sie positiv zu wenden. Der Begriff entwickelte sich weg vom praktischen Nutzen, hin zu einem Konzept der Politologie. Walter Schlangen sieht den Übergang von der Nutzung des Begriffes hin zu einem theoretischen Konzept zur Herrschaftsanalyse ab Mitte der dreißiger Jahre – für ihn spielen hinsichtlich der Erarbeitung eines Konzepts der Herrschaftsanalyse die Schriften Max Lerners, Hans Kohns und Charlton J. H. Hayes eine große Rolle.[16] Clemens Vollnhals bezieht sich auf Hermann Hellers 1929 erschienenes Buch

---

15 Giovanni Almendola: Maggioranza e minoranza. In: Il Mondo 12.05.1923. Zit.n.Petersen, Jens: Die Geschichte des Totalitarismusbegriffs in Italien. In: Hans Maier (Hrsg.): Totalitarismus und Politische Religionen. Paderborn 1996. S. 20.

16 Max Lerner: The Pattern of Dictatorship. In: Dictatorship in the Modern World, Minnesota 1935; Hans Kohn: Communist and Fascist Dictatorship. In: Dictatorship in the Modern World. Minnesota 1935; Carlton J.H. Hayes: The Novelty of Totalitarianism in the History of the Western Civilization. In: Proceedings of the American Philosophical Society 82, Jg. 1940; Walter Schlangen: Die Totalitarismustheorie – Entwicklung und Probleme. Stuttgart 1976; Vgl. auch: Ernst Forsthoffs: Der totale Staat. Hamburg 1933.

„Europa und der Fascismus“[17] und berichtet, dass mit diesem die Unterscheidung zwischen totalitärer Diktatur und autoritärer Diktatur erstmalig von einem Staatsrechtler in Deutschland eingeführt wurde.[18]

Der Totalitarismus als Typ beinhaltet bis in die 60er Jahre des letzten Jahrhunderts die These der *Wesensverwandtschaft* von Regimetypen unterschiedlicher ideologischer Prägung.[19] Dies entsprach der Auffassung der Totalitarismusforschung, die sich im Rahmen der Auseinandersetzung mit der sowjetstalinistischen sowie der Herrschaft des dritten Reiches entwickelte.

> Die These der **Wesensverwandtschaft** ist eine zentrale Bedingung für die Entwicklung des Herrschaftstyps des Totalitarismus. Die These besagt, dass Ideologien unterschiedlicher Art zu einer totalitären Herrschaft führen können. Der Totalitarismus sprengt die Links-Rechts-Dichotomie.

Die Verwandtschaftsthese bezüglich des Totalitarismus wird immer wieder erschüttert. Dies geschah unter dem Hinweis des unterschiedlichen Aufbaus der Ideologien.[20] Beide geschichtlichen Realfälle sind demnach zu einer Art Typenbildung herangezogen worden, die die gängige Typologie von Herrschaft durch das Hinzutreten einer neuen Herrschaftsform, dem Totalitarismus, bestimmt haben. Das Aufkommen dieses Herrschaftstyps erweiterte das Verfassungskontinuum. Nach Sartori ist der Totalitarismus ein polarer Typ[21], wichtige weitere Begriffe seien hier ‚totaler Staat‘, und ‚Totalitäre Diktatur‘, sowie die ‚Totalpolitisierung‘. „Ein polarer Typus (eines Idealtypus) ist nur das äußerste oder polare Ende eines Kontinuums, dessen logische Funktion lediglich die ist, das Kontinuum zu definieren. So gesehen, besteht der Totalitarismus einfach in allen Eigenschaften eines (natürlich diskontinuierlichen)

---

17 Hermann Heller: Europa und der Fascismus. Berlin 1929.

18 Clemens Vollnhals: Der Totalitarismusbegriff im Wandel. In: Aus Politik und Zeitgeschichte 39/2006, S. 22.

19 Vgl. Leonid Luks: Bolschewismus, Faschismus, Nationalsozialismus – verwandte Gegner? In: Eckhard Jesse (Hrsg.): Totalitarismus im 20. Jahrhundert – eine Bilanz der internationalen Forschung (2.Aufl g.). Schriftenreihe der Bundeszentrale für politische Bildung. Bd. 336. Bonn 1999. S. 404–421; Besonders die von Hannah Arendt erstellte Forschungsarbeit, legt die Verwandtschaft der Regime nah. Hier wird die Perspektive der Machtausübung im Verhältnis zum Individuum herausgearbeitet. Siehe: Hannah Arendt: Elemente und Ursprünge totaler Herrschaft – Antisemitismus, Imperialismus, totale Herrschaft. (10 Auflg.) München Zürich [1951] 2005. S. 929f (2005a); Solschenizyns Bericht über den Archipel GULAG (hier besonders der dritte Folgeband Arbeit und Ausrottung) bestätigt die Verwandtschaftsthese Arendts in gewisser Hinsicht. Siehe: Alexander Solschenizyn, Der Archipel GULAG – Folgeband Arbeit und Ausrottung, Seele und Stacheldraht. Bern 1974; Popper sucht den gemeinsamen philosophischen Ursprung von Kommunismus und Nationalsozialismus, die er als geschlossene Gesellschaften definiert, hervorzuheben, indem er Grundzüge der Ideologien mit den staatsphilosophischen Grundzügen in den Werken Platons und anderer Denker vergleicht. Siehe: Karl Raimund Popper: Die offene Gesellschaft und ihre Feinde. 2 Bde. (8. Auflg.). [1945] Tübingen 2003.

20 Siehe: Thomas Weingartner: Stalin und der Aufstieg Hitlers – Die Deutschlandpolitik der Sowjetunion und der kommunistischen Internationale 1929–1934. Berlin 1970. S. 242.; Weiterhin ist vor allem die sich im Zuge der 1968 entwickelte Debatte zu nennen, deren Protagonisten vor allem die größtmögliche Unterschiedlichkeit der Systeme und Glaubensinhalte herauszustellen suchten: „Bereits der allgemein vergleichende Anspruch des Totalitarismuskonzepts (und insbesondere die unter Totalitarismustheoretikern verbreitete Annahme einer Wesensgleichheit kommunistischer und faschistischer Systeme) stieß auf Ablehnung – wurde hier doch nach Meinung vieler Kritiker versucht, ein insgesamt ‚progressives‘ und ein eindeutig ‚regressives‘ politisches Projekt fälschlicherweise als zwei Ausformungen eines Regimetyps darzustellen.“ Achim Siegel: Totalitarismustheorien nach dem Ende des Kommunismus. Weimar 1998. S. 11.

21 Giovanni Sartori: Totalitarismus – Modellmanie und Lernen aus Irrtümern. In: Eckhard Jesse (Hrsg.): Totalitarismus im 20. Jahrhundert – eine Bilanz der internationalen Forschung (2.Auflg.). Schriftenreihe der Bundeszentrale für politische Bildung. Bd. 336. Bonn 1999. S. 572–590.

Kontinuums, dessen entgegengesetztes definierendes Ende die Demokratie ist (ebenfalls als polarer Typus gedacht).“[22] Sartori setzte sich für ein semantisches Verständnis des Totalitarismus ein, denn für einen ‚Syndrom-Katalog‘ den er in Friedrichs und Brzezinkis Arbeit verwirklicht sah: „So gesehen kann etwa die zentral gelenkte Wirtschaft keine definierende Eigenschaft sein, sondern bloß ein Indikator für die Ausdehnung des totalitären Bereichs. [...] Von diesem Gesichtspunkt aus tendiere ich dazu, aus dem Totalitarismus als Gegenstandsbegriff (als Bezeichnung für ein System) ein Prädikat, einen Eigenschaftsbegriff zu machen. Dann ist die Struktur die Diktatur, und eine ihrer Spielarten (ihre extremste, womöglich idealtypische) die totalitäre Diktatur.“[23]

Das **Verfassungskontinuum** findet seine älteste Form in der griechischen Antike. Die erste Darstellung der verschiedenen Verfassungsformen leistete Aristoteles, der diese auch abwog und in ‚gute‘ und ‚schlechte‘ Verfassungen einteilte. Die Abwägung erfolgte durch das Maß an Glück, welches ein politisches Gemeinwesen generieren konnte, denn Glück ist der Sinn des Lebens und das politische Gemeinwesen hatte den Zweck, das Überleben zu sichern. Die Frage, wer herrscht und zu welchem Nutzen diese Herrschaft gereichte, führt Aristoteles zur Abwägung der politischen Gemeinwesen.

Herrscher	**Gemeinwohl**	**Nicht Gemeinwohlorientiert**
Ein Herrscher	Monarchie	Tyrannis
Wenige Herrscher	Aristokratie	Oligarchie
Viele Herrscher	Politie	Demokratie

Die Tyrannis wurde als polarer Typ (der schlechtest möglichen Verfassung) abgelöst durch das totalitäre Regime. Die noch unter der Tyrannis zu subsumierende Diktatur, eine ursprünglich aus der römischen Republik bekannte Herrschaftsform der zeitlich begrenzten Alleinherrschaft, die eine rudimentäre legalistische Position innehatte und sich von der Tyrannis dadurch unterscheidet, gibt die Dimension des Unrechts, welche dem Totalitarismus innewohnt, nur ungenügend wider. Die Herrschaft Hitlers und Stalins sprengten so eine Klassifikation, die über zweitausend Jahre lang ohne wegweisende Änderungen existierte. Das aristotelische Werk hatte in seiner Analyseform starke, wegweisende Auswirkung auf die Politikwissenschaft. Der Versuch Sartoris ist demgegenüber dadurch geprägt, das alte Verfassungskontinuum zu erhalten und negiert somit das grundlegend neue am Aufkommen des Totalitarismus.

Es existieren vielerlei Arbeiten zum Totalitarismus, die den Vergleich als Analyseform wählen, um so strukturelle Ähnlichkeiten und Unterschiede zwischen den Systemen besser herausarbeiten zu können. Der Totalitarismus als Konzept ist ein Ansatz, der eine spezifische Herrschaftstechnik erfassen soll. Im Bereich der Totalitarismusforschung haben sich besonders Hannah Arendt, Hans Buchheim, Theodor W. Adorno, Bruno Bettelheim, Eugen Kogon,

[22] Giovanni Sartori: Demokratietheorie. Darmstadt 1992. S. 203.
[23] Giovanni Sartori: Demokratietheorie. Darmstadt 1992. S. 206.

Karl R. Popper, Franz L. Neumann, sowie Carl Joachim Friedrich, Zbigniew K. Brzezinski und Karl Dietrich Bracher einen Namen gemacht und wesentlich zur Entwicklung des Konzepts beigetragen. Das Konzept hat selbst verschiedene historische Etappen durchlaufen und ist zu einem Geschichtsaspekt des 20. Jahrhunderts geworden. Seinen Höhepunkt fand die Auseinandersetzung mit dem Konzept in den 1950er Jahren. Während in den 1970er Jahren der Ansatz des Totalitarismus tabuisiert wurde, erfuhr er eine erstaunliche Renaissance nach dem Fall der kommunistischen Regimes in Europa (1989–1991).[24] Charakterisieren lässt sich die Totalitarismusforschung über die Strukturanalytik.

Die Totalitarismusforschung ist durch die **Strukturanalytik** gekennzeichnet. Anders als in der analytischen Chemie, die die räumliche Anordnung von Atomen in chemischen Verbindungen untersucht, die gleiche Summenformeln oder Molekülmassen besitzen (Isomerie), wird hier der umgekehrte Weg genommen und es werden Strukturen untersucht, die trotz inhaltlicher (oder besser ideologischer) Unähnlichkeit scheinbar gleiche bzw. sehr ähnliche Strukturen annehmen. Die Struktur wird für diese Analysen von dem Inhalt eines Regimes trennscharf unterschieden. Die Unterteilung von Struktur und Inhalt prägt so das Forschungsfeld. Im Gegensatz zur analytischen Chemie können in den politikwissenschaftlichen Arbeiten auch Inhalte untersucht werden (deren Gleichheit oder Verschiedenheit) und gefragt werden, welche Strukturen diese annehmen (trotz ihrer Gleichheit oder Ungleichheit).

Insgesamt lässt sich die Totalitarismusforschung nach Heydemann und Schmiechen-Ackermann in vier Linien einteilen:

Erstens:

Hannah Arendt bezog sich in ihren geschichtsphilosophischen Arbeiten über den Totalitarismus auf die Handlungsfreiheit des Individuums und arbeitete so Ideologie und Terror als zentrale Merkmale des Totalitarismus heraus.[25] Ähnlich wie Luigi Sturzo beschrieb sie den Totalitarismus als Phänomen der Massengesellschaft.[26] Sie betrachtete die „Beseitigung jeder Gruppensolidarität“ als *conditio sine qua non* der totalitären Herrschaft, die Beseitigung jeder Opposition als Merkmal dieser und die völlige Dominanz des Polizeiapparats als Ausdruck des Anspruchs auf Weltherrschaft, „denn augenscheinlich muß, wer die ganze Erde als sein künftiges Territorium betrachtet, das Gewicht auf das Instrument der innenpolitischen Gewaltausübung legen und das eroberte Territorium weniger mit den Methoden und dem Personal der Armee als mit denen der Polizei zu regieren suchen.“[27]

Neben den äußerlichen Kriterien, die Arendt insbesondere in dieser Publikation aufführte (Verachtung von Fakten und Realitäten, Atomisierung des Individuums, Verkehrung der zehn Gebote in ihren gegenteiligen Sinn, Zerstörung der Kunst und des künstlerischen Wirkens,

---

24 Achim Siegel 1998. S. 7.

25 Siehe: Günther Heydemann, Detlef Schmiechen-Ackermann: Zur Theorie und Methodologie vergleichender Diktaturforschung. In: Günther Heydemann, Heinrich Oberreuter (Hrsg.): Diktaturen in Deutschland – Vergleichsaspekte. Lizenzausgabe. Bonn 2003. S. 24; Vgl. auch Eckhard Jesse: Die Totalitarismusforschung und ihre Präsentanten. In: Aus Politik und Zeitgeschichte 20/1998.

26 Clemens Vollnhals: Der Totalitarismusbegriff im Wandel. In: Aus Politik und Zeitgeschichte 39/2006. S. 22.

27 Hannah Arendt 2005a. S. 649.

permanenter Massenmord/Säuberungen, Terror als Institution, Propaganda statt Information und permanente Indoktrination, unitaristisches Weltbild, Politisierung aller Lebensbereiche und absolute Negation der Freiheit, Uberzeugung, die Zukunft voraussagen zu können, Pseudowissenschaft, die ‚objektive Feindschaft' und die ‚eiskalte Folgerichtigkeit' in der Verwirklichung der Doktrinen und die Konsequenz dieser Herrschaftsform, als Unterbrechung der Kontinuität der Geschichte) stehen innerliche Aspekte. So schreibt Arendt: „Die Gaskammern des Dritten Reiches und die Konzentrationslager der Sowjetunion haben die Kontinuität abendländischer Geschichte unterbrochen, weil niemand im Ernst die Verantwortung für sie übernehmen kann."[28] Sind es die innerlichen Aspekte, die sie in ihrer „Vorlesung zu Fragen der Ethik"[29] thematisierte (das Banal-böse als Gegenteil zur Sünde, versinnbildlicht in der Person Adolf Eichmanns und z.B. Goethes Faust der hier für den Sünder steht; Die Kategorie des Stolpersteins als das nicht mehr der Vergebung zugängliche; die Gedankenlosigkeit, die die Tat kennzeichnet und die die Abwehr jeder Verantwortung mit sich bringt). Gerade diese innerlichen Aspekte sind der Operationalisierbarkeit kaum zugänglich und bleiben eine philosophische Reflexion, wenn nicht sozialpsychologische Erklärungsmuster hinzugezogen werden.

Mit Hans Buchheim, der sich stark an Arendt anlehnte, ist Totalitarismus als eine Herrschaft zu charakterisieren, die über die Unterdrückung despotischer Regime hinaus geht. Das Individuum wird seiner Freiheit beraubt und vom Regime als Ganzes in Anspruch genommen. Die personale Welt des Individuums wird politisch und somit die elementare Form menschlichen Zusammenlebens, das Privatleben, vernichtet. Um dies zu erreichen, nutzt der totale Staat sozialtechnisches Werkzeug im Sinne von Schulung und Dressur und Unterdrückung durch permanenten Terror. Der Anspruch totalitärer Regime ist dabei nicht darauf beschränkt, die Führungsschicht auszutauschen, sondern Mensch und Gesellschaft von Grund auf zu erneuern. Der angenommene Allbesitz der Wahrheit bedingt den Anspruch unbegrenzter Herrschaft. Dieser Anspruch, der dem Menschen auch die letzten Rückzugsmöglichkeiten raubt, besitzt für die Anhängerschaft ein attraktives Moment Es bietet den Anhängern die Garantie, mit dem Schicksal fertig zu werden und durch Teilnahme an einer großen Sache quasi Unsterblichkeit zu erlangen. Buchheim definiert dementsprechend: „Totalitäre Herrschaft ist also der Anspruch auf die uneingeschränkte Verfügbarkeit der Welt und somit auch des sozialen Lebens, umgesetzt in politische Aktion; ihre Organisation und Methoden sind Merkmale zweiten Ranges."[30]

In eine ähnliche Richtung gehen Martin Drahts Überlegungen zum Telos des Totalitarismus. Der Freiheitsentzug, die Installation des permanenten Terrors, die absolute Herrschaft einer Partei als Staat im Staate, sowie die Massenpropaganda sind hier lediglich Funktionen, die dazu genutzt werden zum Ziel zu gelangen. Buchheim und Draht verzichten darauf, den Totalitarismus als eine Antithese zum demokratischen Verfassungsstaat aufzubauen, und der Kern dieser Herrschaftsform wird von beiden Theoretikern im Rahmen des ideologischen

---

28 Hannah Arendt 2005a. S. 946.
29 Hannah Arendt: Über das Böse – eine Vorlesung zu Fragen der Ethik. München 2006.
30 Hans Buchheim: Totalitäre Herrschaft – Wesen und Merkmale. München 1962. S. 24.

Ziels, eine neue Gesellschaft bzw. einen neuen Menschen zu formen, gesehen.[31] Die Regierenden werden zu Mördern, die am Schreibtisch über den Mord Hunderttausender und mehr entscheiden, ihre Bürokratie führt diese Morde ungefragt aus und wird so zum Element des Terrors. Gesetzte Quoten zum Mord an Menschen wurden genau eingehalten. Lediglich praktische Erwägungen konnten die zur Erschießung vorgesehenen Massen retten. Insbesondere ist hier das Vernichtungslager Auschwitz zu nennen, das symbolisch für alle anderen Vernichtungslager und den Holocaust steht. Treblinka, Majdanek, Belzec, Sobibor und Kulmhof (Chelmno) stehen neben Auschwitz-Birkenau für die grausame Realität des Totalitarismus. Doch die Causa der Vernichtung findet sich ebenso im Stalinismus. Hier kann etwa der Tschekist Generalmajor W.M. Blochin genannt werden, der unter Stalin als Henker diente: „Das Massaker bedeutete eine Menge ‚schwarzer Arbeit‘ für die Leute vom NKWD, die bis dahin nur die Wischka an überschaubaren Opfergruppen kannten, doch es gab einen Mann fürs Grobe: Blochin reiste zum Lager von Ostatschkow, wo er und zwei weitere Tschekisten eine Hütte mit gepolsterten, schalldichten Innenwänden versahen und eine regelrechte Akkordquote von 250 Erschießungen pro Abend festlegten. Blochin hatte eine lederne Schlachterschürze nebst Mütze mitgebracht, die er überzog, um einen der umfangreichsten je von einem Einzelnen begangenen Massenmorde zu verüben und an achtundzwanzig Abenden genau siebentausend Polen umbrachte.“[32] Die Causa der Vernichtung hat im Stalinismus eine vollkommen andere Bedeutung als der Holocaust. Der Holocaust wird aus mehreren Gründen als unvergleichbar betrachtet. Dies hat mit der industriellen Form des Massenmords zu tun. Auschwitz-Birkenau ist in diesem Sinne zum Sinnbild für eine totale maschinell-industrielle Vernichtung geworden, die in der Geschichte der Menschheit für sich allein steht. Hier wurden die Menschen nicht nur fabrikmäßig gemordet, sondern sind ganz und gar in einen höllischen Produktionsprozess gelangt: sie dienten in dieser industriellen Vernichtung als Rohmaterial – ihre Haare wurden weiterverwendet, teilweise wurde aus der Haut der Gemordeten Mobiliar geschaffen, ihre Zahnfüllungen wurden herausgebrochen und eingeschmolzen, ihre Brillen fanden weitere Verwendung, ihr Körper diente als Steinbruch einer Vernichtungsindustrie und bevor sie gemordet wurden, wurde ihre ganze Lebenskraft in einen menschenunwürdigen Produktivprozess eingebracht und sie wurden zur Zwangsarbeit gezwungen oder dienten als lebende Versuchskaninchen für brutale und menschenverachtende medizinische Versuche. Die Strukturanalytik und ihr Vergleich meint hier dezidiert nicht, dass in einem Abwägungsprozess gewichtet wird, was nun schlimmer sei, sondern die Strukturanalytik bezieht sich auf die Suche nach immer gleichen Vorgängen in der Genozidvorbereitung und -durchführung. Aus diesem Grunde kann man sie den Genozid-Studien zurechnen. Dabei werden die verschiedenen Fälle nebeneinander gestellt und es wird gefragt, welche Mechanismen einen Massenmord begleiten. In dieser Hinsicht ist die bereits intensive Forschungsarbeit zum Holocaust oft auch ein Modell, das aufgrund vielfach belegter wissenschaftlicher Erkenntnisse über diesen Genozid herangezogen wird, um andere Völkermorde besser zu verstehen und in Zukunft rechtzeitig Gefahren ausmachen zu können.

---

31 Siehe: Martin Drath: Totalitarismus in der Volksdemokratie. In: Ernst Richert: Macht ohne Mandat – der Staatsapparat in der Sowjetischen Besatzungszone Deutschlands. Köln 1963.

32 Simon Sebag Montefiore: Stalin – Am Hof des Roten Zaren. (2.Aufl g.) Frankfurt a.M. 2007. S. 379; Eindrücklich schildert Eugon Kogon den Vernichtungsstaat der Nationalsozialisten. Siehe: Eugen Kogon: Der SS-Staat – das System der deutschen Konzentrationslager. Lizenzausgabe. Reinbek 1974.

Zweitens:

Für Franz L. Neumann ist die totalitäre Diktatur durch die Umwandlung des Rechtstaates in einen Polizeistaat, die Existenz einer die Gesamtgesellschaft kontrollierenden Staatspartei, die Atomisierung und Isolierung des Einzelnen, sowie Terror als permanente Bedrohung und die Überführung von Kultur zu Propaganda gekennzeichnet.[33] Neumann beschreibt den nationalsozialistischen Staat in seiner Schrift „Behemoth – the Structure and Practice of National Socialism“[34] als eine Form organisierter Anarchie. Der Nationalsozialismus hätte den rationalen Verwaltungsstaat systematisch zerstört, Ämterrivalität sei vorherrschend gewesen. In eine ähnliche Überlegung geht die Arbeit Ernst Fraenkels, der die Doppelstaatsthese in anderer Weise gegeben sieht.[35] Hier sind nicht so sehr doppelte Strukturen, die durch die Bewegung aufgebaut werden gemeint, sondern die gleichzeitige Existenz eines Maßnahme- und Normenstaats. Der Normenstaat stirbt Fraenkel zufolge nicht so sehr durch die schlichte Ignoranz der Vertreter des Maßnahmestaates, sondern dadurch, dass die Logik des Maßnahmestaates immer mehr in die Entscheidungen des Normenstaates einfließt, die Vertreter des Normenstaates also die Normen immer mehr der Bewegung preisgeben.

Drittens:

Carl Joachim Friedrich entwickelte ein Modell des Totalitarismus, welches sich von der Definition Arendts erheblich unterschied. Mit ihm versteht man den Totalitarismus als eine Entwicklungsform politischer Ordnung, die an die Industriegesellschaft geknüpft ist und sechs Wesenszüge in sich trägt.[36] Carl Joachim Friedrich operationalisierte die totalitäre Diktatur in Form von Realtypen. Von den Wesenszügen, Waffenmonopol, Ideologie, Partei, terroristische Geheimpolizei, Nachrichtenmonopol und zentral gelenkte Wirtschaft, kritisierte Renate Müller gerade den Faktor Ideologie und stellte in Frage, ob denn die gesamte politische und gesellschaftliche Wirklichkeit tatsächlich durch eine Ideologie bestimmt sein könne; auch hinterfragte sie, ob der Nationalsozialismus tatsächlich eine zentral gelenkte Wirtschaft repräsentierte.[37] Als wissenschaftliches Konzept des Vergleiches im Kalten Krieg instrumentalisiert, galt es als missbraucht. Es wurde weithin dafür kritisiert, für unerwartete Befunde nicht offen (genug) zu sein. Wesensmerkmale, die von ihm nicht definiert waren, aber noch festgestellt werden konnten, konnten mit dieser Form der Operationalisierung nicht entdeckt werden.[38] Das gerade hat sein Ko-Autor Brzesinski angenommen und die Auffassung Friedrichs von einem monolithischen sowjetkommunistischen System ohne Veränderungspotential in Zweifel gezogen.

Viertens:

Die vierte Linie der Totalitarismusforschung, von Eric Voegelin und Lucie Varga verkörpert, beschäftigt sich damit, den Totalitarismus mit dem Begriff der politischen Religion zu ver-

---

33 Günther Heydemann, Detlef Schmiechen-Ackermann 2003. S. 17.
34 Franz Neumann: Behemoth – The Structure and Practice of National Socialism. London 1944.
35 Ernst Fraenkel: Der Doppelstaat. [1974] Hamburg 2001.
36 Vgl. Carl Joachim Friedrich: Totalitäre Diktatur. Stuttgart 1957. S. 13.
37 Siehe: Renate Müller: Untersuchungen zur Struktur des Dritten Reiches und zur Theorie des Totalitarismus. Marburg 1961.
38 Vgl. Günther Heydemann, Detlef Schmiechen-Ackermann 2003. S. 20.

binden.[39] Ein späterer Vertreter findet sich in Hans Maier, auch Juan Linz gehört genannt, und im englischsprachigen Raum ist als wichtiger Vertreter Roger Griffin zu nennen. Mit dieser Entwicklungslinie ist versucht worden, die fanatische Begeisterung erklären zu können, die die Massen im Totalitarismus erfasste und hier als messianische Bewegung verstanden wird in sich durch eine ‚innerweltliche Religion' gekennzeichnet.

Klaus von Beyme ordnet im Gegensatz dazu die Ansätze von H. Arendt und C.J. Friedrich der normativen politischen Philosophie und dem empirisch ausgerichteten Systemvergleich zu.[40] Man könnte aber auch den geschichtsphilosophischen Ansatz mit dem der Politischen Religion verbinden und diese als abendländische politisch-philosophische Linie bezeichnen, während die Ansätze Friedrichs und Neumanns politologische Operanden entwickelten.

Andere Forscher lehnen die um den Begriff Totalitarismus entstandene Forschung insgesamt ab: „Der zweite Strang der, wie es mehr als anmaßend hieß und immer noch heißt, Totalitarismus-‚Forschung' bestand und besteht aus der Konstruktion von idealtypischen Modellen, wonach Staaten als ‚totalitär' einzuschätzen seien, wenn sie bestimmte Merkmale wie Ideologie, Terror, Einparteienregime, staatliche Wirtschaftslenkung, Propaganda-Monopol etc. aufweisen. Empirisch bewiesen wurden beide Ansätze nicht. Weder die geistesgeschichtlichen Kontinuitäts- noch die idealtypischen Modell-Theorien. Daher handelt es sich bei der Totalitarismus-Theorie eher um eine politisch verordnete und für politische Zwecke eingesetzte Totalitarismus-Doktrin bzw. um eine Ideologie."[41] Im Besonderen trifft dieser Vorwurf die Totalitarismuskonzepte Neumanns und Friedrichs, für die Entwicklungsformen des Totalitarismus nach Arendt geht diese Kritik fehl. Unterschieden werden kann hier auch die Forschung von der Doktrin. Im Bereich der praktischen Politik besitzt die Rede vom Totalitarismus durch ihre mobilisierende Wirkung eine starke Brisanz. Hier ist aber nicht die Totalitarismusforschung angesprochen, sondern die Totalitarismustheorie wird zu einer Totalitarismusdoktrin verwandelt, die selbst zutiefst ideologisch ist.[42] In diesem Sinne ist die Einlassung Wippermanns eine Mahnung.

In Diskussion steht, inwieweit der italienische Faschismus Mussolinis Teil des Totalitarismus ist und darunter subsumiert werden könne. Davon hebt sich die anglophone Forschersicht ab (hier besonders Stanley Payne und Roger Griffin), die zunehmende Beachtung in Deutschland findet (z.B. durch Sven Reichhardt). Nach dieser ‚anglophonen Sichtweise' ist der Faschismusbegriff ein Oberbegriff für ganz unterschiedliche Bewegungen wie etwa die rumänische ‚Eiserne Garde', die britische ‚Union of Fascists', die deutschen Nationalsozialisten und die italienischen Faschisten. Die Diskussion spiegelt die Suche nach Kriterien – wann han-

---

39 Siehe: Günther Heydemann, Detlef Schmiechen-Ackermann 2003. S. 25. Anzumerken ist, das Hans Buchheim 1962 ebenfalls auf einen religiösen Pathos totalitärer Regime einging. Eine neuere Studie bezüglich des religiösen Pathos des NS-Regimes hat Michael Hesemann herausgebracht: Michael Hesemann: Hitlers Religion. München 2004. Weiterhin legte Sandra Franz eine tiefgehende Analyse zur völkischen Religion in Verbindung mit dem Gralsmythos vor: Sandra Franz: Die Religion des Grals. Schwalbach/TS. 2009.

40 Vgl. Klaus von Beyme: Totalitarismus – zur Renaissance eines Begriffs nach dem Ende der kommunistischen Regime. In: Achim Siegel (Hrsg.): Totalitarismus nach dem Ende des Kommunismus. Weimar 1998.

41 Wolfgang Wippermann: Politologentrug – Ideologiekritik der Extremismus-Legende. In: Standpunkte 10/2010. S. 2.

42 Vgl. Bernd Greiner: Die Dekade der Angst. In: Blätter für deutsche und internationale Politik 06/2011. S. 37–49.

delt es sich um eine (autoritäre) Diktatur und wann handelt es sich um einen totalitären Staat – wider. Eine Analogie kann z.B. in Taktschlägen gefunden werden: bei einer (autoritären) Diktatur handelt es sich bereits um einen schnellen Takt, beim Totalitarismus ist dieser Takt jedoch noch weitaus höher. Auch die Frage, unter welchem Begriff man die disparaten Erscheinungen subsumiert, klingt hier an, ist es eher berechtigt zwischen faschistischen Bewegungen und nationalsozialistischen Bewegungen zu trennen, oder ist es angebracht den Nationalsozialismus als eine besonders krasse Form des Faschismus zu betrachten? Der Faschismus war in ähnlicher Weise Gegenstand der politischen Diskussion, wie der Totalitarismus es war. Seit den 1990er Jahren hätte sich ein bemerkenswert hoher Grad der Vereinbarkeit der konzeptionellen Rahmungen von Arbeiten über den Faschismus dargestellt, so Roger Griffin.[43] Diese ließen sich in drei Typen unterteilen. In Theorien zum generischen Faschismus, die vergleichende Geschichtsforschung über ein internationales Phänomen und Einzelstudien bzw. Vergleichsstudien zu spezifischen, dem Faschismus zugeordneten Phänomenen kultureller, sozialer oder politischer Natur.

2.3 Politische Religion

„Für die Extremismusforschung hat eine sehr alte Konfliktlinie seit etwa zwei Jahrzehnten wieder große Bedeutung erlangt: die zwischen säkular-pluralistischen und religiösmonistischen Entwürfen.“[44] Für Jahrzehnte war der Ansatz der politischen Religion ein eher ignorierter Ansatz, nur wenige Forscher beschäftigten sich mit ihm und er war im Schatten des Totalitarismuskonzepts geblieben. Die steten Versuche der Weiterentwicklung und die ‚Wiederauferstehung‘ des Totalitarismuskonzepts brachten auch hier neue Aufmerksamkeit mit sich. Die Vertreter des Ansatzes der politischen Religion verbinden mit diesem nicht so sehr eine Herrschafts- als eine Motivationsanalyse. Die Vertreter der politischen Religion, die bekanntesten sind Hans Maier und Juan Linz, beleuchten mit diesem Ansatz die scheinbare Begeisterung, die totalitäre Massenbewegungen hervorrufen. Hier wird nicht auf das Element des Terrors abgestellt, sondern auf dieses für den Betrachter so befremdlich wirkende Liebende, Begeisterte, dass sich z.B. in den Begeisterungsstürmen der Massen, den zahlreichen Liebesbriefen an Adolf Hitler[45] und dem unbedingten Willen einiger Bewegungsteilnehmer, in das Verderben zu folgen, äußerte[46].

Nach Juan Linz lassen sich ‚politisierte Religion‘ und ‚politische Religion‘ unterscheiden. Die politisierte Religion hat religiöse Wurzeln und führt zur Theokratie. In diesem Fall werden

43 Vgl. Roger Griffin: God's Counterfeiters? – Investigating the Tridad of Fascism, Totalitarianism and (Political) Religion. In: Ebd. (Hrsg.): Fascism, Totalitarianism and Political Religion. London/New York 2005. S. 9. (2005c)

44 Uwe Backes, Eckhard Jesse: Vergleichende Extremismusforschung. In: Ebd. (Hrsg.): Extremismus und Demokratie. Bd. 11. Baden-Baden 2005. S. 31.

45 Vgl. Helmut Ulshöfer: Liebesbriefe an Adolf Hitler, Briefe in den Tod – unveröffentlichte Dokumente aus der Reichskanzlei. Bad Homburg 1996. Vgl. auch: Henrik Eberle: Briefe an Hitler – ein Volk schreibt seinem Führer. Köln 2007.

46 Siehe: Victor Ottmann (Hrsg.): Das Deutsche Buch für die männliche Jugend. Dresden 1923; o.V.: Front am Polarkreis. Berlin 1943; Eberhard Heinatsch: Werden und Sein. Leipzig/Berlin 1942; Thor Goote: Wir fahren den Tod. Berlin 1940.

die Politik, die politische Macht und Gemeinschaft dem Glauben und deren Repräsentanten zur Verfügung gestellt.[47] Die politische Religion hat hingegen politische Wurzeln, stellt eine Ersatz-Religion zur Verfügung und steht im Dienste säkularer Kräfte.[48]

„Die politische Religion stellt ein komplexes und vielseitiges Phänomen dar, ein Glaubenssystem bezüglich Autorität, Gesellschaft und Geschichte. Sie liefert eine ‚Weltanschauung', die einen Anspruch auf eine Wahrheit erhebt, die mit anderen Konzeptionen, auch mit den existierenden religiösen Traditionen, unvereinbar ist. Dieses Glaubenssystem wird von der Sakralisierung von Personen, Orten, Symbolen, Daten und von der Entwicklung von damit verbundenen Ritualen unterstützt. Wenn die Weltanschauung sowohl dem menschlichen Handeln als auch einer politischen Gemeinschaft einen Sinn gibt, bewegen wir uns im Rahmen der Weberschen Konzeption der Religion. Wenn wir uns auf die Sakralisierung und auf die Rituale konzentrieren, nähern wir uns der Auffassung Durkheims."

Juan Linz: Der religiöse Gebrauch der Politik und/oder der politische Gebrauch der Religion. Ersatz-Ideologie gegen Ersatz-Religion. In: Hans Maier (Hrsg.): Totalitarismus und Politische Religionen – Konzepte des Diktaturvergleichs. (Bd. 1) Paderborn/München/Wien/Zürich 1996. S. 130.

Klaus Vondung bezieht sich in seiner Analyse der Gläubigkeit im Nationalsozialismus[49] auf Eric Voegelin, der die Politische Religion als partikuläre Ekklesia mit innerweltlichem Realissimum zeichnete. Die sakrale Substanz des Glaubens wird in der Welt gefunden – und nicht mehr in der Transzendenz. Dies spricht nicht unbedingt gegen Topitsch's Auffassung, die Aufspaltung zwischen Welt und Transzendenz sei das Einfallstor für Ideologien. Vielmehr bietet der transzendente Raum, als unendliche Abfolge von Zeit ein ideales Muster. Der perfekten Zeit folgen immer schlechtere Kopien – ein wichtiges Element in einer partikularen Ekklesia. Man bewegt sich immer weiter weg von einem Ideal, das in grauer Vorzeit existiert haben soll.

„Die Seele soll aus ihrer Befangenheit im Endlichen auf einem intellektuellen und moralischen Läuterungsweg zu der erlösenden Einsicht in die Heilswahrheit emporgeführt und dadurch zugleich in den göttlichen Weltgrund verwandelt oder rückverwandelt werden."

Ernst Topitsch: Die Sozialphilosophie Hegels als Heilslehre und Herrschaftsideologie. Neuwied/Berlin 1967. S. 19.

Die ekstatisch-kathartische Tradition (Aristoteles' *nous poietikos*), die später auch in der Gnosis anzutreffen ist (Topitsch verweist auf die Veröffentlichung „Gnosis und spätantiker Geist" von Hans Jonas) kann auch hier gefunden werden. Schließlich besitzt die Zeit eine Art göttliche Konstante in den später oft als politischen Religionen gekennzeichneten Ideologien

47 Juan Linz: The religious use of politics and/or the political use of religion – ersatz ideology versus ersatz religion. In: Hans Maier (Hrsg.): Totalitarianism and Political Religions. London/New York 2004. S. 112.

48 Juan Linz 2004. S. 107–125.

49 Klaus Vondung: ‚Gläubigkeit' im Nationalsozialismus. In: Hans Maier, Michael Schäfer (Hrsg.): Totalitarismus und Politische Religionen – Konzepte des Diktaturvergleichs. (Bd.2). Paderborn/München/Wien/Zürich 1997. S. 15–29.

des Kommunismus und des Nationalsozialismus. Beide gehen davon aus, dass die Geschichte, hier verstanden als Abfolge der Zeit in der Wirklichkeit, von etwas Höherem bestimmt sei. Der Grund der Bewegung der Zeit wird thematisiert und ins Weltliche verlegt, jedoch folgt die weltliche Zeit einem transzendentalen Muster. Im Kommunismus findet sich die Annahme, die Weltgeschichte sei gelenkt – und befände sich in einem antagonistischen Kampf der Klassen, der im Endstadium überwunden wäre. Dies hat mit den transzendenten Erlösungslehren zu tun.

> Der Transfer transzendenter Erlösungslehren auf politische Institutionen und Akteure lässt innerweltliche Erlösungslehren zum entscheidenden Bezugspunkt im Herrschaftsapparat werden. Der Forderung der exklusiven Identifikation folgt, dass alternative Glaubensformen als häretische Herausforderungen für das eigene Erlösungsmonopol gelten. Utopische Heilspläne gehen einher mit der Selbstzuschreibung sakraler Bedeutung. So gesehen besteht die ‚politische Religion' aus einer Kombination einer weltlichen Priesterschaft, die ethischen Rigorismus, revolutionäre Praxis und messianisches Sendungsbewusstsein ausmacht und der Welt den Krieg erklärt, um sie ‚glücklich' zu machen. Gemeinsamkeit der Phänomene des Fundamentalismus und der politischen Religion ist die Aufhebung der funktionalen Differenzierung von Politik und Religion, als soziale Teilsysteme mit eigenen Systemimperativen.

Der Nationalsozialismus ging davon aus, dass die Weltgeschichte ihren Bewegungsgrund im Blut findet und sie auf ein ‚böses Ende' zusteuere, das von der deutschen Rasse abgewendet werden könne. Die zum Realissimum erhobene innerweltliche Entität führt zur Produktion von um einen heiligen Mittelpunkt gelagerten Symbolen. In seiner Analyse unterscheidet Vondung zwischen Gläubigkeit und Glauben. Gläubigkeit untersucht er in Hinblick auf das Innenleben des Gläubigen, dessen Motive, Wünsche und Bedürfnisse. Glauben, als propagiertes Mittel, untersucht er hingegen auf Art und Weise der Einforderung. Dabei entwickelt Vondung kein klinisches Konzept der beiden Untersuchungsobjekte. Es werden Mischformen zugelassen. Klar herausgestellt ist in dieser Analyse, dass Glaube letztlich eine Verabsolutierungsfunktion von Anschauung ist. „Die wichtigste kultische Funktion der nationalsozialistischen Feiern war das Bekenntnis zum Nationalsozialismus als ein Bekenntnis zum ‚Glauben'. Die psychosozialen und politischen Funktionen ergaben sich daraus in logischer Konsequenz."[50]

> „Eine Religion ist ein solidarisches System von Überzeugungen und Praktiken, die sich auf heilige, d.h. abgesonderte und verbotene Dinge, Überzeugungen und Praktiken beziehen, die in einer und derselben moralischen Gemeinschaft, die man Kirche nennt, alle vereinen, die ihr angehören."
>
> Émile Durkheim: Die elementaren Formen des religiösen Lebens. Frankfurt am Main/Leipzig 2007 (Paris 1912). S. 76.

Vondung verweist auf die von Claus Dörner herausgegebene Fibel mit dem Titel „Freude – Zucht – Glaube", die die Sequenz von Glaube und Bekenntnis und Opferbereitschaft auslösen soll. „Der Glaube also sollte das Vehikel sein für die totale Indienstnahme des ganzen

---

50 Klaus Vondung 1997. S. 20.

Menschen. Deshalb betonen die Lenkungsorgane auch immer wieder, daß die Feiern *dem* Glauben an Führer und – demzufolge – dem Willen zum Einsatz und zur Tat dienten, oder noch deutlicher, daß aus dem Glauben das Bekenntnis folge und aus dem Bekenntnis die Bereitschaft zum Opfer."[51] Der Glauben thematisiert hierbei die Verlassenheit des Einzelnen, die Kälte und Qual des Einsam-seins[52], die durch die Vereinigung zum heiligen Ganzen überwunden werden kann. Die Erlösung findet dadurch statt, dass der Einzelne aufgeht in der Gemeinschaft Gleichgesinnter. Vondung zitiert den aufschlussreichen Satz „Wir alle sind eins. Und keiner ist mehr ‚Ich'"[53] Die in Aussicht gestellte Erlösung erklärt nach Vondung die „Lust sein Ich aufzugeben" und so deutet Vondung folgerichtig, dass das im Nationalsozialismus geforderte Selbstopfer „im wörtlichen Sinn ein Opfer des Selbst" ist.[54] Der Glaube, als ein von außen herangetragenes ‚Du sollst Wollen', wird durch die Aussicht auf Erlösung im Konsumenten desselben, zur Gläubigkeit und geht zunächst über in ein ‚Ich will und ich kann', um dann zu einem ‚Sie will und ich kann' zu werden. Wille ist nicht mehr die Fähigkeit des Wollens, die individuell bestimmt ist, sondern ein Jemandem zu Willen sein und seinen Willen ausführen zu können.

Das ‚Wollen' ist in einer ausgestalteten totalitären Gesellschaft nicht mehr benötigt, weil das Ideal das Verlassen der Individualität durch Aufgang in der Gemeinschaft ist. Nur einer muss wollen, derjenige, dem man zu Willen ist. Alle anderen können, ist der Prozess dem ausgerufenen Ideal nach abgeschlossen, nicht selber wollen. Dies hat für die Beziehung zwischen Ich und Du eine Konsequenz großen Ausmaßes. Das aufgegebene ich kann nicht wollen – und so auch nicht urteilen.[55] Diese Überlegung bezieht sich auf Arendts Verständnis des Urteilens: „Das Wort Urteilen hat in unserem Sprachgebrauch zwei durchaus voneinander zu scheidende Bedeutungen, die uns doch, wenn wir sprechen, immer durcheinandergehen. Es meint einmal das ordnende Subsumieren des Einzelnen und Partikularen unter etwas Allgemeines und Universales, das regelnde Messen mit Maßstäben, an denen sich das Konkrete auszuweisen hat und an denen über es entschieden wird. In allen solchen Urteilen steckt ein Vor-Urteil; beurteilt wird nur das Einzelne, aber weder der Maßstab selbst noch seine Angemessenheit für das zu Messende. Auch über den Maßstab ist einmal urteilend entschieden worden, aber nun ist dies Urteil übernommen und gleichsam zu einem Mittel geworden, weiter urteilen zu können. Urteilen kann aber auch etwas ganz anderes meinen, und zwar immer dann, wenn wir mit etwas konfrontiert werden, was wir noch nie gesehen haben und wofür uns keinerlei Maßstäbe zur Verfügung stehen. [...] In jeder historischen Krise geraten erst einmal Vorurteile ins Wanken, es ist auf sie kein Verlaß mehr, und gerade weil sie, in der Unverbindlichkeit des ‚man sagt', ‚man meint', in dem begrenzten Raum, wo sie berechtigt sind und gebraucht werden, nicht mehr auf Anerkennung rechnen können, verfestigen sie sich leicht zu etwas, was sie von Hause aus gar nicht sind, nämlich zu jenen Pseudotheorien, die als geschlossene Weltanschauungen oder alles erklärende Ideologien die gesamte geschichtliche und politische Wirklichkeit zu begreifen vorgeben. Wenn es die Funktion des Vorurteils ist, den urteilenden Menschen davor zu bewahren, jedem Wirklichen, das ihm begegnet, offen sich exponieren

[51] Klaus Vondung 1997. S. 21.
[52] Bei Voegelin ist dies die Kreatürlichkeit. Vgl. Erich Voegelin: die Politischen Religionen. S. 57f.
[53] Die Neue Gemeinschaft, 08.1939. S. 10004. Zit.n. Klaus Vondung 1997. S. 24.
[54] Klaus Vondung 1997. S. 26.
[55] Hannah Arendt: Was ist Politik? (2.Auflg.). München/Zürich 2005. S. 20f. (2005b)

und denkend gegenübertreten zu müssen, so erfüllen die Weltanschauungen und Ideologien gerade diese Aufgabe so gut, daß sie vor aller Erfahrung schützen, da in ihnen ja angeblich alles Wirkliche irgendwie vorgesehen ist." Das ‚Du' ist entweder Teil der Gemeinschaft, oder nicht. Beiderseits bleibt das Persönliche unerheblich. Ist das ‚Ich' in der Gemeinschaft aufgegangen und folglich kein ‚Ich' im eigentlichen Sinne mehr, so ist es nur noch ein Gegenüber ohne Eigenschaften. Ist das ‚Du' nicht in der Gemeinschaft, so kann es auch dann keine Beziehung zum ‚Ich' aufweisen, wenn sich beide gegenüberstehen. Das ‚Ich' ist ja in etwas anderem aufgegangen. Hinzu kommen die vom Glauben propagierten Maßstäbe wie das ‚Du', welches nicht zum ‚Wir' geworden ist, zu bewerten sei – der Umgang mit ‚Häretikern' ist hier angesprochen. Einmal ist hier die noch nicht angesprochene Tatsache, dass so ein ‚Du' aus der Perspektive des Glaubens unerlöst ist, anzumerken. Die Ausschlussfunktion, die Kreation eines absoluten ‚Wir' und einer Entsprechung auf der anderen Seite kann hier ebenfalls genannt werden. Alle, die nicht in dem ‚Wir' aufgenommen sind, existieren in einer fanatischen Form des Glaubens nicht mehr, sie sind nur noch Feinde, entpersonalisierte Hüllen. Dies ist der Punkt, an dem Hannah Arendt von der ‚objektiven Feindschaft' und ‚eiskalten Folgerichtigkeit' spricht.

Der schwerwiegendste Fakt dürfte (nach Arendt) das Fehlen des eigenen Urteils an sich sein. So erklärt sich der Befehl der Leitfigur einer Ideologie, wie auch immer sie geartet sei, als ein den eigenen Willen, das eigene Urteil ersetzendes Moment. Hier setzt auch der Sinn des von Arendt entwickelnden Schlagwortes von der Banalität des Bösen ein.[56] Oder um es mit Lukrez (dessen Hauptwerk *„De rerum natura"* eine poetische Darstellung der epikureischen Physik bzw. eine materialistische Atomlehre enthält) zu sagen: „Zu so schrecklicher Tat vermochte der Glaube zu raten".[57]

Neben dem Totalitarismus-Theorem existiert das weitaus ältere Konzept der Politischen Religion. Beide weisen tiefgreifende Überschneidungen auf; unter anderem deshalb plädiert der Faschismusforscher Roger Griffin für die Anwendung eines ‚Konzeptkonglomerates' bestehend aus den Konzepten Faschismus, Totalitarismus und Politischer Religion.[58] Im Rahmen eines Sammelbandes arbeitete Griffin ein Beziehungsgeflecht dreierlei Konzepte zur Erforschung der Geschichte extremer politischer Phänomene heraus.[59] Griffin nennt als ein Vorbildmodell dieser Vorgehensweise (des Cluster-Prinzips bei der Anwendung der Totalitarismusdefinition) Emilio Gentiles Vorgehensweise, in der die Schlüsselbegriffe Totalitarismus, Politische Religion und Palingenese sowie anthropologische Revolution sich gegenseitig definierende Begriffe sind und das semantische Feld abstecken. Seine Definition, so Griffin, könne aufgegriffen und auf die Fälle Kommunismus und Faschismus angewandt werden oder alternativ könnten Politische Religion oder anthropologische Revolution und Palingenese die zu definierenden Begriffe sein und dementsprechend angewendet werden.

---

56 „Diese Leute waren keine gewöhnlichen Verbrecher, sondern ganz normale Zeitgenossen, die mit mehr oder weniger Enthusiasmus Verbrechen begangen hatten, einfach weil sie das taten, was man von ihnen verlangt hatte." Hannah Arendt 2006. S. 23.

57 „Tantum religio potuit suadere malorum". Lukrez: Über die Natur. 1,102. Zit.n. Büchmann: Geflügelte Worte. Lizenzausgabe. Darmstadt, o.J. S. 78.

58 Vgl. Roger Griffin 2005a.

59 Roger Griffin (Hrsg.): Fascism, Totalitarianism and Political Religion. London/New York 2005. S. 10. (2005a)

Das von Griffin ‚multiple-point-perspective' genannte Verfahren zur Untersuchung moderner Extremismen ist im Kern eine Verbindung bereits bestehender Konzepte, die allesamt aufgrund mannigfaltiger Begriffsdefinitionen selbst interpretationsbedürftig sind. Die Entwicklung der Begriffe hin zu einem Betrachtungsbündel ‚Faschismus, Totalitarismus, Politische Religion' wird von Griffin als sinnvolle Möglichkeit vorgestellt, dem Tunnelblick des rein auf ein Konstrukt basierenden Forschungsvorgehens zu entkommen.[60] Die Reichhaltigkeit des so entstandenen neuen Konzeptes geht mit einer Vielzahl an Bedingungen einher.

Er begründet die Methode des verbindenden Denkens (joined-up-thinking) mit dem vergrößerten heuristischen Wert der multiperspektiven Betrachtung, die die einzelnen Begriffe nicht mehr als eigenständige Untersuchungskonzepte sondern als Komponenten eines Konzepts nutzt, die einen engen Zusammenhang aufweisen und eine Gruppe bilden, aus der das neue Untersuchungskonzept besteht.[61] Alle Begrifflichkeiten haben ihre eigene geschichtliche Entwicklung und sind aufgrund der Vielzahl an angebotenen Definitionsmöglichkeiten inhaltlich umstritten. Dies hat auch etwas mit der perspektivhaften wissenschaftlichen Betrachtung zu tun.

Der Totalitarismus, so führt Griffin aus, kann einerseits aus einer Funktionsperspektive betrachtet werden, von der aus phänomenologische Untersuchungen unternommen werden, die auf den radikal autoritären Staatstyp und die Zeichen des Zwangs abstellen. Andererseits kann der Totalitarismus aus der Perspektive der Intention betrachtet werden, die gesetzten Ziele der ausübenden totalitären Autorität werden so untersucht.[62] Im Rahmen des Blicks auf die Intention wird das charakteristische des Phänomens Totalitarismus als fokussierte und projektierte Bewegung, hin zu einem finalen Zustand des Menschen, begriffen – die somit chiliastische Ansprüche beinhaltet, die auf einer radikalen Ablehnung der existierenden Gesellschaft basiert ist und zum Ziel hat, die Welt zu erobern, um eine neue Welt zu schaffen.[63] Griffin sieht den methodischen Wert der Analyse Carl J. Friedrichs und Zbigniew Brzezinskis (Totalitarian Dictatorship and Autocracy) in der für ihn hier noch embryonal entwickelten Cluster-Analyse dadurch, dass an einem Punkt der Analyse die Beziehung zwischen Totalitarismus und Religion (im Sinne einer Ersatzreligion) als argumentierbar für die Autoren erscheint. „In a phrase that has a direct bearing on the raison d'être of the present group of essays, they add, ‚whether these aspects of totalitarian ideologies bear some sort of relationship to the religions they seek to replace is arguable'."[64] Griffin hebt die Arbeit Simon Tormeys hervor, der zwischen der starken Theorie und der *schwachen Theorie* des Totalitarismus unterscheidet. Die starke Theorie sieht im Totalitarismus eine Form des *‚social engineering'*, welche den inneren Frieden des Individuums zerstört, während die schwache Theorie den äußeren Konformismus als oberflächlich betrachtet, der verfliegt, sobald die äußeren Fesseln fallen. Die starke Theorie hat, so Griffin, den Nachteil, zu hohe Anforderungen zu besitzen, um den Begriff des Totalitarismus auch auf Regimes anzuwenden, die eine gewisse Anzahl an persönlichen Freiheiten und den kulturellen Pluralismus reduzieren, so wie das faschistische Italien. Gemeinsam ist den Vertretern der beiden Zweige die Sichtweise,

---

60 Roger Griffin 2005a. S. 8.
61 Roger Griffin 2005a. S. 16.
62 Roger Griffin 2005a. S. 5.
63 Roger Griffin 2005a. S. 5.
64 Roger Griffin 2005a. S. 6.

dass der Unterschied totalitärer Herrschaft zu anderen Diktaturen in dessen Versuch liegt, eine völlig neue Form der Gesellschaft zu entwickeln, die das Regime dazu bringt, den Charakter der menschlichen Existenz zu transformieren, indem eine Vision implementiert wird.[65] Griffin entwickelte eine Perspektive auf die Sakralisierung des Staates als ein Produkt des menschlichen Vermögens, das Haus und die Gemeinschaft mit supra-humanen Dingen und ritueller Bedeutung aufzuladen. Suprahumane und rituelle Bedeutung werden auf die Idee eines neuen Hauses und einer neuen Gemeinschaft übertragen und es werden eigene Symbole und Liturgien produziert.[66] Besonderen heuristischen Wert dieser Verbindung sieht Griffin in der Betrachtungsweise Walter Adamsons, der zwischen etablierter und politischer Religion unterscheidet und Politische Religionen als eine Skala rhetorischer, organisatorischer und ritueller Techniken sieht, die von totalitären Bewegungen oder Regimen genutzt werden, um einen Kult des neugeborenen Staates, der Rasse oder der Nation zu fördern. Eine Führerfigur hingegen würde dazu genutzt charismatische und soziopolitische Energien zu befördern.[67] Die Beziehung zwischen Politischer Religion und Totalitarismus ist, so führt Griffin aus, in hohem Maße akzeptiert. Hier sind Arbeiten von Arendt, Popper oder Buchheim zu nennen. Die Verbindung zwischen dem Faschismus und der Politischen Religion ist hingegen noch nicht so akzeptiert. Emilio Gentile und George Mosse verstehen die Sakralisierung der Politik als wichtigen Aspekt des generischen *Faschismus*.[68]

„The core component of this conceptual framework can be summarized as the premise that fascism is an ideologically attempt by a movement or regime to create a new type of post-liberal national community which will be the vehicle for the comprehensive transformation of creating an alternative modernity."[69] Dabei legt Griffin großen Wert auf die Palingenese-These: „As those familiar with the debate are all to well aware, my approach highlights the central role played in generic fascism by a palingenetic ultra-nationalism, namely the myth that the organically conceived nation is to be cleansed of decadence and renewed."[70] Griffins Behandlung des geschichtlichen Phänomens basiert, so stellt er klar, auf Stanley Paynes Arbeit (A history of Fascism: 1914–1945). Seine Definition des Faschismus ist bekannt unter dem Namen new consensus. Wird der Faschismus in dieser Weise begriffen, so ergibt sich die Möglichkeit aus diesem und aus den Begriffen des Totalitarismus und der Politischen Religion ein konzeptionelles Cluster zu bilden, mit dem gearbeitet werden kann.[71]

Multiperspektive Betrachtung

Die multiperspektive Betrachtung nutzt Begriffe komplementär und formt daraus ein konzeptionelles Cluster bzw. eine konzeptionelle Konstellation. Die Verbindung der komplementären Begriffe wird durch das ‚joined-up-thinking' geleistet. Multiperspektive Betrachtung, konzeptionelles Cluster und vernetzendes Denken gehören in methodisch-theoretischer Hinsicht zusammen.

65 Roger Griffin 2005a. S. 8.
66 Roger Griffin 2005a. S. 15.
67 Roger 2005a. S. 17.
68 Roger Griffin 2005a. S. 16–17.
69 Roger Griffin 2005a. S. 9.
70 Roger Griffin 2005a. S. 9.
71 Roger Griffin 2005a. S. 10.

Die zentrale These Griffins liegt im idealtypischen Konstrukt eines ‚faschistischen Minimums', bei dem davon ausgegangen wird, dass die Faschisten einer nationalen Wiedergeburt entgegensehnten, welche durch die Zerstörung (der als dekadent erscheinenden Moralordnung und der ihnen als verfault vorkommenden demokratischen Gegenwartsgesellschaft) möglich sein würde. Diese Definition ist unter anderem dafür kritisiert worden, dass der Rassismus als Ideologem in dieser Definition zu kurz komme.

Griffin entwickelte die These, dass alle Faschismen einen gemeinsamen idealtypischen Kern hätten, welchen er als ‚Ultranationalismus' oder ‚palingenetischen Faschismus' bezeichnet.[72] Dieser ist vom herkömmlichen Nationalismus zu unterscheiden:

„Diese Art Nationalismus hat nichts mit Pässen und Wahlrecht zu tun. Tausend Pässe können diesen Typ von Identität nicht schaffen oder die Verwurzelung kreieren, von der Ultranationalisten glauben, sie sei der Schlüssel zu einer gesunden Gesellschaft, einer Nation, die die individuelle Lebensspanne überschreitet und die in einer Form von Ewigkeit existiert."

Der Ultranationalismus, den Roger Griffin hier konzipiert, bezieht sich auf eine organische Konzeption der Nation, die sich im Diskurs als kulturelle und ethnisch/rassische Überlegenheit, aber nicht unbedingt in der biologischen, eugenischen und genetischen Weise, die im Nationalsozialismus eine solch zentrale Rolle spielten. Der ‚Ultranationalismus' bezieht sich im Kern auf einen Mythos der Neugeburt, der einer Phase der Dekadenz folgen soll, und ist verwoben mit dem Kulturpessimismus. Dem Untergang der Erde folgt die Morgenröte und eine neue Zeit bricht an. Dabei stellt die *Palingenese* eine Wiedergeburt durch Umwälzungen der Gesellschaftsordnung dar. Der Blick, der aus dieser Perspektive über das Weltgeschehen als ein dem Niedergang entgegengehendes Geschehen, entsteht, formt eine Politik, welche auf das Zukünftige gerichtet ist und zwar in der Weise, dass einem Verfall entgegen gewirkt wird. Dabei sind unzählige Varianten der rechtsextremen Gedankengebilde kein Hindernis mehr bezüglich eines Vergleichs.[73] In dieser Hinsicht hat Griffin einiges mit Popper gemein: dieser schrieb über die ‚unabänderlichen Schicksalsgesetze' der Historizisten[74]. Dies ist eine Verbindung des Ansatzes der politischen Religion mit dem ideologiekritischen Ansatz.

Der Begriff ‚Politische Religion' tauchte im Zuge der Französischen Revolution auf. Christoph Martin Wieland nutzte den Terminus in seinen „Betrachtungen über die gegenwärtige Lage des Vaterlandes."[75] Zu einem Begriff hat Eric Voegelin ihn im 20 Jahrhundert entwickelt.[76] Der konservativ-katholische Denker sah in den politischen Bewegungen des Faschismus, Nationalsozialismus und des Kommunismus eine Form des Gnostizismus, die eine innerweltliche Erlösungslehre boten. Die innerweltliche Entität führt zur Produktion von, um einen heiligen Mittelpunkt gelagerten Symbolen. Zu den bekanntesten Kritikern

---

72 Roger Griffin: Völkischer Nationalismus als Wegbereiter und Fortsetzer des Faschismus – Ein angelsächsischer Blick auf ein nicht nur deutsches Phänomen. In: Heiko Kaufmann, Helmut Kellersohn, Jobst Paul (Hrsg.): Völkische Bande. Münster 2005. S. 24. (2005b)

73 Siehe Roger Griffin: 2005b. S. 7–48.

74 Karl Raimund Popper: Die offene Gesellschaft und ihre Feinde – Der Zauber Platons. (Bd.1). (8.Auflg.) Tübingen 2003. S. 19.

75 Christoph Martin Wieland: Betrachtungen über die gegenwärtige Lage des Vaterlandes In: Philipp Reemtsma et. al.: Politische Schriften. (Bd. 3). Nördlingen 1988. 37–71

76 Eric Voegelin: Die politischen Religionen. Wien 1938.

Eric Voegelins gehört Thomas Mann der urteilte, dass Voegelin alles Utopische in gnostischen Irrsinn verwandeln würde.[77]

Der von Voegelin eingeführte Begriff der Politischen Religion bezieht sich auf die Übertragung sakraler Momente in den Raum der Politik. Lucie Varga arbeitete Angst und Verzweiflung als wichtige Voraussetzungen der ‚Bekehrung' heraus. Raymond Aron, ein weiterer Vertreter, beschrieb die Übertragung religiöser Gefühle aus dem Kontext der großen Religionen auf Ideologien und Regime; Jean-Pierre Sironneau beschrieb ‚politische Religionen' als revolutionäres Phänomen ‚millenaristischen Typs', die durch die Übertragung des ‚Sakralen' in den Bereich der Politik entstünden.[78] Bekannte Vertreter des Konzepts der Politischen Religion sind heute Hans Maier und Klaus Vondung. Eine veränderte, spezifischere Version der Politischen Religion legte Juan Linz mit seiner Begrifflichkeit der Ersatzreligion vor und unterschied die Politische Religion von der Politisierten Religion.

„Political religion from a functionalist perspective is an instrument of legitimation of power and in this it is close to the political use of religion for the purpose of political legitimation that has been recurrent in the course of history."[79]

Roger Griffin belebte den Ansatz der Politischen Religion in gewisser Weise neu, indem er die Palingenese-These aufstellte.

> Palingenese
>
> Etymologisch setzt sich der Begriff der Palingenese aus den griechischen Wörtern „palin" (wieder) und „génesis" (Entstehung) zusammen. Der Begriff der Palingenese meint die ‚Neugeburt'. In der Faschismusforschung ist hiermit ein zentraler Moment faschistischer Politik angesprochen.

Im Rahmen seiner, an die Forschungsmethode der methodischen Empathie angelehnten Studien zum Faschismus[80], die sich vor allem den Herrschaftszielen widmen und methodisch das Gesagte und Geschriebene nicht als Propaganda und falsches Bewusstsein auffassen, sondern dieses aufgreifen, entwickelte sich die Palingenese-These. Diese besagt, dass die Menschen glauben von dem drohenden Verfall der Menschheit bedroht zu sein und versuchen würden, dies zu verhindern und einen neuen Morgen heraufbeschwören wollten.[81]

„Ist der Ultranationalismus erst einmal aufgeladen mit dem Mythos, dass die gegenwärtige Ära des Verfalls und Niedergangs in eine neue Ära umgekehrt werden könne, dass die gesamte Organisation der Nation regeneriert, neugeboren und erneuert werden könne, resultiert daraus eine sehr spezielle Sicht der Zeit und ein ganz neuer Typus von Politik."[82]

---

[77] Thomas Mann: Tagebücher 1951–1952. Frankfurt a.M. 1993. S. 219.

[78] Detlef Schmiechen Ackermann: Diktaturen im Vergleich. Reihe: Kontroversen um die Geschichte. Darmstadt 2002. S. 22–56.

[79] Juan Linz: The religious use of politics and/or the political use of religion. In: Hans Maier (Hrsg.): Totalitarism and Political Religions. (Bd. 1.). London/New York 2004. S. 109.

[80] Vgl. Stanley G. Payne: Fascistologist – a preface by Stanley G. Payne. In: Matthew Feldman (Hrsg.): A Fascist Century – Essays by Roger Griffin. New York/Hampshire 2008. S. xxiv.

[81] Roger Griffin 2005a.

[82] Roger Griffin 2005b. S. 20–49, S. 25.

2.4 Ideologiekritik

In begriffsgeschichtlichen Darstellungen zum Ideologiebegriff wird zumeist Bacons Idolenlehre als ein Vorläufer ideologietheoretischer Überlegungen erwähnt.[83] Kurt Salamun sieht in der Idolenlehre Bacons vor allem einen ideengeschichtlichen Vorläufer des Ideologiebegriffes. Kurt Lenk betrachtet einige Ausführungen von Bacon als bedeutungsvoll für die Ideologieforschung.[84] Das Wort Ideologie taucht erst am Ende des 18. Jahrhunderts beziehungsweise am Anfang des 19. Jahrhunderts auf. Bacon nutzte das Wort *Idola* im Sinne von Trugbild, Irrtumsquelle oder Vorurteil.[85] Von Ideologie spricht er nicht. Bacons Anliegen ist es, die Einflüsse, die unser Vermögen zu erkennen beeinflussen, aufzudecken. In Bacons Organon[86] wird versucht, die Probleme, die der Erkenntnissicherheit im Wege stehen, zu erfassen, um so zu einem besseren Gebrauch der Vernunft zu kommen. „Bacon hatte in seiner idolenlehre den Versuch gemacht, die Entstehung falscher Ideen zu verhindern. Dies geschah dadurch, daß er die möglichen Fehlerquellen, welche die Entstehung und die Bildung der Ideen beeinträchtigten, umgrenzte und genau bezeichnete.“[87]

Die Ideo-logie begann ihre Existenz als wissenschaftliche Methode mit Antoine Louis Claude Destutt de Tracy (1754–1836), Mitglied der Nationalversammlung von 1789, der später Senator und Pair war.[88]

„Allerdings zunächst nicht in der gleichen wertnegativen Bedeutung wie *Idolum* oder *Préjugé*, sondern als Bezeichnung für eine *science des idées*, eine philosophische Grundlagenwissenschaft, die sich mit der Entstehung und den Bildungsgesetzen von Ideen beschäftigt“[89]

Im Jahr 1796 wurde Destutt de Tracy für die erste Sektion (Analyse des sensations et des idées) des Instituts science morales et politique am Institut national des sciences et des arts berufen.[90] Sein Werk Élements d'Idéologie umfasst fünf Bände, die zwischen 1801 und 1815 veröffentlicht wurden. Unterstützt wurde er von Francois Pierre Gauthier Maine de Biran. Die physiologisch ausgerichtete neue philosophische Disziplin sollte die Bildungsgesetze der Vorstellungen und Ideen untersuchen und die Regelmäßigkeiten klären, die beim Zustandekommen der Erkenntnis wirksam sind.[91]

„Die neue Wissenschaft von der Ideologie war zu ihrer Zeit so subversiv, wie die Psychoanalyse es heute ist[.]“[92]

---

83 Vgl. Barth 1974, Geiger 1968, Krohn 1987, Lenk 1984, Lieber 1985, Lübbe 1971, Mannheim 1985, Salamun 1975, Choe 1997, Eagleton 1993.

84 Vgl. Kurt Salamun: Bacons Ideenlehre aus der Sicht der neueren Ideologiekritik In: Archiv für Rechts- und Sozialphilosophie 1975. Kurt Lenk: Ideologie – Ideologiekritik und Wissenssoziologie (9.Auflg.) Frankfurt a.M./New York 1984.

85 Vgl. Kurt Salamun: Ideologien und Ideologiekritik – Ideologietheoretische Reflexionen. Darmstadt 1992. S. 5.

86 Vgl. Francis Bacon: Neues Organon. (1620) Hamburg 1990.

87 Hans Barth: Wahrheit und Ideologie. (2.Auflg.) Frankfurt a.M. 1974. S. 15.

88 Vgl. Carl Güttler: Einführung in die Geschichte der neueren Philosophie des Auslandes. München 1922. S. 16.

89 Kurt Salamun 1992. S. 5.

90 Vgl. Hyondok Choe: Ideologie – Eine Geschichte der Entstehung des gesellschaftskritischen Begriffs. Frankfurt a.M. 1997. S. 47.

91 Vgl. Ernst Topitsch, Kurt Salamun: Ideologie – Herrschaft des Vor-Urteils. Wien/München 1972. S. 13.

92 Terry Eagleton: Ideologie – Eine Einführung. Stuttgart/Weimar 2000. S. 79.

Ideo-logie ist bei ihm die Wissenschaft der rationalen Auseinandersetzung mit dem Entstehen und der Entwicklung von Ideen. „Die Ideo-logen versuchen eine Philosophie zu etablieren, [...] welche durch genaue und systematische Kenntnis des physiologischen und psychischen Organismus und der gesamten physischen Welt praktische Regeln für Erziehung, Ethik und Politik festzustellen sucht [...]"[93]

Er will sich darin dem Prozess der Ideenentwicklung, der Wahrnehmung wissenschaftlich widmen. „Die Ideologie ist eine Wissenschaft von den Ideen als Produkten des Denkvermögens, geschieden nach Empfindung, Gedächtnis, Urteil, Willen und Bewegungsvermögen. Ohne Widerstand würde eine außer uns existierende Materie nicht erkannt werden können, ein Wesen ohne Bewegung würde nichts anderes als sich selbst erkennen. Aus dem empfundenen Widerstande und der gewollten Bewegung ergibt sich das Bewusstsein einer von uns verschiedenen Außenwelt. Die Sprache ist eine künstliche Erfindung des Menschen und als Zeichensystem eine Bedingung der Erkenntnis. Prinzip der Bewegung ist der Wille, dieser dasselbe wie die Person oder der Mensch selbst. Zu der Passivität der Empfindungen ein aktives Prinzip hinzu zu finden, heißt im Materiellen den Geist entdecken. Aus dem Willensvermögen resultiert auch der Grund des Eigentums und der politischen Freiheit."[94]

Die Ideo-logie, von Destutt de Tracy als einer ihrer Hauptvertreter entwickelt, ist im Grunde mit dem Versuch verbunden gewesen, die Wissenschaft neu zu projektieren. Die Idee selbst sollte wissenschaftlich erforscht werden. Destutt de Tracy ordnete die Ideo-logie der Zoologie zu, da er sie als physiologisch orientierte philosophische Grundlagenforschung im Sinne der sensualistischen Schule Condillacs begriff.[95]

> Condillac, Étienne Bonnot de:
>
> Französischer Philosoph, führt v. a. in seiner Abhandlung „Traité des sensations" (1754) alle Erkenntnisquellen auf die Wahrnehmung der äußeren Sinne zurück; alle anderen Operationen (Reflexion, Ausbildung eines Selbstbewusstseins) haben in den äußeren Sinnen ihre Wurzeln. Der Mensch lebt nur aus Erfahrung.

Ihm zufolge ist die Ideo-logie eine „wissenschaftliche Lehre, in der allein Ideen als erfaßbare, quasi physiologische Erkenntniselemente ein sicherer Ausgangspunkt für Erkenntnisgewinnung sein können."[96] Während Bacon noch kritisierte, dass der Mensch als Ausgangspunkt jeder Welterklärung genutzt würde, setzt de Tracy diese Kritik in seinem Erkenntnisprojekt gleich um: „Er geht [. . .] an seinen Untersuchungsgegenstand, den Menschen, mit der Auffassung heran, daß dieser einen Teil der Natur darstellt, und versucht dessen intellektuelle Fähigkeit so zu beschreiben, wie ein Naturforscher einen Naturgegenstand beschreibt."[97] Auch aus diesem Grund kommt Terry Eagleton zu dem Schluss: „Ideo[-]logie ist tief verwurzelt im

93 Carl Güttler: Einführung in die Geschichte der neueren Philsosophie des Auslandes. München 1922. S. 16.
94 Carl Güttler 1922. S. 16.
95 Vgl. Kurt Salamun 1992. S. 5f.
96 Peter Prechtl, Franz-Peter Burkhard (Hrsg.): Metzler Philosophie Lexikon. (2.Auflg.). Stuttgart/Weimar 1995. Stichwort: Ideologie.
97 Hyondok Choe1997. S. 52.

aufklärerischen Traum von einer Welt, die völlig durchsichtig für die Vernunft ist, die frei ist von den Vorurteilen, dem Aberglauben und dem Obskurantismus des *ancien régime*."[98]

Marx und Engels unterscheiden zwischen der Ideologie und der konzeptiven Ideologie. Die Ideologie lässt sich kurz als Produktion von Ideen durch Handlungsagenten schreiben.[99] Die Handlungsagenten sind die Mitglieder der herrschenden Klasse. Die konzeptive Ideologie ist nur indirekt gesamtgesellschaftlich wirksam. Sie entsteht, weil auch in der herrschenden Klasse die Arbeitsteilung besteht – die geistigen und materiellen ‚Arbeiter' der herrschenden Klasse. Die geistigen ‚Arbeiter' der herrschenden Klasse arbeiten an der Illusion über die herrschende Klasse selbst – sie sind die konzeptiven Ideologen. Die konzeptive Ideologie sorgt für die kohärente Ausgestaltung der herrschenden Gedanken und stellt so eine homogene Ideologie her.[100] Durch die Verwendung bei Marx und Engels wurde Ideologie zu einer soziologisch-politischen Kategorie.[101] Marx und Engels begegneten dem Thema im Gegensatz zu Napoleon konstruktiv. Sie widmen sich im Besonderen den Problemen, wie Wissen sich verbreitet und wie Wissen entstehen könnte. Marx denkt besonders über wirtschaftliche Verhältnisse und eine Ökonomie der Macht nach. Aufgrund unterentwickelter materieller Verhältnisse, müsse eine vorsozialistische Gesellschaft laut Marx ein falsches Bild von sich haben. Diesem falschen Bewusstsein säßen aber nicht nur die beherrschten Klassen auf, sondern auch die Herrschaftsklassen hätten ein falsches Bild von sich.[102] Die Ideologie ist demnach eine bestimmte Kraft und organisiert die Erfahrungen des Menschen im Rahmen der Anforderungen einer bestimmten Gesellschaftsform:[103]

„Es ist zweifellos ein bleibendes Verdienst von Marx, nachdrücklich auf die gesellschaftliche Bedingtheit des menschlichen Denkens hingewiesen und dabei im Besonderen den Einfluß technischer und wirtschaftlicher Faktoren auf unser Denken und Handeln hervorgehoben zu haben. An diesem Verdienst ändert auch die Tatsache nichts, daß Marx die Einsicht in die ökonomische Bedingtheit des Denkens teilweise so eng mit pseudowissenschaftlichen geschichtstheologischen Spekulationen gekoppelt hat, daß sie in entscheidenden Punkten recht vage und unbestimmt bleibt."[104]

Karl Mannheim entwickelt seine Überlegungen zum Denkstil in seiner Arbeit über „Ideologie und Utopie" auf Basis der Marxschen Überlegung, dass eine soziale Lage und damit einhergehende Interessen bestimmte Sichtweisen produzieren würden und entwickelt eine Unterscheidung zweier Formen von Ideologie.

Er unterteilt die Sinnbedeutung des Ideologiebegriffes in partikulare Ideologie und totale Ideologie. Sprechen wir von Ideologie, so kann es sich demnach um zwei verschiedene Bedeutungen handeln. Die erstere entspricht einer psychologischen Ebene. Hier wird haupt-

98 Terry Eagleton 2000. S 78.
99 Matthias Bohlender: Die Herrschaft der Gedanken – über Funktionsweise, Effekt und die Produktionsbedingungen von Ideologie. In: Harald Blum (Hrsg.): Die deutsche Ideologie. Berlin 2010. S. 53.
100 Matthias Bohlender 2010. S. 53.
101 Ernst Topitsch, Kurt Salamun 1972. S. 15.
102 Peter Prechtl, Franz-Peter Burkhard (Hrsg.): Metzler Philosophie Lexikon. (2.Auflg.). Stuttgart/Weimar 1995. Stichwort: Ideologie.
103 Terry Eagleton 2000. S. 93.
104 Ernst Topitsch, Kurt Salamun 1972. S. 33.

sächlich eine Verklammerung von Interesse, Idee und Weltsicht aufgezeigt. Hauptsächlich wird gefragt, wie die Situationsgebundenheit des Menschen seine Ideenentwicklung beeinflussen; welche Rolle das Interesse im Hinblick auf Entwicklung von Ideen, auf soziale Lage und Weltsicht spielt. Der partikulare Ideologiebegriff ist weit gefasst, es geht mehr um die Anerkenntnis, dass der Betrachter einer Situation eine eigene Geschichte repräsentiert, ein eigenes Leben hat, das gesellschaftlich und individuell verortet wird; die Anerkenntnis also, dass Jeder immer seine eigene Brille trägt. Hier ist das Feld der Psychologie betreten: Demnach ist alles Denken auch ideologisch, weil es immer seinsverbunden im Rahmen des Selbst und der sozialen Gruppe ist.[105]

Der totale Ideologiebegriff beinhaltet, dass das gesamte Gedankenbild des Gegners abwertend (ideologisch) betrachtet wird und die theoretische Ebene, die Konstruktion der Welt des Gegners insgesamt, funktionalisiert wird. Neben das Gegensatzpaar partikular und total stellt Mannheim eine weitere Koordinate fest: Die Gegenüberstellung von speziell und allgemein. Die Unterscheidung liegt hierbei darin, dass zwischen solchen Gruppen unterschieden wird, die die soziale Gebundenheit nur beim Gegner anerkennen (speziell) und denen, die das Denken aller Parteien als sozial gebunden betrachten (allgemein).[106] Sprechen wir so von einer partikularen, allgemeinen Ideologie, so ist damit etwas fundamental anderes gemeint, als spräche man von einer totalen, speziellen Ideologie. Die partikulare, allgemeine Ideologie ist ein weit gefasster Ideologiebegriff der schwierig zu operationalisieren ist. Im Rahmen der totalen speziellen Ideologieforschung hat sich der Ansatz der Extremismusforschung einen Namen gemacht. Die Ideologie wird hier als eine Funktion operationalisiert, die bestimmte Einstellungen und Handlungen durchsetzen soll und ein spezielles Ziel hat. Eine Verbindung weist die Extremismusforschung demgemäß mit dem speziellen totalen Ideologiebegriff Mannheims auf, der hier operationalisiert wurde.

Karl Raimund Popper, der dem Wiener Kreis nahe stand, sich von diesem aber in der Folgezeit emanzipierte, schrieb mit seiner Arbeit zur offenen und geschlossenen Gesellschaft die Demokratie und den Totalitarismus als gegensätzliche Pole einer herrschaftsanalytischen Skala fest, wenngleich er selbst keine eigene Skala im Sinne einer Aufgliederung von verschiedenen Herrschaftstypen entwickelte. Er arbeitete in seiner zweibändigen Schrift „Die offene Gesellschaft und ihre Feinde“ ein Verstehensmodell des politischen Raumes heraus, welches sich durch eine bimodale Verteilung auszeichnet. Die von ihm begründete Denkrichtung des Kritischen Rationalismus geht davon aus, dass es eine wirkliche, wahre Welt gibt, diese aber aufgrund der nur eingeschränkten Wahrnehmung des Menschen nicht mit endgültiger Gewissheit begriffen werden kann; es ist das Postulat des Fallibilismus.[107] Es ist nicht möglich vorauszusehen, welche Teile unseres wissenschaftlichen Wissens eines Tages zu Fall kommen werden, deshalb ist ein Streben nach ‚Gewissheit‘ aussichtslos, aber die Suche nach

---

105 Karl Mannheim: Ideologie und Utopie. (7. Auflg.). Frankfurt a.M. 1985. S. 29.

106 Karl Mannheim: Ideologie und Utopie. (7. Auflg.). Frankfurt a.M. 1985. S. 70.

107 „Die Antwort ist nicht pessimistisch, relativistisch oder ‚skeptisch‘ […]: Sie zeigt, daß wir von unseren Fehlern lernen können. Eine Annäherung an die Wahrheit ist möglich. Das war meine Antwort auf den erkenntnistheoretischen Pessimismus. Aber ich gab auch eine Antwort auf den erkenntnistheoretischen Optimismus: Sicheres Wissen ist uns versagt.“ Karl Raimund Popper: Logik der Forschung. (11.Auflg.). Tübingen 2005. Vorwort zur siebenten deutschen Aufl.). S. XXXV.

der ‚Wahrheit' ist dies nicht.[108] Im Kritischen Rationalismus ist der Verstehensprozess eine Rekonstruktion der historischen Problemsituation und der Lösungsversuche der Probleme.[109]

„Die Tätigkeit des wissenschaftlichen Forschers besteht darin, Sätze oder Systeme von Sätzen aufzustellen und systematisch zu überprüfen; in den empirischen Wissenschaften sind es insbesondere Hypothesen, Theoriensysteme, die aufgestellt und an der Erfahrung durch Beobachtung und Experiment überprüft werden."[110]

Die offene Gesellschaft und ihre Feinde ist eine wissenschaftstheoretische Kritik am Historizismus, am Holismus, sowie am deduktivistischen Begründungsdenken des Totalitarismus.

Historizismus

„Die Zukunft hängt von uns selbst ab, und wir sind von keiner historischen Notwendigkeit abhängig. Es gibt aber eine Reihe einflussreicher Sozialphilosophen, die die entgegengesetzte Ansicht vertreten. [...] Sie glauben auch die Gesetze der Geschichte entdeckt zu haben, die es ihnen ermöglichen, den Verlauf historischer Ereignisse vorherzusehen. Ich habe die verschiedenen sozialphilosophischen Richtungen, die solche Ansprüche erheben, unter dem Namen Historizismus zusammengefasst."

Karl Raimund Pooper: Die offene Gesellschaft und ihre Feinde. Bd.1. [1945] 8.Auflg. Tübingen 2003. S. 5.

Der Historizismus ist eine Einstellung zur Geschichtstheorie: Hier wird die Auffassung vertreten, die Gesellschaftstheorie sei vor allem eine Frage der Geschichtstheorie. Die Geschichtstheorie hätte die Aufgabe, langfristige Prophezeiungen abzugeben. Dabei werden etwaige, mittels technischem Vermögen erhobene Trends zu Gesetzen umgedeutet und so als absolut gesetzt. Die Gesellschaftstheorie geht so eine enge Verbindung mit der Geschichtsspekulation ein und produziert im Ergebnis Prophezeiungen.

Poppers Ideen erinnern an die Unterscheidung von Gemeinschaft und Gesellschaft bei Tönnies, Emile Durkheims Gedanken zur organischen Solidarität und Spencers Überlegungen von homogener und inhomogener Homogenität, sowie allgemein dem Ansatz des Utilitarismus, aber auch John St. Mills Denken über das System der deduktiven und der induktiven Logik. Besonders kritisiert werden Hegel, Marx und Platon, in denen Popper gewissermaßen seine Gegenspieler sah. Die geschlossene Gesellschaft ist als organische Gesamtheit konzipiert und besitzt einen kollektivistischen Charakter. Es wird von ehernen geschichtlichen Gesetzen ausgegangen. Im Besonderen zeichnet sich dieses Gesellschaftsmodell durch ein „Planen im großen Stil" aus, welche Popper als utopische Sozialtechnik bezeichnet, in der die gesamte

---

108 „Die positive Entscheidung kann das System immer nur vorläufig stützen; es kann durch spätere negative Entscheidungen immer wieder umgestoßen werden. Solang ein System eingehenden und strengen deduktiven Nachprüfungen standhält und durch die fortschreitende Entwicklung der Wissenschaft nicht überholt wird, sagen wir, daß es sich bewährt." Karl Raimund Popper 2005. S. 9.

109 „Es ist eine Variante der gegenwärtig in der Philosophie so unmodernen historischen Methode. Sie besteht einfach darin, daß man versucht, herauszufinden, was andere über das vorliegende Problem gedacht und gesagt haben: Warum es ein Problem für sie war; wie sie es formuliert haben; wie sie es zu lösen versucht haben." Karl Raimund Popper 2005. Vorwort zur ersten englischen Ausgabe 1959. S. XXI.

110 Karl Raimund Popper 2005. S. 3.

Gesellschaft nach idealen Prinzipien umgebaut werden soll.[111] Weiterhin kritisiert Popper den darin enthaltenen Ästhetizismus:

„Der platonische Politiker komponiert Staaten – um ihrer Schönheit willen"[112] und führt neue magische Tabus verbunden mit Prophezeiungen ein, und offenbart so die Neigung zu einer Ideologie des Essentialismus.

Die Politik der offenen Gesellschaft, die hier als Gegenpol fungiert, ist gekennzeichnet durch eine ‚Sozialtechnik der kleinen Schritte'. Hier soll nicht die Gesellschaft tiefgreifenden Änderungen unterworfen werden, um ein höheres Ziel zu erreichen, sondern es sollen kleine Verbesserungen zu einem besseren Leben führen. Das Bild des Uhrwerks hilft: Während die „utopische Sozialtechnik" eine neue Uhr mit einer neuen Zeitrechnung entwerfen will, repariert die „soziale Technik des Stückwerks" ein paar Schrauben, oder erneuert einige Rädchen, die nur ungenügend funktionieren. Welche Teile funktionstüchtig sind und welche nicht, wird durch Evaluierung festgestellt.

> Holismus
>
> Wird die Einheit und Ganzheit des Staates als Ideal hervorgehoben, spricht Popper von einer Ganzheitslehre, die er Holismus nennt. Der Begriff Holismus, ursprünglich ein Begriff der Biologie, der Lebensphänomene aus einem ganzheitlichen metabiologischen Prinzip ableitet, bezeichnet in der Sozialwissenschaft die Praxis, gesellschaftliche Phänomene bzw. Verhältnisse als Ganzheit (Totalität) und in Begriffen sozialer Ganzheiten bzw. Basisphänomenen (Klasse, Geschlecht, Rasse, Produktionsverhältnis) zu erklären.

Neben Popper, der maßgeblich an der Entwicklung der Ideologiekritik beteiligt war, arbeiteten unter anderem auch Kurt Salamun und Ernst Topitsch an diesem Ansatz weiter, der dem Kritischen Rationalismus verpflichtet war. Sie taten dies auf philosophischer Ebene. Doch blieb der Ansatz nicht auf die Philosophie beschränkt und wurde im Geiste der Entwicklung einer Stückwerktechnologie zur Beurteilung und Erforschung politischer Phänomene im Rahmen der Politikwissenschaft genutzt.

Kurt Salamun erarbeitete ein Instrumentarium zur Analyse von Ideologien in Form von ‚Gesichtspunkten'.

Ausgehend von seiner Definition von Ideologie als „[...] Gedankengebilde, die durch spezifische tendenzielle Merkmale gekennzeichnet sind und gesellschaftlichen Gruppen als allgemeine Orientierungsrahmen bei der Interpretation der gesellschaftlichen Wirklichkeit dienen, die Machtansprüche dieser Gruppen im politischen Leben legitimieren und neben echten wissenschaftlichen Einsichten und neben offenen Wertungen, Normen und Handlungsappellen viele kryptonormative und falsche Vorstellungen enthalten, deren ungerechtfertigte Wahrheitsansprüche oder Unwahrheiten auf eine interessenbedingte Befangenheit

[111] Karl Raimund Popper: Die offene Gesellschaft und ihre Feinde – Der Zauber Platons. (Bd.1). (8. Auflg.) Tübingen 2003. S. 187.

[112] Karl Raimund Popper 2003. S. 197.

ihrer Produzenten zurückzuführen ist“[113] entwickelte Salamun Möglichkeiten zur Dekonstruktion von Ideologien.

So ist der Absolutheitsanspruch einer Weltanschauung generell unvereinbar mit der prinzipiellen Fehlbarkeit von Vernunft- und Wissenschaft. Der Absolutheitsanspruch wirkt sich auf die Toleranz aus, sie wird zur Intoleranz und fördert durch die Kategorien ‚absolut richtig‘ und ‚absolut falsch‘ den Fanatismus.[114] Salamun unterscheidet (nach M. Seliger) zwei strukturelle Dimensionen der Ideologie. Einmal gibt es Basisannahmen, sogenannte Kernsätze, die nicht veränderlich sind und als absolut wahr und nicht revidierbar gesetzt sind. Daneben existieren Randbezirke, die den operativen Teil einer Ideologie ausmachen und veränderbar sind.[115]

In Zusammenhang mit der absoluten Wahrheitsbehauptung steht das Denkmotiv eines ‚höheren Wissens‘ und damit einhergehend, die Inanspruchnahme eines ‚Privilegs der Erkenntnis‘. Das Erkenntnismonopol wirkt sich auf die Struktur der Gruppe aus. Diese besteht laut Salamun aus einer Elite, die das Privileg besitzt, die Wahrheit zu kennen und einem Gefolge, welches gläubig und vertrauensvoll gehorcht. Die Unterscheidung zwischen nicht revidierbaren Basissätzen und operativen Aussagen ist hier insofern wichtig, als dass diejenigen, welche Elite sind, darüber entscheiden, zu welchem Bereich Aussagen zuzuordnen sind.[116] Dementsprechend kann die Elite ‚Abweichler‘ und ‚Revisionisten‘ markieren und sie aus dem Bereich des Eigenen ausschließen und im schlimmsten Falle der Vernichtung preisgeben.

Die Art und Weise der Unterdrückungsformen von Kritik ist nach Salamun ein dritter Gesichtspunkt der bei der Untersuchung von Ideologien beachtet werden sollte. Dieser Untersuchungsschritt fragt, ob Kritik durch Gewalt, Zensur oder Frageverbote verhindert wird. Nach Seliger, so führt Salamun aus, nutzen Ideologien auch Immunisierungsstrategien die sich durch Suggestivdefinitionen und Leerformeln sowie unlogische Argumentationen auszeichnen.

Dogmatische Deutungsraster sind laut Salamun der vierte, bei der Untersuchung von Ideologien zu beachtende Gesichtspunkt. Die Dichotomie, oder Lehre von der Einteilung, die auch als Methode Teil der Wissenschaft sein kann[117] ergibt sich, indem ein Merkmal bestimmt wird, welches für die Teilmenge zutrifft und für eine weitere Teilmenge nicht.[118] Die Ideologie nutzt die Methode der Dichotomie laut Salamun als Feinddefinitionsfunktion. Die Ideologie äußert sich also in Form von Gegensatzpaaren, wie etwa ‚arisch-jüdisch‘, ‚sozialistisch-bürgerlich‘ oder ‚freiheitlich-sozialistisch‘, ‚gottgefallend-gottmissfallend‘. Der Absolutheitsanspruch verstärkt diesen Gegensatz.

---

113 Kurt Salamun 1992. S. 45.

114 Kurt Salamun 1992. S. 45.

115 Kurt Salamun 1992. S. 46.

116 Kurt Salamun 1992. S. 46.

117 Peter Prechtl, Franz-Peter Burkhard (Hrsg.): Metzler Philosophie Lexikon. (2.Auflg.). Stuttgart/Weimar 1999. S. 129. Stichwort Dichotomie S. 112.

118 „Auf der Sprachebene manifestieren sich solche Deutungsraster in emotional aufgeladenen Polarisierungskategorien und Schwarz-Weiß-Zeichnungen des politischen Geschehens. Damit werden in ideologischen Denkgebilden komplexe gesellschaftliche Beziehungen und politische Sachverhalte immer wieder auf ein Entweder-Oder […] reduziert.“ Kurt Salamun 1992. S. 47.

In Zusammenhang mit der Feindsetzung steht die Aufstellung von Verschwörungstheorien als fünfter Gesichtspunkt. Diese werden durch die Ideologiekritik identifiziert und dekonstruiert.

Der sechste Punkt ist die Verbindung ideologischer Gedankengebilde mit utopisch-messianischen Heilsideen. In diesem Zusammenhang spielt auch Poppers Aufarbeitung des Historizismus eine Rolle. Ein siebenter Gesichtspunkt, den Salamun zur Untersuchung der Ideologie aufführt, ist die Frage, ob politische Wertentscheidungen zu Sachentscheidungen umgedeutet werden.[119] Darin sieht Salamun gewisse Gefahren liegen, „z.B. in der Möglichkeit der manipulativen Indoktrination von politischen Wertvorstellungen unter dem Mäntelchen der Wissenschaftlichkeit, in der Verdrängung der Tatsache, daß politische Entscheidungen letztlich Wertentscheidungen sind, sowie in der Begünstigung einer Experten- und Technokratenideologie, aus der heraus eine öffentliche Diskussion und ein vernünftiger Konsens über Wertentscheidungen gar nicht mehr angestrebt wird, sondern über die Köpfe der betroffenen Staatsbürger hinweg Wertentscheidungen gleich von sogenannten Experten vorgenommen werden."[120] Als Beispiel kann hier der ‚objektive Antisemitismus' herangezogen werden, hier wurde der Hass, der eine Wertentscheidung des Nationalsozialismus war, zu einer Sachentscheidung umgedeutet, man agitierte, man tat, als sei der Antisemitismus eine Notwendigkeit, die ‚physische Vernichtung' eine Schlussfolgerung. Die Ausübung des Hasses wurde durch den Nationalsozialismus an eine Heilserwartung gekoppelt: würde der Massenmord erst vollständig gelingen, so könne man den Arier erretten. Houston Stewart Chamberlain ist für den Zusammenhang zwischen utopisch-messianischen Heilsideen und der Umdeutung einer Wert-, zu einer Sachentscheidung im Nationalsozialismus eine wichtige Figur gewesen.

Heilserwartungen, so führt Ernst Topitsch aus, sind Naherwartungen:

„Heilserwartungen – nicht nur die messianischen – sind in der Regel zunächst Naherwartungen: Die Menschen hoffen auf Befreiung von gegenwärtig bedrängendem oder unmittelbar bevorstehenden Unheil – nicht umsonst sagt das Sprichwort: Ist die Not am größten, so ist Gottes Hilfe am nächsten. Auf jeden Fall will man des Heiles noch lebend teilhaftig werden."[121]

Sie sind Hoffnungen auf die Befreiung vom Unheil noch zu Lebzeiten. Die Aufrechterhaltung messianischer Heilsvoraussagen trotz fehlschlagender Prophezeiungen ist einer Reihe von ersonnenen Kunstgriffen geschuldet. Topitsch nennt die Parusieverschiebung, das zeitliche Hinausschieben von Heil. Als Beispiel nennt er den Prozess der Enteschatologisierung im Christentum „der für die Dogmenbildung grundlegend wurde"[122]. Dabei wurde den heiligen Schriften ein Sinn untergeschoben, der das faktische Risiko des Scheiterns an dem faktischen Verlauf der Ereignisse nach Möglichkeit vermied.[123]

---

119 Kurt Salamun 1992. S. 48.

120 Kurt Salamun 1992. S. 48.

121 Ernst Topitsch: Heil in und jenseits der Zeit. Weltanschauungsanalytische Betrachtungen. In: Salamun, Kurt (Hrsg.): Ideologien und Ideologiekritik. Ideologietheoretische Reflexionen. Darmstadt 1992. S. 65.

122 Topitsch 1992. S. 66.

123 Topitsch bezieht sich auf L. Festinger: When Prophecy Fails. Minneapolis 1956. Ebd. S. 66.

2.5 Das Konzept der Wehrhaften Demokratie

Die Beschäftigung mit totalitären Gesellschaften führte bald zur Frage, welche Wirkungen extreme Einstellungen und daraus resultierende Handlungen auf demokratische Gesellschaften haben. Hier ist für die Bundesrepublik Deutschland die Rolle des SPD Politikers Carlo Schmids zu erwähnen, und die Diskussion, die sich aus seinen Anmerkungen um die Wehrlosigkeit der Weimarer Republik ergab. Die erste Arbeitssitzung des Parlamentarischen Rates wurde am 08. September 1949 mit einem Grundsatzreferat von Carlo Schmid eröffnet, doch mögen die noch frischen historischen Ereignisse eine besondere Rolle gespielt haben. Insbesondere das Ermächtigungsgesetz, das „Gesetz zur Behebung der Not von Volk und Reich" vom 24.März 1933, das die Verfassung de facto abschaffte, wenngleich sie de jure erhalten blieb, mag eine traumatische Erfahrung gewesen sein. Doch auch während des Verfassungskonvents auf Herrenchiemsee und den Tagungen des Parlamentarischen Rats fanden wahrlich bedrohliche Ereignisse statt. Die Anti-Hitler-Koalition war zusammengebrochen und die Berlin-Blockade dauerte an. Die Frage des Umgangs mit den die totalitäre Regierungsform befürwortenden Kräften, wurde im Bereich des Staatspolitischen gestellt und findet sich im Ergebnis in Deutschland in den Bestimmungen des Grundgesetzes und weiteren gesetzlichen Bestimmungen wieder. Dabei wurde besonders auf ein gewichtiges Problem der Weimarer Republik Bezug genommen, nämlich als ‚Antithese zur Vorstellung einer wertindifferenten Demokratie'. In diesem Zusammenhang zitierenswert ist das Wort von Karl Loewenstein von der „suizidalen Lethargie", in welche das Weimarer System gefallen war.[124] Nun wurden die Parteien nicht mehr als soziologische Größe verstanden, sondern *institutionalisiert*:

Der Artikel 21, 1 GG besagt:

„(1) Die Parteien wirken bei der politischen Willensbildung des Volkes mit. Ihre Gründung ist frei. Ihre innere Ordnung muß demokratischen Grundsätzen entsprechen. Sie müssen über die Herkunft und Verwendung ihrer Mittel sowie über ihr Vermögen öffentlich Rechenschaft geben.

(2) Parteien, die nach ihren Zielen oder nach dem Verhalten ihrer Anhänger darauf ausgehen, die freiheitliche demokratische Grundordnung zu beeinträchtigen oder zu beseitigen oder den Bestand der Bundesrepublik Deutschland zu gefährden, sind verfassungswidrig. [...]"[125]

Das Grundgesetz band die Parteien durch diese Institutionalisierung an die demokratische Verfasstheit, und die Verfassungsgeber des Parlamentarischen Rats hatten – ganz praktisch – ein Vorsorgeinstrumentarium zum Schutze der Demokratie und ihrer Errungenschaften entwickelt, das aus der Auseinandersetzung mit dem totalitären Staat entstand. Die Wertbezogenheit verfassungsmäßiger demokratischer Politik ist als die entscheidende Richtschnur für die Verhandlungen über das Grundgesetz anzusehen. Carlo Schmid ist erneut zu erwähnen, da er eine tragende Rolle für die Entwicklung der wehrhaften Demokratie spielte. In seiner am 08.09.1948 gehaltenen Rede vor dem Parlamentarischen Rat, der dazu aufgerufen war,

---

[124] Jürgen Becker: Die wehrhafte Demokratie des Grundgesetzes. In: Kirchhof/Idensee (Hrsg.): Handbuch d. Staatsrechts VII. 1992. S. 312.

[125] Bundeszentrale für politische Bildung: Grundgesetz für die Bundesrepublik Deutschland. Bonn 2001. S. 22.

ein Grundgesetz auszuarbeiten, lotete er die Lage des ‚archimedischen Punktes' aus, an den der Hebel der politischen Aktivität dieses verfassunggebenden Gremiums angesetzt werden sollte. Carlo Schmid erörterte hier grundsätzliche Fragen, die schon während des Verfassungskonvents auf Herrenchiemsee Thema gewesen waren. Unter anderem, wie die Demokratie sich gegenüber ihren Feinden verhalten solle: „Nun erhebt sich die Frage: Soll diese Gleichheit und Freiheit völlig uneingeschränkt und absolut sein, soll sie auch denen eingeräumt werden, deren Streben ausschließlich darauf ausgeht, nach der Ergreifung der Macht die Freiheit selbst auszurotten? Also: Soll man sich auch künftig so verhalten, wie man sich zur Zeit der Weimarer Republik zum Beispiel den Nationalsozialisten gegenüber verhalten hat? Auch diese Frage wird in diesem Hohen Hause beraten und entschieden werden müssen. Ich für meinen Teil bin der Meinung, daß es nicht zum Begriff der Demokratie gehört, daß Sie selber die Voraussetzungen für ihre Beseitigung schafft. Ja, ich möchte weiter gehen. Ich möchte sagen: Demokratie ist nur dort mehr als ein Produkt einer bloßen Zweckmäßigkeitsentscheidung, wo man den Mut hat, an sie als etwas für die Würde des Menschen Notwendiges zu glauben. Wenn man aber diesen Mut hat, dann muß man auch den Mut zur Intoleranz denen gegenüber aufbringen, die die Demokratie gebrauchen wollen, um sie umzubringen."[126]

Diesem Urteil Carlo Schmids schloss sich der Parlamentarische Rat an. In das Grundgesetz der zu konstituierenden Bundesrepublik Deutschland wurden Artikel zu ihrem Schutze beigefügt. Hier sind das Staatsziel der ‚Achtung der Menschenwürde' und die Bindung der Legislative, der Exekutive und Judikative an die Grundrechte zu nennen, die in Artikel 1 Absatz 1 und 3 geregelt werden. Die Menschenwürde zu achten und zu schützen ist die Verpflichtung aller staatlichen Gewalt, damit; dies wird in Artikel 1 Absatz 2 deutlich, sollen Frieden und Gerechtigkeit in der Welt befördert werden. Dieser Artikel, der ein Grundrecht beschreibt, darf nicht geändert werden, eine weitere Schutzfunktion, die im Grundgesetz enthalten ist.

Das Grundgesetz besagt im Artikel 19 Absatz 2: „In keinem Falle darf ein Grundrecht in seinem Wesensgehalt angetastet werden." Eine weiterer Bestandschutz wird im Sprachgebrauch oft als ‚Ewigkeitsklausel' bezeichnet. Mit dem Artikel 79 Absatz 3 des Grundgesetzes werden bestimmte Verfassungsprinzipien auf ‚ewig' einer Verfassungsänderung entzogen. Die Menschenwürde, das oberste Prinzip des Grundgesetzes, genauso wie die föderal organisierte Demokratie können nicht abgeschafft werden. Der Artikel 5 Absatz 3 GG regelt die Verfassungstreue in der Lehre, der Artikel 9 Absatz 2 enthält die Schutzbestimmung: „Vereinigungen, deren Zwecke oder deren Tätigkeit den Strafgesetzen zuwiderlaufen oder die sich gegen die verfassungsmäßige Ordnung oder gegen den Gedanken der Völkerverständigung richten, sind verboten."

Neben der Möglichkeit, Versammlungen unter freiem Himmel zu beschränken (Art. 8 Abs. 2 GG), sind die Beschränkung des Brief-, Post-, und Fernmeldegeheimnisses (Art. 10 Abs. 2), die Einschränkung der Freizügigkeit zur Abwehr einer drohenden Gefahr (Art. 11, Abs. 2), sind die Artikel 18 (Verwirkung der Grundrechte bei Missbrauch dieser), das Widerstands-

---

[126] Carlo Schmid: Was heißt eigentlich Grundgesetz? Abgeordnetenrede vor dem Parlamentarischen Rat am 08.09.1948.

recht (Artikel 20, Abs. 4), das dem Bundesverfassungsgericht vorbehaltene Parteiverbot (Art. 21, Abs. 2) und die Strafbarkeit von Handlungen, die sich gegen die Völkerverständigung richten (Art. 26, Abs. 1) als Elemente der Wehrhaftigkeit anführbar. Die Indemnität und Immunität von Abgeordneten ist eine Schutzfunktion die im Grundgesetz enthalten ist (Artikel 46, Abs. 1–3), ebenfalls die Klagemöglichkeit bei vorsätzlicher Verletzung des Grundgesetzes durch den Bundespräsidenten mit der Möglichkeit, ihm daraufhin das Amt zu entziehen (Art. 61, Abs. 1 u. 3). Diese Reihe an Schutzbestimmungen offenbart, dass die Verfassunggeber einen Demokratieschutz von Oben und von Unten verfolgten.

Doch die Weimarer Republik war, wie Christoph Gusy dies zutreffend anmerkt, nicht zahnlos, wenn es um ihre Feinde ging.[127] Auch Dirk Blasius geht in seiner Geschichte der Politischen Kriminalität auf die Wehrhaftigkeit Weimars ein, so ist hier das Gesetz zum Schutze der Republik zu nennen, welches am 18.07.1922 erlassen wurde. Der noch am Tag der Ermordung des Außenministers Walter Rathenaus gefasste Entschluss „Die Republik ist in Gefahr", die zur „Abwehr des wachsenden Terrors und Nihilismus" diente, sowie die vorher verabschiedeten Verordnungen vom 26. und 29.06.1922[128] (Verschärfung der Verbotsmaßnahmen gegen republikfeindliche Versammlungen, Vereinigungen u. Druckschriften; Einführung eines Staatsgerichtshofs als Sonderstrafgericht für politische Straftaten) bezeugen, dass die Republikschutzgesetzgebung in der Weimarer Republik intakt war. Ein Beispiel für ein „Parteien" [eigentlich Vereins]-verbot durch den Staatsgerichtshof war der Antrag der preußischen Regierung durch den Innenminister Severing (SPD) auf Verbot der NSDAP in Preußen (Verfügung v. 15.11.1922). Die Begründung waren Verstöße gegen das am 18.07.1922 erlassene Republikschutzgesetz – es handele sich um eine „staatsfeindliche Verbindung". Der Staatsgerichtshof urteilte gemäß dieses Antrags, da es sich bei dieser Partei „um ein planmäßiges, systematisches Vorgehen, also um Bestrebungen der Partei, die auf eine Verächtlichmachung, eine Beschimpfung der Republik geradezu abzielen", handele. Sie würde es nicht bei Worten belassen, sondern sei vielmehr gewillt, „zur Erreichung ihrer Ziele nötigenfalls Gewalt anzuwenden". Die Partei arbeite „augenscheinlich auf die Errichtung einer nationalen Diktatur hin". Das Verbot wurde dann durch einen Reichstagsbeschluss durchkreuzt (dieser erfolgte im Juli 1924).[129] Das Bild einer ‚wertindifferenten Demokratie Weimar' lässt sich dementsprechend nicht voll umfänglich aufrechterhalten, ist ein Gründungsmythos, der um die Entstehung der Bundesrepublik entstand. In die Zeit der Entstehung der Bundesrepublik fällt die Konzeption jener ‚wehrhaftigen Demokratie', die sich ihren Feinden gegenüber unzweideutig äußern sollte. Diese Wehrhaftigkeit wurde in das Grundgesetz aufgenommen, weil die Verfassunggeber erlebt hatten, welche Konsequenzen es mit sich bringt, folgt man nicht dem Grundsatz „wehret den Anfängen". Im Zusammenhang mit der Feindschaft zur Demokratie sind Ernst Fraenkels Studien, die er später in seinem Buch über den „Doppelstaat" veröffentlichte, erwähnbar, da sie plastisch aufzeigen, woran die Weimarer Republik krankte. Im Rahmen seiner Analyse von Gerichtsprozessen wird deutlich, dass nicht nur jene Feinde der Demokratie und des Pluralismus, die Nationalsozialisten, einen regen Anteil an der Zerstörung des ‚Normenstaates' Weimarer Republik hatten,

---

127 Christoph Gusy: Weimar – die wehrlose Republik? – Verfassungsschutzrecht und Verfassungsschutz in der Weimarer Republik. Tübingen 1991.

128 Dirk Blasius: Geschichte der Politischen Kriminalität in Deutschland 1800–1980. Frankfurt 1983.

129 Dirk Blasius 1983. S. 101f.

sondern dass die Demokratie auch durch vorauseilenden Gehorsam gegenüber der nationalsozialistischen Bewegung ausgehöhlt wurde. Christoph Gusy konstatierte: „Die Weimarer Verfassung wurde und wird zum Teil dramatisch überschätzt, zum Teil dramatisch unterschätzt. Unterschätzt wurde sie von vielen Zeitgenossen, welche die in ihr liegenden Chancen und Wirkungsmöglichkeiten nicht erkannt oder nicht genutzt haben – allenfalls missbraucht, um die Republik zu beseitigen. Überschätzt wurde sie in vielen Retrospektiven, welche ihr abverlangten, gerade die Verfassung hätte die Republik stabilisieren, stützen, gar retten sollen.“[130]

Vielleicht ist es die wohl traurigste Wahrheit über die Weimarer Republik, dass diese vor allem daran krankte und letzten Endes vernichtet wurde, weil es zu wenige Demokraten gab, die für den Parlamentarismus, den Pluralismus, gar die eigene Freiheit einstanden. Hier ist zu konstatieren, dass der beste Schutz der freien, die Menschenwürde so stark achtenden Verfassung immer noch der ist, sie zu leben, sie auszufüllen und sie auf diese Weise stark zu machen.

„Die Erfahrungen mit Massenideologien und totalitären Regimes in der ersten Hälfte des 20. Jahrhunderts bewirkten auch eine Veränderung des Verfassungsverständnisses in der Praxis. Aus der Art und Weise, wie das nationalsozialistische Regime in Deutschland an die Macht gelangt war, ergab sie die Erkenntnis, dass die bisher bekannten strafrechtlichen Staatsschutzmethoden des Landes-, und des Hochverrats sich gegenüber den neuen Gefahren als unwirksam herausgestellt hatten. Diese Mechanismen eigneten sich lediglich zur Abwehr von gewaltsamen Angriffen auf den rechtlichen und tatsächlichen Bestand staatlicher Einrichtungen von außen und innen, jedoch nicht für den Schutz des demokratischen Systems in den Staaten.“[131]

Bald zeigte sich, dass die Schutzmechanismen der Demokratie, die später als Konzept der wehrhaften Demokratie einen eigenen Namen erhalten sollten, gebraucht wurden. Das Konzept der wehrhaften Demokratie stellte einen stabilisierenden Faktor in der noch nicht demokratisierten Gesellschaft dar. Als stabile Demokratie kann die Bundesrepublik der 1950er und 1960er Jahre nicht gelten – immerhin – fanden viele ehemalige Nationalsozialisten ihren Weg in Ränge der Regierung, in die Parlamente, in die Justiz und in die Bürokratie. Zwei Urteile bewegten die politische Welt der Bundesrepublik Deutschland ganz besonders. Es waren zwei Urteile, die Parteiverbote aussprachen. Im Jahre 1952 wurde die Sozialistische Reichspartei (SRP), eine Nachfolgeorganisation der NSDAP im Nachkriegsdeutschland der Bundesrepublik, verboten. Das Urteil führte auch zur wissenschaftlichen Auseinandersetzung mit der SRP.[132] Im Oktober des Jahres 1952 entschied das Bundesverfassungsgericht, dass die Sozialistische Reichspartei verfassungswidrig sei. Grundlage dieses Urteils war die freiheitliche demokratische Grundordnung:

---

130 Christoph Gusy: Die Weimarer Verfassung als ‚negative Ordnungsidee‘?. In: Journal der Juristischen Zeitgeschichte. Jg.5, Nr. 2, 2011. S. 57.

131 Şeyda Dilek Emek: Parteiverbote und Europäische Menschenrechtskonvention – Die Entwicklung europäischer Parteiverbotsstandards nach Art. 11 Abs. 2 EMRK unter besonderer Berücksichtigung des deutschen und türkischen Parteienrechts. München 2007. S. 97.

132 Otto Büsch, Peter Furth: Rechtsradikalismus im Nachkriegsdeutschland – Studien über die Sozialistische Reichspartei SRP. Berlin/ Frankfurt a.M. 1957.

„2. Freiheitliche demokratische Grundordnung im Sinne des Art. 21 II GG ist eine Ordnung, die unter Ausschluß jeglicher Gewalt und Willkürherrschaft eine rechtsstaatliche Herrschaftsordnung auf der Grundlage der Selbstbestimmung des Volkes nach dem Willen der jeweiligen Mehrheit und der Freiheit und Gleichheit darstellt. Zu den grundlegenden Prinzipien dieser Ordnung sind mindestens zu rechnen: die Achtung vor den im Grundgesetz konkretisierten Menschenrechten, vor allem vor dem Recht der Persönlichkeit auf Leben und freie Entfaltung, die Volkssouveränität, die Gewaltenteilung, die Verantwortlichkeit der Regierung, die Gesetzmäßigkeit der Verwaltung, die Unabhängigkeit der Gerichte, das Mehrparteienprinzip und die Chancengleichheit für alle politischen Parteien mit dem Recht auf verfassungsmäßige Bildung und Ausübung einer Opposition.“[133]

Das Gericht stellte in diesem Urteil fest, dass die SRP die wesentlichen Menschrechte missachte, das Mehrparteienprinzip bekämpfe, die innere Organisation der Partei nicht demokratisch, sondern nach dem Führerprinzip aufgebaut, sie in Bezug auf Programm und Vorstellungswelt der NSDAP wesensverwandt sei.

„[...]eine Partei, die einer eindeutig verfassungswidrigen politischen Bewegung der Vergangenheit in ihrer Vorstellungswelt und in allen wesentlichen Formen der Äußerung wesensverwandt ist, wird auch, sofern sie weiterwirken kann, die gleichen oder doch gleichartige Inhalte zu verwirklichen suchen.“[134]

Vier Jahre später ereilte das gleiche Schicksal die Kommunistische Partei Deutschlands (KPD). Das Urteil zur KPD, welches 1956 erfolgte, bietet einen wichtigen Anhaltspunkt für die weitere Auseinandersetzung mit dem Extremismus. Das Bundesverfassungsgericht erklärte in seinem Urteil:

„Eine Partei ist auch nicht schon dann verfassungswidrig, wenn sie diese obersten Prinzipien einer freiheitlichen demokratischen Grundordnung nicht anerkennt, sie ablehnt, ihnen andere entgegensetzt. Es muss vielmehr eine aktiv kämpferische, aggressive Haltung gegenüber der bestehenden Ordnung hinzukommen, sie muss planvoll das Funktionieren dieser Ordnung beeinträchtigen, im weiteren Verlauf diese Ordnung selbst beseitigen wollen.“[135] Im Weiteren wurde ausgeführt, dass dem 21 Artikel GG zufolge der „politische Kurs der Partei“ durch eine Absicht bestimmt sein müsse, „die grundsätzlich und dauernd tendenziell auf die Bekämpfung der freiheitlichen demokratischen Grundordnung gerichtet ist.“[136]

Damit wurde eine Partei verboten, „deren Vertreter im Parlamentarischen Rat an der Ausarbeitung eben dieses Grundgesetzes beteiligt gewesen waren.“ wie Helmut Ridder anmerkte.[137] Auch hieran sieht man die Problematiken, mit der man sich in der noch so jungen Bundesrepublik Deutschland auseinandersetzen musste. Beide Urteile sind für die Auseinandersetzung um den Extremismusbegriff wichtig, da dieser starke Übereinstimmungen mit dem Begriff ‚Verfassungsfeindlichkeit‘ aufweist.

---

133 http://www.im.nrw.de/sch/doks/vs/srpverbot.pdf
134 http://www.im.nrw.de/sch/doks/vs/srpverbot.pdf
135 Entscheidungen des Bundesverfassungsgerichtes (BverfGE) (Bd. 5) 1956. S. 141.
136 http://www.servat.unibe.ch/dfr/bv005085.html
137 Helmut Ridder: Aktuelle Rechtsfragen des KPD-Verbots. Neuwied/Berlin 1966. S. 7.

Amtliche Nutzung

Amtlich genutzt wurde der Extremismusbegriff erstmals im Verfassungsschutzbericht 1974, davor sprach man in den Verfassungsschutzberichten von Radikalismus. Mit der Einführung der Begrifflichkeit trug man der Tatsache Rechnung, „dass politische Aktivitäten oder Organisationen nicht schon deshalb verfassungsfeindlich sind, weil sie eine bestimmte nach allgemeinem Sprachgebrauch ‚radikale', das heißt eine bis an die Wurzel einer Fragestellung gehende Zielsetzung haben."[138] Auch von der Einrichtung einer Verfassungsschutzbehörde ist der Gesetzgeber ausgegangen, indem er eine Regelung über die Gesetzgebungszuständigkeit und die Verwaltungszuständigkeit erließ (Art. 73 Abs. 1 Nr. 10a sowie Art. 87 Abs. 1 GG). Für die Verwirklichung des Konzepts der wehrhaften Demokratie im Rahmen des verwaltungsmäßigen staatlichen Handelns nimmt der Verfassungsschutz eine zentrale, wenngleich nicht die einzige Rolle ein. „Die Verfassungsschutzbehörden des Bundes und der Länder sammeln und werten Informationen über Bestrebungen aus, die sich gegen die Grundwerte unserer Verfassung richten oder sicherheitsgefährdend sind. Auch das ist im Grundgesetz geregelt (Art. 73 und 87 GG). Die Verfassungsschutzbehörden haben keinerlei polizeiliche Befugnisse, ihre Aufgabe ist mit der Bezeichnung ‚Frühwarnsystem der Demokratie' treffend beschrieben."[139]

Der Parteienforscher Richard Stöss macht in Hinblick auf beide Urteile eine wichtige Anmerkung: „[...] Extremismus ist kein Rechtsbegriff. Von Extremismus spricht man nur in der Verwaltungspraxis, insbesondere bei den Verfassungsschutzämtern. Extremismus bezieht sich jedoch auf die freiheitliche demokratische Grundordnung."[140]

In konzeptuell-politologischer Hinsicht unterscheiden sich die Begriffe nicht recht, können markieren, welcher Forschungstradition man sich zuordnet, auch da der Begriff des Extremismus recht oft im Zusammenhang mit dem verfassungspolitischen Ansatz auftaucht. Im Rahmen verwaltungstechnischer Bezüge besteht die Unterscheidung insoweit, als dass diejenige Behörde zum Schutze der Verfassung ‚extremistische Organisationen' beobachtet, bis ein Nachweis über deren ‚Verfassungsfeindlichkeit' erbracht werden kann.

Stöss zufolge lässt sich das Extremismusmodell der Verwaltung folgendermaßen visualisieren:

Abb. 2.1 *Verfassungskontinuum nach Richard Stöss.*

---

138 Bundesminister des Innern (Hrsg):Verfassungsschutzbericht 1974. Bonn 1975. S. 4.

139 Bundesamt für Verfassungsschutz (Hrsg.): Verfassungsschutz gegen Rechtsextremismus. Köln 2005. S. 11.

140 Richard Stöss: Rechtsextremismus im vereinten Deutschland. Lizenzausgabe. Bonn 1999. S. 16.

Der amtliche Extremismusbegriff bezieht sich auf verfassungswidrige Bestrebungen, das sozialwissenschaftliche Verständnis des Extremismus grenzt sich auch Stöss zufolge davon ab. Dies macht er anhand des Beispiels des Rechtsextremismus deutlich: „Sozialwissenschaftliche Analysen über Verbreitung und Ursachen des Rechtsextremismus müssen sich aber auch auf rechtsextreme Einstellungen beziehen und danach fragen, wie sie entstehen und unter welchen Bedingungen sie in konkrete Praxis münden. Gerade für die politische Bildung sind derartige Sozialisationsprozesse von großer Bedeutung. [...] Dazu ist es notwendig, die rechtsextreme Persönlichkeit insgesamt (und nicht nur ihre möglicherweise verfassungsfeindliche Praxis) sowie ihr persönliches Umfeld ins Visier zu nehmen.“[141]

Die politologische Forschungsabsicht beschränkt sich im Gegensatz zur Forschung, die aus der Verwaltung stammt, nicht nur auf Handlungen, sondern nimmt auch Einstellungen in den Blick. Dies bedeutet nicht, dass der Fokus nicht auch im Speziellen auf Handlungen liegen kann, befindet sich ein Forscher nicht in einem verwaltungstechnischen Zusammenhang. Im Rahmen des Konzepts der Wehrhaften Demokratie ist diese Unterscheidung aber notwendig. Würde der Verfassungsschutz selbstständig Einstellungsforschung betreiben, so wäre er nichts anderes als eine Gedankenpolizei und würde, gerade wenn man eine Unterscheidung zwischen Extremismus von Oben und von Unten trifft, selbst zu einem Instrument verkommen, welches der demokratischen Grundordnung entgegen gerichtet ist. Dementsprechend ist die Forschung freier, bzw. nicht behördlicher, verwaltungsmäßiger Form ungleich freier und vielgestaltiger, denn sie darf Einstellungen frei erforschen. Die Unterscheidung zwischen Verfassungsfeindlichkeit und Verfassungswidrigkeit bezieht sich auf die Praxis der Rechtsprechung. Eine Partei kann verwaltungstechnisch als verfassungsfeindlich eingestuft sein, doch ist sie erst Verfassungswidrig, wenn ein dementsprechendes Urteil durch die Jurisdiktion erfolgt ist. Der Verfassungswidrigkeit geht die Verfassungsfeindlichkeit voraus. Auf Organisationen trifft dies aber nicht zu.

Hier ist das Urteil des Bundesverfassungsgerichts zum Verbot der Freiheitlichen Deutschen Arbeiterpartei (FAP) erhellend. Das Bundesverfassungsgericht hatte am 17.11.1994 beschlossen, die durch Bundesregierung und Bundesrat im Jahr 1993 eingereichten Anträge auf Feststellung der Verfassungswidrigkeit der Partei abzulehnen. Da die FAP nicht regelmäßig und später zu keiner Wahl mehr angetreten war, sie ihrer Pflicht zur jährlichen öffentlichen Rechenschaft nicht nachgekommen war und praktisch keine Öffentlichkeitsarbeit leistete, sprach das Bundesverfassungsgericht ihr ab, eine Partei zu sein:

„Wenn eine Vereinigung sich aber offenkundig mit dem Zustand absoluter Bedeutungslosigkeit – wie er auch aus ihrer Antragserwiderung hervorgeht – abfindet, erweist sich der bekundete Wille zur politischen Einflußnahme und zur Mitwirkung an der Vertretung des Volkes in den Parlamenten als ein bloß vorgeblicher, mithin als Maskerade. Angesichts ihrer mangelnden Organisationsdichte, einer nicht ausreichend handlungs-, und arbeitsfähigen Parteiorganisation, des geringen Mitgliederbestandes, des fehlenden kontinuierlichen Hervortretens in der Öffentlichkeit und des Mangels an jeglichem Widerhall in der Bevölkerung bietet die FAP keine ausreichende Gewähr für die Ernsthaftigkeit ihrer politischen Zielsetzung. Sie ist keine Partei im Sinne von Art. 21 GG, § 2 Abs. 1 PartG. Das besondere, wegen

[141] Richard Stöss 1999. S. 20.

der herausgehobenen verfassungsrechtlichen Stellung der politischen Parteien beim Bundesverfassungsgericht monopolisierte, vom allgemeinen Vereinsrecht abweichende Verbotsverfahren findet deshalb auf sie keine Anwendung.“[142]

Ein weiteres Element ist das Vereinsrecht. Die Änderung des Vereinsrechts, vom Bundestag am 09.11.2001 beschlossen, hat dabei neue Befugnisse evoziert. Das Religionsprivileg wurde mit dieser Entscheidung aus dem „Gesetz zur Regelung des öffentlichen Vereinsrechts“ gestrichen, und Religions-, und Weltanschauungsgemeinschaften können nunmehr verboten werden, sollten sie verfassungsfeindlich sein. Die Möglichkeit, sie zu verbieten, ist an strenge Voraussetzungen gekoppelt, da die religiöse Vereinigungsfreiheit ein Grundrecht ist. Wie in allen Bereichen der Verbotspraxis, ist eine besondere Sensibilität, eine schwierige Abwägung von Grund-, und Freiheitsrechten und ihrem Schutz durch die Verfassung vorzunehmen.

Die Verbotsbehörde von Vereinen ist entweder „die oberste Landesbehörde oder die nach Landesrecht zuständige Behörde für Vereine und Teilvereine, deren erkennbare Organisation und Tätigkeit sich auf das Gebiet eines Landes beschränken“ oder „der Bundesminister des Innern für Vereine und Teilvereine, deren Organisation oder Tätigkeit sich über das Gebiet eines Landes hinaus erstreckt.“ Neben dem Vereinsverbot kennt das „Gesetz zur Regelung des öffentlichen Vereinsrechts“ das ‚Betätigungsverbot‘, das sich auf Ausländervereine und/oder Personen bezieht.

Die beamtenrechtliche Bestimmung (Verwaltungsvereinbarung) über die Verfassungstreue von Angehörigen des öffentlichen Dienstes, die am 28.01.1972 durch die Regierungschefs der Länder und dem Bundeskanzler Willy Brandt beschlossen wurde, wird auch ‚Radikalenerlass‘ oder ‚Extremistenbeschluss‘ genannt. Am 22.05.1975 bestätigte der Bundesgerichtshof diese Direktive. Die besondere politische Treuepflicht der Beamtenschaft und Beschäftigten des öffentlichen Dienstes wurde im Urteil betont. „Der Radikalenerlaß regelt politisch-rechtliche Voraussetzungen für die Einstellung in den öffentlichen Dienst sowie die Aufrechterhaltung eines Beschäftigungsverhältnisses im öffentlichen Dienst[...].“[143] Die Unterscheidung zwischen Verfassungsfeindlichkeit bzw. Verfassungswidrigkeit ist im Bereich des öffentlichen Dienstes also nicht in der Form gegeben, wie sie auf die Gesamtbevölkerung angewandt wird und ist als gesonderter Bereich zu betrachten.

Internationaler Kontext

Das Konzept der wehrhaften Demokratie ist ein deutsches Konzept. In den USA gibt es keine darauf basierende institutionelle Rahmenbedingung. Auf Theorieebene kann Karl Loewensteins Konzept der militant democracy zwar für die USA genannt werden, dennoch sei hier bedacht, dass dieses letztlich nur in Deutschland Anwendung fand.

Parteiverbote werden in Europa eher kritisch betrachtet, dies wird ersichtlich, wenn man ein Auge auf die Spruchpraxis des Europäischen Gerichtshofs für Menschenrechte wirft. Dieser kritisierte die (auch) in der Türkei übliche Praxis des Parteiverbots und schränkte die beamtenrechtliche Bestimmung zur besonderen Treuepflicht, die letztlich in Berufsverbote mündete,

---

142 Entscheidungen des Bundesverfassungsgericht (BVerfGE) 91, 276 – Parteienbegriff II S. 293f.

143 Manfred G. Schmidt (Hrsg.): Wörterbuch zur Politik, Stuttgart 1995. Stichwort Radikalenerlaß.

stark ein. Anlass war hier das Verbot von fünf Parteien in der Türkei durch das türkische Verfassungsgericht zwischen 1998 und 2002. Darunter befanden sich die türkische Kommunistische Partei, die Sozialistische Partei sowie die türkische Refah Partei. Maßgeblich für die Parteien ist die Vereinigungsfreiheit (Art. 11 der Europäischen Menschenrechtskonvention EMRK). Behörden eines Staates können dennoch weiterhin Eingriffe vornehmen. Der Begriff der ‚demokratischen Gesellschaft' ist von Parteien-, Meinungs-, und Religionsfreiheit sowie vom Diskriminierungsverbot geprägt. Dementsprechend gründete der Europäische Gerichtshof für Menschenrechte (EGMR) das Verbot der türkischen Refah Partei auf deren Ideologie. Es erklärte die Diskriminierung anderer Parteien aufgrund der Religion, das Herrschaftssystem auf der Grundlage der Scharia und die Verwendung von Gewalt und Dschihad mit der Demokratie als unvereinbar.

Lediglich in Deutschland und in Polen findet sich die Verankerung des Parteienverbots in der Verfassung. In Frankreich fehlt diese Möglichkeit des Parteienverbots. Der General de Gaulle hat entsprechende Forderungen aus dem Kreise der Regierung bei der Beratung der Verfassung der V. Republik mit den Worten abgelehnt, er installiere ja keine Diktatur. Die gesetzliche Grundlage für das Verbot von politischen Gruppierungen ist jedenfalls existent und findet sich in einem 1936 erlassenen Gesetz über private Milizen und Kampftruppen, später gab es eine Ausdehnung auf Vereine mit rassistischen, diskriminierenden und Gewalt predigenden Forderungen. So ist auch in Frankreich ein Element der Wehrhaftigkeit vorhanden.

In Spanien wurde das Parteiengesetz im Jahr 2002 novelliert, welches auf das Verbot der baskischen Batasuna Partei abstellte. Die Verbotsbestimmung wurde vom UN-Sonderbeauftragten für Menschenrechte aufgrund schwammiger Bestimmungen schon bald kritisiert.[144] Im Rahmen einer späteren Klage der Iniciativa Internacionalista-La Solidaridad entre los Pueblos (IISP), die vor den europäischen Parlamentswahlen annulliert worden war[145], schränkte das spanische Verfassungsgericht die Verbotspraxis maßgeblich ein und die Wählerinitiative konnte doch noch an den Europawahlen teilnehmen.[146] Das spanische Verbot von Batasuna wurde durch den Europäischen Gerichtshof für Menschenrechte im Jahr 2009 bestätigt.[147]

Die Republik Österreich erließ im Jahr 1947 ein Wiederbetätigungsverbot der NSDAP und ihrer angeschlossenen Verbände. In Griechenland findet sich der Ausschluss von Parteiverboten in der Verfassung in Artikel 29, auch in Italien sind Parteiverbote nicht möglich, Belgien kennt ebenso kein Parteienverbot und in England fehlt ein Parteiverbotsverfahren, wenngleich durch den „Prevention of Terrorism Act" als auch den „Emergency Powers Act" Möglichkeiten zum Organisationsverbot bestehen. Sinn Féin, als politischer Arm der IRA, ist jedoch nie verboten worden.[148] Das deutsche Recht ist hier auch interessant, da

---

144 http://www2.ohchr.org/english/issues/terrorism/rapporteur/docs/A.HRC.10.3.Add.2AEV.pdf

145 http://www.elpais.com/articulo/espana/Supremo/anula/lista/abertzale/europeas/elpepunac/20090517elpepinac_10/Tes

146 http://www.ag-friedensforschung.de/regionen/spanien/verbot2.html

147 http://cmiskp.echr.coe.int/tkp197/view.asp?action=html&documentId=851942&portal=hbkm&source=externalbydocnumber&table=F69A27FD8FB86142BF01C1166DEA398649

148 Katerina Kontopodi: Die Rechtsprechung des Europäischen Gerichtshofs für Menschenrechte zum Verbot politischer Parteien. Baden-Baden 2007.

das Verfassungsprozessrecht ein Wiederaufnahmeverfahren rechtskräftig verbotener Parteien nicht kennt.[149]

Eine Definition des Extremismus über die Verständigung dieses deutschen Konzepts ist so schwerlich möglich, denn immerhin kann der Extremismus als ein globales, als ein menschliches Phänomen betrachtet werden, das weit über die Grenzen der Bundesrepublik Deutschland hinausreicht, für die wehrhafte Demokratie gilt gleiches letztlich nicht. Auch ist diese institutionelle Praxis letztendlich mit der Schwierigkeit behaftet, mit einem staatlich gesetzten, politisch motivierten Ostrakismus umgehen zu müssen, auf den noch eingegangen wird. Ekkart Zimmermann entwickelte im Rahmen seiner Auseinandersetzung mit politischer Gewalt ein Schaubild der Konfliktformen in Hinblick auf das staatliche Gewaltmonopol.

	Staatliches Gewaltmonopol: *Gefährdet*		Staatliches Gewaltmonopol: *Nicht gefährdet*	
	Staatsgrenzen		Staatsgrenzen	
Gesellschaftsordnung	gefährdet	nicht gefährdet	gefährdet	nicht gefährdet
gefährdet	Internationale revolutionäre Bewegung	Innerer Krieg Antistaatlicher Terrorismus Revolutionäre Situation	Universal-istische Befreiungs-ideologien	Ideologistischer Extremismus
nicht gefährdet	Irredenta	Militärischer Coup	Bewegungen z. überstaatlicher Zusammen-schlüsse	Protest Demonstratione n

Abb. 2.2 *Dimensionen zwischen Politik und Gewalt. Zimmermann.*

Ekkart Zimmermann nennt drei Beurteilungskriterien, die angewendet werden sollen, um Gewalt klassifizieren zu können – die Herausforderung des staatlichen Gewaltmonopols, die Infragestellung der Staatsgrenzen und den Umsturz der gesellschaftlichen Organisationsform:

„Grundsätzlich sind die Fälle, in denen das staatliche Gewaltmonopol gefährdet ist, also diejenigen auf der linken Seite der Tabelle, ex definitione als stärkere Herausforderung anzusehen.“[150]

---

[149] Helmut Ridder: Aktuelle Rechtsfragen des KPD Verbots. Neuwied/Berlin 1966. S. 14.

[150] Ekkart Zimmermann: Zur Bedeutsamkeit politischer Gewalt und ihrer Erklärungsfaktoren. In: Wilhelm Heitmeyer Hans-Georg Schuppener (Hrsg.): Gewalt – Entwicklungen, Strukturen, Analyseprobleme. Frankfurt a.M. 2004. S. 228.

Die Konfliktforschung sieht den ideologischen Extremismus keineswegs als große Gefährdung an – Zimmermann zufolge können diese Erscheinungen weder die Staatsgrenzen, noch die Gesellschaftsordnung herausfordern. Dies bedeutet selbstverständlich nicht, dass keine Gefährdungen durch den Extremismus [ideologischen Extremismus] ausgehen, doch müssen diese Gefährdungen immer wieder in das Verhältnis zu anderen politischen Gewaltformen gesetzt werden.

3 Abgrenzungen

3.1 Radikalismus – Extremismus – Terrorismus

3.1.1 Normproblem

Alle drei Begriffe (Terrorismus, Extremismus, Radikalismus) eint, dass es sich scheinbar um ein politisches Verhalten, eine politische Einstellung handelt, welche nicht ‚normal' oder ‚tagtäglich', von ‚Jedermann an den Tag gelegt' ist. Der Kriminologie entlehnt ist der Begriff des abweichenden Verhaltens. Dieser Begriff soll hier als Analogie dienen. Die Implikation des Begriffes, die Überlegung, was wir als ‚normal' ansehen, ist kritisch zu betrachten. Die ‚Normalität' ändert sich, die Normen, die sie prägen und die durch sie geprägt werden, sind nichts Festes, sondern fließend. Was zu anderen Zeiten als illegitimer Protest galt, mag heute als ‚richtig' anerkannt sein, also unseren ‚Vorstellungen von Normalität' entsprechen – ein weiterer Hinweis auf die Problematik des Forschungsgebietes. Hier ist das Verhältnis von Normalwert und Grenzwert angesprochen. Die Begriffe des abweichenden Verhaltens und der Normalität weisen auf ein instabiles Verhältnis hin, das sich im Grunde mit dem zwischen der Gaußverteilung (die sich grafisch durch die berühmte Glockenkurve darstellen lässt und den ‚zahmen Zufall' abbildet) und der Fréchetverteilung (die den ‚wilden Zufall' beschreibt und dickere Enden als die Glockenkurve besitzt) vergleichen lässt. Den drei Erscheinungen kann damit schon ein ganz allgemeiner Fokus unterlegt werden; ähnlich der Fréchetverteilung in der Statistik wird hier auf ein relativ seltenes Phänomen Bezug genommen. Vieles ist eine Frage der Aufmerksamkeit, vieles eine Frage der Verteilung. Und vieles wirft die Frage nach den Indikatoren auf.

Beide Formeln beschreiben eine Zufallsgröße. Die Gaußverteilung (die auf dem Gesetz der großen Zahlen und dem zentralen Grenzwertsatz basiert) beschreibt im Rahmen der Statistik die faktische Norm und bezieht stark abweichende Werte (oder besser sehr seltene Ereignisse) weniger mit ein. Sie operiert mit den Begriffen Mittelwert und Standardabweichung und beschreibt das Verhalten eines Mittelwerts. Die Fréchetverteilung nimmt demgegenüber die Extremwerte in den Blick und beschreibt das Verhalten dieser. Die Wahrscheinlichkeit, dass eine große Abweichung eintritt, der wilde Zufall, wird hier miteinbezogen. Es kommt bei beiden auf die Indikatoren an, die in die Berechnung miteinbezogen werden. Mit der Gaußverteilung wird der Fokus auf Ereignisse gelenkt, die in summa keine Ausnahme darstellen, hier also normgerechtes Verhalten. Die Fréchetverteilung nimmt hingegen diejenigen Ereignisse in den Blick, die sich außerhalb der Normalverteilung befinden:

„Terroristisches Verhalten ist statistisch gesehen unwahrscheinliches Verhalten. Damit tritt es aber zugleich aus dem Verständnishorizont heraus, aus dem die meisten Beobachter ihr eigenes Verhalten und das anderer Menschen interpretieren. So wirken die terroristischen Aktionen als doppeltes Ärgernis. Die Effekte sind dramatisch, und die Motive bleiben unverständlich. Ein Verhalten jenseits unserer Interpretationsmöglichkeiten bezeichnen wir gern als verrückt, als pathologisch, damit sind indessen keine Diagnosen, sondern nur Verständnisgrenzen gekennzeichnet."[151] Das abweichende politische Verhalten ist für die ‚Begutachtungsgesellschaft' schwer zu begreifen.

Abweichendes Verhalten

„Das Abweichen von institutionalisierten Erwartungen wird als Ergebnis des Auseinanderfallens von kulturell bedingten, grundlegenden Motivationen einerseits und der schichtbedingten beschränkten Verwirklichungschancen andererseits betrachtet. Die Kultur und die Sozialstruktur arbeiten hier gegeneinander. Hinsichtlich der Abweichungen von institutionalisierten Erwartungen werde ich zeigen, daß manche Abweichungen auch als neue Verhaltensmuster betrachtet werden können. Sie entstehen in Subgruppen, die nicht mit den von anderen Gruppen und vom Recht vertretenen Verhaltensnormen übereinstimmen. [...] Macht mag in einer Gesellschaft für einige Gruppen legitimiert sein, sie braucht es aber nicht für alle zu sein. In einem solchen Falle sollte man Nichtübereinstimmen mit bestimmten sozialen Institutionen nicht einfach als abweichendes Verhalten betrachten; vielmehr kann dies sehr wohl das Auftreten eines neuen, alternativen Verhaltensanspruchs bedeuten, der seine eigene moralische Geltung fordert."

Robert K. Merton: Sozialstruktur und Anomie. In: Fritz Sack, Rene König (Hrsg.): Kriminalsoziologie. (3. Auflg.) Wiesbaden 1979. S. 284.

Alle drei Phänomene behandeln ein komplexes, interdisziplinär zu erfassendes soziales Phänomen. Es ist an den Menschen gebunden. Eine wichtige Gemeinsamkeit ist in Bezug auf das Phänomen des Ostrakismus feststellbar. Der Ostrakismus ist eine Praxis des Ausstoßens von Missliebigen, ein Instrument zur Sicherung gegen Personen, die tatsächlich oder vermeintlich die Lebensinteressen ihrer Gruppengenossen gefährden: „Der Ostrakismus, so lässt sich zusammenfassen, stellt eine Form von Gewalt gegen die Mitglieder der Eigengruppe dar, die einerseits Gefahren, die der Gruppe von außen drohen, verringern soll, andererseits aber jede Abweichung im Binnenraum der Gruppe von einer durchschnittlichen Norm unter Strafandrohung stellt."[152] Eine Norm ist etwas dynamisches, vorher abweichendes Verhalten, kann sich über bestimmte Entwicklungsprozesse im sozialen und politischen Bereich verändern oder verfestigen; unter Umständen kann das Deviante durch ein Normsystem – das man hier vielleicht sogar als das Zentrum der Gesellschaftsorganisation verstehen kann – absor-

---

[151] Bundesministerium des Innern (Hrsg.): Herbert Jäger/Gerhard Schmidtchen/Lieselotte Süllwold: Lebenslaufanalysen. (Analysen zum Terrorismus Bd. 2.). Opladen 1981. S. 6.

[152] Peter Meyer: Grundlagen menschlicher Gewaltbereitschaft – Beiträge evolutionärer Forschung. In: Wilhelm Heitmeyer, Hans Georg Soeffner: Gewalt. Frankfurt a.M. 2004. S. 401.

biert werden und zwar nicht in einer simplen Addition, sondern als Veränderung des Bekannten im Durchgang mehrer Vermittlungsschritte. So schreibt Wiswede: „Bei unzeitgemäßen oder rigiden Normen kann abweichendes Verhalten im Sinne von Innovation wirken und verkrustete Strukturen überwinden.“[153]

3.1.2 Protest

Politischer Protest hat mit Radikalismus, Extremismus und Terrorismus wenige Berührungspunkte. Wenngleich viele Autoren davon ausgehen, dass Extremismus und Terrorismus als Form des gewalttätigen Protests verstanden werden können, ist diese These auf theoretischer Ebene schwer belegbar. Historisch mögen Gruppen wie die Weathermen-Group oder die RAF, die ETA oder die IRA aus Protestbewegungen entstanden sein, doch Protest führt nicht grundsätzlich zu irgendeiner Form des abweichenden politischen Verhaltens. Hier greift die statistische Analogie: friedliches Protestverhalten ist durchaus mit der Gaußschen Normalverteilung zu beschreiben und stellt kein abweichendes Verhalten dar, sondern ein in Demokratien übliches und nicht außergewöhnliches Verhalten, das im Rahmen vieler Partizipationsmodelle von Demokratien als Hinweis auf eine starke und freie Zivilgesellschaft gedeutet wird. Das Phänomen gleicht keiner Fieberkurve, bei dem sich eine nahtlose Bewegung entdecken lässt. Bleiben wir auf der verfassungspolitischen Ebene, so ist Protest inhärenter Teil unserer Demokratie – ohne Protestmöglichkeiten (de jure und de facto) ist die Demokratie schwerlich vorstellbar. Schauen wir auf Gruppenprozesse, so ergibt sich, dass Protestgruppen in der Regel von gewaltfreien und legalen Möglichkeiten des Protests Gebrauch machen. Im Rahmen individueller Erklärungen lässt sich auch keine irgendwie geartete Persönlichkeit feststellen, die grundsätzlich zu Protest neigen würde und diese leichter in extremistische oder terroristische Zusammenhänge gerät. Ist die deutsche Projektion der wehrhaften Demokratie angesprochen, so finden sich – auch bei illegalem Protest – wenige Anknüpfungspunkte zur Gefährdung der Verfassung. Eine gute Definition von Protest liefern Edeltraud Roller und Bernhard Wessels[154], die für ihre Definition auf eine ganze Fülle an Autoren[155] verweisen:

„Political participation in general refers to activities of private citizens intended to influence state structures, authorities and/or decision regarding the allocation of Public goods. Political protest is a direct and non-institutionalized mode of participation that appears in two different forms: legal forms such as attending lawful demonstrations and illegal forms which can be further differentiated in non-violent forms such as joining unofficial strikes and violent forms such as damaging properties.“[156]

---

153 „Bei unzeitgemäßen oder rigiden Normen kann abweichendes Verhalten im Sinne von Innovation wirken und verkrustete Strukturen überwinden.“ Günter Wiswede: Sozialpsychologie-Lexikon. München 2004. S. 4.

154 Edeltraud Roller, Bernhard Wessels: Contexts of Political Protest in Western Democracies – Political Organization and Modernity. Veröffentlichung der Abteilung „Institutionen und sozialer Wandel“ des Forschungsschwerpunkts „Sozialer Wandel – Institutionen und Vermittlungsprozesse“ des Wissenschaftszentrums Berlin. Papier FSIII 96-202. Berlin 1996.

155 Genannt werden: Verba, Nie und Kim (1978); Barnes und Kaase (1979); Milbrath und Goel (1977); sowie Ühlinger (1988); und Fuchs (1991); und Conge (1988).

156 Edeltraud Roller, Bernhard Wessels 1996. S. 5.

3.1.3 Abgrenzung der Phänomene

Im Bereich des Studiums des abweichenden politischen Verhaltens, sei es im Bereich Radikalismus, Extremismus oder Terrorismus, ist die Definition des Phänomens die schwächste Komponente. Es verwundert nicht, dass sogar der Eintrag eines politikwissenschaftlichen Lexikons vor dieser Aufgabe, eine Unterscheidung zwischen extrem und radikal aufzuführen, kapituliert:

„Umgangssprachlich ist der Begriff [Extremismus] weitgehend identisch mit dem des Radikalismus, wissenschaftlich und politisch streiten sich jedoch die Geister, worin mögliche und sinnvolle Unterscheidungen liegen."[157] Auch Kailitz kritisiert: „Eine fruchtbare wissenschaftliche Auseinandersetzung um das Verhältnis der Begriffe Extremismus, Radikalismus und Populismus fand bislang nur in Ansätzen statt."[158]

Die Unterscheidung zwischen Radikalismus, Extremismus und Terrorismus ist nicht deutlich. Besonders im anglophonen Sprachraum wird zwischen Extremismus und Terrorismus nicht klar unterschieden, diese Schwäche weisen auch Schriften aus dem deutschen Sprachraum auf, gerade bei der Unterscheidung zwischen Radikalismus und Extremismus. Es kommt hier auf die ideengeschichtliche Tradition der Autoren an. Einige meinen, dass Radikalismus und Extremismus gar nicht unterschieden werden sollen, andere lehnen den Begriff des Extremismus als nicht praktikabel ab, andere propagieren den Extremismus so stark, dass sie auch im Bereich des Radikalismus auf den Extremismusbegriff zurückgreifen und z.B. Konzepte eines „weichen Extremismus"[159] entstanden sind, indem zwischen ‚hartem' und ‚smartem' Extremismus unterschieden wird. Besonders konservative Autoren scheinen sich stark an den Extremismusbegriff zu lehnen, während eher linke Autoren sich eher auf den Radikalismusbegriff berufen (sofern es sich nicht um den Phänomenbereich des Rechtsextremismus handelt). Dadurch sind nicht nur fundamentale, kontroverse Diskussionen entstanden, die für die Forschung ganz im Sinne von Poppers Diktum des Kritischen Rationalismus wünschenswert sind, sondern sie bewirkten auch, dass eine Konfusion der Begriffe eingetreten ist. In diesem Kapitel wird eine Unterscheidungshilfe angeboten, eine Möglichkeit zur Unterscheidung von Radikalismus, Extremismus und Terrorismus. Letztlich muss darauf hingewiesen werden, dass die Unterscheidung bis dato sehr umstritten ist, es bisher keinen von allen Forschern anerkannten, allgemein gültigen Modus der Unterscheidung gibt. Um eine Unterscheidung treffen zu können, erscheint eine Orientierung an folgendem Merksatz hilfreich: Alle Terroristen sind Extremisten und radikal. Alle Extremisten sind radikal, aber (noch?) keine Terroristen. Radikale sind keine Extremisten und auch keine Terroristen.

Dieser Merksatz wurde in der folgenden Abbildung visualisiert, so dass ein Zentrum entstanden ist, welches den Terrorismus darstellt, einen mittleren Ring, der dem Extremismus zugeordnet ist und einen äußeren Rahmen, der den Radikalismus darstellen soll. Gleichwohl muss

---

157 Dieter Nohlen, Rainer-Olaf Schultze: Lexikon der Politikwissenschaft. München 2002. Stichwort Extremismus.

158 Steffen Kailitz: Politischer Extremismus in der Bundesrepublik Deutschland – Eine Einführung. Wiesbaden 2004. S. 30.

159 Eckhard Jesse, Jürgen P. Lang: DIE LINKE – der smarte Extremismus einer deutschen Partei. München 2008.

hier angemerkt werden, dass es keine logische Bewegung, keine zwingende Phasenabfolge, von der einen zu der anderen Sphäre gibt.

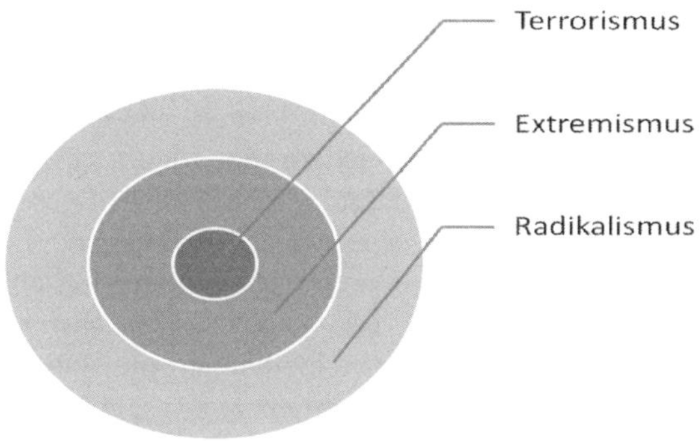

Abb. 3.1 *Heuristisches Unterscheidungsmodell. Bötticher.*

Die Begriffe ‚Extremismus' und ‚Radikalismus' werden in der Literatur und im Sprachgebrauch häufig synonym gebraucht, entstammen aber unterschiedlichen Wurzeln. Das Wort ‚Extremismus' stammt von dem lateinischen extremus und bedeutet das Äußerste.[160] Der Begriff ‚Radikalismus' entstammt dem lateinischen radix, welcher Wurzel bedeutet.[161] Die Schwierigkeit des Terrorismusbegriffs liegt darin, ihn von Guerilla-Aktionen abzugrenzen. Der Terrorismusbegriff bezieht sich historisch auf die Herrschaft des Revolutionsführers Robespierre aus einer Phase der Französischen Revolution, die im Allgemeinen als terreur bezeichnet wird (1793/94) und von den Jakobinern ausging. Von diesem Namen leitet sich auch der Ausdruck „Jakobinismus" her, der auf eine besonders extreme Spielart radikaler Anschauungen und Gewaltmaßnahmen hindeuten soll.

Jakobinismus:

Benannt nach dem Dominikanerkloster St. Jakob in Paris. Seine Mitglieder, die Jakobiner, nahmen in der Französischen Revolution die wichtigste Rolle im Kampf gegen das ancien régime ein unter dem Namen „Gesellschaft der Verfassungsfreunde". Die Exzesse des terreur unter Robespierre, die in der wahllosen Guilletonierung Andersdenkender kulminierte, führten dazu, dass der Ausdruck Jakobinismus als Chiffre für Zelotentum und Radikalismus Verwendung fand.

160 Manfred G. Schmidt (Hrsg.): Wörterbuch zur Politik. Stuttgart 1995. Stichwort: Extremismus.
161 Manfred G. Schmidt (Hrsg.): Wörterbuch zur Politik. Stuttgart 1995. Stichwort: Radikalismus.

3.1.4 Radikalismus

Der Vergleich der Bergpredigt (Matthäus 5,1–7,29) mit den universellen Menschenrechten kann dazu beitragen, eine konkretere Vorstellung über den Begriff des Radikalismus zu gewinnen. Der Radikalismus stellt eine Fragestellung dar, deren Antwort bis an die Wurzel geht. Diese Beantwortung hat nicht notwendig negative Konsequenzen für die Menschen. Beide Dokumente regeln das ‚Gute Leben' in der Gemeinschaft der Menschheit. Beide geben einen Anspruch vor, wie man sich richtig, wie man sich gut verhält, wie man mit den anderen umgehen soll. Die Menschenrechte sind Rechte, die jedem Individuum zukommen, sie haben Gesetzeskraft. Der Ausspruch, man solle seine Feinde lieben, ist demgegenüber radikal. Liebe ist kein Rechtsbegriff, sie geht tiefer, ist eine seelisch-emotionale Entität. Liebe kann man nicht erzwingen – einklagen kann man sie auch nicht. Einen Menschen zu lieben ist etwas tiefer gehendes, als einem Menschen gewisse Rechte, ‚Menschenrechte', zuzugestehen. Die Menschenrechte sind ein äußeres Verdikt, sie bleiben auf die Handlungen eines Individuums beschränkt. Wir müssen überhaupt niemanden lieben, um seine Rechte zu achten. Die Feindesliebe bleibt nicht vor den Schranken der persönlichen Gefühle stehen, sie sind ganz im Gegenteil das Zentrum des Anspruchs, die Handlungen sind dann Quintessenz, Schlussfolgerung der Emotion, die tief unsere Einstellung berührt. Der Ruf, seine Feinde zu lieben, kann nur durch den Einzelnen umgesetzt werden, es ist eine Frage der Einsicht, er kann nicht zu einer gesellschaftlichen Doktrin werden, in diesem Sinne bleibt er Utopie, die nicht gesamtgesellschaftlich umgesetzt werden kann (da gesamtgesellschaftliche Organisation immer auch auf Verdikte zurückgreifen muss). Der Anspruch beinhaltet eine gewisse Maßlosigkeit – Liebe erfasst ja den ganzen Menschen. Der Ruf nach Liebe unseren Feinden gegenüber ist radikal, und Jesus, der dies predigte, ist in diesem Sinne ein Radikaler. Die Menschenrechte sind im Vergleich zu der radikalen Aufforderung der Liebe ‚auch den Feinden gegenüber' ein Kompromiss, der an Radikalität hintansteht. Die Menschenrechte erfassen uns nicht total (wenngleich sie den Staat binden), so dass sie uns in all unseren Lebenszusammenhängen ergreifen, sondern sie bleiben bei unseren Handlungen stehen, sie beinhalten ein gewisses Maß. Die Liebe den Feinden gegenüber sprengt dieses Maß. Menschenrechte sind einklagbar, sie können von jeder Gesellschaft verwirklicht werden, die Feindesliebe kann nicht von Gesellschaften verlangt werden – sie bleibt beim Individuum bestehen, welches lieben kann. Wie gesagt: Eine Plattitüde ist, dass Liebe nicht einklagbar ist. Im Gegensatz zum Extremismus ist der Radikalismus so zwar von einer Maßlosigkeit bestimmt, doch ist diese individuell ausgelebt, fordert andere zwar auf, dies gleich zu tun, doch hat sie eine Grenze: Radikale zwingen nicht, sondern predigen, fordern dazu auf, es ihrem Beispiel gleich zu tun und können sich, ohne die Gesamtgesellschaft ändern zu müssen, eine Nische suchen und dort in friedlicher Koexistenz mit einer anders ausgeprägten Gesamtgesellschaft leben. Gewalt ist nicht relevant. Beispiele sind hier etwa die Gemeinschaften, die sich der Ökologie verschrieben haben, indem etwa jede Form der gekochten Nahrung abgelehnt wird, oder Menschen, die sich dazu entscheiden, in einem Bauwagen zu leben, allen Besitz teilen und hier ihre Gemeinschaften bilden. Auch wer wünscht, dass sein Land als erstes beachtet wird, dass etwa die Bundesrepublik Deutschland, sich für diese Sicht einsetzt und Fragestellungen besonders unter dieser Perspektive betrachtet, ist noch kein Extremist, sondern radikal. All diese Utopien, die sich an die tiefste Überzeugung des Individuums richten und es erfordern, sein Leben dementsprechend zu gestalten und mit denen eine friedliche Koexistenz nicht nur möglich, sondern im Rahmen einer Diversitätskultur auch wünschenswert sind, kann man als radikal bezeichnen, solange andere Sichtweisen respektiert werden.

Diversität

Mit dem Begriff der Diversität ist zunächst sein Synonym, die Verschiedenheit, angesprochen. Im Bereich der Philosophie spricht man in Hinblick auf die Diversität auch von dem Relator. Die Differenz erstreckt sich nicht auf tatsächliche Pole oder Verortungspunkte, sondern bezieht potentielle Verortungen explizit mit ein, ohne von diesen abhängig zu sein. Der verborgene Maßstab der Differenz, kann so nicht über eine tatsächliche Verortung oder Abmessung ermittelt werden, sondern liegt in der tatsächlichen oder potentiellen Unterschiedlichkeit der Verortung begründet. Lägen n Punkte an derselben Stelle, so hätten wir keine Differenz. Während der Begriff der Mitte abhängig von der tatsächlichen Verortung der extremsten Punkte ist, braucht sich der Differenzbegriff zunächst nicht darum zu kümmern. Differenz ist nicht deckungsgleich zum Begriff der Mitte aufzufassen. Während der Begriff der Mitte eine Durchschnittsgröße d errechnet und auf die Grundgesamtheit G angewiesen ist, kann der Differenzbegriff nicht auf diese Weise definiert werden. Der Differenzbegriff ist selbst keine Größe mit eigener Verortung. Aus der Differenz ergibt sich kein selbstständiger Punkt in einem Koordinatensystem. Die Differenz bezeichnet alle Punkte zwischen allen Punkten. Im Bereich der Sozialwissenschaft geht man von einer intensionalen Diversität aus – es gibt eine Vielzahl an Punkten, die bei den einzelnen Menschen verschieden sind, aber einige Punkte beruhen auf gemeinsamen Elementen. Die prinzipielle Gleichheit ist eine Vorbedingung des Diversitätskonzepts. E pluribus unum, aus vielen eines, meint hier die simple Tatsache, dass jeder Mensch gleiche zentrale Bedürfnisse hat, wie in Frieden und Sicherheit zu leben und Würde zu besitzen. Das amerikanische Wort ‚all men are created equal' mag dies genauso und vielleicht sogar fundamentaler ausdrücken. Wir sind alle Teile einer Menschheit. Dies ist das gemeinsame Element. Das Diversitätskonzept greift die Unterschiede der Menschen positiv auf. Der Relator bezeichnet in der Logik diejenigen Dinge, die nicht identisch sind. Mehrere Faktoren sind für die Diversität von Bedeutung. In allererster Hinsicht, ist dies die Erkenntnis, dass jedes gelebte Leben grundsätzlich und unausweichlich ein individuelles Leben ist. Dieses individuelle Leben ist in eine sozialkulturelle Struktur eingebettet, wenngleich der Konsum dieser Struktur wieder individuell ist. Dazu gehören so verschiedene Dinge wie Moral, Religion und Essgewohnheiten. Ein weiterer Faktor ist die Anerkenntnis, dass das gute Leben einer individuellen Definition unterliegt. Da es darüber, was das gute Leben ausmacht, eine ganze Reihe an Ansichten gibt, benötigt es eine gemeinsame Toleranz der Differenz zu allen anderen. Das Diversitätskonzept beinhaltet das Vermögen, sich darüber zu einigen, dass man sich uneinig ist und Einigkeit unter Umständen nicht erzielt werden kann. Es beinhaltet den Versuch, trotz unüberbrückbarer Differenzen miteinander friedlich und in Toleranz zu leben, sowie die freiwillige Assoziation. Dies begründet die Diversitätskultur.

Der Radikalismus ist so eine Erscheinung der Diversität. Der Radikalismus zeichnet sich dementsprechend nicht durch die Forderung einer Interessenidentität zwischen Regierenden und Regierten aus, sondern durch die Suche nach einer gesellschaftlichen Nische. Fragestellungen werden aus der Perspektive der eigenen Einsicht, sei es die Gleichheit aller Menschen, sei es die naturbelassene Nahrungsaufnahme, oder der Gedanke der Nation beantwortet, doch zwingen diese Bewegungen nicht dazu, es ihnen gleichzutun, sondern sie bemühen sich um die Einsicht der umstehenden Zeitgenossen, es ihnen gleichzutun und verzichten auf jegliche Form der Gewalt.

3.1.5 Extremismus

Der Extremismus lässt sich an dieser Stelle vom Radikalismusbegriff abgrenzen:

„Alle Extremisten glauben an die Möglichkeit einer homogenen Gemeinschaft, in der eine Interessenidentität zwischen Regierenden und Regierten besteht.“[162]

Der Extremismus zielt so auf die Gesamtgesellschaft und hat die Konsequenz des Zwangs mit eingeschlossen. Hier geht es nicht so sehr um Einsicht, sondern um Unterwerfung. Extremismus ist eher mit dem Begriff der Konformität verbunden – Radikalismus eher mit Einsicht und Diversität.

> „Extremismus [...] In der Politik mehrdeutige Bezeichnung für – nach Zielen und Mitteln – zum äußersten neigende Strömungen, Kräfte oder Organisationen. 1) In verfassungsrechtlicher und -politischer Sichtweise wird E. meist entweder im weiteren Sinne als einstellungsmäßige Gegnerschaft zu den wichtigsten Spielregeln und Prinzipien des demokratischen Verfassungsstaates oder im engeren Sinne als die Fundamentalopposition gegen den demokratischen Verfassungsstaat definiert, die sich in verfassungsgegnerischer Gesinnung und in verfassungsgegnerischem Handeln äußert [...]“
>
> Manfred G. Schmidt, Art. „Extremismus“. In: Ebd.: Wörterbuch zur Politik. Stuttgart 1995, S. 292.

Andreas Klärner und Michael Kohlstruck bieten in ihrem Buch über modernen Rechtsextremismus in Deutschland eine interessante, sprachanalytische Zugangsweise zum Phänomen des Extremismus.[163] Sie erwähnen, nach Gerhard Strauß, Ulrike Haß und Gisela Harrass, sei der Extremismusbegriff durch seine innere Unbestimmtheit und demgemäß offene Struktur bestimmt. Sprachlogisch verweist der Begriff auf einen Gegenbegriff wie Normalität oder Rand im Gegensatz zur Mitte.[164] Es sei kein definierter Rechtsbegriff und, nach Fritz Herrmanns, ein Stigmawort. Zwei Ebenen sind für die Autoren von entscheidender Bedeutung: die diskursive Konstruktion des Begriffs und die soziale bzw. politische Praxis. Kohlstruck und Klärner weisen auf die weitreichende Wirkung der SINUS-Studie von 1981 hin: „Mit der öffentlichkeitswirksamen Publikation dieser Studie in einem bekannten Taschenbuch-Verlag begann die Auflösung der Unterscheidung zwischen einem im engeren Sinne politisch motivierten Rechtsextremismus und einem Rechtsextremismus, der als erfragte Einstellung zu beobachten ist.“[165] Michael Thöndl[166] versteht den Extremismus als Dialogverweigerung und M. Taylor definiert den Extremisten als:

---

[162] Steffen Kailitz 2004. S. 21.

[163] Siehe: Michael Kohlstruck, Andreas Klärner: Rechtsextremismus – Thema der Öffentlichkeit und Gegenstand der Forschung. In: Ebd. (Hrsg.): Moderner Rechtsextremismus in Deutschland. Hamburg 2006. S. 7–44.

[164] Gerhard Strauß, Ulrike Haß, Gisela Harass: Brisante Wörter – von Agitation bis Zeitgeist. Berlin 1989. S. 142

[165] Michael Kohlstruck, Andreas Klärner 2006. S. 18.

„Eine Person, die exzessiv und unangemessen enthusiastisch und/oder unangemessen besorgt über signifikante Lebensziele ist und einen fokussierte und hoch personalisierte Interpretation der Welt impliziert. In politischer Hinsicht ist es ein Verhalten, welches stark durch Ideologie kontrolliert ist und in welchem der Einfluss der Ideologie solchermaßen ist, dass andere soziale, politische oder persönliche Kräfte von denen angenommen wird, sie könnten das Verhalten kontrollieren oder beeinflussen exkludiert oder beruhigt werden."[167]

Uwe Kemmesies[168] versteht extremistisches Handeln in Anlehnung an Max Weber als soziales Handeln, da sich dieses auf das Verhalten anderer bezieht und in seinem Ablauf daran orientiert ist. Der Extremismus ist als Reaktion auf gesellschaftliche Konfliktlagen zu verstehen. Nach Kemmesies, der sich hier auf Esser (2000) bezieht, dient die Ideologie der Vorstrukturierung des Handelns, indem Erwartungen, Bewertungen und Orientierungen durch diese objektiviert werden. Es gibt eine ganze Vielzahl an Definitionen, die sehr von der Traditionslinie abhängen in der sich der Forscher bewegt. Während der Radikalismus tendenziell mit dem Besitz einer Universalmoral verbunden werden kann, besitzt der Extremismus tendenziell Ansichten partikularmoralischer Natur.

Steffen Kailitz definiert den Extremismus unter Hinzuziehung der Arbeiten von Klingemann/Pappi (1972), Lipset/Raab (1978) und Backes/Jesse (1996) folgendermaßen:

„Extremistisch sind dagegen all jene Bestrebungen, denen eine Identitätstheorie der Demokratie eigen ist und die auf die Bewahrung oder Errichtung einer autoritären oder totalitären Diktatur zielen. Die Unterteilung in Demokratien und Diktaturen wie in demokratisch und extremistisch erklärt die Unterscheidung zwischen politisch links und politisch rechts ausgerichteten politischen Systemen für nachrangig. Faschistische und kommunistische Systeme fallen gleichermaßen unter den Diktaturbegriff, die entsprechenden Parteien unter den Extremismusbegriff. Statt einer positiven Begriffsbestimmung lässt sich Extremismus auch negativ definieren. Extremismus beschreibt demnach wesentlich die fundamentale Gegnerschaft zur Demokratie, konkret zu den Ideen des demokratischen Verfassungsstaats."[169] Kritiker des normativen Modells zur Erarbeitung des Extremismusbegriffs sind etwa Hans-Gerd Jaschke, Claus Leggewie und Horst Meier, Hans D. Klingemann und Franz U. Pappi. Hans-Gerd Jaschke übernimmt dessen ungeachtet Erkenntnisse eben dieser Extremismusforschung.[170]

166 Michael Thöndl: Einführung in die Politikwissenschaft – Von der antiken Polis zum internationalen Terrorismus – Idee, Akteure, Themen. Wien/Köln 2005.

167 M. Taylor: The fanatics – a behavioral approach to political violence. London 1991. S. 33. ; Zit.n. Martha Cottam et.al.: Introduction to political psychology. (2.Aufig.). East Sussex/New York 2010. S. 203 und 336f.

168 Uwe Kemmesies: Zukunftsaussagen wagen, Zwischen Verstehen und Erklären – Methodologische und theoretische Notizen zur Prognoseforschung im Phänomenbereich Extremismus/Terrorismus. In: Ebd. (Hrsg.): Terrorismus und Extremismus – der Zukunft auf der Spur. München 2006. S. 4f.

169 Steffen Kailitz 2004. S. 15.

170 Hans-Gerd Jaschke, Politischer Extremismus. Lizenzausgabe. Bonn 2007. S. 31.

3.1.6 Terrorismus

Der Terrorismus ist nach Steffen Kailitz[171] „die systematische Anwendung politischer Gewalt". Er bezieht sich auf Bruce Hoffmann[172] und grenzt den Terrorismus im Unterschied zu anderen politisch motivierten Straftaten im Rahmen des Zielkriteriums ab, der dementsprechend „darauf ausgerichtet ist, weitreichende psychologische Auswirkungen zu haben, die über das jeweilige unmittelbare Opfer oder Ziel hinausreichen".[173] Louise Richardson stellte eine weitergehende Definition mittels eines Merkmalskatalogs auf, mit dem man Terrorismus abgrenzen kann:

„Terrorismus bedeutet einfach, für politische Zwecke planmäßig und gewaltsam gegen Zivilisten vorzugehen. Er zeichnet sich durch sieben entscheidende Merkmale aus. Erstens: Ein Terrorakt ist politisch motiviert. Wenn nicht, handelt es sich einfach um ein Verbrechen. [...] Zweitens: Wenn nicht gewaltsam vorgegangen wird und auch keine Gewalt angedroht wird, handelt es sich nicht um Terrorismus. [...] Drittens: Zweck des Terrorismus ist nicht, den Feind zu besiegen, sondern eine Botschaft zu verkünden. [...] Viertens: Der Terrorakt und die Opfer haben in der Regel symbolische Bedeutung. [...] Fünftens ist – und das ist umstritten – Terrorismus die Vorgehensweise von Gruppen auf substaatlicher Ebene, nicht von Staaten. Das soll nicht heißen, dass Staaten nicht Terrorismus als Instrument ihrer Außenpolitik benutzen. [...] Das sechste Merkmal des Terrorismus ist, dass die Opfer der Gewalt und das Publikum, das die Terroristen zu erreichen versuchen, nicht identisch sind. [...] Das letzte und wichtigste Merkmal des Terrorismus ist, dass er sich bewußt gegen Zivilisten richtet. Das unterscheidet ihn von anderen Formen politischer Gewalt, auch von eng verwandten wie dem Guerillakrieg."[174]

Magnus Ranstorp merkt hingegen an, dass man Terrorismus nicht mit einer generischen ‚one-fits-it-all'-Definition beschreiben könne, sondern Terrorismus immer auch als kontextspezifischen Moment betrachten müsse:

„A major difficulty for the terrorism studies field is that as a complex social and behavioral phenomenon it is characterised by contradictory assumptions underpinning different levels or units of analysis and across the various disciplines within social science."[175]

Das Bundesinnenministerium hat auf diesen Umstand bereits viel früher hingewiesen: „Die bisherige wissenschaftliche Diskussion hat verdeutlicht, dass das Phänomen Terrorismus nicht monokausal erklärt werden kann. Es muss vielmehr von einem komplexen Bedin-

---

171 Steffen Kailitz 2004. S.13.

172 Bruce Hoffmann: Terrorismus, der unerklärte Krieg – Neue Gefahren Politischer Gewalt. Frankfurt a.M. 1999.

173 Bruce Hoffmann: Terrorismus, der unerklärte Krieg – Neue Gefahren Politischer Gewalt. Frankfurt a.M. 1999. S. 41. Zit.n. Steffen Kailitz: Politischer Extremismus in der Bundesrepublik Deutschland – eine Einführung. Wiesbaden 2004. S. 13.

174 Louise Richardson: Was Terroristen wollen – Die Ursachen der Gewalt und wie wir sie bekämpfen können. (Schriftenreihe Band 679). Bonn 2007. S. 28–30.

175 Magnus Ranstorp: Mapping Terrorism Reasearch. In: Ebd. (Hrsg.): Mapping Terrorism Research – State of the art, gaps and future direction. London/New York 2007. S. 7.

gungsgeflecht ausgegangen werden, dessen verschiedene Elemente im Einzelfall unterschiedliche Bedeutung und Gewichtung erlangen können."[176]

Viele Autoren unterscheiden Staatsterrorismus und Terrorismus von Unten.[177] Jerrold Post versteht unter Terrorismus eine spezielle Form der politischen Gewalttat. Terrorismus ist für ihn die Androhung oder Ausübung von Gewalt gegenüber Zivilpersonen oder Eigentum, um eine politische, ideologische oder religiöse Zielsetzung durch Angst und Einschüchterung zu verfolgen. Er unterscheidet, angelehnt an den Psychiater Frederick Hacker,[178] drei Hauptströmungen des Terrorismus, den politischen, den kriminellen und den pathologischen Terrorismus.[179]

Es können auch andere Formen des Terrorismus unterschieden werden. Berndt Georg Thamm nennt den symbiotischen Terrorismus, mit dem sich die Verbindung zwischen Mafiastrukturen und Terrorismus beschreiben lässt, den sozialrevolutionären Terrorismus, der die Gesellschaft umwälzen möchte, den ethnisch-nationalen Terrorismus, der für Autonomie kämpft, den religiösen Terrorismus, der sich um die Errichtung eines Gottesstaates bemüht (als Unterform nennt er den eschatologischen Terrorismus) und den vigilantischen Terrorismus, der aus einer Form des Terrors von Oben und von Unten besteht.[180]

Henner Hess definiert den Terrorismus in Abgrenzung: „Betrachten wir revoltierende Gewalt, so wollen wir nicht terroristisch nennen die einmalige Gewalttat, z.B. den klassischen Tyrannenmord. Ebensowenig Staatsstreiche, Volksaufstände, Revolutionen und Guerrilla-Aktionen. Wie beim Terrorismus handelt es sich zwar auch bei Guerrilla-Aktionen um überraschende und systematische Gewaltanwendung im Rahmen einer politischen Strategie. Aber allen Guerrilla-Strategien ist gemeinsam, dass sie ihre politisch-militärischen Ziele durch die Anwendung von Gewalt unmittelbar zu erreichen suchen; es geht ihnen also primär um die physischen Folgen der Gewaltanwendung, z.B. um das Schaffen und Halten ‚befreiter Zonen'. Dagegen orientiert sich die Strategie des Terrorismus an den durch die Gewaltanwendung provozierten Reaktionen der anvisierten Zielgruppen. Dem Terroristen geht es also primär um die psychischen Folgen der Gewaltanwendung. Die Violenz des Terroristen ist kommunikativ und indirekt, der Terrorist kann sein Ziel nur über Umwege erreichen. Terrorismus hat eine voluntaristische Note, d.h. er ist die Waffe der Schwachen in einer Situation, in der die strukturellen Bedingungen und die objektiven Machtverhältnisse ihnen wenig Hoffnung auf direkten Erfolg geben."[181] Hess unterscheidet vier Formen des Terrorismus: den repressiven Terrorismus staatlicher Apparate, den repressiven Terrorismus para-staatlicher und nicht-

---

176 Bundesministerium des Innern (Hrsg.): Herbert Jäger/Gerhard Schmidtchen/Lieselotte Süllwold: Lebenslaufanalysen. (Analysen zum Terrorismus Bd. 2.) Opladen 1981. S. 6.

177 Z.B.: Andreas Bock (Paderborn 2009); Louise Richardson (Bonn 2007); Charles Townshend (Stuttgart 2005).

178 Frederick J. Hacker: Crusaders, Criminals, Crazies – Terrorism in our Time. New York 1976.

179 Jerrold M. Post: The Mind of the Terrorist – the psychology of terrorism from the IRA to Al-Qaeda. New York 2007. S. 3.

180 http://www.bpb.de/veranstaltungen/DXKVCA,0,0,Erscheinungsformen_Wurzeln_und_aktuelle_Entwicklungslinien_im_Terrorismus.html

181 Siehe Henner Hess: Terrorismus, Quo vadis? – Kurzfristige Prognosen und mittelfristige Orientierungen. In: Uwe E. Kemmesies (Hrsg.): Terrorismus und Extremismus- der Zukunft auf der Spur. (Polizei und Forschung Bd. 33.) München 2006. S. 109f.

staatlicher Gruppen, den revoltierenden Terrorismus ethnischer, nationaler und religiöser Art und den revoltierenden Terrorismus sozialrevolutionärer Art.[182]

Hirschmann unterscheidet anhand des Kriteriums der Motivation den ideologisch-revolutionär motivierten Terrorismus, bei dem nach einer Neuausrichtung der Gesellschaft getrachtet wird; den häufig auftretenden ethnisch-nationalen Terrorismus, der Forderungen nach Unabhängigkeit, Autonomie oder Mitbestimmung unterstreichen soll; den religiös motivierten Terrorismus, der die durch spezielle politische Interpretationen des Glaubens motiviert ist oder die Religion als rechtfertigendes Beiwerk nutzt, um politische Ziele durchzusetzen; Terrorismus, der durch spirituell motivierte religiöse Splittergruppen bzw. Weltanschauungsbewegungen mit apokalyptischen Überzeugungen ausgeführt wird; und Single-Issue Terrorismus, der durch persönliche Betroffenheit oder Meinung im Rahmen einzelner Streitfragen motiviert ist (i.d.R. Tier-, Umwelt-, und Antiabtreibungsmotiv).

Neben der nach Motiven fragenden Einordnung unterscheidet Hirschmann den Terrorismus auch nach Durchführungsformen und vollzieht so eine Hinwendung zur Tat. Die konventionelle Variante verhält sich eher risikovermeidend und nutzt eine relativ überschaubare Technik. Er nutze Mittel, die bis zum letzten Moment steuerbar seien. Der konventionellen Variante rechnet Hirschmann sogar das Selbstmordattentat zu.

Der NBC-Terrorismus greift auf Nuklear-Technik (N), biologische Agenzien (B) und chemische Substanzen (C) zurück. Der sogenannte Cyber-Terrorismus bezeichnet Hackeroperationen mit politischem Motiv, mittels derer anonym und kostengünstig Computernetze oder -systeme angegriffen werden die z.T. lebenswichtige Infrastrukturen bereithalten.[183] Europol definiert in seinem „EU Terrorism Situation and Trend Report“ fünf verschiedene Terrorismusarten, die aufgrund der zugrundegelegten Motivation unterschieden werden.[184] Saskia Lützinger legte eine ideologieübergreifende Einteilung vor.

Eine ganz eigene Kategoriebildung legte Saskia Lützinger vor, die umfassend und differenzierend ist. Sie wird im nachfolgenden Schaubild dargestellt.

182 Ebd. S. 111–115.
183 Siehe Kai Hirschmann: Terrorismus. Hamburg 2003. S. 17–32.
184 Europol (Hrsg.): TE-SAT 2010 – EU Terrorism Situation and Trend Report. Den Haag 2011. S. 9.

Typ	Ideologische Durchdringung	Motive für Straftaten	Organisationsgrad	Definition
Terrorist		Ideologisch motiviert	Kleine, nach außen hin abgeschottete, hoch konspirativ arbeitende Gruppen. Hohe Gruppenkohärenz.	Terrorist umschreibt eine ideologisierte Person, die in einer fest organisierten, arbeitsteiligen Struktur eingebunden ist, grundsätzlich verdeckt operiert und über einen nachhaltig geführten, gewaltsamen Kampf die Systemüberwindung anstrebt.
Extremist mit Aktion	Hohe ideologische Durchdringung	Ideologisch motiviert	Kleine bis mittelgroße Gruppen, eher unüberlegte, spontane Aktionen mit eher geringem Organisationsaufwand.	Zu Extremisten zählen all jene Personen, die (a) Bestrebungen zur Systemüberwindung aufweisen, die sich gegen die freiheitlich demokratische Grundordnung richten und für deren Zielerreichung auch die Anwendung von Gewalt in Kauf genommen wird; (b) im Gegensatz zu Terroristen (noch) in keine streng organisierte, nachhaltige oder arbeitsteilige Struktur eingebunden sind. Versuche zur Organisierung oder Kontakte zu organisierten Strukturen können jedoch vorhanden sein; (c) unter Umständen bereits selbst politisch motivierte Straftaten begangen haben, solche grundsätzlich befürworten oder die für Außenstehende den Anschein erwecken, in extremistischer Absicht gehandelt zu haben.
Extremist ohne Aktion	Hohe ideologische Durchdringung	Bisher keine ideologisch motivierten oder assoziierten Straftaten	Kleine bis mittelgroße Gruppen, große Offenheit gegenüber neuen Mitgliedern und Engagement (oder Aktivitäten), neue Mitglieder zu gewinnen.	Personen, die zwar eine extremistische Einstellung aufweisen, jedoch (noch) keine ideologisch motivierten Straftaten begangen haben. In diese Gruppe fallen in erster Linie Personen aus dem Dunkelfeld.
Pseudoextremist	Geringe ideologische Durchdringung: Häufig plakative, oberflächliche politische Einstellung	Persönlich motiviert (häufig erlebnisorientiert) Für Außenstehende mit Politik assoziiert	Cliquenartige Zusammenschlüsse oder Einzelgänger, oftmals keine Gruppentreue: Bei der Gruppenwahl entscheidet der Erlebnis-/ Unterhaltungsfaktor, wobei gewaltsame Aktionen ein wichtiges Entscheidungskriterium darstellen.	Personen, die augrund ihrer sozialen Einbettung als Extremisten erscheinen, jedoch keine tiefere ideologische Durchdringung aufweisen. Allenfalls sind plakative, oberflächliche politische Einstellungen vorhanden.
Militanter Radikaler	Mittlere ideologische Durchdringung: Interesse und Kenntnis sind vorhanden, ideologische Aspekte sind jedoch nicht allgegenwärtig	Rechtsorientierte: eher persönlich motiviert Linksorientierte: eher ideologisch motiviert	Rechtsorientierte: Cliquenartige Zusammenschlüsse mit hoher Gruppenkohärenz. Teilweise Selektion bezüglich neuer Mitglieder. Linksorientierte: Eher offen szenenartige Strukturen oder Gruppen.	Personen mit einer entschiedenen, grundsätzlich kritischen Haltung gegenüber dem Staat, die auch öffentlich und in der Regel unter Anwendung von Gewalt vertreten wird (auch Sachbeschädigung). Links: reflektierte und erfahrungsbasierte kritische Haltung gegenüber dem Staat. Rechts: oberflächliche, auf Vorurteilen basierte und oft unreflektierte übernommene Einstellung.
Extremismusnahe Person	Eher ideologische Durchdringung: Aspekte der Ideologie sind bekannt, stehen aber nicht im näheren Interesse der Person. Eine Identifikation mit der Ideologie fand bisher nicht statt. Persönliche Beziehungen stehen im Vordergrund.	Bisher keine ideologisch motivierten oder assoziierten Straftaten	Personen bewegen sich im Umfeld extremistischer Strukturen (z.B. Parteien, Vereine), integrieren sich aber bewusst nicht (vollends) in diese.	Personen, die in ihrer Biographie eine eindeutige Nähe zu politischen, militant radikalen oder gar extremistischen Umfeldern aufweisen, ohne dass es zu einer Identifikation mit den dort vorherrschenden Einstellungen kam. Es kann sich um direkte Kontakte handeln (freiwillige Assoziation) oder um indirekte Kontakt (familiär, institutionell).

Abb. 3.2 *Typenbildung politisch abweichendes Verhalten. Lützinger. Erweitert von Bötticher.*

Lützinger unterscheidet vier Obergruppen (Terroristen, Extremisten, Militante Radikale, extremismusnahe Personen) die nach folgenden Kriterien gebildet wurden: (1.) Durchdringungsgrad der Ideologie, (2.) Motive für Straftaten bzw. Gewalt, und (3.) Organisationsgrad. Die späteren Unterteilungen der Obergruppen sind jedoch schwierig. Die Unterscheidung zwischen militanten Radikalen und Pseudoextremisten bleibt nebulös. Die Einbeziehung extremismusnaher Personen ist fraglich – immerhin ist es ein aufweichendes Kriterium des Extremismus, wenn Personen einbezogen werden, die eigentlich ‚nur' Extremisten in ihrem familiären Umfeld haben – es scheint artifiziell, wenn aus einer familiären Beziehung gleich eine Nähe zu den Einstellungsmustern dieser Familienmitglieder konstruiert wird. Die Unterscheidung zwischen direktem Kontakt und indirektem Kontakt ist deshalb kritikfähig. Der direkte Kontakt, die freiwillige Assoziation, ist schwerlich in eine Kategorie des Extremismus einzuordnen, wenn diese ohne „Identifikation mit den dort vorherrschenden Einstellungsmustern" einhergingen. Was macht den Extremismus aus, wenn die politische Motivation eigentlich keine Rolle spielt? Hier handelt es sich um die Umstehenden, die den Extremismus insgeheim bejahen können, aber nicht müssen. Es könnte angebracht sein, die Kategorie der extremismusnahen Personen in das Konzept des Extremismus der Mitte einzubeziehen, die ihren Fokus auf diesen Umstand gelegt hat. Die Obergruppen und die dazugehörigen Definitionen sind von Lützinger dennoch umsichtig geleistet worden und zu begrüßen.

3.2 Antifaschismus – Antikommunismus – Extremismus: Konkurrenzmodelle

In den 1970er Jahren differenzierten sich innerhalb der Politikwissenschaft die Strömungen weiter. Zwei der drei Strömungen, der Antifaschismus und Antikommunismus, sind dabei erheblich älter und haben eine weit zurückliegende Tradition, auf die sie sich berufen können. Die Strömungen nutzen verschiedene Ansatzpunkte und entwickelten dementsprechend unterschiedliche Vorstellungen, die auf die Geisteshaltung der Anwender Rückschlüsse zulassen. Als Bearbeitungskonzepte haben alle drei Strömungen Bestand und werden noch heute angewendet. Antifaschismus und Antikommunismus weisen schwerwiegende konzeptionelle Mängel auf, die sich auf die Begutachtung der Fälle bezieht. Allen Ansätzen gemein ist die immer wieder auftauchende Tendenz größeren, das Feld vernebelnden Definitionen den Vorzug vor kleineren, kompakteren, konziseren Definitionen zu geben. Unscharfe Definitionen, so wird deutlich, schaden der Untersuchung und dienen nicht der Etablierung des Forschungszweiges. Als Konkurrenzmodell steht, neben dem Forschungsansatz der Extremismusforschung, der Ansatz des Antifaschismus. Der Extremismusansatz galt Zeit seiner Existenz wegen seiner Nutzbarkeit für rechtsstaatliche Sicherheitsinstitutionen bei kritischen Wissenschaftlern als diskreditiert. Der kommunistisch orientierte Antifaschismus ist als Herrschaftslegitimationsfunktion und Argumentationshilfe zur Verfolgung politisch Andersdenkender in der kommunistischen Staatswelt in Misskredit gebracht worden, der Antikommunismus zeichnet sich durch eine Verniedlichungstendenz rechtsradikaler Neigungen und Absichten aus und ist außerdem aufgrund starker staatlicher Eingriffe gegen Linke zu Zeiten des Ost-West-Konflikts diskreditiert.

3.2.1 Antifaschismus

Wie das Konzept des Totalitarismus zur Erfassung einer Regimeart neuen Typs, entwickelte sich der Ansatz des Antifaschismus aufgrund der Erfahrung mit eben diesen Ideologieströmungen – und hier speziell und einzig dem Faschismus. Der Faschismusbegriff des Antifaschismusansatzes hat sich besonders im Laufe des letzten Drittels des letzten Jahrhunderts ungemein verbreitet. Unter den Begriff fielen Katholiken genauso, wie Kommunisten, Sozialisten und Monarchisten – das Spektrum des Antifaschismus war breit gestreut und beinhaltete einfach eine Gegenhaltung zum Faschismus.[185] Patrick Moreau und Rita Schorpp-Grabiak nennen sieben verschiedene Ausprägungen der Faschismustheorien; Tim Peters sieht diese Zahl als zu gering an: „Es existieren insgesamt deutlich mehr, da jede noch so kleine kommunistische, marxistische, trotzkistische, maoistische Splittergruppe eine eigene Faschismustheorie besaß beziehungsweise besitzt, die sich mehr oder weniger von den anderen unterscheidet, aber letztlich immer auf die Dimitroff-Formel (benannt nach dem bulgarischen Kommunisten und führenden Kominternfunktionär Georgi M. Dimitroff) zurückgeführt werden kann.“[186]

[185] Uwe Backes: Antifaschismus – Anmerkungen zu Begriff und Geschichte. In: Manfred Agethen, Eckhard Jesse, Ehrhart Neubert (Hrsg.): Der missbrauchte Antifaschismus – DDR-Staatsdoktrin und Lebenslüge der deutschen Linken. Freiburg i.Br. 2002. S. 31–39.

[186] Tim Peters: Der Antifaschismus der PDS aus antiextremistischer Sicht. Wiesbaden 2006. S. 27.

Nach Georg Klaus und Manfred Buhr ist der Faschismus eine kapitalistische Diktatur, die sich dem Kommunismus entgegenstellt. Er ist die Reaktion einer „imperialistischen Bourgeoisie auf die Veränderungen des Kräfteverhältnisses seit dem Beginn der allgemeinen Krise des Kapitalismus, seit dem Sieg der großen Sozialistischen Oktoberrevolution, die den weltweiten Übergang vom Kapitalismus zu Sozialismus einleitete.“[187]

Der Antifaschismusansatz, ursprünglich ein Konzept mit hoher Integrationskraft, wurde dazu genutzt, für den Sowjetkommunismus missliebige Personen als faschistisch zu brandmarken.[188] Die Dimitroff-Formel bildete die spätere Basis der kommunistischen Faschismustheorie. Mit dieser Formel bezeichnet man eine Definition nach dem achten Plenum des Exekutivkomitees der Komintern von 1933, die auf dem siebten Weltkongress der Kommunistischen Internationale 1935 bestätigt wurde. Das „Wörterbuch der Geschichte“ definierte den Antifaschismus gemäß der Dimitroff-Formel als eine „gegen die Politik und Ideologie des Faschismus gerichtete, Anfang der 20er Jahre entstandene, ihrem Wesen nach antiimperialistische Volksbewegung.“[189] Als Träger des Antifaschismus waren hier die „Arbeiterklasse und an ihrer Spitze die marxistisch-leninistische Partei“ eingesetzt. Die Dimitroff-Formel, die die NS-Diktatur und den italienischen Faschismus nur unzureichend erfassen vermochte, besagte, dass der Faschismus „eine Diktatur der reaktionärsten, am meisten chauvinistischen und imperialistischen Kreise des Finanzkapitals“ sei. Der Antifaschismusansatz wurde in der Vergangenheit durch die SED-Diktatur instrumentalisiert. „Im DDR-Antifaschismus wurde Geschichte in besonders wirksamer Weise teils zu einer Herrschaftsideologie, teils zu einer weltlichen Religion mit bestimmten Ritualen verarbeitet.“[190]

Die sozioökonomische Fundierung ist das wesentliche Merkmal der Definition, die eine Interpretation der bürgerlich-liberalen Demokratie als „verdeckt faschistisch“ nach sich zog.[191] Im Rahmen dieser Sichtweise regiert das Kapital normalerweise in Form der bürgerlich liberalen Demokratie, die lediglich eine scheinbare Demokratie sei (hier auch verstanden mit dem Marxschen Ideologiebegriff, bzw. nach Karl Mannheims Ideologiebegriff erster Klasse). Sie könne aber auch in Form der offenen Diktatur (nach dem Ideologiebegriff zweiter Klasse nach Karl Mannheim) seine Besitzstände wahren – dementsprechend sind Liberalismus und Faschismus im Rahmen des Antifaschismus die gleiche Herrschaftsform unterschiedlicher Strukturmodalitäten und Entwicklungsstadien.[192] Der Liberalismus wird in die Nähe des Totalitarismus gerückt.[193] Die Sozialdemokraten wurden ebenfalls als Helfer des

---

187 Manfred Buhr, Georg Klaus: Philosophisches Wörterbuch. Leipzig 1970. Stichwort: Faschismus.

188 Leonid Luks: Einsichten und Fehleinschätzungen – Faschismusanalyse der Komintern 1921–1928. In: Claudia Keller (Hrsg.): Die Nacht hat zwölf Stunden, dann kommt schon der Tag – Antifaschismus, Geschichte und Neubewertung. Berlin 1996.

189 o.A.: Wörterbuch der Geschichte. Berlin 1983. S. 41f

190 Bernd Faulenbach: Einführung. Hrsg.: Deutscher Bundestag (12. Wahlperiode des Deutschen Bundestages): Materialien der Enquete-Kommission „Aufarbeitung von Geschichte und Folgen der SED-Diktatur in Deutschland“ (Bd. III, 3.) Ideologie Integration und Disziplinierung. S. 109.

191 Reinhard Kühnl: Formen bürgerlicher Herrschaft – Liberalismus, Faschismus. Hamburg 1971.

192 Vgl. Gerhard Lozek, Rolf Richter: Legende oder Rechtfertigung? – Zur Kritik der Faschismustheorien in der bürgerlichen Geschichtsschreibung. Berlin 1979.

193 Herbert Marcuse: Der Kampf gegen den Liberalismus in der totalitären Staatsauffassung. In: Max Horkheimer (Hrsg.): Zeitschrift für Sozialforschung Jg. 3, 1934. S. 161–195; Vgl. Jakob Moneta: Schützt Liberalismus vor Faschismus? In: Frank Deppe, Georg Fülberth, Rainer Rilling (Hrsg.): Antifaschismus. Heilbronn 1996. S. 255–266.

Faschismus diskreditiert[194] und zum Feind erklärt: So schreibt Hans Beyer, der demokratische Sozialismus diene der Irreführung des Menschen, die Sozialdemokratie sei eine demagogische und unsozialistische Losung.[195] Wie mit dem Postulat des Antikommunismus arbeitende Wissenschaftler, haben auch Wissenschaftler, welche mit dem Postulat des Antifaschismus arbeiteten, punktuell Beiträge zur Erkenntnis des Extremismus von Rechts geleistet. So haben sie die Aufmerksamkeit auf diejenigen Gesellschaftsteile gelenkt, die den Rechtsextremismus als bejahende Umstehende unterstützen und haben durch ihre Kenntnisse dazu beigetragen, eine vielfältige Landschaft an Programmen zur Bekämpfung rechtsextremer Phänomene zu schaffen. Die sozio-ökonomische Fundierung hat zu einer das Phänomen verwischenden Definition geführt. Es bleibt offen, warum Anhänger konservativ-bürgerlicher Strömungen tendenziell rechtsextrem seien – den Beweis ist die Antifaschismusforschung bisher schuldig geblieben. Oft werden krude Begründungsmomente für die Aufweichung einer engen Definition des Faschismus angeführt. So sprach ein Angehöriger der Partei ‚DIE LINKE', Rüdiger Sagel, während des nordrheinwestfälischen Landtagswahlkampfs im Jahr 2010 davon, dass sogar die FDP extremistisch sei (z.B. in der Plenarsitzung vom 21. Januar 2010 und weiteren Veröffentlichungen[196]) und dementsprechend beobachtet werden müsste. Der Forderung, die FDP müsse in den Landesverfassungsschutzberichten auftauchen, wurde 2011 wiederholt, ihr schloss sich auch der Landtagsabgeordnete der Linken, Ralf Michalowsky, an.[197] Sigmar Gabriel (SPD) übernahm den Sprachgebrauch und bezeichnete die FDP als radikale Partei mit verfassungsfeindlichen Tendenzen[198]. Deutlich wird hier, wie stark der antifaschistische Ansatz durch politische Interessen geprägt wird und wie stark vernebelnd die antifaschistischen Ansätze sind, die mittels einer Philosophie der Ökonomik versuchen, dem Wesen des Faschismus auf die Spur zu kommen.

Jürgen W. Falter hat nachweisen können, dass die dualistische Anordnung Lipsets, auf die sich der Antifaschismus hauptsächlich stützt, nicht haltbar sei.[199] Einer Abgrenzung zu ideologisch stark Links orientierter Gewalt ist nicht immer genüge getan, wodurch dieser Forschungszugang faktisch diskreditiert ist und sich in die Logik der ‚Gegengewalt' begibt.

Ein bekanntes Beispiel für diese Problematik ist die Definition von Helga Grebing.[200] Der ‚gute' Radikalismus [Extremismus] ist ihr zufolge der ‚linke' Radikalismus, der folgende Zielperspektiven verfolgen würde:

- Mehr Autonomie des einzelnen
- Fortschritt der Emanzipation sozialer Gruppen oder Klassen von Herrschaft

---

194 Tim Peters: Der Antifaschismus der PDS aus antiextremistischer Sicht. Wiesbaden 2006. S. 45f.

195 Hans Beyer: Der Antikommunismus – Wesen, Formen und Funktionen. Berlin 1975. S. 102. In eine ähnliche Richtung stößt Tschernikows Kritik: Gennady Pawlowitsch Tschernikow: Die Haupttheorien des Antikommunismus. Berlin 1974.

196 http://www.sagel.info/meldung.php?meldung=216

197 http://www.sagel.info/meldung.php?meldung=267

198 http://www.stern.de/politik/deutschland/sigmar-gabriel-poltert-fdp-jung-gnadenlos-verfassungsfeindlich-1548244.html http://www.n-tv.de/politik/FDP-ist-fundamentalistisch-article760070.html

199 Jürgen W. Falter: Hitlers Wähler. München 1991.

200 Helga Grebing: Linksradikalismus gleich Rechtsradikalismus – eine falsche Gleichung. Stuttgart/Berlin/Mainz/Köln 1971; Ebd. Rechts = Links und Links = Rechts – die falsche Gleichung. Wiesbaden 1971.

- Neue und erweiterte Formen der Beteiligung an politischen Willensbildungs-, und Entscheidungsprozessen.

Der ‚rechte' Radikalismus [Extremismus], also der ‚schlechte' Radikalismus, wurde von ihr inhaltlich nach folgenden Zielen beschrieben:

- Einordnung des Individuums in haltende natürliche Gemeinschaften
- Bindung sozialer Gruppen an hierarchisch gestufte Ordnung der Gesellschaft
- Stabilisierung der Entscheidungsstrukturen, die durch dem Individuum und der Gesellschaft vorgelagerte Institutionen bestimmt werden.[201]

Die Unterscheidung zwischen gutem und schlechtem Radikalismus ist problematisch, weil sich hier die Wertvorstellungen des Forschers in einer Weise niedergeschlagen, die nicht mehr von einem echten Erkenntnisinteresse zeugen können. „Der unterschiedliche Stellenwert, der der Bedeutung des Vertretens demokratischer Werte einerseits und der Einhaltung demokratischer Normen andererseits zugewiesen wird, ist offenbar entscheidend dafür, ob die Gleichung Linksradikalismus gleich Rechtsradikalismus aufgeht oder nicht."[202] Gleichzeitig ist es in Bezug auf den Extremismus, dem die Eigenschaft zugewiesen wird, gegenüber Individuen rücksichtslos die eigenen Interessen zu vertreten, schwierig eine Vokabel anzuwenden, die eine moralische Höherwertigkeit etabliert. Insgesamt ist davon abzuraten, die Begriffe ‚gut' oder ‚schlecht' in Definitionen des Sachgegenstands einfließen zu lassen.

Das Bearbeitungskonzept des Antifaschismus weist einen großen strukturellen Mangel auf. Dieser Mangel bezieht sich auf die Begutachtungsfähigkeit der Fälle. Während der Antiextremismus im Rahmen einer Gleichbehandlung der Extremismen neben rechten Ideologien auch linke Ideologien behandeln kann – neuerdings im Bereich des Islamismus angewendet wird, kann der Antifaschismus nur im Bereich rechter Ideologien angewendet werden. Diese partielle Blindheit ist angesichts vielfältiger Formen gewalttätiger, antipluralistischer Politiken ein nicht angemessenes Bearbeitungskonzept.

3.2.2 Antikommunismus

Den gleichen strukturellen Mangel, den der Antifaschismusansatz besitzt, weist ein weiteres Bearbeitungsmodell zur Erforschung des Phänomens auf: dies ist der antikommunistische Ansatz. Er ist ebenso vernebelnd breit wie der Antifaschismusansatz und bleibt letztlich durch diese verschleiernden Momente charakterisierbar. Unterschiedliche Strömungen mit verschiedenen Motiven können als Träger darunter fallen, wie etwa Katholizismus, Liberalismus und Konservatismus. Nahe verwandt ist der Antibolschewismus. Der Antikommunismus ist historisch älter als der Antiextremismus, sieht man einmal von Uwe Backes' Versuch der Historisierung des Extremismuskonzepts[203] ab, der nach Maßgabe der geschichtswissen-

---

201 Helga Grebing 1971. S. 8f.

202 Hans D. Klingemann, Franz U. Pappi.: Politischer Radikalismus – Theoretische und methodische Probleme der Radikalismusforschung, dargestellt am Beispiel einer Studie anläßlich der Landtagswahl 1970 in Hessen. München/Wien 1972.

203 Uwe Backes: Politische Extreme – eine Wort und Begriffsgeschichte von der Antike bis zur Gegenwart. Göttingen 2006.

schaftlichen Betrachtung, der Historik, ungenügend scheint. Besonders das im Sprachgebrauch ‚Sozialistengesetz' benannte „Gesetz gegen die gemeingefährlichen Bestrebungen der Sozialdemokratie" unter dem Reichskanzler des Deutschen Kaiserreiches Bismarck von Kaiser Wilhelm I, König zu Preußen am 21.10.1878 erlassen, kann als eines der frühen Produkte einer antikommunistischen Politik genannt werden. Das Gesetz führte zu einer Knebelung der SPD und ihrer Organisationen.

Inhaltlich richtet sich der Blick im Rahmen eines antikommunistischen Ansatzes auf den demokratischen Sozialismus, den Sozialismus und den Kommunismus. Damit ist das Bearbeitungsfeld, welches eigentlich in den Blick genommen werden soll, so groß, dass eine sinnvolle Nutzung des Instruments fragwürdig ist. Die Begründungen für eine Subsumierung des demokratischen Sozialismus unter den Begriff des Extremismus sind oft krude. Ebenfalls problematisch ist der Ansatz des Antikommunismus, weil mit ihm oftmals eine Logik der ‚Gegengewalt' beschritten ist. Der Antikommunismus versteht auch Positionen Mitte-Links als tendenziell linksextrem, jede noch so kleine Übereinkunft mit Ideenträgern einer sozialistischen Konzeption gerät unter Verdacht, einem linken Extremismus Vorschub zu leisten. Der Rechtsextremismus wird durch die Anhänger des Antikommunismus (oft unter dem Hinweis eines noch viel gefährlicheren und raumgreifenderen Linksextremismus) verharmlost. Die Verharmlosungstendenzen des antikommunistischen Ansatzes wiegen schwer.

Richard Stöss sieht die Problematik des Missbrauchs der Klassifizierung als „extremistisch" für eigene politische Zwecke und erwähnt Antifaschismus und Antikommunismus: „Antifa-Gruppen neigen dazu, die Gefahr des Rechtsextremismus maßlos zu übertreiben, indem sie dem rechtsextremistischen Spektrum den gesamten Bereich des Rechtskonservatismus [...] zurechnen. Damit werten sie sich selbst und ihre politische Arbeit auf und konstruieren sich ein identitätsstiftendes Feindbild. Im nationalliberalen und konservativen Lager wird die Bedeutung des Rechtsextremismus zumeist verharmlost (oft mit Hinweis darauf, dass es auch in anderen europäischen Ländern erhebliche rechtsextremistische Bestrebungen gäbe) und auf die angeblich größere Gefahr von Linksaußen verwiesen. Aus der Sicht dieses Lagers steht der politische Feind Links. Die für die Linke untypische Rechts-Links-Aufrechnung dient nicht selten dazu, den Rechtsextremismus als Reaktion auf den Linksextremismus, die Russische Revolution als Vorbedingung für den Erfolg des Nationalsozialismus, den Holocaust als Antwort auf die Vernichtung der Kulaken (also der russischen Großbauern) durch Stalin zu erklären."[204] So sprach Ernst Nolte vom „kausalen Nexus"[205] und fragte, inwieweit sich die Erscheinungen des Kommunismus und des extremen Nationalismus bedingten. Von dieser Frage nahm der sogenannte Historikerstreit seinen Ausgang.[206]

---

[204] Richard Stöss: Rechtsextremismus im vereinten Deutschland. (2.Auflg.). Lizenzausgabe. Bonn 1999. S. 11.

[205] Ernst Nolte: Vergangenheit, die nicht vergehen will – Eine Rede, die geschrieben, aber nicht gehalten werden konnte. Frankfurter allgemeine Zeitung vom 06.06.1986. Zit.n. Eckhard Jesse: Die Wechselbeziehungen der beiden Großtotalitarismen im 20. Jahrhundert – Interpretationen und Fehlperzeptionen. In: Achim Siegel: Totalitarismustheorien nach dem Ende des Kommunismus. Weimar 1998.

[206] Eckhard Jesse: Die Wechselbeziehungen der beiden Großtotalitarismen im 20. Jahrhundert – Interpretationen und Fehlperzeptionen. In: Achim Siegel: Totalitarismustheorien nach dem Ende des Kommunismus. Weimar 1998.

3.2.3 Extremismus

Eine weitere Strömung unterschied nicht zwischen gutem und schlechtem Radikalismus, sondern bewertete beide Strömungen, als sich von der demokratischen Mitte absondernd. Kurt Sontheimer ist ein repräsentativer Autor dieser Richtung, die in den 1990er Jahren auffiel und sich zu einem einflussreichen extremismustheoretischen Zweig entwickelt hat. Besonders tiefgreifende Wirkung auf die heutige Diskussion um den Extremismus hatte die von Uwe Backes und Eckhard Jesse vorgelegte Positivdefinition des Extremismus.[207] In dieser wird er als politische Sammelbezeichnung verstanden, die für unterschiedliche Bestrebungen und politische Gesinnungen auftritt und die sich darin einen, den demokratischen Verfassungsstaat, seine fundamentalen Werte und Spielregeln abzulehnen. Zu den Merkmalen des Extremismus gehören der Alleinvertretungsanspruch, begründet durch die Überzeugung, eine „allein wahre Lehre" zu vertreten, zu der durch rigorose Selektionsverfahren exklusiver Zugang besteht; stereotypische Auseinandersetzung mit Andersdenkenden und Abwertung des Pluralismus; fanatische Entschlossenheit; Denkansätze, die von der Idee der Einheit statt von der Idee der Vielfalt ausgehen, sowie tabula rasa als Mittel legitimer Politik. „Gewinnen extremistische Kräfte in konstitutionellen Demokratien die Oberhand, entstehen diktatorische Systeme unterschiedlicher Couleur."[208] „‚Politischer Extremismus' ist [nach Uwe Backes] ein normativer Typusbegriff. Typen erfüllen die Aufgabe, eine Vielzahl disparater Erscheinungen in überschaubare Einheiten zu gliedern, wobei aus der Summe ihrer Merkmale diejenigen hervorgehoben und zu einem Syndrom gebündelt werden, die aus einer bestimmten Sichtweise heraus als ‚charakteristisch' gelten."[209] Der Begriff des Extremismus, ist hier definitorisch primär eine durch den Bereich politischer Ideen zu erfassende Kategorie.[210] Extremistische Ausprägungen sind für Jaschke „pathologische" Grundkomponenten moderner demokratischer Gesellschaften.[211] Der Politische Extremismus ist seiner Ansicht nach ein junges Phänomen, etwa 150 Jahre alt.[212] Uwe Backes sieht den Extremismus als Denkkomponente bereits vor Aristoteles am Werke.[213] Auch hier ist ersichtlich, zu welch unterschiedlichen Erkenntnissen die verschiedenen Forscher kommen. Dies ist problematisch für die Entwicklung des Extremismuskonzepts.

Auch im Rahmen des Extremismusansatzes finden sich Übertreibungen und Fehldeutungen im Umgang mit dem Phänomen, wie sie auch bei den Ansätzen des Antifaschismus und Antikommunismus mit ihren Teilperspektiven auf das Forschungsfeld auftreten. Ein deutliches Beispiel für eine solche vernebelnde Definition stellt die Kategorie des ‚legalistischen Islamismus' des Verfassungsschutzes dar, der in seiner Kategoriebildung von drei verschiedenen Islamismusformen ausgeht: „Der Verfassungsschutz unterscheidet unter dem Aspekt ideologisch abgeleiteter Modi operandi drei Kategorien islamistischer Organisationen. Die größte

---

207 Uwe Backes, Eckhard Jesse: Politischer Extremismus in der Bundesrepublik Deutschland. Berlin/Frankfurt a.M. 1993.

208 Uwe Backes, Eckhard Jesse 1993. S. 41.

209 Uwe Backes: Politischer Extremismus in demokratischen Verfassungsstaaten – Elemente einer normativen Rahmentheorie. Opladen 1989. S. 321.

210 Uwe Backes 1989. S. 289.

211 Hans-Gerd Jaschke: Politischer Extremismus. Lizenzausgabe. Bonn 2006. S. 12.

212 Hans-Gerd Jaschke: Politischer Extremismus. Lizenzausgabe. Bonn 2006. S. 51.

213 Uwe Backes 2006.

Gefahr für die innere Sicherheit der Bundesrepublik Deutschland geht nach wie vor von islamistischen Terroristen aus.[...] Die zweite Kategorie umfasst Organisationen, die die in ihren Herkunftsländern bestehenden Staatsordnungen auch mit terroristischen Mitteln angreifen, um an ihrer Stelle ein islamistisches System auf Grundlage der Scharia zu errichten. [...] Im unterschied zu den beiden zuvor genannten Kategorien verfolgen legalistische islamistische Organisationen eine breiter angelegte Strategie der politischen Einflussnahme. In der Regel präsentieren sie sich als Interessenvertreter großer Teile der in Deutschland lebenden Muslime und sind zunehmend bestrebt, ihren Anhängern Freiräume für ein Scharia-gemäßes Leben zu schaffen. Sie bieten ein umfangreiches Bildungs-, und Betreuungsangebot für Kinder und Jugendliche. Diese Ausprägung des legalistischen Islamismus, die sich dauerhaft an in Deutschland lebende Muslime richtet, kann die Bildung islamistischer Parallelgesellschaften fördern und damit eine mittel- und langfristige gesellschaftspolitische Gefahr darstellen. Dies torpediert staatliche und gesellschaftliche Integrationsbemühungen und begünstigt Radikalisierungsprozesse. Eine Erziehung, die auf eine Ablehnung demokratischer Institutionen zielt, kann nicht hinreichend mit dem Recht auf ‚kulturelle Differenz' begründet werden."[214]

Die ersten beiden Kategorien liefern eng gefasste Definitionen, die neben einer klaren Operationalisierung auch das Forschungsfeld in einer exakten Weise definieren und so eine konzeptionell schlüssige Systematik bilden. Die Kategorie des legalistischen Islamismus ist durch seine definitorische Unklarheit geprägt, die an den Rändern unscharf bleibt und schwerlich abzugrenzen ist – insgesamt ist die dritte Kategorie durch Unhandlichkeit gekennzeichnet. Die Herausforderung, ein insgesamt schlüssiges und der Besonderheit des Phänomens gerecht werdendes Forschungsfeld mittels definitorischen Konzepts aufzugliedern, ist hier nicht gelungen. Dies liegt an der in sich nicht schlüssigen Kategoriebildung. Folgende Fragen können diese Einschätzung deutlich machen:

1. Inwiefern ist die Verfolgung einer breiter angelegten Strategie der politischen Einflussnahme extremistisch und was ist unter dem Begriff der politischen Einflussnahme genau zu verstehen?
2. Wieso ist die Bestrebung, den Anhängern Freiräume für ein Scharia-gemäßes Leben zu schaffen, per se extremistisch, wenn doch ein Scharia-gemäßes Leben insbesondere von der Glaubensrichtung abhängt und vielgestaltig sein kann?
3. Warum ist die Schaffung von Freiräumen bereits extremistisch und nicht radikal? Was ist unter dem Begriff des Freiraums insgesamt zu verstehen?
4. Warum ist das Angebot von Bildung und Betreuung ein hinreichender Ausweis von Extremismus?
5. Was genau ist unter dem Begriff der Parallelgesellschaft zu verstehen?
6. Ist die Begründung oder das Leben in einer Parallelgesellschaft grundsätzlich extremistisch?
7. Wieso kann die Existenz einer Parallelgesellschaft eine mittel- oder langfristige gesellschaftspolitische Gefahr darstellen? Ist das simple Können bereits ein hinreichender Beleg für die Vorwegnahme einer doch allen unbekannten Zukunft?

---

214 Bundesamt für Verfassungsschutz: Islamismus aus der Perspektive des Verfassungsschutzes. Themenreihe. Köln 2008. S. 7–9.

8. Ist jede mittel- oder langfristige gesellschaftspolitische Gefahr extremistisch?
9. Warum ist es extremistisch, staatliche und/oder gesellschaftliche Integrationsbemühungen zu torpedieren?
10. Inwiefern begünstigt die Ablehnung von staatlichen und gesellschaftlichen Integrationsbemühungen Radikalisierungsprozesse? Was ist mit begünstigen gemeint – zielgerichtetes Handeln oder Beiwerk?

Die hier gefasste Definition führt zu einer Vermischung von islamisch-bürgerlichen Organisationen, die durchaus als besonders konservativ gelten können (z.B. DITIB) und gewaltbereiten Gruppierungen. Der Unterschied zwischen Radikalismus und Extremismus ist tendenziell verwischt. Gleichzeitig ist an der ‚Gefährdersemantik' ersichtlich, dass die gefasste Definition einen blurry-factor darstellt – aus ihr können tatsächliche Gefährdungen der Gesellschaft durch einen islamistischen Extremismus nicht abgeleitet werden. Die Begründung – man könne mittels breiter Definitionen ein sogenanntes Rekrutierungspotential erfassen – ist dabei genauso fadenscheinig, wie die durch die Antifaschismusforschung aufgestellte Behauptung, Bürgerlich-konservative oder Bürgerlich-liberale seien tendenziell bzw. latent faschistisch. Kleinere kompaktere und in sich konzisere Definitionen tragen zu einer besseren Abgrenzung der Phänomene bei und erleichtern so auch die Operationalisierbarkeit und letztliche Bearbeitung.

Neben den Problematiken, die sich aus einer politischen Maklerschaft für eine ideologische Richtung ergeben (Antifaschismus und Antikommunismus) und eine partielle Blindheit bewirken, ergeben sich Fallstricke aus breit gefassten Definitionen. An der aufgezeigten Problematik ist ersichtlich, dass zu breit gefasste Definitionen einen analytisch unaufgeregten Blick verhindern und eher zur Verunsicherung der Bevölkerung beitragen, als zur Aufklärung und Auseinandersetzung mit dem Extremismus. Politisch mögen solche Definitionen Handlungsdruck ergeben – dies gilt auch für die Maklerschaft – doch wissenschaftlich bleiben solcherart Definitionen schwierig. Dem Nominator[215] Islamismus wurden schwammig bleibende Relationen zugeordnet, Überlegungen die in die Prädikation einfließen, sollten möglichst auf relationale Thesen verzichten. (Hier werden Relationen immer in Abgrenzung zu ‚Eigenschaft' verstanden. ‚Eigenschaft' bezeichnet eine einstellige Verbindung zum Gegenstand. Bei der ‚Eigenschaft' wird die Beziehung mathematisch so ausgedrückt: $a \cdot 1 = 1$ oder $a^1 = 1$, während sich bei einem mehrstelligen Prädikator die ‚Relationen' durch $a \cdot n$, oder a^n auszeichnen. Relationen bezeichnen normalerweise zweistellige Prädikatoren.)[216] Neben dem Nutzen, der für den Rückgriff auf eines der drei Konkurrenzmodelle erwogen werden sollte, steht die logische Stimmigkeit eines Forschungsmodells, die Allgemeingültigkeit desselben, die Bedeutung seiner Aussagen und Überprüfbarkeit derselben, sowie die Einfachheit. Die Problematik einer Definition liegt insbesondere im blurry-factor.

---

215 „In einer elementaren Aussage, in der einem Gegenstand eine bestimmte Eigenschaft zugeordnet wird, kann der Gegenstand der Aussage durch einen Namen oder eine eindeutige Beschreibung ersetzt werden. In diesem Fall sagt man, der Gegenstand wird durch einen N. vertreten, die Eigenschaft durch einen Prädikator" Peter Prechtl, Franz-Peter Burkhard: Metzler Philosophie Lexikon. (2.Auflg.). Stuttgart/Weimar 1999.

216 Wolfgang Detel: Logik. (Grundkurs Philosophie Bd.1). Stuttgart 2007. Kap.1

blurry-factor

Ein Faktor, der letztlich verschwommen bleibt und so nicht zur Klarheit beiträgt, sondern aufgrund seiner offenen Bedeutung verschleiernd auf den Untersuchungsgegenstand einwirkt, ist ein blurry-factor, ein vernebelnder Moment. Die innere Struktur eines blurry-factors ist in einer Weise offen, die ein Konzept insgesamt hinfällig werden lassen kann.

4 Zugänge zum Extremismus

Die Extremismusforschung ist ein heterogenes Feld der Politikwissenschaft und benachbarter Disziplinen. Man kann Forschungsansätze unterscheiden, die jeweils andere Akzente der Betrachtung setzen. Einmal ist hier der verfassungspolitische Ansatz zu nennen, weiterhin der politisch-soziologische Ansatz, der viele Überschneidungen mit der politischen Psychologie aufweist und weiter den historisch-genetischen Ansatz. Eine große Schwierigkeit der Extremismusforschung ist, dass dieses komplexe Phänomen mit unterschiedlichen Thesen konfrontiert wird – davon abgesehen, dass auf unterschiedlichen Ebenen geforscht wird. Eigentlich kann nicht von einer speziellen akademischen Disziplin gesprochen werden. Angesiedelt ist die Extremismusforschung zwischen allen Stühlen und so ist kein Wunder, dass dieser Forschungszweig in den gängigen Handbüchern der Politikwissenschaft als solcher nicht vorkommt.[217]

Die Extremismusforschung beschäftigt sich mit so verschiedenen Dingen wie der Beschreibung und Darstellung der wesentlichen Merkmale spezifischer Extremismen (wie etwa dessen Ziele), dem historischen Verlauf extremer Gruppen oder Bewegungen, den Darstellungen des gesellschaftspolitischen Umfelds, der Untersuchung von Einstellungen, der Analyse der Programmatik extremer Parteien, der Erforschung individueller Lebensverläufe, sowie des (typischen) Geschlechterverhältnisses, der Evaluation von Erfolgsbedingungen für den Extremismus oder staatlicher Gegenmaßnahmen, den psychischen Dispositionen von Anhängern des Extremismus. Dementsprechend soll hier ein Überblick gegeben werden, der keinen Anspruch auf Vollständigkeit erhebt, doch darstellen soll, wie vielfältig und vielschichtig das Gebiet ist. Ursula Birsl unterscheidet den politisch-verfassungsrechtlich orientierten Ansatz, den soziologisch orientierten Ansatz, einen sozialpsychologisch orientierten Ansatz, einen Ansatz der politischen Kultur und den subkulturell orientierten Ansatz.[218]

4.1 Der verfassungspolitische Ansatz

Der verfassungspolitische Ansatz, maßgeblich von Eckhard Jesse und Uwe Backes geprägt, sieht im Extremismus eine einstellungsmäßige Gegnerschaft zu den wichtigsten Spielregeln

---

[217] Vgl. Hiltrud Naßmacher: Politikwissenschaft. München 2010; Hans Joachim Lauth, Christian Wagner: Politikwissenschaft – Eine Einführung. (6.Aufl.). Paderborn 2009; Dirk Berg-Schlosser, Theo Stammen: Einführung in die Politikwissenschaft. (7.Aufl.). München 2003. Eine Ausnahme bildet Michael Thöndl.

[218] Ursula Birsl: Rechtsextremismus: weiblich – männlich? Eine Fallstudie zu geschlechtsspezifischen Lebensverläufen, Handlungsspielräumen und Orientierungsweisen. Opladen 1994. S. 53–61.

des demokratischen Verfassungsstaates und im engeren Sinn eine Fundamentalopposition gegen diesen, der sich in Gesinnungen und/oder Handlungen manifestiert. Weitere Vertreter des verfassungspolitischen Ansatzes der Extremismusforschung sind zum Beispiel Viola Neu, Armin Pfahl-Traughber, Lazaros Miliopoulos, Matthias Mletzko und andere. Insbesondere hat sich der verfassungspolitische Ansatz an der TU Dresden und der TU Chemnitz etabliert, da hier die beiden das Theoriefeld bestimmenden Politikwissenschaftler Uwe Backes und Eckhard Jesse forschen und lehren und einer regen und zu begrüßenden Publikationstätigkeit nachgehen.

Der verfassungspolitische Ansatz ist der bekannteste Zugang zum Feld, auch auf europäischer Ebene wurde er bereits aufgegriffen.[219] Er ist zunächst durch den Geist des „klassischen Institutionalismus" gekennzeichnet, der davon ausgeht, dass formale Regelungen das spezifische Verhalten von Personen determinieren, und beeinflussen, was Akteure als vertretbares Handeln ansehen. Die Erklärung der Realität wird auf formale Strukturen reduziert. Der klassische Institutionalismus fokussiert auf die Polity-Ebene und ist gekennzeichnet durch ein monokausales Erklärungsmuster, das sich in der Systemvorstellung auf monokausale Effekte institutioneller Arrangements beruft und annimmt, dass Normen bereitwillig entsprochen wird. Besonders Dieter Nohlen hat diese Ansicht immer wieder kritisiert und den Heidelberger Ansatz entwickelt, der davon ausgeht, dass Institutionen dynamisch und das Ergebnis gesellschaftlich-geschichtlicher Prozesse, Polity und Policies nicht das einzige Handlungsregulativ sind, Akteure diesem Handlungsregulativ nicht mechanisch unterliegen und Institutionen dementsprechend als abhängige und als unabhängige Variable konzipiert sein sollten.[220]

Dimensionen der Politik

Polity – formale Dimension der Politik. Normativ-institutionelle Ordnung.

Policy – inhaltliche, materielle Dimension der Politik. Staatstätigkeit.

Politics – prozessuale Dimension der Politik. Prozess der Gestaltung.

Aus Sicht des verfassungspolitischen Ansatzes hat der demokratische Verfassungsstaat das Ethos menschlicher Fundamentalgleichheit mit dem Konstitutionalismus verbunden. Eine Verfassung ist demnach nicht formalistisch aufzufassen, sondern als ‚lebendig-organisch'. Diese Auffassung bezieht sich auf ‚die Gesamtheit aller menschlichen Beziehungen', die in der Verfassung genau definiert seien und genossenschaftlich zusammenarbeiten würden. Die lebendig-organische Auffassung, z.B. vertreten von Carl Joachim Friedrich, ist dem klassischen Institutionalismus verbunden. Dolf Sternberger weitet das klassische Verständnis der Verfassung aus und ist gewissermaßen Vorläufer des Neoinstitutionalismus der Heidelberger Schule, maßgeblich von Dieter Nohlen und seinen Schülern (wie Basedau, Nwankwo, Krohn, Hartmann, Bendel und Thibaut) geprägt.

---

219 Pedro Agramunt Font de Mora: Fight against extremism: achievements, deficiencies and failures. Europarat. Doc. 12265. (19.05.2010).

220 Richard Ortiz Ortiz: Institutionelle Ansätze und die Präsidentialismusdebatte in Lateinamerika – Die Heidelberger Schule und der historisch-empirische Ansatz. Lateinamerika analysen Nr. 7. 02/2004. S 89–120.

Sternbergers Verständnis besagt: „[...] Die instituierten Organe des Staates in ihrer Summe machen noch nicht den ganzen Staat aus.“[221] Sternberger, in seinem Fokus durch den klassischen Institutionalismus geprägt, konzentriert sich auf den Verfassungstext als bildendes Element der lebendigen Verfassung und löst den eben zitierten Anspruch nicht ein. Er bleibt Konstitutionalist. Der Verfassungstext hat ihm zufolge ein Eigenleben, stößt aber auch an seine Grenze als Wirkungsmacht. Neben dem Text der Verfassung gehören die Parlamente und die darin enthaltenen Fraktionsbildungen sowie das Parteiensystem zu einer lebendigen Verfassung, genauso wie das Zwischenspiel von Regierung und Opposition. Die Opposition wird von Sternberger differenziert. Diese Unterscheidungen werden in sogenannten Leitsätzen hervorgehoben:

„3. Legitime parlamentarische Opposition muß von allen Formen der Revolution, der Sabotage und des Widerstands gegen die ‚Staatsgewalt‘ scharf unterschieden werden.
4. Insbesondere ist unter den Oppositionserscheinungen überall zwischen der Opposition gegen den Staat schlechthin und derjenigen gegen die zeitweilige Regierung zu unterscheiden; die erstere geht – wenn auch zuweilen auf ‚legalem‘ Wege – auf Umsturz, die zweite auf den Wechsel der Regierung aus.
5. Entscheidend ist deswegen die Formalisierung des Oppositionsverhältnisses: daß nämlich Opposition nicht mehr soziologisch, sondern nur noch verfassungspolitisch definiert werden kann – als ein fester Ort, an dem unterschiedliche, ja entgegengesetzte Kräfte im Wechsel zu stehen kommen können.“[222]

Es liegt daher nahe, den verfassungspolitischen Ansatz als konstitutionalistischen Ansatz zu verstehen.

> „Der klassische Institutionalismus unterscheidet politische Systeme üblicherweise anhand einer für wesentlich gehaltenen institutionellen Variablen. Die wichtigsten Beispiele für dieses Vorgehen sind die Typologisierung parlamentarischer und präsidentieller Systeme als zwei verschiedene Modi der Organisation des Verhältnisses von Exekutive und Legislative: Nicht nur die Legitimation der Macht ist in beiden Systemen unterschiedlich, sondern auch das Regierungshandeln. Der Neo-Institutionalismus geht hingegen von der Beobachtung aus, dass demokratische Regierungssysteme durch eine enorme Vielfalt an institutionellen Konstellationen gekennzeichnet sind, die sich nicht einfach auf zwei Basistypen reduzieren lassen.“
>
> Karl Rudolf Korte: Was kennzeichnet modernes Regieren? – Regierungshandeln von Staats- und Regierungschefs im Vergleich. In: Aus Politik und Zeitgeschichte, H. 5, 2001, S. 3.

Neben der Verfassung, die die menschlichen Beziehungen organisiere, aber noch kein Alleinstellungsmerkmal von Demokratien sei, träte der Konstitutionalismus, so Backes und Jesse. Zu diesem gehörten Gewaltenteilung und der Schutz der persönlichen Freiheitssphäre. „Der Begriff der rechtstaatlichen Demokratie meint sowohl die Bindung von Regierenden und Regierten an festgelegte Rechtsgrundsätze, über deren Geltung Konsens erzielt worden ist, wie auch die Ausrichtung des Staates auf den Grundwert der Menschenwürde, aus dem sich

221 Dolf Sternberger: Lebende Verfassung. Meisenheim am Glan 1956. S. 23.
222 Dolf Sternberger: Lebende Verfassung. Meisenheim am Glan, 1956. S. 133.

alle bürgerlichen Freiheitsrechte ableiten [...]. Die konstitutionelle, gewaltenteilende, freiheitliche und rechtsstaatliche Demokratie ist zugleich pluralistisch ausgerichtet, da der Schutz bürgerlicher Freiheit die Anerkennung einer naturgebundenen Vielfalt von Interessen, Meinungen und Überzeugungen notwendig macht."[223] Weiterhin ergänzen die beiden Politologen diese Definition um die Prinzipien Mehrheitsregel und Minderheitenschutz, dem Repräsentationsprinzip und dem Recht auf politische Partizipation.

Uwe Backes beschrieb das Verhältnis von Extremismus und Verfassungsstaat später in Anlehnung an Samuel E. Finers[224] vorgelegte Konzeption von ‚forum type' und ‚palace type' im Rahmen kommunikationstheoretischer Erläuterungen: „Extremismus als Antithese des Verfassungsstaates lässt sich über die institutionelle und politisch-prozedurale Ebene hinaus über die Struktur des gesellschaftlichen Kommunikationsprozesses näher bestimmen. Während der Verfassungsstaat dem ‚forum type' entspricht, wo mithin Staatsfragen als öffentliche Anliegen gelten, die im Austausch verschiedener Meinungen, auf einem ‚Marktplatz politischer Ideen', in Debatte und Beratung, argumentativ und diskursiv, transparent, für jeden zugänglich und einsehbar erörtert werden, zielt der Extremismus auf den ‚palace type', wo Nichtöffentlichkeit in Staatsangelegenheiten die Regel ist, Mitsprache und Diskussion unerwünscht sind und die Herrschaftsstrategie auf die sorgfältige Bewahrung der ‚arcana imperii' achtet, die hinter den Mauern der Schaltzentralen abhörsicher und nur für kleine, ausgewählte Kreise zugänglich sind."[225] An den hier in die Konzeption eingebrachten Erwägungen kommunikationstheoretischer Natur wird deutlich, dass das verfassungspolitische Modell des Extremismus eine hohe Integrationsfähigkeit besitzt und somit gut interdisziplinäre Kopplungen eingearbeitet werden können.

Die Positivdefinition von Backes und Jesse ist die in Deutschland bekannteste Definition des Extremismus: „Der Begriff des politischen Extremismus soll als Sammelbezeichnung für unterschiedliche politische Gesinnungen und Bestrebungen fungieren, die sich in der Ablehnung des demokratischen Verfassungsstaates und seiner fundamentalen Werte und Spielregeln einig wissen, sei es, daß sie das Prinzip der menschlicher Fundamentalgleichheit negiert, sei es, daß der Gleichheitsgrundsatz auf alle Lebensbereiche ausgedehnt wird und die Idee der individuellen Freiheit überlagert, sei es, daß jede Form von Staatlichkeit als ‚repressiv' gilt."[226] Kailitz hingegen beschreibt: „Wer politische Extremisten als antidemokratisch beschreibt, muss im Blick behalten, dass auch sie sich die Demokratie auf ihre Fahnen schreiben. Allerdings unterscheidet sich das Demokratieverständnis der Anhänger des demokratischen Verfassungsstaats grundlegend von jenem politischer Extremisten. Nahezu alle Varianten des Extremismus stehen mehr oder weniger deutlich in der Tradition der Identitätstheorie der Demokratie, auch dann, wenn sie mit dem Gedankengut von Jean Jacques Rousseaus, dem

---

223 Uwe Backes, Eckhard Jesse 1993. S. 34.

224 In Samuel E. Finers Werk (the history of government from earliest times Bd.1–3) wird zwischen vier Typen unterschieden: Dem Palast (steht für Monarchie), dem Forum (steht für Demokratie), der Kirche (steht für organisierte Religion) und der Nobilität. Das Konzept von Finer geht dementsprechend weiter, ist vertiefter, als hier angedeutet.

225 Uwe Backes 2006. S. 239; Siehe auch: Ebd.: Meaning and Forms of Political Extremism in Past and Present. In: Central European Political Studies Review. Volume IX/4. S. 242–262. http://www.cepsr.com/dwnld/backesx20040401.pdf

226 Uwe Backes, Eckhard Jesse 1993. S. 40.

Wegbereiter der Demokratievorstellung, nichts am Hut haben. Der Grundstein des Gedankengebäudes ist eine Interessenidentität zwischen Regierenden und Regierten."[227]

Der verfassungspolitische Ansatz ist ein dezidiert normativer Ansatz, der demokratische Verfassungsstaat ist der „gute Pol" während der Extremismus den ‚negativen Pol' darstellt. Um das extremistische Feld zu strukturieren, ordnen Backes und Jesse die Phänomene nach ‚Merkmalsklassen'. Die erste Klasse der Merkmale weisen ein Phänomen nach der oben genannten Formel als extremistisch aus und bezieht sich auf strukturelle Gemeinsamkeiten der ideologischen Ausprägungen von Links bis Rechts. Die zweite Klasse der Merkmale ordnet ein Phänomen nach dessen Gerichtetheit ein und dient so der Zuordnung zu Rechts oder Links, sie definiert auf diese Weise typisch zur ideologischen Strömung gehörende Merkmale.

Ist ein Phänomen/Gegenstand extremistisch?

> Ist das Phänomen/Gegenstand gegen den demokratischen Verfassungsstaat, seine fundamentalen Werte und Spielregeln, gerichtet?

Welcher politischen Richtung ist das Phänomen/Gegenstand zuzuordnen?

> Wird die menschliche Fundamentalgleichheit negiert? (Wenn ja, so wird das Phänomen dem Rechtsextremismus zugeordnet)
>
> Wird durch das Phänomen die menschliche Fundamentalgleichheit auf alle Lebensbereiche ausgedehnt und die Idee der individuellen Freiheit überlagert? (Wenn ja, so ist das Phänomen dem Linksextremismus zuzuordnen)

Es wird hier nach Aktivitätsgrad des politischen Extremismus unterschieden:

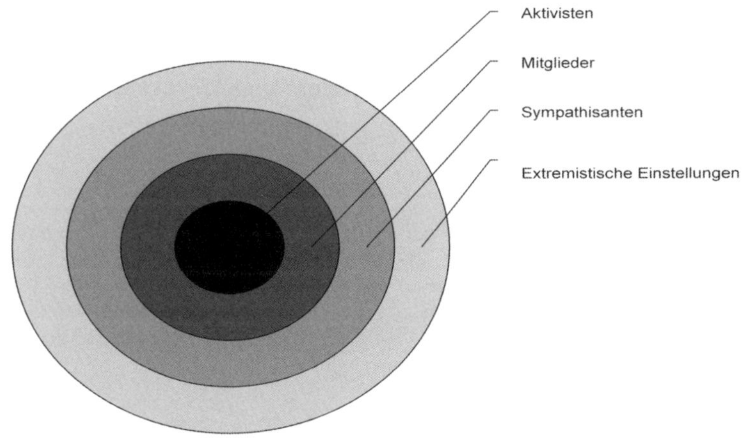

Abb. 4.1 *Dimensionsmodell des Aktivitätsgrades politischer Extremisten. Backes.*

[227] Steffen Kailitz: Politischer Extremismus in der Bundesrepublik Deutschland – Eine Einführung. Wiesbaden 2004. S. 18f.

Die Analyseebenen geben die Formen der Aktivität wieder, die sich durch Artikulation und Aktivierung ergeben.

Der verfassungspolitische Ansatz nach Backes und Jesse strukturiert das Phänomen des Extremismus – Ursachen und Entstehungsbedingungen kann er nicht erklären. Damit bleibt der verfassungspolitische Ansatz ein klassifikatorischer Ansatz und ist nicht Teil der Ursachenforschung: „Zwei unterschiedliche Typen von ‚Theorien' treffen dabei aufeinander: normative und explanative. Normative (Rahmen-) Theorien dienen der sinnhaft ordnenden Erfassung eines weiten Interpretaionsfeldes; explanative Theorien dagegen formulieren Bedingungen, unter denen ein Ereignis eintritt oder ein bestimmtes Phänomen entsteht [...].“[228] Der Extremismus selbst nimmt seine Stellung im Rahmen des Verfassungsfokus ein und wird mit diesem stark verbunden. Die Verfassung ist so Dreh- und Angelpunkt jeglicher analytischer Auseinandersetzung. Gleichzeitig bleibt der Ansatz nur einer Vorstrukturierung des Untersuchungsfeldes zugänglich, wie Backes und Jesse betonen[229] und muss Ursachenhypothesen aus anderen Theorierahmen beziehen. Methodisch ist dieser Ansatz in ausgeprägtem Sinne durch normative Vorabannahmen und weitergehend, in der tatsächlichen Analyse, durch Eklektizismus gekennzeichnet, indem sich auf Erkenntnisse und Modelle anderer Forschungszusammenhänge berufen wird. Es ist klärungsbedürftig, ob diese starke Bindung an den demokratischen Verfassungsstaat unbedingt notwendig ist und hier, wenngleich nicht dezidiert erwähnt, die Denkfigur bzw. der Komplex der Menschenrechte eine stärkere Verbindung mit der verfassungspolitischen Konzeption des Extremismus aufweist. Das ausschlaggebende Argument ist, dass der demokratische Verfassungsstaat keinen Selbstzweck aufweist, sondern dezidiert dazu geschaffen wurde, die Würde des Menschen zu bewahren und zu schützen und dieses Recht auf Würde somit der Existenz des Staates vorgelagert ist. Kailitz benennt die Minimalanforderungen der Demokratie folgendermaßen:

- regelmäßige Abhaltung freier, gleicher, allgemeiner Wahlen
- Recht auf oppositionelle Haltung gegenüber der Regierung
- Grundelemente der Rechtstaatlichkeit (Einhaltung der Menschenrechte, Gleichheit vor dem Gesetz, Gewährung grundlegender Freiheitsrechte, Unabhängigkeit der Justiz

und untersucht extremistische Phänomene nach den Dimensionen:

- Parteien
- Intellektuelle Ausprägungen
- Gewalttätige Ausprägungen
- Einstellungen der Bevölkerung

Dabei führt er folgende kategoriale Einordnung (nach Mudde 2003) politischer Bewegungen an: Politisches Hauptziel der Bewegungen (Frage nach der Idee)

---

228 Uwe Backes, Eckhard Jesse1993. S. 260.
229 Uwe Backes, Eckhard Jesse1993. S. 260.

Ideen	demokratisch	extremistisch
Legal/nicht extrem	1	2
Illegal/extrem	3	4

Abb. 4.2 *Kategoriale Einordnung politischer Bewegungen. Mudde.*

Kategorie 1: alle demokratischen Bewegungen.

Kategorie 2: extremistische Wahlparteien haben ein extremistisches Ziel, nutzen legitime politische Mittel (demokratische).

Kategorie 3: extremistische Bewegungen haben ein extremistisches Ziel, welches nicht auf die Errichtung einer Diktatur zielt und nutzen illegitime Mittel zur Durchsetzung.

Kategorie 4: extremistische Ideologie mit dem Ziel des Aufbaus einer Diktatur, Einsatz von illegalen Mitteln, Propaganda für illegale Mittel.

Wenngleich eine normative Vorabbestimmung hingenommen werden kann, so müssen Forschungsarbeiten, die mit diesem Ansatz arbeiten, klare Kennzeichnungen dieser Vorabbestimmung liefern. Verfassungspolitische Arbeiten zum Extremismus sollten dementsprechend eine Erklärung vorlegen, aus denen ersichtlich wird, im Rahmen welcher Verfassung sie arbeiten – eine unkonkret bleibende „lebendige" oder „organische" Verfassung als Bezugsrahmen zu nutzen, verbietet sich im Grunde, da diese normative Aufbereitung letztlich ein ‚blurry-factor' ist. Dies ist nicht ganz unproblematisch – denn wer wüsste heute nicht, dass demokratische Verfassungen sich in vielgestaltiger Form finden lassen, so wie Dieter Nohlen dies z.B. in seinem Buch „El Contexto hace la diferencia – Reformas institucionales y el enfoque histórico-empirico" von 2003 herausstellte und vielfach an anderer Stelle herausgestellt wird. Die Kontextsetzung von Verfassung und Extremismus muss bei einem solchen Vorgehen konkret sein, um eine saubere Methodenarbeit im Rahmen einer Vorabbestimmung abgeleistet zu haben. Diesem Problem wird oft ausgewichen, indem ein ‚Webersches' Idealkonstrukt der Demokratie gebildet wird. Methodisch ist dies zulässig, kann sich jedoch in der tatsächlichen Forscherpraxis als Bumerang herausstellen. Es gibt keine ‚ewigen' Verfassungsgrundsätze, die über die Epochen hinweg gleichbleibende, homogene Gültigkeitskriterien aufweisen. Es bleibt zu einem gewissen Teil unerheblich, ob sich jemand gegen eine idealkonstruierte Verfassung stellt – andererseits ist dies implizit eine Verletzung des Forschungskonzepts, das sich ja auch schon im Namen zu einer ‚Verfassung' bekennt, von der implizit angenommen wird, sie habe kausale gesellschaftliche Mechanismen, etwa Akzeptanz, zur Folge. Vorsicht ist geboten, da formalistische Prinzipien nicht einfach übertragen werden können – man läuft Gefahr, einer essentialistischen Begriffsbestimmung zu unterliegen.

> Essentialismus
>
> „[...] Bezeichnung für philosophische Konzeptionen, die die ‚Essenz' der Dinge d.h. ihr durch ihre spezifischen Eigenschaften definierbares Wesen, ihrer Existenz vorordnen: etwa in dem Sinne, dass in dem Wesen der Dinge der Grund für ihre Existenz oder für die Möglichkeit ihrer Existenz gesehen wird, oder in dem Sinne, dass man allein durch die wesensdefinierenden Eigenschaften der Gegenstände, nicht durch ihre Existenz eine Charakterisierung der Wirklichkeit geben zu können meint [...]"
>
> Oswald Schwemmer: Essentialismus. In: Jürgen Mittelstraß: Enzyklopädie Philosophie und Wissenschaftstheorie. S. 591.

Bewegungen, Parteien oder Gruppierungen jedweder Art können nur im verfassungsgültigen, d.h. auch aktuellen Rahmen untersucht werden. Eine Untersuchung extremistischer Phänomene, die zu einer Zeit aufkamen, in der keine gültige demokratische Verfassung existierte, verletzt das Konzept. Anwendbar ist es nur, wenn beide Pole existieren. Damit ist die Extremismusforschung des verfassungspolitischen Ansatzes auf ein modernes Phänomen beschränkt.

4.1.1 Länderübergreifender Vergleich

Der länderübergreifende Vergleich stellt für die im Rahmen dieses Ansatzes arbeitende Forschung ein Problem dar, da das Forschungskonzept eng an die Verfassung gebunden ist. Ein länderübergreifender Vergleich hat zunächst die konkreten Verfassungen in den Blick zu nehmen. Dabei stellt sich die Frage, inwieweit welche Verfassung ausgestaltet ist, wie diese sich unterscheiden – ganz davon abgesehen, dass hier das Problem der Verfassungswirklichkeit ebenfalls bearbeitet werden muss. Bevor extreme Strömungen verschiedener Länder untersucht werden können, muss eine Untersuchung der verschiedenen Verfassungen in Hinblick auf Vergleichsmöglichkeiten vorgenommen werden. Diesem Problem wird auch hier oft damit begegnet, dass ein metatheoretisches Konstrukt idealer Verfassungsmomente eingeführt wird. Neben der ‚organischen Verfassung', die weiter Oben beschrieben wurde, wird auch die Minimaldefinition des Verfassungsstaates nach Robert A. Dahl genutzt, um hier länderübergreifend forschen zu können.

Das strikte Verhältnis zur Verfassung hat Jaschke[230] versucht aufzulösen, indem er den Pol weg von der Verfassung hin zu einem ‚westlichen Wert' umdefinierte. Wenngleich ein länderübergreifender Vergleich methodisch so besser zu vollziehen ist, ist eine exakte Definition des ‚westlichen Werts' vorab jeder Untersuchung notwendig, da auch dieser Umschwung Gefahr läuft, zu einem ‚blurry-factor' zu verkommen. Was westliche Werte sind, ist und bleibt umstritten. Ist es etwa in Bezug auf die Abtreibungsdebatte ‚westlich' pro Leben oder pro Entscheidungsfreiheit zu sein? Ist der Westen säkular oder christlich? Und so weiter. Wie gestaltet sich der ‚westliche Wert' für den jeweiligen Wissenschaftler aus? Dies muss genau-

---

230 Uwe Backes 2006. S. 239.

estens definiert sein, bevor eine weitere Untersuchung im Rahmen dieses Ansatzes von Statten gehen kann.[231] Ebenfalls zu bedenken ist die im Kontext dieses Ansatzes entstehende ethnozentristische Sichtweise – Gruppierungen, die nicht aus ‚dem Westen' stammen, können auf diese Weise nur mit ‚westlichen Kriterien' untersucht werden.

Carmen Everts legte den demokratischen Minimalkonsens vor, um sich von den strengen Vorgaben zu lösen, die sich aus einer definitorischen Bindung an die Verfassung ergeben und die politologische Arbeit sehr an die Erforschung der Rechtsordnungen, dessen Auslegung und Praxis, sowie einem Abgleich dieser mit der Gesellschaft binden.[232] Eine weitere Möglichkeit zur Bearbeitung der Fälle kann sich von der staatlichen Ordnung lösen und auf übergreifende moralische Vorstellungen und Konzepte berufen. Die Menschenrechte, niedergelegt in der Charta der Vereinten Nationen, könnten hier als Vergleichspol dienen.

Es ergibt sich in Bezug auf den heute so wichtigen Begriff des Kontextes ein Problem – eine Forschungsarbeit, die mit einem metatheoretischen Konstrukt der Verfassung arbeitet, bleibt im luftleeren Raum, wenn sie nicht die konkreten Verfassungen der zu bearbeitenden Länder mit einbezieht. In einigen Ländern gibt es keine geschriebenen Verfassungen, sondern Rechtspraxen, die sich aus gerichtlichen Urteilen ableiten lassen (Common Law versus Statute Law). Auch das Gewohnheitsrecht gehört dazu. Auch die realen Gegebenheiten eines politischen Systems, die sogenannte Verfassungswirklichkeit im Gegensatz zur formalen Verfassung, kann im Rahmen eines Vergleiches nicht außer Acht gelassen werden. In diesem Sinne ist es bei einem länderübergreifenden Vergleich im Rahmen des verfassungspolitischen Ansatzes nötig, ein methodisches Vorgehen zu wählen, welches:

- ein metatheoretisches Konstrukt definiert
- das metatheoretische Konstrukt mit den konkreten Verfassungsinhalten der Vergleichsländer abgleicht
- die Verfassungsrealität der Vergleichsländer in den Blick nimmt
- extremistische Strömungen in den Vergleichsländern beschreibt
- und diese unter Einbeziehung der Punkte 1–3 abgleicht.

Der sich als Philosoph bezeichnende Politiker Mathias Brodkorb entwickelte mit Stefan Bruhn ein sich durch drei Ebenen auszeichnendes Verständnismodell des Ansatzes. Nach ihnen ist die Demokratie eine regulative Idee, die dazu dient eine Projektionsfläche für die Konstitution des Gegenstandes – den Extremismus – zu bieten. Diese Ebene, die allen weiteren Ebenen vorangeht, wird von ihnen ‚Metapolitik' genannt, eine Metapher die an den Begriff ‚Metaphysik' erinnert[233]. Nachdem die Ebene der ‚Metapolitik' den Gegenstand konstituiert, ist es an der ‚Politikwissenschaft', die hier eine nachrangige Ebene darstellt und ‚Minimalbedingungen der Demokratie' formuliert. Andere Wissenschaften werden hinzugezogen, um konkrete Analysen vorzulegen. Die dritte Ebene ist dann der konkrete Verfassungsstaat oder ein Konzept von diesem – wie eben die wehrhafte Demokratie.

---

231 Hans Gerd Jaschke: Politischer Extremismus. Lizenzausgabe. Bonn 2006.

232 Carmen Everts: Politischer Extremismus – Theorie und Analyse am Beispiel der Parteien REP und PDS. Berlin 2000.

233 Alain de Benoist: Aufstand der Kulturen. (2.Aufl g.). Berlin 2003.

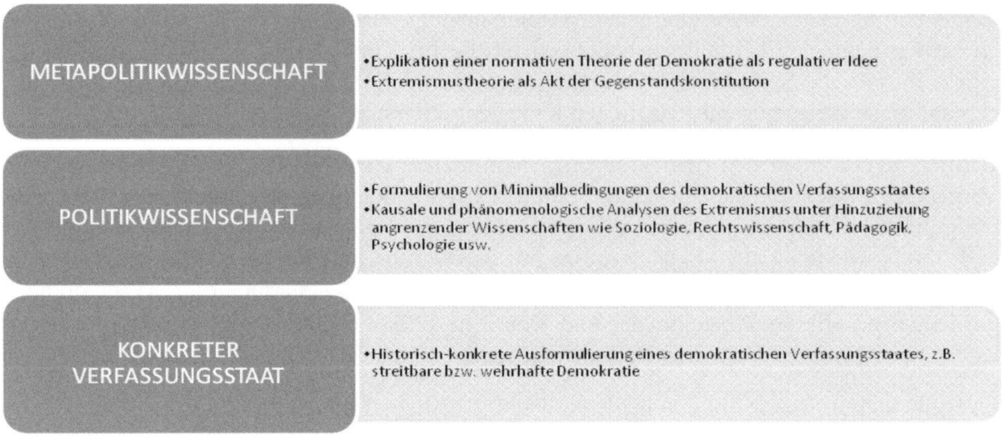

Abb. 4.3 *Dimensionsmodell. Brodkorb, Bruhn.*

Diese Lösung ist im besten Sinne ein Danaergeschenk. Sie soll hier gewissermaßen über den Dingen, über der Politikwissenschaft stehen. Die Bezeichnung Metapolitikwissenschaft erinnert an den Begriff Metapolitik. Die Metapolitik postuliert das nicht mehr Hinterfragbare. Die Gedankenbasis ist nicht mehr hinterfragbar und entzieht sich notwendigerweise jeder Kritik. Wird hier der Begriff der Metapolitikwissenschaft bemüht, so ist es ein Widerspruch in sich selbst. Eine Setzung ist ein spekulatives Element. Eine Setzung, wie sie von Brodkorb und Bruhn methodisch empfohlen wird, ist letztlich ein transzendentalphilosophischer Vorgang (vielleicht durch Fichte inspiriert?), doch ist sie nicht dazu geeignet, Wissenschaft zu betreiben. Die Metapolitikwissenschaft ist ein unwissenschaftliches Element, insbesondere Wertentscheidungen sollten nicht gesetzt werden, sondern sich durch reale Gegenstände (wie etwa eine Verfassung) ableiten und so nachvollziehbar und kritisierbar sein. Die Kategorie ‚Kritik' ist wesensmäßig ein inhärentes Element der Wissenschaft. Die Korrespondenz liegt zwischen den Begriffen der Metapolitik und der Metapolitikwissenschaft, nicht aber der Politikwissenschaft. Alain Badiou versteht unter Metapolitik „das jenige, was eine Philosophie – an sich und für sich – daraus folgern kann, dass die realen Politiken Gedanken sind. Die Metapolitik wendet sich gegen die politische Philosophie, die behauptet, weil die Politiken keine Gedanken seien, sei es Sache des Philosophen, das ‚Politische' zu denken."[234]

Die Anwendung einer emanzipatorischen Ontologie im Rahmen analytischer politikwissenschaftlicher Konzepte läuft Gefahr, selbst eine Ideologie zu konstituieren. Gleichfalls bleibt fraglich, warum die Gegenstandskonstitution noch vor der Politikwissenschaft angesiedelt ist, werden doch die Kriterien durch die Politologie erarbeitet und sind doch Modelle des Extremismus, die Gegenstandskonstitution, eine der Aufgaben der Politikwissenschaft.

---

234 Alain Badiou: Über Metapolitik. Zürich/Berlin 2003. S. 13.

4.1.2 Kritik am verfassungspolitischen Ansatz

Der verfassungspolitische Extremismusansatz hat sich genauso Feinde gemacht wie der Totalitarismus. Die mit dem verfassungspolitischen Ansatz arbeitende Extremismusforschung sieht sich großer Kritik ausgesetzt. Der verfassungspolitisch ausgerichtete Extremismusbegriff mit seiner zugrunde liegenden These des Gegensatzes von Demokratie und Extremismus, lehnt sich an den systemtypologischen Gegensatz von Demokratie und Totalitarismus an. Totalitarismus und Extremismus haben neben dieser Gemeinsamkeit der systemtypologischen bimodalen Verteilung noch etwas gemeinsam: beide Begriffe wurden aufgrund ihrer Konzeption bekämpft. Im Bereich der Erforschung des politischen Extremismus gibt es zwei Konfliktlinien, die analog zur Totalitarismuskontroverse verlaufen:

1. Der Benennung struktureller Analogien linker und rechter Herkunft wurde jahrzehntelang mit dem Vorwurf begegnet, Unvergleichbares zu vergleichen Der Totalitarismus als Typ beinhaltet bis in die 1960er Jahre die These der Wesensverwandtschaft von Regimetypen unterschiedlicher ideologischer Prägung.[235] Besonders die von Hannah Arendt erstellte Forschungsarbeit, die unter dem Titel „Elemente und Ursprünge totaler Herrschaft" erschien, legt die Verwandtschaft der Regimes nahe. Hier wird die Perspektive der Machtausübung im Verhältnis zum Individuum herausgearbeitet.[236] Hans Buchheims Werk „Totalitäre Herrschaft – Wesen und Merkmale" stellt die Nähe in ähnlicher Weise als Herrschaftsform mit besonderem Verfügungsanspruch heraus.[237] Das Denken im Bannkreis totalitären Anspruchs; Solschenizyns Bericht über den Archipel GULAG (hier besonders der dritte Folgeband Arbeit und Ausrottung) bestätigt die Verwandtschaftsthese Arendts bezüglich des Faktors der Grausamkeit totalitärer Handlungsweise, mit seiner Beschreibung des kommunistischen Ausrottungssystems.[238] Popper sucht den gemeinsamen philosophischen Ursprung von Kommunismus und Nationalsozialismus, die er als geschlossene Gesellschaften definiert, hervorzuheben, indem er Grundzüge der Ideologien mit den staatsphilosophischen Grundzügen in den Werken Platons und anderer Denker vergleicht. Auf diese Weise begründet er auch seine Sichtweise der Existenz von zwei Politiken, derjenigen der offenen und derjenigen der geschlossenen Gesellschaft.[239]

2. Der normativ geleiteten Extremismusforschung und ihrem antithetischen Aufbau der Begriffe Demokratie und Extremismus wird unterstellt, sie unterstütze wissenschaftlich einen starken Verfassungsschutz[240]: Siehe folgende Vorwürfe aus dem „offenen Brief ‚gegen jeden Extremismusbegriff'" aus dem autonomen Umfeld: „Ziel ist es Repressionen gegenüber AntifaschistInnen und Linksalternativen zu rechtfertigen und gegebenenfalls politisch unliebsamen Projekten die Existenzgrundlage zu entziehen. Als Argument für solche Maßnah-

---

235 Zur Feststellung Vgl. Leonid Luks: Bolschewismus, Faschismus, Nationalsozialismus – verwandte Gegner? In: Eckhard Jesse (Hrsg.): Totalitarismus im 20. Jahrhundert – eine Bilanz der internationalen Forschung. (2.Auflg.). (Schriftenreihe der Bundeszentrale für politische Bildung Bd. 336) Bonn 1999. S. 404–421.

236 Hannah Arendt 2005a. S. 929f.

237 Hans Buchheim: Totalitäre Herrschaft – Wesen und Merkmale. (2.Auflg.). München 1962.

238 Vgl. Alexander Solschenizyn: Der Archipel GULAG – Arbeit und Ausrottung, Seele und Stacheldraht. Bern 1974; Eugen Kogon: Der SS-Staat – das System der deutschen Konzentrationslager. Reinbek 1974.

239 Karl Raimund Popper: Die offene Gesellschaft und ihre Feinde. (1945). 2 Bde. (8. Auflg.). Tübingen 2003.

240 Carmen Everts: Politischer Extremismus – Theorie und Analyse am Beispiel der Parteien REP und PDS. Berlin 2000. S. 14f.

men wird immer wieder das Modell des politischen Extremismus angeführt. Dieses besagt, dass es eine demokratische Mitte der Gesellschaft gäbe, die durch extremistische Ränder bedroht sei. Diese klare Aufteilung verharmlost Rassismus, Antisemitismus und andere Ungleichwertigkeitsideologien, die sich durch alle gesellschaftlichen Bereiche ziehen, oder blendet sie gänzlich aus. Zudem werden linke Gesellschaftskritik und antifaschistischer Widerstand mit dem Denken und Handeln von Nazis gleichgesetzt."[241] Dieser Vorwurf bleibt fraglich, ist doch der Verfassungsschutz vom Verfassungsgeber nicht als Kampfmittel gegen Linke erschaffen worden. Der Verfassungsschutz hat die Aufgabe, die Verfassung zu schützen und dazu gehören auch die legitimen Rechte linker Bewegungen. Die einseitige Beurteilung einer Institution in Verbindung mit einer Kritik des verfassungspolitischen Ansatzes bleibt problematisch, da hier eine Kritik wissenschaftlichen Instrumentariums mit einer Kritik an Institutionen verbunden wurde. Dem Totalitarismus-Ansatz wurde entsprechend vorgeworfen, er begründe den staatlichen Antikommunismus.[242] Weiterhin ist vor allem die sich im Zuge der 68er-Bewegung entwickelte Debatte zu nennen, deren Protagonisten vor allem die größtmögliche Unterschiedlichkeit der Systeme und Glaubensinhalte herauszustellen suchten: „Bereits der allgemein vergleichende Anspruch des Totalitarismuskonzepts (und die unter Totalitarismustheoretikern verbreitete Annahme einer Wesensgleichheit kommunistischer und faschistischer Systeme) stieß auf Ablehnung – wurde hier doch nach Meinung vieler Kritiker versucht, ein insgesamt ‚progressives' und ein eindeutig ‚regressives' politisches Projekt fälschlicherweise als zwei Ausformungen *eines* Regimetyps darzustellen."[243]

Everts weist die Kritiker der verfassungspolitisch ausgerichteten Extremismusforschung darauf hin, dass Diagnose und Therapiemaßnahme nicht zwangsläufig im Bunde stehen: „Übersehen wird, dass die Bestimmung und Anwendung des Extremismusbegriffs keine konkreten Verfassungsschutzmaßnahmen zur Konsequenz haben muss, sondern ebenso im Dienst einer geistig-politischen Auseinandersetzung oder sozialpsychologischer Erklärungsansätze zur Verbreitung extremistischen Denkens stehen kann."[244] Everts erklärt, dass diese Kritik auf einer Vermischung der Wahrnehmung in Bezug auf das Konzept der „Wehrhaften Demokratie", und der Herangehensweise an das Phänomen Extremismus mittels demokratischer Grundwerte, also auf der bimodalen Verteilung, basiert. Mit der Bezugnahme auf den demokratischen Minimalkonsens in der Definition des Extremismus ist durch Everts bereits konzeptionell dem Vorwurf begegnet worden, dass die normative Extremismustheorie sich grundsätzlich dem staatlichen Selbsterhaltungsdenken verschreibe. Durch die Bezugnahme auf den demokratischen Minimalkonsens als Abgrenzungsmöglichkeit zum Extremismus, hat sich der normativ arbeitende verfassungspolitische Ansatz vom liberaldemokratischen Regierungssystem ein Stück weit unabhängig gemacht, und eine Nähe zu den ‚politischen Machtverhältnissen' in der Bundesrepublik kann dem mit der bimodalen Verteilung arbeitenden Zweig der Extremismusforschung nicht unterstellt werden.[245]

---

241 http://ki23.blogsport.de/2008/05/17/offener-brief-gegen-jeden-extremismusbegriff/

242 Thomas Weingartner: Stalin und der Aufstieg Hitlers – Die Deutschlandpolitik der Sowjetunion und der kommunistischen Internationale 1929–1934. Berlin 1970. S. 242.

243 Achim Siegel: Totalitarismustheorien nach dem Ende des Kommunismus. Weimar 1998. S. 11.

244 Carmen Everts: Politischer Extremismus – Theorie und Analyse am Beispiel der Parteien REP und PDS. Berlin 2000. S. 14.

245 Carmen Everts 2000. S. 19, 25.

Dem verfassungspolitisch ausgerichteten Extremismusbegriff nach Backes und Jesse wird von Kritikern der zugrundeliegende binäre Code vorgeworfen. Da der Begriff die Unterteilung in (negativ konnotiert) Extrem und (positiv konnotiert) Mitte vornähme, könne er einen Extremismus der Mitte nicht erfassen.

Dies ist folgerichtig. Der Extremismusbegriff des verfassungspolitischen Ansatzes beinhaltet, dass die Mitte *nicht* extrem ist. Geht man von der Lesart der Kritiker dieses Extremismusansatzes aus, so kann man mittels der normativen Extremismustheorie unspezifische negative Erscheinungen des Mainstreams nicht erfassen. Negative Phänomene wie etwa häusliche Gewalt, politische Indifferenz, Vorverurteilungen einer gesellschaftlichen Mitte sind mittels dieses Werkzeugs (das sehr spezifisch ist) nicht erfassbar, sie sind diesem Ansatz entsprechend kein Extremismus. Die Mitte ist, wie bereits in der Einleitung erläutert, ein *Ideal*punkt. Die gesellschaftliche Mitte ist diesem Ansatz entsprechend eine Annäherung an dieses Ideal, hier sei an das platonische Höhlengleichnis erinnert. Die Vorstellung, dass ein Instrument der wissenschaftlichen Analyse alle Phänomene erfassen könnte, ist unhaltbar. Den Extremismusbegriff des verfassungspolitischen Ansatzes von seinen spezifischen Inhalten zu separieren und die negative Konnotation auf diese Weise als einziges Wesensmerkmal der Definition bestehen zu lassen, ist unangebracht. Hier sei an das Kategoriensystem der Ideologie Mannheims erinnert. Keine Theorie kann alle Phänomene erfassen, wenn der Anspruch an eine Operationalisierbarkeit besteht. Die Extremismustheorie nach Backes und Jesse auf ihre negative Konnotation zu verkürzen, um so einen Anspruch an die Allerfassbarkeit eines Instruments stellen zu können, ist unzulässig. Eine Theorie auf eine bestimmte normative Einschätzung zu reduzieren lässt ihren spezifischen heuristischen Wert bei Seite, wenngleich eine normative Einschätzung immer kritisierbar bleibt. Der verfassungspolitisch ausgerichtete Extremismusbegriff ist kein ‚travelling concept', sondern ein Forschungskonzept mit klarer Phänomenausrichtung, wie die Positivdefinition, aber auch die Kailitz-Definiton beweist. Die Gegenüberstellung von Extremismus und Mitte beinhaltet nicht automatisch, dass bestimmte Phänomene, die auch in der Mitte verortet werden können (wie in allen Gesellschaftsschichten), als positiv oder unproblematisch verstanden werden. Der normativen Extremismustheorie unterliegt ein praktischer Imperativ; sie wurde zur Erfassung *bestimmter* Erscheinungen im Rahmen politischer Praxis und Theorie entwickelt. Dabei geht es um die Analyse von Erscheinungen, die im Rahmen einer Spezifizierung von weiteren Phänomenen separiert werden. Sie ist durch die Erfassung von etwas dezidiert politisch argumentierendem gekennzeichnet – eine Erfassung häuslicher Gewalt die im Rahmen dieses Verständnisses nicht politisch ist, ist so ausgeschlossen. Diese fällt in die Kriminalstatistik. Damit entfällt die Problematisierung der Mitte nicht vollständig; da die normativ ausgerichtete Extremismustheorie nie den Anspruch erhoben hat solche Phänomene zu erklären, überlässt sie das Feld an dieser Stelle anderen Theorien und anderen Praxisbezügen, von denen sie anerkennt, dass diese besser geeignet sind, solche Erscheinungen zu erfassen und zu erklären. Dezidiert erhebt die normativ angelegte Theorie das Existieren von politischen Programmatiken oder weiteren Argumentationsfiguren zum Kriterium. Eine Problematisierung der Mitte ignoriert sie zugunsten eines wissenschaftlichen Programms, dem eine Spezialisierung zugrunde liegt.

Mit einer Konkretisierung des Nutzungsmomentes verliert die verfassungspolitische Theorie keineswegs ihre Stärke. Sie ist randständiger Teil der Demokratiewissenschaft, wenngleich sie die Schwäche besitzt, den normativen Rahmen, den demokratischen Verfassungsstaat, nicht in erschöpfender Weise einbezogen zu haben, sondern hier einige Fragen offen lässt, die sich aber durch eine Hinwendung zu dem SRP-Verbotsurteil des Bundesverfassungsgerichts ein wenig lichten lassen[246], da hier eine Einlassung über die essentials des demokratischen Verfassungsstaats erfolgt ist. Im Rahmen eines Wissenschaftsverständnisses unterhält sie ein demokratisches Verhältnis zu anderen Wissenschaften, weil sie durch ihre Konkretisierung anerkennt, dass bestimmte wahrnehmbare Momente durch andere wissenschaftliche Betätigungsfelder besser herausgearbeitet werden können; hier sei etwa die Anerkennung von Erkenntnissen aus der Psychologie genannt, die im Anschluss an ihre (mit ihrem spezifischen Instrumentarium) erarbeiteten Ergebnisse (ohne extremismustheoretischen Hintergrund) durchaus eingebunden werden können, indem eine Klassifikation des Verhältnisses zu ihren Ergebnissen erfolgen kann. Die normative Extremismustheorie hat kein travelling concept erarbeitet, dies ist eine ihrer Stärken. Das reisende Konzept begegnet uns immer wieder.

travelling concept

Ein Konzept, das für sämtliche verschiedene Zusammenhänge genutzt werden kann, da es keine klare Phänomenausrichtung besitzt. Dieser Begriff beschreibt den Transfer von Konzepten.

Die Extremismustheorie kann durch ihre Affinität zu anderen Wissenschaften ein breites Spektrum der Analyse nutzen und bleibt trotzdem spezifisch. Auch in Bezug auf die Instrumentenvielfalt in der Sozialwissenschaft ist sie demokratisch aufgestellt, da sie nicht vorgibt, problematische Erscheinungen in einer Differenzgesellschaft der Mitte, wie etwa häusliche Gewalt, erklären zu wollen. Dies ist kein Nachteil, sondern ein Vorteil des Instruments. Jedenfalls bleibt festzuhalten, dass sie kein eigenes Erklärungspotential für extremistische Phänomene entwickeln kann.

Der Extremismustheorie des verfassungspolitischen Ansatzes wird vorgeworfen, dass sie mittels des binären Codes Minderheiten als extremistisch klassifiziert. Dabei wird im Rahmen der Kritiklegung zwischen extremer Rand und Minderheit und Mitte und Mehrheit nicht weiter unterschieden, lautet der Vorwurf. Dies ist nicht richtig. Minderheiten werden im Rahmen dieses Forschungskonzepts nicht mit extremer Rand gleichgesetzt. Das Begriffspaar Minderheit/Mehrheit bleibt im Rahmen des Konzepts als etwas Eigenständiges erhalten. Eine Minderheit wird nicht automatisch mit extrem gleichgesetzt, die Mitte ist nicht automatisch durch die Mehrheit gekennzeichnet. Extremisten können von der Mehrheit des Volkes gewählt werden – sie können mehrheitsfähig sein – trotzdem sind sie nicht mittig. Da der Extremismusbegriff aus der Theorie des Totalitarismus entsprungen ist, erkennt dieses Konzept grundlegend an, dass eine Mehrheit der Gesellschaft Träger einer totalitären Ideologie sein kann. Dann entsprechen sich Mitte und Mehrheit nicht, sind nicht deckungsgleich. Die Mitte ist nicht mittels Mehrheit konzipiert, sondern durch eine normativ-ontologische Herleitung. Dementsprechend kann eine Kritik an einer unzulässigen Gleichsetzung, die Mehrheit sei auch die Mitte, zurückgewiesen werden. Das Verständnis der Mitte ist an die Werte der Menschenrechte gebunden. Der Andere wird in diesen Konzepten dezidiert als Anderer positiv einbezogen.

---

[246] Uwe Backes, Eckhard Jesse: Demokratie und Extremismus – Anmerkungen zu einem antithetischen Begriffspaar. In: Aus Politik und Zeitgeschichte 44/1983. S. 12

Der Extremismustheorie wird vorgeworfen Unvergleichliches zu vergleichen. Der gegen die Extremismustheorie ins Felde geführte Einwand, dass diese die Rechts-Links-Unterscheidung verwischen würde, ist insofern falsch, als dass Motivationslagen, Zielsetzungen und Entstehungsbedingungen durch die normative Extremismusforschung aufgefächert werden und die Links-Rechts-Unterscheidung Instrumentarium zur Strukturierung des politischen Raumes bleibt.[247] Die Kritiker weisen darauf hin, dass das linke und rechte Ideenspektrum inhaltlich unterschiedlich ist. Dies ist auch aus der Perspektive der verfassungspolitisch orientierten Extremismusforschung durchaus richtig. Links und Rechts als Strömungen beinhalten jeweils unterschiedliche Ideen oder Sinnbezüge zur Welt, was nicht in Frage stand und steht. Der Vorwurf trifft die Extremismustheorie nicht. Sie gab niemals vor, dass eine inhaltliche Unterscheidung nicht getroffen werden könne. Vertreter des verfassungspolitischen Ansatzes fordern nicht die Begriffe ‚Links' oder ‚Rechts' aufzuheben, sondern erkennen diese Begriffe an. Sie begreifen Links- und Rechtsextremismus als analoge Strukturen, nicht als analoge Inhalte. Der Vergleich bezieht sich klar auf eine strukturelle Ebene, die eine Begründung der Annäherungsthese von Extremen liefert. Im Rahmen der vorausgehenden Definition von Totalitarismus, aus der die Extremismustheorie sich ableitete, wurde schon in historischen Forschungsarbeiten festgestellt, dass auf struktureller Ebene markante Ähnlichkeiten vorliegen.

Auf struktureller Ebene können mit dem erarbeiteten Konstrukt Gemeinsamkeiten festgestellt und benannt werden. Auch Unterschiede können beschrieben werden. Aus der Warte der Extremismustheorie erscheinen die verschiedenen Strömungen mit extremer Qualität (die strukturell festgestellt wird) als mit eigenen Identitäten ausgestattete Bewegungen, Ideologien, politische Richtungen. Es wird nicht postuliert, dass Extreme in einem ideologischen Sinne einheitlich seien. Stattdessen kann mit dem gegebenen Instrumentarium eine Auffächerung einzelner Inhalte genauso aufgezeigt werden, wie Überlappungen festgestellt werden können, die keineswegs dazu führen, einzelnen Bewegungen ihre Identität abzusprechen, sondern dazu dienen, ihre Sinnbezüge aufzuzeigen.

Die Extremismustheorie hat zu Analysezwecken die bimodale Verteilung eingeführt. Das zugrundegelegte Unterscheidungsmerkmal kann gut mit dem Begriffspaar Differenz und Monokultur beschrieben werden, wobei die Differenzkultur als eine Erscheinung der Mitte, die Monokultur als eine Erscheinung des Extremen verstanden wird. Der Differenzbegriff ist der Ausgangspunkt und Zentralmoment eines im Rahmen der Extremismustheorie genutzten Gesellschaftsbegriffs. Dem Begriff der Gesellschaft wird hier normalerweise der Begriff der Gemeinschaft gegenübergestellt. Die Kritik, die Gesellschaftstheorie sei in Hinblick auf den nicht extremen Teil ungenügend ausgearbeitet, ist jedenfalls angemessen. Eine Weiterentwicklung der Theorie sollte aufgrund ihres hohen heuristischen Werts fortgeführt werden, dazu zählt besonders die Definition der Mitte.

Der Extremismustheorie nach Backes und Jesse wird ferner vorgeworfen, mit leeren Begriffen zu operieren. Diese Extremismustheorie ist keine radikaldemokratische, sondern eine liberal-demokratische Theorie. Die Extremismustheorie nimmt keine Stellung zu Fragen über Wert oder Unwert von Volksabstimmungen. In dieser Hinsicht ist sie offen, da sie von ihrer

247 Carmen Everts 2000. S. 308.

Konzeption her nicht darüber bestimmen kann, ob ein angelsächsisches Modell der Demokratie ein Mehr oder Weniger an Demokratie besitzt, als etwa das deutsche Demokratiemodell. Der Demokratiebegriff der Extremismusforschung ist nicht leer, sondern durch Erläuterungen und Definitionen gefüllt, wenngleich eine Oberflächlichkeit wichtiger Kritikpunkt des Konzeptes bleibt und immer wieder auf rechtliche Zusammenhänge verwiesen wird. Es kann ein dezidiertes Verständnis der extremismustheoretischen Zugangs- und Verständnisweise von Demokratie nachgelesen werden, diese deckt sich durchaus mit basisdemokratischen Vorstellungen. Ein totalitäres Verständnis von Demokratie, wie es etwa im Staatssystem des Iran ausgestaltet ist, lässt sich ebenfalls mit der Extremismusformel abgrenzen, da sie enge Bezüge zur Totalitarismustheorie besitzt. Hier ist der islamische Führungsrat oder Führer, der den obersten Rat der Justiz ernennt und kontrolliert, den Wächterrat ernennt, der wiederum das Parlament und den Präsidenten kontrolliert, entscheidend. Die Existenz verschiedener Begriffsdefinitionen und Erläuterungen für einen Begriff ist ein konstantes Phänomen der Sozialwissenschaft, daraus lässt sich für die Extremismustheorie nicht ableiten, dass sie in Bezug auf demokratische Ordnungsvorstellungen mit leeren Begriffen arbeite. Ganz im Gegenteil hat die Extremismustheorie den Vorteil, durch die vorgelegte Positivdefinition ein unmissverständliches und doch Differenzen möglich machendes Verständnis von Demokratie zu haben. Da sie sich dezidiert auf die Verfassung bezieht, ist sie mit einem klaren Verständnis dieses Pols gefüllt, solange auf die konkrete Verfassung Bezug genommen wird.

Eine gegnerische Position zum Verfassungsansatz findet sich auf Indymedia, hier wird argumentiert:

„Die demokratische Mitte verorten sie zudem selbstverständlich dort, wo sie selbst stehen. Dies ist schon ein erster Hinweis darauf, dass die Extremismustheorie vor allem dazu da ist, einen Staat zu legitimieren, der abseits seiner selbst definierten politischen Mitte keine anderen Gesellschaftsentwürfe duldet. Sichtbar wird dies z.B. daran, dass bestimmte Meinungen je nach herrschenden politischen Ansichten mal als legitim und mal als illegitim angesehen werden. So war es Anfang der 1990er Jahre auch für viele Personen aus dem politischen Mainstream vollkommen unvorstellbar, dass deutsche SoldatInnen Kriege weltweit führen würden. Heutzutage gilt eine grundlegende Kritik hieran bereits als ‚extremistisch‘ und steht damit außerhalb des demokratischen Konsens.“[248]

Die Kritik an Kriegseinsätzen ist nach dem verfassungspolitischen Ansatz nicht extremistisch (und man mag an dieser Stelle auch einwenden, dass deutsche Soldaten nicht *weltweit* Kriege führen). Das interessante Argument ist hier die Selbstverortung. Auf diese mag im weiteren Bezug genommen werden. Der verfassungspolitische Ansatz arbeitet mit dem Kriterienkatalog des Grundgesetzes, hintergründig spielen die Menschenrechte und hier insbesondere die Würde des Menschen eine Rolle. Dieser Kriterienkatalog ist objektiv – wenngleich man selbstverständlich kritisieren kann, dass diese Definition hauptsächlich eine juristische ist. Selbstverständlich ist es an dieser Stelle möglich, einen abweichenden Kriterienkatalog zu erstellen, wie Jaschke dies mit dem ‚westlichen Wert‘ und Everts dies mit dem ‚Minimalkonsens‘ taten. Die eigene Verortung spielt für den Kriterienkatalog des Grundgesetzes (im verfassungspolitischen Ansatz) eine geringere Rolle als in den Alternativmodellen – tatsächlich

248 http://de.indymedia.org/2010/04/279463.shtml

bleibt es unerheblich, ob man sich hier verortet oder nicht, denn der Kriterienkatalog ist vorgegeben und so entpersonalisiert.

Der Extremismus als Bearbeitungskonzept bezieht sich in erster Linie auf das Verhalten politischer Akteure und sucht hier die logische Verbindung zwischen Einstellung und Handeln. In diesem Sinne ist die Extremismusforschung nicht im rein politikwissenschaftlichen Feld angesiedelt, sondern findet ihr Zuhause auch in der politischen Soziologie. Mit dem Begriff der politischen Mitte hat die Extremismusforschung verfassungspolitischer Prägung nicht etwa einen eigenen Standpunkt verteidigt, sondern das Recht auf Standpunkte aller in der Gesellschaft lebenden Personen. Sie duldet mit ihrem Konzept der Mitte, welches einen liberalen Standpunkt einnimmt, sehr wohl das Recht darauf, so zu leben, wie man es als richtig erachtet. Mit dem Forschungskonzept des Extremismus werden keine alternativen Lebenspraktiken und Gesellschaftsentwürfe ‚bekämpft', vielmehr ist der Begriff der Mitte eng zwischen den Konzepten des Universalismus und der Differenz angesiedelt. Alternative Lebenspraxen werden durch die Bindung an liberal-demokratische Verfassungen dezidiert anerkannt. Dies bedeutet, dass die Extremismusforschung des verfassungspolitischen Ansatzes im Rahmen universeller Menschrechte operiert und ebenso anerkennt, dass ein Recht auf Suche nach Glück besteht. Dieses Recht auf Glück und damit das Konzept der Differenz, findet dort seine Grenzen, wo die Rechte anderer, die ein anderes Glücksverständnis haben, mit Gewalt bekämpft werden.[249] Hier gilt also der Primat des Handelns. Wie sich die Menschen auf Glückssuche begeben, sei es, dass sie sich dazu entschließen, in einem Bauwagen zu wohnen, eine Gemeinschaft in Wäldern aufbauen oder sich ein Haus und ein Auto kaufen, oder eine Segelyacht, beurteilt die Extremismustheorie nicht. Sie bezieht sich auf gewalttätige, gegen andere Menschen oder Sachen gerichtete Handlungen, die vom Handelnden als Ausdruck politischer Einstellungen gewertet und so begründet werden, sie bezieht sich auf Einstellungen, die Moralvorstellungen partikularer Natur beinhalten. Gewalt, verstanden als politisches Mittel, ist dementsprechend das hauptsächliche Forschungsfeld. Hierbei unterscheidet die Extremismustheorie (wenngleich nicht ausdrücklich) zwischen Gewalt als Violentia und Gewalt als Potestas. Der Begriff Violentia bezieht sich auf die rohe Gewalt, auf die zerstörende Gewalt, während sich der Begriff Potestas auf das zum Ausdruck gebrachte Durchsetzungsvermögen zum Wohle und zur Begründung einer Gemeinschaft bezieht und somit positiv als schaffende Gewalt verstanden wird.

4.2 Extremismus der Mitte

Das Konzept des Extremismus der Mitte liegt in zwei Varianten vor. Diese werden oftmals nicht analytisch scharf voneinander getrennt, sind aber unterschiedlicher Herkunft und haben eigenständige Bedeutungen und Kritikmomente hervorgebracht. Die wohl offensichtlichste Problematik liegt in dem Rückgriff auf den gleichen Namen, den beide Herleitungen nutzen. Gleichwohl bleibt es nicht unerheblich, diese als zwei Konzepte der Bearbeitung extremistischer Erscheinungen aufzufassen. Die Problematiken, die mit einer unzureichenden Unter-

249 Vgl. Chandran Kukathas: The liberal archipelago – a theory of diversity and freedom. Oxford/New York 2003.

scheidung einhergehen, lassen sich dabei besonders gut an der Kritik des ‚Extremismus der Mitte' als Arbeitskonzept festmachen. Beide Varianten bieten Überschneidungen, sollten jedoch aufgrund ihrer unterschiedlichen Basis nicht miteinander vermengt werden.

4.2.1 Empirisch-soziologische Extremismusforschung

Die Denkfigur des Extremismus der Mitte wurde neben Harold D. Lasswell[250] von Seymour Martin Lipset[251] eingeführt. Dieser Mittebegriff basiert auf der empirisch-induktiven Methode. Der hier angeführte Extremismusbegriff unterscheidet sich in seiner Herleitung erheblich von dem des verfassungspolitischen Ansatzes.

Während die Dichotomie Verfassungsfeindlichkeit (bzw. Extremismus) versus Verfassungskonformität (bzw. Demokratie) auf der Vorstellung basiert, es gäbe ein politisches Kontinuum, in dem moderate Ansichten in der Mitte lägen und hier die Demokraten bzw. die Verfassungskonformen verortet seien, entfernt sich die Vorstellung Lipsets von dieser Ansicht radikal und geht von extremistischen Spiegelungen demokratischer ideologischer Ausprägungen aus. So findet der Liberalismus seine Entsprechung im Faschismus, der Konservatismus seine extremistische Spiegelung im extremistischen Konservatismus und die Linke ihre Entsprechung im Extremismus der Arbeiterklasse. Dies hat enorme Auswirkungen auf den Begriff der Mitte, der im obigen Kapitel diskutiert wurde.

Als Vorbedingungen zum Verständnis sind für das Lipsetsche System folgende Thesen wichtig: Zunächst muss einmal unterschieden werden zwischen der sozialen Ausprägung des Liberalismus, die im weitesten Sinne mit der Ausweitung der Bürgerrechte verbunden werden kann, und der wirtschaftlichen Ausprägung des Liberalismus, die sich für möglichst freies Wirtschaften und freies Unternehmertum einsetzt.[252] Es ist die wohl wichtigste These zum Verständnis des Lipsetschen Koordinatensystems, dass *alle* demokratischen Bewegungen ihre extremistische Entsprechung finden würden.[253]

Die extremistischen Gruppen finden nach Lipset ihre Verbindung zu den moderaten Gruppen im Rahmen gleicher ideologischer Elemente, die sich im Dafür-oder-dagegen-sein ausmachen lassen, genauso wie in der sozialen Basis der Bewegungen.

Der klassische Faschismus ist nach Lipset z.B. eine extremistische Spiegelung der moderaten Liberalen. Begründet sieht er dies durch die Überschneidung folgender Momente: so seien sich Faschismus und Liberalismus ähnlich in deren Ablehnung der Gewerkschaften, sie seien beide antiklerikal, antitraditional, gegen den Sozialstaat und stünden der Großindustrie reserviert gegenüber. Beide bezögen ihre Wähler aus der Mittelschicht. Beide seien revolutionär.[254] Im Unterschied zum Liberalismus sei der Faschismus antiliberal, da er den Staat glorifiziere. Wichtige Figuren des Extremismus der Mittelklasse erkennt Lipset z.B. in Adolf

---

250 Harold Lasswell: The Psychology of Hitlerism. The political Quarterly Nr.4 1933.
251 Seymour Martin Lipset: Fascism – Left, Right, and Center. In: Political Man – The Social Bases of Politics. [1960] Baltimore 1981.
252 Seymour Martin Lipset 1963. S. 92, 103.
253 Seymour Martin Lipset 1963. S. 129.
254 Seymour Martin Lipset 1963. S. 129.

Hitler und in dem amerikanischen republikanischen Senator Joseph McCarthy (Anfang der 40er/Anfang der 50er Jahre Initiator einer Kommunistenfurcht) als Prototypen populistischer Extremisten. Den historischen Ursprung der extremen Mitte sieht Lipset vor allem in der Veränderung der Bedeutung des Liberalismus im Zuge der Industrialisierung; der Ruf, innere Grenzen abzuschaffen, den freien Markt einzuführen und Rechtstaatlichkeit zu etablieren und ein internationales Friedensregime einzuführen (hier greift er auf Max Weber zurück) hätte nun, im Zuge der Industrialisierung, eine neue Bedeutung angenommen, die sich vom Liberalismus des 18. und 19. Jahrhunderts unterschiede. Diese negative Orientierung des Liberalismus – gegen Gewerkschaften und Großindustrie, gegen staatliche Regulation – formt den Liberalismus nach Lipset zu einer politisch-revolutionären Strömung. Demnach müsse man von zwei liberalen Strömungen sprechen:

„The poorer strata everywhere are more liberal or leftist on economic issues; they favor more welfare state measures, higher wages, graduated income taxes, support of trade-unions, and so forth. but when liberalism is defined in non-economic terms – as support of civil liberties, internationalism, etc. – the correlation is reversed. the more well-to-do are more liberal, the poorer are intolerant. Public opinion data from a number of countries indicate that the lower classes are much less committed to democracy as a political system than are the urban middle and upper class.“[255]

Die gesellschaftliche Position der Mittelschicht, so Lipset in Bezug auf Harold Lasswell, ging durch eine Stärkung der Arbeiterklasse und der bessergestellten Bourgeoisie zurück. Dies löste große Unsicherheit aus (hier ist die relative Deprivation angesprochen) und bewirkte eine Hinwendung zum Faschismus. Konservative extremistische Strömungen seien vom klassischen Faschismus zu trennen. Diese zeichneten sich dadurch aus, dass sie weniger revolutionär seien, politische Institutionen ändern wollten, um kulturelle und ökonomische Institutionen beizubehalten oder zu reinstallieren.[256] Das Ideal eines konservativen Extremisten bestünde nicht in der Figur eines totalitären Führers, sondern eines Monarchen oder einer Person mit monarchistischem Pathos. Für den konservativ geprägten Extremismus führt Lipset de Gaulle, Dollfuss und Salazar an.[257]

Der linke Extremismus wird mit Lipset als Extremismus der Arbeiterklasse verstanden. Der Kommunismus wird von ihm als komplexe esoterische Ideologie beschrieben.[258] Gleichzeitig sei diese Klasse gefährdet, dem Autoritarismus zugeneigt zu sein:

„The social situation of the lower strata, particularly in poorer countries with low levels of education, predisposes them to view politics as black and white, good and evil. Consequently, other things being equal, they should be more likely than other strata to prefer extremist movements which suggest easy and quick solutions to social problems and have a rigid outlook.“[259]

---

255 Seymour Martin Lipset 1963. S. 92.
256 Zu aktuellen Diskussionen um die geschichtliche Einordnung des Faschismus sind Arbeiten von Wippermann, Reichhardt, Griffin, Payne, Goodrick-Clarke, Hesemann und anderen erschienen.
257 Seymour Martin Lipset 1963. S. 130.
258 Seymour Martin Lipset 1963. S. 113.
259 Seymour Martin Lipset 1963. S. 90.

Die Arbeiterklasse, von Lipset werden Farmarbeiter, Waldarbeiter, Seeleute, Schäfer und Industriearbeiter in hochgezogenen Industriestädten als Beispiele benannt, unterliegt demnach einer räumlichen Trennung von der kosmopolitischen Großstadt, sie sind isoliert von den Aktivitäten, Kontroversen und Organisationen der demokratischen Gesellschaft.[260] Die Verstädterung, die mit der Industrialisierung einherging und eine kosmopolitische Prägung der Bevölkerung bewirkte, ist hier also der historische Bestimmungsgrund für einen Extremismus der Arbeiterklasse. „Lipset geht von der Grundannahme aus, jede wichtige soziale Schicht weise sowohl demokratische als auch extremistische politische Ausdrucksformen auf."[261]

> Der Autoritarismus hat verschiedene Bedeutungen. Sozialpsychologisch meint der Begriff eine ausgeprägte Neigung zur Unterwerfung schwächerer, Autoritätsunterwerfung, Intoleranz, Ethnozentrismus und Antisemitismus sowie die gesteigerte Kontrolle des eigenen Gefühlslebens. Das Wort Autorität weist auf den Begriff Obrigkeit und Ansehen hin. Ist etwas autoritativ, so ist es maßgebend. Das autoritäre Regime ist ein Herrschaftstyp sui generis und von Totalitarismus und Demokratie zu trennen. Es ist eine Herrschaftsordnung, die sich kurz beschreiben lässt durch eine straffe hierarchische Steuerung, eine schwache, gar fehlende Verfassung und keinerlei rechtstaatlicher Sicherheit und die Dominanz des Staates bzw. dessen Institutionen.

Die Herangehensweise an das Themenfeld des Extremismus ist im Bereich des Extremismus der Mitte der ersten Ausprägung empirisch-induktiv. Es wird das Material bzw. die soziale Wirklichkeit empirisch erfasst, Erfahrung und Beobachtung spielen für die Begriffsbildung eine prinzipiell viel größere Rolle als beim verfassungspolitischen Ansatz. Aus dem Material werden Aussagen und Gesetzmäßigkeiten geformt, Regelbildungen erwirkt. Der induktive Ansatz des Extremismus der Mitte versucht die soziale Wirklichkeit aus den Erscheinungen heraus zu erklären und zeichnet sich durch eine konkrete theoretische Stringenz aus.

Herangehensweise Erkenntnisweg	Ausgangspunkt	Sekundärgegenstand
Empirisch-induktiv	Linksextremismus Rechtsextremismus	Extremismus

Abb. 4.4 *Erkenntnisweg und Begriffshierarchie. Ermert.*

260 Lipset bezieht sich auf die Arbeiten: Carl Friedrich: The agricultural basis of emotional nationalism. Public Opinion Quarterly Nr. 1, 1937; Rudolf Heberle: From Democracy to Nazism – a regional case study on political parties in germany. Baton-Rouge, Louisiana, 1945; sowie Arbeiten von Herbert G. Nicholas (1951), Paul F. Brissenden (1920), Ossip K. Flechtheim (1948).

261 Jürgen W. Falter: Hitlers Wähler. München 1991. S. 45.

Rechts- und Linksextremismus sind nach Ermert die ‚Primärgegenstände' der Betrachtung, die ‚Sekundärfragestellung' ist die aus den primären Betrachtungsgegenständen erwirkte Definition allgemeiner Merkmale: „Hier sind somit im Begriff Extremismus die gemeinsamen Vorgaben seiner rechten und linken Variante zu berücksichtigen."[262] In vielfacher Hinsicht ist diese erste Variante des Extremismus der Mitte mit dem historisch-genetischen Ansatz verbunden, beide sind aufeinander bezogen, aufeinander angewiesen. Rein zu heuristischen Zwecken wurde die hier vorgestellte Form des Extremismus der Mitte von dem historisch-genetischen Ansatz getrennt.

Jürgen W. Falter berichtigte in seiner Studie zu Hitlers Wählern Lipsets These: „Die NSDAP erweist sich so keineswegs als reine Mittelschichtsbewegung, als die sie fast ein halbes Jahrhundert lang gehandelt wurde. Vielmehr repräsentiert sie – stärker als jede andere große Partei jener Jahre – von ihrer Wählerbasis her gesehen eine Art ‚Volkspartei des Protests' oder, wie man angesichts des relativen Übergewichts vor allem der evangelischen Selbstständigen unter ihren Wählern plakativ formulieren könnte, ‚eine Volkspartei mit Mittelstandsbauch'."[263] Auch der Zugang des Extremismus als Pathologie westlicher Industriegesellschaften, wie Erwin K. Scheuch und Hans-Dieter Klingemann ihn erstmals beschrieben, gehört zu dem Satz an empirisch ausgelegten Forschungen, die in vielerlei Hinsicht zur Ursachenforschung beigetragen haben.[264]

„Politischer Erfolg rechtsradikaler Bewegungen muß nicht die Folge eines besonders hohen Potentials von ‚rechts' eingestellten Wählern sein" konstatierten die beiden Forscher in Angesicht der Ergebnisse der sozialwissenschaftlichen Forschungsabteilung der US-Luftwaffe von 1947. Die im verfassungspolitischen Ansatz aufgezählten Elemente des Extremismus finden sich bereits hier: So sprechen Scheuch und Klingemann von der fehlenden Akzeptanz gegenüber den Spielregeln der Demokratie, ebenso wird das massive Auftreten von Konspirationstheorien erwähnt. Die Vorliebe für konservativ-ökonomische Theorien, die den liberalistischen Ideologien des 19.Jh entsprechen würden, und die Feindseligkeit gegenüber Fremdgruppen kommt hinzu. „Den Fußstapfen Durkheims folgend, wurzelte für Scheuch und Klingemann der Extremismus in dem hohen Maße an sozialer Mobilität, das massenhaften sozialen Auf- und Abstieg von Menschen, sprich Statusinkonsistenzen, mit sich brächte. Der stetige Wandel der Lebensbedingungen bringe auch eine fortwährende Notwendigkeit des Wandels eigener Einstellungen mit sich."[265]

Scheuch und Klingemann verstehen Struktureigenschaften als Randbedingung sozialer Prozesse, auf die in verschiedener Weise reagiert werden kann (Funktionsäquivalenz). Verschiedene Erscheinungen seien so alternative Ausdrucksformen für gleiche verursachende Kons-

---

262 Matthias Ermert: Der Extremismus im Strafrecht – eine begriffskritische Analyse auf sozialwissenschaftlicher und verfassungsrechtlicher Grundlage. Herbolzheim 2007. S. 9.

263 Jürgen W. Falter 1991. S. 13.

264 Erwin K. Scheuch, Hans-Dieter Klingemann: Theorie des Radikalismus in westlichen Industriegesellschaften. In: Hamburger Jahrbuch für Wirtschafts- und Sozialpolitik 1967 (12). S. 11–29. Siehe dazu auch: Kai Arzheimer, Jürgen W. Falter: Die Pathologie des Normalen. Eine Anwendung des Scheuch-Klingemann-Modells zur Erklärung rechtsextremen Denkens und Verhaltens. In: Dieter Fuchs, Edeltraud Roller und Bernhard Weßels (Hrsg.): Bürger und Demokratie in Ost und West. Studien zur politischen Kultur und zum politischen Prozeß. Festschrift für Hans-Dieter Klingemann. Wiesbaden 2002. S. 85–107.

265 Steffen Kailitz: Politischer Extremismus in der Bundesrepublik Deutschland. Wiesbaden 2004. S. 196.

tellationen. Auf diese Weise wurde ein Theoriekonstrukt entwickelt, welches sich nicht lediglich auf eine bestimmte Verfassung beziehen muss (eine Problematik des verfassungspolitischen Ansatzes), sondern sich in seiner Begutachtung auf intermediäre Instanzen eines Sozialsystems bezieht und gesamtgesellschaftliche Phänomene auch im internationalen Kontext bearbeiten kann. Dabei beruft sich die Theorie Klingemanns und Scheuchs im weitesten Sinne auf sogenannte ‚Spannungen', die sich in einem vertikal gegliederten politischen System manifestieren.

Abb. 4.5 Spannungen und Extremismus. Klingemann, Scheuch.

- In den alltäglichen Mikrobeziehungen drückt sich die Spannung als Gegensatz zwischen den für Primärgruppen kennzeichnenden Werte und den funktionalen Erfordernissen sekundärer Institutionen aus. Diese Spannung wird als widersprüchlich wahrgenommen.
- Der Begriff der Industriegesellschaft verdeckt, dass es sich tatsächlich um verschiedene Produktionsformen handelt, die nebeneinander existieren. Der Widerspruch existiert so zwischen der einzelnen Berufssituation und den die gesellschaftlichen Entwicklungen determinierenden Faktoren der Wissenschaft und der Rationalisierung.
- Die Beziehung zwischen der Bevölkerung und den spezialisierten Institutionen und der politischen Führung wird durch die Abnahme der Importanz traditioneller Mittel der politischen Einflussnahme immer prekärer. Der Zusammenhang zwischen Misserfolgen der politischen Führung und dem eigenen Privatleben verstärkt sich subjektiv und objektiv.
- Soziale Widersprüche werden durch die Medien nur ungenügend aufgedeckt, was unterschwelliges Unbehagen erwirkt.

Die Spannungen beruhen auf den verschiedenen Bezugssystemen, die existieren und zwischen denen die Individuen hin- und her wechseln. Der ständige Wechsel wiederum bewirkt die bereits angesprochene ‚normale Pathologie'. Die pathologische Anpassung ist ein Erfolgskriterium rechtsextremer Anschauungen. Diese Menschen schauen mit besonderer Besorgnis auf die Entscheidungen der sekundären Institutionen. In vielfacher Hinsicht weist das hier von Scheuch und Klingemann entwickelte Modell einen starken Bezug zu den historisch-genetischen Arbeiten auf. Der Ansatz Heitmeyers, der den Rechtsextremismus als Ideologie der Ungleichheit definiert, die Gewaltakzeptanz aufweist und ein Protest der Jugend sei, die sich im Kontext der Risikogesellschaft und der Individualisierung bewege, ist ebenfalls ein wichtiger und breit rezipierter Ansatz der Extremismusforschung, die neben den Randgruppen auch das Zentrum der Gesellschaft in den Blick nimmt. Die Problematisierung der Mitte widerspiegelt sich beispielsweise in der Erforschung der extremen Zivilgesellschaft (s.u.). Eng damit zusammen hängt der erste hier vorgestellte Mittebegriff mit dem historisch-genetischen Ansatz. Der zweite Ansatz ist eher philosophisch-ökonomisch ausgestaltet und sieht das Menschenbild als wichtigstes Kriterium für die Mitte, die der Leistung den höchsten Wert zuspräche.

4.2.2 Fokus der Ökonomie

Neben dem soziologisch hergeleiteten Mittebegriff, den man auch als ‚Extremismus der Mittelschicht' bezeichnet und unter den soziologischen Ansatz subsumiert werden kann, steht eine weitere Herleitung, die sich in ihren Ursprüngen auf die Philosophie und Ökonomik bezieht. Hier wird der Leistungsbegriff, der in die Marktwirtschaft eingebettet ist, als Ursprung des (Rechts-) Extremismus identifiziert. Der in die linke Gesellschaftskritik eingebettete Begriff hat sich von der Ursprungsvariante Lipsets gelöst und ist eher als antifaschistischer Ansatz zu betrachten. Die Modernisierungsverlierer-These wird gerade im Rahmen der Aufarbeitung rechter und islamistischer Ideologien oft bemüht. Dem steht die aus dem Ansatz des Extremismus der Mitte heraus entwickelte These des Wohlstandschauvinismus gegenüber. Diese These besagt, dass es nicht ausschließlich Modernisierungsverlierer seien, die sich dem Rechtsextremismus zuwenden, sondern diejenigen, die angstvoll das Erreichte beschützen wollten. Sonja Balbach nennt in diesem Zusammenhang die für diese These so wichtigen Stichwörter ‚Angst', ‚Teilen', ‚Benachteiligung', und ‚Leistungsabhängige Identifikation'. „In einer konsum- und leistungsorientierten Gesellschaft kriegen sie tagtäglich vorgeführt, daß sie dem Idealbild der durchgestylten Karrierefrau, die nebenbei ihre Kinder bekommt und ein ‚Schöner Wohnen'-Heim nicht besitzen, nicht entsprechen. In ihrem Kreditkartenfernen Leben werden sich die Träume immer nur auf dem Fernsehschirm abspielen. Da kommen rechte Demagogen und bieten leistungsunabhängige Identifikationsmöglichkeiten. In ihrem Bauchladen ist der Stolz, deutsch zu sein, Mutter zu sein und auf jeden Fall besser und schöner zu sein als alle Ausländer zusammen."[266]

Der ‚Extremismus der Mitte' in seiner zweiten Variante entstand aus der Kritik am ‚Menschenbild der Marktwirtschaft'. Hier ist nicht so sehr eine bestimmte Schicht angesprochen, sondern eine Philosophie, die den Leistungsbegriff als das zentrale Kriterium erheben würde, dies sei in der Marktwirtschaft der Fall. Dieser Leistungsbegriff wird äußerst kritisch betrachtet, da er als ein Grundmotiv für die Abkehr von der pluralen Gesellschaft betrachtet wird. Der so immanente und permanente Leistungsdruck führe zu Angst und dementsprechend zur Abwertung von ‚Konkurrenz'. Dass der Liberalismus gerade aus historischer Sicht für die Einführung der Bürgerrechte stand, die Menschenrechte befürwortete, das Wahlrecht

---

266 Sonja Balbach: Wir sind auch die kämpfende Front – Frauen in der rechten Szene. Hamburg 1994. S. 18.

auch für Frauen wollte, spielt in dieser Hinsicht keine Rolle für den Ansatz, der sich vor allem als leistungskritisch lesen lässt.

„Anfang der 90er Jahre löste sich die von Lipset gebrauchte Formel von ihrer sozialökonomischen Ursprungsbedeutung. Einige Autoren nutzten nun die Wendung ‚Extremismus der Mitte', um die Regierungsparteien für die fremdenfeindlich motivierten Gewalttaten verantwortlich zu machen. Der Politikwissenschaftler Wolf-Dieter Narr, ansonsten ein Gegner des Extremismusbegriffs, wandte den Begriff auf die gesamte politische Klasse der Bundesrepublik an, die sich gegen die notwendige Demokratisierung der Gesellschaft sträuben würde. Als extremistisch galt ihm demnach das repräsentative Demokratieverständnis. Zudem ging Narr von einer Alleinverantwortung der ‚Mitte' für den Extremismus an den Rändern aus."[267]

Der Mittebegriff einer Philosophie der Ökonomik bläht die Bedeutung des Leistungsbegriffs der modernen liberalen Gesellschaften auf. Im Rahmen dieses Verständnisses von der Mitte, sind potentiell alle Teilnehmer des Mittelstands verdeckte Faschisten und geraten unter einen Generalverdacht, der nicht haltbar ist. Diese zweite Vorstellung eines Extremismus der Mitte verlässt das empirisch-induktive Vorgehen und hat stattdessen eine ontisch-dämonisierende Vorstellung der Mitte entwickelt.

Wichtige Vertreter eines Extremismus der Mitte sind in Deutschland Wolf-Dieter Narr,[268] Wolfgang Kraushaar[269] und Heinz Lynen von Berg[270] sowie Elmar Brähler, Oliver Decker, Richard Stöss. Die Kritik, die gegen diesen Ansatz häufig angeführt wird, hängt eng mit dem Verständnis von Mitte zusammen. Gerade die aus dem verfassungspolitischen Lager stammenden Wissenschaftler kritisieren hier scharf, dass die Mitte überhaupt nicht extrem sein könne. Der hier vorgestellte Ansatz sei falsch, denn er habe die Grundvoraussetzung (die Idealisierung der Mitte) nicht verstanden. Diese Kritik bleibt zu einem gewissen Maße unerheblich und trifft die Befürworter eines Extremismus der Mitte Konzepts nicht, da sie von einer anderen Grundvoraussetzung ausgehen, die logisch durchdacht und gut ausgearbeitet wurde. Gleichzeitig kann kritisch hinterfragt werden, ob der Extremismus der Mitte, den Lipset zur Zeit des Nationalsozialismus noch im liberalen Lager ansiedelte, tatsächlich auch hier verortet werden kann. Der Ansatz des Extremismus der Mitte kann insoweit interessant sein, als dass hier gefragt werden kann, ob und ggf. welchem Extremismus der Mittelstand zugewandt sein könnte bzw. ist. Hierbei wird auch deutlich, dass der im ersten Ansatz des Extremismus der Mitte genutzte Begriff zeitbestimmt ist, da er als soziologische Größe gefasst wurde.

---

[267] Steffen Kailitz: Politischer Extremismus in der Bundesrepublik Deutschland – Eine Einführung. Wiesbaden 2004. S. 24.

[268] Wolf-Dieter Narr: Vom Extremismus der Mitte. In: Politische Vierteljahresschrift 24/1993; Ebd.: Radikalismus, Extremismus, in: Martin Greiffenhagen (Hrsg.): Kampf um Wörter? Politische Begriffe im Meinungsstreit, München/Wien 1980.

[269] Wolfgang Kraushaar: Die RAF und der linke Terrorismus. Hamburg 2006.

[270] Heinz Lynen von Berg: Politische Mitte und Rechtsextremismus. Opladen 2000.

4.3 Der historisch-genetische Ansatz

Der historisch-genetische Ansatz nimmt historische Entwicklungen in den Blick und versucht in diesem unabhängige Variablen zu finden, aus denen sich der Extremismus historisch sinnvoll ableiten lässt. Der Prozess der Industrialisierung, der ökonomische Verlauf, wird z.B. von Lipset als unabhängige Variable genutzt, wohingegen der Extremismus seine abhängige Variable ist. Auch die räumliche Entfernung von der kosmopolitischen Kultur der Großstädte ist lt. Lipset dem Extremismus gegenüber eine unabhängige Variable. Dies wird in seiner Typenbildung der Extremformen ersichtlich. Die These der relativen Deprivation ist in die zentrale Fragestellung „The real question to answer is: which strata are the most ‚displaced‘ in each country? “ Lipsets eingebunden.[271]

Wenngleich die Feststellungen Lipsets heute stark veraltet sind – und so nicht mehr aufrechterhalten werden können – bleibt das Gerüst zur Erforschung des Extremismus, das historisch-genetische Vorgehen verbunden mit einem soziologischen Blickwinkel, hoch interessant und erweist sich weiterhin als ein fruchtbarer Ansatz der Extremismusforschung, der über die Jahre immer weiter entwickelt und verfeinert wurde. Im Rahmen des historisch-genetischen Ansatzes werden geschichtliche Ereignisse nachgezeichnet und ihre Auswirkung auf Bewegungen, Strömungen der Parteienlandschaft usw. eruiert, der historisch-genetische Ansatz zeichnet sich durch eine empirisch-induktive Herangehensweise aus.

Im Bereich der Parteienforschung finden sich vielerlei Arbeiten mit empirisch-induktiver Methodik und einer starken Hinwendung zu geschichtlichen Entwicklungsaspekten. Diese Arbeiten bewegen sich zwar im Rahmen einer historisch-genetischen Herangehensweise, lassen jedoch weitere Überlegungen einfließen. Hieran hat sicherlich auch die um Skinner entstandene (ideen)historische Kulturforschung ihren Anteil.

Einen Meilenstein der Extremismusforschung stellt die von Peter Dudek und Hans-Gerd Jaschke erstellte Studie zum Rechtsextremismus in der Bundesrepublik dar.[272] Hier wird nachgezeichnet, wie sich Bewegungen/Parteien unter welchen (historischen, kulturellen, gesellschaftlichen) Bedingungen entwickelten. Insofern gehören neben Richard Stöss auch Peter Dudek und Hans-Gerd Jaschke zu den wichtigen empirisch orientierten Extremismusforschern in der Bundesrepublik. Ihre Forschungen sind nicht ganz unwichtig, wenn es um die Entwicklung eines ernsthaften politologischen Modells (neben dem, aus dem verfassungspolitischen Ansatz entwickelten Forschungsmodell) geht. Hier wurden in der Tat interessante Alternativmodelle entwickelt.

Ähnlich wie die Milieuforschung, hat auch dieser Ansatz einen breiten Fokus, der weit über die von der Milieuforschung eingesetzte Weitläufigkeit des Blickwinkels hinausgeht. Dies trägt nicht unbedingt zu einer einfachen Anwendbarkeit bei, tatsächlich ist dieser Ansatz nur für umfassende, zeitintensivere Forschungsprojekte von mehreren Monaten bis einigen Jahren Forschertätigkeit geeignet – da er sämtliche Perspektiven einbezieht. Der Umstand, dass

---

271 Seymour Martin Lipset 1963. S. 136.

272 Peter Dudek, Hans-Gerd Jaschke: Entstehung und Entwicklung des Rechtsextremismus in der Bundesrepublik. 2 Bände. Opladen 1984.

hier die verschiedenen Facetten eines politischen Lagers (eingeordnet in Zusammenhänge der politischen Kultur und gesellschaftlichen Kontext) in einem vom Forscher zu bestimmenden Zeitraum untersucht werden, trägt nicht allein zu der großen Untersuchungsfläche bei – auch die von Jaschke und Dudek weiteren genutzten Dimensionen des Extremismusbegriffs hängen damit zusammen. Die nach dieser Methodik arbeitende Forschung ist dementsprechend genau und inhaltlich erschöpfend.

„Um für die vorliegende Untersuchung zu einer heuristischen Klärung zu kommen, orientieren wir uns an einem Rechtsextremismus-Begriff, der sowohl historisch bestimmt ist als auch einen gesellschaftskritischen Aspekt aufweist. Sein Geltungsbereich erstreckt sich räumlich auf die Bundesrepublik und zeitlich auf die Epoche nach 1945. Bestimmt wird dieser Begriff durch das Zusammenspiel von drei verschiedenen Untersuchungseinrichtungen, einer ideologiekritischen, einer organisationssoziologischen und einer interaktionstheoretischen. Erst in der Reflexion dieser drei Richtungen ergibt sich ein dialogisch orientierter, sozialhistorisch handhabbarer Begriff, der die hier anvisierte Untersuchungseinheit – den organisierten Rechtsextremismus nach 1945 – forschungsleitend ausdifferenziert.“[273]

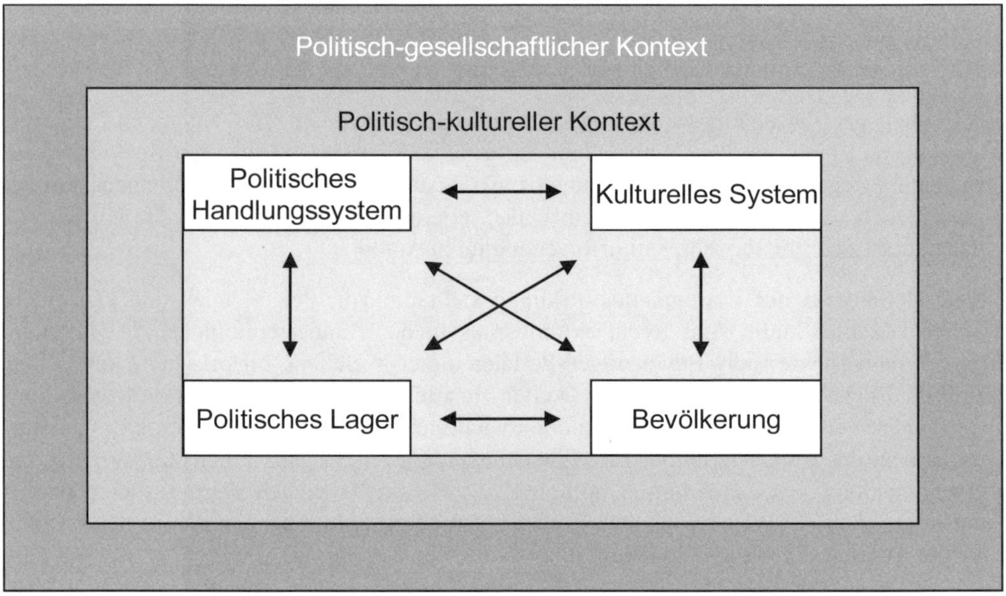

Abb. 4.6 *Modell der interaktionstheoretischen Dimension. Peter Dudek, Hans-Gerd Jaschke.*

Die interaktionstheoretische Dimension nach Dudek und Jaschke greift den ‚objektiven Wirkungszusammenhang‘ zwischen einer gesellschaftlichen Normalität (die als solche gesetzt ist) und der zu bearbeitenden extremistischen Bewegung auf. Der Extremismus als solcher

[273] Peter Dudek, Hans-Gerd Jaschke 1984. S. 25f.

„ruft gesellschaftliche Reaktionen hervor“, die neben der Variable, der allgemeinen politisch-gesellschaftlichen Entwicklung, ebenfalls als Variable zu betrachten ist. Das Interaktionsschema enthält eine „[...] forschungsleitende Dynamik in der Untersuchung (rechts)extremer Organisationen und ‚(rechts)extremer Ereignisse‘ [...].“[274] Darüber hinaus ist mit dem Interaktionsmodell auch die Außenperspektive aufgegriffen: „[...] nämlich die Wechselwirkung von (rechts)extremer Politik, öffentlicher Reaktion und staatlichem Kontrollhandeln.“[275] Das Interaktionsmodell greift so explizit die von Neidhardt[276] entwickelte terrorismustheoretische Annahme auf, dass der Erfolg des Terrorismus im Wesentlichen von den politischen Wirkungen abhängt, die er veranlasst, welche wiederum durch die gesellschaftlichen Institutionen bestimmt werden, die der Terrorismus bekämpft – und überträgt sie auf das Phänomen des Extremismus.[277] Hier wird der Beziehungsaspekt zwischen den extremen Subkulturen und der Gesamtgesellschaft, in der sie sich befinden, betont: „Aufgabe der nachfolgenden Fallstudien ist es, empirisch-sozialgeschichtlich anhand einzelner (rechts)extremer Ereignisketten zu untersuchen, inwieweit diese von der politischen Kultur geprägt sind und selber auf sie wirken.“[278] Mit dem politischen Handlungssystem sind all diejenigen Institutionen, politischen Administrationen usw. gemeint, die an den Interventionsstrategien gegen den Extremismus teilhaben. Dudek und Jaschke greifen dabei auf ein abgestuftes Interventionsmodell der Strategien zurück:

- Aufklärungsstrategie
- Kriminalisierungsstrategie
- Pathologisierungsstrategie.

Mit dem kulturellen System sind bei Dudek und Jaschke die (Massen-)Medien gemeint, der Terminus ‚Bevölkerung‘ bezieht sich auf politische Einstellungen und Verhaltensdispositionen dieser. Hier ist die Frage berechtigt, ob das kulturelle System sich nur aufgrund einer Analyse der gängigen Medien beschränken kann, ob die Bevölkerung auf Schemata und Skripte reduziert werden kann, doch ist die interaktionstheoretische Dimension ein guter, breit gefächerter Ansatzpunkt, wenngleich hier methodisch-theoretischer Aktualisierungsbedarf angemeldet werden kann. Sicherlich könnten hier einige neue Überlegungen aus der Sicherheitsforschung aufgegriffen werden, wie etwa das Schlagwort ‚Präventionsstaat‘ ein Hinweis sein könnte[279]. Auch aus der Politischen Kulturforschung, aus der Pädagogik, aus der Bewegungsforschung usw. könnte das vorgelegte Bearbeitungskonzept weiter ausgefüllt werden.

Mit dem interaktionstheoretischen Modell verbunden (mit welchem dem Erkenntnisinteresse von Aktion und Reaktion begegnet wird) ist das organisationssoziologische Modell, das sich

---

274 Peter Dudek, Hans-Gerd Jaschke 1984. S. 30.

275 Ebd. S. 30.

276 Friedhelm Neidhardt: Erscheinungsformen und Handlungspotentiale des Terrorismus – Empirische Ansätze zu einem Vergleich linker terroristischer Gruppierungen. (Berichte aus dem Forschungsinstitut für Soziologie der Universität zu Köln.) Köln 1981. S 79.

277 Peter Dudek, Hans-Gerd Jaschke 1984. S. 167.

278 Peter Dudek, Hans-Gerd Jaschke 1984. S. 169.

279 Als neuere Überlegung, die hinzugezogen werden könnte siehe: Christoph Gusy: Staat und Sicherheit – der kooperative Präventionsstaat. Einführungspapier für den „Fachdialog Innere Sicherheit“ beim BMBF 2008/2009. http://www.jura.uni-bielefeld.de/Lehrstuehle/Gusy/Veroeffentlichungen_Vortraege/BMBF.pdf; Stefan Huster, Karsten Rudolph (Hrsg.): Vom Rechtsstaat zum Präventionsstaat. Frankfurt a.M. 2008.

dezidiert mit der Entwicklung extremer Organisationen beschäftigt. Es wird als „kommunikativ dichtes Netzwerk“, als „selbstständige Subkultur“ beschrieben. Das organisationssoziologische Modell und seine Hinwendung zur Kommunikation zeichnet sich konzeptuell durch seine starke Verknüpfung mit der Politischen Kulturforschung aus. Ziel ist es, ein möglichst breites Spektrum an Gruppen, Gemeinschaften, Verbänden, Parteien, Gesellschaften und Zirkeln zu erfassen und sie anhand einer Beschreibung der kommunikativen Netzwerke, die sich, so die These, entlang politischer Fraktionen bilden, zu ordnen und mit den historischen Ereignisketten in Verbindung zu bringen. Die Fraktionierungen werden unter Rückgriff auf historische Entwicklungen erklärt. Als dritte Untersuchungsdimension fungiert hier die ideologiekritische Dimension, die eng verknüpft ist mit der Interaktionstheorie und der Organisationssoziologie, und sich auf die identitätsstiftende politische Stammkultur bezieht und auch als Selbstverständigungstopik bezeichnet werden kann.

„Diese Selbstverständigungstopik prägt das Gesellschafts- und Geschichtsbild der Mitglieder des organisierten (Rechts)extremismus, leitet ihre zeitdiagnostischen Wahrnehmungsweisen bis hin in die private Lebensführung hinein.“[280] Die ‚Ordnungsideologien‘ werden mittels ihrer Entstehungsquellen, ihrer Leitbegriffe, ihrer formalen politischen Deutungsmuster, ihrer Weltbilder und den darin enthaltenen Sinngebungen als Wert- und Normengefüge, ihrer historischen Vorbilder und ihrer Zukunftsszenarien, untersucht. „Funktional lassen sich diese ideologischen Hauptmerkmale als ein System von Metaphern, Symbolen, Bedeutungen und Denkmustern verstehen, das sich die Adressaten (rechts)extremer Propaganda zu Eigen machen sollen. Zugleich dient dieses System als Konfiguration politischer Identität des Lagers und Orientierung personaler Identitätsbildung.“[281]

Ein ebenfalls unter den historisch-genetischen Ansatz fallendes Forschungskonstrukt, welches durchaus raumgreifend ausgestaltet werden kann, wurde in den späten 1980er Jahren von Richard Stöss entwickelt. Der Extremismus wird als ein vorgeblich soziales und politisches Phänomen verstanden und als Komplex von Einstellungen und Verhaltensweisen beschrieben. Stöss nennt phänomenbezogen fünf Themenbereiche, die in diese Form der wissenschaftlichen Analyse eingehen müssen:

- „Die Verbreitung von antidemokratischen Einstellungen in der Bevölkerung;
- der Umgang der Bundesrepublik mit ihrer nationalsozialistischen Vergangenheit;
- das Ausmaß und die Entwicklung rechtsextremer Aktivität (in organisierter und nicht-organisierter Form);
- die Programmatik und die Ziele rechtsextremer Organisationen;
- die Beziehungen des Rechtsextremismus zu maßgeblichen politikgestaltenden Organisationen der Bundesrepublik.“[282]

Diese, das Forschungsprogramm schneidernden Thematiken, kann man verallgemeinern als Erforschung von Einstellungen der Bevölkerung, Nachzeichnung des auf den Extremismus sich auswirkenden historischen Verlaufes eines (nationalstaatlichen) Gebietes, Ausmaß und

---

280 Peter Dudek, Hans-Gerd Jaschke 1984. S. 26.

281 Peter Dudek, Hans-Gerd Jaschke 1984. S. 28.

282 Richard Stöss: Die extreme Rechte in der Bundesrepublik – Entwicklungen, Ursachen, Gegenmaßnahmen. Opladen 1989. S. 38.

Entwicklung der extremistischen Aktivität, inhaltliche Beschreibung des Extremismus durch Analyse der Programmatik und der Ziele extremistischer Organisationen, gesellschaftlich-politisches Netzwerk des Extremismus mit dem gesamten politischen Umfeld. An die hier beschriebenen Thematiken schließt Stöss zwei raumgreifende Fragestellungen an, die mittels der Analyse beantwortet werden sollen. Diese werden nicht so sehr durch die fünf Themenbereiche erklärt, sondern wenden sich der Normativität der Forschung zu, die sich als eine demokratisch orientierte Forschung versteht:

„Wie entsteht Rechtsextremismus, worauf beruht der Erfolg bzw. Misserfolg rechtsextremer Organisationen? und Wie reagiert die Bevölkerung auf den bundesdeutschen Rechtsextremismus, was kann, was sollte man dagegen unternehmen?“[283]

Sicherlich ist anzumerken, dass gerade der Umgang mit der nationalsozialistischen Vergangenheit als Item nicht weltweit nutzbar ist. Es bleibt auf Deutschland beschränkt bzw. auf all jene Staaten, die eine nationalsozialistische bzw. faschistische Vergangenheit aufweisen. Zugleich ist der vorgelegte Analysekatalog aktualisierbar und ist auf den Umgang mit aktuellen Phänomenen des Rechtsextremismus anwendbar. Indem zum Beispiel der Umgang der Bundesrepublik mit Opfern organisierter rechtsextremer Gewalt erfragt wird, oder erforscht wird, wie die Bundesrepublik auf nationalsozialistische Bewegungen anderer Länder Bezug nimmt (zum Beispiel könnten Verlautbarungen zur Jobbik-Partei in Ungarn abgefragt werden) können im Rahmen des vorgegebenen Rasters von Stöss gut eigene Items zur Abfrage entwickelt werden, die in das Schema eingefügt werden können.

4.4 Einstellung, Skalen – Extremismus?

Die Politische Soziologie erforscht, wie die Veränderungen in der Sozialstruktur die Politik beeinflussen. Die soziale und die wirtschaftliche Umwelt werden als Rahmen verstanden, der die politischen Einstellungen und das politische Verhalten wesentlich beeinflussen kann. Wichtige Forschungen im Bereich der Einstellungsforschung wurden zum Beispiel von Erwin K. Scheuch und Hans Dieter Klingemann (1967), von Urban Pappi und Klingemann (1972), Jürgen W. Falter und Markus Klein (1994), Richard Stöss und Oskar Niedermeyer (1998) entwickelt. Wichtige Umfrage-Ergebnisse lieferten Emnid (1954), Allensbach (1948) Infratest (1980) und SINUS (1981), sowie die Shell-Studien. Einen wesentlichen Beitrag zur Beschreibung und Einordnung des Phänomens des Extremismus lieferten die verschiedenen Skalen, die im Laufe der Zeit vorgestellt, bejaht oder verworfen wurden. Einen starken Bezug zur Politischen-Soziologie weisen (fast) alle in diesem Buch beschriebenen Konzepte auf. Diese sollen an dieser Stelle nicht noch einmal aufgeführt werden, stattdessen bleibt noch die Einordnungsproblematik – was ist Links-Rechts-Mitte –, die hier raumgreifender vorgestellt werden soll. Die Ismus-Debatte spielt in der politischen Soziologie kaum eine Rolle.[284] Stattdessen wird hier die Links-Rechts-Skala[285] genutzt, die ebenfalls einer erhebli-

---

283 Richard Stöss 1989. S. 38.

284 Hans Rattinger: Einführung in die Politische Soziologie. München 2009. S. 208.

chen Komplexitätsreduktion unterworfen ist. Die Links-Rechts-Skala dient der Strukturierung des Politischen Raums und geht dem Extremismus in gewisser Weise voraus. Das Rechts-Links-Kontinuum ist in seiner einfachsten Form eindimensional gestaltet und dient der Zuordnung von Personen, Organisationen, Parteien und Bewegungen. Links und Rechts dienen dabei als Pole eines Idealkonstrukts und sind als Bezeichnung nicht an konkrete Geschichtliche Inhalte oder Gebiete gebunden.

Die Links-Rechts-Skala ist ein Überbleibsel der historischen Sitzverteilung im Parlament. Links und Rechts sind antithetische Begriffe. Die empirische Wahlforschung nutzt zur Erforschung und Bestimmung politisch extremer Bevölkerungsgruppen häufig eine auf der Messung von Einstellung und Verhalten basierende Strategie:

Neben der absoluten Zuordnung ist eine relative Positionsbestimmung möglich (z.B. rechter Flügel, oder linker Flügel der Partei X). So werden im Rahmen der Skala verschiedene Unterteilungen möglich. Von der Dyade (Links, Rechts) zur Triade (Links, Mitte, Rechts) und der Pentiade (extreme Linke, demokratische Linke, Mitte, demokratische Rechte, extreme Rechte). In diesem Zusammenhang soll ein Blick auf Überlegungen von Noberto Bobbio zu den Richtungsbegriffen Rechts und Links geworfen werden.

Rechts und Links würden ein dyadisches bzw. binäres Denken hervorrufen, wobei diese Dyade antithetisch oder komplementär gedacht werden kann. Im antithetischen Fall entstünde aus der Negation der Negation etwas Höherwertiges, aus dem komplementären Fall entspränge eine Zusammenfügung. Die Mitte zeichnet sich durch eine Zwischenposition aus: Sie ist ein eingeschlossenes Drittes, im Sinne eines Keils zwischen den Extremen – sie ist weder-noch. Die Mitte kann auch als ein einschließendes Drittes betrachtet werden, sie geht im Sinne einer Konvergenz über die Extreme hinaus, ist eine Überwindung, keine Kompromisshaltung. Eine dritte Variante ist die Vorstellung einer transversalen Bewegung, einer Querbewegung im Sinne einer Auflösung der Dyade. Eine triadische Zusammenfügung entsteht immer aus der Mitte einer Krise heraus. Rechts-Links-Etikettierungen erscheinen als bloße Fiktionen, Komplexität und Neuartigkeit der Probleme erzwingen gleiche oder ähnliche Aussagen. Sie „erzeugen nur den falschen Glauben, dass es noch gegensätzliche Positionen gäbe, die in Wirklichkeit nicht mehr existieren, und fördern lediglich künstliche und scheinhafte Auseinandersetzungen."

Schauen wir uns zunächst die einfachen Achsen von Links und Rechts an, die ein heuristisches Mittel zur Einordnung geblieben ist und durch die Politikwissenschaft immer wieder bemüht wird, wenngleich prominente Kritiker dieser einfachen Aufspaltungen immer wieder durch neue Modelle ersetzt haben.

---

[285] Zur historischen Entwicklung des Links-Rechts-Kontinuums siehe auch: Laponce, Jean A.: Left and right – the Topography of Political Perceptions (1981); Erbe, Michael: Geschichte Frankreichs von der großen Revolution bis zur Dritten Republik 1789–1884. (1982); Goodsell, Charles: The Architecture of Parliaments – Legislative Houses and Political Cultures. In: British Journal of Political Science (1988); Bobbio, Noberto: Rechts und Links – Gründe und Bedeutungen einer politischen Unterscheidung (1994); Döring, Herbert: Die Sitzordnung des Parlaments als Ausdruck unterschiedlicher Leitprinzipien von Demokratie. In: Dörner, Andreas/ Vogt Ludgera (Hrsg): Sprache des Parlaments und Semiotik der Demokratie. (1995); Manow, Philip: Der demokratische Leviathan. In Leviathan Nr. 32 (2004). Zur Praxis siehe: Interparliamentary Union (IPU): Parliaments of the World. Darthmouth 1976.

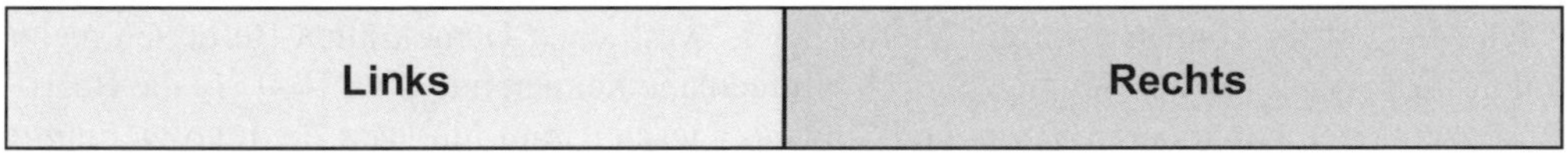

Abb. 4.7 Die Dyade.

Die Dyade zeichnet sich durch einen binären Code aus, der letztlich nichts anerkennen kann, was außerhalb von Links und Rechts stehen kann.

Abb. 4.8 Die Triade.

Die Triade erkennt einen Raum „zwischen Links und Rechts" an, und kann antithetisch hergeleitet werden, wie auch komplementär. Die Definition der Mitte ist hier bereits ein wichtiges Unterscheidungskriterium zur Einordnung der Forschungstradition selbst.

Abb. 4.9 Die Pentiade.

Die Pentiade erkennt verschiedene Strömungen innerhalb der Lager an und kann so zwischen extremen und moderaten Strömungen unterscheiden.

Das Rechts-Links-Kontinuum (von der Dyade zur Pentiade) dient zur Einordnung der jeweiligen Standpunkte. Einer Studie von Wolfgang Gibowski zufolge konnten 94% der Befragten sich auf der Links-Rechts-Achse verorten.[286] Die oft mittels self-anchoring-scales erhobenen Positionierungen sind kritisch zu betrachten. Bei dieser Technik bleibt es dem Befragten überlassen, was er unter den Begriffen Rechts und Links versteht. Klingemann und Pappi fanden 1972 heraus, dass 85% der Wahlberechtigten die DKP am linken Ende des Links-Rechts-Kontinuums, und 82% die NPD am rechten Rand der Skala verorteten.[287] Minkenberg, Klingemann, Pappi und Shikano wiesen auf einige Probleme der Skalenverortung hin.

[286] Die Studie „Die Bedeutung der Links-Rechts-Dimension als Bezugsrahmen für politische Präferenzen" (PVS 18/1977) basierte auf der Mannheimer Wahlstudie von 1976.

[287] Hans Dieter Klingemann, Franz U. Pappi: Politischer Radikalismus – Theoretische und methodische Probleme der Radikalismusforschung, dargestellt am Beispiel einer Studie anläßlich der Landtagswahl 1970 in Hessen. München/Wien 1972. S. 22.

Nach Minkenberg können etwa ein Viertel der in westlichen Demokratien Befragten nichts mit „Links“ oder „Rechts“ anfangen, nach Klingemann können nur etwa 10–15% die Begriffe konzeptionell konnotieren. Pappi und Shikano wiesen darauf hin, dass die Involvierung in politische Prozesse zu einer Verschiebung der Selbstverordnung führte. Je weiter ‚links‘ man selbst steht, desto mehr ‚Rechte‘ nimmt man wahr, so nahm Uwe Backes auf dieses Problem Bezug.[288] Sebastian Haffner kommt zu einer ähnlichen Einschätzung über die Brauchbarkeit der Links-Rechts-Verortung.[289] Eine Umfrage aus dem Jahr 2007 kommt zu dem Ergebnis, dass sich die Mehrheit der Befragten ‚eher Links‘ einordnen.[290]

„Tabelle 9: Links-Rechts-Skala

Links und rechts sind viel gebrauchte Begriffe um einen politischen Standpunkt zu kennzeichnen. Bitte sagen Sie mir anhand einer Skala von 1 bis 10, wo Sie sich selbst einordnen würden. ‚1‘ bedeutet sehr weit links, ‚10‘ bedeutet sehr weit rechts. Mit den Werten dazwischen können Sie ihre Einschätzung abstufen.“

	Total	Parteipräferenz							Links-Rechts-Skala		
		SPD	CDU, CSU	Bündnis '90, Die Grünen	FDP	Die Linke	Sonstige	k.A./ Nicht Wähler	Links	Mitte	Rechts
Basis (=100%)	*1003* %	*174* %	*242* %	*59* %	*62* %	*84* %	*23* %	*276* %	*338* %	*518* %	*110* %
(1) sehr weit links	4	2	2	1	1	17	2	3	11	-	-
(2)	3	2	2	10	-	9	-	3	10	-	-
(3)	11	15	5	29	5	30	9	6	34	-	-
(4)	15	20	16	36	17	9	2	10	45	-	-
(5)	40	43	36	20	47	17	23	51	-	77	-
(6)	12	10	15	2	9	17	20	12	-	23	-
(7)	5	3	12	2	14	-	8	2	-	-	46
(8)	3	2	7	-	-	1	11	2	-	-	28
(9)	1	2	1	-	-	-	20	1	-	-	11
(10) sehr weit rechts	2	1	2	-	6	-	-	1	-	-	15
Durchschnitt (1-10)	4.8	4.7	5.4	3.8	5.4	3.6	6.3	4.9	3.1	5.2	7.9
Links (1-4)	34	39	25	76	23	64	13	21	100	-	-
Mitte (5+6)	52	53	51	22	56	34	44	64	-	100	-
Rechts (7-10)	11	7	22	2	20	1	40	5	-	-	100
keine Angabe	4	1	2	-	2	1	3	10	-	-	-
Summe	100	100	100	100	100	100	100	100	100	100	100

Befragungszeitraum: 03.08.-04.08.2007

Abb. 4.10 *Emnid Umfrage im Auftrag der ZEIT.*

---

[288] Uwe Backes: Gestalt und Bedeutung des intellektuellen Rechtsextremismus in Deutschland. In: Aus Politik und Zeitgeschichte B 46/2001. S. 24.

[289] Sebastian Haffner: Rechts und Links. In: DVA: Im Schatten der Geschichte. Stuttgart 1985. S. 231–234.

[290] http://zeus.zeit.de/online/2007/33/zeit3207.pdf

Neben diesen Problemen kommt weiter hinzu, dass sich bestimmte extremistische Bewegungen, wie etwa der Islamismus bisher überhaupt nicht auf diesen Skalen abbilden lassen, was wiederum die These von der kontextbestimmten Extremismusanalyse zu bestätigen scheint (siehe oben). An dieser Stelle sollen einige Überlegungen und Skalenmodelle vorgestellt werden, die auf die Extremismusdebatte eine Wirkung haben. Wenngleich die Zielsetzungen, die zu den einzelnen Modellen geführt haben, zum Teil ganz andere sind, lässt sich ein guter Einblick durch die Modelle gewinnen.

Neben dem eindimensionalen Modell des Rechts-Links-Kontinuums gibt es Versuche, das Kontinuum um weitere Dimensionen zu ergänzen. Zwischen den extremen Linken und den extremen Rechten sieht z.B. Noberto Bobbio auch Gemeinsamkeiten: So seien beide gegen den Moderatismus und antidemokratisch. Beide hätten ein Geschichtsbild, das sich durch „Vorzeichen“ speise und aus Prophezeiungen bestünde. Die Extremismen hätten eine ähnliche Auffassung von Tugenden, die sich vornehmlich gegen „Krämertugenden“ der Vorsicht und Toleranz, der abwägenden Vernunft richteten und werden folglich im Grunde zu ‚Lechtsextremen‘ bzw. ‚Rinksextremen‘[291]. Hier hat Bobbio das berühmte Beispiel von Sorel im Auge, der schlicht nicht nach dem Links-Rechts-Schemata eingeordnet werden kann. Grundsätzlich sieht Bobbio eine gute Möglichkeit der Unterscheidung von Links und Rechts – ließe man die Methoden außen vor (die sich ähneln würden), und erhöbe Werthaltungen zum zentralen Kriterium, so seien Links und Rechts letztlich unversöhnlich und unvereinbar. Zentrales Unterscheidungsmerkmal bleiben für ihn die Werte Gleichheit (Links) und Ungleichheit (Rechts), anhand derer man eine gute Bestimmung vornehmen könne. Für die Linke führt er hier den Kunstbegriff Artifizialismus ein. Er nennt die Frauenbewegung, die egalitär sei, obwohl die Wurzeln der Ungleichheit natürlich seien (Ergebnisse aus der Genderforschung widerlegen diese von ihm aufgestellte Behauptung der Natürlichkeit). Die Rechte hingegen akzeptiere die Natürlichkeit als zweite Natur des Sozialen. Hier sei das faschistische Credo, „Nieder mit der Gleichheit!“, einmal umzudeuten in das Credo „es lebe die Ungleichheit!“, da dies eher auf den Kern der Sache Bezug nimmt. Neben der Gleichheits-Ungleichheitsachse, die die größte Unterscheidungsprägnanz besitze, stünde das Ideal der Freiheit. Die Freiheit ist für Bobbio kein zentrales Merkmal der Unterscheidung, da dieser Begriff sich für ihn eher auf Mittel und Methoden der Politik bezieht und deshalb eher eine Unterscheidung zwischen moderaten und extremen Politiken sei. Einige Metaphern sind für Bobbio ausschlaggebend – wie die von Raum, Zeit und Bewegung. Die Raummetapher spricht das Verhältnis von Oben/Unten bzw. Nähe/Ferne an, die Zeitmetapher bezieht sich auf Erneuerung/Tradition und die Bewegungsmetapher arbeitet mit Vorwärts und Rückwärts bzw. avantgardistisch/retardierend und progressiv/reaktionär.

---

[291] Ernst Jandls berühmte Zeilen „manche meinen lechts und rinks kann man nicht velwechsern – werch ein Illtum!“ machen deutlich, vor welchem Problem man gerade in Bezug auf die Rechts-Links-Achse steht.

LINKS:	**Unten, Nähe, Erneuerung. Vorangehen, avantgardistisch, progressiv**
RECHTS:	**Oben, Ferne, Tradition. Zurückgehend, retardierend, reaktionär**

Der Amerikaner De Witt Poole entwickelte z.B. das Ringmodell. Sein Ringmodell geht davon aus, dass Rechts- und Linksextremismus sich treffen bzw. ineinander übergehen, umso weiter sie sich von der Mitte entfernen. Das gleiche gilt für Konservatismus und Liberalismus, die ineinander übergehen. Im Unterschied zum Hufeisenmodell (siehe unten) stehen sich inhaltlich Liberalismus und Faschismus, sowie Konservatismus und Kommunismus gegenüber. Kommunismus und Faschismus werden hier als Politiken der Gewalt identifiziert, während Liberalismus und Konservatismus mit Reformismus konnotiert sind.

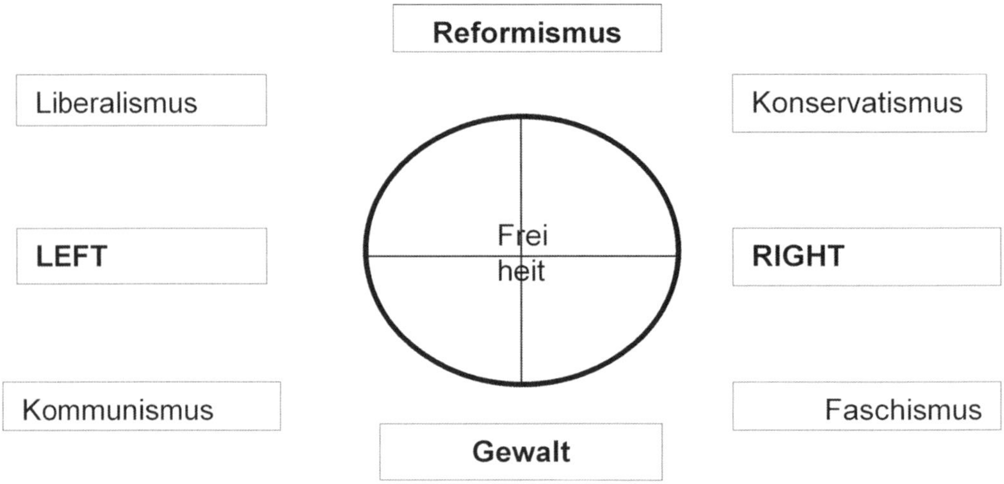

Abb. 4.11 Das Ringmodell. De Witt Poole.

Auch Eysenck entwickelte ein, über die Links-Rechts-Skala hinausgehendes, zweidimensionales System. Konservativ ist nach dieser Lesart das Gegenteil von radikal. Gegenübergestellt werden autoritär und demokratisch. Werte und Normen werden hier nicht unterschieden (was Pappi und Klingemann später zu verbessern suchten und daraus zwei unabhängige Dimensionen schufen). Anstelle einer Rechts-Links-Konnotation findet sich hier die Gegenüberstellung von Konservatismus und Radikalismus und zwischen demokratisch und autoritär. In Bezug auf Pappi und Klingemann sollte die von ihnen entwickelte Grundrechteskala erwähnt werden, die der Totalitarismusskala gegenübergestellt ist.

Eysencks Hauptüberlegung war, dass das übliche Links-Rechts-Kontinuum insofern unbefriedigend sei. Zwischen den Extremen würden Gemeinsamkeiten wahrgenommen werden, die sie beide als Gegenpol zu den demokratischen Parteien erscheinen lassen, wenngleich er mehrere verschiedene Überlegungen zur ideologischen Ausrichtung als wichtige Kriterien ansah. Er stellte die Gemeinsamkeiten der demokratischen Linien dar, womit auch eine Konfliktbegrenzung beschrieben ist. Damit stellte Eysenck die demokratischen Parteien noch einmal heraus und folgte so Sontheimers Auffassung. Diesem Modell folgend wird der Faschismus als autoritär und konservativ bezeichnet, der Kommunismus als autoritär und radikal, und der demokratische Sozialismus ist auf der vertikalen Achse in der Mitte zu verorten, auf der horizontalen eher radikal.

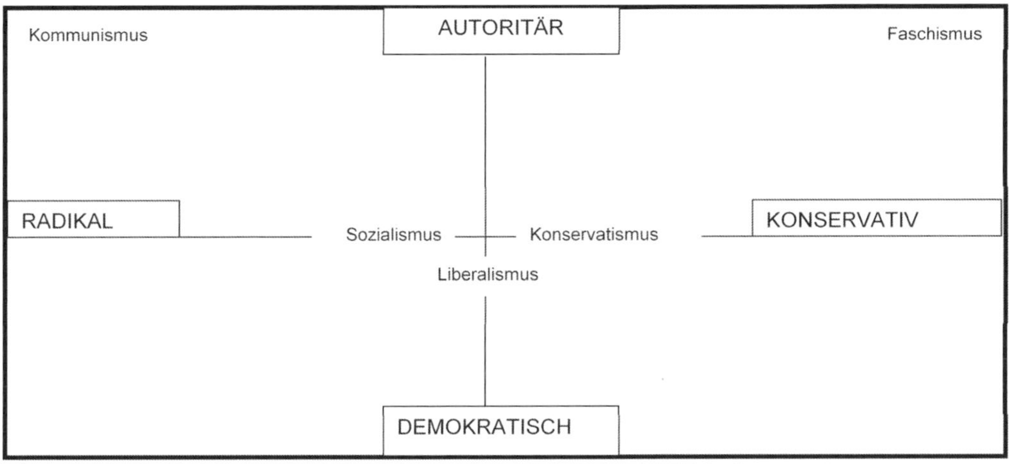

Abb. 4.12 *Demokratie-Nähe Modell. Eysenck.*

Michael Minkenberg entwickelte demgegenüber eine Verstehensform, die neben der Links-Rechts-Dichotomie den Wert postmateriell/materiell ermittelt. Dabei steht der Postmaterialismus für die neue Politik, während der Materialismus für die alte Politik steht. Die Neue Rechte ist in diesem Sinne rechts und materiell, trotz erheblicher Unterschiede der einzelnen Strömungen eint sie die Abwehr von Emanzipationsbestrebungen, die den Kern der neuen Politik ausmachen und links/postmaterialistisch sind. Damit integrierte Minkenberg die Rolle der Moderne in seinem Modell. Sein Ansatz ist problematisch, weil er die Strömung ‚Links' mit dem Begriff der Postmaterialität verknüpft. Gerade wenn man Ergebnisse der Genderforschung betrachtet, scheint dies nicht ganz zu stimmen. Auch wenn davon ausgegangen wird, dass die Bedürfnisse in den modernen Demokratien in materieller Hinsicht soweit befriedigt sind, sodass eine Hinwendung zu immateriellen Werten zunehmend wichtiger wird, scheint unklar, warum dies nicht letztlich auch die Rechtsströmungen erfasst.

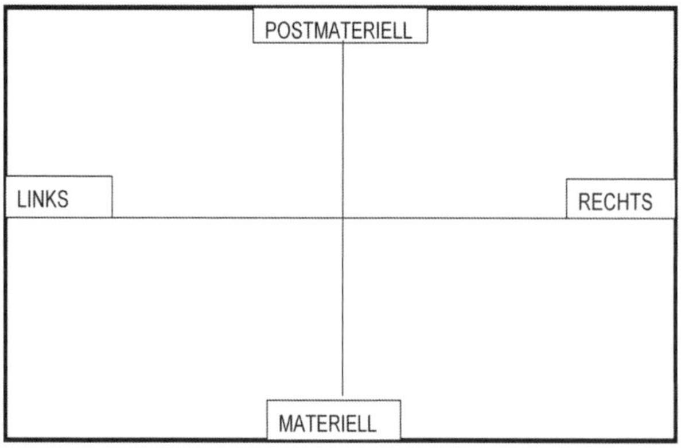

Abb. 4.13 *Mehrdimensionales Modell. Minkenberg.*

Ein Bild, welches dem Minkenbergschen Modell diametral gegenübersteht, ist das Hufeisenmodell. Das Hufeisenmodell zeigt auf, wie der verfassungspolitische Ansatz an das Phänomen des Extremismus herangeht. Insbesondere sind hier Fayes sowie Backes und Jesse zu nennen, die unterschiedliche Varianten des Hufeisenmodells entwickelten. Weithin wird dieses dualistische Modell für seine Unterkomplexität gerügt, findet aber durch seine heuristische Kraft auch Zustimmung und Aufmerksamkeit.

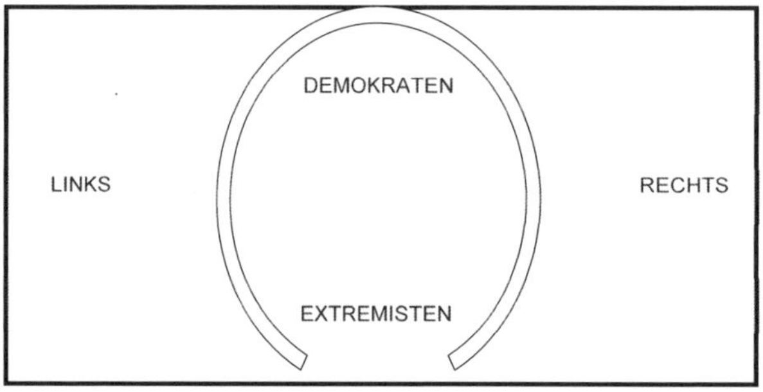

Abb. 4.14 *Hufeisenmodell. Backes, Jesse.*

In diesem Modell nähern sich die extreme Linke und die extreme Rechte einander an, berühren sich aber nicht. Das Hufeisen besteht aus der Links-Rechts-Achse und der Moderat-Extrem-Achse. Das Hufeisenmodell wurde ferner dafür kritisiert, Links und Rechts auf eine Stufe zu stellen, und so eine generelle Unterkomplexität zu bewirken. Nach Backes ist die Entstehung des Hufeisenmodells auf die Konservative Revolution in der Weimarer Republik zurückzuführen. Fayes modifizierte das Hufeisenmodell und fügte den extremen Enden je einen Kreis hinzu, mit denen abweichende Einstellungen besser erfasst werden können (wie etwa Nationalkommunisten oder Nationalbolschewisten). Pooles Ringmodell basiert auf der

Auffassung, dass Rechts- und Linksextremismus ineinander übergehen. Lipset entfernte sich von dieser These radikal, indem er extremistische und demokratische Ansätze komplett trennt und zwei Kontinuen nebeneinander stellt.[292]

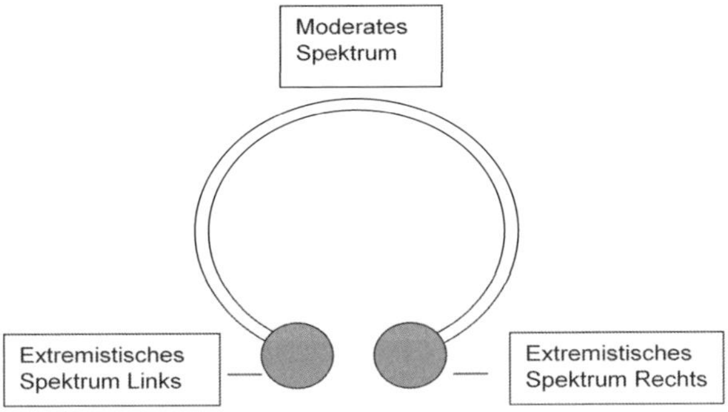

Abb. 4.15 *Hufeisenmodell. Faye.*

Beide Hufeisenmodelle (von Backes und von Faye) basieren darauf, dass ‚extremer Standpunkt' und ‚Intensität der Empfindung' miteinander korrelieren. Der Faktor der ‚Intensität' wird daneben mit der ‚kognitiven Blindheit'[293] verbunden. Ähnlich einer Fieberkurve, wird hier von der Hypothese ausgegangen. Je extremer der Standpunkt einer Person sei, desto intensiver sei ihre Empfindung und umso höher sei die kognitive Blindheit, die auch ‚Schwarz-Weiß-Denken' genannt wird. Sartori verbindet dieses Wenn-Dann-Postulat in seiner Demokratietheorie und sieht den ‚intensiven und extremisierten Teilnehmer'. Die beiden Enden der Hufeisen, die den Extremismus beherbergen, können also hier auch mit einem starken politischen Engagement verkoppelt werden. Dies ist insofern schwierig, als dass moderne Demokratietheorien die Partizipation, das Engagement positiv in den Mittelpunkt rücken – diese Aufspaltung also den modernen Theorien der Demokratie diametral entgegenstehen und eher mit einem Verständnis der Demokratie im Sinne von Schumpeter verbunden werden können. Wieso ‚extremes Interesse' und ‚extreme Parteilichkeit' grundsätzlich miteinander verbunden sein sollen, wie Sartori dies in Anlehnung an Berelson behauptet, bleibt unklar – gerade hier wird das extreme Interesse ja mit einer fehlenden Erkenntnissuche verbunden! So schreibt Sartori: „Die Intensität einer Sache entspricht also tendenziell dem Extremismus: einer sehr starken, sehr bestimmten, sehr selbstsicheren Stellungnahme in einer Welt, die nur zwei ‚Stellungen' kennt – die ganz weiße und die ganz schwarze. Das bedeutet, daß die Intensität – starker Affekt und starke Leidenschaft – für Sachkunde der ungeeignetste Boden ist. [...] Deshalb kann der sehr intensive Teilnehmer nicht als richtig informiert und noch weniger als erkenntnissuchend gelten; er sucht nur verstärkende Informationen, nur bestätigendes Wissen."[294] Gleichzeitig ist die Logik, abweichende Ideologien im Rahmen

[292] K. D. Hoffmann: Das Rechts-Links-Kontinuum – eine Theorie zur Strukturierung des politischen Raums. München 2006. S. 27–32.
[293] Giovanni Sartori: Demokratietheorie. Darmstadt 1992. S. 131.
[294] Giovanni Sartori: Demokratietheorie. Darmstadt 1992. S. 131

eines extremistischen Spektrums durch das Anbringen von Kreisen an den jeweiligen Hufeisenenden, nicht von der Hand zu weisen. Der Linksextremismus ist z.B. ein recht großer Überbegriff für verschiedene extreme linke Strömungen, die sich untereinander durchaus ausschließen können. Im Rahmen der Parteienforschung hat dies auch Joachim Raschke aufgedeckt, wenngleich nicht im Rahmen der Erforschung des Extremismus.[295] Das Verhältnis von Konsens zu Dissens wird hier gut aufgezeigt und ist wichtig für die Beschreibung der Intergruppenbeziehungen.

Ganz anders und quasi wie ein Bruch erscheinend ist das aus dem Postulat des Extremismus der Mitte entwickelte Schema, das zwar noch an die Links-Rechts-Dichotomie angelehnt ist, doch sich gedanklich tiefgreifend davon entfernte. Der Lipsetsche Ansatz stellte zur seiner Zeit eine Innovation des politischen Koordinatensystems dar. Seine Entwicklung führte später auch zu dem sich von dem Verfassungspolitischen Ansatz absondernden Vertreter des Extremismus der Mitte. In seinen Überlegungen zum Extremismus erfährt das Koordinatensystem der politischen Welt eine Änderung. Diese ist aufgrund ihres starken zeithistorischen Bezugs auch kritisch zu betrachten. Gleichzeitig bietet das Modell interessante Reibungspunkte, die sich aufzuarbeiten auch heute noch lohnt.

Abb. 4.16 *Spiegelungsmodell. Lipset.*

Die Dichotomie wurde durch das Modell Lipsets aufgebrochen und integrierte Demokratietheorie und Extremismustheorie in neuer Weise. Er gab hier wichtige Impulse für die Theoriebildung innerhalb der Soziologie und gab der besonderen Betrachtung des Verhaltens von Schichtzugehörigen Raum.

---

295 Joachim Raschke: Innerparteiliche Opposition – Die Linke in der Berliner SPD. Hamburg 1974.

Ein weiteres Einordnungsmodell ist mit dem „The German Party Political Compass"™ entwickelt worden.[296]

Abb. 4.17 *The German Political Party Compass 2005.*

Neben diesem recht interessanten Diagramm, das ebenfalls auf einer vertikalen und horizontalen Achse basiert, existiert das politische Wertdreieck, dass wie das Modell Lipsets von Extremismus aller politischen Strömungen ausgeht[297]. Frank Helmars politisches Wertdreieck ist durch die Beschäftigung mit der Kybernetik entstanden.

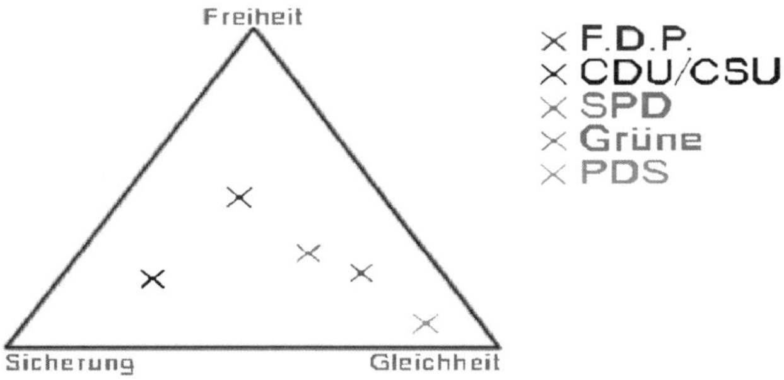

Abb. 4.18 *Das politische Wertdreieck. Paderborner Impulse. Frank Helmar.*

296 http://www.politicalcompass.org/germany2005
297 http://www.paderborner-impulse.de/home-d/p_interaktiv_index.html

Hier werden die einzelnen Werte mit politischen Strömungen gleichgesetzt. Gleichheit steht für Sozialismus, Freiheit für Liberalismus und Sicherung für Konservatismus. Neben Modellierungen die Achsenartig arbeiten findet sich das Spiegelungsmodell und das Wertmodell. Alle drei Modellformen bieten interessante Entwicklungsmöglichkeiten der Extremismusforschung, die auf eine Unterscheidung der politisch ideologischen Strömungen angewiesen ist. Das Spiegelungsmodell beinhaltet die Idee, dass jede politische Strömung potentiell in einen Extremismus verfallen kann. Diese hinzugefügte Idee macht das Modell wertvoll. Die Idee des Spiegelungsmodells wurde durch das Wertdreieck sinnvoll integriert. Den einzelnen Strömungen wurden Werte zugeordnet. Das Wertdreieck beinhaltet eine normativ definierte Mitte zwischen den Werten der Sicherheit, der Freiheit und der Gerechtigkeit. Dies wirbelt auch eine alte Kritik wieder auf. Mit Blick auf eine Konzeption des Linksextremismus, wie auch im zweiten Teil des Buches beschrieben, kann hier durchaus gefragt werden, ob ein Links-Rechts-Schema aufrecht erhalten bleiben sollte. Nicht von ungefähr kann man den Kommunismus als Autoritär, den Anarchismus als Antiautoritär beschreiben. Nach dem politischen Wertdreieck würden beide Richtungen als sich widerstrebende Extremismen erscheinen – als extrem auf die Gerechtigkeit gerichtet und als extrem auf die Freiheit gerichtet. In Konsequenz wäre der Anarchismus die extremisierte Form eines gen Mitte hin orientierten Liberalismus und der Kommunismus die eines, nach Mitte tendierenden Sozialismus. Gerade an dieser Stelle ist ersichtlich, welche Ergebnisse eine Konzeptualisierung der ‚politischen Welt' beinhalten kann. Auch hier bleibt die Diskussion innerhalb der Forschungslandschaft spannend und wird noch einige Diskussionen evozieren, die durchaus angebracht erscheinen

4.5 Konfliktlinienforschung

Die Politische Soziologie beschreibt mit der Cleavage-Theorie (Seymour M. Lipset und Stein Rokkan) „[...] sozialstrukturell verankerte und langfristig stabile Konfliktlinien in der Gesellschaft, die zu wechselseitigen Beziehungen zwischen Gruppen und politischen Parteien führen."[298] Stein Rokkans Untersuchungen liegen die Überlegung zugrunde, eine übergreifende Sichtweise auf Datenmengen zu erreichen und ‚die großen Fragen der Gesellschaft' aus eben diesen Daten herauszulesen: „The phase of global generalization-mongering has taught us to look for the significant communalities in the operation of political systems and to concentrate on a series of critical choice-points in their historical development."[299] Er bezog sich stark auf Parsons AGIL-Schema.[300] Dabei untersucht sie historische Konfliktentwicklungen und ihre langfristigen Auswirkungen auf die Struktur der Gesellschaft.

---

298 Hans Rattinger: Einführung in die Politische Soziologie. München 2009. S. 76f.

299 Stein Rokkan: Citizens, Elections, Parties – Approaches to the comparative study of the processes of Development. Oslo 1970. S. 73.

300 Stein Rokkan 1970. S. 97.

Critical Juncture	Cleavage	Issue
Reformation-Counter-Reformation: 16th-17th centuries	Centre-Periphery	National vs. Supranational religion National language vs. Latin
Democratic Revolution: 1789 and after	State-Church	Secular vs. Religious control of mass education
Industrial Revolution	Land-Industry	Tariff levels for agricultural products: control vs. Freedom for industrial enterprise
It is tempting to add to this a fourth dimension and a fourth juncture		
Critical juncture	**Cleavage**	**Issues**
The Russian Revolution: 1917 and after	Owner-Worker	Integration into national polity vs. Commitment to international revolutionary movement

Abb. 4.19 *Cleavage-Theorie. Rokkan, Lipset.*

Die erste Konfliktlinie besteht nach Rokkan aus den gegensätzlichen Interessen von dominanter Kultur (Zentrum) und unterschiedlichen Subkulturen (Peripherie). Mit dieser ersten Konfliktlinie nahm Rokkan die Forschung von Deutsch auf: „Karl Deutsch focuses on the centre-periphery axis: his model is primarily designed to predict variations in the extent of territorial-cultural integration through the joint, but not necessarily parallel, processes of national standardization and social mobilization[...]“[301] Die Kritik an Deutsch offenbart, dass das Cleavage-Modell bzw. dessen Theorie sich vornehmlich auf den Begriff des Konflikts über die Variablen ‚Standarisierung‘ und ‚Mobilisierung‘ bezieht. Die zweite Linie besteht aus dem Ringen um Macht zwischen Kirche und Staat – Sakralisierung und/oder Säkularisierung. Die dritte Konfliktlinie verläuft zwischen primärem und sekundärem Wirtschaftssektor (historisch fassbar zwischen Stadt und Land) und die vierte Konfliktlinie berührt den Antagonismus von Arbeit und Kapital. Gabriel Almond und Lucian Pye entwickelten ein Paradigma, welches Krisen, Herausforderungen und Probleme allgemein um die Bezugspunkte Penetration, Integration, Participation, Identity, Legitimacy und Distribution gruppierte. Die Cleavage-Theorie bezog sich auf dieses ‚Paradigma der Konflikte‘.[302]

301 Stein Rokkan 1970. S. 49.
302 Siehe Stein Rokkan 1970. S. 61–63.

Identity-Crisis	The first and most fundamental crisis is that of achieving a common sense of identity. The people in a new state must come to recognize their national territory as being their true homeland, and they must feel as individuals that their own personal identities are in part defined by their identification with their territorially delimited country.
Legitimacy-Crisis	Closely related to the identity crisis is the problem of achieving agreement about the legitimate of authority and the proper responsibilities of government.
Penetration-Crisis	The critical problems of administration in the new state give rise to the penetration crisis, which involves the problems of government in reaching down into society and effecting basic policies.
Participation-Crisis	The participation crisis occurs when there is uncertaincy over appropriate rate of expansion and when the influx of new participants creates seriuos strains on the existing institutions. As new segments of the poulation are brought into political process, new interests and new issues begin to arise so that the continuity of the old polity is broken.
Integration Crisis	The crisis covers the problems of relating popular politics to governmental performance and thus it represents the effective and compatible solution of both the penetration and the participation crisis.
Distribution-Crisis	The final crisis in the development process involves questions about how governmental powers are to be used to influence the distribution of goods, services, and values throughout the society. Who is to benefit from government, and what should the government be doing to bring greater benefits to different segments of society?

Abb. 4.20 *Paradigmatisches Konfliktmodell. Almond, Pye, hier nach Rokkan.*

Ob eine Konfliktlinie entscheidend zur Betrachtung eines politischen Systems ist, wird durch die Faktoren ‚zeitliche Abfolge revolutionärer Umwälzungen‘ (etwa nationale-, industrielle- und Cyberrevolution) und die ‚Offenheit eines politischen Systems‘ bestimmt. Die Offenheit ist durch die Institutionen, ihre Akteure und die jeweilig vorherrschende politische Kultur charakterisiert. Die politischen Akteure bestimmen, inwieweit ein Konflikt am Leben erhalten wird, die politische Kultur bestimmt, inwieweit ein neu aufkommender Konflikt und dessen geäußerter Protest als legitim erachtet wird, die Institutionen geben die Rahmenbedingungen vor, inwieweit ein Konflikt und die Wünsche zur Lösung Eingang finden. Konfliktlinien und Parteiloyalität haben hierbei eine enge Bindung. Die Periode des *stable alignment* bezeichnet eine über lange Zeiträume hinweg stabil bleibende Parteiloyalität. Eine durch grundlegende Veränderungen gekennzeichnete Periode wird als realignment bezeichnet, während das Verschwinden von Konfliktlinien als dealignment bezeichnet wird. Die Konfliktlinienbeschreibung ist sicher in der Hinsicht etwas eng, als dass hier strukturelle Konflikte angesprochen sind und direkt die Art und Weise betreffen, wie eine Gesellschaft strukturiert ist. Eine ungenügende Gesellschaftsorganisation, z.B. eine ungenügende Distribution von Bildung, tragen zumindest indirekt zum Entstehen bzw. der Unterstützung extremistischer Phänomene bei.

Neben dem Aufkommen neuer und dem Verschwinden alter Konfliktlinien, die Auswirkungen auf das politische Verhalten und die politische Einstellung haben und die Parteiloyalität bestimmen, untersucht die politische Soziologie die Veränderung der Gesellschaft und die dadurch einhergehende Formierung von Bevölkerungsgruppen mit gemeinsamen Merkmalen und Interessen. „Anzumerken bleibt an dieser Stelle, daß zwar empirisch die Wahrscheinlichkeit eines bestimmten politischen Verhaltens für jede beliebige soziale Gruppierung ermittelt werden kann, diese Beobachtung aber noch nicht ausreicht, um auf das Vorhandensein einer politischen Gruppenidentität zu schließen."[303] Neben der Schicht-, der Klassen-, der Milieuzugehörigkeit als Erklärungsfaktor gruppenspezifischer Orientierungen untersucht die politische Soziologie auch das Wirtschafts- und Institutionengefüge.

„Der Aufstieg der Nationalsozialisten wurde ebenso mit Problemen der Wirtschaft verknüpft wie das Aufkommen radikaler (insbesondere rechter) Parteien in der Bundesrepublik, so zum Beispiel die Erfolge der NPD in den 60er Jahren oder der Republikaner Ende der 80er Jahre. Diese wurden von vielen Beobachtern und Wissenschaftlern als Folge wirtschaftlicher Rezession gedeutet."[304] Die Verelendungstheorie, die besonders in Zusammenhang mit der Auseinandersetzung des Wahlverhaltens des sogenannten Mittelstandes im Rahmen der Auseinandersetzung mit dem breiten Erfolg des Nationalsozialismus einen wichtigen Faktor der soziologisch orientierten Ursachenforschung des Extremismus darstellte, wurde später weiter verfeinert, um extreme Tendenzen in Wohlfahrtsstaaten besser erklären zu können. Im Zusammenhang des Wirtschaftsgefüges und des Aufkommens extremistischer Tendenzen entwickelte sich innerhalb der politischen Soziologie die Theorie der relativen Deprivation. Dieser Ausdruck bezeichnet den objektiven oder subjektiv empfundenen Versorgungsmangel an begehrten Gütern. Die Einschätzung von Benachteiligung ergibt sich demnach aus der Erwartungshaltung und dem Abgleich des Ist-Zustandes eines Individuums. Die Erwartungshaltung wird bestimmt durch die Orientierung auf die für das Individuum maßgebliche Bezugsgruppe. In dieser Hinsicht unterscheidet sich die Theorie der relativen Deprivation von der klassischen Verelendungstheorie. Der neuere Ansatz ist auch auf Industriestaaten mit einer relativ hohen Durchschnittsverteilung an Gütern anwendbar und erklärt Protest und Rebellionsverhalten.[305] Er nährt sich durch das Thomas-Theorem. Das Thomas-Theorem ist ein in der Sozialpsychologie entstandenes Konzept. Es behandelt die Wahrnehmung einer Person – demnach werden die von Menschen als real wahrgenommenen Situationen in ihren Konsequenzen real.

Das Institutionengefüge rückte durch das Aufkommen des Neo-Institutionalismus in ein strahlenderes Licht der Aufmerksamkeit der Forschungsgemeinde. Der Frage nach den Auswirkungen institutioneller Rahmenbedingungen auf den Bürger wird etwa im Bereich der Wahlforschung nachgegangen: sie leistet so auch Ursachenforschung des politischen Verhaltens von Bürgerinnen und Bürgern. Dabei sind zwei Ansichten dominant: Die sogenannte Input-orientierte Perspektive geht von einer möglichst hohen Wahlbeteiligung als wünschenswert aus. Die output-orientierte Perspektive deutet eine hohe Wahlbeteiligung als Krisensymptom: „Als historisches Beispiel wird in diesem Zusammenhang auf den Erfolg der NSDAP in den 20er und 30er Jahren verwiesen, der mit einem starken Anstieg der Wahlbeteiligung einherging."[306] Damit wird auch die Wahl (bzw. deren Ergebnis) zu einer Frage des Konflikts und nicht so sehr der Beteiligung.

---

303 Hans Rattinger: Einführung in die Politische Soziologie. München 2009. S. 86.
304 Hans Rattinger München 2009. S. 87.
305 W.G. Runciman: Relative Deprivation and Social Justice (1966) und T.R. Gurr: Why men rebel (1970).
306 Hans Rattinger: Einführung in die Politische Soziologie. München 2009. S. 90.

David Rapoport zeigte mit seiner Theorie der vier Wellen eine interessante, wenngleich mit Blick auf die übliche Praxis der historischen Forschung schwierige Form der Konfliktlinienforschung auf. Diese Theorie erinnert an die aus der Wirtschaftswissenschaft kommenden Konjunkturzyklen. Konflikte treten danach in Wellen auf, wobei jeder Welle eine Lebensdauer von 45 Jahren zugeschrieben wird. Rapoport beginnt mit der anarchistischen Welle, die von der antikolonialen Welle, diese von der Neuen Linken, die wiederum im Jahr 1980 (im Zuge der iranischen Revolution) von der religiösen Welle abgelöst wurde und die seiner Ansicht nach im Jahr 2025 einer weiteren, noch unbekannten Welle vorausgeht.

Die Konfliktlinienforschung untersucht Änderungen in der Gesellschaft auf makrostrukturelller Ebene. Hier werden die wichtigsten Konflikte der Gesellschaft identifiziert und analysiert. Die makrostrukturelle Beschreibung ist für die Frage des Extremismus eine randständige Frage, da unklar bleibt, warum, wenn doch alle Mitglieder der Gesellschaft sich inmitten des Konflikts befinden, Konflikte makrostruktureller Art den Extremismus beflügeln sollten. Aufgegriffen wird die Cleavage-Theorie heute zum Beispiel von Wissenschaftlern, die den Islamismus untersuchen. Ihnen zufolge entstand der Islamismus durch eine Welle der Modernisierung, die Gegenreaktionen hervorrief. Der Islamismus ist dementsprechend eine Gegenreaktion auf einen Modernisierungsschub und wünscht, ihn rückgängig zu machen.

4.6 Politische Sozialisationsforschung

Auch die politische Sozialisation ist ein wichtiger Forschungsbereich im Bereich der Extremismusforschung. Der politisch-soziologische Ansatz versteht den Extremismus als Einstellung und nutzt die verwandten Begriffe Ideologie, Überzeugungssystem und Weltbild, Weltanschauung, Denkweise, Gesichtskreis. Einstellungen werden hier hinsichtlich ihrer Struktur und ihrer Inhalte untersucht.[307]

„Eine Einstellung ist ein mentaler und neutraler Bereitschaftszustand, der durch die Erfahrung strukturiert ist und einen steuernden und/oder dynamischen Einfluss auf die Reaktion eines Individuums gegenüber allen Objekten und Situationen hat.“[308]

Ideologie wird im Rahmen der politischen Soziologie als Set von in Beziehung stehenden Annahmen, die über die Welt getroffen werden, verstanden.[309] Das Element Politische Ideologie bietet einen Bezugsrahmen, der die komplexe Welt strukturiert und der Bedeutung nach

---

307 Vgl. George Marcus, David Tabb, John Sullivan: The Application of Individual Differences Scaling to the measurement of Political Ideologies. In: American Journal of Political Science Nr. 18 (1974); Robert Weissberg: Consensual Attitudes and Attitude Structure. In: Public Opinion Quarterly Nr 40 (1976); Lane, Robert: Politcal Ideology. New York 1962; Ebd.: Patterns of Political Belief. In: Jeanne Knutson (Hrsg.): Handbook of Political Psychology. London 1973; Ebd.: What are people trying to do with their Schemata? – the question of Purpose. In: Richard Lau, David Sears: Political Cognition. Hillsdale 1986; sowie Converse (1964, 1970, 1975), Smith (1980), Hagner (1982), Brosius (1991), Fiedler (1985).

308 G.W. Allport: Attitudes. In: Murchison, C.: A Handbook of Social Psychology, 2. Worchester/Massachusetts 1935. S. 810.

309 Terence Ball, Richard Dagger: Political Ideologies and the Democratic Ideal. New York 1991. S. 8.

Schwankungen[310] unterworfen ist. Hans Eysenck geht etwa davon aus, dass ein gewisser Teil der politischen Positionen vom Individuum logisch konstruiert wird, was einen Rückgriff auf die Bildung einer politischen Position auf übergeordnete Axiome zur Folge hat.[311] Die Politische Soziologie fragt, wie diese Orientierungen entstehen konnten.

Im Allgemeinen befasst sich die politische Sozialisationsforschung „mit den Prozessen der Eingliederung von Individuen in die politische Gemeinschaft“[312]. Ihre Ergebnisse können im Rahmen des Instrumentariums zur Stabilisierung von demokratischer Ordnung genutzt werden, aber auch Erklärungsvariablen finden, warum Personen sich in den extremistischen Deutungsraum begeben und mittels entsprechender Handlungen formen. Ein wichtiger Faktor der Sozialisationsforschung ist die Übertragung von Überzeugungen der Eltern, Lehrer und Freunde bzw. Jugendcliquen, auch Peergroups (Sozialisationsagenten) genannt, auf das Kind. Dabei ist es noch unklar, wann die Phase zur Bildung einer politischen Identität eintritt. Robert Weissberg[313] unterscheidet drei Modelle der Sozialisation, die eng an die Lerntheorie geknüpft sind:

Das Primacy-Modell sieht in der Kindheit zwischen dem fünften und zehnten Jahr die wichtigste Entwicklungsphase der politischen Persönlichkeit. Dabei steht die frühkindliche Bildung mit ihrer These der Grundlegung von Orientierung im Vordergrund. Es wird hier davon ausgegangen, dass, weil die erste Orientierung auf emotionaler Ebene stattfindet, diese weitaus beständiger ist als später (kognitiv) erworbene Orientierungen. Das Intermediate-Modell sieht in der Zeit zwischen dem zehnten und achtzehnten Lebensjahr die wichtigste Phase. „Die unstrukturierten Orientierungen der frühen Kindheit“ werden „in dieser Phase ihre kognitive Fundierung erhalten“ und finden ihren Abschluss mit der Volljährigkeit.[314] Das Recency-Modell sieht schließlich eine lebenslang wirkende Sozialisation vor und geht davon aus, dass kurz zurückliegende Erfahrungen die Einstellung einer Person am meisten beeinflussen. In der Politikwissenschaft und besonders in der Extremismusforschung hat das letzte Modell unterschwellig Eingang gefunden. So geht man etwa heute davon aus, dass gewalttätiges Handeln organisierter Gruppen langfristig auf ‚Komplizengesellschaften‘ bzw. auf ein mit den vertretenen Zielen sympathisierendes soziales Umfeld angewiesen ist.[315] Die ersten beiden Modelle werden aus der Forschung nicht ausgeklammert, sondern finden sich in der Biographieforschung wieder, die an späterer Stelle beschrieben wird. Im Begriff der *Soziali*sation ist der Begriff *(s)ozial* enthalten. Uwe Kemmesies versteht extremistisches Handeln in Anlehnung an Max Weber als soziales Handeln, da sich dieses auf das Verhalten anderer bezieht und in seinem Ablauf daran orientiert ist. Nach Kemmesies, der sich hier auf Esser (2000) bezieht, dient die Ideologie der Vorstrukturierung des Handelns, indem Erwartungen,

---

310 Detlef Murphy, Frank Nullmeier, Joachim Raschke, et.al.: Haben „links“ und „rechts“ noch Zukunft? In: PVS 22/1981.

311 Hans Eysenck: The Psychology of Politics. 1999.

312 Hans Rattinger 2009. S. 129.

313 Robert Weißberg: Political Learning, Political Choice and Democratic Citizenship. Englewood 1947; Siehe: Hans Rattinger: Einführung in die Politische Soziologie. München 2009.

314 Hans Rattinger 2009. S. 134.

315 Louise Richardson: Was Terroristen wollen – Die Ursachen der Gewalt und wie wir sie bekämpfen können. Lizenzausgabe. Bonn 2007. S. 105.

Bewertungen und Orientierungen durch diese objektiviert werden.[316] Person, Ideologie und Umfeld gehen ihm zufolge ein Dreiecksverhältnis ein. Das Umfeld unterteilt Kemmesies in Mikro-, Meso-, Exo-, und Makrosystem. Diese Systeme sind „eng miteinander verzahnt und stehen in einem komplexen polymorphen Interdependenzverhältnis".[317]

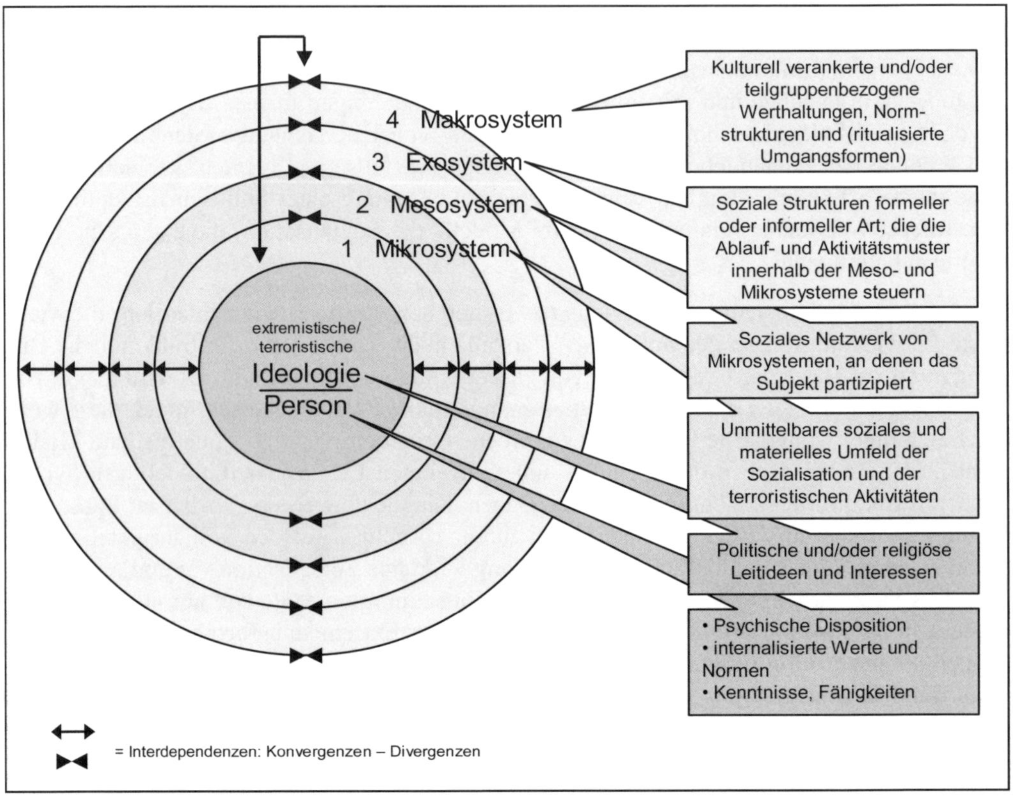

Abb. 4.21 *Systeme. Kemmesies.*

Kemmesies macht deutlich, dass Individuen nicht isoliert betrachtet werden können, sondern sich immer auch in einem sozialen Kontext befinden. „Das soziale, gesellschaftliche Umfeld ist ganz offensichtlich eine – ja vielleicht die entscheidende – Größe, wenn es um das Verständnis des Terrorismusphänomens geht. Gleichwohl: Selbst wenn alle erforderlich scheinenden Umfeldbedingungen gegeben sind, bedarf es offenbar bestimmter Persönlichkeitsei-

316 Uwe Kemmesies: Zukunftsaussagen wagen – Zwischen Verstehen und Erklären. Methodologische und theoretische Notizen zur Prognoseforschung im Phänomenbereich Extremismus/Terrorismus. In: Ebd. (Hrsg.): Terrorismus und Extremismus – der Zukunft auf der Spur. München 2006. S. 4f.

317 Uwe Kemmesies 2006. S. 17.

genschaften, um die Aufnahme in eine Terrorgruppierung zu wagen."[318] Hier ist die enge Verbindung zwischen Soziologie, Sozialpsychologie und Psychologie angesprochen, die im Bereich der Extremismusforschung heute ein hauptsächliches Arbeitsgebiet darstellt.

Mit der *Mikroebene* ist der Nahraum angesprochen, die Familie, die Freunde, die Peer-Group, aber auch eine extremistische Organisation/Partei, in die die Person eventuell eingebunden ist und in der bereits Freundschaften, enge Kontakte entstanden sein können. Diese Primärkontakte haben erheblichen Einfluss auf das Individuum und sind eine sehr relevante Bezugsgröße. „Als konstitutive Elemente der Mikrosysteme erscheinen physikalische Eigenschaften (z.B. Wohnraum der Familie, Beschaffenheit des Klassenraums in der Schule), Rollenmuster (z.B. Mutter, Vater, Schüler, Angestellter etc.), Teilnehmer (personelle Zusammensetzung des Mikrosystems), Tätigkeit (rollenbezogene Tätigkeiten, wie etwa das Lernen des Schülers, die Fürsorge- und Sanktionstätigkeiten der Eltern) und Zeit (zeitliche Erstreckung beziehungsweise Bestandsdauer bestehender Mikrosysteme und Veränderungen derselben im Laufe der Zeit). Diesen Elementen kommt eine zentrale analyseleitende Funktion zu."[319]

Daneben steht die *Mesoebene*, die sich mit Netzwerkanalysen gut beschreiben lässt (siehe den Abschnitt zur Netzwerkanalyse). Das Netzwerk kann verstärkende Wirkung haben, aber auch Ideen und Handlungsvorbilder, Meinungen etc. transportieren. „Die Struktur eines Mesosystems bemisst sich anhand der Anzahl und anhand des Ausmaßes an Heterogenität der in ihm angesiedelten Mikrosysteme. Je strukturdifferenzierter ein Mesosystem ist, desto höher sind die kognitiven und sozialen Anforderungen an die Person, zwischen den unterschiedlichen Rollenmustern, sozialen Zusammenhängen, Tätigkeiten etc. in den einzelnen Mikrosystemen zu vermitteln beziehungsweise diese ‚auszuhalten'. Formelhaft verkürzt, stellt ein Mesosystem ein System von Mikrosystemen dar. Blicken wir auf das Phänomenfeld des Terrorismus ist vor allem von Relevanz, wie die jeweilig terroristisch agierende Person zwischen den Mikrosystemen der abgeschotteten, klandestinen Welt terroristischer Gruppierungen und etwaige vorhandenen mikrosystemischen Bezügen zur Normalgesellschaft (Familie, Arbeitswelt etc.) vermittelt."[320]

Das *Exosystem* besteht hauptsächlich aus dem institutionellen Umfeld, welches auf Netzwerke, den sozialen Nahraum und das Individuum einwirken kann. „Hiermit sind vor allem größere Institutionen einer Gesellschaft gemeint, die die Handlungsmuster auf der individuellen wie mikrosozialen Ebene beeinflussen. Blicken wir etwa auf die Erscheinung des islamistischen Terrorismus, so ist hiermit nicht nur der Sicherheitsapparat (primär: Polizei, Nachrichtendienste) angesprochen, sondern auch andere institutionelle Strukturen, welche potenziell und vermittels indirekter Einflussnahmen phänomenrelevant sein können: Einwanderungsbehörden, der Arbeits- und Ausbildungsmarkt, Moscheegemeinden, islamische Verbände, Einrichtungen der Wirtschafts- und Finanzwelt – die Liste ist sicherlich noch deutlich erweiterbar."[321]

---

318 Uwe Kemmesies 2006. S. 15.
319 Uwe Kemmesies 2006. S. 21.
320 Uwe Kemmesies 2006. S. 21f.
321 Uwe Kemmesies 2006. S. 17.

Das *Makrosystem* spricht kulturelle Verankerungen an, die sich gesamtgesellschaftlich niederschlagen. Die Ideologie wird von Kemmesies ebenfalls auf der Makroebene angesiedelt, da diese durch gesellschaftliche Teilgruppierungen „getragen und geteilt“ wird. „Die auf der Makrosystemebene auftretenden Friktionen zwischen unterschiedlichen kulturellen Orientierungen, Werte- und Normsystemen sowie Ideologien können als entscheidender Anstoß für Terrorismusphänomene betrachtet werden.“[322]

Es gibt es einen Ansatz, der in eine fast gleiche Richtung zielt, doch etwas anders aufgebaut ist, die Milieuforschung. Diese weist ein starkes historisches Erkenntnisinteresse auf und ist in dieser Hinsicht dem oben aufgezeigten historisch-genetischen Ansatz ähnlich.

4.6.1 Milieuforschung

Eine im Forschungsbereich des Extremismus angesiedelte Milieu-Studie von Dieter Claessens und Karin de Ahna[323] zeigt die besondere Stellung der politischen Sozialisationsforschung auf, die sich in mehrere Bereiche unterteilen lässt. Neben der soziologisch-erziehungswissenschaftlichen und psychologischen Frage, wie es zu Einstellungen bzw. Orientierungen kommt, kann auch die Frage nach den sozialhistorischen Bedingungen zur Entwicklung extremen Verhaltens und extremer Orientierung gestellt werden. Diese Fragestellung besteht aus einer Kombination von geschichtswissenschaftlichem und soziologischem Erkenntnisinteresse. Die beiden Autoren beschreiben mit einem historischen Erkenntnisinteresse die Entwicklung in Berlin (West) hin zu einem Milieu radikaler Ausprägung. Dabei geraten zunächst geologische Besonderheiten der Stadt in den Blick, sowie die Bevölkerungssituation und deren historische Entwicklung und im Anschluss die Folgen der Isolation dieses Teilgebietes ‚West‘ der Stadt Berlin. Es wird im Rahmen soziologischen Instrumentariums die Bevölkerung beschrieben und hier besonderes Augenmerk auf diejenigen Teile der Stadt gelegt, in denen die studentische Szene verortet wird.[324] Unter Rückgriff auf die Konfliktlinienforschung beschreiben die Autoren den Veränderungswunsch junger Menschen der 1960er Jahre, der das Klima der Stadt beeinflusste. In struktureller Hinsicht erläutern die Autoren den Massenandrang an den Universitäten, der diesen Teil der Westberliner Bevölkerung maßgeblicher beeinflusste. Im weiteren Verlauf beschreiben die Autoren die Situation an den Universitäten und die sich entwickelnden Diskussionen geistesgeschichtlicher Natur, das Aufkommen neuer, gesellschaftskritischer Analyseinstrumente. „Es ist schon aufgeführt, daß die Diskussion marxistischer Inhalte und Positionen an der Universität keineswegs neu war. Wenn überhaupt, hatte aber diese Diskussion teils theoretischen Charakter, teils orientierte sie sich auf Möglichkeiten hin, derartige Positionen in den bestehenden Parteien, naturgemäß insbesondere im Rahmen der SPD, zur Geltung zu bringen. Mit der nun auftretenden ‚allgemeinen Kapitalismusanalyse (ab 1967/68) erhielt die Situation jene Profilierung, die die Auseinandersetzungen zum ‚Kampf‘ werden lassen konnten. Der Gegner war nicht mehr nur ein Älterer, schlecht informierter, und schlecht didaktisch Lehrender, sondern zudem der

---

322 Uwe Kemmesies 2006. S. 24.

323 Dieter Cleassens, Karin de Ahna: Das Milieu der Westberliner ‚Scene‘ und die ‚Bewegung 2. Juni‘. In: Dieter Cleassens: Gruppenprozesse. (Analysen zum Terrorismus. Bd. 3.) Opladen 1982. S. 20–174.

324 Dieter Cleassens, Karin de Ahna 1982. S. 27–32.

Vertreter des ‚Klassenfeindes'. [...] Mit dem Aufkommen der roten Farbe und der roten Fahne in der Diskussion wurden die Akzente neu gesetzt."[325] Anschließend werden wichtige Komponenten der Radikalisierung beschrieben – etwa die Solidarisierung mit den Emanzipationsbewegungen der Dritten Welt und der dadurch geweckte Wunsch, aus der ‚bürgerlichen Gesellschaft auszusteigen, aber auch die für die Eskalation wichtige Gegenbewegung, die sich für die Autoren besonders in den Reihen der Polizei, aber auch bestimmten publizistischen Organen vorfand. Im Anschluss wird die Ausgestaltung des Konflikts im Rahmen des Milieus beschrieben. „Es darf nicht vergessen werden, daß die Beschäftigung mit Fragen der Dritten Welt bei vielen Studenten habituell geworden war – gegenüber auch hier ahnungslosen Professoren. Die kapitalistische Demokratie wurde in dieser Beschäftigung entlarvt: als Verursacherin des Elends in der Welt."[326] Allgemeiner formuliert Richardson: „Das Gefühl von erlittenem Unrecht kann ein persönliches Motiv zum Handeln sein. Eine Person wird eher aktiv, wenn sie empirische Beweise für Ungerechtigkeit sieht, sowie Beweise, dass der ausgemachte Feind daran Schuld trägt."[327] Der psychologische Charakter der Ausgangssituation spielt eine Rolle: „Der Spielcharakter des Ganzen aus der Sicht der Aktionisten ist – für die Polizei und sicher für große Teile der Öffentlichkeit unwirklich lange – erhalten geblieben: Noch der Banküberfall mit der Hinterlassung der Negerküsse ist ein Zeichen dafür, daß einen Teil der unterdessen terroristisch gewordenen Aktionisten jener subtile Humor nicht verlassen hatte, der kennzeichnend für das Klima zu Beginn der Studentenbewegung gewesen ist und für den Gestalten wie Langhans, Teufel u.a. gestanden haben. [...] Spaß machte aber auch die Ausstattung der Gegenkultur insgesamt, inklusive der in die Wohnungsausstattung zu investierenden Energie, der in die Gestaltung des Lebens der gegenseitigen Beziehung usw. zu machenden Investitionen."[328]

Der Sozialisationsansatz mit historisch-soziologischem Erkenntnisinteresse hat eine recht breite Perspektive zur Erforschung der Entwicklung von Extremismus bzw. Terrorismus eingenommen. Die Beschreibung sozial-historischer Prozesse ist grundsätzlich ein umfangreiches Unterfangen. Diese Methode zur Erforschung des Extremismus zeichnet sich durch einen hohen Anspruch aus. Es gilt, neben dem Beherrschen historischer, soziologischer und politologischer Instrumentarien, ein umfangreiches Recherchevorhaben zu verwirklichen. Da es sich um das Ziel handelt einen möglichst breiten Zusammenhang darzustellen, ist jeder der einzelnen Teile einer mit diesem Ansatz arbeitenden Studie recht erschöpfend. Deshalb hat sich der historisch-soziologische Sozialisationsansatz wohl nicht durchgesetzt, wenngleich die Ergebnisse eine hohe Qualität besitzen.

Der Sozialisationsansatz verfolgt verallgemeinernd folgende Fragestellungen und Intentionen: Welche allgemeinen Tendenzen lassen sich in der Gesellschaft x zum Zeitpunkt t beschreiben? Wie entwickelte sich diese allgemeine Tendenz im Hinblick auf weitere zu erhebende Zeitpunkte t^n? Neben gewichtigen historischen Ereignissen institutioneller Natur (z.B. einem Erlass oder einem Gesetz) müssen weitere Entwicklungen anderer Ebenen beschrieben werden (z.B. eine Demonstration, ein geschichtliches Ereignis, eine gesellschaftliche

325 Dieter Cleassens, Karin de Ahna 1982. S. 45.
326 Dieter Cleassens, Karin de Ahna 1982. S. 48.
327 Louise Richardson: Was Terroristen wollen. Lizenzausgabe. Bonn 2007. S. 81f.
328 Dieter Cleassens, Karin de Ahna 1982. S. 55.

Diskussion). Die Auswahl der zu beschreibenden Phänomene richtet sich nach dem einzelnen Fall. Geht es um einen extremistischen Zusammenhang, der sich aus einem studentischen Milieu speist, so ist es ratsam, sich auf eben diese gesellschaftliche Subgruppe und mögliche Gegenbewegungen zu dieser zu konzentrieren und Diskussionen oder Rahmenbedingungen, die diese gesellschaftliche Subgruppe betreffen, zu beschreiben. Es geht hier um eine allgemeine Beschreibung. Welche Wünsche, Ziele, Lebenssituationen usw. lassen sich für die relevante Gesellschaftsgruppe feststellen? Welcher Aktions- und Lebenskreis ist feststellbar?[329] Wie entwickelte sich dieser Teil der Gesellschaft nach Entscheidung x? Welche Erlebnisse können für eine Radikalisierung ausschlaggebend gewesen sein? Auch das historische Kräfteverhältnis von Bewegung und Gegenbewegung wird gewichtet und in Eskalationsphasen unterteilt. Das Ziel dieses Arbeitsschrittes ist es, die Radikalisierung historisch nachzuzeichnen und die Bedingungen, die zu dieser Radikalisierung führten, genau zu beschreiben. Diesem Ansatz der Extremismusforschung entsprechend, komplettiert der Forschungsschritt ein größeres Vorhaben, welches sich mit der Einbettung des Extremismus in den ‚Zeitgeist', in historische und soziale Zusammenhänge beschreiben lässt.

Im Rahmen der soziologischen Komponente wird die allgemeine Bevölkerungssituation beschrieben. Wie lässt sich das Gebiet beschreiben – finden wir eine Wüste vor, eine Flusslandschaft usw.? – auch diese Faktoren können Konfliktpotential aufweisen. Welche Wohnsituation finden wir vor? Wie ist die Situation des Arbeitsmarktes zu beschreiben? Welche Berufsgruppen sind in welcher Stärke vertreten? Gibt es ein ökonomisches Ungleichgewicht, also ein soziales Gefälle? Wie steht es um die relative Benachteiligung?

Die strukturelle Beschreibung einer Szene, wie diese ausgestaltet ist, welche Netzwerke entscheidend sind, welche Formen der Zusammenarbeit es gibt, welche Personen warum und wie entscheidend sind, sind ebenfalls für eine nach diesem Ansatz arbeitende Forschungsarbeit wichtig.

4.7 Neue Soziale Bewegungen

Im Bereich der Extremismusforschung wird der Ansatz Neuer Sozialer Bewegungen genutzt, um bestimmte Erscheinungen des Phänomens des Extremismus angemessen beschreiben zu können. Dabei wird mit diesem Instrument die heterogene Erscheinungsform extremistischer Spektren in das Zentrum der Aufmerksamkeit gerückt. Der Ansatz der neuen sozialen Bewegungen greift die Kritik von Klaus von Beyme auf: Das Studium des Rechtsextremismus dürfe nicht allein daraus bestehen, Wahlen und Parteien zu erforschen, weil der Kontext so nicht erfasst werden könne.[330] Wichtige Vertreter dieses Ansatzes sind Werner Bergmann, Rainer Erb, Kai-Uwe Hellmann, Ruud Koopmans, Hans-Gerd Jaschke sowie Joachim Raschke. Raschke ist mit dem Ansatz der Neuen Sozialen Bewegungen besonders verbunden.

---

329 Dieter Claessens, Karin de Ahna 1982. S. 33.

330 Klaus von Beyme: Right-Wing Extremism in Western Europe. In: West European Politics Nr. 2/1988. S. 16.

4.7.1 Allgemeine Kennzeichen

Noch 1982 klagten die Autoren Claessens und de Ahna, dass man die terroristische ‚Bewegung 2. Juni' nicht angemessen beschreiben könne, „weil es diese ‚Bewegung' in dieser Zeit nicht gab, wenn man unter ‚Bewegung' eine politische Organisation versteht, die sich mindestens um einen organisierenden Kern bildet und sich als politische Gruppe entsprechend bestimmter Theorien und in einer gewissen voraussehbaren Weise verhält."[331] Weiter erklären die Autoren, dass Solidarität, Absprache und gemeinsames Tun noch keine Organisation bilden würde. Von diesem begrenzten Verständnis hat sich die Bewegungsforschung emanzipiert. Der Bewegungsbegriff hat sich seiner Umklammerung durch den Organisationsbegriff wegbewegt und ist offener, ja, eigenlebiger geworden. In dieser Hinsicht markiert die Erwiderung Claessens und de Ahnas auch einen neuen Anfangspunkt der Forschung, die sich mit der Entwicklung der Grünen, der Antiatomkraftbewegung oder ganz allgemein der Hinwendung zu ökologischen, industriekritischen Momenten der politischen Interessensorganisation beschäftigte. Eine soziale Bewegung wird heute nicht auf eine einzelne Gruppe oder Partei zurückgeführt. Vielmehr besteht eine soziale Bewegung aus verschiedenen Elementen der gesellschaftlichen Partizipation. Im Allgemeinen bilden sich soziale Bewegungen, um gesellschaftliche Veränderungen herbeizuführen und dienen der Bündelung der einzelnen Elemente. „Als *System* bezeichnet soziale Bewegung einen regelgeleiteten Interaktions- und Funktionszusammenhang einzelner Elemente, in diesem Fall von Individuen, Gruppen und Organisationen."[332] Soziale Bewegungen sind in der Regel Außenseiter des politischen Systems. Sie verfügen über eine beschränkte Ressourcenbasis und haben oft nur ungenügenden Zugang zu Entscheidungsträgern oder der Medienöffentlichkeit. Soziale Bewegungen können inhaltliche Positionen vertreten, die vom akzeptierten gesellschaftlichen Diskurs abweichen, oder gar menschenfeindliche Positionen einnehmen.[333] „Eine soziale Bewegung ist ein auf gewisser Dauer gestelltes und durch kollektive Identität abgestütztes Handlungssystem mobilisierter Netzwerke von Gruppen und Organisationen, welche sozialen Wandel mit Mitteln des Protestes, notfalls bis hin zur Gewaltanwendung, herbeiführen, verhindern oder rückgängig machen wollen."[334] Dabei steht nicht mehr ausschließlich die Organisation als Zurechnungskriterium im Zentrum der Aufmerksamkeit, sondern die kollektive Identität: „Als ein auf *kollektiver Identität* beruhendes Handlungssystem [...] muß es Personen und Gruppen umfassen, die sich dem Handlungssystem subjektiv zurechnen und ein ‚Wir-Gefühl' aufweisen. [...] Diese Einheit des ‚Wir' mag auch als bloße Fiktion handlungswirksam werden."[335]

---

[331] Dieter Cleassens, Karin de Ahna 1982. S. 26.

[332] ebd. S. 79

[333] Ruud Koopmans: Rechtsextremismus, fremdenfeindliche Mobilisierung und Einwanderungspolitik – Bewegungsanalyse unter dem Gesichtspunkt politischer Gelegenheitsstrukturen. In: Kai Uwe Hellman, Ruud Koopmans: Paradigmen der Bewegungsforschung. Wiesbaden 1998. S. 198 f.

[334] Dieter Rucht: Modernisierung und neue soziale Bewegungen – Deutschland, Frankreich und USA im Vergleich. Frankfurt a.M./New York 1994. S. 77.

[335] Dieter Rucht 1994. S.79.

4.7.2 Extremismus und Neue Soziale Bewegungen

Soziale Bewegungen lassen sich besonders gut mittels Netzwerkheuristik verstehen. Dabei bildet die Bewegung ein übergeordnetes Netzwerk, welches verschiedene kleinere Netzwerke und Einzelpersonen beinhaltet. „Bei sozialen Bewegungen handelt es sich nicht unbedingt um klar abgrenzbare oder leicht identifizierbare Gebilde, wie dies bei integrierten politischen Organisationen der Fall ist. Sie sind wohl eher ein symbolischer Akteur, der die Strategie verfolgt, dass möglichst viele Menschen und kollektive Akteure sich in großer Zahl und mit viel Aufwand für ein lohnendes Anliegen engagieren. […] Eine soziale Bewegung ist somit ein auf eine gewisse Dauer angelegter Handlungszusammenhang, der auf mobilisierten Netzwerken von Einzelpersonen, Gruppen, Organisationen beruht, um soziale Veränderungen durch öffentliche Proteste voranzutreiben.“[336]

Nicht alle Elemente des Handlungssystems müssen die absolut gleiche Auffassung über eine Sache haben. Graduelle Unterscheidungen sind durch die dezentrale Organisation, die im Netzwerkcharakter zum Ausdruck kommt, möglich. Einigkeit muss innerhalb des Handlungssystems nur generell, in der Problemdefinition, bestehen. Strategien der Problemlösung können sich in den einzelnen Elementen wiederum unterscheiden (etwa gewalttätiger bzw. friedlicher Protest). Soziale Bewegungen haben deshalb einen schwachen Formalisierungsgrad. „Im Unterschied zur organisatorischen Struktur sind die nach außen gerichteten Strategien und Aktionsrepertoires [...] relativ gut nachvollziehbar. [...] Es ist offenkundig, daß die zu ideologischer und organisatorischer Heterogenität tendierenden sozialen Bewegungen selten die interne Geschlossenheit aufbringen, um als Ganze wirklich strategiefähig zu sein. Am ehesten kann dies unter den Bedingungen eines starken Organisationskerns und/oder eines hohen, in seinen Konsequenzen bedrohlichen Außendrucks gelingen.“[337] Sie sind keine regelhafte Organisation, können aber diese einschließen. Durch die dezentrale Struktur und einer nur losen Verbindung untereinander etablieren sich bestimmte Erkennungsmerkmale. Für die Anhänger ist es wichtig, sich durch bestimmte Merkmale von der Mehrheitsgesellschaft abzugrenzen und gleichzeitig eine Möglichkeit der Erkennung anderer Mitglieder der sozialen Bewegung zu haben. „Bilden Symbole, das äußere Erscheinungsbild und bestimmte Verhaltensstandards die Chance, Gleichgesinnte zu erkennen, so benötigen soziale Bewegungen, soll es nicht bei Zufallskontakten bleiben, über ihre Organisationen hinaus bestimmte Orte und Zeiten, in denen ein faktischer Interaktionszusammenhang gegeben und damit ein Aufbau von informellen Netzwerken möglich ist.“[338] Solche Ereignisse können breite Unterschiede enthalten, wie Heldengedenktage, gemeinsame Fürbitten für Märtyrer, Flashmobs oder das gemeinsame Attackieren von IT-Infrastrukturen. Thomas Pfeiffer beschreibt den Rechtsextremismus als Erlebniswelt und bezieht sich damit indirekt auf Bergmann/Erb (1994; 1998) und Hellmann/Koopmans (1998) sowie Jaschke (1993). Er schreibt: „Generell ist unter einer ‚Erlebniswelt Rechtsextremismus‘ die Verbindung von Lebensgefühl, Frei-

336 Jens Aderhold: Soziale Bewegungen und die Bedeutung sozialer Netzwerke. In: Christian Stegbauer, Roger Häußling (Hrsg.): Handbuch Netzwerkforschung. Wiesbaden 2010. S. 739.

337 Aderhold 2010.S. 88.

338 Werner Bergmann, Rainer Erb: In Treue zur Nation – zur kollektiven Identität der rechtsextremen Bewegung. In: Kai-Uwe Hellmann, Ruud Koopmans: Paradigmen der Bewegungsforschung. Wiesbaden 1998. S. 158.

zeitwert und politischen Botschaften in dieser Szene zu verstehen.“[339] Hier wird nach den Funktionen der Gruppenzugehörigkeit, den Methoden zu ihrer Instandsetzung gefragt, der ‚Way of Life‘ wird betrachtet. „Bewegungen können Zusammengehörigkeit auch über spezifische Kleidung demonstrieren; dies dürfte heute insbesondere für subkulturell geprägte Jugendbewegungen gelten.“[340] Neben der Kleidung, die Symbolcharakter besitzt und Gruppenzugehörigkeit markiert, sind es gemeinsame Musik, gemeinsame Aktivitäten, die als Baustein eines Identitätsangebots verstanden werden. „Da für die Rechtsextremen die Erfahrung sozialer Einheit über große politische Aktionen durch die staatliche Verbotspraxis weitgehend blockiert ist, haben in der jugendlichen rechten Szene Musik und audiovisuelle Medien eine herausragende Bedeutung für die politische Sozialisation und Identitätsbildung gewonnen.“[341] Sicherlich ist die staatliche Verbotspraxis nicht die einzige Begründung für das hier gezeigte Verhalten, die nicht immer vorhanden ist. Mancherorts konnten sich Skin-Subkulturen entwickeln, einige Organisationen, Kameradschaften etc. konnten sich gerade etablieren, weil die staatliche Verbotspraxis teilweise nicht angewendet wird und diese Subkulturen nicht angetastet wurden.

Islamistische Gruppen treffen sich, da ihnen der Zugang zu Moscheen verwehrt wird, unter freiem Himmel, um über das gemeinsame Gebet, das gemeinsame Ausleben kruder Regeln und die Möglichkeit sich selbst als von Außen bedrohte Avantgarde zu stilisieren, eine gemeinsame Identität zu entwickeln und bilden eine Form der politischen Sozialisation auf Mesoebene. Im Bereich des Rechtsextremismus ist das gemeinsame Pilgern und Gedenken an das Grab Rudolf Heß’ ein prominentes Beispiel, während Linksextremisten zum Beispiel dem in Genua getöteten Carlo Giuliani als Opfer von Repression gedenken. Ein gemeinsames Symbol ist für islamische Fundamentalisten der islamophobe Mord an Marwa El Sherbini in Dresden geworden, der dazu genutzt wird, die Identität als Opfer von Repression und Verfolgung seitens der Gesellschaft zu reaktualisieren.

Gemeinsame Treffen bieten eine Möglichkeit der Ausbildung einer gemeinsamen Identität, die durch Nachahmungseffekte getragen ist, weitergereichte Information über schwache Kanten (Siehe Netzwerk) beinhaltet (wie neue Moden, neue Feindbilder, neue Nachrichten, neue Happenings usw.) und die künstliche Erhöhung des Selbstbewusstseins mit sich bringt. Den Teilnehmern bringen die gemeinsamen Treffen auch schlicht ‚Spaß‘, sie sind froh, einmal auf Gleichgesinnte zu treffen und bestärken sich gegenseitig an vielfältigen gemeinschaftlichen Handlungen teilzunehmen. Solche Treffen profitieren davon, dass Menschen sich derjenigen Gruppe und den prominenten Führungspersonen anpassen und ihnen ähnlich sein wollen (s. Kap. zur Netzwerkanalyse). Treffen decken im Allgemeinen den erwünschten Austausch von materiellen und nicht-materiellen Ressourcen ab und tragen zur sozialen Stabilität bei. Je breiter die möglichen Ressourcen dabei gestreut sind, desto größer wird die Stabilität der extremen sozialen Bewegung: Personen, die an Musik interessiert sind, wollen an neue Musikstücke herankommen, Personen, die sich orientieren möchten, erhalten diese

---

339 Thomas Pfeiffer: Menschenverachtung mit Unterhaltungswert – Musik, Symbolik, Internet, Der Rechtsextremismus als Erlebniswelt. In: Stefan Glaser,Thomas Pfeiffer: Erlebniswelt Rechtsextremismus – Menschenverachtung mit Unterhaltungswert. Schwalbach/Ts 2007. S. 37.

340 Thomas Pfeiffer 2007. S. 156.

341 Thomas Pfeiffer 2007. S. 160.

Orientierung, Personen, die an ‚neuen Freunden' interessiert sind, können diese hier finden. Verstärken sich die Beziehungen untereinander, passen sich die Individuen in ihrem Selbstverständnis an und erleben ein höheres Ausmaß an Gemeinsamkeiten.[342] Es gilt der Merksatz: „Je vielfältiger die Erlebniswelt, desto größer die potenzielle Breitenwirkung."

Die Erlebniswelt und ihre Attraktivitätsmomente liegen nach Jaschke in der bewegungsförmigen Struktur.[343] Die sozialen Bewegungen befinden sich im politischen Bereich auf einer mittleren Ebene, da sie genauso mikro- wie auch makroorientiert sind. Die Mikroebene ist für die soziale Bewegung wichtig, da sich aus dieser ihre Basis rekrutiert und Bewegungen gegenüber der Basis besonders sensibel sein müssen, da sie zwar intern Konformitätsdruck entwickeln können, aber keine Zwangsgemeinschaften sind. „Bewegungen werden zu einer Gruppe von Handlungssystemen gerechnet, die analytisch am ehesten auf einer *Mesoebene* anzusiedeln sind"[344]

Soziale Bewegungen besitzen gleichzeitig eine makrostrukturelle Orientierung, da sie auf einen gesellschaftlichen Wandel hinarbeiten, der je nach ideologischer Ausprägung[345] in unterschiedlicher Weise erwünscht wird. Zur Zielerreichung ist es für soziale Bewegungen nötig, sich auf die Gesamtgesellschaft und die Machtverhältnisse innerhalb dieser einzustellen und sie bei der Erwägung zukünftiger politischer Handlungen in Rechnung zu stellen. „Soziale Bewegungen spielen also neben Parteien und Verbänden eine wichtige Rolle als intermediäre Akteure im Vermittlungsprozess zwischen Gesellschaft und Staat."[346] Extremistische Gruppierungen erzielen durch ihre Struktur einen größeren Nutzen, diese Struktur ist abgekupfert von den Bewegungen der 1970er und 1980er Jahre, die sich insbesondere im linken Milieu (Abrüstungsbefürworter, Ökologische Bewegung, Studentenbewegung, Friedensbewegung usw.) etabliert hatte. „Die Struktur der Sozialen Bewegung ist assoziativ. Es befinden sich in ihr nicht nur formal verfasste Organisationen, sondern ebenso Gruppen ohne formale Struktur. Analytisch gesehen sind Bewegungen [...] auf der gesellschaftlichen Mesoebene angesiedelte Hybride zwischen homogenen Kleingruppen bzw. encounters einerseits und formalen Organisationen andererseits"[347] Der Netzwerkcharakter macht sie unübersichtlich. „Obgleich soziale Bewegungen durchaus formalisierte Organisationen einschließen können [...] beruhen sie typischerweise auf eher losen, informellen Strukturen ohne ein hegemoniales organisatorisches Zentrum, wenngleich es hiervon Ausnahmen gibt."[348]

---

342 Barry Wellman, Peter J. Carrington, Alan Hall: Networks and personal communities. In: Barry Wellman, Stephen Berkowitz (Hrsg.): Social Structures – a network approach. Cambridge/New York 1988.

343 Hans-Gerd Jaschke: Formiert sich eine neue soziale Bewegung von rechts? – Folgen der Ethnisierung sozialer und politischer Konflikte. In: Mitteilungen des Instituts für Sozialforschung an der Johann Wolfgang Goethe Universität Frankfurt a.M. Nr. 2/1993, 28–44.

344 Dieter Rucht 1994. S. 80.

345 Kollektive politische Handlungen können genauso linksextreme Ideologien, wie auch rechtsextreme I. umfassen. Eine empfehlenswerte Vergleichsarbeit stellt der Aufsatz Left-Right Ideology and Collective Political Action: A Comparative Analysis of Germany, Israel, and Peru von Karl-Dieter Opp et.al In: The Politics of Social Protest herausgegeben von J.Craig Jenkins und Bert Klandermanns, dar.

346 Benthin, R: Auf den Weg in die Mitte Öffentlichkeitsstrategien der Neuen Rechten, Frankfurt a.M. 2004. S.53.

347 Dieter Rucht 1994. S. 81.

348 ebd. S. 87.

Etwas ist hybrid, wenn es aus Verschiedenem zusammengesetzt ist. In der Biologie werden Kreuzungen als hybride bezeichnet. Etwas Hybridisches ist demnach von zweierlei Herkunft. Damit ist der Unterschied zwischen dem Zielnetzwerk und dem Projektnetzwerk gemeint. Die Vorstellung wirkt sich auch auf die Stabilität aus: Für ein Projektnetzwerk ist die Notwendigkeit zur temporalen Stabilität viel geringer ausgeprägt als für das Zielnetzwerk. Tatsächlich muss ein Projektnetzwerk nicht lange bestehen, um die anvisierten Ziele zu erreichen.

Wenngleich sich soziale Bewegungen in gewisser Hinsicht ähneln, gibt es Unterschiede in ihrer Entstehung. Rucht nennt drei voneinander zu unterscheidende Motivationen, aufgrund derer sich soziale Bewegungen bilden. „Im Prinzip lassen sich [...] promoderne, antimoderne und gegenüber Modernisierungsprozessen ambivalente soziale Bewegungen unterscheiden."[349] Promoderne soziale Bewegungen haben zum Ziel, den gesellschaftlichen Wandel voranzutreiben, sie sind Neuerungen gegenüber aufgeschlossen. Hier wäre die Emanzipationsbewegung der Frauen Anfang des letzten Jahrhunderts zu nennen. An den Suffragetten lässt sich auch belegen, wie stark der Extremismusbegriff mit kulturell verankerten Werthaltungen auf der Makroebene zusammenhängt. Antimoderne Bewegungen wollen einen gesellschaftlichen Wandel rückgängig machen oder versuchen ihn zu verhindern. Die Bewegungen sind nicht identisch mit den Kräften des Fortschritts. Nicht selten wollen sie den Fortschritt aufhalten, da sie sich als Verlierer der Modernisierung sehen, deren Kosten sie zu tragen hätten. Bewegungen können Kräfte der Vergangenheit sein, dies ist spätestens seit dem Aufkommen des Faschismus bewiesen.[350] Ambivalente Bewegungen stehen bestimmten gesellschaftlichen Wandlungen aufgeschlossen gegenüber, lehnen aber Neuerungen in einer anderen Dimension ab. Was befürwortet wird und was nicht, ist abhängig von der Ideologie der jeweiligen Gruppe.

Suffragetten

Vorkämpferinnen für die Einführung des Frauenwahlrechts in England (seit Mitte des 19. Jahrhunderts aktiv). Im Jahre 1903 gründete Emmeline Pankhurst die *Women's Social and Political Union* als Kern einer radikalen Bürgerrechtsbewegung. Das Wahlrecht für Frauen wurde in England 1928 eingeführt.

„Die *Ideologie* einer sozialen Bewegung ist das Ensemble strukturierender kognitiver und moralischer Prinzipien für eine kollektive Situationsdeutung und Sinngebung."[351] Die Problemdefinition gehört etwa zu diesem Ensemble strukturierender kognitiver und moralischer Prinzipien, genauso wie die Ursachenanalyse und die entwickelte Problemlösungsstrategie. Die Prinzipien bestimmen den Inhalt. Problemdefinition und Ursachenanalyse hängen von der Ideologie, der Orientierung im Hintergrund ab. „Für manche Bewegungen nimmt die Ideolo-

349 Dieter Rucht 1994. S. 82

350 Joachim Raschke: Soziale Bewegungen – Ein historisch-systematischer Grundriss. Frankfurt a.M./ New York 1988. In: Benthin R: Auf den Weg in die Mitte Öffentlichkeitsstrategien der Neuen Rechten. Frankfurt a.M. 2004. S. 60.

351 Dieter Rucht 1994. S. 85.

gie nicht bloß orientierenden, sondern konstitutiven Charakter an, während andere mögliche identitätsstiftende Bezugspunkte – etwa sozialstrukturelle [...] randständig bleiben."[352]

Ein Beispiel für eine Bewegung, in der sozialstrukturelle Bezugspunkte randständig bleiben, ist die EZP (Einladung ins Paradies e.V.). Hier ist die Ideologie des Salafismus (s. Kap. über islamistischen Extremismus) im Vordergrund und für die Bewegung bestimmend. Die EZP ist durch ihren hybriden Charakter als Beispiel interessant. Einerseits ist die EZP durch eine besonders starke inhaltliche Antimodernität gekennzeichnet, die zum Teil mit Elementen der Popkultur überdeckt wird und jungen Menschen die Möglichkeit höchster Abgrenzung bietet. Andererseits ist sie geprägt durch eine hypermoderne Form in der Akquise der Mitglieder, die über Informations- und Kommunikationstechnologien adressiert werden.

„Die zentrale These lautet, daß sich soziale Bewegungen am angemessensten in einer Doppelperspektive, nämlich als Produkt und Produzent von Modernisierung, begreifen lassen."[353]

Auch die EZP kann als Produkt und Produzent der Moderne gesehen werden, insbesondere wenn der Fokus auf dem Leiten von Informationen, der Vermittlung und interaktiv hergestellter Zugänge liegt. Punktuelle Treffen der Mitglieder in Angesicht zu Angesicht sind nur punktuell nötig – man kann sich bereits interaktiv treffen und durch Chatten oder Posten von Nachrichten, Twittern usw. eine gemeinsame Identität herausbilden, die gleichwohl extrem antimodern ist. Dabei wird nach Thomas Pfeiffer auf die Lebenswelt möglicher Anhänger durch moderne Mittel eingegangen: modernes Webdesign genauso, wie Rockmusik und Modelabels. Für den Rechtsextremismus konstatiert er: „Die Kombination von Freizeit- und Unterhaltungswert mit politischen Inhalten, die um einen fremdenfeindlichen Kern und die Verherrlichung, zumindest die Verharmlosung des Nationalsozialismus kreisen, ist zum Kennzeichen des zeitgenössischen Rechtsextremismus geworden."[354] Unterhaltungsangebote stehen neben Wertvorstellungen als Abgrenzungsmöglichkeit zur Verfügung und sind Bausteine zur Etablierung einer eigenen Kultur. Die Kultur kann eine starke antimoderne Stoßrichtung im Bereich der Ideologie beinhalten, die antimoderne Stoßrichtung ist oft über die Binnenstruktur der Bewegung ersichtlich, auch hier ist das EZP ein deutliches Beispiel. Die antimoderne Stoßrichtung des Islamismus salafistischer Prägung wird im Rahmen von Modernisierungstheorien vielfach als irrationale Reaktion auf Modernisierungsverläufe der Gesamtgesellschaft gewertet.[355]

4.7.3 Collective Choice

Für den Ansatz der Neuen Sozialen Bewegungen gilt ähnliches, wie für Organisationen, man kann sie mittels des Collective-Choice-Ansatzes erforschen, dem das Postulat der Rationali-

---

352 Dieter Rucht 1994. S. 85.

353 Dieter Rucht 1994. S. 96.

354 Thomas Pfeiffer: Menschenverachtung mit Unterhaltungswert – Musik, Symbolik, Internet, Der Rechtsextremismus als Erlebniswelt. In: Stefan Glaser/Thomas Pfeiffer: Erlebniswelt Rechtsextremismus – Menschenverachtung mit Unterhaltungswert. Schwalbach/Ts 2007. S.36.

355 Olivier Roy: Der islamische Weg nach Westen – Globalisierung, Entwurzelung, und Radikalisierung. München 2005.

tät kollektiver Entscheidungen unterliegt.[356] Individuen können demnach kollektiv rational entscheiden und übernehmen dabei die kollektive Konzeption der Rationalität – was sich für Individuen als irrational erweisen kann, kann für die Gruppe, bzw. das Kollektiv durchaus rational sein und Sinn verleihen. Der Ansatz des Rational-Choice verlässt im Zusammenhang mit dem Untersuchungsobjekt das Postulat des Homo-Oeconomicus und basiert auf dem reziproken Altruismus, den kooperativen Menschen. Isoliert betrachtet (Homo-Oeconomicus) entscheidet das Individuum meistens irrational, doch durch den Moment der sozialen Einbettung, der in die Analyse einbezogen wird (reziproker Altruismus), kommt der Logik der Kooperation, die die Basis des Zusammenlebens ist, eine durchschlagende Wirkung zum vertieften Verständnis der Handlungen zu, die nunmehr durchaus rational sind. Die experimentelle Ökonomik hat aufschlussreiche Daten geliefert, auch über die sozialen Zusammenhänge der Rache.[357]

Die individuelle Rationalität ist eine Annahme der Spieltheorie. Es wird angenommen, dass eine Person immer versucht, ihren eigenen Nutzen zu maximieren. Die individuelle Rationalität ist durch einen starken Egoismus geprägt. Die soziale Einbettung wird als Moment verstanden, in dem sich die Person aus ihrer (egoistischen) Eigenperspektive löst und versucht, den Nutzen aller zu maximieren. Die eigenen hohen Kosten, die durch die Zugehörigkeit zu einer extremistischen Organisation oder Bewegung entstehen, werden abgeglichen mit den positiven (psychologischen) Effekten des Zusammenhalts (auch Kohäsion) oder befriedigen das Bedürfnis nach Externalisierung usw.

Es wird angenommen, dass Extremisten bzw. Terroristen Entscheidungen aufgrund limitierter Informationen treffen (Spieltheorie). Wegen der limitierten Informationen und unter Rückgriff auf bisher gemachte Erfahrungen treffen sie Annahmen über mögliche Konsequenzen der verschiedenen Handlungsoptionen. Gerade in Bezug auf die Wahl der Mittel spielen lerntheoretische Aspekte eine Rolle, die in die wissenschaftliche Analyse aufgenommen werden.[358] Die von den Extremisten zu treffenden Entscheidungen sind Entscheidungen unter Risiko: man kennt im Ungefähren die eintretenden Konsequenzen bzw. Umweltsituationen, aber es ist unbekannt, welche der Umweltsituationen am ehesten eintreten (Eintrittswahrscheinlichkeit). Aufgrund der Erfahrung (Lernen durch Erfahrung) oder der Information über durch andere vorgenommene Akte (Lernen durch Vorbild), die nun in den Entscheidungsprozess einbezogen werden, werden den verschiedenen Eintrittsmöglichkeiten Erwartungswerte zugeteilt, es wird also festgestellt, welche Konsequenzen eine Handlungsoption am ehesten haben dürfte. Eine beispielhafte Einteilung erfolgt, um den Rational-Choice-Ansatz näher zu beleuchten.

Zukünftige Handlungen werden z.B. nach Opportunitätskosten bzw. Erlösen gewichtet, dabei spielt die Einschätzung der eigenen Kraft im Gegensatz zu der anzugreifenden Mehrheitsgesellschaft eine Rolle. Opportunitätskosten sind Verluste, die dadurch entstehen, dass eine

---

[356] Edward N. Muller, Karl Dieter Opp: Rational-Choice and rebellious collective action. In: American political Science Review Nr. 80, 1986. S. 471–87.

[357] Ernst Fehr, Simon Gächter: Altruistic punishment in humans. In: Nature Bd.415, 2002.

[358] Manus Midlarsky, Martha Crenshaw, Fumihiko Yoshida: Why violence spreads – the contagion of international terrorism. In: International Studies Quarterly Nr. 24, 1980. S. 262–298.

Option nicht gewählt wurde, Erlöse sind dementsprechend die Gewinne, die dadurch entstehen, dass vorhandene Möglichkeiten genutzt worden sind.[359]

Eine grobe Charakteristik der Stile ist dann möglich, wenn man sich vor Augen ruft, dass der Ressourcenvergleich ein ausschlaggebender Faktor zur Wahl der tatsächlichen Handlungsoption darstellt und über die Zweckmäßigkeit von Handlungsstrategien Auskunft gibt. „Opportunity is essentially the ‚possibility for militarized conflict between two states', while willingness refers to the ‚desire by two states to engage in militarized conflict'. In order for states in a dyad to become involved in an international conflict, they must have both the opportunity and willingness to fight."[360]

Neben der Frontal-Attacke kann man den Flankenangriff, die umschiffende Attacke und die einkreisende Attacke unterscheiden, diese Attackenformen werden vor allem in Zusammenhang mit Markteinführungen neuer Produkte im Bereich der Betriebswirtschaftslehre angewandt. Sie halten auch spannungsreiche Modelle für die Extremismusforschung bereit und können als Analogien verstanden werden.

In einer Frontal-Attacke begegnet der extremistische Herausforderer allen Handlungen des gesellschaftlichen Systems offensiv und greift die Stärken des Systems an. Diese Form der Begegnung mit dem Gesellschaftssystem, das durch den Herausforderer stark verändert zu werden gewünscht wird, ist risikoreich. Zu jedem Angebot, welches die bisherige Gesamtgesellschaft geschaffen hat, muss ein Gegenangebot geschaffen werden, jede besonders gesicherte Infrastruktur muss angegriffen werden usw. Das direkte Kräftemessen benötigt Mobilisierungskraft und einen hohen Durchhaltewillen, sowie einen massiven Einsatz von Ressourcen seitens der Extremisten. Normalerweise werden direkte Konfrontationen vermieden, denn extremistische bzw. terroristische Zusammenschlüsse haben in der Regel weitaus geringere Ressourcen als das angegriffene Gesellschaftssystem. Gehen Extremisten davon aus, genauso stark zu sein, wie die von ihnen ausgemachten Gegner, so ist die direkte Konfrontation als Handlungsstrategie für sie interessant, denn hier können sie auf potentiell besonders eindrückliche Art ihre eigene Stärke herausstellen.

Der Flankenangriff konzentriert sich auf die verwundbaren Stellen des Gesellschaftssystems, sucht die Schwächen heraus und greift über diese Schwächen an. Um die schwachen Stellen anzugreifen, benötigt es lediglich einer Fokussierung und Bündelung der Kräfte. Ein Flankenangriff kann dabei genauso Angebote umfassen, die durch die Gesamtgesellschaft (noch) nicht gemacht wurden, wie auch die Konzentration auf nicht genügend gesicherte Infrastruktur des gesamtgesellschaftlichen Systems. Der Flankenangriff ist für Extremisten attraktiv, da weniger Ressourcen benötigt werden. Finden Extremisten besondere Schwächen im bisherigen Gesellschaftssystem bzw. deren Institutionen oder deren Infrastruktur und schätzen sie sich als genügend schlagkräftig ein, so ist der Flankenangriff ein attraktives Mittel.

Die Strategie des Einkreisens beinhaltet die ständige Modifikation der Angebote in allen Gesellschaftsbereichen durch die Extremisten, die dann in summa vielfältiger erscheinen als

---

359 Thomas C. Schelling: Strategy of conflict. Cambridge/London 1960.

360 Stephen L. Quackenbush: Identifying Opportunity for conflict: Politically Active Dyads, S. 38 In: Conflict Management and Peace Science 2006.

die Angebote der Gesamtgesellschaft. Hier werden auf allen Seiten die eigenen Kräfte mobilisiert und es wird versucht, Handlungen in kurzen Abständen durchzuführen, die gesellschaftliche Instabilität bewirken können. Die Strategie des Einkreisens ist dann für Extremisten attraktiv, wenn sie in kürzester Zeit höhere Ressourcen mobilisieren können als das bisherige System der Gesamtgesellschaft und sie annehmen, sie könnten ihren Gegner schnell besiegen, indem die Gesellschaft schnell destabilisiert werden könne. Halten sich die Extremisten für besonders stark und glauben an einen schnellen Sieg, so ist es attraktiv für sie, die Gesellschaft mittels vielfältiger Handlungen in schneller Abfolge anzugreifen.

Die umschiffende Attacke ist eine indirekte Strategie. Extremisten versuchen dabei, einfache Handlungs- und Wahrnehmungsfelder der Gesellschaft zu besetzen. Es ist eine Art Wartestellung, in der Extremisten ihre Strategien verfeinern und ausrichten können. Anstelle größerer Herausforderungen, nisten sich Extremisten dort ein, wo die Gesamtgesellschaft sie leicht übersehen kann. Immer dann, wenn sich Extremisten außer Lage sehen, eine direkte oder indirekte Konfrontation eingehen zu können, ist diese Wartehaltung attraktiv, in der die Gesamtgesellschaft durch Mimikry und andere Formen der Umgehung ‚seicht' beeinflusst wird, ohne größeres Aufsehen zu erregen oder größere Gegenwehr zu erwarten. Wird die eigene Stärke im Bestehen als zu gering eingeschätzt, ist es attraktiv, die umschiffende Attacke einzusetzen. Die Mimikry-Taktik kann eine gewichtige strategische Rolle spielen.[361]

Der Rational-Choice-Ansatz ist wichtig, um aufzeigen zu können, dass Aktivitäten, Handlungen von Extremisten durchaus einem logischen Kalkül unterliegen. Hier sind nicht ‚lauter Irre' am Werk, sondern durchaus auch logisch kalkulierende Personen, die ihre Planungen solcherart gestalten, dass Handlungen des Gegners, dem Staat und seiner Zivilgesellschaft, antizipiert, seine Handlungen mit einkalkuliert werden. Auch die Bereitschaft der Gefolgsleute wird in die Planung zukünftiger Handlungen einbezogen: „In any mass endeavour, it is essential that the leaders retain the confidence of the followers', if not, the movement ceases and fails to produce public goods. Dissident leaders must act in ways to maintain the confidence of their coalitions to maintain tenure. Yet, both leaders also face threats from one another. Both rational government and dissident leaders must sustain support from their coalitions and simultaneously guard against revolution, upheaval, and opponent violence to remain in power."[362]

Die Beschreibung von Koalitionen oder einer anderen Form der Zusammenarbeit muss dementsprechend nach ihren vertieften logischen Ursachen fragen. Hier spielt die Frage nach der Motivation eine Rolle – soll ein Konflikt etwa minimiert werden, so bieten sich grundsätzlich andere Partner an, als wenn Konflikte intensiviert werden sollen: „By this same line of reasoning, one can interpret alliances as ways of ‚creating' and ‚destroying' opportunity for international conflict."[363]

361 Hrsg.: Stephan Braun, Alexander Geisler, Martin Gerster: Strategien der extremen Rechten – Hintergründe, Analysen, Antworten. Wiesbaden 2009.

362 Stephen M. Shellman: Leaders Motivations and Actions – Explaining Government-Dissident Conflict-Cooperation Processes. In: Conflict Management and Peace Science 2006. S. 75.

363 Stephen L. Quackenbush: Identifying Opportunity for conflict: Politically Active Dyads. In: Conflict Management and Peace Science 2006. S. 42.

Im Bereich des Rational-Choice-Ansatzes geraten auch Überlegungen zur Möglichkeitsstruktur in den Blick, die sich hier hauptsächlich auf drei lose Hauptaussagen des Rational-Choice-Ansatzes beziehen: Individuen wollen ihr Vergnügen maximieren, während sie Schmerzen minimieren wollen, deshalb wägen sie ständig ab, welche Handlungen ihnen bei Aufrechterhaltung des minimax-Prinzips noch möglich sind. Gleichzeitig lassen solche Theorien in Bezug auf aussichtslose Unternehmungen, die der Extremismus letztlich darstellt, da extremistische Zusammenschlüsse und Handlungen selten zu den gewünschten Ergebnissen seitens der Extremisten führen, große Fragezeigen entstehen. In den Rational-Choice-Ansatz lassen sich mühelos solche Überlegungen integrieren, die sich mit Terrorismus als Unternehmung mit einer Strategie beschäftigen. Hier können auch medientheoretische Arbeiten Anschluss finden, die sich mit Werbestrategien usw. beschäftigen und diese Aspekte hervorheben.

4.7.4 Extreme Zivilgesellschaft

Eng verbunden mit dem Ansatz der Neuen Sozialen Bewegung ist der Ansatz der extremen Zivilgesellschaft. Während ersteres sich bereits auf die Anhänger bezieht, der Frage nachgeht wie Zusammenhalt etabliert wird usw., geht letzteres eher auf die Verbindung von Anhängern einer extremistischen Szene und den Umstehenden, denjenigen, die nicht zur extremistischen Szene gehören, aber soziale Kontakte mit ihnen haben, ein. Es sind die Verbindungen zwischen dem Extremismus und der Mitte der Gesellschaft, die durch den Ansatz der extremen Zivilgesellschaft in den Blick genommen werden.

Mit diesem Ansatz, der bisher primär rechtsextremistische Phänomene erforschte, wird versucht, extremistische Potentiale nicht nur auf den Raum von Organisationen und Parteien zu verkürzen, sondern auch die zivile Verankerung extremer Potentiale zu erfassen. Hier wird nicht auf einen Extremismusbegriff im Sinne von ‚aktiv-kämpferischer Bestrebung‘, ‚politisch-motivierter Gewalt‘, die sich ‚gegen die freiheitlich demokratische Grundordnung richtet‘ abgestellt, sondern Extremismus als politisch intendierte Ideologie verstanden.[364] Die intendierte Ideologie ist durch einen bestimmten Kern und bestimmte Formen beschrieben, die sich gegen die der liberalen Demokratie zugrunde liegenden, ‚Werte‘ (z.B. Freiheit/ Gleichheit) und ‚Kategorien‘ (z.B. Individualismus/ Universalismus) richten.

Extremisten leben in der Regel nicht gesellschaftlich isoliert. Sie sind Mitglieder ‚normaler‘ Sportvereine, sind Elternvertreter in der Schule ihrer Sprösslinge, nehmen Angebote aus der Jugendarbeit wahr oder engagieren sich neben ihrem politischen Engagement im Tierschutzverein.

„In den 1970er Jahren zeigten sich in beiden deutschen Staaten erste Anzeichen einer neuen Tendenz: die Entwicklung von Elementen einer neuen rechtsextremen Bewegung, die neue Milieus bindet und bildet und ihren Kern in der Jugend hat. Auffällig war dabei, dass diese Tendenz nicht über politische Kampagnen und direkt über gesellschaftliche Generatordiskurse

---

364 Bernd Wagner: Kulturelle Subversion von rechts in Ost- und Westdeutschland – zu rechtsextremen Entwicklungen und Strategien. In: Thomas Grumke, Bernd Wagner (Hrsg.): Handbuch Rechtsradikalismus. Opladen 2002. S. 13.

erzeugt wurde, sondern sich als selbst entwickelnde Lebensweise präsentierte, die sich permanent umbaute.“[365]

Die extremistische Subkultur wird unter dem Aspekt der Beziehung mit der nicht extremistischen Gesamtgesellschaft betrachtet. Die Umstehenden, diejenigen die nicht selbst extremistisch sind, aber Kontakte zu Extremisten aufrechterhalten und so potentiell gefährdet sind, ebenfalls dem Extremismus zu verfallen, oder ihn im Stillen bejahen, ihre Berührungen mit dieser Subkultur, stehen im Fokus von Untersuchungen. Wie versuchen Extremisten ihr politisches Engagement mit ihrem Alltag und den darin auftauchenden Menschen zu verbinden? Wie versuchen sie, das Bild des ihnen eigenen Extremismus zu verbessern, Akzeptanz zu fördern und Widerstand zu minimieren? Wie können sie das Selbstbild des Märtyrers so einbringen, dass die Nachbarschaft ganz natürlich davon ausgeht, dies sei wahr? Der Ansatz der extremen Zivilgesellschaft ist nicht für alle extremistisch agitierenden Gruppen und Personen geeignet – manche gefallen sich in der medial zugewiesenen Märtyrerrolle und verschließen sich ganz (s. den Abschnitt über Gruppen und Collective Choice).

„Recently some scholars have made a convincing case for introducing the concept ‚uncivil society‘ to help conceptualize the segment of civil society without which currents of extraparliamentary protest, anti-liberal ideologies, and anti-systemic politics cannot assume organizational form. Two important articles have argued that it is ‚uncivil society‘ rather than party-politics that now plays the most crucial role as an incubator and reservoir of extreme right-wing ideology in some contemporary democracies. Moreover, it is a concept that already has proved to have considerable heuristic value when assessing the role played by the broad swathes of disaffection with the Weimar government within German civil society in making the dramatic rise to power of Hitler possible. ‚Uncivil society‘ also has considerable heuristic potential when applied to deepening our historical understanding of the emergence of an organized populist political right in fin-de-siècle Europe in countries such as France, Italy, Germany and Romania, for example when evaluating the significance of the ‚völkisch movement‘ in the genesis of Nazism.“[366]

Das Forschungsinteresse liegt im Bereich der Graswurzelarbeit der Extremisten, die dazu dienen soll, „den Sinn, die Wahrnehmung im Alltag zu verschieben, [...] Deutungsmuster zu etablieren und menschenfeindliche Positionen als akzeptabel vorzustellen.“[367] Dabei wird das Engagement jenseits eindeutiger extremistischer Organisationen untersucht, was mit Begriffen wie „uncivil society“[368] oder „bad-civil-society“[369] umschrieben wird. „Beschäftigt man sich nur mit [rechts]radikalen Organisationen, geht der Blick auf die Interaktion mit den Bürgern, auf die Vereinnahmung von Traditionen oder die Neuinterpretation von politischen

---

365 Bernd Wagner 2002. S. 14.

366 Roger Griffin: From slime mould to rhizome – an introduction to the groupuscular right. In: Patterns of Prejudice, vol.37, Nr.1, 2003. S. 27–50.

367 Dierk Borstel, Simon Teune, Ludger Klein: Rechtsradikale Zivilgesellschaft? – Neonazis besetzen das Ehrenamt. Forschungsjournal Neue Soziale Bewegungen. 4/2008. S. 3.

368 Petr Kopecky, Cas Mudde: Uncivil Society? Contentious Politics in Post-Communist Europe. London 2003. Siehe auch: Cas Mudde, Petr Kopecky: What has eastern Europe taught us about the democratisation literature (and vice versa)? In: European Journal of Political research Nr. 37. 2001.

369 Simone Chambers, Jeffrey Kopstein: Bad Civil Society. In: Political Theory, Vol. 29, Nr. 6, 2001. S. 837–865.

und historischen Zusammenhängen durch Rechtsradikale verloren.“[370] Ein wichtiger Begriff ist das aus der rechtsextremen Szene stammende Wort Metapolitik.

Der gesellschaftliche Kontext, in dem Extremisten agieren und der einen wichtigen Erfolgsfaktor extremer Positionen ausmacht, zielt auf Selbstorganisationsprozesse, kulturelle Hegemonie mittels Jugendarbeit, kultureller Animation, Publikationen, Schülergruppen, Kinderangebote und weitere informelle Netzwerke, die sich durch niedrigschwellige Kommunikationsangebote und eine hohe Kommunikationsdichte und -qualität auszeichnen.[371]

„Viel gefährlicher sind die Organisationen, die enge Verbindungen zu der Gemeinschaft haben, die sie zu repräsentieren behaupten. Das ist das Wasser, in dem Maos Fische schwimmen.“[372] Der dem Extremismus gegenüber passiv eingestellte Teil der Zivilbevölkerung kann ein Potenzial an künftigen Wählern und ein Reservoir für die Nachwuchsrekrutierung darstellen. Durch Toleranz gegenüber den Extremismen wird diesen Vorschub geleistet. Hier ist zwischen latentem Extremismus und manifestem Extremismus zu unterscheiden. So findet sich die Schnittstelle zwischen der Einstellungsforschung auf der einen und der extremen Zivilgesellschaft auf der anderen Seite.[373] Diese Forschung nimmt sich besonders der umstehenden, bejahenden Menge an, wie das Stichwort Rostock-Lichtenhagen manifestiert: der Angriff auf eine zentrale Annahmestelle für Asylbewerber. Nach Krawallen, die mehrere Tage andauerten, wurde die Asylstelle mit Molotow-Cocktails angezündet, mit dem Ziel, die sich darin befindlichen ausländischen Bewohner wie Journalisten zu verletzen. Die umstehende Menge, die sich aufgrund der erheblichen Aktionsdauer sammeln konnte, trug durch ihr bejahendes, klatschendes Verhalten zur Eskalation bei.

Konzeptuell steht die Zivilgesellschaft im Vordergrund. Für Habermas bieten „jene nichtstaatlichen und nicht-ökonomischen Zusammenschlüsse und Assoziationen auf freiwilliger Basis, die die Kommunikationsstrukturen der Öffentlichkeit in der Gesellschaftskomponente der Lebenswelt verankern. [...] Den Kern der Zivilgesellschaft bildet ein Assoziationswesen, das problemlösende Diskurse zu Fragen allgemeinen Interesses im Rahmen veranstalteter Öffentlichkeiten institutionalisiert.“[374] Das Konzept der Zivilgesellschaft, so betont es Simon Teune, kann in zwei verschiedenen Formen verstanden werden. Das *bereichslogische Konzept* sieht die Zivilgesellschaft als eine Sphäre an, die jenseits von Staat, Familie und Wirtschaft liegt. Das handlungslogische Verständnis betrachtet ein Ensemble von Interaktionen, die auf das Gemeinwohl zielen, gewaltfrei sind und auf der Anerkennung des anderen beruhen.[375] Im Rahmen der Erforschung extremer Tendenzen in der Zivilgesellschaft ist es dem-

---

370 Simon Teune: Rechtsradikale Zivilgesellschaft – contradictio in adjecto? In: Rechtsradikale Zivilgesellschaft? – Neonazis besetzen das Ehrenamt. In: Forschungsjournal Neue Soziale Bewegungen. 4/2008. S. 19.

371 Dierk Borstel: Engagement als Strategie – was will der nette Neonazi von Nebenan? In: Rechtsradikale Zivilgesellschaft? – Neonazis besetzen das Ehrenamt. In: Forschungsjournal Neue Soziale Bewegungen. 4/2008. S. 23–29.

372 Louise Richardson: Was Terroristen wollen. Die Ursachen der Gewalt und wie wir sie bekämpfen können. (Schriftenreihe der Bundeszentrale für politische Bildung Bd. 679) Bonn 2007. S. 39.

373 Richard Stöss: Die extreme Rechte in der Bundesrepublik – Entwicklung, Ursachen, Gegenmaßnahmen. Opladen 1989. S. 20.

374 Jürgen Habermas: Faktizität und Geltung – Beiträge zur Diskurstheorie des Rechts und des demokratischen Rechtstaats. Frankfurt 1998. S. 443f.

375 Simon Teune 2008. S.17–22.

entsprechend zielführend, dem bereichslogischen Konzept zu folgen. „Die bereichslogische Definition von Zivilgesellschaft läuft empirisch zumeist auf eine Untersuchung von Vereinen und Assoziationen hinaus.“[376] Teune weist darauf hin, dass konzeptuell die Zielvorstellung des Handelns aus dem Begriff der Zivilgesellschaft und die offene Bezugsgruppe ebenfalls aus der Definition ausgeklammert werden müssen, um sinnvoll arbeiten zu können.

Ein Beispiel zur Erforschung des Neben- und Miteinander von Rechtsextremen und Demokraten bietet die dichte Beschreibung des Alltags, die Dierk Borstel über ausgewählte Regionen vornahm.[377] Das von Clifford Geertz entwickelte, ursprünglich ethnologische Konzept zur Feldforschung ist besonders dazu geeignet die extreme Zivilgesellschaft zu erforschen. Die Methode kann der Chicagoer Schule zugerechnet werden. Hier betritt der Forscher diejenigen gesellschaftlichen Räume, in denen Extremisten und Bürger der Mehrheitsgesellschaft zusammentreffen und (scheinbar) konfliktfrei miteinander interagieren. Im Rahmen der teilnehmenden Beobachtung werden Erkenntnisse über das Verhalten einzelner oder mehrer Personen unter einer bestimmten Fragestellung gewonnen (z.B. welche Kontakte kommen wie zusammen? Wie gestaltet sich der Raum der Begegnung? Welche Interaktionen gibt es? Gibt es akzeptierende/kritisierende Elemente in den Begegnungen, wie sehen diese aus?). Die über die Beobachtungen erstellten Notizen und Gedächtnisprotokolle werden im Rahmen theoretisch erwirkter Kategoriebildungen analysiert und abschließend in einer Beschreibung verdichtet. Diese Methodik hat in der Extremismusforschung und in der Erforschung des Zusammenspiels zwischen einer apathischen Komplizengesellschaft und Ausformungen des Extremismus einen forschungspraktischen Mehrwert. Die Herangehensweise eignet sich auch für Forscher, die gerne alleinverantwortlich arbeiten möchten und sich auf ein Vorhaben von einer Dauer von wenigen Monaten einlassen möchten. Sie ist auch für Personen geeignet, die noch keine große Erfahrung als Forscher aufweisen können. Die Methode ist durch die hohen persönlichen Anforderungen geprägt, die dem Forscher abverlangt werden. Die extreme Zivilgesellschaft kann auch über den diskursanalytischen Zugang bearbeitet werden, mittels dem man thematische Überschneidungen von Diskursen in der Mehrheitsgesellschaft mit extremistischen Diskursen abgleichen, die Reaktionen auf extremistische Diskurse nachzeichnen und analysieren kann usw.

4.7.5 Netzwerkforschung

Die frühe Netzwerkanalyse geht auf Ethnologie und Soziologie zurück. Michael Schnegg[378] nennt Jacob Moreno, als Begründer der Soziometrie und einen ersten Pionier auf soziologischer Ebene, sowie Lloyd Warner als Pionier ethnologischer Netzwerkforschung.[379] Die Netzwerkforschung ist eng verwandt mit der Gruppenforschung.

---

376 Simon Teune 2008. S. 18.

377 Dierk Borstel: Braun gehört zu bunt dazu – Rechtsextremismus und Demokratie am Beispiel Ostvorpommern. Münster 2011.

378 Michael Schnegg: Die Wurzeln der Netzwerkforschung. In: Christian Stegbauer, Roger Häußling (Hrsg.): Handbuch Netzwerkforschung. Wiesbaden 2010. S. 21f.

379 Roger Häußling nennt daneben noch Emile Durkheim, Gabriel Tarde, Georg Simmel, Leopold von Wiese, Norbert Elias und Alfred Schütz.

Einen wichtigen Beitrag lieferte in den 1960er Jahren Harrison White mit seinen Überlegungen zur relationalen Soziologie; mit diesem Namen ist auch die heutige Netzwerkanalyse durch unzählige Pionierarbeiten Whites untrennbar verbunden. Die relationale Soziologie und ihre Hinwendung auf „Beziehungen“, auf Relation (von Organisation/Person usw.) haben ihren Eingang in verschiedene Wissenschaften gefunden. Im Bereich der Ideengeschichte findet man entsprechende Überlegungen Quentin Skinners, der nicht nur auf den Kontext institutioneller Rahmungen hinweist, sondern auf die wichtige Frage, welche Beziehungen welche Denker zu welchen Personen hatten, ob dies Auswirkungen hatte usw. Im weiteren Sinne ist die Chicago School mit den Überlegungen, die auch in der Netzwerkanalyse gestellt werden, vertraut. Im Bereich der Politologie wird der Netzwerkansatz erst in den 1990er Jahren populär – angewandt wird der Ansatz häufig im Bereich der Policy-Forschung, wo er sich auch langfristig etablieren konnte und zum Teil komplementär zu anderen analytischen Ansätzen gebraucht wird.

Die Netzwerkforschung verknüpft „die Beobachtungen des individuellen Verhaltens mit der Beobachtung von Gruppen“[380]. Nach den Ergebnissen der Netzwerkforschung übernehmen die Mitglieder bestimmte Einstellungen und Verhaltensweisen, um zu beweisen, dass sie Teil des Netzwerkes sind. Dieses typische Verhalten findet nicht bewusst statt. Gerade der Begriff der Identifikation, der für die Übertragung von Verhaltensweisen und Lebensstilen eine wichtige Rolle spielt, zeigt die Schnittstelle des Netzwerkansatzes zwischen Gruppen- und Milieuforschung sowie der politischen Psychologie. Mit dem Begriff des Netzwerkes werden automatisch Begriffe wie ‚Synergieeffekte, ‚Informationsfluss‘, ‚Partizipation‘, ‚Identitätsstiftung‘ und ‚Einbettung‘ in Zusammenhang gebracht.

Die relationale Soziologie geht nicht von den Teilnehmern aus – sie entfernt sich also in gewisser Hinsicht vom akteurszentrierten Institutionalismus, wenngleich sie nicht alle Verbindungen kappen mag. Sie legt ihren Fokus nicht so sehr auf Hoffnungen/Wünsche/Bedürfnisse der Teilnehmer, noch von normativen Bezügen, sondern auf relationale Muster.[381]

Freeman[382] nennt folgende Hauptcharakteristiken der Netzwerkanalyse:

- Es werden mittels intuitiver Betrachtung soziale Strukturen basierend auf Beziehungen zwischen (sozialen) Akteuren analysiert.
- Basiert auf systematisch erhobenen empirischen Daten
- Analyseinstrumente bedienen sich wesentlich Visualisierungstechniken.
- Die Anwendung mathematischer Modelle ist die Basis der Netzwerkanalyse.

White führte 1992[383] neue Begriffe in die Netzwerkanalyse ein, die eine kulturelle Wende der Netzwerkanalyse markieren. Dies sind ‚Stories‘ und ‚Styles‘, ‚Netdom‘, ‚Catnet‘, ‚Rethorics‘ und ‚cultural ambuigity‘: „Jede Beziehung ist durch einen Mix von Wissen und Nichtwissen

---

380 Nicholas A. Christakis, James H. Fowler: Connected! – Die Macht sozialer Netzwerke und warum glück ansteckend ist. Frankfurt a.M. 2010. S. 16.

381 Roger Häußling: Relationale Soziologie. In: Christian Stegbauer, Roger Häußling (Hrsg.): Handbuch Netzwerkforschung. Wiesbaden 2010. S. 63–88.

382 Linton Freeman: The Development of Social Network Analysis – A Study in the Sociology of Science. Vancouver 2004. S. 3.

383 Harrison White: Identity and Control – How Social Formations Emerge. Princeton 1992.

gekennzeichnet, sodass jeder Beteiligte genötigt ist, das Bild vom Anderen durch (spekulative) Deutungen, ‚Stories', zu schließen."[384] Auch die Netzwerkanalyse basiert auf einer Vielzahl von theoretischen Annahmen, die je nach Gewichtung der konkreten Fachanalysen, stärkere oder schwächere Verbindungen aufweisen. Einigendes Band ist sicherlich die Hinwendung zur Struktur, die den Anfangsfragen der Netzwerkanalyse bzw. deren Fokus auf Beziehungen/Relationen entgegenkommt. Die gängigste Form der Vorstellung sozialer Netzwerke ist die eines Geflechts von guten und nützlichen Sozialkontakten[385], Beziehungen werden demgemäß als Sozialinfrastruktur aufgefasst. In Anlehnung an Laumann und Pappi[386] sind Beziehungen ein Mittel um vertrauenswürdige Informationen und politische Unterstützung zu gewinnen – sie sind als ein Verfügungsmittel eine begrenzte Ressource.

Allgemeine Kennzeichen

Ein Netzwerk besteht aus einer Anzahl von Individuen und zeichnet sich über die Beziehungen der Netzwerkteilnehmer aus. Ein Netzwerk geht über unsere unmittelbaren Beziehungen hinaus. Es ist ein emergentes System, „was bedeutet, dass die Beobachtung von Einzelnen oder Paaren zu ihrer Erklärung nicht ausreicht"[387]. Prämisse ist, dass ein Netzwerk eine große Prägung des individuellen Handelns mit sich bringt.

„Netzwerke fungieren unter modernen Bedingungen als Vermittler zwischen gesellschaftlicher Erreichbarkeit und interaktiv hergestellter Zugänglichkeit. Netzwerke können hernach als systemübergreifende Strukturen aufgefasst werden. Das netzwerkbildende Medium ist die Potenzialität im Sinne aktivierbarer Kontakte."[388]

Die Netzwerkforschung erklärt unter Rückgriff auf die Beziehungsbeschreibung, warum das Ganze mehr ist als die Summe seiner Teile. James Fowler und Nicholas A. Christakis führen dies mit dem Beispiel der Eimerkette zum Löschen eines Brandes vor. Man nimmt an, es gäbe ein brennendes Haus und einen Fluss in der Nähe, der die einzige Wasserquelle sei. Würde eine Person allein vom Fluss Wasser holen und zu dem brennenden Haus laufen, wäre der Brand kaum zu löschen – doch auch die unkoordinierte Zusammenarbeit vieler, wenn also viele Einzelpersonen zum Fluss laufen, sich dort Wasser holen und dann zum Haus laufen, um den Brand zu löschen, wäre uneffektiv und würde den Brand wahrscheinlich nicht löschen (da das Wasser überschwappt, die Helfer sich behinderten oder schnell müde würden). Bilden die Vielen aber eine Kette und reichen sich das Löschwasser zum Haus und die leeren Eimer in die andere Richtung zurück, so wäre ein Höchstmaß an Effektivität erreicht, das ohne Koordination nicht geglückt wäre.

---

384 Roger Häußling 2010. S. 65.

385 Ulrik Brandes,Volker Schneider: Netzwerkbilder – Politiknetzwerke in Metaphern, Modellen und Visualisierungen. In: Volker Schneider, Frank Janning, Philip Leifeld, Thomas Malang: Politiknetzwerke – Modelle, Anwendungen und Visualisierungen. Wiesbaden 2009. S.37.

386 Edward O. Laumann, Franz U. Pappi: Networks of Collective Actions – a Perspective on Community Influence Systems. New York 1976.

387 Nicholas A. Christakis, James H. Fowler: Connected! – Die Macht sozialer Netzwerke und warum glück ansteckend ist. Frankfurt a.M. 2010. S. 134.

388 Jens Aderhold: Soziale Bewegungen und die Bedeutung Sozialer Netzwerke. In: Christian Stegbauer, Roger Häußling (Hrsg.): Handbuch Netzwerkforschung. Wiesbaden 2010. S. 741.

Netzwerke können verschiedene Konfigurationen aufweisen. Zunächst unterscheidet man zwischen natürlich gewachsenen Netzwerken, den sogenannten organischen Netzwerken und den von außen vorgegebenen Netzwerken, den künstlichen Netzwerken. Die künstlichen Netzwerke lassen sich in Typen unterteilen. Dabei werden die Struktur und der Aufbau von Beziehungen dargestellt. Eine optimale Netzwerkkonfiguration wird durch den Zweck des Netzwerkes bestimmt. Die wichtigsten sollen herausgegriffen werden.

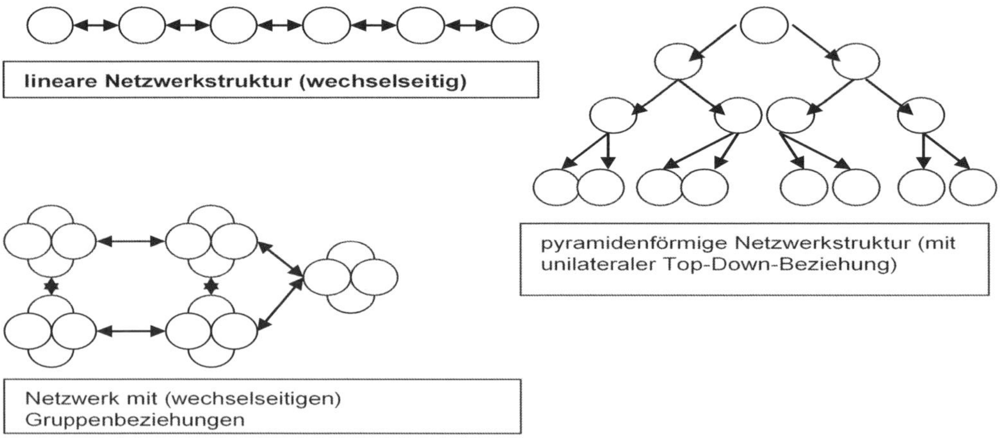

Abb. 4.22 *Netzwerkstrukturen. Bötticher.*

Ein *lineares Netzwerk* ist ein Netzwerk ohne Verästelungen. Hier werden Dinge direkt von A nach B befördert. Bricht ein Glied der Kette heraus, so kann eine Sache oder eine Botschaft nicht weiter transportiert werden. Ein baum- oder pyramidenförmiges Netzwerk hat durch die schrittweise Vergrößerung der Anzahl der Teilnehmer eine verstärkende Wirkung, insbesondere bei Botschaften. Hier ist der Schaden minimiert, wenn eines der Mitglieder des pyramidenförmigen Netzwerkes ausfällt. Bei Netzwerken, die aus Gruppenbeziehungen bestehen (etwa Organisationen), findet man in der Regel einen Beauftragten, der Kontakte zu anderen Gruppen unterhält und Botschaften usw. in seine eigene Gruppe und in andere Gruppen trägt. Die Gruppenmitglieder einer Gruppe unterhalten dabei engere Kontakte als zu Mitgliedern fremder Gruppen. Die Personen oder Akteure eines Netzwerkes werden Knoten genannt, die Beziehungen der Akteure werden in der Netzwerkforschung als Kanten bezeichnet. Die *Beziehungen* innerhalb eines Netzwerkes können wechselseitig sein, also Dinge in zwei oder mehrere Richtungen transportieren, oder einseitig sein, so dass Informationen oder andere Sachen nur in eine Richtung transportiert werden können. Dabei ist zu beachten, ob eine Beziehung von Unten nach Oben organisiert ist (Grass-Root-Bewegungen weisen dieses Prinzip auf, das auch Bottom-Up-Organisation genannt wird) oder von Oben nach Unten geordnet ist und als Top-Down-Organisation bezeichnet wird. Diese Organisationsfrage beleuchtet die Frage der Machtverteilung. In natürlichen, lebensweltlichen Netzwerken, die auch organische Netzwerke genannt werden, sehen die Gebilde weitaus bizarrer aus.

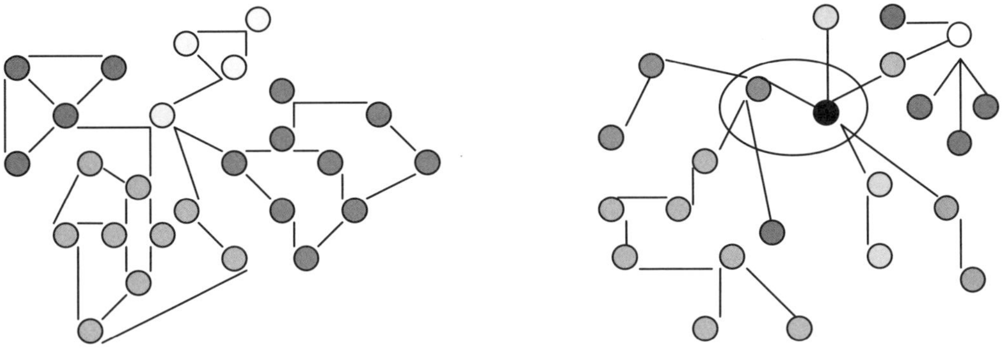

Netzwerk A	Netzwerk B
Ein stark untereinander vernetztes Netzwerk ist ein *transitives* Netzwerk. Die zentrale Person dieses Netzwerks ist gelb markiert. Sie ist die Verbindung zwischen den stark vernetzten Beziehungsteilen des Netzwerkes. Die grün markierten Personen z.B. weisen untereinander eine hohe Vernetzung auf, aber keine mit den lila markierten Personen.	Hier ist ein Netzwerk dargestellt, das keine hohe *Transivität* aufweist, die Mitglieder weisen untereinander keine hohe Vernetzung auf. Die schwarz markierte Person, die 5 Beziehungen unterhält, weist eine hohe Netzwerkreichweite auf, die weiß markierte Person, die ebenfalls 5 Beziehungen unterhält, besitzt keine so hohe Reichweite.

Abb. 4.23 *Transitivität und Vernetzung. Bötticher.*

In organischen Netzwerken wird der Machtfaktor in der Regel mit Reichweite übersetzt. Diese Reichweite kann durch Macht bestimmt sein, aber ist vor allem durch die Verortung der Person im Netzwerk zu erkennen. Eine hohe Reichweite bedeutet in diesem Zusammenhang eine hohe Transportfähigkeit von Dingen, wie z.B. Ideen oder Überzeugungen. Die Reichweite kann sich in Macht übersetzen, etwa, indem eine hoch vernetzte Person die Reichweite ihres Netzwerkes nutzt und zu Zwecken der Macht gebraucht, gleichwohl ist es möglich, dass eine Person hohen Ansehens ein Netzwerk aufbaut, nachdem sie zu Ansehen gelangt ist – in diesem Fall hätte sich Macht in Reichweite übersetzt. Die Frage der Übersetzungsrichtung kann mittels Befragung erhoben werden. Macht wird in Beziehungen in der Regel durch Anerkennung übertragen. Die Übertragung von Dingen ist ein zentrales Kriterium zur Analyse von Netzwerken. Die Richtung von Übertragungen wurde bereits veranschaulicht (*Wie*?), auch wer eine hohe Transportfähigkeit besitzt (*Wer*?), wurde angesprochen. Im Bereich der Extremismusforschung ist die Frage danach, welche Ideen und Anschauungen, Einstellungen usw. transportiert werden, zentral (*Was*?). Die heutige Forschung ist auch stark durch das Aufkommen von Technik geprägt (*Wodurch*?).

Wie im Beispiel des Netzwerks B, kommt es darauf an, an welcher Stelle man sich im Netzwerk befindet. Den Teilnehmern eines Netzwerks ist ihre Verortung in diesem meist nicht bewusst. Sogenannte skalenfreie Netzwerke, die bei zufälligen Ausfällen robust reagieren, also nicht leicht zerstörbar sind, werden im Rahmen von Maßnahmen gezielt untersucht. Oft wird zur Ermittlung Software eingesetzt. Die im Netzwerk B mit einem Kreis markierten Personen, sind für die Aufrechterhaltung des Netzwerkes wichtig. Sie bilden die Verbindungen zwischen den weiteren Netzwerkteilen. Können diese Personen, beispielsweise durch Fahndungsmaßnahmen, sondiert werden, oder durch Festnahmen von dem Netzwerk getrennt werden, so kann der Personenzusammenschluss aufgelöst, zumindest aber erheblich gestört werden. Es zeigt sich, dass gezielte Maßnahmen gegen eine relativ geringe Zahl von Personen effektiv sein können (hier sind es 11.5% der Gesamtpersonen).

Extremistische und terroristische Netzwerke

Man kann idealtypisch zwei Gruppentypen unterscheiden die sich im extremistischen Spektrum wiederfinden. Im Folgenden sollen zwei Gruppierungen ganz abstrakt und beispielhaft näher betrachtet werden, an ihnen sollen die unterschiedlichen Netzwerkkonfigurationen idealtypisch dargestellt werden. Da die Strukturen der Gruppierungen im Fokus stehen, wird auf eine historische Vorstellung der Gruppen verzichtet.[389]

Die Bewegung 2. Juni	Die Rote Armee Fraktion
Kleine Kerngruppe, keine öffentliche Führungsclique, Ideal der Mitbestimmung, kein zentralistischer Aufbau, bottom-up-Kommunikationsstruktur, kein klares Machtzentrum, Einfluss wird in Macht übersetzt, ist aber nicht zentral verortet, sondern findet sich an verschiedenen Orten des Zusammenschlusses.	Kleine Kerngruppe, Führungsclique, die für die strategische Ausrichtung der Gruppe verantwortlich ist, zentralistischer Aufbau, Ideenträger bilden Gruppenzentrum, Kommunikationsstruktur mit top-down Ausrichtung, Einfluss wird in Macht übersetzt und ist im Zentrum angesiedelt.

Abb. 4.24 *Zwei Bewegungen. Abbildung von Felix Kufus.*

Die Gruppe „Bewegung des 2. Juni“ die sich als linken, proletarischen Arm der Stadtguerilla-Bewegung verstand und in Berlin operierte, unterscheidet sich von der Roten Armee Fraktion, die das Selbstbild einer avantgardistischen Elite pflegte – diese Selbstverständnisse

[389] Siehe: Stefan Aust: der Baader-Meinhof-Komplex. Hamburg 1985; Wolfgang Kraushaar: Die RAF und der linke Terrorismus. Hamburg 2006; Angelika Holderberg (Hrsg.): Nach dem bewaffneten Kampf – Ehemalige Mitglieder der RAF und Bewegung 2. Juni sprechen mit Therapeuten über ihre Vergangenheit. Gießen 2007; Michael März: Die Machtprobe 1975 – Wie RAF und Bewegung 2. Juni den Staat erpressten. Leipzig 2007; Empfehlenswert sind ferner: http://www.bewegung.in/mate.html. und http://www.rafinfo.de/literatur/index.php, die bedauerlicherweise nicht mehr gepflegt wird.

spiegeln sich auch in der Struktur des Netzwerks wider. Die Bewegung 2. Juni und die RAF verübten beide Anschläge, ihre Mitglieder wurden zur Fahndung ausgeschrieben. Dies hatte auch Einfluss auf das Netzwerk. Eine zentralistisch organisierte Gruppe wie die RAF, auf die Fahndungsdruck ausgeübt wird, verändert sich. Ein Netzwerk ist nichts starres, sondern in Bewegung, wie eine liquide Masse. Die Beobachtung der Veränderungen von Netzwerken ist für die Extremismusforschung fruchtbar, da sie aufzeigen kann, warum bestimmte Netzwerke sich auflösen und andere nicht, auch ob Maßnahmen sinnvoll sind bzw. waren kann so beantwortet werden. Gleichzeitig findet sich ein Umstand, von dem wohl alle sozialwissenschaftlichen Modelle betroffen sind: Überschneidungen sind an der Tagesordnung – es wird sich kaum ein Netzwerk finden lassen, das rein zentralistisch organisiert ist oder die Kommunikationsrichtung ausschließlich top-down ausgerichtet ist.

Für die Erforschung terroristischer Netzwerke macht Jens Aderhold drei Perspektiven der Betrachtung aus, die an jeweils unterschiedliche Gegenmaßnahmen gekoppelt sind. Die akteurszentrierte Strukturanalyse, das Terrornetzwerk als Hybrid und die thematische Kontextuierung. Die akteurszentrierte Strukturanalyse erfasst Merkmalsausprägungen statistisch und überführt sie in ein Strukturmuster, sie ist eine deskriptive Methode. Die thematische Kontextuierung zeigt Einbettungs- und Unterstützungsstrukturen und ist den Analysemethodiken von Kemmesies bzw. Scheuch und Klingemann (s.o.) ähnlich. Sie greift gesellschaftliche Prozesse auf, thematisiert Motive, Milieustrukturen und Entwicklungseffekte, denen sie eine vernetzende Wirkung zuschreibt. Die Perspektive von Terrornetzwerken als Hybride befindet sich zwischen Organisations- und Netzwerkforschung.[390]

Man unterscheidet im Allgemeinen zwischen Führungspersonen (F), diese sind zentral für die Entwicklung von Strategien, ihr Einfluss auf andere Personen ist potent, sie sind Träger der Werte, die auch die Gruppe insgesamt vertritt. Sie fungieren als Identifikationsfiguren für die übrigen Teilnehmer. Organisationspersonen (O) koordinieren an Aktivitäten beteiligte Personen und stellen zwischen Gruppen Verbindungen her. Mitglieder (M) sind Beteiligte ohne erheblichen, gruppenübergreifenden Einfluss. Randfiguren (R) haben keinen Einfluss und sind nur partiell Beteiligte, sie haben eher eine unterstützende Funktion.

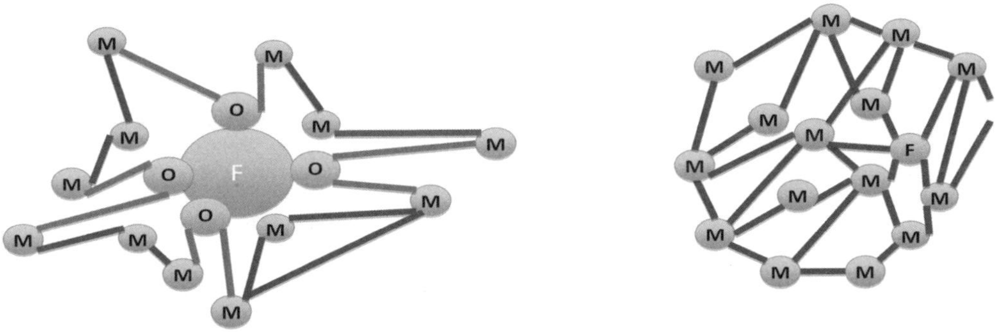

Abb. 4.25 *Heuristik der Netzwerkstrukturen. Abbildung Felix Kufus.*

[390] Jens Aderhold 2010. S. 745.

Die als rechtsterroristisch und paramilitärisch orientierte Wehrsportgruppe ‚Schutzgruppe' innerhalb der rechtsextremen ‚Kameradschaft Süd', die einen Sprengstoffanschlag plante, stellt ein Beispiel für zentralistisch organisierte Kleingruppen dar. Im Rahmen des Netzwerkansatzes wird auch von ‚Zelle' anstatt ‚Kleingruppe' gesprochen. Ihr Rädelsführer Martin Wiese gruppierte um das Jahr 2002 herum eine kleine Anzahl von Personen zur Vorbereitung gewalttätiger politischer Akte, darunter ein Sprengstoffanschlag im Rahmen der Grundsteinlegung eines jüdischen Gemeindezentrums. Martin Wiese, bestimmend für die Gruppe, hatte sich zunächst Jessica Fasel als Stellvertreterin auserkoren, die auch eine an die Kameradschaft Süd angebundene Frauengruppe leitete. Später wurde Alexander Maetzing erster und David Schulz zweiter Stellvertreter von Martin Wiese. Zur Gruppe gehörten weiterhin Monika Stillger, Ramona Schenk, Andreas Joachim, Thomas Schott und Karl-Heinz Statzberger sowie Maik Pohl und andere. Während Martin Wiese das Anschlagsziel bestimmte, regelmäßige Treffen organisierte und gemeinsam mit anderen Mitgliedern die Bewaffnung organisierte, waren einige dazu aufgerufen, Namenslisten potentieller Opfer zu erstellen oder auszuspionieren. Den einzelnen Gruppenmitgliedern kamen so spezielle Aufgaben zu, für die sie zuständig waren. Beziehungen können durch das Rollenverhalten geprägt sein. Die Rolle oder Aufgabe definiert auch den Standort der Person im Netzwerk. Während Martin Wiese als Führungsperson in der Mitte des Netzwerkes steht, sind die Organisatoren Mitglieder mit prominenter Stellung – sie werden in die Nähe der Führungsperson platziert. Das netzwerktypische Strukturmuster der ‚fehlenden Detailsteuerung' ist ersichtlich – ihren Aufgabenbereich regelten die Organisationspersonen weitgehend allein. Mayntz weist auf Effektivitätsvorteile hin, die durch klare Führung, Differenzierung nach Funktionen und eine vertikale Kommunikationsstruktur erwirkt werden.[391] Die Kameradschaft Süd und dessen Mitglieder, die sich nicht in der Wehrsportgruppe befanden, bilden einen äußeren Rahmen. Dieser Rahmen hat, wenngleich organisatorisch eher nicht relevant, die wichtige Funktion der ideologischen Verstärkung inne.

Terrornetzwerke als Hybride

Marc Sageman ist im Bereich der Erforschung Jihadistischer extremistischer Netzwerke wohl als Pionier zu bezeichnen[392]. Er zeigte auf, dass gerade die Jihadistische Bewegung nicht zentralistisch organisiert war – und stellte damit den Krieg gegen den Terror in Frage, der sich auch darauf konzentrierte, Osama bin Laden als zentral leitende Führungsfigur zu fangen. Sageman sprach von einem führerlosen sozialen Netzwerk – also keiner strukturierten Gruppe, sondern ‚ein paar Jungs' – das soziale Netzwerk des 11.09.2001 wird so durch bottom-up Prozesse beschrieben. Bruce Hoffmann hingegen sah ein Netzwerk mit top-down Ausrichtung.[393] Der geführte Streit ist paradigmatisch, gleichwohl vollkommen obsolet,

---

391 Renate Mayntz: Hierarchie oder Netzwerk? Zu den Organisationsformen des Terrorismus. Berliner Journal für Soziologie Nr. 14. 2004. S. 251–262.

392 Marc Sageman: Understanding Terror Networks. Pennsylvania 2004. Ebd.: Leaderless Jihad – Terrornetworks in the twenty first century. Pennsylvania 2008.

393 Zwischen den einzelnen Experten entwickelte sich im Nachhinein eine Debatte. Bruce Hoffmann betonte in seiner Kritik „The Myth of Grass-Roots Terrorism“, dass Top-Down-Prozesse in der Erforschung Jihadistischer Netzwerke nicht zu kurz kommen dürften. Marc Sageman betonte in seiner Antwort „Does Osama still call the Shots?“ die Importanz der Erforschung von bottom-up-Prozessen. Vgl. http://www.foreignaffairs.com/

betrachtet man Terrornetzwerke als Hybride oder paradoxe Organisationen (Mayntz 2004, Priddat 2002, Aderhold 2004). Neben einer zielgerichteten Organisation, die Terrornetzwerke wie AlQaida aufweisen, steht eine fehlende zentralistische Detailsteuerung. Die Hybridstruktur erwirkt auch die Vorstellung eines übergeordneten (Ziel-) Netzwerkes mit klarer Organisationsausrichtung und darunter liegenden (Projekt-) Netzwerken mit netzwerktypischen Strukturmustern, die sich aufgrund der Projektteilnahme (Bspw. ‚Anschlag') gebildet haben und bei Erfolg oder endgültigem Misserfolg wieder auflösen. Das Zielnetzwerk dient als soziale Infrastruktur mit zeitlicher Stabilität, während das projektspezifische Netzwerk zeitlich betont instabil ist und die Sozialbeziehungen das Projekt i.d.R. nicht überdauern, einen Projektzyklus aufweisen, der auch bei hoher zeitlicher Instabilität durchschlagende Kraft haben kann. Jens Aderhold hat auf den Handlungszusammenhang als Projekt hingewiesen: „Was bei Beobachtungen unterschiedlichster Netzwerkkonfigurationen an Gemeinsamkeiten auffällt, ist, dass die Prozesse im Kontext von Netzwerk und Kooperation zirkulär konfiguriert sind, ohne aber auf identische Wiederholung hinauszulaufen. Prozessschritte netzwerkbasierter Kooperation werden immer wieder durchlaufen, wenn auch mit anderen Mitteln und unter anderen Kontextbedingungen."[394]

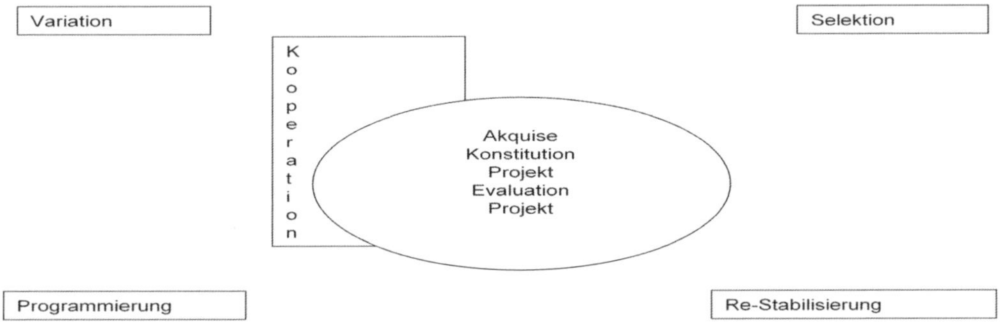

Abb. 4.26 *Strukturparameter Kooperations- und Netzwerkentwicklung. Aderhold.*

Aderhold unterscheidet die Projektzyklen Konstitution, Projektausführung, Auflösung, Akquise. Gesteuert werden diese Phasen durch strukturierende Entscheidungen. Die erste dieser Strukturentscheidungen wird getroffen, wenn anhand spezifischer Selektionskriterien Projektpartner ausgewählt und eingebunden werden, die Akquise und Konstitution. Die Phase der Projektausführung ist durch temporäre Stabilität des (Projekt-)Netzwerkes gekennzeichnet, die Rollen und Aufgaben sind darin verteilt, die notwendigen Schritte zur Durchführung sind definiert und werden ausgeführt. In Anlehnung an Burke (2004) spricht Aderhold hier von der ‚komplex angelegten' Durchführung. In der Auslösungsphase ändern sich die Bin-

articles/63408/bruce-hoffman/the-myth-of-grass-roots-terrorism Vgl. http://www.foreignaffairs.com/articles/64460/marc-sageman-and-bruce-hoffman/does-osama-still-call-the-shots

394 Jens Aderhold 2010. S. 747.

nenverhältnisse des Projektnetzwerkes, neben Einschätzungen über Verlauf und Erfolg des Projekts werden „kritische und erfolgreiche Faktoren der Zusammenarbeit [...] in den ‚Katalog der Selektionskriterien' aufgenommen."[395] Dies ist die Evaluationsphase.

In vielerlei Hinsicht ähnelt die Projektvorstellung der von Roger Griffin ausgearbeiteten Faschismus-Analogie des Schleimpilzes[396]: „Slime mould (myxomycota) is a hybrid life-form made up of countless singlecell organisms that thrive in the conditions of extreme damp found, for example, in abandoned English country cottages. Though it has no central nervous system, it has the remarkable property of forming into a brainless, eyeless super-organism that somehow moves purposefully like a mollusc or slug animated by a single consciousness."[397]

Es sind kleine Einzeller die auf wundersame Weise zueinander finden und durch ihre Kooperation etwas neues, anderes bilden, als sie es selbst sind. Die Kooperation führt zu etwas größerem, was sich nicht durch die Summe seiner Teile beschreiben lässt, die sich wundersam vollzieht und ebenso wundersam wieder auflöst. Hier ist auch eine Analogie zu dem Bild des Schwarms gefunden, der sich auf eben diese Weise zusammenschließt.

„In the context of extreme right-wing politics in the contemporary age groupuscules are intrinsically small negligible political (frequently meta-political, but never primarily party-political) entities [...]. Though they are fully formed and autonomous, they have numerically negligible active memberships and minimal if any public visibility or support. Yet they acquire enhanced influence and significance through the ease with which they can be associated, even if only in the minds of political extremists, with other grouplets which are sufficiently aligned ideologically and tactically to complement each other's activities [...]. As a result the groupuscule has the Janus-headed property of combining organizational autonomy with the ability to create informal linkages with, or reinforce the influence of other such formations. This enables groupuscules, when considered in terms of their aggregate impact on politics and society, to be seen as forming a non-hierarchical, leaderless, and centreless (or rather polycentric) movement with fluid boundaries and constantly changing components. This [...] is ideally adapted to the task of perpetuating revolutionary extremism in an age of relative political stability, however utopian in pragmatic terms."[398]

Das Rhizom ist in der Biologie als ein ‚Sprossachsensystem' bekannt, auf Deutsch wird es auch als ‚Wurzelstock' bezeichnet. Bei Griffin dient das Rhizom als Metapher für den Lebensraum von dezentralen, nicht hierarchischen Organisationen, Gruppen und Individuen. Das ‚Zwischenwirtelstück' steht für den Kantenbegriff der Netzwerktheorie, hier ist dasjenige Stück gemeint, welches Blatt und Wurzel verbindet. Während der Prozess des Zusammenfindens bei Griffin noch ungenügend beschrieben ist, ist die von Aderhold ausgearbeitete Vorstellung von Projektnetzwerken eine gute Erklärung für Prozesse innerhalb terroristischer Netzwerke. Gleichzeitig steht das Rhizom als ungleich älteres Beispiel des metaphorischen Umgangs mit dem, was Antonio Negri ‚multitude' genannt hat, und heute mit der Metapher des Fischschwarms behandelt wird. Die Fluidität, das nicht mehr greifbare Netzwerk, ermög-

395 Jens Aderhold 2010. S. 747.
396 Roger Griffin 2003. S. 27–50.
397 Roger Griffin 2003. S. 27–50.
398 Roger Griffin 2003. S. 27–50.

licht es den führerlosen Netzwerken, schlagkräftig zu sein. Mittels der Rhizom-Metapher und der Fischschwarm Metapher ist bspw. die durch Anarchisten konzeptionierte ‚direkte Aktion' angesprochen und ist, nach dem Politologen Ondřej Císař (s. Abschnitt über soziale Bewegungen mit linksextremistischen Elementen), dem revolutionären Radikalismus des globalen Typus zuzuordnen; Griffin ordnet das Phänomen dem revolutionären Extremismus zu.

Anhand einer beispielhaften Abbildung eines Projektnetzwerkes (des 11.09.2001, dem islamistischen Anschlag auf die USA) wird die Vorgehensweise der Netzwerkanalyse einmal gedeutet.[399] Das ursprünglich entworfene Netzwerk von Valdis Krebs ist für unseren Zusammenhang geändert worden, um Kanten und Knoten des Netzwerkes deutlicher darstellen zu können. Das Projektnetzwerk ist als Kommunikationsnetzwerk dargestellt, Mohammed Atta und Marwan Al-Shehhi sind aufgrund ihres hohen Vernetzungsgrades die zentralen Figuren, vielfach weisen die Teilnehmer des Projektnetzwerks zum Anschlag auf die USA keine zu starken Verbindungen auf, die Mehrheit hat lediglich 3–5 bzw. 6–10 Kommunikationskanäle zur Verfügung; weder Osama bin Laden, noch Aiman al-Zawahiri sind Teil des Projektnetzwerkes, sondern stehen als Führungspersonen an der Spitze des übergeordneten Zielnetzwerkes mit klarer Organisationsausrichtung und sind Teil des übergeordneten sozialen Versorgungsnetzes. Das übergeordnete Zielnetzwerk ist in der ersten und der dritten Phase entscheidend, das Projektnetzwerk ist für die Durchführung entscheidend. Zur Erforschung semantischer Netzwerke bieten sich die Arbeiten Jana Diesners an, die wirklich empfehlenswert sind. Die Informatikerin mit kommunikationswissenschaftlichem Background ist eine zentrale Figur der Erforschung semantischer Netzwerke.

Das dargestellte Netzwerk bleibt gleichwohl klassisch – es basiert auf persönlichem Kontakt der einzelnen Mitglieder: ‚Man kennt sich'. Die ungleich neueren Netzwerke basieren auf technischer, indirekter Kommunikation: Man muss sich nicht persönlich kennen, man muss nicht einmal voneinander wissen. Der jeweils andere stellt lediglich eine Potentialität dar – es könnte ihn geben. Trotzdem funktioniert der Kommunikations- und Informationsfluss innerhalb des Gesamtnetzwerkes. Person A stellt etwas ins Netz, Person B ‚konsumiert' und radikalisiert sich entweder selbst, oder in einer Kleingruppe vor Ort, leitet die Information über persönliche Kontakte weiter, verlinkt die Website und schafft neue Bezüge oder Ähnliches – in jedem Fall kann die Kommunikation über extremistische Inhalte ohne weitere persönliche Kontakte aufrecht erhalten werden. Ein Beispiel für diese neue Form des Extremismus ist die Global Islamic Media Front (GIMF). Im Bereich technisch-kommunikativer Netzwerke ist die Arbeit von Judith Tinnes zu nennen, die die World-Wide-Web-Nutzung als Leitmedium Jihadischer Gruppen untersuchte.

---

399 Zur Originalabbildung Siehe: Valdis Krebs: Connecting the Dots Tracking Two Identified Terrorists. http://www.orgnet.com/prevent.html

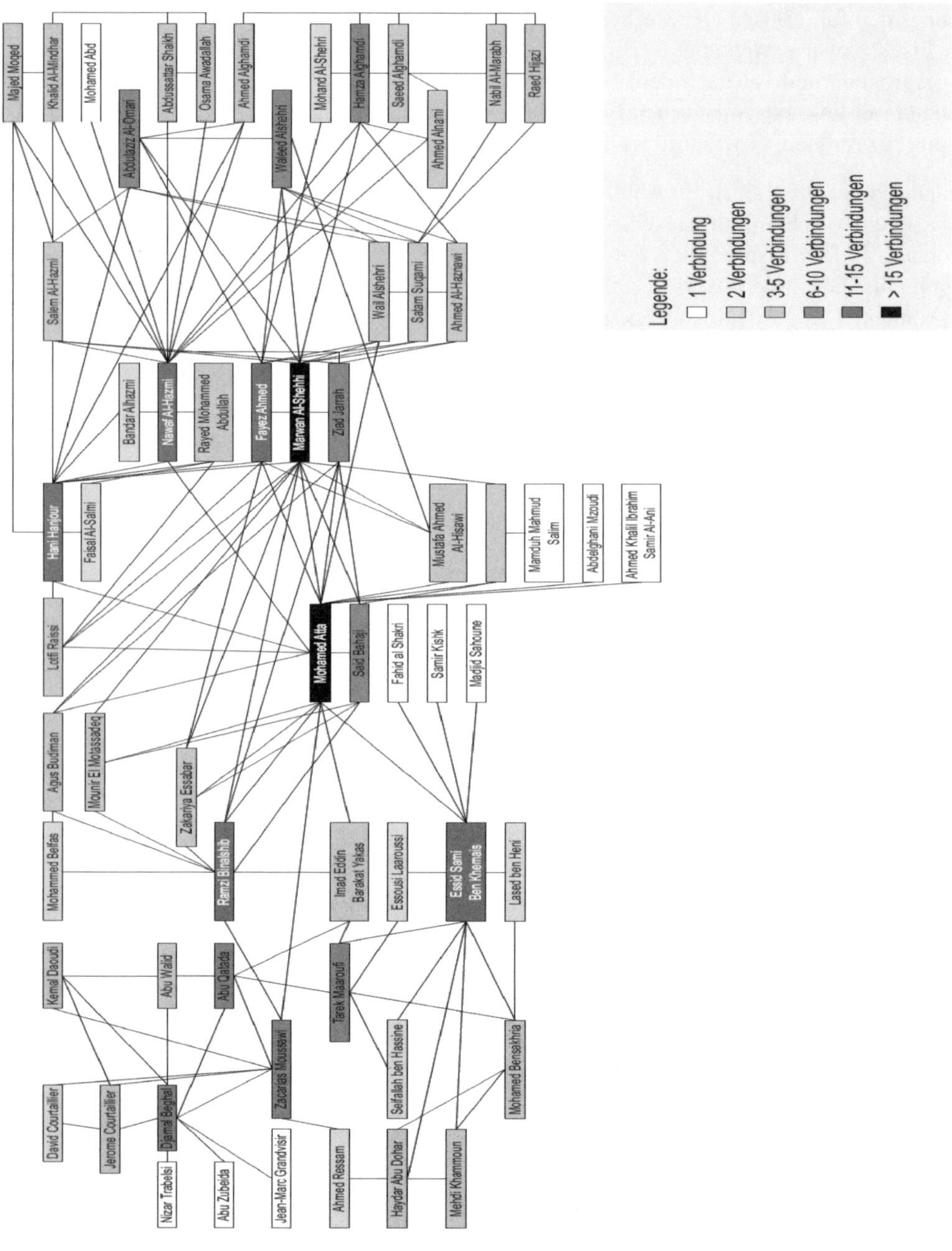

Abb. 4.27 *Connecting the Dots Tracking Two Identified Terrorists. Krebs. Abgewandelt durch Bötticher.*

Die Verbindung von Technologie und sozialem Netzwerk wird auch ein immer wichtiger werdender Faktor in der Erforschung des Extremismus. Hier ergibt sich eine weitere interessante Schnittstelle zwischen der Sozialpsychologie, der Gruppen- und der Netzwerkforschung. Die im Internet entstehende Form der Zusammenarbeit wird als das ‚Schwarm-Phänomen' bezeichnet. Der Schwarm ist eine Form der Selbstorganisation, Strukturen im Sinne von bottom-up- oder top-down-Beziehungen sind allenfalls punktuell vorhanden, Sie entstehen, lösen sich aber momentan wieder auf und bilden sich neu. Der Schwarm gleicht einem liquiden Muster. Die nervenaufreibende Suche und Identifizierung geheimer Codes, das ständige Anpassen an andere Mitglieder der Bewegung, ist durch eine, vor dem inneren Auge des Nutzers laufende Idealvorstellung, einer nunmehr virtuellen Bewegung ersetzt. Es sind verschiedene Verläufe möglich, die durch die Netzwerkanalyse nachgezeichnet werden können. Es ist möglich, dass der Nutzer sich durch die Begeisterung mitreißen lässt und um sich herum, aus bereits bestehenden Kontakten anderer Netzwerke, ihm bekannte Personen um sich versammelt, um autark und unter dem Label einer bestehenden extremistischen Organisation, ein eigenes terroristisches Projekt durchzuführen. Möglich ist auch, dass der Nutzer sich durch die Begeisterung anderer mitreißen lässt und im weiteren Verlauf lediglich Protestverhalten zeigt und Kritik an bestehenden Missständen artikuliert wird. Auch hier ist der Schwarm fließend, keinem Gegenstand zuzuordnen. Es geht um den Austausch von Ansichten, Informationen, Nachrichten, die von der Weiterleitung leben, gleichsam geht es um das ständige Surfen auf extremistischen Internetseiten, den Austausch über Foren und die Möglichkeit, sich sein eigenes Süppchen zu bräuen'. In den virtuellen Phänomenen wie den ‚Facebook-Revolutionen' wirken die virtuellen Netzwerke ähnlich einem Brandbeschleuniger, haben intensivierenden Charakter. Sie können ‚smart mobs'[400], projektbezogene Kollaborationen der Nutzer bewirken, die mehr Freiheit wünschen, aber haben die gleiche Funktion auch für Extremisten. Für Narzissten sind soziale Netzwerke attraktiv – hier können sie sich ungehemmt darstellen.[401]

Es ist insgesamt eine neue Qualität feststellbar: die Existenz als virtuelle Organisation, die Existenz als führerloses Netzwerk ist in Hinblick auf die Attraktivität für Einzeltäter problematisch. Die hohe Fluktuation und Dynamik ist an eine zunehmende Komplexität des Spektrums gekoppelt, so dass von einer schier unüberschaubaren Anzahl von autonom organisierten Klein- und Kleinstgruppen oder Einzelpersonen ausgegangen wird, die sich lediglich durch eine ungefähre ideologische Ausrichtung dem übergeordneten virtuellen Zielnetzwerk zuordnen und im Namen dieses Labels agieren, ohne je Kontakte zu der tatsächlichen Organisation aufgenommen zu haben. Es handelt es sich um quasi-interorganisationale Netzwerke.

An der von Kovas Boguta veröffentlichten Karte[402] ist die Ausbreitung einer Nachricht dargestellt, die sich während des demokratischen Aufstandes in Ägypten verbreitete. Auch die jüngsten Aufstände von Jugendlichen im Sommer 2011 im United Kingdom können mittels Ausbreitung und Übernahme von Aussagen und Modellen erfasst werden. Netzwerke sind Übertragungskanäle. Christian F. Hempelmann untersuchte das als das ‚Tanganyika-Lachepidemie' bekannt gewordene Phänomen einer sozialen Ansteckung in Form einer Massen-

400 Howard Rheingold: Smart-mobs – the next social revolution, transforming cultures and communities in the age of instant access. Cambridge 2002.

401 Laura E. Buffardi, Keith Campbell: Narcissism and social networking web-sites. In: personality and social psychology bulletin Nr. 34. 2008.

402 http://www.kovasboguta.com/index.html

epidemie[403], Christakis und Fowler untersuchten, wie die Fettleibigkeit sich auf ein Netzwerk auswirkt[404], Sydow et. al. analysierten die Kompetenzentwicklung in Netzwerken[405], Charles R. Seger[406] untersuchte experimentell, wie sich Gemeinschaftsgefühle inokulieren ließen – feststellen lässt sich eine allgemeine Tendenz des ‚Mitschwimmens' in Netzwerken. Schwimmen mit dem Strom basiert auf Übertragung, der Inhalt dieser Übertragung kann genauso hysterisches Lachen, Fettleibigkeit oder extremistische Ansichten enthalten. Auch in diesem Sinne ist eine weitere Beschäftigung über die Phänomene Extremismus/Terrorismus mittels netzwerkbasierten Analysemodellen hoch interessant und insbesondere dann, wenn Schwarm-Prozesse untersucht werden sollen. Der Begriff des Schwarms ersetzt den schon so lange obsoleten Begriff der Masse. Die netzwerkbasierte Erforschung des Extremismus wird der empirisch-analytisch arbeitenden Forschung zugeordnet. Sie eignet sich für kleinere Studien, die selbstständig erfolgen sollen genauso, wie für größere Forschungsprojekte mit langer Zeitdauer.

Die neuen Kommunikationsmöglichkeiten haben Einfluss auf das Lone-Wolf-Syndrom:

„These influences include, to varying degrees and in variable combinations: personal aversion or depression, negatively perceived developments in personal life or career, interaction with extremist movements, socio-political polarization and radicalization, militant literature and Internet publications, and admired terrorism occurring elsewhere."[407]

Der Lone Wolf operiert den Verlautbarungen des Instituts voor Veiligheids- en Crisismanagement zufolge, individuell und gehört weder einer Gruppe noch einem (nicht virtuellen) Netzwerk an. Er operiert ohne Einfluss von Außen im Sinne einer instruierenden Person und hat sich auch nicht mittels Rückgriff auf solche vorbereitet, um einen gewaltvollen Akt zu begehen. Der Lone Wolf, der einsame Wolf, findet im Netz extremistische Strukturen vor, begibt sich aber nicht selbst in diese, sondern plant und vollführt terroristische Anschläge oder gewalttätige Akte, die darunter liegen können, um eine Gruppe mit einem ähnlichen Ziel zu unterstützen. Es findet eine Etikettierung statt.

Das dargestellte Netzwerk der Attentäter des 11.09.2001 in den USA stellt ein annähernd reales Netzwerk dar. Netzwerke wie dieses werden normalerweise mittels gängiger Software etwa UCINET oder SIENA abgebildet. Es können Positionen der einzelnen Netzwerkteilnehmer ermittelt werden, wie zum Beispiel ihr Sozialkapital. Daneben gibt es auch behördliche Softwareprogramme, z.B. iBase8 der i2group, KaPo Solothurn von SAP, trovicor Monitoring Center des ehemals zur Siemens AG gehörenden Trovicor GmbH, rsCase, rsFrame und rsIntCent der rola Security Solutions GmbH und weitere Softwareprodukte. Die Produkte

403 Christian F. Hempelmann. 2007. „The Epic Tanganyika Laughter Epidemic Revisited." HUMOR – International Journal of Humor Research. 20/1. S. 49–71.

404 Nicholas A. Christakis, James H. Fowler: Connected! – Die Macht sozialer Netzwerke und warum Glück ansteckend ist. Frankfurt a.M. 2010.

405 Jörg Sydow et.al.: Kompetenzentwicklung in Netzwerken – Eine typologische Studie. Wiesbaden 2003.

406 Charles R. Seger, Eliot R. Smith, Zoe Kinias, Diane M. Mackie: Knowing how they feel: Perceiving emotions felt by outgroups. In: Journal of Experimental Social Psychology Nr. 45 2009. S. 80–89; Charles R. Seger, Eliot R. Smith, Diane M. Mackie: Can emotions be truly group level? Evidence regarding four conceptual criteria. In: Journal of Personality and Social Psychology, Vol. 93(3). 2007. S.431–446.

407 http://www.transnationalterrorism.eu/tekst/publications/Lone-Wolf%20Terrorism.pdf

von Nachrichtendiensten und der Polizei bieten zudem eine umfassendere Analysefähigkeit. Basierend auf den Überlegungen der Grounded Theory, hat im Bereich der Analyse großer Datensätze die computerbasierte Forschung eine Revolution durchlebt.

Die dynamische Netzwerkanalyse nach Kathleen M. Carley und Jana Diesner extrahiert relationale Daten aus Texten. Dieses Verfahren ist dann sinnvoll, wenn traditionelle Verfahren der Netzwerkerhebung nicht möglich sind. Die computerbasierte Relationsextraktion ist eine Weiterentwicklung der Textanalyse und für die Bearbeitung großer Datensätze entwickelt worden. In der relationalen Textanalyse werden „[…] Bedeutungsunterschiede, die nicht in der Identität und Häufigkeit von Knoten begründet liegen, sondern in deren Verlinkung […]“[408] aufgezeigt. Die Kodes werden computerlinguistisch bearbeitet. Die gewonnenen Daten können mit anderen Attributen verbunden werden, wie Carley dies aufzeigte: „By using information entropy as the basis for measuring the information in the network, we can combine the network information with information provided by other attributes (e.g. geospatial labels) in order to provide a comprehensive picture of the information contained in a particular network resolution.“[409] Geospatial Labels sind eine problematische Angelegenheit gerade in Bezug auf den ‚Kampf gegen den Terrorismus‘ da sich mit diesem Forschungsansatz (Geospatial Analysis of Terrorist Activity GATA) auch die Problematik der außergerichtlichen Tötungen verbindet. Ein Beispiel für mögliche Kodierungen lieferte Luke M. Gerdes in der Veröffentlichung „Codebook for Network Data on Individuals Involved with Terrorism and Counterterrorism“.[410]

Bei der Erforschung extremistischer Netzwerke im Internet (auch ohne software-basierte Netzwerkforschung) kann z.B. in Web-2.0-Applikationen (oft auch als ‚social software‘ bezeichnet bzw. ‚social networking sites‘) das Freundschaftsverhalten oder die Übernahme von Sprachregelungen (ganz allgemein: Strukturbildungen) erforscht werden; wichtig ist, von Netzwerken mit bimodalen Bezügen auszugehen. Hier wird ein gemeinsam geteiltes Ereignis, das gemeinsame Auftauchen auf einer Mailingliste, die gemeinsame Teilnahme an Diskussionen in Diskussionsforen als Ausgangspunkt verstanden und so das Verhalten erforscht. Es ist nicht mehr die Kommunikation von Angesicht zu Angesicht im Blickfeld, sondern der Austausch über etwas Drittes (und in diesem Fall das World Wide Web).

4.7.6 Gruppenforschung

Die Gruppenforschung ist ein Forschungsansatz der Politischen Psychologie und weist einen engen Bezug zur Soziologie, zur Netzwerkforschung und zur Milieuforschung auf. Jerrold Post unterstreicht die Wichtigkeit der Gruppenforschung gerade für die Untersuchung von terroristischen Gruppen. Die Gruppenforschung habe mehr zum Verständnis des Terrorismus

---

408 Jana Diesner, Kathleen M. Carley: Extraktion relationaler Daten aus Texten. In: Christian Stegbauer, Roger Häußling (Hrsg.): Handbuch Netzwerkforschung. Wiesbaden 2010. S.508.

409 Jamie F. Olsony, Kathleen M. Carley: Summarization and Information Loss in Network Analysis.

410 Luke M. Gerdes: Codebook for Network Data on Individuals Involved with Terrorism and Counterterrorism. Veröffentlichung des Institute for Software Research School of Computer Science Carnegie Mellon University. Pittsburgh 2008.

beigetragen, als die Suche nach ‚Persönlichkeitsmerkmalen' von politischen Gewalttätern.[411] „As observed, terrorists are not depressed, severely emotionally disturbed, or crazed fanatics. It is not individually psychopathology, but group, organizational, and social psychology, with a particular emphasis on ‚collective identity', that provides most powerful lens through which to understand terrorist psychology and behavior."[412] Die Forschung greift dabei auf verschiedene Theorien und Gedankenmodelle zurück.

Gemeinschaft, Gruppe

Es gibt ganz verschiedene Arten von Gemeinschaften. Welche Kriterien angelegt werden sollten, um festzulegen, welche Art von Kollektiv wie gefasst ist, ist umstritten. Gruppen werden allgemein als Ansammlung von Personen, die als zusammengehörig wahrgenommen werden und aufeinander angewiesen sind, verstanden.[413]

Spieß und von Rosenstiel beziehen sich auf die Gruppendefinition von Sader[414], wenn sie Gruppe als Konstruktbegriff bezeichnen. Die beiden definieren folgende Kriterien der Gruppe:

- „Die Mitglieder der Gruppe erleben und definieren sich als zusammengehörig.
- Die Mitglieder verfolgen gemeinsame Ziele und teilen Normen für einen bestimmten Verhaltensbereich.
- Die Mitglieder entwickeln Ansätze von Aufgabenteilung und Rollendifferenzierung.
- Sie haben mehr Interaktionen untereinander, als nach außen.
- Sie identifizieren sich mit einer gemeinsamen Bezugsperson oder einer Aufgabe.
- Sie sind räumlich und/oder zeitlich von anderen Individuen der weiteren Umgebung abgehoben."[415]

Larry May nennt drei Konditionen: „Metaphysically the identity conditions of a group are: 1. individual human persons 2. related to each other by organizational structure, solidarity, or common interests and 3 identifiable to the members, and those who observe the members by characteristic features."[416]

Gruppentyp-Unterscheidung

Es lassen sich nach Cottam kleine, größere und große Gruppen unterscheiden:

„People prefer smaller groups because they are confused by large groups or because they cannot easily control what happens to them in larger groups. Research has examined some interesting effects of group size. For example as the size of the group increases group-members participate less, display less commitment to the group and show higher levels of tardiness, absenteeism, and turnover. […] In larger groups, there tends to be more conflict,

---

411 Jerrold, M. Post: The Mind of the Terrorists – the Psychology of Terrorism from the IRA to Al-Qaeda. New York 2007. S. 4.

412 Jerrold, M. Post 2007. S. 8.

413 Martha, L. Cottam et al: Introduction to political psychology. (2. Aufl.) East Sussex/New York 2010. S. 65.

414 Sader, M.: Psychologie der Gruppe. Weinheim 1991.

415 Erika Spieß, Lutz von Rosenstiel: Organisationspsychologie – Basiswissen, Konzepte und Anwendungsfelder. München 2010. S. 47.

416 Larry May: Genocide – a Normative Account. Cambridge 2010. S.50.

less cooperation and less conformity to group-norms."[417] Neben der Unterscheidbarkeit nach der Größe der Gruppe gibt es weitere Unterscheidungsmodi. Cottam führt die von Prentice, Miller und Lightdale[418] getroffene gruppentypische Unterscheidung von common-bond-groups und common-identity-groups an: Während sich die Verbindung der ersteren dadurch auszeichnet, dass sie sich auf der interpersonalen Ebene abspielt und solche Gruppenbeziehungen meint, die auf Ähnlichkeiten oder Bekanntheitsgrad der Mitglieder untereinander basieren, meint die letztere Gruppen, deren Mitgliedschaft vor allem auf die Gruppenidentität abstellt. „Die Mitgliedschaftsgruppe definiert sich durch formale Zugehörigkeit, während sich die Bezugsgruppe auf der Basis einer Identifikation bildet und zu einem Orientierungspunkt für das Individuum wird."[419] Lickel, Wieczorkowski, Lewis, Sherman und Uhles fanden anhand einer Studie heraus, dass man vier Gruppentypen unterscheiden kann[420]. Diese Gruppentypen kann man mit den Bedürfnissen, die sie für das Individuum erfüllen in Verbindung bringen.

Cottam unterscheidet:

Intime Gruppen, wie etwa die Familie, Freunde, Bruderschaften, die eine hohe Interaktion und große Ähnlichkeiten der Gruppenmitglieder untereinander aufweisen, klein sind und für die Gruppenmitglieder wichtig sind, erfüllen eher das Bedürfnis in eine Gemeinschaft eingebunden zu sein, nicht allein zu sein. Aufgaben-Gruppen, die eher klein sind und bei denen eine hohe Dichte der wechselseitigen Beschäftigung miteinander nachgewiesen werden kann, erfüllen eher das Bedürfnis nach Erfolg. Die dritte Gruppe ist die soziale Kategorie, wie etwa ‚Die Arbeiter', ‚die Frauen', ‚die Schwarzen', ‚die Muslime', ‚die Deutschen' usw. Es lässt sich keine hohe Interaktion der Gruppenmitglieder nachweisen. Sie sind für das Individuum eher unwichtig und die Mitglieder haben eher wenige persönliche Übereinstimmungen. Die soziale Kategorie erfüllt das Bedürfnis nach Identität. „Soziale Identität kann auch als Prozess gesehen werden, der interpersonales Verhalten in Intergruppen-Verhalten verwandelt. Da die soziale Identität mit anderen Individuen geteilt wird, ist sie weniger statisch, sondern Teil eines konstruktiven und dynamischen Prozesses."[421] Der vierte Gruppentyp ist die schwache Gruppe. Sie besteht aus Individuen, die am selben Ort wohnen, oder die z.B. die gleiche Musik hören. Sie weisen keine hohe Interaktion auf, die persönliche Übereinstimmung dieser Gruppenmitglieder ist gering und die Zugehörigkeit zu dieser Gruppe ist den Mitgliedern eher unwichtig.

Gruppenfunktion

Bedürfnisse, die eine Zugehörigkeit zur Gruppe erfüllen kann, sind Bedürfnisse der Macht, oder interpersonelle Bedürfnisse. Leon Festinger nimmt an, dass ein grundsätzliches Bedürf-

---

417 Martha, L. Cottam et al. 2010. S. 67.

418 Prentice, D.A./Miller, D.T./Lightdale, J.R.: Asymmetries in attachments to groups and to their members – Distinguishing between common-identity and common-bond-groups. In: Personality and and Social Psychology Bulletin.20/1994. S. 484–493.

419 Erika Spieß, Lutz von Rosenstiel 2010. S. 47.

420 Lickel,B./Wieczorkowski,G./Hamilton, D.L./Lewis,A./Sherman, S.J./Uhles, A.N.: Varieties of groups and the perception of group entiativity. In: Journal of Personality and Social Psychology Nr. 78/2000. S. 223–246.

421 Erika Spieß, Lutz von Rosenstiel 2010. S. 55.

nis der soziale Vergleich ist.[422] Diese verschiedenen Bedürfnisse werden allgemeinen Kriterien zugeordnet, die Überlebensfunktion, die psychologische Funktion, die informelle Funktion, und die kollektive Funktion.

Die Überlebensfunktion bezieht sich auf Dinge, wie etwa gefüttert zu werden, Nahrung zu bekommen, beschützt zu werden und sich zu reproduzieren. Sie dient dem Überleben des Individuums und ist besonders für die Kindheit von entscheidender Bedeutung. Die psychologische Funktion beschreibt das Bedürfnis nach Intimität, das Bedürfnis, Macht zu haben, bzw. Kontrolle, das Bedürfnis nach Zuneigung und Liebe, zu irgendwem zu gehören, nicht allein zu sein. Die informelle Funktion bezieht sich auf die Bedürfnisse eine allgemeine Lebenshilfe in Form von Ratschlägen, Feedback, Spiegelungen, sozialen Vergleichen zu erhalten: „Social support can be a valuable function of groups.“[423] Stress wird reduziert, das Gefühl der Einsamkeit kann verhindert werden. Die kollektive Funktion bezieht sich auf das Ergebnis von einer Beschäftigung, das sich durch die Gemeinschaft verbessern kann und somit dem Bedürfnis des Erfolgs entspricht. Der Versuch, bestimmte kollektive Ziele zu erreichen, ist durch die Zugehörigkeit zu einem Kollektiv eben besser gewährleistet.

Gruppenstruktur-Unterscheidung

Abgesehen von dem Kriterium des Gruppentyps kann man das Kriterium der Gruppenstruktur zur Untersuchung von Gruppen heranziehen. Die Soziometrie beschäftigt sich mit der Struktur von Gruppen. Historisch ist sie auch mit der Netzwerkforschung verbunden, deren Vorläufer sie ist. Dabei werden Untersuchungen z.B. nach Status, Rolle, Norm und Zusammenhalt durchgeführt.[424]

Der Prüfstein des Status setzt sich inhaltlich damit auseinander, wie die Machtverteilung innerhalb einer Gruppe ausgestaltet ist. Dabei spielen die Fragen, wie die Macht verteilt ist und wie sie vergeben wird, typischerweise eine Rolle.

Zur Erforschung der Gruppenstruktur gehört auch die Frage nach der Rolle. Mit Rolle sind Erwartungen gemeint, die in Bezug auf das Verhalten eines Individuums in der Gruppe an dieses herangetragen werden und geben dem Mitglied im Rahmen der Erwartungshaltung ein Idealbild des persönlichen Verhaltens vor. „Durch den Begriff der Rolle wird die Position eines Mitglieds innerhalb des Gefüges seiner sozialen Beziehungen im Hinblick auf die ihm entgegengebrachten Erwartungen beschrieben. Art und Höhe der Gratifikationen, die für den Betreffenden – sei es materielle oder soziale Belohnung – erreichbar sind, werden maßgeblich durch die Rolle bestimmt. In direkter Beziehung dazu steht auch die aus der Gruppenzugehörigkeit empfundene Zufriedenheit.“[425]

---

[422] Erika Spieß, Lutz von Rosenstiel 2010. S. 47.
[423] Martha L. Cottam et al. 2010. S. 70.
[424] Martha L. Cottam et al. 2010. S. 67f.
[425] Karen de Ahna: Wege zum Ausstieg – Fördernde und hemmende Bedingungen. In: Wanda von Bayer-Katte, Dieter Cleassens, Hubert Feger, Friedhelm Neidhardt: Gruppenprozesse. (Analysen zum Terrorismus Bd.3) Opladen 1982. S. 496.

Weiterhin wird die Gruppenstruktur auf den Aspekt der Norm hin untersucht. Normen sind Erwartungen, die an das Verhalten aller Gruppenmitglieder gestellt werden und setzen damit ein Idealverhalten für die Gruppe.

Auf Cartwright und Zander[426] zurückgehend, unterscheidet man vier Funktionen der Gruppennorm:

- Normen sind hilfreich um Gruppenziele zu erreichen.
- Normen tragen zur Aufrechterhaltung der Gruppe bei.
- Normen schaffen einen gemeinsamen Bezugsrahmen und bilden so ‚soziale Wirklichkeit'.
- Normen sind hilfreich, um die Beziehung der Gruppe nach außen zu definieren.[427]

Das Kriterium des Zusammenhaltes einer Gruppe ist ein Untersuchungsmodus, der sich auf die Suche nach Faktoren bezieht, die ein Mitglied dazu bringen, ein solches zu bleiben: „There are several factors that affect the development of group-cohesion. First, the more time group members spend together, the more cohesive they become. Second, the more group members like each other, the more cohesive is the group. Third, groups that are more rewarding to their members are more cohesive. Fourth, external threats to a group can increase the group's cohesiveness. Fifth, groups are more cohesive when leaders encourage feelings of warmth among group members."[428]

Spieß und von Rosenstiel nennen folgende Faktoren, die die Gruppenkohäsion begünstigen:

- Wenn eine äußere Bedrohung besteht.
- Wenn die Gruppe exklusiv ist.
- Wenn die Gruppe erfolgreich ist.
- Wenn eine zufriedenstellende Rollenverteilung herrscht.
- Wenn viel Zeit miteinander verbracht wird.
- Wenn die Gruppe klein ist.
- Wenn Gruppenmitglieder sich als ähnlich erleben.[429]

Jo Groebel und Hubert Feger[430] entwickelten eine Reihe an Dimensionen, die zur Untersuchung von Gruppen herangezogen werden können. Groebel und Feger definieren: „Wir charakterisieren also die einzelne, terroristische (Aktions-)Gruppe als face-to-face Gruppe mit freiwilligem Beitritt, negativ sanktioniertem Austritt, getarnter Mitgliedschaft bei Relevanz externer Ziele, die meistens nur im Team zu erreichen sind."[431] Das inhaltliche Strukturkonzept nach Groebel und Feger weist dreizehn Elemente aus, mittels derer eine Gruppenbeschreibung erfolgt. Den Elementen sind jeweils unterschiedliche Merkmale zugeordnet wor-

---

[426] Cartwright, D., Zander, A.: Group dynamics. New York 1968.
[427] Erika Spieß, Lutz von Rosenstiel 2010. S. 54.
[428] Cottam, Martha, L., et al. 2010. S. 69.
[429] Erika Spieß, Lutz von Rosenstiel 2010. S. 55.
[430] Jo Groebel, Hubert Feger: Analyse von Strukturen terroristischer Gruppierungen. In: Wanda Baeyer-Katte, Dieter Claessens, Hubert Feger, friedhelm Neidhardt (Hrsg.): Gruppenprozesse. (Analysen zum Terrorismus Bd. 3.) Opladen 1982. S. 394–432.
[431] Jo Groebel, Hubert Feger 1982. S. 398.

den, so dass sich ein Cluster zur Strukturanalyse terroristischer Gruppen ergibt, das mit insgesamt fünfunddreißig Merkmalen arbeitet. Die aus den Merkmalen der Elemente bestehende Ausprägung einer Gruppe ist gleichsam einem genetischen Fingerabdruck sozialpsychologischer Provenienz. Die sich aus den Merkmalen ergebende Struktur einer Gruppe kommt einem Angebot an Individuen gleich. Die Merkmalsstruktur wird mit der Präferenzstruktur von Individuen abgeglichen, um die Attraktivität der Gruppe für eine Person zu messen. Diese Messung des Attraktivitätspotentials einer Gruppe auf ein spezifisches Individuum ist aufgrund der Bedingungen zur Erhebung äußerst schwierig.

Das erste Element, die übergeordneten Ziele, werden nach dem von Groebel und Feger entwickelten Schema (siehe Unten) der Merkmalsausprägung mittels Links-Rechts-Schema beschrieben. Es wird eine generelle ideologische Einordnung vollzogen.

Die theoretische Explikation, das zweite Element, arbeitet hintergründig mit dem Konzept des forced-compliance von Kelman (1953) und beschildert die gruppenspezifische Interpretation der Welt und die Übereinstimmung der einzelnen Gruppenmitglieder mit dieser. Der unmittelbare Grund für die Zugehörigkeit geht auf die psychosoziale Komponente, die Suche nach Nähe, Geborgenheit und Solidarität ein.

Dabei wird postuliert, dass Führungspersonen die politischen Ziele als wichtig empfinden, während Mitläufer viel stärker von dem Wunsch der starken Gemeinschaft getrieben sind, sie beziehen sich dabei auf frühere Arbeiten von Nehnevajsa (1955), der postulierte, dass der hohe soziometrische Status einer Person mit dessen Rolle als Wertträger in Verbindung gebracht werden könne. Die theoretische Explikation lässt Rückschlüsse über den Bildungsgrad der Teilnehmer zu, kann also dazu genutzt werden, Milieuaspekte aufzugreifen. „Das entsprechende Maß für die Zentralität, der ‚rush‘, erreicht einen umso höheren Wert, je zentraler die Position einer Person für die Weitergabe von Informationen und die Aufrechterhaltung des indirekten Kontakts zwischen anderen Personen ist.“[432]

Das Element der Kohäsion, der Zusammenhalt der Mitglieder, wurde Arbeiten Borgattas (Borgatta/Cotrell 1955; Borgata et. al. 1956) und anderen entnommen, die dieses Element als unabhängige Beschreibungsdimension in die Gruppenanalyse eingeführt hatten.

Die Cliquenbildung, die unter Einbeziehung von Homans' (1950) Arbeiten über Gruppenstrukturen erarbeitet wurde, bildet die horizontale Differenzierung einer Gruppe ab und lässt Rückschlüsse auf die Verteilung von Verantwortung für Aktionen zu. „Als Cliquen werden Subgruppen innerhalb einer größeren Gruppe bezeichnet, bei denen die Mitglieder dieser Cliquen untereinander enger verbunden sind als mit Personen außerhalb dieser Cliquen.“[433] Gleichsam kann die Verbindung der Elemente ‚Cliquenstruktur‘ und ‚Gruppenkohäsion‘ auf die Frage, ob es sich um eine zentralistische Gruppenstruktur handelt, Antwort geben. Die Kontaktstruktur, die eine Kommunikationsstruktur ist, gibt Auskunft über die Größe an Einflussmöglichkeiten innerhalb der Gruppe. Die Kontaktzahl ist dementsprechend ein quantitativer Wert, der als Aussage über eine qualitative Beziehung genutzt wird. Dies ist nicht ganz unproblematisch.

---

[432] Jo Groebel, Hubert Feger 1982. S. 415.
[433] Jo Groebel, Hubert Feger 1982. S. 419.

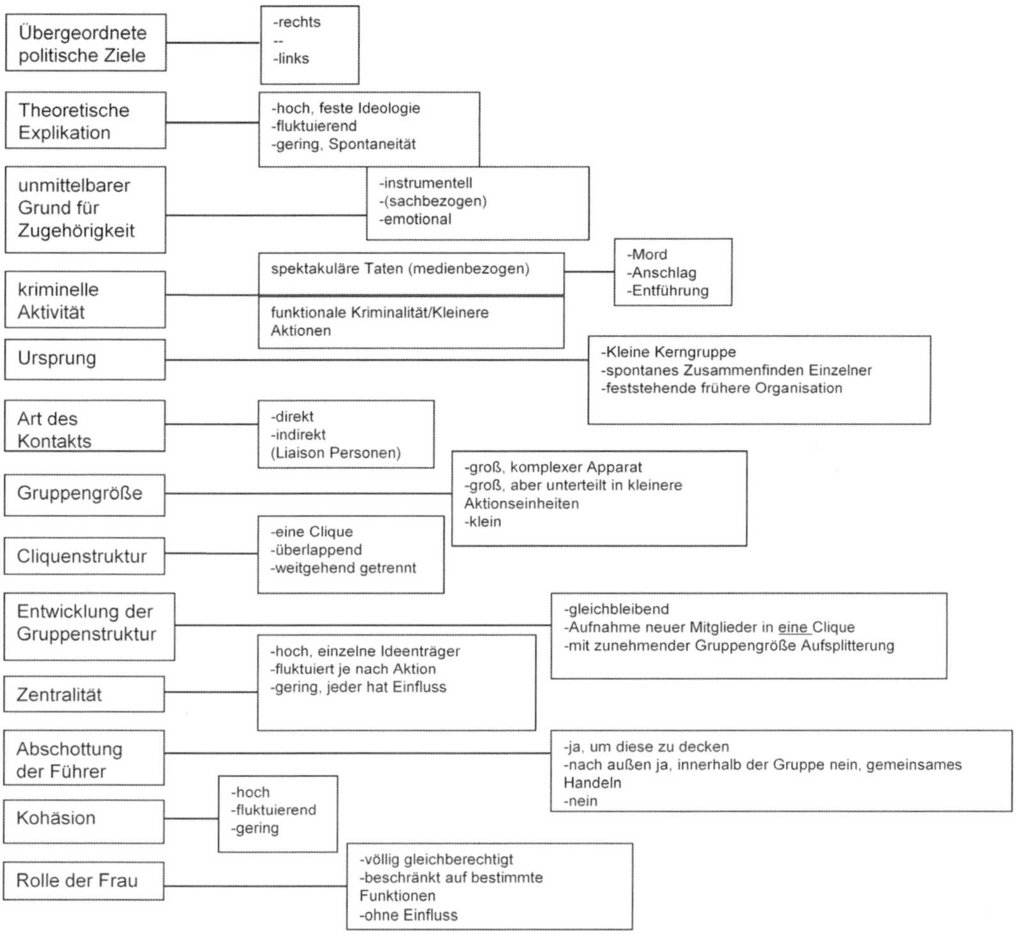

Abb. 4.28 *Elemente der Gruppenuntersuchung. Groebel, Feger.*

Das Elementesystem von Groebel und Feger ist bereits ein frühes Beispiel für die sich in der Extremismusforschung immer stärker etablierende Netzwerkforschung. Soziometrische Aspekte werden verstärkt in die Untersuchung einbezogen und tragen dazu bei, Dynamiken abzubilden.

Gruppenmitgliedschaft

Die Formen von Gruppenmitgliedschaft sind ein wichtiger Aspekt der gruppenbasierten Extremismusforschung. Die Dynamik von Gruppen kann nicht aus den darin enthaltenen Individuen abgeleitet werden, wenngleich das Verständnis über eine Gruppe ohne die Analyse der zugehörigen Individuen letztlich nicht auskommt.[434] Einige allgemeine Aussagen lassen sich treffen: Individuen empfinden Gruppen im Allgemeinen als attraktiv oder wollen Gruppen bilden mit Personen, die eine hohe personelle Übereinstimmung mit ihnen aufweisen. In der Regel bildet man eine Gruppe mit Personen, die einem physisch nahe sind, die also konkret für das Individuum erreichbar sind, weil man denselben Wohnort hat, in dieselbe Schule geht, Sitznachbar in der Schulklasse ist. Menschen mögen Menschen, von denen sie gemocht werden. Zu Personen, die physisch attraktiv sind, fühlt man sich eher hingezogen, als zu Personen, die nicht attraktiv sind (mit Ausnahme besonders schöner Individuen, die ebenfalls in der Regel nicht so gern gemocht werden).[435] Die Gruppenmitgliedschaft kann auch mit dem *Prozess der Deindividuation* einhergehen: „Die Annahme, dass Personen, wenn sie in Gruppen auftreten, aggressiver sind als wenn sie als Einzelpersonen handeln, findet durch vielfältige Alltagsbeobachtungen ihre Bestätigung."[436] Zentrale Annahme der Deindividuationstheorie (s. hierzu Festinger, Pepitone und Newcomb 1952; Zimbardo 1969 und 2004; Bandura 2004) ist, je mehr Anonymität vorherrscht, desto mehr Aggressivität wird freigesetzt: Alles, was dazu beiträgt, „dass eine Person sich anonym fühlt, das Potential für aggressives und bösartiges Verhalten steigert"[437]. Zur Erforschung gewaltvoller Ereignisse oder aggressiver Gruppen, ist es angebracht zu fragen, ob sich Teilnehmer aggressiver Gruppenhandlungen anonym fühlen konnten, auch inwieweit ganze Gruppen von Gewalthandlungen erfasst werden.

Gruppenbewertung

Das Image von Gruppen beeinflusst das politische Verhalten von ihnen. Die Sozialpsychologie bezieht sich bei dem Prozess der Gruppenbewertung, die sich inhaltlich mit den Beziehungen von Gruppen untereinander sowie den Emotionen der Gruppenmitglieder in Bezug auf die Gruppe auseinandersetzt, auf zwei Theorien. Die erste Theorie ist die Image-Theorie, die ihren Ursprung in der Erforschung von politischem Handeln hat. Die zweite Theorie ist die Theorie des Anderen, bzw. die Ingroup-Outgroup-Theorie, die auf Tajfel[438] zurückgeht.[439] Eine interessante Arbeit hat Alexander Straßner vorgelegt, der sich mit der dritten Generation der Roten Armee Fraktion (RAF) beschäftigte und ihre Sozialstruktur wie gruppendynamische Aspekte erforschte.[440] Ein Blick auf die Bewertung einer Gruppe durch dritte Personen ist dienlich, da Erklärungsfaktoren für Inter-Gruppengewalt genauso gefunden werden können, wie sie in den Ausdrücken ‚Unterdrückung', ‚Gegengewalt' usw. zur Rechtfertigung von gewaltvollem Handeln von Gruppen genutzt werden. Die Gruppenbewertung kann aber auch in einem ganz anderen Zusammenhang verstanden werden. Aggressives Verhalten, das durch die Anonymität in einer Gruppe eher wahrscheinlich geworden ist, wird laut Zimbardo

---

[434] Cottam bezieht sich auf die Beobachtungen von Durkheim und LeBon, die beide feststellten, dass Individuen sich anders verhielten, seien sie in der Gruppe. Martha L. Cottam et al. 2010. S. 65.

[435] Martha, L. Cottam et al. 2010. S. 71.

[436] Ursula Piontkowski: Sozialpsychologie – Eine Einführung in die Psychologie sozialer Interaktion. München 2011. S. 73.

[437] Ursula Piontkowski 2011. S. 74.

[438] Tajfel, H.: Experiments in intergroup discrimination. In: Scientific American. 223/1970. S. 96–102.

[439] Zit.n.: Martha, L. Cottam et al. S. 43–49.

[440] Alexander Straßner: Die dritte Generation der „Roten Armee Fraktion" – Entstehung, Struktur, Funktionslogik und Zerfall einer terroristischen Organisation. (2003) Wiesbaden 2005.

(2004) dadurch gefördert, dass Personen im Rahmen bestimmter Gruppenanordnungen dazu animiert werden, nicht mehr so sehr auf die soziale Bewertung durch andere zu achten. Das Selbst (oder Ich) minimiert die Selbstbewertung (etwa die Aussage: „hier kann ich nichts ausrichten“ oder „ich kann nicht helfen, es ist egal was ich nun tue“ in gewaltvollen Situationszusammenhängen). Wird die Gruppe so stark, dass das Selbst sich deindividualisiert, so entsteht das, was Piontkowski wie folgt umschreibt: „*Deindividualisiertes Verhalten ist antisoziales Verhalten.*“[441]

Image-Theorie

Die Image-Theorie[442], die sich ursprünglich mit Bildern beschäftigte, die Politiker von einem Land haben und wie sich diese Bilder auf ihre Entscheidungen auswirken würden, entwickelte ein Konzept, welches auch in der Gruppenforschung genutzt wird. Die Image-Theorie ist eng verbunden mit dem Konzept von Frames, gehört als zur Frame-Erforschung[443]. Kristine Kuhn definiert Frame folgend: „One of the most widely replicated and generalized findings of decision making research is the effect of framing: changes in the surface representation of a problem can systematically affect judgements and decisions, even though the underlying structure remains invariant.“[444] Stocké unterscheidet dabei die jeweiligen Frame-Ansätze im Modus der Erlärungen: Fehlende Information, Oberflächenmerkmale als Entscheidungskriterium, automatische Aktivierung von Schemavarianten[445]. Die Image-Theorie gehört zur Frame-Forschung. Es werden hier bestimmte Bilder entwickelt, die einer Gruppe durch dritte Personen zugesprochen werden. So gibt es z.B. das Bild des Feindes, welches einer Gruppe durch dritte Personen zugesprochen wird. Als Beispiel kann man die religiöse Gruppe der Juden heranziehen, die durch eine dritte Gruppe (Nationalsozialisten) mit einem bestimmten Image (Feind) belegt worden ist. Die Bilder beziehen sich auf bestimmte Kategorien der Einordnung und der jeweiligen Abstufung im möglichen Deutungsrahmen. Aus dem Bild ergibt sich die Handlungsstrategie, z.B. wird man einem Feind anders begegnen als einem Freund. Es kommt dabei nicht darauf an, ob eine Feindschaft tatsächlich feststellbar ist, sie muss lediglich subjektiv als solche bestimmt werden. Feindschaft oder Freundschaft sind also Kategorien der Zuschreibung, diese Zuschreibungen können ein Höchstmaß an Subjektivität beinhalten und bei Betrachtung der sozialen Wirklichkeit durch den Beobachter gar nicht vorhanden sein.

Die folgende Merktafel wird für die Bewertung von Gruppen durch andere Gruppen herangezogen. Die einzelnen Bilder beinhalten verschiedene Deutungen durch Dritte, die ein be-

---

441 Ursula Piontkowski 2011. S. 75.

442 Blanton, S.L.: Images in Conflict – The Case of Ronald Reagan and El Salvador. International studies Quarterly, 40/1996, S. 23–44.

443 Für die Erforschung des Extremismus sind Hinweise auch enthalten in: Brosius, Eps (1995); Gerhards (1995); Gerhards, Rucht (1992); Kahneman, Knetsch, Thaler (1986); Barg, Barndollar (1996); Bromley (1993); Greenberg, Cohen 1982); Fazio (1990); Banaji, Greenwald (1994). Überdies hinaus findet sich eine ganze Vielzahl an Literatur, die sich auf Framing bezieht. Die Erforschung von Frames wird für die Extremismusforschung immer wichtiger.

444 Kristine M. Kuhn: Communicating uncertaincy – framing effects on responses to vague probabilities. In: Organizational Behaviour and Human Decision Processes Nr. 71.

445 Volker Stocké: Framing und Rationalität – die Bedeutung der Informationsdarstellung für das Entscheidungsverhalten. München 2002. S. 35

stimmtes soziales Verhalten erwirken. Gerade in Bezug auf Erklärungen für Gruppenhandeln sind die Images besonders wichtig, da sie Erklärungen zum Verhalten von Gruppen bzw. von Dritten beinhalten, die gerade für die Extremismusforschung beachtenswert erscheinen. Die Image-Theorie ist in zweifacher Hinsicht anwendbar. Hier dreht es sich um Fragen von Mehrheits-Minderheitsbeziehungen (in der Regel sind Extremisten in der Minderheit, wenngleich sie sicherlich nicht in den klassischen Rahmen des Begriffes der Minderheit fallen – im Sinne von kategorialer Minderheitsbestimmung /z.B. Hautfarbe, Geschlecht, Gesundheit usw. – und in diesem Sinne lediglich eine zahlenmäßige Minderheit darstellen) aber auch um Fragen der Intergruppenbeziehungen. Die Image-Theorie ist also immer dann ein wichtiges Instrument, wenn das Umfeld von Extremismus bestimmt wird, wenn dieser gesellschaftlich verortet werden soll oder wenn die Aussagen, die Extremisten machen, sich auf andere gesellschaftliche Gruppen beziehen und eine Verortung anderer gesellschaftlicher Gruppen aus Sicht der extremistischen Gruppe vorgenommen werden soll. Oft wird die Image-Theorie von Forschern genutzt, um Genozide zu erklären, hier ist ein weiteres Forscherfeld betreten.

Unterschieden werden folgende Bilder[446]:

Bilder	**Fähigkeit**	**Kultur**	**Intention**	**Entscheider**	**Gefahr**	**Strategie**
Feind	Gleich	Gleich	Schädlich	Kleine Elite	Gefahr	Eindämmung
Barbar	Besser	Schlechter	Schädlich	Kleine Elite	Gefahr	Koalition m. Verbündeten
Imperialist	Besser	Besser	Ausbeutend	Einige Gruppen	Gefahr	Akzeptanz/ Revolte
Klient	Schlechter	Schlechter	Freundlich	Kleine Elite	Möglichkeit	Kontrolle/ Ausbeutung
Degenerierter	Besser/ Gleich	Schlechter/ Gleich	Schädlich	Konfus	Möglichkeit	Herausfordern
Schurke	Schlechter	Schlechter	Schädlich	Kleine Elite	Gefahr	Vernichtung
Verbündeter	Gleich	Gleich	Gut	Viele Gruppen	Gefahr	Verhandlung

Abb. 4.29 *Tabelle der Imageeinordnung. Cottam.*

[446] Martha, L. Cottam et al. 2010. S. 46–59.

Zu der Imageeinordnung:

Der Feind wird als gleichwertig im Sinne von Kultur und Fähigkeit (z.B. ökonomisch) eingeschätzt. Da er als gleichwertig angesehen wird, wird die Chance, den Feind zu besiegen, als eine 50:50-Chance angesehen. Aufgrund der hohen Möglichkeit, gegen ihn zu scheitern, wird normalerweise eine Politik der Eindämmung vollzogen und die direkte Konfrontation vermieden. Das extremste Bild des Feindes ist der sogenannte ‚diabolische Feind'. Dieser ist unabänderlich aggressiv, hat monolithische Entscheidungsstrukturen und ist zu komplexen Verschwörungen fähig. Emotionen, die mit dem Feind zusammenhängen, sind: Wut, Frustration, Neid, Eifersucht, Angst, Misstrauen, Missgunst. Personen, die eine andere Einschätzung von dem Feind haben und ihn vielleicht mit komplexeren Urteilen versehen, werden oft beschuldigt, dumm, betrügerisch oder verräterisch zu sein.

Der Barbar wird mit einer minderwertigen Kultur in Verbindung gebracht, bei gleichzeitig höherwertigen Fähigkeiten. Der Barbar wird mit der Bereitschaft zu unaussprechlicher Brutalität verbunden und als aggressiv betrachtet; er besitzt eine monolithische Entscheidungsstruktur, und er würde von seiner höherwertigen Fähigkeit jederzeit Gebrauch machen. Da der Barbar mit höherer Fähigkeit verbunden wird, wird eine direkte Konfrontation normalerweise vermieden. Emotionen, die mit dem Image des Barbaren zusammenhängen sind: Ekel, Abscheu, Wut und Angst. Personen, die eine andere Einschätzung von dem Barbaren haben und ihn vielschichtiger beurteilen, wird oft vorgeworfen, feige und landesverräterisch zu sein. Interesse an der Gegenseite wird so zu Verrat.

Wird ein politisches Gemeinwesen von einem anderen bedroht, welches als höherwertig in kultureller Hinsicht und in Bezug auf die Fähigkeiten eingeschätzt worden ist, so wird das Bild der Imperialisten genutzt, um dieses andere Gemeinwesen zu beschreiben. Der Imperialist besitzt normalerweise komplexe Entscheidungsstrukturen, oft wird er damit in Verbindung gebracht, ‚die Zügel im Hintergrund in der Hand zu halten', indem die Aktionen an andere abgegeben und nur noch kontrolliert werden. Es kommt darauf an, wie die imperiale Kontrolle bei den Individuen der Kolonialgruppe betrachtet wird. Wird die Kolonialmacht nicht akzeptiert, verbindet sich das Bild des Kolonialisten mit Ungerechtigkeit und fehlender Legitimität. In diesem Falle sind die damit verbundenen Emotionen Wut, Eifersucht und Schamgefühle über die eigene Situation. Betrachten die Individuen der Kolonialgruppe die Kolonialmacht als förderlich für eigene Interessen und wird das Selbst der Gruppe als unfähig wahrgenommen, sind die mit der Kolonialmacht verbundenen Emotionen positiv. Je nachdem, wie die Kolonialmacht wahrgenommen wird, wird entweder eine akzeptierende Haltung und somit Zusammenarbeit angestrebt, oder versucht, eine Revolte anzuzetteln und den Imperialisten zu vertreiben.

Das Klienten-Image ist das Spiegelbild des imperialistischen Bildes. Der Klient wird als schwächer wahrgenommen, was Kultur und Fähigkeit angeht und er wird gleichzeitig als freundlich wahrgenommen. Dem Klienten entspricht das Bild des Kindes – mit einem Kind verhandelt man nicht, sondern man führt es. In der Wahrnehmung wird die Bevölkerung des Klienten oft in zwei Gruppen eingeteilt, einmal ist dies die moderate Gruppe, die als verantwortlich wahrgenommen wird, weil sie kollaboriert und die ‚zivilisierende Mission' der Kolonialmacht unterstützt. Weiterhin gibt es die agitierende, unverantwortliche Gruppe, die normalerweise mit einer monolithischen Entscheidungsstruktur in Verbindung gebracht wird, die destruktiv ist.

Das Bild des Klienten ist stark mit einem rassistischen Reflex verbunden: Es wird normalerweise von den Mitgliedern der Imperialgruppe versucht, sich nicht ‚anzustecken', indem Kontakte auf ein Minimum reduziert werden. Auch gewalttätig gegen die als agitierend wahrgenommene Gruppe vorzugehen ist üblich. Personen, die dieses Bild der Kolonialisierten nicht übernehmen, wird oft vorgeworfen, die ‚richtige' Perspektive verlassen zu haben und sich auf dieselbe Stufe zu stellen, wie die ‚Eingeborenen'. Emotionen, die mit dem Bild des Klienten einhergehen sind: Verachtung, Mitleid und Abscheu und verknüpfen sich mit dem Wunsch nach Disziplinierung.

Das Bild des Degenerierten wird vor allem mit fehlendem Entscheidungswillen und Unfähigkeit zur Strategiebildung assoziiert. Der Degenerierte kann der Einschätzung nach eine gleichwertige oder eine höherwertige Kultur und mehr Fähigkeiten besitzen. Der Degenerierte wird als nicht effektiv wahrgenommen, ihm wird unterstellt, kein Vermögen in Bezug auf Mobilisierung seiner Gruppenmitglieder zu besitzen und nichts von Machtinstrumenten zu verstehen. Personen, die eine andere Sichtweise auf den Degenerierten haben, sind starken Vorwürfen ausgesetzt. Emotionen, die in Verbindung mit dem Image des Degenerierten auftreten, sind Abscheu, Wut und Verachtung und werden oft begleitet von dem Wunsch der Vernichtung. Das Bild des Degenerierten kann zu Dehumanisierung und Genozid führen.

Der Schurke wird als minderwertig in kultureller Hinsicht bewertet und hat weniger Fähigkeiten als man selbst. Er steht außerhalb des Gesetzes und greift so die eigenen Werte an und wird mit einer blockierenden Haltung und einem kleinen Horizont in Verbindung gebracht. Die eigene Gruppe wird im Rahmen des Abgleichs mit der Schurkengruppe als höherwertig aufgefasst. Ihm werden böse Intentionen unterstellt, er wird als gefährlich angesehen, und normalerweise wird gegen ihn gewalttätig vorgegangen. Es wird versucht, ihn zu vernichten, oder ihn dazu zu bekommen, gewünschte Reformen einzuleiten, die nicht verhandelbar sind.

In-Group – Out-Group Theorie

„The combination of out-group and in-group recognition of certain features as the markers of the ‚existence' of a group is generally a telling sign of the possibility that such group could bet he object of harms such as genozide."[447]

William Foote Whyte fand in einer Beobachtungsstudie[448] heraus, dass Kohäsion und Feindschaft gegenüber Out-Groups korrelieren. Dies bedeutet: Je mehr eine Gruppe von außen angegriffen wird, desto enger rücken die Mitglieder dieser Gruppe zusammen. Die Ingroup-Outgroup-Theorie beschäftigt sich vor allem mit Gruppenbeziehungen untereinander (Intergruppenforschung). Wie werden Gruppen bewertet? Was bewirkt die Bewertung? Wie sind die forschungsleitenden Interessen dieser Wissenschaften bestimmt? Tajfel[449] stellte dazu ein

---

[447] Larry May: Genocide – a Normative Account. Cambridge 2010. S. 49.

[448] William Foote Whyte: Corner Boys. In: American Journal of Sociology. 46/1941. S. 647–664.

[449] Tajfel, H.: Differentiation in social groups – studies in the social psychology of intergroup relations. New York 1978; Ebd.: human groups and social categories. Cambridge 1982.

Postulat auf, das sich als eindrucksvoll erwies: Individuen sind eher dazu geneigt zu diskriminieren, wenn sie sich in einer Situation befinden, in der zwischen Eigengruppe und dem Anderen unterschieden wird. Larry May schreibt dazu: „The in-group identification makes it more likely that the group ‚exists' in more than just the minds of the perpetrators, and the the harms will be group based and not merely individual. By this I mean that the individuals must see themselves as forming a group that is under attack for the attack to be based on group-membership."[450] Dieses Postulat erhärtete sich seinen Studien zufolge und er stellte folgende Thesen über den Intergruppeneffekt bei In- und Outgroup-Situationen auf:

- Wann auch immer Personen eine Situation vorfinden, die sich durch eine klare Trennung zwischen ‚Wir' und ‚Ihnen' auszeichnete, neigen sie dazu, diskriminierend zu werden.
- Da die Gruppenzugehörigkeit und die Bewertung dieser Gruppe mit einem besonderen Selbstwert einhergeht, neigen Personen dazu, diejenigen Gruppen, denen sie angehören, besser zu bewerten als andere Gruppen, denen sie nicht angehören.
- Intergruppendiskriminierung kann so als Versuch gesehen werden, sich selbst ein besseres Selbstwertgefühl zu verschaffen. (Dazu gehören folgende Vorbedingungen: a. Die Gruppenmitgliedschaft muss internalisiert sein. b. Die soziale Situation muss dergestalt aufgebaut sein, dass ein Gruppenvergleich vorgenommen wird. c. Die Outgroup muss als relevant genug wahrgenommen worden sein, um einen Vergleich auszulösen.)

Die Effekte, die dies hat, sind besonders in Bezug auf die Minderheitengruppe interessant. Die Wirkung der Effekte auf die als schlecht bewertete Gruppe lassen sich nach Tajfel folgendermaßen darstellen.Tajfel sieht drei mögliche Auswege aus dem Dilemma der negativen (Outgroup) Gruppenmitgliedschaft:

- Dissoziation durch soziale Mobilität (ist bei einigen Gruppen, etwa ethnisch definierten Gruppen, nicht möglich).
- Soziale Kreativität (drei Wege werden durch Tajfel aufgezeigt: a. Veränderung der Dimension des Vergleichs (Vergleich auf einer anderen Ebene mit der Ingroup). b. Die als negativ dargestellten Punkte werden erneut evaluiert und es werden Möglichkeiten der positiven Konnotation geschaffen. c. Vergleich mit einer noch schlechter dargestellten Gruppe).
- Der Vergleich durch die Eigengruppe wird als äußerst negativ wahrgenommen und es wird versucht, auf irgendeine Weise in den Wettbewerb mit dieser Gruppe zu treten. Wettbewerb meint nicht ausschließlich das friedliche Konkurrieren, sondern kann sich erhärten. Gewalt ist dann eine als legitim erachtete Option des Handelns. Hier ist im Allgemeinen der Status des Paria verortet, der sein Outgroup-Dasein in extenso kultiviert und damit verstärkt.

Menschen wollen den Wert der Gruppe (der sie angehören) erhöhen, weil dies ihre soziale Identität beeinflusst und diese wiederum den Selbstwert. Dies hat auch seinen Grund, wie Christakis und Fowler herausfanden: Unsere sozialen Netzwerke beeinflussen unsere Emotionen – es existiert ‚soziale Ansteckung'.[451] Simon und Mummendey vermuten sogar, dass

---

[450] Larry May: Genocide – a Normative Account. Cambridge 2010. S. 49.

[451] Nicholas Christakis, James H. Fowler: Connected! – Die Macht sozialer Netzwerke und warum Glück ansteckend ist. Frankfurt a.M. 2010.

das individuelle Selbst weniger Potenzial für soziale Konflikte besitzt als das kollektive, denn Intergruppen-Situationen, in denen das kollektive Selbst dominiert, provozieren weitaus eher die Konfrontation mit anderen und die ‚Wir-versus-die-anderen'-Mentalität.[452]

Die Identitätstheorie und die Ingroup-Outgroup-Theorie finden ihre Verbindung im ‚Sündenbock-Konstrukt': Die Wichtigkeit, zu einer Gruppe zu gehören, ist bereits aufgezeigt worden: die Gruppenzugehörigkeit befriedigt bestimmte Bedürfnisse, die das Individuum nicht für sich allein stillen kann. Die eigene Gruppe wird dabei besonders positiv wahrgenommen, oder es wird versucht, diese über einen Gruppenvergleich positiv erscheinen zu lassen. „When this is not possible, people look for some out-group to blame. Under normal conditions conflicts among groups can occur over scarce resources, territory, values, ideology, status, security, power, and many other things. In condition of severe socioeconomic and political despair and depression, the environment is often conductive to the identification of one group as a scapegoat, a group that is blamed for all societies' illnesses. During hard times, the groups that people are particularly attracted to are those that provide an ideological blueprint for a better world and an enemy who must be destroyed to fulfill the ideology. This is called social causality. Typically a negative stereotype of that group is promulgated on a society-wide scale."[453]

Ein interessantes Beispiel ist die Erforschung von Minderheits-Mehrheitsbeziehungen nach Anschlägen, die z.B. Bagguley und Hussain vollbrachten. Sie haben im Rahmen ihrer Untersuchung über Auswirkungen des islamistischen Anschlages vom Juli 2005 in London eine Studie vorgelegt, die sich implizit sowohl mit der Ingroup-Outgroup-Theorie als auch mit der Identitätstheorie beschäftigt.[454] Dabei stellten sie fest, dass die seit dem 11.09.2001 ohnehin schon gespannten Beziehungen zwischen der nicht-muslimischen Mehrheitsgesellschaft mit der muslimischen Minderheit, durch die Bombenattentate in London von 2005 weiter verschärft wurden.[455] Im Besonderen stellten sie die Abkapselung zwischen Minderheit und Mehrheit fest. Während sich nicht-muslimische Briten nicht bereit sahen, sich mit der muslimischen Minderheit zusammenzuschließen und meinten, die Muslime seien nicht integrationsfähig, sahen sich britische Moslems eher zur muslimischen Umma zugehörig als zu der britischen Mehrheitsgesellschaft und begründeten dies mit einer ihnen gegenüber zur Schau gestellten Feindseligkeit. Die Autoren stellen eine Verbindung zwischen Marginalisierung und Radikalisierung fest.[456]

---

452 Erika Spieß, Lutz von Rosenstiel 2010. S. 56. Die beiden beziehen sich auf Ergebnisse von: Harquail, C.: Organizational identification and ‚the whole person' – Integrating affect, behaviour, and cognition. In: Whetten, D.A.: Identity in Organizations – Building theory through conversations. Oaks 1998. Sowie Simon, B./Mummendey, A.: Selbst, Identität und Gruppe. In: ebd. Identität und Verschiedenheit. Bern 1997.

453 Martha, L.Cottam et al. 2010. S. 205.

454 Paul Bagguley, Yasmin Hussain: Non-Muslim Responses to the 7 July Bombing in London and the Muslim Diaspora in Britain and its Responses to the London Bombings of 7 July 2005. In: Bruce Hoffman et.al.: The Radicalization of Diasporas and Terrorism – a joint conference by RAND Corporation and the Center for Security Studies, ETH Zurich. Santa Monica 2007. S. 7–13.

455 Paul Bagguley, Yasmin Hussain 2007. S. 7, 9.

456 Paul Bagguley, Yasmin Hussain 2007. S. 13.

4.8 Politische Psychologie

Die politische Psychologie befindet sich an den Schnittstellen der Politikwissenschaft, der Psychologie, der Soziologie, der Verwaltungswissenschaft, der Kriminalistik und Anthropologie, um nur die wichtigsten Berührungsfelder zu nennen.[457] Die Effekte, die die Anwesenheit anderer Menschen auf Handlungen, Auftreten und Verhalten sowie Wahrnehmung eines Menschen haben, bilden das Forschungsfeld dieser Teildisziplin der Psychologie.

„A more accurate picture of human beings as political actors is one that acknowledges that people are driven or motivated to act in accordance with personality characteristics, values, beliefs, and attachments to groups. People are imperfect information processors, struggling mightily to understand the complex world in which they live. People employ logical, but often faulty, perceptions of others when deciding how to act, and they often are unaware of the causes of their own behavior. People often do things that are seemingly contrary to their own interests, values, and beliefs. Nevertheless, by understanding the complexities of political psychology we can explain behavior that often seems irrational.“[458]

Das Ziel dieses Forschungszweiges ist es, gültige Gesetze über das menschliche Verhalten zu finden, die Ereignisse voraussagen oder erklären zu können. In der Extremismusforschung dienen sozialpsychologische Studien und deren Ergebnisse zur Erklärung extremistischen Verhaltens und den wirkenden Wahrnehmungsmustern auf einer personalen und interpersonalen Ebene, sowie die Verwicklungen des sozialen ‚Nahraums'. Auch die Erforschung dessen, ‚was ein Extremist ist', wird seitens der Sozialpsychologie geleistet. Eine nach Attentaten immer wieder aufgeworfene Frage ist die, ob diese Täter ‚verrückt' seien. Die Antwort darauf ist i.d.R. ein klares Nein, es gibt zwar bestimmte Hinweise auf begünstigende Konstellationen, doch wirklich ‚verrückte' Personen könnten eine so komplexe Tat, wie einen terroristischen Anschlag gar nicht ausüben. Gerade die Sozialpsychologie oder die politische Psychologie hat diese Frage immer wieder vertieft erforscht. Wichtige Theorien sind in diesem Zusammenhang die sozial-kognitive Lerntheorie, die Reaktanz-Theorie, die Theorie der optimalen Distinktheit, der Ansatz des operanten Konditionierens, das Thomas-Theorem, der falsche Einmaligkeits-Effekt und der falsche Konsensus-Effekt sowie die positive Illusion.

Die sozial-kognitive Lerntheorie nach Bandura[459] besagt z.B., dass Menschen durch die Beobachtung der Verhaltensweisen anderer und den Folgen dieser lernen. Der Beobachtung von anderen folgen kognitive Lernvorgänge, die auf symbolischen Repräsentationen beruhen. Die sozial-kognitive Lerntheorie findet auf dem Gebiet der Aggressionsforschung Anwendung. Die operante Konditionierung geht davon aus, dass die Konsequenzen eines Verhaltens die spezifischen Verhaltensweisen einer Person bestimmen. Die von einer Person erwarteten Konsequenzen tragen so zur Auftretenswahrscheinlichkeit bei.

---

457 Martha L. Cottam et.al.: 2010, S IX

458 Martha L. Cottam et.al. 2010. S. 1f.

459 Albert Bandura: Aggression: A Social Learning Analysis. Englewood Cliffs 1973. Albert Bandura: Social Learning Theory. New York 1977.

Eine interessante, weil verschiedene Ansätze der Psychologie verbindende Arbeit, ist „Die Zukunft beginnt jetzt! – Jugendliche in den 90er Jahren, Ursachen politisch-extremistischen Verhaltens“ von Markus Kiel. Hier wird zwischen psychoanalytischem Erklärungsansatz, Gruppenpsychologie und Stressforschung sowie kommunikationspsychologischen Aspekten unterschieden und es werden überdies hinaus auch soziologische Analysemomente aufgegriffen. Die Politische Psychologie befindet sich zwischen eben diesen Aspekten und vereint sie. An dieser Stelle sollen die wichtigsten Kategorien der Politischen Psychologie im Zusammenhang mit dem Extremismus einmal aufgezeigt und die oben genannten Theorien eingehender erklärt werden.

4.8.1 Wahrnehmung

Einen besonders wichtigen Lehrsatz der Sozialpsychologie zum Verständnis der Wahrnehmung bildet das Thomas-Theorem, auf das auch die Extremismusforschung zurückgreift.

„Wenn die Menschen Situationen als real definieren, sind sie in ihren Konsequenzen real.“[460]

Das Thomas-Theorem macht deutlich klar, dass das Verhalten eines Menschen nicht auf objektiven Begebenheiten basiert „[...] sondern auch, und mitunter vorwiegend, nach der Bedeutung, die diese Situation für sie hat.“[461] Die Wahrnehmung kann so allgemein beschrieben werden als: „Herstellung von Relationen zwischen der objektiven Wirklichkeit und der Vorstellungswelt des Individuums.“[462] Im Besonderen basieren Wahrnehmungskategorien auf Kommunikations-, Vergleichs- und Konformitätsprozessen und sind notwendig etwas ‚Soziales‘ „[...], da das subjektive Bezugssystem Ergebnis eines Lernprozesses ist.“[463] Diese Überlegungen finden sich auch in der bereits erläuterten Milieuforschung wieder, die die Überlegung, dass das Vorbild, der Einfluss anderer Personen und die eigene Erfahrung sowie die kulturelle Prägung die Wahrnehmung von Personen beeinflussen aufgriff und (nach der kognitiven Lerntheorie) das Handeln formen. Die auf sich selbst bezogene Sichtweise zur Interpretation von Situationen führt auch dazu, dass Situationen verzerrt oder uminterpretiert werden, „um die eigene Integrität und das Selbst-Bewusstsein aufrecht zu erhalten.“ Diese Verzerrung zum Schutze der eigenen Person wird auch das Rashomon-Prinzip genannt.[464]

Im Rahmen des subjektiven Wahrnehmungsbezugs ist es wichtig zu fragen, wie ein Handelnder die Situation wahrgenommen hat/sie wahrnimmt. Wie ist er mit Erwartungen an sein Handeln umgegangen, wie hat er dieses verstanden? Ist er davon ausgegangen, einen Handlungsspielraum zu besitzen?[465] Beide Prinzipien treffen auf alle Menschen zu und sind keine speziell extremistischen Attribute, helfen aber das Zustandekommen und Fortwirken des

---

460 William Isaac Thomas, Dorothy Swaine Thomas: The Child in America – Behavior, Problems and Programs. New York 1928. S. 572.

461 Robert K. Merton: Die Eigendynamik gesellschaftlicher Voraussagen. In: Ernst Topitsch (Hrsg.): Logik der Sozialwissenschaften. Köln 1965. S. 145.

462 Lorenz Fischer, Günter Wiswede: Grundlagen der Sozialpsychologie. (3. Aufl.) München 2009. S. 189.

463 Lorenz Fischer, Günter Wiswede 2009. S. 189

464 Martha L. Cottam et.al 2010. S. 203.

465 Harald Welzer: Wie aus ganz normalen Menschen Massenmörder werden. (4. Auflg.) Frankfurt a.M. 2006. S. 45.

Extremismus zu erklären. Dabei spielt die Überlegung eine Rolle, dass das aus der Außenperspektive irrational erscheinende Verhalten aus der Innenperspektive durchaus logisch und in sich konsistent sein kann. Jedoch ist seitens dieses Forschungszweiges auch versucht worden, speziell extremistische Charakteristika der Persönlichkeit zu finden. Ein wichtiger Aspekt ist der symbolische Interaktionismus und die Überlegungen George Herbert Meads, wie Robert K. Merton herausstreicht.[466]

In den historisch-genetischen Bereich und denjenigen der politischen Psychologie gehört sicherlich auch die soziologisch motivierte *Individualisierungsthese* von Ulrich Beck[467], die davon ausgeht, dass klassische Werte zerfallen, sich traditionelle Lebensformen immer weiter auflösen und Gefahren (z.B. Klimakatastrophe) das Leben in immer größerem Ausmaß bestimmen. Die angesprochene Vereinzelung, die Auflösung normativer Regelungen führt zur Suche nach eindeutigen Denkmustern. Widerlegt wurde der Zusammenhang von Individualisierungsprozess und der Zugehörigkeit zum rechtsextremen Lager von Wilhelm Heitmeyer, hier korrelierten die Werte nicht.[468] Dennoch ist das Argument im Bereich der Extremismusforschung immer wieder genutzt worden, wenngleich auch andere Bezüge aufgezeigt werden können, als ‚nur' die Individualisierungsthese Becks. Ein Faktor ist die erlebte Unsicherheit – sei sie durch Modernisierung oder Belange des persönlichen Umfeldes, des politischen Umfeldes oder struktureller Herkunft. Die subjektiv erlebte Unsicherheit kann demnach zu dem Wunsch beitragen, *‚die Kontrolle'* wiederzuerlangen. Heckhausen und Schulz unterscheiden zwei Formen der Kontrolle.[469]

Die primäre Kontrolle fußt auf der Meinung des Individuums, dass es eine Reaktion zur Verfügung hat, die die aversiven Konsequenzen eines Ereignisses beeinflussen könne. Das Individuum versteht sich als handlungsfähig.[470] Die primäre Kontrolle bezieht sich auf den Bereich des Handelns, der der Bedürfnisbefriedigung dient und aktiv ist. Die primäre Kontrolle ist das aktive Angehen von Problemen, während die sekundäre Kontrolle darauf gerichtet ist, sich anzupassen. Bei der sekundären Kontrolle geht es um Situationen, in denen das Individuum nicht mehr davon ausgeht, dass es die Situation durch aktives Handeln ändern kann. Das Individuum sieht sich nicht oder nur beschränkt als handlungsfähig an. Die eigene Handlungsunfähigkeit kommt dem Gefühl des Kontrollverlusts gleich.

Die sekundäre Kontrolle geht in funktionaler Hinsicht einher mit der ‚positiven Illusion'. Das Individuum passt sich an, sucht sich kleinere, erreichbare Ziele z.B. nicht mehr zu planen die gesamte Welt zu retten, sondern sich aktiv in der Nachbarschaft zu engagieren, um ‚seine

---

466 Robert K. Merton: The Thomas Theorem and the Matthew Effect? Social Forces, 74(2): 379–424, 12/1995; Merton bezieht sich auf die Aussage Meads: „If a thing is not recognized as true, then it does not function as true in the community." (Mead, George H. 1936. Thought in the Nineteenth Century).

467 Ulrich Beck: Risikogesellschaft – auf dem Weg in eine andere Moderne. Frankfurt 1986.

468 Wilhelm Heitmeyer: Rechtsextremistische Orientierungen bei Jugendlichen. München 1989. Siehe auch: Ebd. Die Bielefelder Rechtsextremismusstudie. München 1992. Auch Dieter Hoffmeister und Oliver Sill untersuchten im Zusammenhang mit der Beckschen Individualisierungsthese die Beziehung zwischen Verunsicherung und autoritärer Einstellung. Sie stellten bei der Auswertung fest, dass der Zusammenhang zwischen dem Versorgtsein und der autoritären Einstellung nicht gegeben ist, vielmehr sind dies voneinander unabhängige Variablen.

469 Jutta Heckhausen, Richard Schulz: A lifespan theory of control. Psychological Review Nr. 102, 284–304.

470 Suzanne C. Thompson: Will it hurt less if i can controll it? A complex answer to a simple question. Psychological bulletin Nr. 90, 1981. S. 89–101.

Welt‘ zu retten, indem pragmatisch Verbesserungsmöglichkeiten für die Menschen des Nahraums angegangen werden. Ein schönes Beispiel eines positiven, konstruktiven Umgangs mit sekundärer Kontrolle sind die Anhänger des Guerilla-Gardenings – es werden ganze Straßenzüge einfach selbst begrünt, und vormals graue Straßen verwandeln sich in kleine grüne Oasen.

Ein dysfunktionaler Umgang mit den Zwängen der Umwelt kann auch die Reaktion sein, dann ist die sekundäre Kontrolle mit dem Begriff der Reaktanz verbunden, an unerreichbaren Zielen wird (unbeirrt) festgehalten. Durch das Gefühl des Kontrollverlusts, des eigenen Versagens, kann der Wunsch nach Rache oder Vergeltung entstehen. Die Vorbereitung und Ausübung von Vergeltung wird als reziproke Initiative der Spannungsreduktion verstanden. Das Individuum externalisiert seinen Frust, unternimmt damit die Bemühung, die Kontrolle (wenn auch nur scheinbar) wieder herzustellen. Derjenige, der Vergeltung ausübt, reduziert sein Stressgefühl. Es ist dabei vollkommen gleichgültig, ob ein objektiver Tatbestand irgendeine Vergeltung rechtfertigen würde (Thomas-Theorem). Extremisten haben eine extrem subjektive Wahrnehmung, jede Art von Ereignis kann als zu bekämpfende Ungerechtigkeit verstanden werden. Das Vorhandensein eines subjektiven Grundes zur Vergeltung reicht vollkommen aus, um diese auch auszuüben oder dies zu wollen – es ist hinreichend, wenn der Tatbestand ‚im Kopf‘ des Racheübenden besteht. Auch die volatile Lage des Bewusstseins (Rubikon-Modell) ist eine mögliche Erklärung. Die racheübenden Personen fokussieren demnach ihre Aufmerksamkeit. ihre Intention steht im Vordergrund des Bewusstseins und ist gepaart mit der selektiven Informationsaufnahme und der Bildung einer optimistischen Illusion.

Die optimistische Illusion kann dem falschen Konsensus-Effekt[471] oder dem falschen Einmaligkeits-Effekt[472] zugrunde liegen. Der falsche Konsensus bezieht sich auf den zur Überschätzung neigenden Glauben über das Ausmaß an Übereinstimmung bezüglich einer Sache. Individuen nehmen i.d.R. an, die eigene Meinung würde von einer Vielzahl anderer geteilt. Der falsche Einmaligkeitseffekt bezeichnet die Illusion einer Person über seine eigene Unersetzlichkeit – man nimmt z.B. an, dass die eigenen (gut ausgebildeten) Fähigkeiten bei nur wenigen Menschen in dem selben Ausmaß vorhanden sind und nur eine überschaubare Größe an Menschen diese Fähigkeiten überhaupt besitzt.

Mohammed Bouyeri, der aus islamistischen Motiven heraus den Mord an Filmemacher Theo van Gogh beging, ging davon aus, dass seinem Vorbild noch so viele Personen folgen würden, dass die Systemstabilität der Niederlande gefährdet sei: „Es ist nur eine Frage der Zeit ehe die Ritter von Allah in den Haager Innenhof [Name des Parlamentsgebäudes] herein marschieren und in dessen Mitte die Flagge von Tawheed hissen werden. Sie werden (inschallah) das Parlament umtaufen zu einem Scharia Gericht und die Hämmer der Vorsitzenden sollen das Islamische Urteil bestätigen. Aus dem Turm soll (Inschallah) LA ILAHA ILLA ALLAH [das Glaubensbekenntnis] klingen und diese Worte sollen durch den Wind

---

471 Lee Ross, David Greene, Pamela House: The ‚false consensus effect‘ – an egocentric bias in social perception and attribution processes. Journal of experimental social psychology. Nr. 13, 1977. S. 279–301.

472 Jerry M. Suls, Choi K. Wan: In search of the false-uniqueness phenomenon – fear and estimates of social consensus. journal of personality and social psychology. Nr. 52, 1987. S. 211–217.

getragen werden und sich mischen mit anderen Worten des Lobpreises die aus allen Himmelsrichtungen sich sammeln."[473] Bouyeri wähnte sich als einer unter vielen.

Die optimistische Illusion, einhergehend mit dem falschen Konsensus-Effekt und dem falschen Einmaligkeits-Effekt (im Rahmen eines dysfunktionalen Umgangs mit der sekundären Kontrolle) kann auch gut an Anders Behring Breiviks, ‚A European declaration of independence' abgelesen werden. Ganz davon abgesehen, dass Behring Breivik davon ausging, er könne eine mit Gültigkeit versehene Unabhängigkeitserklärung abgeben, zeichnet Behring Breivik eine ganze Revolution vor, die die ganze Welt verändern sollte. Der Attentäter von Oslo bestimmte drei Phasen und imaginierte eine Revolution und einen darauf folgenden Bürgerkrieg in den Jahren 2070–2083. Er entwarf auf dem Papier eine ganze Welt, die er gedanklich nach seinen Vorstellungen organisieren konnte und glaubte fest daran, dass sein äußerst brutaler Akt das auslösende Ereignis für dessen tatsächliche Umsetzung sei. Neben der optimistischen Illusion, die deutlich ist, lässt sich eine pathologische narzisstische Persönlichkeitsstörung vermuten, die auch in dem falschen Einmaligkeits-Effekt zum Tragen kommen. Breivik ging davon aus, dass er den Anfang und die weitergehende Planung seiner islamophoben Phantasien einzig und allein selbst ausüben könne, er also für den Weltverlauf eine zentrale Figur sei. Die pathologische narzisstische Persönlichkeitsstörung ist durch ein mangelndes Selbstbewusstsein nach Innen und eine phantasierte oder verhaltensbezogene Grandiosität nach Außen gekennzeichnet. Ein überstarker Wunsch nach Bewunderung ist gepaart mit einem Mangel an Empathie, das Gefühl der eigenen Sonderstellung kann von größenwahnsinnigen Fantasien begleitet sein. Die Tatsache, dass Behring-Breivik seine Idealwelt auch in kleinsten Details beschreibt und den (imaginierten) ihm folgenden Revolutionären ‚ausgefeilte Tipps' gibt, ist auch ein Hinweis darauf, dass er geistige Führung beanspruchte. Hier ist von einem bösartigen Narzissmus die Rede. Es ist die Persönlichkeit angesprochen.

Die Wahrnehmung kann auch in anderer Hinsicht zum Extremismus beitragen – z.B. die in vielen Büchern zum Extremismus auftauchende Schwarz-Weiß-Kategorie des Denkens. Im Grunde genommen hängt das stereotype Schwarz-Weiß-Denken mit dem Muster der illusorischen Korrelation zusammen. Die illusorische Korrelation ist eine Erwartung, die aufgrund der Bildung von Stereotypen gebildet wird. Die Beziehung zwischen Objekten wird dabei übertrieben. Ein Stereotyp ist wiederum die kognitive Komponente eines Vorurteils, es wird auf bestimmte Menschen angewandt, die durch den Betrachter in einer Kategorie zusammengefasst werden, folgt man Ashmore und Del Boca, beinhalten Stereotype drei Merkmalsklassen. Die erste Merkmalsklasse ist das Stereotyp der soziokulturellen Orientierung (z.B. „Deutsche sind…", oder „Afrikaner haben…"), die soziokulturelle Orientierung ist dabei ein Stereotyp von höchster Dauerhaftigkeit und kann über mehrere Generationen hinweg für gültig gehalten werden. Die zweite Merkmalsklasse ist das Stereotyp der psychodynamischen Orientierung, das auf Individuen angewandt wird und sich auf die Funktionen Deplatzierung und Projektion bezieht. Bei der Deplatzierung werden Aggressionen des Individuums auf ein anderes übertragen, bei der Projektion werden negative Eigenschaften auf

[473] Die ideologische und religiöse Entwicklung von Mohammed B. – Sachkundigenbericht in der Strafsache gegen Mohammed B. im Auftrag/auf Anordnung der Staatsanwaltschaft erstellt für das Landgericht Amsterdam. Durch Prof. Dr. MR. Ruud Peters http://www.sociosite.org/jihad/peters_rapport.pdf

die Gruppe übertragen, der das andere Individuum scheinbar angehört. Die Projektion dient so der Rechtfertigung für die Deplatzierung. Die dritte Merkmalsklasse ist das Stereotyp der kognitiven Orientierung. Die kognitive Orientierung bezieht sich auf das Erkennen bestimmter Merkmale und der darauf folgenden Subsumption unter eine Kategorie, die mit stereotypen Eigenschaftsbeschreibungen verbunden sind und mit gewissen Erwartungen über das Verhalten verschmelzen. Vorurteile sind negative Bewertungen, die sich auf soziale Gruppen beziehen und zur selektiven Informationsaufnahme prädisponieren (siehe auch illusorische Korrelation) und zur Diskriminierung führen. Eine genauere Beschreibung der Funktionen von Vorurteilen ist im Kapitel zu Gruppen nachlesbar.

4.8.2 Persönlichkeit

Eine sozialpsychologische Beschreibung des Extremismus im Rahmen der Persönlichkeit legte Taylor vor: „Excessive and inappropriately enthusiastic and/or inappropriately concerned with significant life purposes, implying a focused and highly personalized interpretation of the world. Politically, it is behavior that is strongly controlled by ideology, where the influence of ideology is such that it excludes or attenuates other social, political or personal forces that might be expected to control and influence behavior."[474]

Die Notwendigkeit einer Annäherung an die Psychologie einer Person ist im Rahmen der Extremismusforschung gegeben, da die Persönlichkeit einen Kern unserer (politischen) Existenz ausmacht. Die vorgelegte Definition lebt auch von gewissen Vorarbeiten der Pioniere zur Erforschung der extremistischen Persönlichkeit.

Die Forschergruppe um Adorno arbeitete psychoanalytisch. Diese erforschte den ‚autoritären Charakter' und entwickelte die F(aschismus)-Skala, die neun Charakterzüge (Konventionalismus, autoritäre Untertänigkeit, aggressive Autoritätssucht, Abwehr von Intrazeption, Aberglaube und Stereotypie, Macht und Robustheit, Destruktivität und Zynismus, Projektion, Sexualität)[475] mit Autoritarismus in Verbindung bringen sollte, aber tatsächlich mit faschistischen politischen Prinzipien in Verbindung brachte, wie besonders Edward Shils kritisierte.[476] Der Agitator nutzt Adorno zufolge existierende Unzufriedenheiten und greift sie für seine Zwecke auf, dabei kommen alle möglichen Motive zu Tage, seien es wirtschaftliche, politische, kulturelle oder moralische Missstände. Der Agitator versteht es gut, die Ängste und Frustrationen des Publikums aufzugreifen und sie für seine Zwecke umzudeuten. Dabei spielt der Agitator Adorno zufolge „mit dem Misstrauen, das seine Zuhörer gegen alle sozialen Erscheinungen hegen, die in ihr Leben eingreifen, ohne dass man versteht, wie das eigentlich geschieht."

Der Agitator fühlt, dass sein Publikum unter Hilflosigkeit und Passivität leidet, verstärkt dieses Gefühl noch und präsentiert sich als schützender, starker Mann. Er ist aufgeschlossen für die Wahrnehmung der Ungerechtigkeit und zählt allerlei Tatbestände auf, die die Men-

---

474 Max Taylor: The fanatics – a behavioral approach to political violence. London 1991, 33; Abgedruckt auch in: Martha Cottamet.al.: Introduction to political psychology. (2.Auflg.) East Sussex/New York 2010, 203 und 336f

475 Theodor W. Adorno et.al.: Der autoritäre Charakter (Bd. 1). Amsterdam 1968. S. 419f.

476 Martha L. Cottam et.al. 2010. S. 23.

schen (angeblich) nicht haben würden, oder bei denen sie (angeblich) nicht genug bedacht worden sind, um sogleich einen Schuldigen zu benennen. Er erweckt den Anschein, „dass die moralischen Fundamente der Gesellschaft untergraben werden" und erwirkt ein Gefühl von „kommendem Unheil", das schwarz am Horizont heraufzieht. Dabei entwertet er die demokratischen Politiker und „gebraucht eine Terminologie" des Schimpfs und der Schande.[477] „Einerseits brandmarkt der Agitator seine Mitläufer als Ausgesaugte, reitet er auf den Leiden herum, die sie in ihrem aussichtslosen Leben ertragen hatten und befriedigt damit ihren latenten Masochismus. Andererseits verwandelt er diese Erniedrigung in etwas, auf das man stolz sein kann – ein Merkmal der neuen Elite, die sich eines Tages erheben wird. Denn er hat die Verantwortung dafür ja den Erfolglosen abgenommen, und er projiziert sie auf einen skrupellosen und amoralischen Feind. Damit offeriert er seinen Anhängern die Möglichkeit, aller zukünftigen Erniedrigung subjektiv erfolgreich zu begegnen, ohne sie praktisch zu beseitigen und ohne an den Zuständen, in denen sie wurzelt, etwas zu ändern."[478]

Mit psychologischen Modellen arbeitend, führte Altemeyer diese Forschung weiter[479] und beleuchtete besonders das kritische Denken als Unterscheidungskriterium zwischen Personen mit hoher Punktezahl in der Autoritätsskala und Personen mit niedriger Punktezahl. Personen mit hoher Punktezahl sind seinen Ergebnissen zufolge eher dazu geneigt, Aussagen unkritisch zu übernehmen.[480]

Stenner gelangt zu der Folgerung, dass ein autoritärer Charakter intolerant gegenüber Differenz ist.[481] Den Autoritarismus versteht Altemeyer[482] als autoritäre Unterwürfigkeit, die autoritäre Aggression und den Konventionalismus. Normalerweise wird auf die Autoritarismusthese Bezug genommen, wenn rechtsextremistische Orientierungen angesprochen sind. Der Autoritarismus ist ein Syndrom, das sich durch hochgradigen Autoritätsgehorsam auszeichnet und Werte beinhaltet, die sich stark von Liberalismus, Pluralismus, Diversitätskultur und Individualismus unterscheiden. Der Autoritarismus ist verbunden mit Ethnozentrismus, Antisemitismus, monokulturellen Handlungsbezügen und ist geprägt durch die Neigung, andere, vermeintlich schwächere Personen anzugreifen und zu unterwerfen.

Günter Hole, der sich im Rahmen der Psychoanalyse dem Phänomen nähert, unterscheidet zwischen Fundamentalismus, der den Kern einer Lehre für ihn ausmacht, und dem Fanatismus, der für die Verbindlichkeit dieser Lehre kämpft und mittels eines hohen energetischen Aufwands durchsetzt.[483] Fanatismus lässt sich demnach bestimmen als

- „eine durch die Persönlichkeitsstruktur mitbedingte, auf *eingeengte Werte und Inhalte* bezogene persönliche *Überzeugung* von hohem Identifizierungsgrad,

---

477 Theodor W. Adorno et. al 1968. S. 10ff.
478 Theodor W. Adorno et. al. 1968. S. 19f.
479 Bob Altemeyer: Enemies of Freedom – understanding right-wing authoritarianism. San Francisco 1988; Ebd.: The authoritarian specter. Cambridge 1996
480 Bob Altemeyer: The authoritarian Specter. Cambridge 1996
481 Karen L. Stenner: The Authoritarian Dynamic. Cambridge 2005. S. 325.
482 Bob Altemeyer: The authoritarian specter. Cambridge 1996; sowie: Bob Altemeyer: The other authoritarian personality. In: Mark P. Zanna: Advances in experimental social psychology. Vol. 30. S. 47–92.
483 Günter Hole: Fundamentalismus – Der Drang zum Extrem und seine psychischen Wurzeln. Gießen 2004. S. 44.

- die *Durchsetzung* dieser Überzeugung mit großer Intensität, Nachhaltigkeit und Konsequenz, unter hohem Energieaufwand (‚*fanatische Energie*'), wobei Dialog- und Kompromissunfähigkeit besteht,
- Die Bekämpfung von Außenfeinden mit allen, auch rigorosen, aggressiven Mitteln, unter gleichzeitiger positiver Gewissenskonformität (‚gutes Gewissen')".[484]

Dieser Wille zur Durchsetzung, diese energetische Aufladung wird mit *Begeisterung* beschrieben. „Politische Begeisterung trägt freilich im psychologischen Sinn umso mehr Elemente einer religiösen Begeisterung in sich, je stärker sie sich in Richtung ideeller, allgemeiner Zielsetzungen der Weltverbesserung bewegt, je mehr sie Heils- und Erlösungscharakter für die Menschen bekommt."[485]

Die mentalen Antriebs- und Bedingungsfaktoren bilden eine Voraussetzung der fundamentalen Sichtweise, der aggressiv fanatischen Umsetzung dieser Inhalte, und letztlich auch zur Formung totalitärer Bewegungen, die diese Inhalte im Rahmen totalitärer politischer Praxis umsetzt[486]. Der brennende Wunsch, Gemeinsamkeit zu entwickeln und so an persönlicher Stärke zu gewinnen, führt zu einer hartnäckigen, übersteigerten Vertretung der Lehre. Diese dehnt sich über die Maßen aus und erfasst auch jene Bereiche des Lebens, die an sich unpolitisch sind.[487] Fanatiker sind aber nicht psychisch kranke Menschen, sie sind gesund.

Die Idee, die einen überstarken Raum im Rahmen der Identitätsbildung fanatischer Persönlichkeiten einnimmt, ist zentral für die ideologische Art des Fanatismus einerseits und für zu erwartende Handlungen und Konzeptionen des Politischen durch die betreffende Person andererseits.[488] Ali Schariati, ein theoretischer Vordenker der islamischen Revolution im Iran, drückt dies folgendermaßen aus: „Wie erreicht man aber diese Befreiung [von den menschlichen Gefängnissen]? Mit Liebe. Was heißt Liebe in diesem Zusammenhang? Ich meine damit keine mystische Liebe und dergleichen, die selber andere Arten von Gefängnissen darstellen. Damit meine ich eine gewaltige Kraft, höher als berechnende und eigennützige Vernunft, die mich aus der Tiefe meiner Seele und dem Innern meines Selbst gegen mich aufwiegelt. Das kann mit Naturgesetzen nicht geschehen. Der Aufruhr gegen mich muß aus dem Inneren kommen, weil das vierte Gefängnis mir innewohnt. Es muß von innen heraus gesprengt werden und in Flammen aufgehen. Warum in Flammen? Weil es mit der logischen, die Naturgesetze entdeckenden Vernunft nicht zu schaffen ist, weil es sich hier nicht um Logik handelt. [...] Der Mensch zerstört aber manchmal die logischen Strukturen wegen höherer Ideale. Er setzt sich z.B. hin, begießt sich mit Benzin und zündet sich in aller Ruhe und bewußt an, um

---

484 Günter Hole 2004. S. 44

485 Günter Hole 2004. S. 73

486 „Der ideale Muslim besitzt diese Liebe, die er in Ideale und Grundwerte umsetzt. Schariati und Iqbal meinen mit dieser Liebe [.] ‚Die Kraft, die mich dazu bringt, zum Wohle des anderen und zur Verwirklichung höherer Ideale gegen meine eigenen Lebensinteressen und unter Aufopferung meiner Existenz zu handeln'" Silvia Kaweh: Ali Schariati interkulturell gelesen. Nordhausen 2005.S. 28. (Zit.: Schariati, Ali, Die Vier Gefägnisse des Menschen, Islamische Renaissance Nr.4, Botschaft der Islamischen Republik Iran, Bonn 1981, S.30)

487 Simon Sebag Montefiore beschreibt in seiner Stalin Biographie ganz deutlich, auf welche banalen Gründe sich Todesurteile im stalinistischen Russland stützen. Vgl. Ebd. Stalin – Am Hof des Roten Zaren. Frankfurt a.M. 2007. Kapitel 17, 23, 29, 53, 57.

488 Jerrold Post et. al., The Terrorists in their own words – Interviews with 35 incarcerated Middle Eastern Terrorists. In: Terrorism and Political Violence 15, Nr. 1. 2003.

seine Gesellschaft vom Feuer zu retten. Diese Handlung ist nicht logisch. Sie verlangt weder eine Belohnung, noch entspringt sie den Grundsätzen der Ethik. Liebe ist die Kraft, die mich dazu bringt, zum Wohle des anderen und zur Verwirklichung höherer Ideale gegen meine eigenen Lebensinteressen und unter Aufopferung meiner Existenz zu handeln."[489]

Es gibt nach Hole zwei fanatische Typen:

Der essentielle Fanatiker, (man könnte ,Supplier' sagen), der eine direkte fanatische Bemächtigung der eigenen Wertewelt erfährt[490], ist Initiator eines radikalen Kalküls[491] und beeinflusst seine Umwelt. Der induzierte Fanatiker (man könnte ,Consumer' sagen) kann ebenso zum Ideologiesupplier werden, wurde aber ursprünglich von jemand anderem überzeugt. Im Fanatiker entwickelt sich die Lehre/Idee zu einem „leuchtenden Licht". Es „überkommt" den Fanatiker, der sich nicht erwehren kann und ein übermäßiges Sendungsbewusstsein entwickelt.[492] Als fanatische Trias gelten Überzeugung, Begeisterung und Hass.[493]

Horgan äußert sich kritisch zu einem Versuch der Typologisierung: „That a proper understanding of terrorist motivation remains outside our grasp is an issue that continues to be tackled with embarrassingly vague references to broad typologies, fuzzy psychological processes that are as imprecise and unhelpful within contemporary psychology as anywhere else – psychoanalysis is particularly guilty post-September 11."[494]

Gewalttätigen Handlungen geht eine Entscheidung voraus. Es ist die Entscheidung für die Sache. Dieser wird nun alles untergeordnet: „Wenn einer erst einmal beschlossen hat: Wo gehobelt wird, da fallen Späne, ist er nicht mehr erreichbar für seine Freunde, denn er hat bereits entschieden, keine mehr zu haben, er hat sie bereits alle geopfert. Lauter Späne."[495] Der Fanatismus ist ein Phänomen, dessen augenscheinliches Merkmal die Isolation ist. Politische Gewalttäter sind psychisch gesund. In der Regel geht es ihnen um etwas, dass sie als gerecht empfinden. Sie kämpfen, wenn sie über sich selbst sprechen, gegen Ungerechtigkeit und nehmen Rache für von ihnen ausgemachte Opfer.

„Their despair in recognising that terrorist psychology is just like that of everyone else is the realisation that in the wrong circumstances most people could either come to support a terrorist group or possibly even consider joining one. If you, your loved ones and your community were discriminated against, persecuted by the authorities, intimidated, injured or killed, then terrorism may seem an appropriate and justified response. [...] Terrorism is a very old and very persistent problem. It emerges, again and again simply because human nature is

---

489 Ali Schariati: Die vier Gefängnisse des Menschen. Botschaft der islamischen Republik Iran (Hrsg.): Islamische Renaissance Nr. 4. Bonn 1981. 29f.

490 Günter Hole 2004. S. 77

491 Günter Hole 2004. S. 71

492 Donatella Della Porta: Social Movements – Political Violence and the State. Cambridge 1995. Kap. 6.

493 Günter Hole 2004. S. 52; Louise Richardson nennt abweichend Rache, Ruhm und Reaktion. Vgl. Ebd. Was Terroristen wollen – die Ursachen der Gewalt und wie wir sie bekämpfen können. Lizenzausgabe. Bonn 2007. S. 22, 126–144; Interessant auch: E. Collins: Blinder Hass – Autobiographie eines irischen Terroristen. Frankfurt a.M. 1997.

494 John Horgan: The Search for the Terrorist Personality. In: Silke, Andrew (Hrsg.), Terrorists, Victims and Society – Psychological Perspectives on Terrorism and its Consequences. 2. Aufl. West Sussex 2006, 3

495 Hannah Arendt 2003. S. 11.

what it is, and the circumstances that produce it continue to occur across time and geography. Usually terrorist violence is a symptom of other more fundamental problems. "[496]

Die ‚energetische Aufladung' kann die Opferbereitschaft ins Extrem steigern und wird durch die Mobilisierung höchster Werterlebnisse bewirkt. Ist von hohen ethischen Werten o. Ä. die Rede, so ist damit nicht grundsätzlich ein humanistisches Ideal gemeint. Der Terminus bezieht sich eher auf die Wahrnehmung des Fanatikers selbst.[497] Die Entstehung der intensiven Bindung des Menschen an das (ggf. vorgegebene) Ideal ist wesentlich durch die Dynamik narzisstischer Ergänzungsbedürfnisse bestimmt. Neben der Übertragung der Einzelpsyche zur Massenpsyche kann die Überhöhung des Ichs auch durch archetypische Vorstellungen aktiviert werden.[498] „Politische Begeisterung trägt freilich im psychologischen Sinn umso mehr Elemente einer religiösen Begeisterung in sich, je stärker sie sich in Richtung ideeller, allgemeiner Zielsetzungen der Weltverbesserung bewegt, je mehr sie Heils- und Erlösungscharakter für die Menschen bekommt."[499]

Der Mensch weigert sich also nicht willentlich, nicht mehr Person zu sein, sondern der in der Psyche raumgreifende Fanatismus verdrängt die Persönlichkeit nach und nach. An Stelle des Willens tritt der Gehorsam. Die freiwillige Unterordnung, die Gehorsamsbereitschaft, so hat es Milgram herausgearbeitet, ist eine Komponente menschlichen Daseins.

Derjenige, der gehorsam ist, überträgt die Verantwortung seines eigenen Tuns auf eine andere Person. Somit ist für den Gehorsamen eine Möglichkeit geschaffen, die die Aussage „Ich habe es nicht getan" möglich macht und diese Aussage in einer völlig neuen Perspektive betrachtet werden kann – denn der Gehorsame hat ausgeführt, zum Tun gehört aber das Wollen. Dieses Wollen ist im Fanatiker vorhanden. Der Fanatiker besitzt, so wie es aufgezeigt wurde, kein ihm eigenes Wollen, sondern ein, dem ideologischen Axiomensystem entnommenes Wollen, welches zur fanatischen Begeisterung führt.

Insofern hat die Ideologie zwei Eigenschaften: Sie installiert und verstärkt das Wollen im fanatischen Ideologieträger, lehnt das Wollen für die Herumstehenden ab einem gewissen Zeitpunkt ab und besitzt dann die Eigenschaft, auf Gehorsam zu rekurrieren. Diejenigen, die nicht Fanatiker, aber bereits der menschenfressenden Maschine des totalitären Apparates ausgeliefert sind, entscheiden sich vornehmlich Opfer oder Täter zu sein: „Entweder er übte Macht aus – und zwar mit allen Konsequenzen, die es hatte – oder er wäre vermutlich in das Räderwerk der Maschine gekommen, die ihre gesucht und gebraucht hat, also, so der Beschluss daraus, dass man die Maschine füttern muss."[500]

Ein wichtiges Projekt im Bereich der Suche nach ‚der Persönlichkeit' von politisch motivierten Gewalttätern erfolgte durch das Bundesinnenministerium. Die in den „Analysen zum

---

496 Andrew Silke: becoming a Terrorist. In: Andrew Silke (Hrsg.): Terrorists, Victims and Society – psychological perspectives on Terrorism and its consequences. West Sussex 2003. S. 51

497 Günter Hole 2004. S. 65.

498 Günter Hole 2004. S. 66f.

499 Günter Hole 2004. S. 73.

500 Klaus Harprecht im Film „Tödliche Falle – Herbert Wehner in Moskau 1937" von Inga Wolfram, WDR Dokumentation 2002

Terrorismus" veröffentlichten Studien legten unter anderem nahe, dass der Narzissmus wichtig für das Verständnis über politisch motivierte Gewalttäter sei.[501]

Der Narzissmus wird in der griechischen Mythologie als ein Jüngling beschrieben, der sich in sein Spiegelbild im Wasser verliebt und sich in eine Narzisse verwandelt. Der Narzissmus „zeichnet sich durch ein durchgängiges Muster an phantasierter oder verhaltensbezogener Grandiosität (Phantasien von Macht, Erfolg, Schönheit, Liebe, arrogantes Verhalten etc.), durch einen Wunsch nach Bewunderung und einem Mangel an Empathie aus."[502] Die Selbstsicht von Extremisten divergiert mit dieser von Außen vorgenommenen Beschreibung. Extremisten sehen sich in der Regel als wahre Altruisten, die sich bzw. einer von ihnen auserkorenen und von ihnen als hilflos degradierten Gruppe lediglich helfen würden, zu ihrem Recht zu kommen. Andere Faktoren bestätigen die Narzissmus-These: Howard B. Kaplan sieht vor allem die Selbstentwertung als einen wichtigen Faktor für abweichendes Verhalten. Wer sich demnach selbst nicht besonders liebt, neigt zu deviantem Verhalten.[503] Demnach entwickeln Menschen eine Abwehr gegenüber Normen, die sie dazu gebracht haben, sich selbst zu entwerten. Mit dem Regelbruch drücken sie ihre Ablehnung der Normen aus.

Neidhart bemerkte in Angesicht einer verstärkten Suche nach Anomalien in den Persönlichkeitseigenschaften terroristisch Handelnder, dass eine Analyse der Persönlichkeit den Nebeneffekt der eigenen Beruhigung besitzen würde. Sind alle Extremisten oder Terroristen Psychopathen, so gibt es nichts, was wir dagegen ausrichten könnten, so ist keine Schuld bei uns selbst oder den von uns geschaffenen Systemen zu suchen. Dies ist aber ein grundlegender Fehler, denn Extremismus entsteht, weil Unzufriedenheiten und Missstände vorherrschen, die Agitatoren ausnutzen, die aufgegriffen werden. Die Suche nach einer psychopathologischen Struktur ist immer dann unerheblich, wenn die Befunde lediglich dazu dienen, die Suche nach den Ursachen des Terrorismus, den (externen) Gründen, die außerhalb der Persönlichkeit liegen, nicht weiter nachzuforschen. Eine Möglichkeit, die Analyse der Personen mit den Ereignissen zu koppeln, ihren Diskursen, Problematiken usw. ist die Sinnkonstruktion. „Auch Terrorismus als die radikalste Form einer gewalttätigen Abweichung von Normalität wird sich nicht erklären lassen ohne den Versuch, die subjektiv empfundene Sinnhaftigkeit terroristischen Handelns gleichsam von Innen her zu verstehen – soweit das möglich ist."[504] Borum schreibt: „There is no terrorist personality, nor is there any accurate profile – psychologically or otherwise – of the terrorist. Moreover, personality traits alone tend not to be very good predictors of behavior. The quest to understand terrorism by studying terrorist personality traits is likely to be an unproductive area for further investigation and inquiry."[505]

---

501 z.B.: Wanda Bayer-Katte, Dieter Cleassens, Hubert Feger, Friedhelm Neidhardt: Gruppenprozesse. (Analysen zum Terrorismus Bd. 3) Opladen 1982.

502 Hans Werner Bierhoff, Michael Jürgen Herner: Begriffswörterbuch Sozialpsychologie. Stuttgart 2002. Stichwort: Narzissmus.

503 Howard Kaplan, Robert Johnson, Carol Bailey: Self-rejection and the explanation of deviance – refinement and elaboration of a latent structure. In: Social Psychology Quarterly Vol. 49 Nr. 2. 1986. S. 110–128.

504 Friedhelm Neidhardt: Soziale Bedingungen terroristischen Handelns – Das Beispiel der Baader-Meinhof-Gruppe (RAF). In: Ebd., Wanda Baeyer-Katte, Dieter Claessens, Hubert Feger: Gruppenprozesse. (Analysen zum Terrorismus Bd. 3). Opladen 1982. S. 319.

505 Randy Borum: Psychology of Terrorism. Tampa 2004. S. 38.

Definition Narzissmus nach DSM IV:

• **Kriterium 1.** Das Hauptmerkmal der Narzisstischen Persönlichkeitsstörung ist in tiefgreifendes Muster von Großartigkeit, das Bedürfnis nach Bewunderung und der Mangel an Einfühlungsvermögen. Der Beginn liegt im frühen Erwachsenenalter, und die Störung zeigt sich in verschiedenen Situationen. Personen mit dieser Störung nehmen sich in übertriebenem Maße selbst wichtig.

• **Kriterium 2.** Sie überschätzen regelmäßig ihre Fähigkeiten und übertreiben ihre Leistungen, wodurch sie häufig prahlerisch und großspurig erscheinen. Sie können ungeniert annehmen, dass andere ihren Bemühungen den gleichen Wert zuschreiben und sind dann möglicherweise überrascht, wenn das erwartete und ihrer Meinung nach verdiente Lob ausbleibt. Häufig impliziert die übertriebene Einschätzung ihrer eigenen Leistungen eine Unterschätzung (Abwertung) der Beiträge anderer. Oft sind sie stark eingenommen von Phantasien grenzenlosen Erfolgs, Macht, Glanz, Schönheit oder idealer Liebe.

• **Kriterium 3.** Es kann geschehen, dass sie über „schon seit langem fällige" Bewunderung und Ehre nachsinnen und sich in vorteilhafter Weise mit berühmten oder privilegierten Menschen vergleichen. Personen mit Narzisstischer Persönlichkeitsstörung glauben, dass sie überlegen, besonders oder einzigartig sind und erwarten von anderen, sie so anzusehen.

• **Kriterium 4.** Möglicherweise glauben Sie, dass sie nur von solchen Menschen verstanden werden und auch nur mit solchen verkehren sollten, die besonders oder von hohem Ansehen sind, und schreiben denjenigen, mit denen sie verkehren, die Eigenschaften „einzigartig", „perfekt" oder „begabt" zu. Individuen mit dieser Störung glauben, dass ihre Bedürfnisse außergewöhnlich sind und sich der Kenntnis gewöhnlicher Menschen entziehen. Ihr eigenes Selbstwertgefühl wird durch den idealisierten Wert, den sie denjenigen zumessen, mit denen sie verkehren, erhöht (d.h. „gespiegelt"). Es liegt nahe, dass sie darauf bestehen, nur von „Top"-Personen (Arzt, Anwalt, Friseur, Ausbilder) behandelt zu werden oder nur den „besten" Institutionen angegliedert zu werden, werten aber den Ruf derer ab, von denen sie enttäuscht wurden. Betroffene mit dieser Störung verlangen im Allgemeinen nach übermäßiger Bewunderung.

• **Kriterium 5.** Ihr Selbstwertgefühl ist fast immer sehr brüchig. Sie sind meist sehr darum besorgt, wie gut sie funktionieren und wie positiv andere von ihnen denken. Dies nimmt häufig die Form eines Bedürfnisses nach ständiger Aufmerksamkeit und Bewunderung an. Sie können erwarten, dass ihre Ankunft mit großem Hallo begrüßt wird, und sind erstaunt, wenn andere ihnen ihren Besitz nicht neiden. Sie können, häufig mit Charme, ständig auf Komplimente aus sein. Das Anspruchsdenken der betroffenen Personen wird deutlich in ihrer übertriebenen Erwartung an eine besonders bevorzugte Behandlung.

• **Kriterium 6**. Sie erwarten, dass man ihnen entgegenkommt, und sind erstaunt oder wütend, wenn dies nicht geschieht. Diese Anspruchshaltung kann in Verbindung mit einem Mangel an Sensibilität gegenüber den Wünschen und Bedürfnissen anderer Menschen zu deren bewusster oder unabsichtlicher Ausnutzung führen.

• **Kriterium 7.** Sie erwarten, alles zu bekommen, was sie sich wünschen oder zu brauchen meinen, ungeachtet dessen, was dieses für andere bedeutet. Die betroffenen Individuen können zum Beispiel große Zuneigung von anderen erwarten und können sie überbeanspruchen ohne Rücksicht auf die Auswirkungen auf deren Leben. Sie neigen dazu, Freundschaften und Partnerschaften nur dann einzugehen, wenn die Wahrscheinlichkeit besteht, dass die andere Person ihren Absichten dient oder aber ihr Selbstwertgefühl stärkt. Häufig reißen sie besondere Privilegien oder Mittel an sich, die sie aufgrund ihrer Besonderheit zu verdienen glauben. Menschen mit Narzisstischer Persönlichkeitsstörung haben im Allgemeinen einen Mangel an Empathie und haben Schwierigkeiten, die Wünsche, subjektiven Erfahrungen und Gefühle anderer zu erkennen.

• **Kriterium 8.** Sie können annehmen, dass sich andere ganz und gar um ihr Wohl sorgen. Sie neigen dazu, ihre eigenen Angelegenheiten unangemessen detailliert zu besprechen, während es ihnen nicht gelingt zu erkennen, dass andere auch Gefühle und Bedürfnisse haben. Häufig sind sie verächtlich und ungeduldig gegenüber anderen, die über ihre eigenen Probleme und Angelegenheiten sprechen. Die betroffenen Individuen werden sich möglicherweise der Kränkung, die sie mit ihren Bemerkungen verursachen, nicht bewusst. Wenn die Bedürfnisse, Wünsche oder Gefühle anderer erkannt werden, werden sie gern als Zeichen von Schwäche oder Verletzlichkeit abgetan. Diejenigen, die in Beziehung zu Individuen mit Narzisstischer Persönlichkeitsstörung stehen, stellen typischerweise eine emotionale Kälte und einen Mangel an gegenseitigem Interesse fest. Die Betroffenen sind oft neidisch auf andere oder glauben, andere seien neidisch auf sie.

• **Kriterium 9.** Es kommt vor, dass sie anderen ihre Erfolge oder ihren Besitz nicht gönnen, weil sie meinen, selbst diese Leistungen, Bewunderung oder Privilegien eher zu verdienen. Sie können die Beiträge andere barsch abwerten, insbesondere dann, wenn jene Anerkennung oder Lob für ihre Leistungen erhalten haben. Arrogante, überhebliche Verhaltensweisen charakterisieren diese Personen. Häufig legen sie eine snobistische, verächtliche oder herablassende Haltung an den Tag.

Abb. 4.30 *Narzissmus Kriterien nach DSM IV*

Horgan, der sich auf Silke, Morf, Rasch, McCauley und Corrado bezieht, vertritt demgegenüber die These, dass es keine psychischen Besonderheiten terroristischer Täter gibt, sondern diese ‚einfach normale Individuen' seien.[506] „The rigour of research pointing to either explicit or implicit abnormality, or to the existence of a ‚terrorist personality', is such that its propositions are built on unsteady empirical, theoretical and conceptual foundations. Nevertheless, for many this still does not mitigate against the possibility that terrorists remain psychologically distinctive, and unfortunately it will probably remain difficult to challenge forthright this view in the absence of empirical data – now a major problem. It is pessimistic that one of the few certainties about this issue is probably the lack of conceptual and practical clarity with which psychological terminology is used."[507]

Jerrold Post sieht in der Überlegung, politische Gewalttäter seien Psychopathen, eine komplett unlogische Folgerung: „While, to be sure, some emotionally disturbed individuals have carried out acts of violence in the name of a cause, severe psychopathology is incompatible with being a member of a terrorist group. Indeed, terrorist groups regularly screen out individuals who are emotionally unstable."[508]

4.8.3 Sinn

Der Sinn bezeichnet in der kulturwissenschaftlichen Theorie die „[...] Vermittlung eines ‚Kulturgegenstandes' oder eines in Analogie zu einem solchen aufgefaßten Naturgegenstandes dienende Instanz, die damit selbst zum Korrelat eines Verstehensprozesses wird."[509] Davon unterscheidet sich der Sinnbegriff der Semantik. „In semantischer Bedeutung ist Sinn das von einem Zeichen (im weitesten Sinne) ausgedrückte."[510]

Die Ideologie weist den verschiedenen Vorkommen in der Welt einen Sinn zu, im Rahmen eines gegebenen Systems von festgelegten Wahrheiten. Hierzu schreibt Hans Buchheim in seinem Buch „Totalitäre Herrschaft – Wesen und Merkmale" von 1962: „Und wer sich derart im Alleinbesitz der lückenlosen Wahrheit wähnt, muß sich notwendigerweise für verpflichtet halten, die noch unvollkommene Wirklichkeit der Welt und des sozialen Lebens nicht mehr hinzunehmen, sondern sie der Wahrheit gemäß umzugestalten und die Menschen, wenn es nicht anders geht, zu ihrem Glück und zur Annahme der Wahrheit zu zwingen."[511] Der Sinn ist die Basis der Existenz von Ideologie. Dabei ist nicht von einem positiven, freundlichen

---

506 John Horgan: The search fort he terrorist personality. In: Andrew Silke: Terrorists, Victims and Society – Psychological perspectives on terrorism and its consequences. (2. Auflg. 2006) West Sussex 2003. S. 3–27. Von ihm erwähnte Arbeiten sind hier: Andrew Silke.: Cheshire-cat logic – the recurring theme of terrorist abnormality in psychological research. In: Psychology, Crime an Law Nr.4,/1998, S. 51–69.; Gustave Morf.: Terror in Quebec – case studies of the FLQ. Toronto 1970; Wilfried Rasch: Psychological dimensions of political terrorism in the federal republic of germany. In: International Journal of Law and Psychiatry Nr.2/1979, S. 79–85; Clark R. McCauley: Terrorism, research and public policy – an overview. In: Terrorism and Political Violence Nr.3/1991. S. 126–144; Raymond Corrado: A critique of the mental disorder perspective of political terrorism. In: International Journal of Law and Psychiatry Nr.4/1981. S. 293–309.

507 John Horgan 2003. S.23.

508 Jerrold M. Post: The mind of the Terrorist – the psychology of terrorism from the IRA to Al-Qaeda. New York 2007. S. 4.

509 Christian Thiel: Sinn. In: Jürgen Mittelstraß (Hrsg.), Enzyklopädie Philosophie und Wissenschaftstheorie. Stuttgart /Weimar 2004, S. 810.

510 Christian Thiel 2004. S. 811

511 ebd. S. 20

Sinn die Rede. Der Sinn kann Abgründe öffnen, wie Raul Hilberg erklärt: „Die Deutschen töteten mehr als fünf Millionen Juden; Er fand statt, weil ihm die Täter einen *Sinn* beimaßen.“[512]

Für Niklas Luhmann ist Sinn ein Grundbegriff der Soziologie. In seiner Schrift zu sozialen Systemen[513] führt Luhmann aus, warum der Sinnbegriff einen hohen Nutzen für die Sozialwissenschaft bereithält: er gilt für psychische und soziale Systeme zugleich und kann so ihre wechselseitige Beeinflussung gut darstellen. Luhmanns Verständnis von Sinn ist funktional, er versteht Sinn als Ordnungsform des menschlichen Erlebens und weist ihm die Funktion zu, mittels eines hohen Verweisungsreichtums gesellschaftliche Systeme zu bilden. Der Sinn ist die Bedeutung, die ein Beobachter von etwas hat. „So wie Luhmann ihn versteht, stellt der Sinnbegriff eine unnegierbare, differenzlose Kategorie dar.“[514] Die vorsprachliche Kategorie des Sinnes, die bei Luhmann ein Fundament der Sprache ist, lässt Habermas nicht gelten, er sieht Sinn als prinzipiell sprachliches Phänomen an, das ohne intersubjektive Geltung nicht existieren kann.[515] Niklas Luhmann, der sich im Rahmen der Erarbeitung der Systemtheorie einen speziellen Zugang zum Sinnbegriff schuf, nutzte den Begriff als Kategorie. Die Systemtheorie als solche steht außerhalb der Betrachtung.

Sinn, so stellt Luhmann fest, ist etwas, das auf sich selbst und anderes verweist und Ausgangspunkt des weiteren Erlebens des Beobachters ist. Die Selbstverweisung ist ein Platzhalter für eine Vielheit weiterer Verweisungen. Sinn stellt im Kern eine Struktur dar, die Erlebens- und Handlungszusammenhänge konstituiert und reproduziert. Sinn bleibt durch rekursive Wiederaktualisierungen und den sich daraus ergebenden neuen Verweisen für den Beobachter ständig aktuell und schafft so einen sich ständig selbst aktualisierenden Bezug zur Welt.[516] Sinn ist für Luhmann ein geschlossener Zusammenhang, da stets nur das Sinn macht, was Sinn ergibt; darin ist auch die Negation enthalten, der, da sie aktiv ausgeschlossen wird (da keinen Sinn macht, was keinen Sinn ergibt), auch eine Einbeziehung widerfährt. Eine Ordnung ist eine Reduktion des Sinnes, da aus allem Möglichen etwas ausgewählt wird. Vorbedingung einer Ordnung ist so Differenz. Aus mehreren Möglichen wird Z gewählt und A bis Y werden ausgeschlossen.[517] Die Sinnevolution, so beschreibt es Luhmann, entsteht auf doppeltem Wege; die Sinnproduktion entsteht durch psychische Systeme und durch soziale. Das psychische System ist in das soziale System eingebunden und erhält und reproduziert sich dort. Das soziale System besteht aus lauter psychischen Systemen und wird durch Kommunikation aufrecht erhalten. Beide sind eingebettet in Möglichkeiten, die sie selbst konstituieren, aber nur begrenzt realisieren können.[518] In Zusammenhang mit Luhmanns Sinnbegriff, den er als eine spontane, evolutionäre Kraft deutet, sind die Ergebnisse des Sozialpsychologen Harald Welzer interessant.

---

512 Raul Hilberg: Die Vernichtung der europäischen Juden. Frankfurt a.M. 1990. S. 1061.

513 Niklas Luhmann: Soziale Systeme – Grundriß einer allgemeinen Theorie. Frankfurt a.M. 1984.

514 Walter Reese-Schäfer: Niklas Luhmann – zur Einführung. (5. Auflg.). Hamburg 2005. S. 41.

515 Jürgen Habermas, Niklas Luhmann: Theorie der Gesellschaft oder Sozialtechnologie – Was leistet die Systemforschung? Frankfurt a.M. 1971. S.195.

516 Niklas Luhmann: Ideenevolution. Frankfurt a.M. 2008. S. 12.

517 Niklas Luhmann 2008. S.14.

518 Niklas Luhmann 2008. S. 26f.

Dieser beschreibt in seiner Publikation über Täter[519] die prozesshaften Sinnzuschreibungen und Moralverschiebungen während des Dritten Reichs. Wie konnte es geschehen, dass ganz normale Männer innerhalb kürzester Zeit zu Massenmördern wurden.[520] Als Instrument der Analyse nutzt Welzer den Begriff der partikularen Moral, der einen hohen Nutzen zur Erklärung der Eigenbeschreibung von Tätern hat, aber als Instrument auch einiges zum Verstehen des Prozesses von Massenvernichtung beizutragen hat. Er beschreibt diesen Prozess anhand von autobiographischem Material von Tätern. Die Partikularmoral ist eine Form der Moral, die bestimmte Gruppen ausschließt, deren Angehörigen man gegenüber also keinerlei moralisches Verhalten im Sinne einer universellen Moral aufrecht erhalten muss. Im Sinne einer partikularen Moral kann es durchaus der Fall sein, dass moralische Kodizes, wie etwa „Du sollst nicht töten" sich gegenüber der ausgeschlossenen Gruppe in ein „Du sollst töten" umwandeln. Welzer geht auf den Fall Josef Stangl, Kommandant der Vernichtungslager Sobibor und Treblinka, ein. Stangl betrachtet die vor sich hergehende Vernichtung von Menschen als etwas Äußerliches. Dabei werden einige Episoden aus Stangls Leben erwähnt. Jeden ankommenden Zug mit Häftlingen begrüßte er in einem weißen Anzug. Er bot einem gefangenen Jungen jeden Freitag Schweinefleisch an usw.: „[...] bemerkenswert ist dabei, dass ihm weder seine verantwortliche Beteiligung an den Massenmorden zu schaffen machte noch die Tatsache, dass er zwei Vernichtungslager kommandiert hatte, sondern dass seine moralische Integrität im *persönlichen Umgang mit einer konkreten Person* öffentlich in Zweifel gezogen wurde."[521] Daraus zieht Welzer den Schluss, Stangl hätte „[...] keine oder kaum moralische Irritationen durch die ‚Arbeit' gehabt, die er seiner Auffassung nach zu verrichten hatte – weil er diese in einen Referenzrahmen einordnen konnte, der jenseits seiner Verantwortung lag."[522] Den Sinn lieferte inhaltlich die partikulare Moral.

Innerhalb des mörderischen Handlungsrahmens, der das ‚Du darfst' ohne Konsequenzen suggerierte, etablierte der Nationalsozialismus eine arbeitsteilige Tötung, in dem den einzelnen Tätern die Freiheit gelassen wurde, ihren eigenen Anteil darin selbst zu bestimmen.[523] Maßgeblich war die Öffnung und Verschiebung des Referenzrahmens, ohne den die Spirale der psychodynamischen Mechanismen gar nicht erst zu drehen sich begonnen hätte. Sich nach dem Ursprung des Bösen fragend, kommt auch Hannah Arendt die Sinnkategorie in den Blick. „Wesentlich ist 1. der Über-Sinn und seine absolute Logik und Konsequenz. 2. das Überflüssigmachen *des* Menschen bei Erhaltung des Menschengeschlechts, von dem man Teile jederzeit eliminieren kann."[524]

Die Biographie Eric Breiningers, der sich später in Abdul Ghaffar El Almani unbenannte, spiegelt die Importanz des Sinnbegriffes noch in ganz anderer Perspektive wieder. Der junge Breininger sucht den tieferen Sinn des Lebens, den Ursprung allen Seins. Eric Breininger, bis

519 Harald Welzer 2006.

520 Diese Frage stellte bereits Daniel Goldhagen 1996 in seinem Bestseller „Hitlers willige Vollstrecker", genauso wie Christopher Browning in seiner Studie über das Polizeibataillon 101, die unter dem Namen „Ganz normale Männer" 1993 erschien. Eine literarische Aufarbeitung findet sich in dem Buch „Die Wohlgesinnten" von Jonathan Littell, welches 2008 auf Deutsch erschien.

521 Harald Welzer 2006. S. 27.

522 Harald Welzer 2006. S. 27.

523 Volker Ullrich: Mord im Akkord. In: Neue Gesellschaft Frankfurter Hefte 11/2005. S. 68–69

524 Hannah Arendt 2003. S. 18.

dahin ein ganz normaler Jugendlicher, der auf Partys geht, eine Freundin hat und sich zum Industriekaufmann ausbilden lässt, lässt die Suche nach dem tieferen Sinn, dem Ursprung des Seins nicht los. Er sucht Antworten in der Religion, vermutet den tieferen Sinn in einem Schöpfer, der einen Plan für ihn und die Welt hat. Auf der Suche nach einer Antwort und Halt durch eine feste Struktur, lässt ihn ein Besuch bei einem christlichen Theologen unbefriedigt zurück. Zu viele Fragen bleiben für ihn offen, besonders die Frage nach dem Paradies. Hier wird der Bezug von Sinn und Glück deutlich. Annemarie Pieper weist etwa darauf hin, dass die Römer drei Glücksbegriffe besitzen. Fortuna ist hier das zufällige Glück und Felicitas steht für das selbst erarbeitete Glück. Beatitudo ist die Glückseligkeit, also ein eher religiös geprägter Glücksbegriff. Während Fortuna es nicht schafft einen Sinnbegriff des Lebens zu generieren, schaffen Felicitas und Beatitudo dies. Die Suche nach Beatitudo könnte dementsprechend ein Motiv gewesen sein, zum Jihadismus überzutreten, der Beatitudo verspricht Glück, stirbt man für den Jihad. Der islamistische Kreis mit seiner festen Glaubensstruktur vermag es aus seiner Sicht besser, die Frage nach dem Sinn des Lebens zu beantworten. Breininger tritt zum Islam über, wenngleich einschränkend gesagt werden kann, dass er eigentlich zum Islamismus übertrat, denn moderate Moslems, die den Jihad-Begriff nicht als tatsächlichen Kampf deuten, sondern als Selbstzügelung und Überwindung, lehnt er ab. Sie sind für ihn abtrünnige des Islams, wenngleich er den Islam nicht kennen kann, denn von der Zeit seines Übertritts bis zur Abreise und Eintritt in den Jihad vergehen nur vier Monate. Der junge Breininger beschreibt mit seiner Suche nach dem „Sinn des Seins“ eine Ursprungsmotivation, die einem rigiden System von Ideologemen zugeneigt zu sein scheint. Dieser tiefere Sinn und die weitergehenden Muster, die aus dem Axiom gesponnen werden, sind besonders attraktiv für Personen, die einen festen Halt suchen. Im Gegensatz dazu steht die Auffassung des liberalen Politikers. Ein liberaler Politiker kann den Sinn des Lebens nicht definieren, sondern muss diesen Ball immer zurückspielen, indem gesagt wird, dass der Sinn des Lebens immer für sich selbst gefunden werden muss. Der liberale Ansatz vermag es nicht, einen Sinnbegriff mit festen Konturen zu bieten, immer nur so fest, wie die Person selbst ist, kann auch ihr Sinnbegriff sein. Hier mag die Kritik Ali Schariatis die Problematik der Sinnschaffung in liberalen Systemen verdeutlichen: „Solange wir nicht verstehen, was der Mensch ist, wie er sein soll – solange wir keine klare Übereinstimmung hierüber erzielen, werden alle unsere Bemühungen zur Reformierung der Kultur, Bildung und Erziehung, der moralischen und gesellschaftlichen Verhältnisse sinnlos. Wir würden einem Gärtner gleichen, der zwar die Technik der Veredelung der Pflanzen, das Ausjäten, die Gärtnerei und die Pflanzenkunde in höchster Vollkommenheit beherrscht, sich jedoch keine Gedanken darüber macht, welchen Baum er pflanzt oder welche Früchte für die Gesellschaft notwendig sind.“[525]

Vier Monate ist Eric Breininger Islamist, er lebt mit Daniel Schneider in einer Wohngemeinschaft und sucht sich Personen, die dem Islamismus ebenso anhängen, bevor er auszieht, um die arabische Sprache zu lernen. In der Zwischenzeit heiratet er und lässt sich wieder scheiden, weil seine Freundin den Islam nicht wirklich angenommen habe (dies folgert er aus einem Discobesuch) und er verlässt die Schule, weil die Geschlechtertrennung durch die Mitschülerinnen nicht eingehalten wird. Ständig schaut er mit Daniel Schneider Videos und Nachrichten über Gräueltaten. Diese Konfrontation mit negativen Einzelschicksalen führt

---

525 Ali Schariati: Die Vier Gefängnisse des Menschen. Islamische Renaissance Nr. 4. Bonn, 1981. S. 5f.

dazu, dass die Gemeinschaft noch enger zusammenrückt. Die Existenz des äußeren Feindes dient Extremisten der Sinngebung. Es ist die Sinngebung die dazu führt, sich dem Jihad, verstanden als bewaffneter Kampf, anzuschließen. Für Breininger stellt der Jihad die Krönung des Dienstes an Gott dar.[526]

Der Begriff des Sinns hängt mit dem Begriff der Gerechtigkeit zusammen. Je nachdem wie wir etwas begreifen, welchen Sinn wir zuweisen, so werden wir unterschiedliche Maße der Vorstellung von gerechtem Handeln entwickeln. Wie die Welt erscheint ist entscheidend dafür, wie wir uns in diese Welt einbringen wollen. Eine Sinnzuweisung hat Effekte auf die Emotionalität des Zuweisenden. So ist die Aufregung von Eric Breininger ganz echt, er fühlt, dass die Muslime ungerecht behandelt werden und verweist auf Guantànamo und den Irakkrieg. In seiner Biographie ruft er deshalb den Leser dazu auf, ebenfalls in den bewaffneten Kampf zu ziehen: „Ich frage euch ernsthaft, wie lange wollt ihr noch mit anschauen wie die Murtaddin (Abtrünnige des Islam) und die Kuffar unsere Brüder und Schwestern in die Gefängnisse stecken und sie auf furchtbare Art und Weise foltern und unsere Schwestern Tag für Tag vergewaltigen und wie die Kuffar sich über unseren Propheten lustig machen, indem sie Karikaturen von ihm anfertigen?“[527] Die von Breininger wahrgenommene Ungerechtigkeit der Welt, die eine Konstante menschlichen Lebens ist, führt ihn dazu, Vergeltung zu üben. Durch weitere Ungerechtigkeiten (etwa Mord) versucht er die Ungerechtigkeit zu bekämpfen. Für Eric Breininger ist der tiefe Sinn des Lebens, Gott zu dienen, gepaart mit dem Wunsch Gerechtigkeit in der Welt zu installieren. „Terror spells out the positive law of the command ‚Tough shalt kill‘. Ideology is the power that inspires it. Logical men are the victims of terror as powerful men have to be restricted by laws.“[528] Sinn und Gerechtigkeit wecken bei ihm den Wunsch, in den bewaffneten Kampf zu ziehen. Das Wahrnehmen der Ungerechtigkeit, von ihm festgemacht an Guantànamo, ist für ihn ein Aha-Erlebnis.

Der Sinn als Aha-Erlebnis, als Erlebnis der geistigen Entwicklung kann in der Welt liegen; wir haben etwa ein Aha-Erlebnis, wenn wir feststellen, dass die Komponente Salz eine Auswirkung auf die Komponente Wasser hat und wir dementsprechend eine andere Fauna im Meerwasser vorfinden als im Süßwasser; sie kann aber auch außerhalb der sinnlich wahrnehmbaren Welt liegen. Jemand könnte annehmen, dass eine asketische Lebensweise in den Himmel führt – jemand könnte auch annehmen, dass der Sinn des Lebens in der Bekämpfung Andersgläubiger liegt. Der Sinn mit hohem ethischem Wert setzt starke Energien frei. Die Annahme etwa, dass die Welt zugrunde gehen könnte, wenn eine gewisse Politik nicht umgesetzt wird, dass Gefühl, dieses Sinn-Wissen zu haben und ‚erleuchtet‘ zu sein und einen Gegenstand zu fördern (sei es nun Rassismus, Antisemitismus, Jihadismus oder Kommunismus), führt zu gewaltvollen Handlungen und ist eine Grundvoraussetzung des Extremismus.

Eine weitere Unterscheidung findet im Rahmen dieses Aha-Erlebnisses statt. So berichtet Ludwik Fleck[529], dass man Syphilis lange Zeit nicht heilen konnte, weil man die Krankheit mit Schuld im Sinne eines lasterhaften Lebens in Verbindung brachte. Ludwik Fleck be-

526 Eric Breininger (AKA Abdul Ghaffar El Almani): Mein Weg nach Jannah. Internetpublikation. o.J.
527 Abdul Ghaffar El Almani S. 105 o.J.
528 Hannah Arendt 2003. S. 318.
529 Ludwik Fleck: Entstehung einer wissenschaftlichen Tatsache – Einführung in die Lehre vom Denkstil und Denkkollektiv. [1935] Frankfurt a.M. 1980.

schreibt in seiner Geschichte des Syphilisbegriffs das, was Seiffert in seiner Einführung in die Wissenschaftstheorie als axiomatisches Denken bezeichnet. Axiom, das auf dem griechischen Wort axios gründet, bedeutet Wert oder Geltung, Würde und Ansehen. Axiome sind Aussagen oder Sätze, welche in der Wissenschaft nicht bezweifelt werden und aufgrund einer Art Vereinbarung nicht widerlegbar sind. Seiffert beschreibt diesen Vorgang anhand des mathematischen Beispiels der Quadratregel $(a+b)^2 = a^2 + 2ab + b^2$ und ihres Beweises. Diese könne man durch Anwendung der Multiplikationsregel beweisen. Die Multiplikationsregel besagt, dass jedes Glied der ersten Klammer mit jedem Glied der zweiten Klammer mal genommen werden soll (aus der Ursprungsformel wird so $a \cdot a + a \cdot b + b \cdot b$). Nimmt man dann an, das $a \cdot b = b \cdot a$ sei, so gelangt man zu der Formel $a^2 + 2ab + b^2$. Zwei Fragwürdigkeiten begegnen uns in dieser Beweisführung: Erstens die Anweisung jedes Glied der ersten Klammer mit jedem Glied der zweiten Klammer malzunehmen, zweitens die Gleichsetzung von $a \cdot b$ und $b \cdot a$. Hier werden also die stillschweigenden Vorausannahmen geschildert, die einem Denken zugrunde liegen. Im Zuge der weiteren Überlegungen gelangt Seiffert zu zwei wichtigen Erkenntnissen: Ein Beweis ist eine Zurückführung komplizierterer Sätze, und Seiffert fährt fort: „Der kompliziertere Satz wird bewiesen, indem man zeigt, daß er eine berechtigte Ableitung aus einfacheren, elementareren Sätzen darstellt. Im Gegensatz zum Beweis, der von diesen komplizierteren Einheiten ausgeht und von ihnen aus zu den einfachen Sätzen gelangt, steht die Ableitung, die von elementaren Sätzen ausgeht und das komplizierte schafft. Beweise und Ableitungen stehen für zwei Richtungen des Denkens: Beweis (vom Komplizierteren zurück zum Einfacheren) und Ableitung (vom Einfachen vorwärts zum Komplizierteren) sind also die beiden Richtungen, in denen wir mathematisch denken können."[530]

Dieses medizinische Aha-Erlebnis, hier läge eine irgendwie geartete metaphysische Schuld vor, verbreitete sich und führte zu einer Situation des wahr geglaubten falschen Wissens. Dabei wurde axiomatisch angenommen, es gäbe einen strafenden Gott, der Lasterhaftigkeit verfolgt (Existenzgrund der Syphilis) und deshalb ‚nichts zu machen sei' (logische Handlungsabfolge axiomatischer Annahmen). Oftmals findet sich auch in extremistischen Überzeugungszusammenhängen eine axiomatische Annahme, die kaum bewiesen oder widerlegt werden kann. Auch hier beweist der Extremismus eine Resistenz. Die axiomatischen Annahmen werden im Rahmen der Ideologiekritik als ‚Basisannahmen' gefasst, die sich in der Regel über einen langfristigen Zeithorizont nicht ändern. Im Bereich des Rechtsextremismus ist der Rassismus, die Unterteilung der Menschheit in Rassen und die damit zusammenhängende Bewertung der Menschen nach diesem ausschließlichen Kriterium ein solches Beispiel. Welche Rasse im Rahmen rechtsextremistischen Gedankenguts dann als besonders negativ gesehen wird, ist ein Randbezirk, denn vielleicht lässt sich der Hass auf diese Gruppe nicht aufrechterhalten und so wird diese schlicht ‚ausgetauscht'. Gerade im Bereich des Rechtsextremismus ist die Unterteilung von Basisannahme des Glaubens und Randbezirk des Glaubens gut nachvollziehbar, findet doch momentan ein Umschwung statt, bei dem

[530] Helmut Seiffert: Einführung in die Wissenschaftstheorie Bd. 1. München 1969. S. 105–118 (Zitate beide S. 109)

Antisemitismus und Islamophobie[531] in einigen rechtsextremistischen Strömungen ausgetauscht wird.[532]

Der Rigorosität des Sinns wurde durch die Ideologiekritik und ihrer Aufwertung des Fallibilismus begegnet.

4.8.4 Gerechtigkeit

Man hört im Alltag immer wieder, nach diesem oder jenem Sinne sei etwas so oder so zu verstehen. Ein Sinn gibt also ein Verstehen vor. Dies ist wichtig für den Begriff der Gerechtigkeit. Gerechtigkeit ist ein Grundbegriff der Ethik; sie stellt ein Prinzip dar, das zur Beurteilung von Handlungsnormen dienen soll. Man unterscheidet die kommutative und die distributive Gerechtigkeit. Die distributive Gerechtigkeit ist eine Verteilungsgerechtigkeit (von Recht und Pflicht) und die kommutative Gerechtigkeit bezieht sich etwa auf den Tausch oder die Wiedergutmachung von Schaden.

Die Maßstäbe oder die näheren Prinzipien der Gerechtigkeit sind heftig umstritten. Es ist heute sogar umstritten, ob sich über moralische Werte überhaupt objektive Aussagen treffen lassen. Die Frage der Gerechtigkeit geht davon aus, dass es überpositive oder normative Bewertungen der Gerechtigkeit gibt. Die Gerechtigkeit ist eng mit ‚gut' und ‚böse' verknüpft.

Ottfried Höffe beschreibt mehrere Stufen der Zuordnung zu dem Begriff des Guten. Auf der ersten Stufe fragen wir uns, ob x gut ist für irgendetwas. Auf der zweiten Stufe fragen wir uns, ob x gut ist für irgendjemanden. Diese zweite Stufe teilt sich in den Beurteilungsmodus von zwei Unterstufen. Die eine ist individualpragmatisch, die andere ist sozialpragmatisch. Auf der dritten Stufe, die von Höffe als die genuin moralische bezeichnet wird, wird gefragt, ob x für jeden einzelnen gut ist.[533]

Die beiden letzten Stufen können gut mit den Begriffen der partikularen Moral und der universellen Moral in Verbindung gebracht werden. Während die partikulare Moral in ganz utilitaristischer Manier fragt, ob x für irgendjemanden gut ist, fragt die universelle Moral, ob x für jeden einzelnen gut ist.

Da es mehrere konkurrierende Sinne über die näheren Bestimmungen der Gerechtigkeit in der Welt gibt (die dadurch unterschieden werden können, welcher Reflexionsstufe des Guten sie unterliegen) und wir ein Verhalten zu diesen haben, kommt es in der Welt zu Konflikten der Weltdeutung. Gibt Person X einer Sache G eine negative Zuweisung und Person Y der

---

531 Siehe dazu auch: Thorsten Gerald Schneider.Islamfeindlichkeit – Wenn die Grenzen der Kritik verschwimmen. Wiesbaden 2009.

532 Astrid Bötticher: Antisemitismus und Islamophobie – Ein Vergleich der Grundkonzeptionen. Utopie Kreativ Nr 217, 2008. Siehe auch: A. Bötticher: Islamophobia? – the german discussion about islamophobia. Central European Studies Review XI, Nr. 2–3.

533 Vgl. Ottfried Höffe: Gerechtigkeit. In: Dieter Nohlen, Rainer-Olaf Schultze (Hrsg.),Lexikon der Politikwissenschaft Bd.1. München 2002. S. 267.

Sache G eine positive Bedeutung, so ergibt sich ein Konflikt der Wahrnehmung. Anders gesagt, es ergibt sich die Frage: Was ist G? Wie ist G zu betrachten?

Diese Frage kann überaus emotional sein – und zwar je höher wir den ethischen Wert von G einschätzen. Die Weltdeutungen können sich in einfacher Konkurrenz zueinander befinden oder in einem Kampf, aber sie sind bewusst. Beim wahrgeglaubten falschen Wissen sind diese nicht bewusst. Alle gehen von x aus und keiner fragt sich, was es damit auf sich hat. Was ist X in Wahrheit, wenn Wahrheit eine Übereinstimmung von Realität und Aussage ist? Ist die Verschiedenheit bewusst, so finden wir nicht die Selbstverständlichkeit des wahr geglaubten Wissens.

In Bezug auf die Gerechtigkeit ist die Frage angebracht, auf welcher Reflexionsstufe des Guten diese sich bei dem Untersuchungssubjekt befindet. Was ist gerecht? Vieles ist gerecht, aber von dem vielen Gerechten ist nicht alles der dritten Reflexionsstufe des Guten zuzuordnen. Louise Richardson untersuchte die Ursachen der Gewalt und analysierte die Selbstwahrnehmung von Terroristen: „Die beiden größten Widersprüche dabei, wie Terroristen sich selbst sehen und wie sie von anderen gesehen werden, sind genau diese beiden Punkte: altruistisch kontra eigennützig, Verteidiger kontra Aggressoren. Terroristen betrachten es so, dass sie heldenhaft zum Wohl anderer tätig werden, nicht für sich selbst. Und hier sehen sie auch den moralischen Unterschied zum Kriminellen, die zum eigenen, selbstsüchtigen Nutzen agieren.“[534]

Die Selbstsicht, ein gerechtes Werk tieferen Sinns zu vollführen, kontrastiert mit den tatsächlichen aggressiven Handlungen destruktiver Natur. Das gerechte Werk ist dabei für Jemanden gut, der nicht sie selbst (individualpragmatisch) sondern etwas Größeres ist (sozialpragmatisch). Die Unterscheidung zwischen Individualpragmatik und Sozialpragmatik wird für den Terroristen so zum Kriterium des Bösen (Individualpragmatik = kriminell) und des Guten (Sozialpragmatik = gerecht). Die Beantwortung der Frage nach Gerechtigkeit liegt dementsprechend nicht in der Beschreibung des Sinnes an sich, sondern welche Reflexionsstufe des Guten dieser Sinn erreicht. Hannah Arendt sagt dazu: „Es gibt das radikal Böse, aber nicht das radikal Gute. Das radikal Böse entsteht immer, wenn ein radikal Gutes gewollt wird. Gutes und Böses kann es unter den Menschen nur in Relationen geben; die Radikalität zerstört Relativität und damit die Relationen selbst. Das radikal Böse ist Jegliches, was unabhängig von Menschen und den zwischen ihnen bestehenden Relationen gewollt wird.“[535]

Fest steht an dieser Stelle dass die Ideologie einen Effekt auf die Sinngebung hat und diese Sinngebung fundamentale Auswirkung auf unser Verständnis davon hat, was wir als gerecht empfinden. Der Sinn hat auch Einflüsse auf unser Bewertungsschema etwas als Gut oder Böse zu betrachten. So schreibt Eric Breininger über die Festnahme der Mitglieder der Sauerlandbande und besonders Daniel Schneider, den er Abdullah nennt: „An einem Tag wo wie üblich die Sonne unterging und ich mein Fasten brach und betete, ging ich danach zum Internet-Cafe um eventuelle Nachrichten aus Deutschland zu lesen. Ich stieß auf eine Internetseite die [sic] berichtigte das Abd al-Malik, Talha und Abdullah festgenommen wurden. Das BKA

---

534 Louise Richardson: Was Terroristen wollen. Die Ursachen der Gewalt und wie wir sie bekämpfen können. Bonn 2007. Schriftenreihe Band, 679. S.74.

535 Hannah Arendt 2003. S. 341.

hat ihnen vorgeworfen das sie Märtyrer-Operationen in Deutschland planten. Diese Anschuldigungen hatten mich zuerst sehr glücklich gemacht, da ich annahm das es Leute gibt welche ihr Leben einsetzten um Allahs Wort zu erhöhen und um den Islam wieder zurückzubringen.“[536] An den von Breininger gemachten Aussagen kann man gut ablesen, inwieweit die Kategorie des Sinns die Beurteilung über das Gute verändern kann.

4.8.5 Gehorsam

Das bekannte Gehorsams-Experiment von Stanley Milgram beweist, dass es keinen autoritären Charakter braucht, um unethische Handlungen gegenüber anderen zu vollziehen.[537] Der Versuchsaufbau war folgendermaßen angeordnet: Der Versuchsperson wurde vermittelt, sie nähme an einem Experiment zum ‚Lernen‘ teil. Die Versuchsperson nahm die Rolle des Lehrers ein, das eingeweihte Opfer nahm die Rolle des Lernenden ein. Der uneingeweihten Versuchsperson wurde gezeigt, dass das eingeweihte ‚Opfer‘ gefesselt und somit hilflos war. Während des Tests befanden sich beide in unterschiedlichen Räumen, konnten jedoch verbal kommunizieren. Die Versuchsperson wurde von dem ‚Forscher‘ angewiesen, eine Reihe von Wortpaaren vorzulesen, die das eingeweihte ‚Opfer‘ in einem weiteren Schritt richtig zuordnen sollte. Tat das ‚Opfer‘ dies nicht, so sollte die Versuchsperson immer stärker werdende Stromschocks an das Opfer verabreichen. Die Intensität der Schreie und Bitten des ‚Opfers‘, man möge es befreien, wurden bei jeder stärkeren Stufe ebenfalls intensiver. Die Schockstärke ging bis zu einem Punkt, der mit ‚schwere Gefahr‘ gekennzeichnet war. Weit mehr als die Hälfte der Versuchspersonen folgten den Anweisungen des ‚Forschers‘, trotz der Schreie und dem Flehen des ‚Opfers‘, den Versuch nicht abzubrechen. Am Ende des Experiments wurden die nicht eingeweihten Versuchspersonen aufgeklärt und nach ihrer Verantwortung befragt: „Am häufigsten finden wir bei gehorsamen Versuchspersonen nicht die Leugnung der Geschehnisse, sondern die Leugnung der Verantwortung dafür“[538] beschrieb Milgram eine seiner Erkenntnisse.

Cottam et. al. beschreiben die Antwort auf die Frage, warum es einige Personen gibt, die Autorität widerstehen und andere nicht, mit dem Kriterium ‚locus of control‘ und unterscheiden hier internals und externals: „Internals, that is, people who believe they have considerable control over their fate, are more likely to resist authority than externals, people, who believe the external environment determines strongly what happens to them.“[539] Diejenigen, welche davon ausgehen, dass sie keine eigene Macht über ihr Schicksal haben, also diejenigen, die als „externals“ klassifiziert werden, neigen eher dazu, Autorität zu akzeptieren. Die Kontrollüberzeugung ist bei Rotter[540] eine Persönlichkeitsvariable. Die externale Kontrollüberzeugung beinhaltet demnach Fatalismus und die Überzeugung, dass Andere regieren, die

---

536 Abdul Ghaffar El Almani S. 80. o.J.

537 Stanley Milgram: Das Milgram-Experiment – zur Gehorsamsbereitschaft gegenüber Autorität. [1974] Hamburg 1982.

538 Stanley Milgram: 1982. S. 185.

539 Martha Cottam et.al. S. 204.

540 Vgl. Julian B. Rotter: Generalized expectancies of internal versus external control of reinforcement. Pschological Monographs 80 (Nr. 609) 1966.

mächtiger sind. Die internale Kontrollüberzeugung beinhaltet die Selbstverantwortung und die Überzeugung, dass der Zufall eine Rolle spielt, gar regiert.

4.8.6 Konformität

Die Konformität ist ein wichtiger Forschungsbereich der Politischen Psychologie. Wie LeBon[541] und Durkheim[542] festgestellt haben, verhalten sich Individuen in Gruppen anders, als wären sie allein. Besonders in den 1950er Jahren war die Arbeit von LeBon und seine Dichotomie der ‚tumben' Masse und des ‚intelligenten' Individuums Gespräch. „Die Masse ist eine Herde, die sich ohne Hirten nicht zu helfen weiß."[543] Hier ist eine Erklärung für den Rückgriff auf Propaganda durch totalitäre Herrschaft gefunden. Gleichwohl war LeBon diesen ‚Hirten' gegenüber kritisch: „Man findet sie namentlich unter den Nervösen, Reizbaren, Halbverrückten, die sich an der Grenze des Irrsinnes befinden."[544] Joachim Fest quälte nicht die Angst vor den Verrückten, als die Angst vor den Mitläufern der Verrückten. Einer der Gründe, warum sich Menschen innerhalb von Gruppen anders verhalten, ist mit dem Stichwort *Konformität* gut beschrieben.

Robert K. Merton unterscheidet fünf verschiedene Formen der Anpassung. Das (+) steht dabei für ‚Zustimmung', das (–) bedeutet ‚Ablehnung' und das (±) bedeutet „Ablehnung herrschender und Substitution durch neue Werte".[545]

Arten der Anpassung	Kulturelle Ziele	Institutionalisierte Mittel
Konformität	+	+
Innovation	+	–
Ritualismus	–	+
Apathie	–	–
Rebellion	±	±

Abb. 4.31 *Formen der Anpassung. Merton.*

541 Gustave LeBon: The Crowd – A study of the poular mind. New York 1895.

542 Emile Durkheim: The rules of sociological method. New York 1938.

543 Gustave LeBon: Psychologie der Massen. Stuttgart 1968. S. 83.

544 Ebd. 83.

545 Robert K. Merton: Sozialstruktur und Anomie. In: Fritz Sack, Rene König (Hrsg.): Kriminalsoziologie. (3.Aufl.) Wiesbaden 1979. S. 293.

Es gibt für Individuen zwei Begründungen, warum sie sich konform verhalten. Der erste Grund ist verbunden mit dem informationellen sozialen Einfluss. Dabei handelt es sich um das Bedürfnis, korrekt zu sein. Das Individuum verhält sich aufgrund der Beobachtung von Verhalten und Meinungen anderer so, wie eben die Beobachteten sich verhalten, und passt sich an ihr Verhalten und ihre Meinung an. Hat das Individuum ein großes Vertrauen zu sich selbst, seiner eigenen Einschätzungsfähigkeit, seines Wissens und seiner Fähigkeit, eigenständig die richtige Entscheidung treffen zu können, so verhält es sich wahrscheinlich weniger konform, als wenn diese Sicherheit nicht bestünde. Auch die Wichtigkeit, die das Individuum dem korrekten Verhalten an sich zumisst, beeinflusst das Konformitätsverhalten. Die informationelle Konformität hat Sherif unter Nutzung des autokinetischen Effekts nachgewiesen. Der autokinetische Effekt beschreibt die Illusion, dass man einen, in einem abgedunkelten Raum auf die Wand gestrahlten Punkt sich bewegen sieht, obwohl dieser sich nicht bewegt. Keine Antwort auf die Frage, wieweit sich der Punkt bewegt, ist dementsprechend richtig. Jeweils in Zweierpaaren befragt, wobei einer der Befragten ein Eingeweihter war, der zuerst befragt wurde, näherten sich die wirklichen Versuchspersonen, die danach befragt wurden, der Einschätzung des Eingeweihten an.[546] Der normative soziale Einfluss erwirkt Konformität, weil man gemocht werden möchte. 1955 fand Solomon E. Asch[547]dies mittels eines einfachen Tests heraus.[548] Dabei fragte er sich, wie Personen bei eindeutigen Situationen auf Gruppendruck reagieren würden. Er stellte jeweils Untersuchungsgruppen von fünf Personen zusammen. Vier Personen waren davon eingeweiht; eine fünfte Person war das eigentliche Untersuchungssubjekt. Die Gruppe wurde gefragt, laut zu sagen, welche der gezeigten Linien mit der Vergleichslinie übereinstimmt. Alle eingeweihten Personen kamen vor der eigentlichen Versuchsperson dran und gaben eine eindeutig falsche Antwort. In 75% der Fälle gab nun auch die eigentliche Versuchsperson die falsche Antwort.

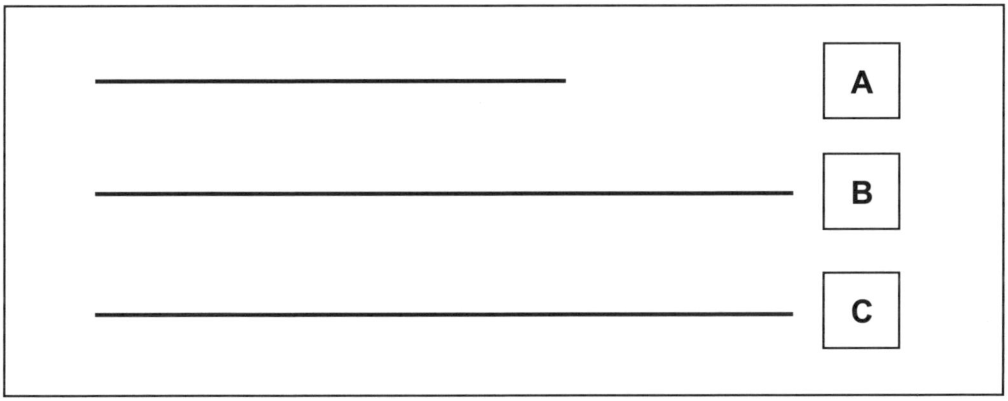

Abb. 4.32 *Asch-Experiment. Bötticher.*

546 Cottam, Martha, L., et al. 2010. S. 73.
547 Solomon E. Asch: Opinions and social pressure. In: Scientific American 19/1955. S. 31–35.
548 Siehe Abbildung

Obwohl die Antwort eindeutig ist und B und C übereinstimmen, nannten alle vorhergehenden Personen die viel kürzere Linie A, die ihrer ‚Meinung' nach mit Linie B übereinstimmen würde. Ähnliche Erkenntnisse über Konformitätsdruck lieferte auch die Netzwerkanalyse. Der Gehorsam gegenüber Autoritäten ist ein Ausdruck der Statushöhe desjenigen, dem gehorcht wird. Der Autoritätsgehorsam ist dementsprechend die Neigung, Anweisungen auch Folge zu leisten, wenn sich diese gegen die eigenen moralischen Überzeugungen richten. Der hohe soziale Status der Autoritätsperson kann im schlimmsten Fall zu umstandsloser Umsetzung von antihumanen Befehlen führen. Autorität hängt eng mit Konformität zusammen. Kelman[549] unterscheidet drei verschiedene Arten der Konformität:

- Nachgiebigkeit (Akzeptanz um Bestrafung zu vermeiden, oder Belohnung zu erhalten, äußerliche Konformität)
- Identifikation (Anziehungskraft des Kontrolle ausübenden, Aufrechterhaltung sozialer Beziehung, normative Gebundenheit)
- Internalisierung (Übereinstimmung mit dem eigenen Wertesystem, normative Gebundenheit)

Moscovici leitet sozialen Einfluss vom Universalitätsdruck ab. ihm zufolge ist der soziale Einfluss ungleich verteilt und wird einseitig ausgeübt. Der soziale Einfluss dient der Entwicklung und Vertiefung sozialer Kontrolle. das Ausmaß ist von Effekten abhängig, wie auch von Informationen und befriedigt das Bedürfnis nach Sicherheit bzw. der Reduzierung subjektiv erlebter Unsicherheit von Individuen. Mittels sozialem Einfluss kann Konsens hergestellt werden, diese Konsequenz stellt soziales Kapital für die Führung dar, die durch ihren Einfluss leichter ihre Deutung durchsetzen kann. Das hervorstechende Merkmal des Einflussmodells nach Moscovici ist die Führung, für die überstarke Betonung der Führung ist dieser kritisiert worden. Die Netzwerktheorie mit ihrer Position der Zentralität stellt sozialen Einfluss in einer weitaus komplexeren Weise dar, wenngleich auch die Führung einbezogen ist.[550]

4.8.7 Moral

Welcher Moral unterliegt Täterhandeln? Harald Welzer fragte sich in Bezug auf die totalitär organisierte Gesellschaft Hitler-Deutschlands, wie ‚aus ganz normalen Menschen Massenmörder werden konnten' und legte so die Bedingungen des psychodynamischen Prozesses des Täterhandelns frei. Er erörtert dabei den so wichtigen Referenzrahmen der Moral, der für die Betrachtung des Täterhandelns auch im Extremismus eine wichtige Komponente der Analyse ausmacht. Ist ein Referenzrahmen (nach Welzer zeitgenössischer normativer Standard, wissenschaftliche Lehrmeinungen, Pflichtauffassungen, kanonisierte Ehrdefinitionen)[551]

---

549 Vgl. Herbert C. Kelman: Compliance, identification and internalisation – three processes of attitude change. In: Journal of Conflict Resolution Nr. 2, 1958. S. 51–59.

550 Vgl. Phillip Bonacich: Power and Centrality: A Family of Measures. American Journal of Sociology 92, 1987. S. 1170–1182. Siehe auch: Harold J. Leavitt: Some Effects of Certain Communication Patterns on Group Performance. Journal of Abnormal and Social Psychology 46, 1951. S. 38–50.

551 Vgl. Harald Welzer: Wie aus ganz normalen Menschen Massenmörder werden. (4. Aufl.) Frankfurt a.M. 2006. S. 30.

so aufgebaut, dass ein Täter jede Verantwortung von sich schieben kann, so ergeben sich für diesen kaum moralische Irritationen bei unethischem Handeln.[552]
Die Moral ist ein wichtiger Faktor: „Das theoretische Problem [...] lässt sich so bestimmen, dass wir unterschiedliche Moralkonzepte zur Kenntnis nehmen müssen, wenn wir dem Handeln der Täter analytisch näher kommen wollen."[553] Es wird zwischen universalistischem und partikularem Moralkonzept unterschieden. Die Moral bildet den Referenzrahmen einer Tat. Die beiden verschiedenen Formen von Moral unterscheidet Welzer, an Helen Fein angelehnt[554], nach dem Geltungsbereich dieser: „Worum es sozialpsychologisch geht, ist eine verallgemeinerte Definition von Zugehörigkeit und Ausschluss, die auch die Ebene subjektiv gefühlter Selbstverständlichkeiten des Umgangs umfasst."[555] Die partikulare Moral schließt bestimmte Gruppen dezidiert aus, die universale Moral hat einen unbegrenzten Geltungsbereich. „Die erste Stufe aller bekannten Genozide liegt entsprechend darin, dieses Universum der allgemeinen Verbindlichkeit neu zu definieren, das heißt, Kriterien von Zugehörigkeit und Nicht-Zugehörigkeit zu entwickeln, diese Definition normativ zu begründen und die Zugehörigen auf die zugrunde liegende partikulare Moral zu verpflichten."[556] Auch ethnographische Beobachtungen scheinen dies zu bestätigen[557]. Methodisch kann die Unterscheidung im Rahmen einer mentalitätsgeschichtlichen Rekonstruktion von Moral aufgearbeitet, und so das Täterhandeln erklärt werden.[558]

> „Terrorismus enthält einen hohen Anteil ‚normalen Sachverhaltens', der in seiner Bedeutung für individuelle Handlungsweisen nur verstehbar ist, wenn man terroristische Gruppen als Subkulturen mit eigenem Wertsystem betrachtet. Terroristen verhalten sich in vielerlei Hinsicht wie andere Menschen auch, nur in Hinblick auf eine andere Bezugsgruppe. [...] Da sie sich im Sinne der Gruppennorm konform verhalten, werden Handlungen, die nach dem in der Gesamtgesellschaft geltenden Recht kriminell sind, für sie zu keinem Gewissensproblem."
>
> Lorenz Böllinger, Herbert Jäger: Thesen zur weiteren Diskussion des Terrorismus – ein vorläufiges Fazit. In: Herbert Jäger, Gerhard Schmidtchen, Lieselotte Süllwold: Lebenslaufanalysen. Analysen zum Terrorismus Bd. 2, Opladen 1981. S. 234.

Für die Betrachtung extremistischer Gruppen sind diese Erkenntnisse interessant, denn es wird deutlich, dass die Normverletzende Gewalt, aus Sicht der Binnennorm des Extremisten, durchaus als normal und als keine Gebote verletzend betrachtet wird. Es kann sogar ein Gebot darstellen. Dies hängt nicht (unbedingt) mit Normverschiebungen ganzer Gesellschaften zusammen: „Die Zugehörigkeit zu Gruppen oder Milieus, die eigene subkulturelle Normen und Erfolgsziele ausbilden, wird aus dieser Perspektive zu einer wesentlichen Erklärungsebene für normverletzende Gewalt. Aus Tätersicht erscheint dann die kriminelle Gewalt als

552 Harald Welzer 2006. S. 27.
553 Harald: Welzer 2006. S. 36.
554 Helen Fein: Genocide – a sociological perspective. London 1993.
555 Harald Welzer 2006. S. 36.
556 Harald Welzer 2006. S. 37.
557 Martin Sánchez Jankowski: Islands in the Street – Gangs and American Urban Society. Berkely 1991.
558 Welzer bezieht sich hier auf Ulrich Herbert Best: Biographische Studien über Radikalismus, Weltanschauungen und Vernunft 1903–1989. Bonn 1996.

ein an Binnennormen orientiertes Verhalten. [...] als deviant erscheinen sie nur, wenn man sie nicht vor dem Hintergrund der Normen ihrer Subkultur betrachtet."[559] Deshalb scheint es angebracht, Extremismus im Rahmen von Außen- und Innenperspektive aufzuarbeiten, wie etwa der verfassungspolitische Ansatz dies integriert hat.

Albert Bandura entwickelte ein Modell der wichtigsten Punkte des Vorgangs der Trennung bzw. Abnabelung von interner moralischer Kontrolle und destruktivem Verhalten.

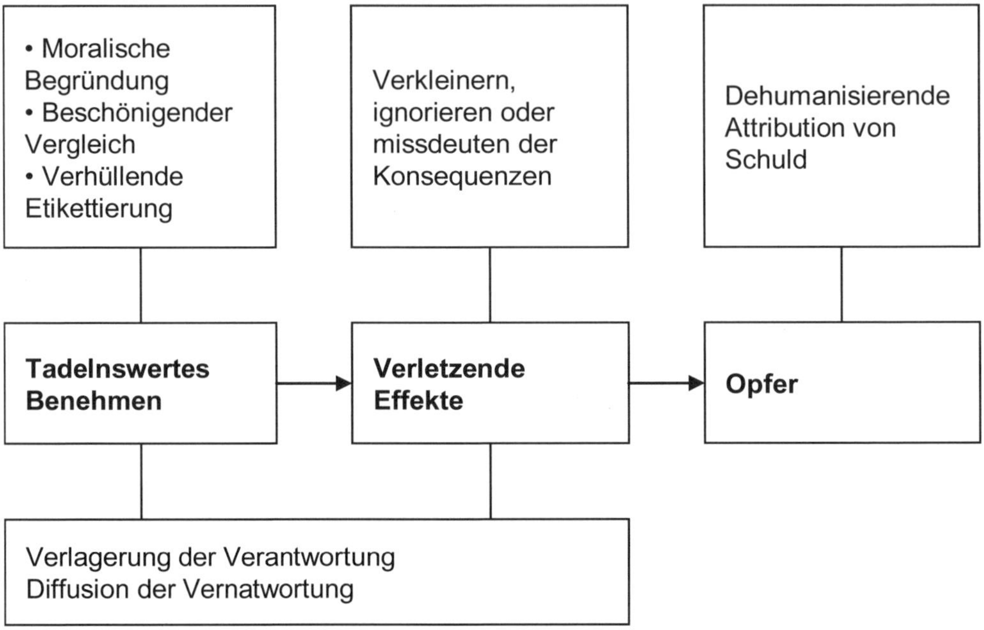

Abb. 4.33 *Psychosoziale Mechanismen der Entkopplung der Moral. Bandura.*

Die in diesem Modell aufgezeigten psychosozialen Mechanismen, in denen das eigene Moralisch-Sein von den eigenen verwerflichen Handlungen abgekoppelt wird, erfolgt nach Bandura in drei wichtigen Punkten des psychologischen Regulierungsprozesses. „These include reconstruing conduct, obscuring causal agency, distorting consequences, and blaming and devaluating the targets."[560]

Borum[561] entwickelte ein recht schlichtes Entwicklungsmodell der Integration von Ideologieanteilen im Individuum. Nach Borum nimmt ein Individuum etwas wahr, das ihm nicht richtig erscheint, es sagt „dies ist nicht richtig!". Das Wahrnehmen von problematischen

559 Georg Elwert: Biologische und sozialanthropologische Ansätze in der Konkurrenz der Perspektiven. In: Wilhelm Heitmeyer/Hans Georg Soeffner: Gewalt. Frankfurt a.M. 2004. S. 466.

560 Albert Bandura: Mechanisms of moral disengagement. In: Walter Reich (Hrsg.): Origins of Terrorism – Psychologies, Ideologies, Theologies, States of Mind. Cambridge/New York 1998. S. 162.

561 Randy Borum: Understanding the terrorist mindset. FBI Law Enforcement Bulletin 72 (7) 2003. 7–10. Hier nach Ebd.: Psychology of Terrorism – Executive Summary. Tampa 2004.

Zuständen steht für den gesellschaftlichen Kontext, in dem sich das Individuum befindet. Das Individuum nimmt eine gesellschaftliche Schieflage wahr und ist *empört* darüber, es vergleicht die gesellschaftliche Situation der von ihm als benachteiligt wahrgenommenen Gruppe mit der Situation anderer Gruppen und kommt zu dem Schluss, dass hier eine Ungerechtigkeit vorliegt, es sagt „das ist nicht fair!". Die Feststellung, etwas sei ungerecht, unterliegt dem Vergleichskontext. Für die ungerechte Situation versucht das Individuum einen Schuldigen auszumachen. Es sucht diejenigen, denen es sagen kann, „dies ist eure Schuld!". Nachdem eine Gruppe als Verursacher der Ungerechtigkeit subjektiv ausgemacht ist, beginnt das Individuum in einen Prozess der Dehumanisierung einzusteigen, es sagt „Du bist böse!".

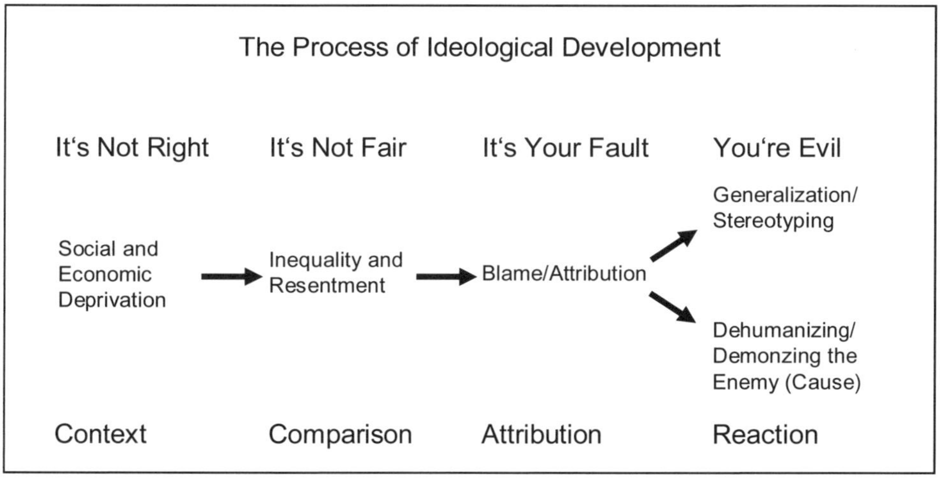

Abb. 4.34 *Ideologische Entwicklung. Borum.*

Ob diese Vereinfachung tatsächlich mit der Entwicklung von Individuen, die politische Gewalt ausüben, übereinstimmt, mag bezweifelt werden. Gleichzeitig hat das von Borum entwickelte Stufenmodell den Vorteil, dass es noch einmal deutlich macht, dass es keine reine Frage der Persönlichkeit ist, ob ein Mensch zu einem Extremisten oder gar Terroristen wird, sondern dass das gesellschaftliche Umfeld und auch der Nahraum eine entscheidende Komponente zur Entwicklung abweichenden politischen Verhaltens sind.

4.9 Biographieforschung

Mit den Biographien von Extremisten beschäftigt sich die Forschung schon seit langer Zeit – dessen ungeachtet ist es bisher nicht gelungen, allgemeingültige Kriterien zu finden, die eine Person ‚mit Sicherheit' zu einem Extremisten gemacht haben. Die Biographieforschung hat sich seit dieser Zeit von der Fessel der Allgemeingültigkeit gelöst und ist mehr und mehr zu einem rekonstruktiven Verfahren in der wissenschaftlichen Auseinandersetzung geworden. Hier steht das Postulat des ‚Verstehens' im Vordergrund und nicht so sehr die Suche nach ‚Kriterien'. Gleichzeitig ist die Hinwendung zur Biographie im Rahmen politologischer

Studien sicherlich nichts Neues und hat verschiedene Formen der Untersuchung entwickelt, die sich idealtypisch kategorial einteilen lassen in die Suche nach realistischen Karrieremodellen, die sich in Biographien widerspiegeln, die Beschreibung von Biographien durch die systematische Befragung von Zeitzeugen und die Erhebung von Lebensgeschichten im Sinne der Erzählung einer Geschichte und dessen Rekonstruktion.

4.9.1 Karrieremodelle

Es werden zunächst ‚Karrieremodelle' vorgestellt, die einzelne Etappen auf dem Weg zum Extremismus bzw. Terrorismus markieren sollen. Da es sich hierbei um ‚Karrieren' – also im Grunde etwas ganz persönliches – und idealtypische Darstellungsweisen handelt, sollen sie in diesem Kapitel behandelt werden. Hier geht es um die Verschiebungen des Deutungsraumes, die Personen erleben, wenn sie sich dem Extremismus zuwenden. Es sind strukturelle Konzepte, die Phasen ausmachen, die das Individuum durchläuft. Alle Karrieremodelle begreifen die Biographie nicht isoliert als Einzelschicksal, alle eint, dass versucht wird, die Stufen auszumachen, die ein Individuum durchläuft – die Karrieremodelle sind idealtypische Radikalisierungsverläufe.

Claessens und de Ahna haben ein Ringmodell des Milieus entwickelt, der idealtypisch ein Konglomerat aus Teilnehmern in theoretischer und praktischer Hinsicht beschreibt. Dabei beschreibt der äußerste Ring den Eintritt von außen. Mit jedem weiteren Schritt radikalisiert man sich weiter, bis man zum extremistischen Milieu mit terroristischem Handlungsideal vorstößt – die anderen Karrieremodelle sind nach eben diesem Schema aufgebaut.

Theoretische Unterscheidung:

- Reine Theoretiker
- Engagierte Theoretiker
- Verstehende
- Gewährlassende
- Wohlwollende
- Passiv Unterstützende
- Aktiv Unterstützende
- Harter Kern

Praktische Unterscheidung des Zugangs zum harten Kern:

- Gesamtreservoir bietet Zugang zur ersten Eintrittsstelle
- Bekannte bieten Eintritt
- Weitere Bekanntschaften folgen
- Vorraum zur terroristischen Gruppe
- Terroristische Untergruppe
- Zugehörigkeit zur terroristischen Gruppe[562]

---

562 Dieter Claessens, Karin de Ahna: Das Milieu der Westberliner „Scene" und die „Bewegung 2. Juni". In: Cleassens, Dieter et.al.: Gruppenprozesse.Analysen zum Terrorismus. Bd. 3. Opladen 1982. S. 57f.

Lorenz Böllinger entwickelte anhand des Beispiels der RAF ein sechsstufiges Karrieremodell als psychosozialen Prozess: die Entwicklung zum Terroristen entsteht im Spannungsfeld sozialer und biographischer Bedingungen. Eine Terroristenkarriere ist eine Variante politischer Sozialisation, bei der das Bezugssystem der Mehrheitsgesellschaft durch eine Ideologie ersetzt wird. Dabei werden folgende idealtypische Schritte ausgemacht:

- Es existieren frühe Belastungen in der Familie
- Es findet ein Bruch mit dem bisherigen Umfeld statt und vertritt eine oppositionelle Positionierung
- Man zieht sich in einen Kreis Gleichgesinnter zurück
- Es entwickelt sich eine Art Konformismus in der Kontra-Kultur
- Man übernimmt die Metaphorik des Krieges
- Man gerät in Haft. Anschließend erfolgt eine Weiterradikalisierung, die Resignation bzw. die innere Emigration oder der Ausstieg.[563]

Tânia Puschnerat entwickelte anhand der Analyse des Islamismus ein Modell der Stadien des Radikalisierungsprozesses. Im Ergebnis widerspricht sie den Ideologisierungsthesen Böllingers – für sie sind soziale Bindungen bedeutender als Ideologien.

- Eine Ablehnung der Institutionen und Werte des demokratischen Staats- und Gesellschaftssystems findet unter Hinweis, diese seien ‚unislamisch', statt.
- Es vollzieht sich eine Verfestigung der Einstellung hin zur offenen Feindseligkeit. Damit ist das Stadium der ‚Rekrutierungsreife' erreicht.
- Ist die Person ‚rekrutierungsreif', so geht ein ‚Talent Spotter' bzw. ein islamistischer Rekruteur auf diese zu, über diesen erfolgt eine vertiefte jihadistische Ideologisierung, ein ‚Erweckungserlebnis' wird so initiiert und die Person ‚findet' zum ‚wahren Islam'
- Es folgt eine Phase der Isolation und Klandestinität, die einhergeht mit der Integration in eine neue subkulturelle Gruppe.[564]

4.9.2 Biographie – Fremdbeschreibung

Eine spannende Hinwendung zu den Biographien von Extremisten vollzog Martin Schäuble[565], indem er Aspekte der Milieu- und Biographieforschung für seine Studie zusammenwebte und ein interessantes Forschungskonzept vorlegte, das sich durch eine hohe Originalität im Umgang mit Theoriebildung auszeichnet. Die vergleichende Arbeit (zwei Biographieanalysen, die nach den Kriterien des most-different-design gewählt wurden) bewegt sich im Spannungsfeld von vier Theorien – der Humiliation-Theory, der Revenge-Theory, der Rational-

---

563 Lorenz Böllinger: Die Entwicklung zu terroristischem Handeln als psychosozialer Prozess. In: Uwe E. Kemmesies (Hrsg.): Terrorismus und Extremismus – der Zukunft auf der Spur. Polizei und Forschung Bd. 33. München 2006. S. 59–70.

564 Tânia Puschnerat: Zur Bedeutung ideologischer und sozialer Faktoren in islamistischen Radikalisierungsprozessen – eine Skizze. In: Uwe E. Kemmesies (Hrsg.): Terrorismus und Extremismus – der Zukunft auf der Spur. Polizei und Forschung Bd. 33. München 2006. S. 217–235.

565 Martin Schäuble: Dschihadisten – Feldforschung in den Milieus. Berlin/Tübingen 2011.

Choice-Theory[566] und der Group-Identity-Theory – und stellt einen Ansatz dar, über egozentrierte Beziehungsnetzwerke terroristischer Attentäter eine Biographieanalyse zu erstellen, die im Rahmen von Forschungsaufenthalten mit Ergebnissen aus Milieu- und Lebensstilforschung angereichert wurden. Tatsächlich bewegt sich diese Form der wissenschaftlichen Auseinandersetzung mit dem Phänomen des Extremismus zwischen Ethnographie, Soziologie, Politikwissenschaft, Psychologie und Religionswissenschaft. Die Konzeption und Methodik beinhaltet ein Höchstmaß an Anforderungen für den Forscher – längere Aufenthalte im Milieu sind ebenso erforderlich, wie die Erhebung unzähliger Interviews mit Gesprächspartnern des unmittelbaren Umfelds. Die egozentrierten Netzwerke, bestehend aus Abstammungs-, affektiven und Mitgliedschaftsbeziehungen wurden von Schäuble im Rahmen *qualitativer* Methoden untersucht. Es wurde das Primärnetzwerk erhoben, wenngleich die Erhebung des unmittelbaren Umfeldes leider unvollständig blieb. Auf die normalerweise in Netzwerkforschungen üblichen Darstellungsmethoden (z.B. Relationsintensität) wurde verzichtet – nicht zum Nachteil der Studie. Netzwerkforschungen qualitativer und quantitativer Natur lassen sich kaum vergleichen. Methodisch arbeitete die Studie in der Phase der Feldforschung mit der teilnehmenden Beobachtung (unstrukturiert) und ero-epischen Gesprächen (nach Girtler 2001), bei dem Fragen nicht vorher festgelegt werden und auf kommunikativen Interaktionsprozessen basieren. Es wurden im Rahmen der Feldforschung die verschiedenen Lebenswelten erfasst. Die verschiedenen Lebensstationen (oder Phasen) wurden so ebenso nachgezeichnet, wie die verschiedenen Orte, in denen sich die Analysanden aufhielten. Sicherlich mag einzuwenden sein, dass eine Biographieanalyse über dritte Personen, die die Analysanden zu irgendeiner Zeit ihres Lebens begleitet haben, unvollständig bleiben muss – die erforschenden Personen selbst kommen hier nicht zu Wort, können ihre Motivation, ihre Sichtweise, ihre Erlebnisse aus ihrer Sicht nicht erklären. Nichtsdestoweniger scheint gerade dieses Forschungsdesign immer dort angebracht zu sein, wo Personen nicht mehr selbst Rede und Antwort stehen können oder wollen: so schreiben Clement und Jöris „Wer sich mit dem Leben von Menschen beschäftigt, mit denen er aus nachweislichen Gründen nicht sprechen kann, braucht die Informationen von anderer Seite."[567] So wird zwar letztendlich eine Biographie erstellt, die sich mehr im Rahmen der Lebenswelt bewegt und die Innerlichkeit der Untersuchungssubjekte nicht einzufangen vermag, doch kann auch die äußerliche Perspektive – gerade in Hinblick auf die Erarbeitung pädagogischer Programme oder Maßnahmen – wichtige Hinweise zur Entstehung und Verlaufsprozessen des Extremismus liefern. Nicht uninteressant ist diese Herangehensweise, wenngleich sie eben nicht so sehr eine Biographieanalyse im klassischen Sinne ist, da sie eine Umfeldbeschreibung darstellt und Verlaufsprozesse aus der Sicht dritter beschrieben werden.

Lorenz Böllinger analysierte zuvor erhobene Interviews mittels der Psychoanalyse. Dabei stellte er die These auf, das Urvertrauen hätte sich bei politischen Delinquenten schon in der frühkindlichen Entwicklungsphase nicht bilden können und sei zu einem Urmisstrauen umgeschlagen. Das Urvertrauen, das für die Grundgestimmtheit des ganzen Lebens bestimmend

---

566 Vgl. Bruno S. Frey: Terrorism from the Rational-Choice point of view. In: Andreas Diekmann, Klaus Eichner, Peter Schmidt, Thomas Voss (Hrsg.): Rational-Choice – theoretische Analysen und empirische Resultate – Festschrift für Karl-Dieter Opp zum 70. Geburtstag. Wiesbaden 2008.

567 Rolf Clement, Paul Elmar Jöris: Die Terroristen von nebenan – Gotteskrieger aus Deutschland. München Zürich 2010, 12.

ist, entwickelt sich im ersten Lebensjahr. Claessens betrachtet diese Phase als ‚soziokulturelle Geburt', hier lernt ein Baby, ob es der Umwelt vertrauen kann, oder nicht. Böllinger sieht in einigen der von ihm rekonstruierten Lebensläufe ein Urmisstrauen, eine besonders starke Form des Misstrauens. Das Urmisstrauen ist eine Störung der Entwicklung. „Der Störung der ersten Entwicklungsphase folgen, wenn die Umwelt während der weiteren Entwicklung keine Kompensationen anbietet, in den Perioden intensiver Auseinandersetzung mit der gesellschaftlichen Umwelt, also insbesondere in der Adoleszenz, typische Störungen im Erleben und Sozialverhalten."[568] Durch bisher erlebte Frustrationen, Zurückweisungen und nicht erfüllte Hoffnungen Nähe zu erleben und Kränkungen (allgemein psychosoziale Belastungen), hat sich demnach eine Art Angsterwartung etabliert, die politische Delinquenten begleitet. Die fehlenden Sicherheits- und Geborgenheitsgefühle werden mit Kompensations- und Abwehrmechanismen beantwortet. Die frühen Kindheitserfahrungen, die nicht erfüllten Bedürfnisse, die defizitäre Umwelt, in der die erste Sozialisation geschah, ließ in politisch Delinquenten den Wunsch entstehen, sich eine neue Umwelt mit engen Bindungen zu schaffen. Ganz nach dem Motto „Oh God thy sea is so great and my boat is so small" treten die Personen in Gruppen ein, die ihnen Geborgenheitsgefühle und Lebensorientierung bieten. „Da die Umwelt die Appelle und eigenständigen Kompensationsversuche nicht registrierte, konnte das Strukturdefizit nicht ausgeglichen werden und prägte im Weiteren die Erlebnisweisen und Handlungsmotive. Wie im Regelkreis schaukeln sich provokative Verhaltensangebote und den Hass bestätigende Repression bis zu dem Punkt hoch, wo eine sinnvolle Intervention nicht mehr möglich ist, weil nun subkulturelle Verfestigungsprozesse und kollektive intellektuelle Verleugnung und Rationalisierung hinzutreten."[569] An Böllingers Arbeit sieht man deutlich, wie stark Biographien durch psychosoziale Prozesse beeinflusst werden und wie psychosoziale Bedingungen des Individuums auf biographischen Erlebnissen basieren. Eine Verschränkung beider Aspekte, der inneren Welt politischer Delinquenten und die Erlebnisse und Erfahrungen dieser, bietet die Narrationsanalyse.

4.9.3 Biographie und Narration

Die Vorgehensweise der Theoriebildung, die auf Einzelfallanalysen und deren Vergleich beruht und ohne eine vorwegnehmende Hypothesenbildung auskommt, zählt zur Grounded Theory, die die Überlegungen nach und nach anhand von (gemeinsamer) Analyse des Materials erarbeitet. Die Grounded Theory-Methode ist der qualitativen Sozialforschung zugeordnet.[570] Die qualitative Analyse wurde wesentlich durch die Chicagoer Schule vorangetrieben, die ihre Anfänge 1900–1930 fand. Die Anhänger dieses Forschungszweigs analysierten mittels qualitativer Studien die Alltagswelt der Menschen.[571] Das Verfahren der Grounded Theory wurde von Anselm Strauss und Barney Glaser entwickelt. Przyborski und

---

568 Lorenz Böllinger: Die Entwicklung zu terroristischem Handeln als psychosozialer Prozess. In: Herbert Jäger, Gerhard Schmidtchen, Lieselotte Süllwold (Hrsg.): Lebenslaufanalysen. Analysen zum Terrorismus Bd. 2., Opladen 1981. S. 185.

569 Lorenz Böllinger 1981. S. 212.

570 Aglaja Przyborski, Monika Wohlrab-Sahr: Qualitative Sozialforschung – Ein Arbeitsbuch. (2.Aufl.). München 2009. S.184f.

571 Yvonne Bernart, Stefanie Krapp: Das narrative Interview – Ein Leitfaden zur rekonstruktiven Auswertung (3.Auflg.)). Forschung, Statistik und Methoden Bd. 3. Landau 2005, S. 8.

Wohlrab-Sahr beschreiben ihre Situiertheit als zwischen den Paradigmen der „Grand Theory" und „statistisch erhebender Verfahren" liegend.[572] „Das Grundanliegen ist also von Anfang an auf die enge Verschränkung von empirischer Forschung und Theoriebildung gerichtet: Empirische Forschung zielt darauf, Theorie zu generieren, und Theorie wiederum wird nicht ‚von oben her' entfaltet, sondern soll in eben dieser Forschung begründet sein."[573] Die Spezialisierung auf bestimmte Erhebungsformen unterbleibt und sichert so die Vielfalt von Verfahren. Möglich sind Interviews, Feldbeobachtungen, Tagbücher, Briefe, die Erhebung von Fragebögen sowie Transkriptionen von Gruppengesprächen usw. Schon zu Beginn des Erhebungsverfahrens zur Generierung des Materials werden erste Hypothesen entwickelt und darauf basierend neues Material erhoben. Auf diese Weise werden Erklärungen während des Verfahrens getestet und weiterentwickelt.

„Zur Erforschung prozessualer Erscheinungen der sozialen Wirklichkeit ist es durchaus sinnvoll, das narrative Interview zur Anwendung zu bringen"[574] Der Grounded Theory ähnlich, entwickelte die „Arbeitsgruppe Bielefelder Soziologen"[575] die Narrationsanalyse. Dieses Verfahren ist „explizit erzähltheoretisch fundiert"[576]. Hintergrund des Verfahrens der Narrationsanalyse ist der symbolische Interaktionismus. Diese sozialpsychologische Theorie wurde von G.H. Mead entwickelt und geht davon aus, dass sich nur durch die soziale Natur seiner Mitglieder, ein soziales System erklären lässt – und schließt sich so dem Organismusbegriff von Alfred North Whitehead an.[577] „Mead zeigt auf, dass die Identität eines Ich sich erst in der Beziehung zu anderen Interaktionspartnern entwickeln kann. Soziales Handeln kommt dadurch zustande, dass interagierende Subjekte die Einstellung des jeweils anderen Interaktionspartners antizipieren und sich selbst aus dessen Perspektive wahrnehmen [...]. Diese Übernahme der Einstellung anderer ist als ein Prozess der Selbst-Werdung zu begreifen. Die Person entwickelt durch die Internalisierung von Fremderwartungen ein Bild von sich selbst [...]."[578] Das narrative Interview, maßgeblich von Fritz Schütze entwickelt, bewegt sich im Kontext der Mikrosoziologie. Mittels narrativen Interviews können Fragen nach Wirkungszusammenhängen gut erforscht werden. „Sie hat als Aufgabe, einen methodischen Zugang zum sozialen Leben zu ermöglichen, der 1. möglichst umfassend ist, 2. die Eigenperspektive der handelnden Subjekte thematisiert und 3. die historische Dimension berücksichtigt."[579] Für das narrative Interview spielt der Zusammenhang zwischen Alltag und Wissenschaft eine große Rolle. Es steht das bereits mehrmals erwähnte Thomas-Theorem[580] im Raum, das

---

572 Aglaja Przyborski, Monika Wohlrab-Sahr 2009. S.186.

573 Aglaja Przyborski, Monika Wohlrab-Sahr2009. S.186.

574 Hans-Jürgen Glinka: Das narrative Interview – Eine Einführung für Sozialpädagogen. Weinheim/München 1998. S. 34.

575 Dazu zählen: Fritz Schütze, Werner Meinefeld, Ralf Bohnsack, Joachim Matthes, Werner Springer und Ansgar Weymann.

576 Aglaja Przyborski, Monika Wohlrab-Sahr 2009. S.217.

577 Peter Prechtl: Symbolischer Interaktionismus. In: Peter Prechtl/Franz-Peter Burkhard: Metzler Philosophie Lexikon. (2. Aufl.). Stuttgart/Weimar 1999. S. 580.

578 Peter Prechtl: Symbolischer Interaktionismus. In: Peter Prechtl/Franz-Peter Burkhard: Metzler Philosophie Lexikon. (2. Aufl.). Stuttgart/Weimar 1999. S. 580.

579 Yvonne Bernart, Stefanie Krapp: Das narrative Interview – Ein Leitfaden zur rekonstruktiven Auswertung (3.Auflg.)). Forschung, Statistik und Methoden Bd. 3. Landau 2005, S. 9.

580 William Isaac Thomas, Dorothy Swaine Thomas: Die Definition der Situation. In: H. Steinert (Hrsg.): Symbolische Interaktion – Arbeiten zu einer reflexiven Soziologie. Stuttgart 1973. S. 333–335.

davon ausgeht, dass das Bild einer Situation seitens eines Beteiligten eine wichtige Rolle für die Interpretation darstellt. Das unmittelbare Verhalten der Beteiligten ergibt sich durch deren Situationsdefinition. Die Wahrnehmung der Situation kann dabei der objektiven Wirklichkeit oder der subjektiven Vorstellung entsprechen – für die Beteiligten ist die Wahrnehmung handlungsanleitend.[581] „Grundlegend für diesen theoretischen Kontext ist die Annahme, dass Gesellschaft von Individuen in symbolischen Interaktionen hervorgebracht und verändert wird."[582]

Das narrative Interview arbeitet mit der „Stehgreiferzählung" und basiert auf der autobiographischen Erzählung, die nicht vorbereitet/zurechtgelegt ist. „Erzählungen sind dadurch gekennzeichnet, dass in ihnen Ereignisabfolgen in zeitlicher Entwicklungsperspektive dargestellt werden: zunächst eine Ausgangssituation, dann deren Entwicklung und zuletzt die Situation am (vorläufigen) Ende der Entwicklung; sie bewegen sich in großer Ausführlichkeit eng am dargestellten Geschehensablauf."[583] Der Interviewte wird darüber aufgeklärt, dass er auf keinen Fall unterbrochen wird und für ihn ausreichend Zeit vorhanden ist, um seine Ansichten zu entwickeln. Im Rahmen der Methodik wird angenommen, dass die Struktur der Erzählung auch die Struktur der Erfahrung reproduziert.[584] Es wird davon ausgegangen, dass die Erzählung seiner eigenen Geschichte bestimmte Zwänge mit sich bringt: Der Detaillierungszwang bezieht sich darauf, dass der Erzähler einer Geschichte dazu genötigt ist, seinem Gegenüber zu erklären, womit eine Geschichte zusammenhängt. Wohlrab-Sahr und Przyborski nennen den Fall, dass man erzählt, es sei einem mal nicht gut gegangen – der Zwang besteht nun darin, dies zu detaillieren und zu erklären, womit dies zusammenhing.[585] Der Gestaltschließungszwang bezeichnet den Fall, dass eine Geschichte „bis zum Ende" erzählt werden kann und dies von Erzähler in der Regel auch gewünscht ist. Ansonsten scheint die Kommunikation gestört – eine Unterbrechung wird als Bruch wahrgenommen. Der Relevanzfestlegungszwang meint, dass man dem Zwang unterliegt, nie die ganze Geschichte erzählen zu können. Daher wählt der Erzähler prägnante, sinngebende Teile der gesamten Geschichte aus und gibt ihr so seine eigene Gestalt. Die Verdichtung von Sachverhalten wird als Kondensierungszwang bezeichnet.[586] „Als Faustregel gilt: Das narrative Interview kann immer dann zum Einsatz kommen, wenn der Informant eine Geschichte erzählen kann. Das setzt voraus, dass die den Forscher interessierende soziale Erscheinung für den potentiellen Erzähler erlebten Prozesscharakter beinhaltet. Und dieser Prozesscharakter muss vom Informanten auch erkannt werden."[587]

Die entstandene Geschichte wird anschließend analysiert. Aufgrund der Situation der Interviewpartner erfolgt zunächst eine Überprüfung, ob es sich bei der erzählten Geschichte um

---

581 Yvonne Bernart, Stefanie Krapp 2005. S. 12f.
582 Aglaja Przyborski, Monika Wohlrab-Sahr 2009. S. 92.
583 Ivonne Küsters: Narrative Interviews – Grundlagen und Anwendungen. (2. Aufl.). Wiesbaden 2009, S. 25.
584 Zur Homologiethese siehe: Bude 1985; Nassehi 1994; Maindok 1996; Nassehi, Saake 2002.
585 Aglaja Przyborski, Monika Wohlrab-Sahr 2009. S. 94.
586 Aglaja Przyborski, Monika Wohlrab-Sahr 2009. S. 93f. Zur Entwicklung der Erzähltechnischen Zugzwänge siehe: Kallmeyer/Schütze 1977.
587 Hans-Jürgen Glinka: das narrative Interview – Eine Einführung für Sozialpädagogen. Weinheim/München 1998. S. 39.

eine ‚Konversionserzählung' handelt[588] oder um eine ‚Stehgreiferzählung'. Dies geschieht aufgrund möglicher Auswirkungen auf die Interpretation. Fallanalysen rekonstruieren, *wie* die Interviewten *was* thematisieren, wie sie sich selbst thematisieren/präsentieren und welche ‚biographischen Eigentheorien'[589] bestehen. Die Frage nach dem Ablaufgeschehen (z.B. des Radikalisierungsprozesses), richtet sich auf die Rekonstruktion des Verlaufs einzelner Lebens- und Deutungsgeschichten und wird durch den Vergleich mittels weiterer Einzelfallanalysen bearbeitet. Die Frage nach den Prozessen wird ohne die vorherige Bildung theoretischer Vorannahmen über Radikalisierungsprozesse, dessen Begründungen und Mechanismen gestellt. Eine Offenheit gegenüber Selbsterklärungen kann so gewährleistet werden. Die zu untersuchenden Personen sind das Zentrum solcher Arbeiten – und nicht die Thematisierung möglicher vorab aufgestellter theoretischer Hypothesen. In ihrer Einleitung beschreibt Lena Inowlocki Erklärungsansätze zum Rechtsextremismus bei Jugendlichen.[590] So beschreibt sie Detlev Clausens Ansatz, den Rechtsextremismus bei Jugendlichen als „Medienprodukt" zu begreifen, Claus Leggewies Annahme, Rechtsextremismus bei Jugendlichen sei als „Erziehungsproblem" zu verstehen, Arno Klönnes Hypothese, die Bedingungen seien in „politischen Stellungnahmen" der großen Parteien zu suchen, Wilhelm Heitmeyers These, der Grund für das Auftauchen des Rechtsextremismus bei Jugendlichen sei nicht in der Weiterwirkung von geschichtlicher Erfahrung zu finden, sondern im „heutigen Alltag". All diese Annahmen, so findet sie mittels einer selbst erhobenen Studie heraus, stimmen nicht.[591] Die Fragestellungen, die Interviews einleiten, beziehen sich in der Regel auf die lebensgeschichtliche Darstellung der Probanden: „Wie waren Ihre Sozialisationsbedingungen?", „Wie verlief Ihr Leben?", „Wie begab es sich?", „Wie verlief Ihr Leben vor Ihrer politischen Aktivität?", „Welche Erfahrungen haben Sie gemacht?", „Auf welche Weise kamen Sie mit der Politik in Berührung?", „Wie kamen Sie zu Ihrer Einstellung?", „Welche Momente/Begebenheiten waren hier wichtig für Sie?", „Welche Momente gab es in Ihrem Leben, die Sie dazu veranlassten, Ihre Überzeugung so zu bilden, wie Sie es taten?", „Welche Informationsquellen nutzen Sie, um für sich Antworten zu finden?", „Welchen Sinn hat Ihr Handeln damals für Sie gehabt?", „Wie sehen Sie dies heute?". Die Fragen nach den Bedingungen der Etablierung von Überzeugungen sind darauf gerichtet, Motivation, Rekrutierung und Intensivierung in ihren Prozessverläufen zu rekonstruieren. Der von den Interviewten zu beschreibende Sinnbezug, den der Einzelne sich schafft und eine soziale Konstruktion von Welt erarbeitet, dient z.B. der Darstellung von „Produktionsbedingungen"[592] extremistischer Einstellung und (erweitert) Handlung. Anhand der Interviews wird so z.B. eine Theorie der Radikalisierung erarbeitet, die die Prozessverläufe und biographische Bearbeitung des Prozesses zum Ausgangspunkt hat. „Tatsächlich aber werden, wenn von ‚Erfahrungen' erzählt wird, gleichzeitig ‚Erklärungen' abgegeben, durch die Einordnung von Erlebtem in bestimmte Sinn- und Begründungszusammenhänge. Dies ist bei der Begründung politischer Einstellungen der Fall. Eine interpretative Fragestellung richtet sich darauf, wie Begründungszusammenhänge hergestellt werden, wie es also zur Darstellung von ‚Erfahrungen' kommt, in inhaltlicher, wie

---

588 Zur Problematik der Konversionserzählung siehe: Snow, Machalek 1983; Luckmann 1986; Ulmer 1988.

589 Lena Inowlocki: Sich in die Geschichte hineinreden – Biographische Fallanalysen rechtsextremer Gruppenzugehörigkeit. Frankfurt a.M. 2000, S.19.

590 Lena Inowlocki 2000. S. 21–30.

591 Lena Inowlocki 2000. S. 30.

592 Lena Inowlocki 2000. S. 25.

auch in prozeduraler Hinsicht."[593] Die Studie „Extremismen in biographischer Perspektive" der Forschungsstelle Terrorismus/Extremismus (FTE) (angesiedelt beim Bundeskriminalamt (BKA)) beschäftigte sich mit terroristischen Umfeldern aus der Perspektive von Akteuren. Sie nennt neben dem politischen Extremismus auch den religiös motivierten Extremismus als Vergleichsgröße.

4.10 Genderforschung und Extremismus

Die Genderforschung untersucht das biologische Geschlecht in Hinsicht auf seine kulturelle Überformung und die kulturell produzierte Geschlechterdifferenz. Der zentrale Begriff der Genderforschung ist nicht Geschlecht, sondern Macht. Während in der Genderforschung früher zwischen ‚Sex' und ‚Gender' unterschieden wurde, wobei ‚Sex' das biologische Geschlecht meinte und ‚Gender' auf kulturell produzierte Praktiken der Geschlechterdifferenzierung bezog, wird heute davon ausgegangen, dass auch die Bestimmung des biologischen Geschlechtes letztlich eine soziale Praktik darstellt. Die Genderforschung hat das Thema Extremismus ebenfalls für sich entdeckt und untersucht den Extremismus im Rahmen eines ganz eigenen Zugangs. Die Fragestellungen, die sich im Kontext der Genderforschung aus der Analyse dieses Phänomens ergeben, haben eine für die Forschungslandschaft fruchtbare Diskussion ausgelöst. Besonders in Bezug auf die Themen Motivation und Praxis für die Lebensgestaltung der Teilnehmer extremistischer Strömungen wurden hier wichtige Ergebnisse produziert, die teilweise recht überraschend sind. Die Genderforschung, untersucht einerseits die Fragestellung, wie Geschlechterrollen sich je nach extremistischem Milieu ausgestalten, andererseits wird aber auch die Frage aufgeworfen, ob die Heteronormativität nicht selbst ein Unterdrückungsmoment darstellt und somit auch die Mainstreamgesellschaft zumindest ein extremes Potential besitzt. Die Heteronormativität ist eine sich auf die Heterosexualität beziehende Weltanschauung, die diese als Norm ansieht: Ähnlich der Gaußschen Glockenkurve sei die Heterosexualität die Norm (Normalverteilung) und die davon abweichenden Sexualitäten seien Devianzen. Gerade in Bezug auf die zuletzt aufgeworfene Frage ist eine Verbindung zum Zugang des „Extremismus der Mitte" ersichtlich.

Hauptsächlich hat sich die Genderforschung, im Bereich der Untersuchung verschiedener extremistischer Strömungen, einen Namen im Bereich der Erforschung des Rechtsextremismus gemacht. Davon hebt sich die Arbeit von Marta Kolářová[594] ab, die sich mit der Präsentation der Geschlechter im Bereich des sozialen Protests und hier mit der Antiglobalisierungsbewegung, die sie als antikapitalistische Bewegung bezeichnet, beschäftigt. Sie geht auf die Fragestellung ein, ob die antikapitalistische Bewegung sich thematisch auch durch einen Fokus auf Geschlechterungleichheit auszeichnet, kommt aber zu dem Schluss, dass Geschlechterfragen nur ein Randthema in einem ganzen Komplex von Themen sind, die sich mit Ungleichheit

---

593 Lena Inowlocki 2000. S. 27.

594 Marta Kolářová: Gender representation of the anti-globalization movement in the alternative media. In: Czech Sociological Review, 2004, Vol. 40, No. 6.

beschäftigen[595]. Der Fokus der Bewegung ist eher auf die Bereiche Ethnizität und Klasse gerichtet.[596] Feministinnen sind jedoch Teilnehmer der Bewegung. Anhand von Medienprodukten der alternativen Szene untersucht sie mittels Semiotik- und Inhaltsanalyse die visuelle Repräsentation von Männern und Frauen. Dabei prüft sie die in den alternativen Medien präsentierten Bilder von Anhängern der Szene und begleitende Texte, die eine Deutung der Bilder offerieren. Neun Kategorien wurden zur Untersuchung herangezogen: Geschlecht, Alter, Gruppengröße, Grad der Nacktheit, Kleiderfarben, dargestellte Rolle der Personen auf den Bildern, physische Umgebung, Art der Aktivität und Polizeipräsenz. Dabei fand sie heraus, dass die Geschlechter ungleich oft vorkamen (10% Frauen in tschechischen alternativen Medien, 3% Frauen in britischen alternativen Medien) und die Darstellung der Geschlechter einem klassischen Rollenmuster entsprach. So wurden Frauen im Rahmen einer kreativen Protestausübung gezeigt, waren eher unbekleidet und sie erschienen nicht als gewalttätige Demonstranten. Obgleich sich die antikapitalistische Bewegung selbst als Bekämpferin von Ungleichheit darstellt, versagt sie anscheinend im Bereich der Repräsentation von Geschlechtern als Korrektiv der so abgelehnten kapitalistisch ausgeformten Mainstreamgesellschaft.

Auch im Bereich der Untersuchung von Opfern von Geiselnahmen durch politisch motivierte Täter lohnt sich die Untersuchung getrennt nach Geschlechtern[597]. Diese nahm Judith Tinnes im Bereich von Entführungen im Irak, in Afghanistan, in Saudi-Arabien und in Pakistan vor. Im Bereich der medien-orientierten Entführungen sind besonders Männer Opfer (Frauen: ca. 8%, Männer ca. 90%), etwa ein Drittel der entführten weiblichen Opfer wurden durch die Hand ihrer Entführer ermordet, etwa Drei-Viertel der entführten Männer wurden ermordet. Dies führt Judith Tinnes auf die kulturelle Ausformung der Geschlechterrollen zurück: „This noticeable difference can be most likely attributed to moral, cultural and religious restraints. The abduction and killing of women is considered un-Islamic in the Muslim world and has thus been proven counterproductive for a successful media campaign by insurgents."[598]

Obwohl im Bereich der Erforschung des Rechtsextremismus mit seinen Rollenbildern, der Lebensgestaltung und dessen Entwicklung gerade in Hinblick auf Geschlechterfragen große Erkenntnisfortschritte erzielt werden konnten, wird dieser Forschungszweig nicht wirklich wahrgenommen: „Forschung zu Mädchen und Frauen im Rechtsextremismus ist mit der Einschätzung konfrontiert, dieser Bereich stelle einen Nebenschauplatz dar."[599] Dies ist nicht hinnehmbar, bietet die Geschlechterforschung doch auch im Hinblick auf den Extremismus eine wertvolle Betrachtungsperspektive und hat bereits vielfach bewiesen, dass das Analyseinstrumentarium durchaus gut anwendbar ist und die Ergebnisse wertvoll für das vertiefte Verständnis des Extremismus ist.

---

595 Hier bezieht sich Marta Kolářová auf: Starr, A.: Naming the Enemy: Anti-corporate Movements Confront Globalization. London 2000.

596 Hier bezieht sich Marta Kolářová auf: C.T. Mohanty: Under Western Eyes. In: Revisited: Feminist Solidarity through Anticapitalist Struggles. Signs 28 (2) 2003. S. 499–536.

597 Judith Tinnes: Counting Lives in a Theater of Terror – an Analysis of Mediaoriented Hostage Takings in Iraq, Afghanistan, Pakistan and Saudi Arabia. In: Terrorism research Initiative (Hrsg.): Perspectives on terrorism Vol.4 Nr.5, 2010. S. 3–22.

598 Judith Tinnes 2010. S. 9.

599 Michaela Köttig: Zur Entwicklung rechtsextremer Handlungs- und Orientierungsmuster von Mädchen und jungen Frauen. In: Andreas Klärner, Michael Kohlstruck (Hrsg.): Moderner Rechtsextremismus in Deutschland. Hamburg 2006. S. 257.

Michaela Köttig unterscheidet zwei theoretische Erklärungsansätze. Der ‚Erklärungsansatz mit Fokussierung auf die Dominanzkultur', der nach Köttig von Christine Holzkamp und Birgit Rommelspacher vertreten wird, ginge davon aus, dass Mädchen und Frauen in der Vorstellung aufwüchsen, einer Dominanzkultur anzugehören. „Sie lebten einerseits in dem Bewusstsein, der dominanten Kultur anzugehören, andererseits seien sie Opfer dieses patriarchal strukturierten Systems, das Unterschiede grundsätzlich hierarchisiert, also nur Dominanz oder Selbstunterwerfung vorsieht. [...] Dieses Phänomen bewirke, dass Mädchen und Frauen dann als besonders weiblich gelten, wenn sie gegenüber Männern Unterwerfungstendenzen zeigten. Gleichzeitig treten sie jedoch gegenüber Minderheiten dominant auf."[600] Daneben steht der ‚Erklärungsansatz im Hinblick auf Veränderungen und Verunsicherungen der weiblichen Sozialisation', der Köttig zufolge von Birgit Meyer, Gertrud Siller und Ursula Birsl vertreten wird. Dieser Ansatz bezieht sich auf das Konzept der Risikogesellschaft von Ulrich Beck, welches Wilhelm Heitmeyer später als Folie nutzte und nun weiterentwickelt wurde, so Köttig. Die gesellschaftlichen Sozialisationserfahrungen, die geschlechtsspezifisch sind, werden zur Erklärung rechtsextremer Orientierung und Verhalten herangezogen. Es werden Rollenkonflikte und die Aufwertung traditioneller Frauenrollen in einen Zusammenhang gebracht. Siller zieht strukturelle und konkrete psychische und physische Gewalt zur Erklärung geschlechtsspezifischer Phänomene des Rechtsextremismus heran. Sie erklärt politische Orientierungen in Zusammenhang mit individuell erlebtem und sieht zwei Lebensentwürfe nebeneinander stehen: Einmal könnten Mädchen und junge Frauen den Rollenkonflikt externalisieren, indem sie (polarisierend) Weiblichkeitsstereotype übernähmen, oder sie orientierten sich an männlichen Stereotypen, die mit emanzipativen, nach Unabhängigkeit strebenden Lebensentwürfen verbunden werden.[601]

Frauen sind im rechtsextremen Milieu zwar quantitativ unterrepräsentiert, doch sind sie hoch präsent. „Mädchen und Frauen vertreten in nahezu gleichem, in manchen Bereichen sogar in stärkerem Maß rechtsextreme Meinungen als Jungen und Männer. Zudem wurde deutlich, dass Rechtsextremistinnen in ganz unterschiedlichen Funktionen und Positionen in allen Organisationen und Gruppierungen auftreten, das heißt, sowohl in Führungspositionen als auch Unterstützerinnen oder als sogenannte Mitläuferinnen. Die zunächst favorisierte These, Mädchen und Frauen hätten sich rechtsextremen Milieus zugewandt, um sich in ihrer weiblichen Rolle aufgewertet zu fühlen, musste revidiert werden."[602] Frauen aus dem rechtsextremen Milieu organisieren sich heute eigenständig, Frauen fungieren als Herausgeberinnen für rechtsextreme Fanzines, organisieren sich in Bands, sind Unternehmerinnen usw. Einen

---

600 Michaela Köttig: Mädchen und Frauen in der extremen Rechten – ein Diskussionsbeitrag zu Erklärungskonzepten und Forschungsansätzen. In: Antifaschistisches Forschungsnetzwerk Frauen und Rechtsextremismus (Hrsg.): Braune Schwestern? – Feministische Analysen zu Frauen in der extremen Rechten. S. 59.

601 Michaela Köttig: Mädchen und Frauen in der extremen Rechten – ein Diskussionsbeitrag zu Erklärungskonzepten und Forschungsansätzen. In: Antifaschistisches Forschungsnetzwerk Frauen und Rechtsextremismus (Hrsg.): Braune Schwestern? – Feministische Analysen zu Frauen in der extremen Rechten. S. 57–74. Siehe auch: Birsl, Ursula: Rechtsextremismus und Fremdenfeindlichkeit: Reagieren Frauen anders? Zur theoretischen Verortung der Kategorie Geschlecht in der feministischen Rechtsextremismus-Forschung, in: Falter, Jürgen W./Jaschke, Hans-Gerd/Winkler, Jürgen R. (Hrsg.): Rechtsextremismus. Ergebnisse und Perspektiven der Forschung, Politische Vierteljahresschrift, Jg. 37 Sonderheft 27, Opladen 1996.

602 Michaela Köttig: Zur Entwicklung rechtsextremer Handlungs- und Orientierungsmuster von Mädchen und jungen Frauen. In: Andreas Klärner, Michael Kohlstruck (Hrsg.): Moderner Rechtsextremismus in Deutschland. Hamburg 2006. S. 258.

Überblick neonazistischer Frauengruppen in Deutschland lieferten Kirsten Döhring und Renate Feldmann[603]:

Es gibt keine ‚rechte Frauenideologie', so zeigt Sonja Balbach in ihrer hauptsächlich aus Interviewsequenzen bestehenden Arbeit „Wir sind auch die kämpfende Front" auf. Einige Frauen sind eher traditionell orientiert, andere emanzipativ: „Auch die Rechte wird vom Geschlechterkampf nicht verschont", so ein zusammenfassendes Ergebnis von Balbach.[604] Die Auswirkungen des ‚Zeitgeistes' auf die extrem rechten Bewegungen und ihr Frauenbild hat in theoretischer Hinsicht Renate Bitzan aufgearbeitet. Die Heterogenität von Geschlechterbildern ist auch dem Rechtsextremismus eigen. Renate Bitzan hat in einem bemerkenswerten Versuch die theoretischen Anschlussstellen zwischen feministischen und rechten Ansätzen herausgearbeitet. „Die zentrale These lautet […], dass sich Anschlussstellen zu Positionen extrem rechter Frauen nicht allein bei differenzorientierten feministischen Ansätzen zeigen und auch nicht bei allen differenzorientierten feministischen Strömungen, wie bisweilen unterstellt wird, sondern vielmehr, dass sowohl differenzorientierte als auch gleichheitsorientierte feministische Ansätze in jeweils bestimmten Ausprägungen solche Anschlussstellen bieten."[605] Diese Anschlussstellen zeigte Bitzan anhand eines Schaubildes auf, das hier in leicht veränderter Form wiedergegeben ist:

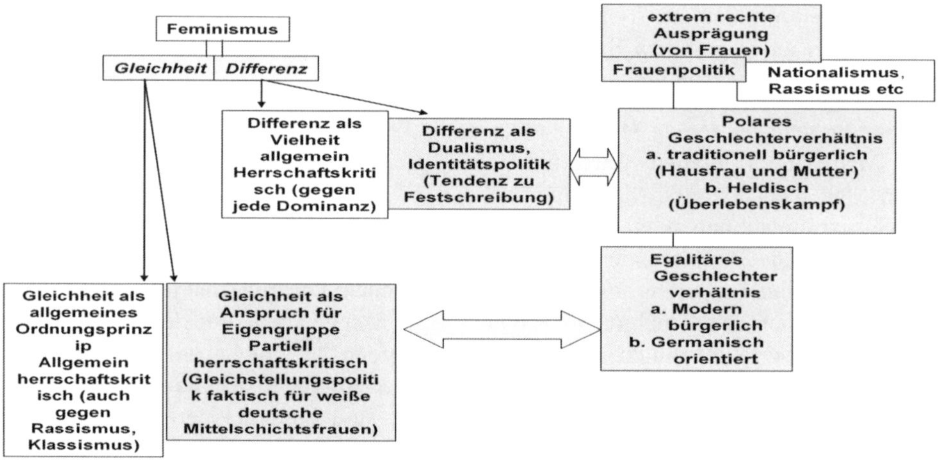

Abb. 4.35 *Feminismus der Gleichheit und der Differenz. Bitzan.*

---

603 Kirsten Döhring, Renate Feldmann: Akteurinnen und Organisationen – Die Involviertheit von Frauen in der extremen Rechten. In: Antifaschistisches Forschungsnetzwerk Frauen und Rechtsextremismus (Hrsg.): Braune Schwestern? – Feministische Analysen zu Frauen in der extremen Rechten. S. 17–33. Hier: S. 21

604 Sonja Balbach: Wir sind auch die kämpfende Front – Frauen in der rechten Szene. Hamburg 1994. S. 14.

605 Renate Bitzan: Differenz und Gleichheit – zur Geschlechterideologie rechter Frauen und ihren Anknüpfungspunkten zu feministischen Konzepten. In: Antifaschistisches Forschungsnetzwerk Frauen und Rechtsextremismus (Hrsg.): Braune Schwestern? – Feministische Analysen zu Frauen in der extremen Rechten. S. 82.

Die hell markierten Ansätze, sind dem nicht-extremistischen Spektrum des Feminismus zugeordnet, die dunkel unterlegten Ansätze, sind die spezifisch rechtsextrem ausgelegten Spiegelungen des Feminismus. Nach Bitzan lassen sich feministische Konzepte anhand der Kategorien Gleichheit und Differenz bestimmen. Dabei findet sich in beiden Fällen eine rechtsextreme Spiegelung der vorhandenen feministischen Ausprägungen. Diese unterscheiden sich selbstverständlich maßgebend durch die rechtsextremistische Orientierung an Nationalismus, Rassismus und weiteren, spezifisch rechtsextremen Items. Eine recht interessante Arbeit, die zwischen Genderforschung, Extremismusforschung und Lebenslaufsanalyse liegt, ist die Fallstudie von geschlechtsspezifischen Lebensverläufen im Rechtsextremismus von Ursula Birsl, die empfohlen werden kann.[606]

4.11 Politische Kulturforschung

Es gibt keine einheitliche Operationalisierung von politischer Kultur. Einige Forscher messen Einstellungen (Heterogenitätsproblematik, Individualebene nicht leicht rückzubeziehen auf Makroebene – individualistischer Fehlschluss), andere beobachten Tatbestände wie Symbole oder dominante Verhaltenspraktiken, Vorstellungen von Symboldeutungen liefern Rückschlüsse auf die Politische Kultur. Hier wird der Aspekt des sprachlich kulturellen Zugangs aufgegriffen.

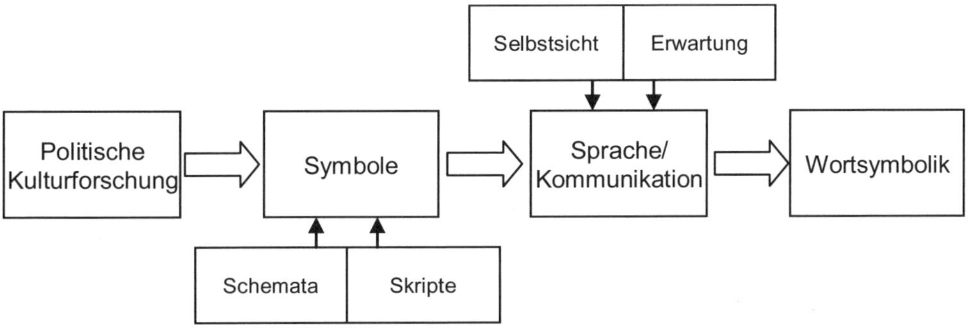

Abb. 4.36 *Symbole und politische Kulturforschung. Bötticher.*

Die soziale Interaktion ist wesentlich Kommunikation; nicht umsonst ist die Beobachtung kommunikativer Inhalte, ihre Analyse und ihre Dekonstruktion ein wichtiger Aspekt der Extremismusforschung. Ursula Piontkowski schreibt über den sprachlich-kulturellen Zusammenhang: „Kommunikation ist das Wesen sozialer Interaktion. Sie stellt eine Beziehung

---

606 Ursula Birsl: Rechtsextremismus – weiblich/männlich? Eine Fallstudie zu geschlechtsspezifischen Lebensverläufen, Handlungsspielräumen und Orientierungsweisen, Opladen 1994.

zwischen Personen her und gestaltet sie. Dieses Merkmal, die Gestaltung einer Beziehung durch Kommunikation, verdeutlicht den sozialen Charakter von Kommunikation."[607]

Kommunikation ist eine Vermittlung von Bedeutung zwischen Menschen.[608] Politische Kommunikation ist ein Spezialgebiet der Humankommunikation[609], in dem Bedeutungen mit politischem Bezug vermittelt werden. Die Kommunikation ist ein dynamischer Prozess, in dem Nachrichten ausgetauscht werden. Diese Nachrichten können nicht nur verbal sondern (im Rahmen der Face-to-Face-Kommunikation) über Mimiken, Gesten, Körperhaltung, Kleidung vermittelt werden. Die wichtigste Funktion der Massenmedien ist nach Wildenmann und Kaltefleiter die Informationsfunktion. Neben der Informationsfunktion findet sich in der Kommunikation die Vermittlung von Normen und Werten, Einstellungen und Verhalten. Die politische Funktion der Massenmedien ist im Rahmen von diskursanalytischen Zugängen ein weiterer wichtiger Bereich der Extremismusforschung. Hier werden die Folgen von politischer Kommunikation untersucht. Das klassische Modell der Medienbeeinflussung stellt das stimulus-response-Modell dar. Dieses Modell ist überholt. Auch das Two-Step-Flow-of-Communication-Modell von Lazarsfeld ist bereits überholt worden, vermittelt nichtsdestoweniger eine brauchbare Heuristik, weil es auf den wichtigen Bereich der zwischenmenschlichen Kommunikation aufmerksam macht. Besonders der Agenda-Setting-Ansatz hat dieses Modell in Zweifel gezogen. Laut Cohen besteht die Macht der Medien nicht so sehr in der Beeinflussung dessen, was wir denken, sondern sie vermitteln uns, *worüber* wir nachdenken sollen.[610] „Darüber hinaus sind Medien auch in der Lage, die Einordnung der ins Bewusstsein gebrachten Themen zu beeinflussen (Framing, Priming)."[611] Thibodeau und Boroditsky bestätigen dies. Sie erforschten, inwieweit Metaphern in das Denken eingreifen würden und fanden heraus, dass Metaphern einen gewissen Raum des Denkens, einen metaphorischen Rahmen setzen würden, diese faktische Macht der Metapher fiel den Probanden dabei gar nicht auf.[612]

Man unterscheidet Sprachproduktion und Sprachrezeption voneinander, beides sind Komponenten von Sprechakten, die eine interaktive soziale Beziehung zwischen Kommunikationspartnern ermöglichen.[613] In der Soziologie versteht man Sprache nicht lediglich als reine Informationsvermittlung, sondern auch als Rollensymbol, als Abgrenzungsmöglichkeit und Signal der Mitgliedschaft zu einer Gruppe. „Jedes gesellschaftliche Geschehen in seinen mannigfachen Zusammenhängen beruht auf kommunikativen Vorleistungen und Leistungen sprachlicher Vermittlung. Institutionen und Organisationen, vom kleinsten Verein bis zur UNO, sind auf sie verwiesen, sei es in mündlicher, sei es in schriftlicher Form."[614]

---

607 Ursula Piontkowski: Sozialpsychologie – Eine Einführung in die soziale Interaktion. München 2011. S. 40.

608 Zit.n. Hans Rattinger: Einführung in die Politische Soziologie. München 2009. S. 157. Vgl. Reimann/1991;Schenk/1987.

609 Hans Rattinger 2009. S. 157.

610 Zit. n. Hans Rattinger 2009. S. 168. Cohen 1963.

611 Hans Rattinger 2009. S. 168.

612 Paul Thibodeau, Lera Boroditsky: Metaphors we think with – the role of metaphor in reasoning. PLoS ONE Bd. 6, Nr.2, 2/2011. http://www-psych.stanford.edu/~lera/papers/crime-metaphors.pdf

613 Ute Koglin, Franz Petermann: Psychologie. In: Kinder erziehen, bilden und betreuen – Lehrbuch für Ausbildung und Studium. Berlin/Düsseldorf 2010. S. 299.

614 Reinhart Koselleck: Begriffsgeschichten. Frankfurt Main 2010. S. 14.

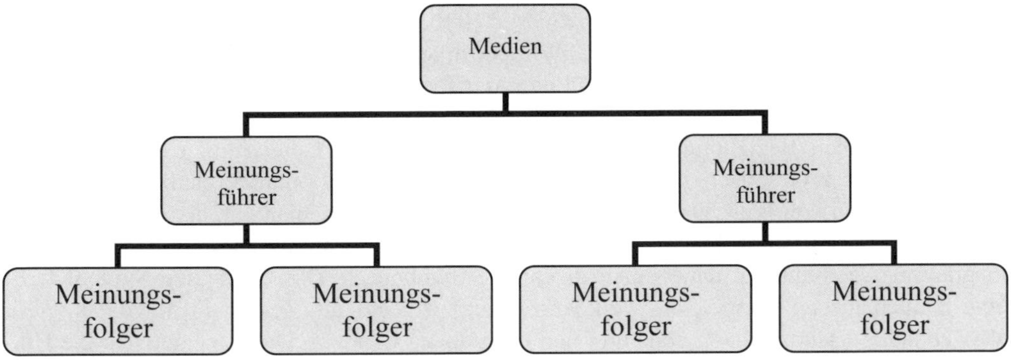

Abb. 4.37 *Meinungsführerschaft. Lazarsfeld.*

Die Sprachanalyse kann über das Sprachverhalten ermitteln, wer sich einer Gruppe zugehörig fühlt und wer nicht.[615] Die Sprache ist auch ein Kommunikations- und Ausdrucksmittel der eigenen Identität, sie ist Ausdruck von Beziehungen zwischen Menschen. Die soziale Interaktion, die Kommunikation, ist dem Menschen als sozialem Wesen inhärent. Wie die Kommunikation aussieht, welche Inhalte und Formen sie annimmt, ist Teil der kulturellen Praxis. Der Begriff der Kultur ist hier fließend – sie ändert sich, ist vertikal wie horizontal überlagert, besitzt eine temporale Dimension und findet sich so in unterschiedlichen sozialen Zusammenhängen in anderen Formen wieder. Die Kommunikation ist die kulturelle Praxis. Die kulturelle Praxis zeichnet sich durch die Polykontextualität der Wertsphären aus.[616]

Die Extremismusforschung ist im Rahmen politisch-kultureller Forschungen stark mit dem symbolischen Interaktionismus verbunden: „Wo immer etwas Ausdrucksqualität hat, wo es etwas besagt, und wo dieses Etwas eine dingliche, eine sinnlich präsente Form besitzt, handelt es sich um ein Symbol. Die Laute unserer Sprache und auch schon die Laute in den Wörtern, die Bilder, die uns umgeben, ebenso die Ausdrucksformen unserer Mimik, Gestik und Körperhaltung – all dies sind Symbole."[617] Der Extremismus wird im Rahmen dieses Ansatzes als kulturelle Praxis verstanden. Es kann im Rahmen der Extremismusforschung z.B. ein Zugang über die Untersuchung des konkret sprachlichen Zusammenhangs, die Analyse von Wörtern, Satzstrukturen, Stilen der Sprache mit ihren ganz spezifisch darin enthaltenen Symbolen usw. erfolgen, oder es können Diskurse identifiziert werden, die darin enthaltenen Symbolströme, die an die soziale Metaebene angeschlossen sind, und ihre Wirkungen analysiert werden. Kulturelle Zugänge begegnen dem Extremismus auf unterschiedlichen Ebenen. Alle Zugänge schließen aber an die Gedanken des symbolischen Interaktionismus an.

---

[615] Rosemarie Nave-Herz: Jugendsprache. In: Ebd./M. Markefka: Handbuch der Familien- und Jugendforschung, Bd. 2. Neuwied/Frankfurt 1989, S. 625–633.

[616] Cornelia Koppetsch: Zur Soziologie gesellschaftlicher Einflussnahme – der Beitrag der Systemtheorie. In: Günter Burkhard, Gunter Runkel (Hrsg.): Luhmann und die Kulturtheorie. Frankfurt a.M. 2004.

[617] Oswald Schwemmer: Die Macht der Symbole. In: Aus Politik und Zeitgeschichte 20/2006. S. 7–14.

Der symbolische Interaktionismus, von George Herbert Mead[618] entwickelt, (dieser schließt an den Organismusbegriff von Alfred C. Whitehead an) geht davon aus, dass sich ein gesellschaftliches System (etwa ein Politikfeld oder das Rechtssystem) nur durch die Natur seiner Mitglieder beschreiben lässt. Die kooperative Aktivität und kreative Handlungsbestimmung von menschlichen Beziehungen etabliert sich dabei über Verhaltensantizipationen anderer Mitglieder dieser Gesellschaft (oder des Gesellschaftssystems) und erschafft so einen gemeinsamen Sinn von Welt. Das Symbol und die Lehre seiner Bedeutung, als Theorie aus der Hinwendung der Philosophie zur Kunst entstanden, wird grundsätzlich geschieden: Einmal in präsentative Symbole, daneben in diskursive Symbole.[619] Das diskursive Symbol (z.B. eine mathematische Formel, ein Verkehrszeichen) ist eindeutig, es ist nicht von unserem Verwendungszusammenhang abhängig und ein stabiles Element. Daher eignet sich die Hinwendung zum diskursiven Symbol hier nicht. Ein Blick auf die präsentative Symbolik hingegen schon. Präsentative Symbole machen sich vor allem, aber nicht nur (!) durch Sprache deutlich. Präsentative Symbole bestehen nicht aus bedeutungsdefiniten Elementen, sondern sind instabil. Ein Kunstwerk ist ein solches bedeutungsinstabiles Symbol, auch eine Aussage, ein Musikstück, eine körperliche Geste usw. Es kann zahlreiche Bedeutungen für ein solches Symbol geben, da sich die Bedeutung „aufgrund einer bestehenden Formentsprechung zwischen ihrer anschaulichen Artikulation und anderen Erfahrungen“[620] ergibt. „Präsentative Symbole haben eine besondere Symbolisierungsfähigkeit. Vorausgesetzt, dass Symbole u.a. aufgrund ihrer Formentsprechung mit Erfahrungen etwas bedeuten, ist verständlich, dass präsentative Symbole ein geeignetes Ausdrucksmittel lebendiger und dynamischer Phänomene sind. Aufgrund der wechselseitigen Modifikation aller an ihrer Artikulation beteiligten Elemente, weisen diese Symbole formale Eigenschaften auf, die auch etwa für die Morphologie unseres Fühlens wichtig ist.“[621] Repräsentative Symbole sind so als eine Abkürzung zu verstehen die für eine bestimmte Idee steht.

Zu den politischen Symbolen gehören neben Wappen, Eidesformen, historischen Denkmälern, Staatsbauten[622] und Institutionen usw. auch sogenannte „Wortsymbole“ (wie z.B. „Im Namen des Volkes“, „Einigkeit und Recht und Freiheit“, „Ich versichere an Eides Statt“). Sie sollen die gefühlsmäßige Bindung der Menschen an eine gemeinsame nationale Geschichte, die im Staate vorwaltenden Werte, Normen und Leitvorstellungen hervorrufen und verstärken und so zu seiner Legitimation beitragen.[623] Gegensätzlich zu den ‚eigentlichen‘ Dimensionen der Politik, den tieferen Bereichen der Inhalte, in denen es um Macht und Einfluss geht, mag man diese Dimension der Politik als Dekor, ja gar als Firlefanz abtun – doch wäre es verfehlt, die Macht der Symbolik und ihrer Kommunikation einfach über Bord zu werfen. Murray Edelmann hat den Sachverhalt der symbolischen Politik vor allem unter dem Aspekt

---

[618] Weitere wichtige Vertreter: Anselm Strauss, Ervin Goffman, Herbert Blumer, Charles Horton Cooley. Aufgegriffen u.a. von Anthony Giddens.

[619] Eingeführt von Susanne K. Langer: Philosophie auf neuem Wege. Frankfurt 1984.

[620] Rolf Jürgen Lachmann: präsentative Symbolisierung. Metzler Philosophie-Lexikon. Stuttgart/Weimar 1999. Stichwort: Symbolisierung, präsentative.

[621] Rolf Jürgen Lachmann: präsentative Symbolisierung. Metzler Philosophie-Lexikon. Stuttgart/Weimar 1999. Stichwort: Symbolisierung, präsentative.

[622] Hans Hattenhauer: Deutsche nationale Symbole. Geschichte und Bedeutung. München, 4., vollständig überarbeitete Aufl. 2006.

[623] Peter Reichel: Schwarz-Rot-Gold – Kleine Geschichte deutscher Nationalsymbole nach 1945. München 2005.

der Ideologie eingehend beleuchtet.[624] Im Gegensatz zu der ‚was-Frage', steht hier die ‚wie-Frage' im Zentrum der Betrachtung – wie inszeniert sich die Politik im Rahmen ihrer Akteure, ihrer Prozesse in Form ihrer Gestik und symbolhaften Sprache, in Form ihrer Ritualisierungen? Wie repräsentiert sie sich, wie ist ihr Kommunikationsverhalten bestimmt? Diese Formen des Ausdrucks sind nicht bloße Umhüllungen von Funktionen oder Ansichten, sondern sie sind selbst Elemente dieser Wesensbestimmung. Hier ist der kulturwissenschaftliche Ansatz, geprägt durch Almond und Verba, betreten, der etwa (in verschiedenen Ausprägungen) in Deutschland durch Peter Reichel, Benjamin Drechsel, Samuel Salzborn und Winfried Gebhardt vertreten wird.

Diskursive Symbole können umgedeutet und genutzt werden, als seien sie repräsentative Symbole. Mit symbolischer Sprache meinen wir auch alltägliche Äußerungen wie: „Mir ist etwas auf den Magen geschlagen" (anstelle von: „ein Ereignis betrübt mich"), „Mir liegt etwas schwer auf den Schultern" (anstelle von: „Ich bin durch etwas belastet") „Die Chemie stimmt nicht" (anstelle von „Wir verstehen uns nicht") usw., die sich mühelos auch im Bereich von Politics finden lassen (z.B. „römische Dekadenz"). Dieses Phänomen wird als *Verweisung* bezeichnet, die einen eigenen Charakter hat. „In der Zeichentheorie oder Semiotik heißt der Akteur, der ein sinnliches Material (Signal, Geste, Wort) als in seinem Verweisungscharakter auf etwas anderes (z.B. einen Sachverhalt wie ‚Gefahr im Verzug', Drohgebärde oder Bezeichnung eines Gegenstandes) d.h. als Zeichen, deutet und versteht, der Interpret. Von der Deutung des Interpreten ist es abhängig, ob etwas als Zeichen fungiert."[625]. Dies ist zum Beispiel auch an den von Rechtsextremisten genutzten Zahlencodes ‚18' oder ‚88' zu sehen, deren Bedeutungen in der breiten Bevölkerung bekannt sind. Die Zahlen werden in Buchstaben transformiert: 1 steht für A (der erste Buchstabe im Alphabet), die 2 steht entsprechend für B (als zweiten Buchstaben des Alphabets) und die 8 steht für den Buchstaben H. Die Zahlenkombination ‚18' steht dementsprechend für die Buchstabenfolge AH, diese Buchstabenfolge wird von Rechtsextremen wiederum als ‚Adolf Hitler' umgedeutet.

Peter Reichel beschreibt diese Abkürzungen im Rahmen seiner Analyse von Staatssymbolen, etwa den deutschen Dreifarb, der für eine demokratische Nation steht und diesem Staat einen sinnlichen Ausdruck verleiht. Auch Wörter sind Symbole, so zum Beispiel steht der Begriff „Organisierte Kriminalität" als Abkürzung für ein spezifisches Phänomen aus der Kriminalistik, der Begriff „Extremismus" für eine bestimmte Form von Parteien oder Gruppierungen. Die Analyse von Symbolen klärt die Fragen nach der Performanz, der Repräsentativität. Das Grundaxiom dieser Forschungsrichtung besteht darin, Symbole nicht nur als Mittel anzusehen, sondern selbst als „Politik". Unterschieden wird ideal zwischen „symbolischer Politik" und „politischer Symbolik". Während symbolische Politik eher darauf verweist, dass „Politik ein Problem nur für die Kamera löst" und der Vorwurf der Unehrlichkeit mitschwingt, der Handlungsunfähigkeit (bei gleichzeitiger Not von Handlungsfähigkeit, gar Macht zu präsentieren), weist die politische Symbolik auf einen anderen Sachbestand hin. Die Politische Symbolik ist ein Element des Inhaltes, da die Form der Darstellung nicht nur einen Rückbe-

[624] Murray Edelmann: Politik als Ritual – Die symbolische Funktion staatlicher Institutionen und politischen Handelns. Frankfurt a.M. 2005.

[625] Peter Prechtl: Interpret. In: Peter Prechtl, Franz-Peter Burkhard (Hrsg.): Metzler Philosophie Lexikon (2.Aufl.) Stuttgart/Weimar 1999. Stichwort: Interpret.

zug auf den Hersteller des Symbols erlaubt, sondern auch in Bezug auf Machtfragen Klärungskraft besitzt. Die Sprache des Menschen zeichnet sich dadurch aus, dass in diese Selbstsicht und Erwartung einfließen. Ein Mensch kommuniziert mit anderen, weil es notwendig ist, sich in komplexer Form sichtbar zu machen. Zu sprechen ist eine Handlung – die sogenannte Sprechhandlung sei hier angesprochen. Jede Handlung setzt den Einsatz von Hintergrundwissen voraus. Handlungen sind eingebettet in implizite Konstruktionen, Orientierungen oder Handlungsentwürfe. Die qualitative Sozialforschung schließt sich an diese Konstruktionen des Alltags an: „Entsprechend ist auch das Verhältnis qualitativer Methoden der Sozialwissenschaft zu ihrem Gegenstand zu charakterisieren: Er ist per se rekonstruktiv."[626]

Sidney Verba betonte deutlich, dass institutionelle Strukturen dauerhaft nicht unabhängig von der politischen Kultur existieren können: „A new constitution will be perceived and evaluated in terms of the political culture of a people. When put into practice in one society it may look quite different from the same constitution instituted in another nation with another political culture. History is full of examples of constitutions that did not ‚take' as the constitution writers had hoped because their application was mediated through a particular political culture."[627] Der Kulturbegriff, so Rattinger, nimmt eine ähnlich wichtige Stellung in den Sozialwissenschaften ein, wie etwa die Begriffe, Macht, Klasse, Markt und Persönlichkeit. Die Kultur postuliert dabei einen engen Zusammenhang zwischen den Persönlichkeiten der Mitglieder und der Kultur ihrer Gemeinschaft. Unterschiedliche Machtansprüche finden sich etwa in dem Gebrauch von typischen Höflichkeitsformeln, die Teil der Kommunikation sind.

Nach Dye versteht man die Politikfeldanalyse im Rahmen von bestimmten Fragen:

- *was* tun politische Akteure?
- *warum* tun sie es?
- *was* bewirken sie letztendlich?

Die Politische Kulturforschung kann man mit ebensolchen Fragen fassen:

- *wie* agieren politische Akteure?
- *woher* kommt dieses Wie?
- *was* bedeutet dieses Wie?
- *was* bewirkt dieses Wie?

Beide Fragekataloge können letztlich nebeneinander stehen. Die Frage nach dem „Wie?" trägt letztendlich zu der Frage nach dem „Was?" bei. Mit Sylvia Greiffenhagen kann man die Politische Kulturforschung, die auf das einflussreiche Theoriekonzept von Almond/Verba zurückgeht, als einen Ansatz begreifen, der die Inhalte politischer Orientierungen analysiert und nach der Kongruenz von Struktur und Kultur fragt.[628] Almond/Verba fassten den Begriff als „the particular distribution of patterns towards political objects among the members of the nation."[629] Eine konkretere Definition lieferte Pye. Politische Kultur ist „the set of attitudes,

---

626 Monika Wohlrab-Sahr, Aglaja Przyborski 2009. S. 26.

627 Sidney Verba (1965) Zit.n. Hans Rattinger: Einführung in die Politische Soziologie. München 2009, S. 247

628 Greiffenhagen, Sylvia: Theorie(n) der Politischen Kultur. In: Samuel Salzborn (Hrsg.): Politische Kultur – Forschungsstand und Forschungsperspektiven. Frankfurt a.M. 2009. S. 11.

629 Almond Verba (1965) Zi.n. Hans Rattinger: Einführung in die Politische Soziologie. München 2009, S. 250

Table 1. Response frequencies for each of the five experiments by condition and response category.

EXPERIMENT	1		2		3		4		5	
CONDITION	beast	virus	beast	virus	beast	virus	beast	virus	beast	virus
ENFORCE	170	126.5	80	72	75	66	33	21	27	30
SOCIAL	61	97.5	33	61	43	36	50	74	61	54

doi:10.1371/journal.pone.0016782.t001

Abb. 4.39 *Antwortfrequenzen der Untersuchung der Macht von Metaphern in fünf Versuchen. Thibodeau, Boroditsky.*

Eine Hinwendung zu der Bedeutung von Sprache, zu deren Nutzung und der Relation zu Ereignissen in Gesellschaften findet sich in der Diskursanalyse wieder. Das Duisburger Institut für Sprach- und Sozialforschung (DISS) hat sich in Deutschland für die Analyse des Extremismus einen Namen gemacht. Das Institut arbeitet mit dem Ansatz der „kritischen Diskursanalyse“, diese beruft sich auf Michel Foucault, entwickelt aber eine eigene Handlungstheorie, die sich an Auffassungen von Jürgen Link anlehnen. Der Fokus wird auf die Verbindung zwischen Sprache und Macht, Bedeutung und Praxis gelegt. Es geht „um die Analyse aktueller Diskurse und ihrer Macht-Wirkung, um das Sichtbarmachen ihrer (sprachlichen und ikonographischen) Wirkungsmittel, um die Kollektivsymbolik, die zur Vernetzung der verschiedenen Diskursstränge beiträgt, und insgesamt um die Funktion von Diskursen als herrschaftslegitimierenden und -sichernden Techniken in der bürgerlich-kapitalistischen modernen Industriegesellschaft“[640]. Ein Diskurs ist nach Foucault „die institutionalisierte Produktion und Distribution von Bedeutungszuschreibungen“, nach Reiner Keller sind Diskurse definiert als „abgrenzbare, strukturierte Ensembles von sprach-, bild- und handlungsförmig vorliegenden sinnstiftenden Einheiten, die in einem spezifischen Set von Praktiken produziert, reproduziert und transformiert werden. Sie verleihen physikalischen und sozialen Phänomenen Bedeutung und konstituieren dadurch deren Realität. [...] Diskurse sind themenbezogene, disziplin-, bereichs- oder ebenenspezifische Arrangements von (Be)Deutungen, in denen Welt-, bzw. Wirklichkeitsordnungen und je spezifische Handlungsvoraussetzungen und -folgen (Institutionen, Praktiken) impliziert sind.“[641] Der Ansatz der kritischen Diskursanalyse greift auf diese Weise auf das Konzept des Extremismus der Mitte zurück, der hier als Gegensatz zum verfassungspolitischen Ansatz gesehen werden kann: „Diskursanalyse erfasst *das jeweils Sagbare* in seiner qualitativen Bandbreite und in seinen Häufungen bzw. alle Aussagen, die in einer bestimmten Gesellschaft zu einer bestimmten Zeit geäußert werden (können), aber auch die Strategien, mit denen das *Feld des Sagbaren* ausgeweitet oder auch eingeengt wird, etwa Verleugnungsstrategien, Relativierungsstrategien, Enttabuisierungsstrategien etc. Der Hinweis der Begrenzung oder Entgrenzung des Sagbaren stellt demnach einen

---

640 http://www.diss-duisburg.de/Internetbibliothek/Artikel/Aspekte_einer_Kritischen_Diskursanalyse.htm#_ftn3

641 Reiner Keller Müll – Die gesellschaftliche Konstruktion des Wertvollen. Opladen 1998. S. 34. Zit.n. Oliver Geden: Diskursstrategien im Rechtspopulismus – Freiheitliche Partei Österrecihs und Schweizerische Volkspartei zwischen Opposition und Regierungsbeteiligung. Wiesbaden 2006. S. 31.

weiteren kritischen Aspekt von Diskursanalyse dar. Das Auftreten solcher Strategien verweist auf Aussagen, die zu einem bestimmten Zeitpunkt in einer bestimmten Gesellschaft noch nicht oder nicht mehr sagbar sind, da es besonderer ‚Tricks' bedarf, wenn man sie doch äußern will, ohne negativ sanktioniert zu werden. Das Sagbarkeitsfeld kann durch direkte Verbote und Einschränkungen, Anspielungen, Implikate, explizite Tabuisierungen aber auch durch Konventionen, Verinnerlichungen, Bewußtseinsregulierungen etc. eingeengt oder auch zu überschreiten versucht werden. Der Diskurs als ganzer ist die regulierende Instanz; er formiert Bewußtsein."[642] Linards Udris geht von diskursiven Gelegenheitsstrukturen in der öffentlichen Kommunikation als Mittel zur Erfassung extremistischer Einstellungen aus.[643] Henner Hess entwickelte demgegenüber ein diskursanalystisch orientiertes Prozessmodell, welches sich als ‚Abbildung in Stationen' darstellt, und sich aus Überlegungen zur Person, zur Gruppe und zur Gesamtgesellschaft speist:

- *Legitimation*sdiskurs: „Die radikale Opposition konstruiert aus dem Material, das die Geistesgeschichte und die Gesellschaftsanalyse anbieten [...] eine Revolutionstheorie, die das bestehende System radikal negiert [...]"
- Phase des *Aktion*ismus: „Anfängliche, noch in der Legalität durchgeführte Aktionen führen zu als Überreaktionen interpretierbaren repressiven Maßnahmen der Systembewahrer. [...] Bestimmte Ereignisse, bestimmte Aktionen, die den provozierenden Charakter der begrenzten Regelverletzung dann überschreiten, markieren einen point of no return und wirken als auslösender Funke für das Folgegeschehen."
- *Etikettierung*sdiskurs: „Die Systembewahrer subsumieren die radikalen Akteure und ihre Aktionen unter das Etikett ‚Terrorismus' und unterwerfen sie damit den mit diesem Etikett verbundenen juristischen und praktischen Konsequenzen."
- Phase der *Klandestinität*: „Dadurch werden Gesellschaftsinterpretationen und strategische Gedankengänge, die vorher gewagt, radikal, avantgardistisch waren, konkurrenzlos normal und selbstverständlich. In der gruppendynamischen Enge kann man sich nur durch noch mehr Radikalität auszeichnen, im Argumentieren und in der Tat."
- *Bedrohung*sdiskurs: „Der Terrorismus wird von eher konservativen Systembewahrern als außerordentliche Gefahr für die gesamte Gesellschaft dargestellt, als eine Gefahr, die außerordentliche Kontroll- und Abwehrmaßnahmen notwendig macht."
- *Kontrollpanik*diskurs: „In linken und liberalen Kreisen entsteht ein Gegendiskurs über die im Bedrohungsdiskurs angelegte Instrumentalisierung des Terrorismus als Rechtfertigung für einen Abbau bürgerlicher Freiheiten, eine Erhöhung der Kontrollintensität, ja einen Systemwandel in Richtung Autoritarismus."
- *Verschwörung*sdiskurs: „Dieser Diskurs treibt den Kontrollpanikdiskurs ins Extrem und macht aus dem Profiteur eines Anschlags dessen Autor. Träger dieses Diskurses sind die Sympathisanten der terroristischen Gruppen bzw. Beobachter, die zwar nicht unbedingt Sympathisanten der Terroristen, aber jedenfalls Kritiker ihrer Opfer sind."

---

642 http://www.diss-duisburg.de/Internetbibliothek/Artikel/Aspekte_einer_Kritischen_Diskursanalyse.htm#_ftn3

643 Linards Udris: Politischer Extremismus und Radikalismus: Problematisierung und diskursive Gelegenheitsstrukturen in der öffentlichen Kommunikation der Deutschschweiz. Wiesbaden 2011.

- *Wissenschafts*diskurs: „Von ferne spielt der Diskurs, den die Wissenschaft über die Ursachen des Terrorismus führt, bei dem Geschehen auch ein bisschen mit. Zumindest wird bestimmten Erklärungsversuchen von der jeweiligen Gegenseite nicht selten unterstellt, sie seien in stigmatisierender oder legitimierender Absicht vorgebracht worden."[644]

Jobst Paul untersuchte in seiner Dissertation[645] die Hinwendung zu Tierbildern in Diskursen. Dabei zerlegt er diese Ausgrenzungsmechanismen, an Latour angelehnt, in „empirisch-pragmatische Schritte" und zeigt auf, dass der „Argument-Komplex" sich inhaltlich auf schon vorhandene „kulturelle Verabredungen" fußt. Nicht umsonst weist Jobst Paul daraufhin, dass andere Kulturen die Praxis der tierischen Schimpfnamen nicht kennen.[646]

„Als ein erster Schritt der beschreibenden Analyse bietet sich der Akt einer Zuschreibung an. Dabei ist es wichtig, die – etwa von Burgen angebotene – Zweier-Beziehung zwischen Sprecher und Adressat aufzugeben und das ‚Dritte', den sozialen (oder machtpolitischen) Rückhalt der Sprache der Ausgrenzung miteinzubeziehen und als eine im System stets enthaltene Position vorzusehen. Das Ritual der Zuschreibung umfasst dann regelmäßig jene, die eine Zuschreibung äußern. Hinzu kommt ein Auditorium, an welches diese Nachricht gerichtet ist oder von dem aus der Sprecher Rückhalt und Legitimation bezieht. Schließlich gehören zum Ritual jene, die Opfer der Zuschreibung sein sollen und gegen die die Adressaten, das Auditorium, das Kollektiv, vorgehen sollen. Die primär an ein Auditorium gerichtete, wenngleich auf Dritte gemünzte Zuschreibung ermöglicht es dem Sprecher, sich von diesem Auditorium und dessen evoziertem Handeln taktisch zu unterscheiden. Die ‚Anordnung' legt fest, dass das Auditorium – als Instrument des Sprechers (z.B. als ‚Masse') – seinerseits Gegenstand einer Zuschreibung des Sprechers ist."[647] Davon zu trennen ist die Begründung, die von Paul „leere Begründung" genannt wird. Diese leere Begründung kann prinzipiell jeden treffen und ist inhaltlich nicht haltbar. Es reicht vollkommen aus, dass das Auditorium die leere Begründung annimmt. Daneben tritt die sogenannte Zuschreibung: „Was aber ist dann der Kern dieser Zuschreibung und worin besteht ihr zentrales Argument? Weder das Ritual der Zuschreibung noch ihre (leere) Begründung könnten wohl wirksam werden, wenn die Zuschreibung nicht einen Inhalt hätte, der auf einer vorangehenden kulturellen Verabredung fußt und der daher sowohl als ‹Argument› als auch als Auslösesignal für ein Verhalten dient, das offenbar schon lange vor dem Ernstfall im eigenen sozialen System als moralisch zwingend angesehen sein muss"[648]

Die sprachliche Praxis prägt die Gesellschaftskultur und diese wiederum prägt die sprachliche Praxis. Dabei engen kulturell verankerte Begriffe als Symbole die Sprachpraxis ein und evozieren eine Vielfalt an Emotionen: „In eigenen Versuchen mit jugendlichen Lerngruppen und Gruppen von Erwachsenen hat sich gezeigt, dass das ihnen jeweils geläufige Vokabular

---

644 Henner Hess: Terrorismus: Quo vadis? – Kurzfristige Prognosen und mittelfristige Orientierungen. In: Bundeskriminalamt (Hrsg.): Terrorismus und Extremismus – der Zukunft auf der Spur. München 2006. S. 119–124.

645 Jobst Paul: Das ‹Tier›-Konstrukt als Grundprinzip in Ausgrenzungsdiskursen – Eine diskursanalytische Studie. Dissertation Universität Duisburg Essen 2003.

646 Er bezieht sich dabei auf: Lothar Störk: Tiere im Alten Ägypten. In: Münch/Walz (Hrsg.) (1998), S. 87–119.

647 Jobst Paul 2003. S. 58.

648 Jobst Paul 2003. S. 58.

weitgehend identisch ist und dass bei der Beschäftigung mit diesem Vokabular – altersunabhängig – nahezu die gleichen gruppendynamischen Prozesse zu beobachten sind, die danach auch für die Analyse dieses Vokabulars von Bedeutung sind. Zum einen ist die in Lerngruppen zunächst geäußerte Auffassung auffällig, das Alltagsvokabular der Herabsetzung sei ‹unerschöpflich›. Im Gespräch stellt sich jedoch heraus, dass sich diese Auffassung nicht primär auf das Vokabular der Herabsetzung selbst bezieht, sondern auf die Vielfalt an Geschichten, Emotionen und Beziehungen, Konfrontationen, Witzen u.ä., die *aus Anlass* dieses Vokabulars gegenwärtig wird. Man geht offenbar davon aus, dass das sprachliche Material der Herabsetzung wie andere Sprache auch die dienende Funktion hat, *Realität* abzubilden. Die Detailanalyse ergibt jedoch, dass – umgekehrt – das Vokabular der Herabsetzung eine Fiktion schafft, die für *Realität* gehalten wird."[649] Was es im Einzelnen bedeutet, wenn eine Fiktion (die auf einen tierischen Begriff rekurriert, über den kulturell Einigung erzielt worden ist) für Realität gehalten wird, ist hier bereits angesprochen worden. Ganz klassisch spricht man in dieser Hinsicht von ‚Konditionierung'. Im Gegensatz zu dem allgemeinen Verständnis von Konditionierung, das etwas Tierisches an sich hat und bei der das Experiment Pavlows (Hundeexperiment) oft eine Rolle spielt, konnte dieselbe in verschiedenen Experimenten auch bei Menschen nachgewiesen bzw. erzeugt werden[650]. So findet sich das Ergebnis, dass nach einer klassischen Konditionierung der Einstellung auch eine Verhaltensbeeinflussung erfolgt. Berkowitz und Knurek verbanden einen Jungennamen mit negativen Adjektiven (Einstellungskonditionierung) und fanden in einer nachfolgenden Diskussion über Jugendkriminalität heraus, dass sich die Konditionierung der Einstellung auch im Verhalten der Diskutanten niederschlug. Neben der klassischen Konditionierung, die den Erwerb einer Reaktion auf einen neutralen Reiz (bedingt) meint, der durch einen anderen Reiz (unbedingt) ausgelöst wird, gibt es die sogenannte operante Konditionierung, die Einstellungsänderungen durch Verstärkungen bewirkt. Im Rahmen der Begriffskonnotation von Organisierter Kriminalität mit dem mythisch aufgeladenen Symbol der Krake finden wir einen sprachlichen Code, der „besondere Gefährlichkeit" aussagt. Die Wiederholung dieser Konnotation ist eine politische Konditionierung.

Eine empirische Untersuchung zu Diskursstrategien legte Oliver Geden[651] vor, der diese im Rahmen rechtspopulistischer Parteien durchleuchtete. Geden rekonstruierte die Einwanderungs- und Geschlechterdiskurse zweier rechtspopulistischer Parteien, die er als strategisch ausgerichtete Bedeutungsproduzenten versteht und zeigt auf, wie stark Diskurse mit symbolischem Kapital verknüpft sind, wie stark Diskurse „praktischen Gestaltungsspielraum" schaffen. „Durch die Art und Weise, wie rechtspopulistische Akteure zur ‚Explikation' ihrer Programmatik auf den Alltagsverstand ihrer Sympathisanten setzen und die Gültigkeit von Sonderwissensbeständen bestreiten, aber auch der Einsatz von ‚illegitimen' politischen Praktiken, die eine Distanz zum Establishment signalisieren und damit als sinnstiftende Praktiken wirken, können Rechtspopulisten das symbolische Kapital erwerben, das sie zu integren und authentischen Repräsentanten der ‚schweigenden Mehrheit' werden lässt."[652] Rechtspopulis-

649 Jobst Paul 2003. S. 62f.

650 Thorndike (1935); Skinner (1953); Dragoi und Staddon (1999); Berkowitz und Knurek (1969).

651 Oliver Geden: Diskursstrategien im Rechtspopulismus – Freiheitliche Partei Österreichs und Schweizerische Volkspartei zwischen Opposition und Regierungsbeteiligung. Wiesbaden 2006.

652 Oliver Geden 2006. S. 212f.

tische Parteien kodieren ihm zufolge die kulturelle Differenz als das gute Eigene und das negative Andere, sie bieten Anhängern und Sympathisanten ein spezifisches „Weltwissen", „Deutungsangebote und Diskursverläufe" seien aber im starken Maß geprägt durch eine „strategische Ausrichtung der Diskursproduktion". Ihre Diskurse beschreibt Geden als ethnisierend und vergeschlechtlichend. Sie profitieren von diesen durch die damit einhergehenden Wesensannahmen. Hier ist eine Anleihe zu der Erforschung von Gruppen und den Kategorien an Bildern des Anderen gefunden.

Eine ganz andere Form der Sprache entwickelt der Terrorismus, der hier scharf vom Extremismus abgegrenzt werden kann, da er sich hauptsächlich auf die Sprache der Tat bezieht.

Omar Saghi spricht in seiner Analyse Osama Bin Ladens von einer ganz anderen Art von Sprache, die Sprache der Tat, die über (Fernseh-)Bilder transportiert wird. Diese bedarf keiner weiteren Codes, sondern ist eine direkte Sprache der Gewalt, von der dessen Produzenten annehmen, sie würde politische Botschaften enthalten (was Gewalt selbstverständlich nicht kann). Zwei Besonderheiten sieht Saghi beim „System Al-Qaida" am Wirken: „Der Vorrang der spektakulären Tat vor dem, was traditionell eine Bewegung ausmacht (Mobilisierung, Organisation...) und breite, dezentrale Rekrutierung [...]" sowie den „Modus Operandi" – die zeitgleichen Anschläge, die „technische Reproduzierbarkeit", die „praktisch wie Fließbandarbeit" sei.[653] Jedes Attentat, so Saghi, weist in seiner Stilistik das Stilmittel der *Metonymie* auf. Die Metonymie, eine rhetorische Stilfigur der Verschiebung, tauscht etwas durch etwas daran Angrenzendes aus: In fine, so Saghi, stehen die Ziele für etwas größeres, sind ein Symbol für das eigentlich gemeinte. Tote Touristen stehen für den Westen, ein getöteter Israeli für ganz Israel, ein getöteter Amerikaner für die USA.[654] Die Fernsehbilder und Videos die im Internet zirkulieren, bedienen Bedürfnisse des heutigen Publikums besser als „ideologische Statements". Die ideologischen Texte werden durch die Bilder der Tat weitestgehend ersetzt, sie gewinnen breitere Aufmerksamkeit im öffentlichen Raum, die Medien werden so systematisch als Multiplikatoren (aus-)genutzt.

4.12 Narrativität und Sprache

Das narrative Interview findet seinen theoretischen Hintergrund ebenfalls im symbolischen Interaktionismus. Es gibt kein selbstverständliches Funktionieren der Sprache; stattdessen steht neben dem Gesagten das Gemeinte, die sogenannte Indexikalität. Sprachliche Äußerungen sind demnach Hinweise auf Bedeutungsgehalte. Um mit der indexikalitätsverbundenen Vagheit zurecht zu kommen, hält die Kommunikation eine ganze Reihe an Regeln bereit. Zum Beispiel werden Äußerungen durch den Empfänger immer als Teil eines Ganzen interpretiert. Äußerungen werden so zu einem Teil der Geschichte, „über die wir im Fortschreiten der Kommunikation noch weiter informiert werden"[655]. Dies ist der Kontext, in dem sich die

[653] Omar Saghi: Osama Bin Laden – Volkstribun im Medienzeitalter. In: Gilles Kepel/ Jean-Pierre Milelli: Al-Qaida – Texte des Terrors. München 2006. S. 41.

[654] Omar Saghi 2006. S. 45.

[655] Monika Wohlrab-Sahr, Aglaja Przyborski 2009. S. 29.

Kommunikation bewegt. Bei einem ersten Interpretationsschritt, der Rekonstruktion der Konstruktion ersten Grades, handelt es sich um das sogenannte ‚Fremdverstehen'. Die Methode des kontrollierten Fremdverstehens fängt die Kommunikation so weit wie möglich in ihrem Verweisungszusammenhang mit ein. Die Indexikalität von Kommunikation wird somit bewusst eingefangen. „Dies impliziert auch, sich der Lebendigkeit der Sprache und in ihr zum Ausdruck kommenden soziohistorischen Verbundenheit von Sinnstrukturen zu stellen."[656] Das konservierte Material wird den Erforschten vorgelegt mit der Bitte, Sachverhalt und Problemstellung aufzuklären und in einen Kontext zu setzen. Auch dieses Material wird konserviert und dient dazu „die Indexikalität der Äußerungen Schritt für Schritt in ihrem Kontext herauszuarbeiten."[657] Die methodische Kontrolle meint die Kontrolle der Unterschiede der Darstellungsformen von Untersuchten und Forschern. Nach Fritz Schütze gibt es drei Basisregeln der Kommunikation: Die Reziprozitätskonstitution (Herstellung interaktiver Reziprozität), die Einheitskonstitution (Konstituierung sozialer Einheiten und Selbstidentitäten) und die Handlungsfigurkonstitution (Innere Ordnung, Handlungsfiguren sind zielgerichtet und weisen eine zeitlich kausale Binnenabfolge auf.). Die Interviews laufen in Form von Stehgreiferzählungen ab. Dabei wird der Interviewpartner mittels offener Fragestellung darum gebeten, ‚einmal seine Geschichte zu erzählen'. Der Interviewer ist zu höchster Aufmerksamkeit aufgefordert – er muss dem Erzähler das Gefühl von Interesse und den Eindruck des ‚Miterlebens' vermitteln. Linguistisch lassen sich folgende Zugzwänge des Erzählens ausmachen (Kallmeyer und Schütze): der Detaillierungszwang (um den Zuhörer einzubinden und ihm Zusammenhänge zu erklären), der Gestaltschließungszwang (die Geschichte wird durch Beginn, Höhepunkt, einigen Einschüben und Ende erzählt), der Relevanzfestlegungszwang (niemals kann die ganze Geschichte erzählt werden, es werden von dem Erzähler immer einige Momente erwähnt, die ihm wichtig zu sein scheinen, während unwichtige Sachverhalte weggelassen werden) und dem Kondensierungszwang (die Art, Sachverhalte zu verdichten und sie darstellbar zu machen). Wichtig ist: „Erzählen lassen sich nur Prozesse, nicht Zustände, Haltungen, Ansichten, Theorien. [...] Insofern ist das narrative Interview dort nicht geeignet, wo man Dinge beschreiben oder über sie abstrakt oder hypothetisch reflektieren, sie z.B. beurteilen oder einschätzen soll. Man kann sich die Geschichte der Gemeindezusammenlegung, einer Liebesbeziehung, eines beruflichen Werdegangs oder einer chronischen Krankheit erzählen lassen. Das Ernährungs- oder Gemeindeverhalten einer Person lässt sich aber nicht erzählen, sondern nur beschreiben, auch wenn in diese Beschreibung vielleicht an der einen oder anderen Stelle kleinere Erzählepisoden eingeflochten sein mögen."[658] Dies kommt auch schon in unserer alltäglichen Sprache zum Ausdruck: wir sagen nicht: „Erzählen Sie doch einmal Ihre Haltung", sondern wir sagen: „Beschreiben Sie doch einmal Ihre Haltung". Genau darauf kann sich das narrative Interview aber nicht beziehen: Es dient dazu, eine prozesshafte Geschichte, etwa einen Gesetzesprozess und die persönliche Geschichte der Beteiligten zu erfahren.

[656] Monika Wohlrab-Sahr, Aglaja Przyborski 2009. S. 31.
[657] Monika Wohlrab-Sahr, Aglaja Przyborski 2009. S. 31.
[658] Monika Wohlrab-Sahr, Aglaja Przyborski 2009. S. 95.

Phänomene und Entwicklungen des Extremismus

5 Typologie und Rahmen des politischen Extremismus

Der politische Extremismus taucht in vielen Arten und Formen auf. In diesem Kapitel werden die verschiedenen Typen des Extremismus und die Kriterien vorgestellt, nach denen man sie untersuchen kann. Bei der Typenbildung des Extremismus greift man auf die Erkenntnisse der verschiedenen sozialwissenschaftlichen Felder zurück, die nicht nur in der Extremismusforschung anwendbar sind (Parteientheorie, Forschung der sozialen Bewegungen, Politikfeldanalyse etc.). Der Gebrauch dieser allgemeinen Konzepte kann zum besseren Verständnis des Extremismus beitragen. Dieses Kapitel befasst sich nicht mit der Suche nach einem ‚generellen Typus' des Extremismus, sondern zeigt praktisch die bereits in den vorherigen Kapiteln kurz umrissenen Forschungskonzepte, die für die Erforschung der verschiedenen Varianten des Extremismus verfügbar sind. Hier stehen praktische Kriterien im Fokus, die abgeprüft werden können, unterschiedliche Formen des Extremismus kommen zur Sprache.

Mit der Extremismus-Forschung ist besonders die Rechts-Links-Dichotomie verbunden, aus welcher historisch die Grundvarianten des Extremismus – Rechtsextremismus und Linksextremismus – entstanden sind. Diese Grundtypologie kann man durchaus als eine ‚weltanschauliche' Typologie bezeichnen. Als Grundkriterium wird meistens auf die Zielvorstellung der Extremisten zurückgegriffen. Diesen Vergleichspunkt haben insbesondere die dem verfassungspolitischen Ansatz verpflichteten Wissenschaftler sehr gut herausgearbeitet und die Importanz des Kriteriums begründet.

Ein wichtiges Kriterium für die Unterscheidung beider Formen ist nach dem verfassungspolitischen Ansatz die Gleichheitsidee. Laut Backes und Jesse streben die Rechtsextremisten eine politische Ordnung an, in der „die auf Herkunft, Leistung, nationaler, ethnischer oder rassischer Zugehörigkeit basierende Ungleichheit der Menschen institutionalisiert ist"[659]. Demgegenüber überschätzen die Linksextremisten die Idee der Gleichheit. Sie wollten die klassenlose Gesellschaft der absolut gleichberechtigten Menschen erreichen. Für diesen Zweck negieren sie wesentliche Merkmale der individuellen *Freiheit*. Wegen des utopischen Charakters dieser Ideen[660] der Gleichheit würden die Linksextremisten die ‚menschliche Natur' nicht respektieren, und in der politischen Praxis führte die Überbetonung der Gleichheitsidee zu verschiedensten Exzessen. Die ins Absolute reichende Negation der Gleichheit habe ebenso zu Katastrophen geführt. Letztlich seien beide Grundvarianten des Extremismus

---

659 Uwe Backes, Eckhard Jesse: Politischer Extremismus in der Bundesrepublik Deutschland, Bonn 1993. S. 53.
660 Vgl. Uwe Backes, Eckhard Jesse 1993. S. 53–54.

– Rechtsextremismus und Linksextremismus – für katastrophale Verläufe in der Geschichte verantwortlich.

> Als hauptsächliche Kriterien der Unterscheidung der Extremismen in ihren Grundvarianten Links und Rechts werden in der mit dem verfassungspolitischen Ansatz arbeitenden Literatur ‚Gerechtigkeit' und ‚Freiheit' genannt. Neben diesen Kriterien, die zur Unterscheidung der Grundvarianten herangezogen werden, steht die Unterscheidung ‚individuumsbezogen' oder ‚gruppenbezogen', die zur Abstufung des extremen Potentials genutzt wird.

Neben dem Unterscheidungskriterium der Gleichheit, welches vor allem von den Wissenschaftlern um das Hannah-Arendt-Institut in Dresden genutzt wird, das eines der wichtigen Zentren der Extremismusforschung in der Bundesrepublik Deutschland darstellt, wird auch das Kriterium ‚individuumsbezogen/gruppenbezogen' herangezogen, um weitere Unterscheidungen zur Abstufung des jeweils vorliegenden Falles innerhalb eines ideologischen Potentials zu ermöglichen. Die einzelnen Subvarianten des Rechts- sowie Linksextremismus und der anderen Extremismen werden in weiteren Kapiteln beschreiben.

Hier kann man betonen, dass lange Zeit die zwei Grundvarianten mitsamt ihren Subvarianten die wichtigste Rolle in der Extremismusforschung gespielt haben. Insbesondere der Kalte Krieg führte zu einer vermehrten wissenschaftlichen Auseinandersetzung mit Rechts und Links. Doch die ideologischen Auffassungen des Links- und Rechtsextremismus waren und sind nicht die einzigen Ideologien, die sich gegen die Ideen des demokratischen Verfassungsstaats richten (Verfassungspolitischer Ansatz), stark gewaltförmiges Potential erreicht haben (Gewaltforschung) bzw. der Gruppe vor dem Individuum Vorzug geben (Gruppenforschung).

Andere Differenzierungen können aus dem Kapitel 2.4 „Einstellung, Skalen, Extremismus?" entnommen werden. Nach Eysenck lassen sich zum Beispiel Rechts- und Linksextremismus nicht nach Gleichheit/Ungleichheit bzw. individuumsbezogen/gruppenbezogen beschreiben, sondern nach radikal/konservativ. Rechtsextremismus und Linksextremismus besitzen ihm zufolge das Merkmal ‚Autoritär'. So findet sich in der Literatur eine Vielzahl an unterschiedlichen Modellen mit verschiedenen Unterscheidungsmodellen.

Als weitere Form des Extremismus betrachtet man innerhalb der Extremismusforschung den religiösen Extremismus. Der religiöse Extremismus erstrebt eine Theokratie oder eine wesentliche und nicht-freiwillige Beschränkung der Menschenrechte in Namen der Religion[661].

Stefan Braun bestimmt für den religiösen Extremismus folgende Merkmale: „– ideologisch – religiös begründete – Grundüberzeugungen, die im scharfen Widerspruch zu anderen Kulturen, Religionen, Weltanschauungen stehen; – ein theologischer Absolutheitsanspruch, der sich vor allem gegenüber anderen Religionen zeigt und antritt, sämtliche privaten und gesellschaftlichen Bereichen zu umfassen; – ein utopisches letztes Ziel, das in der Erlösung der eigenen Glaubensmitglieder und der Verwerfung oder Bestrafung der Abtrünnigen vom Glauben besteht; – scharf gegen Außenwelt abgezirkelte Wertvorstellungen und eine Binnenethik, die zur internen Agitation ebenso herangezogen werden wie zur Sanktionierung der

---

661 Miroslav Mareš: Terorismus v ČR. Brünn 2005. S 244.

Mitglieder und von der Mehrheitsgesellschaft abgelehnten Aktionen etwa Attentate – rechtfertigen. – verschwörungstheoretische Ansätze, welche für die mangelnden Erfolge bei der Umsetzung der eigenen Vorstellungen und Ziele ‚Satan' verantwortlich machen, der mit allen Mitteln bekämpft werden muss; – eine spezifische Bedrohung, die sich aus den theologischen Begründungen und religiösen Bezügen ergibt, welche nicht in Übereinstimmung mit den vorherrschenden Vorstellungen von weltlich ausgerichteten extremistischen oder terroristischen Organisationen zu bringen sind; – autoritäre oder totalitäre Ansprüche im Falle eines Machtwechsels in einem Staatswesen."[662]

Religiöser Extremismus wird teilweise mit den verschiedenen Subvarianten des Rechtsextremismus verbunden, seltener mit linksextremistischen Strömungen. Manche Autoren nutzen für die Bezeichnung der religiös-extremistischen Varianten mit rechtsextremistischer Verflechtung auch den Begriff ‚Klerikalfaschismus'.[663] Dies wird insbesondere durch die Faschismusforschung zurückgewiesen, die im Rahmen ihres Konzepts der Politischen Religion zwischen ebendieser und theokratisch orientierten Ideologien unterscheidet – dabei gelten die historischen Fälle bspw. des Nationalsozialismus bzw. der rumänischen „Legion des Erzengels Michael", die Eiserne Garde, als Politische Religion.[664] Neben der Politischen Religion, die durch Juan Linz treffend mit dem Schlagwort ‚Ersatzreligion' beschrieben werden kann, steht der Typ ‚politisierte Religion', der dem Konzept des Fundamentalismus nahe steht.

Ein weiterer Typus, der in der Fachliteratur sowie offiziellen Dokumenten erwähnt ist, ist der ethnische und/oder regionalistische Extremismus. Nach Raphael Zariski kann man drei wichtige Kriterien des ethnischen Extremismus finden – Gewalt, exklusive Perzeption des eigenes Volkes und Separatismus.[665] Diese Kriterien führen nicht zu anti-demokratischen Zielvorstellungen, was insbesondere für den verfassungspolitischen Ansatz zu einem Dilemma führt. Darüber hinaus erscheint es problematisch, wie dieser Typ vom Rechtsextremismus zu unterscheiden ist. Es ist schwierig diesen Typus des Strebens um eine nicht-demokratische Dominanz automatisch ethnischen oder nationalen Minderheiten zuzuordnen – im Fall von territorial-regionalistischen Ansprüchen einer Minderheit bietet es sich daher auch an, über territorialen oder über regionalistischen Extremismus zu sprechen[666]. Hier ist auch die Achse Separatismus/Zentralismus angesprochen. Stefan Braun nutzt auch den Begriff separatistischer Extremismus[667], weil es um die Separation des Volkes oder des Territoriums geht. Doch für die Separation stehen auch Rechtsextremisten ein.

---

662 Stefan Braun: Entspricht die Organisationsstruktur der Behörden für Verfassungsschutz extremismustheoretischen Kategorisierungssystemen? In: Guido Korte (Hrsg.): Aspekte der nachrichtendienstlichen Sicherheitsarchitektur. Brühl 2005. S. 69–109.

663 Vgl. Walter Laqueur: Faschismus – Gestern, Heute, Morgen. Berlin 1997. S. 225–250.

664 Näheres zum Konzept der Politischen Religion Siehe: Hans Maier (Hrsg.):Totalitarismus und Politische Religionen – Konzepte des Diktaturvergleichs. (Bd. 3) Paderborn 2003.

665 Raphael Zariski: Ethnic Extremism among Ethnoterritorial Minorities in Western Europe – Dimensions, Causes, and Institutional Responses. Comparative Politics, 21, 3 (April 1989). S. 253–272.

666 Das Wort ‚Region' suggeriert mehr die marginalisierte oder ‚peripheriesierte' Position. Die Bezeichnung ‚peripherer Extremismus' ist treffend, aber nicht üblich.

667 Stefan Braun 2005. S. 87.

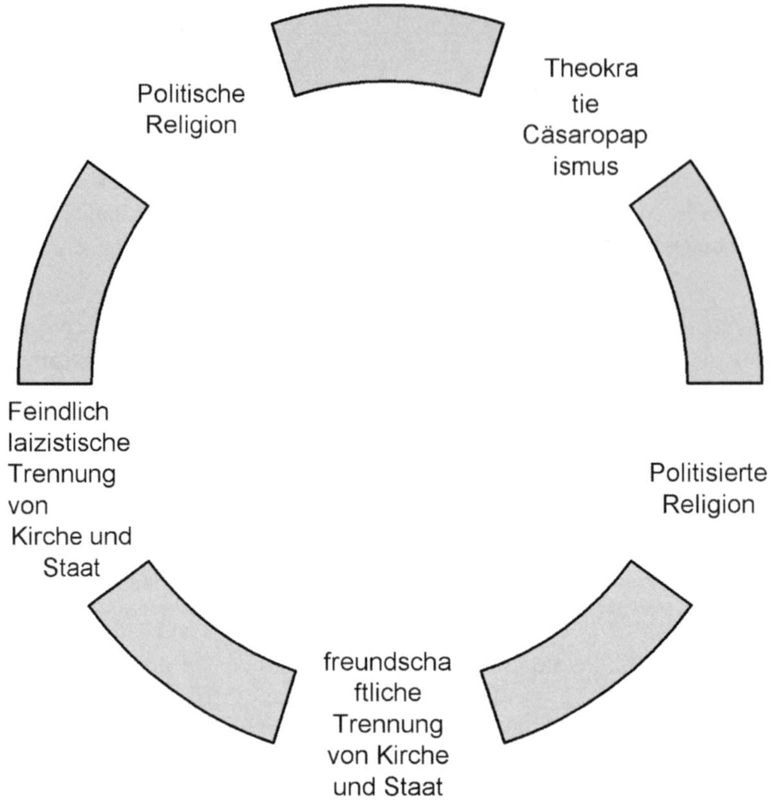

Abb. 5.1 *Verhältnis Religion/Politik. Linz.*

Nach Braun ist die grundsätzliche Idee für die Bestimmung des religiösen und des separatistischen Extremismus die Souveränitätsidee – der religiöse Extremismus lehnt die demokratische Komponente (Volkssouveränität und Menschengleichheit) ab, der separatistische Extremismus lehnt die konstitutionelle Komponente (das Rechtsstaatsprinzip) ab.[668] Hier sind also nicht diejenigen Minderheiten angesprochen (z.B. die separatistisch ausgerichteten Katalanen in Spanien), die mittels rechtsstaatlichen Mitteln eine größere Autonomie verfolgen oder sich mittels politischer (und nicht extremistischer) Mittel einen eigenen Staat erstreiten wollen. Auch die Unterscheidung von Streit/Kampf ist so ein mögliches Kriterium zur Unterscheidung. Während der Streit dem demokratischen Diskussionsprozess, der freien Entscheidung zugeordnet ist und letztlich ein friedliches Mittel ist, ist der Kampf den Prinzipien des Rechtsstaates widerstreitend, hier geht es nicht um die Überlegenheit der Argumente und der freiheitlichen Entscheidung, sondern um die Stärke der Gewalt. Auf der Achse ‚internationalistisch/nationalistisch' wären beide Formen des Separatismus nationalistisch. Die Grenze zum Rechtsextremismus wirkt gleichwohl verwischt.

---

[668] Stefan Braun 2005. S. 92.

Als weitere Variante des Extremismus wird der Begriff ‚Ökologischer Extremismus' oder Umwelt-Extremismus (als Synonym) benutzt, meistens aber im angloamerikanischen Sprachraum (also als eco-extremism[669] und environmental extremism). Es handelt sich oft um eine Vermischung mit dem mehr frequentierten Begriff Öko-Terrorismus. Auch hier gibt es Versuche um eine präzise Definition im Rahmen der Extremismusforschung. Öko-Extremismus kann man mittels verfassungspolitischen Ansatz als solche Bestrebung definieren, die gegen die Grundwerte des demokratischen Verfassungsstaates gerichtet sind, da die eigene, subjektive Perzeption der Interessen der Natur und/oder Umwelt vor den Prinzipien der Demokratie angeführt werden[670]. Diese Definition scheint jedoch sehr konstruiert zu sein. Gerade das Phänomen des ökologischen Extremismus offenbart die schwierige Basis der Links-Rechts-Dichotomie. Der ökologische Extremismus kann genauso Links wie Rechts zugeordnet werden. Die Zuordnung Norberto Bobbios (Links: Unten, Nähe, Erneuerung. Vorangehen, avantgardistisch, progressiv; Rechts: Oben, Ferne, Tradition, zurückgehend, retardierend, reaktionär) offenbart dieses Dilemma recht gut. Ist es nun ein Vorangehen, die Interessen der Natur stärker in den Blickpunkt zu rücken, oder kann man dies als ein traditionelles Motiv auffassen? Nach Eysencks Modell könnte man den ökologischen Extremismus der Linken zuordnen, nach Minkenberg ist das Phänomen eindeutig Postmateriell und kann auch als eine Emanzipationsbestrebung interpretiert werden.

Als weitere Variante wird der Extremismus der Mitte thematisiert. Im Rahmen der obengenannten weltanschaulichen Typologie des verfassungspolitischen Ansatzes ist es unmöglich, die Zielvorstellung der (nach diesem Ansatz zwingend demokratischen) politischen Mitte mit extremistischen, anti-demokratischen Richtungen zu verflechten.

Ähnlich steht es um die Bezeichnung der monothematischen Bewegungen, die illegale Methoden nutzen (Anti-Abtreibungsbewegung in den Vereinigten Staaten etc.).[671] Die monothematischen Bewegungen als ‚demokratischen Extremismus' zu bezeichnen, wie manche Autoren dies taten, ist fraglich. Mit einer interessanten Variante des Extremismus hat sich Peter Frisch befasst. Er hat die Machtansprüche der organisierten kriminellen Vereinigungen mit dem Extremismus-Konzept verflochten.[672] Gleichwohl ist hier die Schwierigkeit ersichtlich, dass manche Autoren aus der Extremismusdefinition des verfassungspolitischen Ansatzes eine one-catch-all-Definition machen. Dies ist gerade im Bereich der Extremismusforschung nicht angebracht. Die organisierte Kriminalität ist kein spezifisch extremistisches Phänomen, hier sei auf das Wissenschaftsfeld Kriminologie verwiesen.

---

669 Patrick Moore: Hard Choices for the Environmental Movement. Leadership Quarterly, 5, 3–4 (1994), http://www.greenspirit.com/key_issues/the_log.cfm?booknum=12

670 Miroslav Mareš: Environmental Radicalism and Extremism in Postcommunist Europe. Journal for the Study of Radicalism 2, 1 (2008). S. 91–107.

671 Joel Olson': Democratic Extremism – Abolitionists, Abortionists, and the Democratic Uses of Fanaticism. Conference Paper, Democracy and Extremism, June 11–13, 2008, Atlanta, Georgia State University.

672 Peter Frisch: Wandelt sich der politische Extremismus? In: Uwe Backes, Eckhard Jesse (Hrsg.): Extremismus & Demokratie, 5. Jahrgang 1993, Bonn 1993, 51–68.

Grundtypen des Extremismus	Rechtsextremismus	Extreme Ablehnung der Gleichheitsidee zum Nachteil von biologisch definierten Gruppen.
	Linksextremismus	Extreme Verabsolutierung der Gleichheitsidee zum Nachteil der individuellen Freiheit.
Weitere Typen	Religiöser Extremismus	Extreme theokratische und nichtfreiwillige anti-Menschenrechtliche Nutzung der Religion. Ablehnung von Volkssouveränität und Menschengleichheit
	Ethnischer und Regionalistischer Extremismus	Ablehnung der Prinzipien des demokratischen Verfassungsstaates und des Rechtsstaatsprinzips zum Vorteil der subjektiv definierten marginalisierten Ethnie, Nation und/oder Territoriums.
	Öko-Extremismus	Überschätzung der subjektiv definierten Umweltinteressen zum Nachteil der Demokratie und der Freiheit.
Problematische Typen	Demokratischer Extremismus	Nicht-logischer Bergriff, wenn sich Extremismus per Definition gegen den demokratischen Verfassungsstaat richtet. Der Begriff mono-Thematischer Extremismus ist hier vorzuziehen, wenngleich auch dieser alternative Begriff die Definition mittels verfassungspolitischen Ansatz sprengt, da diese immer auf den Begriff des Verfassungsstaates und die Gegnerschaft zu diesem bezogen ist.
	Krimineller Extremismus	Mittels verfassungspolitischem Ansatz durchaus als Extremismus definierbar, da sich die Kriminalität auch durch antidemokratische Elemente auszeichnet. Problematisch ist hier die Frage, ob die Kriminalität nicht auch gut existieren kann, wenngleich ein Rechtstaat besteht. Im Allgemeinen ist die one-catch-all-Nutzung des Extremismus-Begriffs abzulehnen.

Abb. 5.2 *Typen des Extremismus. Mares.*

Gleichwohl ist es des Öfteren der Fall, dass Terroristen Mittel der organisierten Kriminalität nutzen, oder mit solchen Organisationen strukturelle Verknüpfungen aufweisen. Neben dem eher traditionellen Begriff der ‚Mafia', der eine omnipotente Geheimorganisation mit Clanstrukturen mit einem verzweigten patrimonialen Personengeflecht zu kriminellen Zwecken beschreibt, dient der Begriff ‚Organisierte Kriminalität' zur Beschreibung der traditionellen

Bandenkriminalität, bei der Straftaten geschäftsmäßig organisiert sind.[673] Eine ganze Liste mit Definitionen der organisierten Kriminalität legte Klaus von Lampe vor[674]:

Nach dem tschechischen Verfassungsjuristen Petr Černý lassen sich Rechtsextremismus wie Linksextremismus als primäre Extremismen bezeichnen. Der Rechtsextremismus ist ein eigenes Forschungsfeld, im Bereich des Linksextremismus gilt dies jedoch bisher nicht.[675] Die weiteren Typen – religiöser Extremismus, Öko-Extremismus und ethnischer, regionalistischer Extremismus – sind nach Černý als sekundäre Extremismen definiert[676]. Die Grundcharakteristik dieser Typen sowie der weiteren Typen, wird in folgendem Schema dargestellt, das mit dem verfassungspolitischen Ansatz arbeitet.

5.1 Position des Extremismus in politischen Regimes

Weitere Unterscheidungen des Extremismus sind in Bezug auf ihre spezifische Position in politischen Regimes angebracht. Diese Typologie einer subversiv/herrschenden Achse kann man aus dem bekannten Schema von Backes und Jesse ableiten, die Extremismus entweder als Herrschaftsträger in nicht-demokratischen autoritären und totalitären Regimes oder als subversiven Akteur in demokratischen Regimes beschreiben[677]. Merkel versteht das Regime als Subkategorie des politischen Systems. Der Begriff des Regimes bezeichnet nach ihm „die formelle sowie informelle Organisation des politischen Herrschaftszentrums einerseits und dessen jeweils besonders ausgeformte Beziehungen zur Gesamtgesellschaft andererseits.[678]" Auf die Schwierigkeiten des Verständnisses der Staatsformen und die daran angegliederten Herrschaftsformen ist bereits Bezug genommen worden, hier mag lediglich additional angeführt werden, dass der Dreiklang der Varianten z.B. (a.) Totalitarismus/totalitäres Regime/ totalitäre Herrschaft oder (b.) Autoritarismus/autoritäres Regime/autoritäre Herrschaft mit der extremistischen Herrschaft empfindlich gestört wird. Prinzipiell ist der Begriff des Extremismus immer dann zu hinterfragen, wenn ein Transformationsprozess (z.B. von einer Demokratie in einen totalitären Staat) abgeschlossen ist. Gelangen Extremisten an die Macht, werden sie zu autoritären, totalitären, diktatorischen (usw.) Herrschern. Die Kategorie der Macht ist also im Rahmen einer Extremismustheorie, die trennscharf vorgehen will, auch entscheidend dafür, ob es sich tatsächlich um Extremismus oder bereits etwas anderes handelt. Eine extremistische Variante kann gegen die Machtausübung des anderen Extremismus subversiv kämpfen. Typische Beispiele sind der kommunistische Widerstand in der nationalsozialistischen Diktatur und umgekehrt die neonazistische subversive Aktivität gegen kommunistische Regimes.

---

673 Vgl. Interdisziplinärer Arbeitskreis Innere Sicherheit (AKIS)(Hrsg.) Lange et.al.: Memorandum zur Entwicklung der Inneren Sicherheit in der Bundesrepublik Deutschland. Regensburg 1998. S. 46f.

674 http://www.organized-crime.de/okdef.htm

675 Siehe: Gero Neugebauer: Einfach war gestern – Zur Strukturierung der politischen Realität in einer modernen Gesellschaft. Essay. APuZ 44/2010.

676 Petr Černý: Politický extremismus a právo. Prag 2005. S. 23.

677 Uwe Backes, Eckhard Jesse: Vergleichende Extremismusforschung. Baden Baden 2005. S. 63.

678 Wolfgang Merkel: Systemtransformation – Eine Einführung in die Theorie und Praxis der Transformationsforschung. 2. Aufl. Wiesbaden 2010. S. 63.

Nicht-demokratische Regimes sind nicht automatisch als extremistisch zu klassifizieren. Diese Frage ist mit einer ‚Qualität des Begriffs' des Extremismus verknüpft – (a.) ob Extremismus nur eine zusammenfassende Ideologie darstellt oder auch unvollständige anti-demokratische Einstellungen dazugehören können (verfassungspolitischer Ansatz Backescher und Jessescher Prägung). (b) ob man den Extremismus als ein ausschließlich modernes und als in demokratischen Staaten existierendes Phänomen erfasst (verfassungspolitischer Ansatz Kailitzscher Prägung). (c.) ob mit einem Begriff des Extremismus überhaupt irgendetwas erfasst wird, wenn anti-demokratische Elemente der entscheidende Gegenstand sind (Extremismuskritik Neugebauerscher Prägung). (d.) ob nicht andere Regimetypen der modernen Staatsformenlehre die hier vorliegenden Phänomene besser erfassen. Einiges an Trennschärfe kann eine Definition des Extremismus als modernes, in demokratischen Staaten existierendes Phänomen beitragen. Zur Aussage über eine Identität eines Regimes kann der für sich stehende Begriff tatsächlich wenig beitragen. Hinzu kommen immer klärende Attribute, die grundsätzlich entscheidender für die Identität sind, so zum Beispiel: faschistisch, kommunistisch, traditionalistisch, monarchistisch, nationalsozialistisch, sozialistisch, libertär bzw. anarchistisch oder eine Vielzahl anderer Attribute. Gerade die moderne Staatsformenlehre mit den hier ausgearbeiteten Herrschaftsformen bietet ein reichhaltiges Reservoir an sinnvollen Konkurrenzbegriffen, die dem Phänomen ‚Staat' und seiner ‚Herrschaftsweise' besser beikommen, als ein zur Klassifikation der Herrschaftsweise genutzter Extremismusbegriff.

In totalitären Regimes muss nach den Kriterien von Friedrich und Brzezinski eine feste ideologische Verankerung präsent sein.[679] Bei der Charakterisierung des autoritären Regimes nach Juan Linz ist die Ideologie fast absent.

Linz beschreibt autoritäre Regime mit den Kriterien:

- begrenzter Pluralismus;
- keine umfassend ausformulierte Ideologie;
- weder extensive noch intensive Mobilisierung (außer in der Entstehungsphase)[680]

Einzelne Typen der autoritären Regimes, wie z.B. Militärregimes, können auch ohne feste ideologische Verankerung existieren, andere haben eine ideologische Basis. Wichtig ist, dass Extremisten auch in autoritären Regimes als Herrschaftsträger/subversive Akteure aktiv sein können.

Wolfgang Merkel unterscheidet folgende Typen autoritärer Regimes:

- Kommunistisch-autoritäre Regimes;
- Faschistisch-autoritäre Regimes;
- Militärregimes;

---

679 Friedrich und Brzezinski definieren folgende Merkmale des Totalitarismus: (1.) Offizielle Ideologie, die alle wichtigen Lebensbereiche umfasst. (2.) Eine Massenpartei, die aus der relativ kleinen Teil der Population zusammensteht. (3.) Terrorsystem der Polizeikontrolle und Überwachung der Bevölkerung. (4.) Staatsmonopol der Massenkommunikationsmittel. (5.) Monopol der Anwendung der Kampfwaffen und Streitkräfte beim Staat. (6.) Zentral gelenktes Wirtschaft. Carl Joachim Friedrich, Zbigniew Brzezinski: Totalitarian Dictatorship and Autorcracy. New York 1962. S. 9–11.

680 Juan J. Linz: Autoritäre Regime. In: Dieter Nohlen (Hrsg.): Kleines Lexikon der Politik. München 2001. S. 26–29.

- Korporatistisch-autoritäre Regimes;
- Rassistisch-autoritäre Regimes;
- Autoritäre Modernisierungsregimes;
- Theokratisch-autoritäre Regimes;
- Dynastisch-autoritäre Regimes;
- Sultanisch-autoritäre Regimes;
- Autoritäre Rentenregimes[681].

Einfacher ist die Frage, ob Extremismus auch in demokratischen Staaten als Herrschaftsakteur auftreten kann. In vielen Demokratien waren oder sind extremistische Subjekte an Regierungskoalitionen beteiligt (wie z.B. Kommunisten in verschiedenen westeuropäischen Regierungen in der Nachkriegszeit oder gegenwärtige rechtsextreme politische Parteien in Regierungskoalitionen, wie z.B. die Slowakische Nationalpartei in der Regierungskoalition 2006–2010 oder die nationalsozialistisch orientierte Jobbik Partei in Ungarn, die zwar bei den Wahlen nur knapp 17% erreichte, doch so großen Rückhalt bei der Bevölkerung genießt und wohl auch von einem organisierten Wegsehen der staatlichen Akteure profitiert, dass eine eigene Parteimiliz ausgebildet wurde). Aus diesem Grund kann man Extremisten auch als Teilakteur der demokratischen Herrschaft sehen, wenn sie den demokratischen Charakter des Regimes noch nicht in ihrem Sinne zu usurpieren fähig sind. Gleichzeitig können Extremisten in der Regierung subversive Tätigkeiten gegen Demokratien leisten (wie z.B. die tschechoslowakischen Kommunisten in der sog. Dritten Republik 1945–1948).

Problematisch sind Fragen zu Herrschaftsformen, die nicht eindeutig extremistisch, sehr wohl aber antidemokratisch sind, wie etwa mit den Stichworten Technokratie, Matriarchat, Patriarchat, Plutokratie umschrieben werden können. Bei der Anwendung der vereinfachten[682] Typologie der politischen Systeme als totalitäre, autokratische und demokratische Regimes kann man die folgende Matrix der Position des Extremismus bilden:

Regime Akteurklassifikation	Herrschaftsakteur	Subversiver Akteur
Totalitäres Regime	NSDAP in der sog. Dritten Reich	KPD im sog. Dritten Reich
Autoritäres Regime	Vaterländische Front in Dollfuß-Regime	NSDAP im Dollfuß-Regime
Demokratisches Regime	Slowakische Nationalpartei	Ungarische Garde in der Slowakei

Abb. 5.3 *Vereinfachte Typologie der Herrschaft und ihrer Akteure.*

681 Wolfgang Merkel: Systemtransformation – Eine Einführung in die Theorie und Praxis der Transformationsforschung. 2. Auflg. Wiesbaden 2010. S. 25.

682 Merkel unterscheidet ‚embedded democracy' und ‚defekte Demokratie' Ebd.: 2010.

Eine spezifische Position beherrscht den Extremismus in Übergansphasen politischer Systeme von autoritären/totalitären Diktaturen hin zu Demokratien. Für manche Autoren ist das sog. Minimum des Extremismus ein Kriterium der demokratischen Konsolidierung[683]. Man kann auch herrschende sowie subversiv wirkende Extremisten in Übergansphasen von demokratischen zu nicht-demokratischen Systemen oder von nicht-demokratischen zu demokratischen System unterscheiden. Ist die absolute Herrschaft erreicht, handelt es sich jedoch nicht mehr um Extremismus, sondern um andere Phänomene der Staats- und Herrschaftsformenlehre.

5.2 Akteure

Extremismus erscheint in Form realer politischer Akteure. Manche Autoren bezogen ihre Akteurstypologien auf den Organisationsgrad und die Aktionsform. Backes und Jesse unterschieden in diesem Kontext vier Formen der Existenz des Extremismus:

„1. Extremismus, der Gewalt anwendet und eine Feste Organisation aufweist (Terrorismus);
2. Extremismus, der Gewalt anwendet und keine Feste Organisation aufweist (subkulturelle Gruppierungen);
3. Extremismus, der keine Gewalt anwendet und nicht fest organisiert ist (Intellektuelle);
4. Extremismus, der keine Gewalt anwendet und fest organisiert ist (Parteien)“[684].

Diese Typologie wurde für die gegenwärtige deutsche Situation ausgearbeitet. Doch für eine Anwendung in einem breiteren Umfang wäre sie problematisch, weil in anderen Staaten politische Parteien über bewaffnete Einheiten verfügen, die auf Gewaltmittel zurückgreifen (z.B. in Palästina oder die ungarische Jobbik und ihr paramilitärischer Arm). Deshalb ist es wichtig, zuerst mit einer rein organisationsbezogenen Typologie zu arbeiten und dann den einzelnen Typen auch die Aktionsformen oder Methoden zuzuordnen. Michael Minkenberg arbeitet mit drei Typen der rechtsextremen Akteure (seine Typologie ist auch für weitere Typen des Extremismus anwendbar):

- Parteien/Wahlkampforganisationen;
- soziale Bewegungsorganisationen;
- subkulturelle Milieus[685].

Minkenbergs Typus der Bewegungsorganisationen gilt nur für solche Umwelten, in denen extremistische Bewegungen wirken. Wenn eine extremistische Szene keine Bewegung bildet, ist es angezeigt, auf den klassischen Begriff der Gruppe oder bei losen Strukturen auf den Netzwerkbegriff zurückzugreifen. Nach Schubert und Klein sind Interessengruppen „private Organisationen, deren Aufgabe es ist, soziale, politische oder wirtschaftliche Interessen ihrer

---

683 Vgl. Klaus von Beyme: Parteien im Prozess der demokratischen Konsolidierung. In: Wolfgang Merkel, Eberhard Sandschneider (Hrsg.): Systemwechsel 3. Parteien im Transformationprozeß. Opladen 1997. S. 23–56.

684 Uwe Backes, Eckhard Jesse: Vergleichende Extremismusforschung. Baden Baden 2005. S. 346.

685 Michael Minkenberg: Der europäische Rechtsradikalismus heute – Profile in West- und Ost und der Vergleich des Unvergleichbaren. In: Michale Minkenberg, Dagmar Sucker, Agnieszka Wenninger: Radikale Rechte und Fremdenfeindlichkeit in Deutschland und Polen – Nationale und europäische Perspektiven. Bonn 2006. S. 14–36.

Mitglieder zu vertreten“[686]. Interessengruppen werden in der Regel weiter differenziert, diese verfeinernde Unterscheidung kann auf die Extremismusforschung übertragen werden:

- Öffentlich agierende Mobilisierungsorganisationen (mit allgemeinen oder spezifischen Interessen), einschließlich Kirchen;
- intellektuelle Gruppierungen, Instituten und Stiftungen;
- Gewerkschaften, Kammern und Berufsgruppen;
- wirtschaftliche Profitorganisationen (Labels, Mode-Marken Firmen usw.);
- militante Gruppierungen (nicht-terroristische oder militärische);
- terroristische, Guerilla- und paramilitärische (Miliz)-Subjekte.

Die Grenzen zwischen den einzelnen Unterformen sind flüssig. Es ist fraglich, ob im oben genannten Kontext nicht auch die Medien als spezifischer Typ erscheinen sollten. In der extremistischen Szene sind Medien meist mit anderen Organisationsformen verknüpft (z.B. mit Parteien). Es finden sich hier eigene Youtube-Kanäle, Webseiten, Audio Files, Online News Magazines, Online Bücher usw., die oft von Organen oder kleineren Zirkeln herausgegeben werden.

Parteien können zu einer Parteienfamilie gebildet werden. Peter Mair und Cas Mudde führen vier mögliche Kriterien für eine Zuordnung zu einer Parteienfamilie an:

„1. Ursprung und Soziologie (im Sinne der sozialen Basis);
2. Transnationale Föderationen;
3. Politik und Ideologie;
4. Name“[687].

Diese Autoren nutzen die Kriterien des genetischen Ursprungs der Parteien und ihres ideologischen Profils. Doch eine Parteienfamilie selbst bildet keinen ‚aktionsfähigen‘ Akteur. Erst wenn eine transnationale Parteienorganisation entsteht, kann man von einem internationalen Akteur sprechen. Neben Parteien und Interessengruppen können auch Subkulturen im Sinne von Bewegungsnetzwerken als Akteure auftreten. Aufgrund der gemeinsamen Interessen können diese Subkulturen bzw. ihre Teilströmungen aktionsfähig handeln. Laut Josef Smolík meint der Begriff ‚Subkultur‘ spezifische Gruppierungen, die Gestalter und Träger spezifischer, differenter Normen, Handlungsmuster und Lebensstile sind.[688] Sehr wichtig für den Extremismus sind die Jugendsubkulturen. Smolík betont in diesem Zusammenhang, dass ganze Subkulturen nur selten insgesamt extremistisch sind. In einer Subkultur finden sich verschiedene extremistische und nicht-extremistische Strömungen, manchmal finden sich Extremisten antagonistischer Orientierungen, wie es zum Beispiel in der Skin-Szene zu beobachten ist (z.B. Nazi-Skinheads und RASH-Skinheads).

Parteien, Interessengruppen und Subkulturen können in einer sozialen Bewegung eingegliedert sein. Sidney Tarrow definiert eine Bewegung als eine „kollektive Herausforderung der Menschen mit gleichen Vorhaben und Solidarität in ständiger Interaktion mit Eliten, Oppo-

---

686 Klaus Schubert, Martina Klein: Das Politiklexikon, 2. Auflg. Bonn 2001. S. 141.

687 Peter Mair, Cas Mudde: The Party Family and its Study. Annual Review Political Science, 1. S. 211–229.

688 Josef Smolík: Extremismus subkultur mládeže? Rexter, 5, 1 (2006), http://www.rexter.cz/extremismus-subkultur-mladeze/2006/05/01/

nenten und Autoritäten“[689]. Die soziale Bewegung kann also als eine Dachstruktur für weitere Akteure betrachtet werden.

Dieter Rucht unterscheidet drei Typen von sozialen Bewegungen:

1. Grassroot-Model (relativ freie, nicht-formale und dezentralisierte Struktur, Schwerpunkt unruhige, radikale Protestpolitik);
2. Interessen-Gruppe Model (Schwerpunkt Politikeinfluss, z.B. via Lobbying);
3. Parteien-Model (Schwerpunkt Wahlprozesse, Parteienpolitik)[690].

Soziale Bewegungen können mit einer extremistischen Ideologie als ganze verbunden sein (z.B. die faschistische Bewegung), oder extremistische Gruppierungen (auch verschiedener Orientierungen) können innerhalb einer Bewegung neben demokratischen Akteuren wirken (z.B. innerhalb der ökologischen Bewegung).

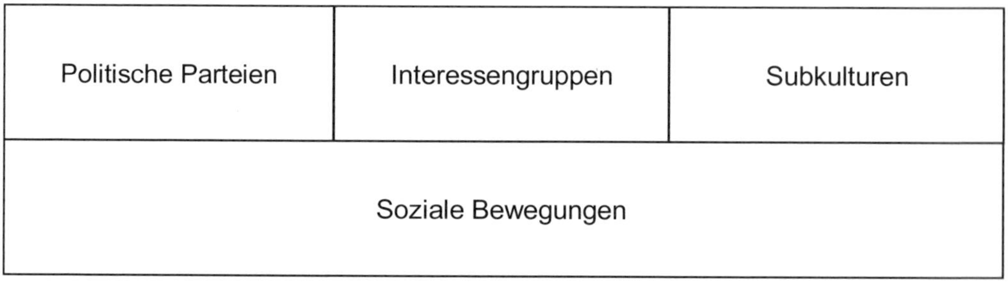

Abb. 5.4 *Einfache Akteurs-Typologie innerhalb des demokratischen politischen Systems.*

Alle innerstaatlichen Formen des Extremismus können eine internationale oder transnationale Dimension aufweisen, so dass sich von extremistischen nicht-staatlichen Akteuren sprechen lässt. Daphné Josselin und William Wallace definieren nicht-staatliche Akteure nach folgenden Kriterien:

- sie sind weitreichend oder gar autonom von staatlicher Finanzierung und Kontrolle; sie kommen aus der Zivilgesellschaft, marktwirtschaftlichen Strukturen, der auf die Setzung staatlicher Impulse oder der Inanspruchnahme staatlicher Lenkungsmassnahmen keinen Wert legt;
- sie operieren in Netzwerken oder partizipieren an solchen Netzwerken, die die Grenzen zweier oder mehrerer Staaten übersteigen; damit sind sie in „transnationale Beziehungen eingebettet“, sie überbrücken politische Systeme, ökonomische Systeme und Gesellschaften;

---

689 Sidney Tarrow: Power in movement – Social movements, collective action and politics. 2 Auflg. Cambridge 1998. S. 3f.

690 Dieter Rucht: The impact of national contexts on social movement structures – A cross movement and cross comparison. In: Dough McAdam, John D. McCarthy, Mayer N. Zald (Hrsg.): Comparative Perspectives on Social Movements – Political Opportunities, Mobilizing Structures, and Cultural Framings. Cambridge 1996. S. 185–204.

- sie beeinflussen politische Ergebnisse in einem oder in mehreren Staaten oder in internationalen Institutionen, intendiert oder nicht-intendiert; entweder ist dies ihr Hauptziel oder Teilaspekte ihrer Tätigkeit.[691]

Auch verschiedene Mischungen zwischen staatlichen und nicht-staatlichen Akteuren sind auf der internationalen und transnationalen Ebene möglich (was z.B. für die kommunistische Bewegung typisch war). Gemeinsam können die verschiedenen Akteure auch transnationale extremistische soziale Bewegungen bilden (wie z.B. Jihadistische Bewegungen) oder andere Kooperationsformen annehmen, wie etwa „transnational advocacy networks", die Císař erwähnt[692].

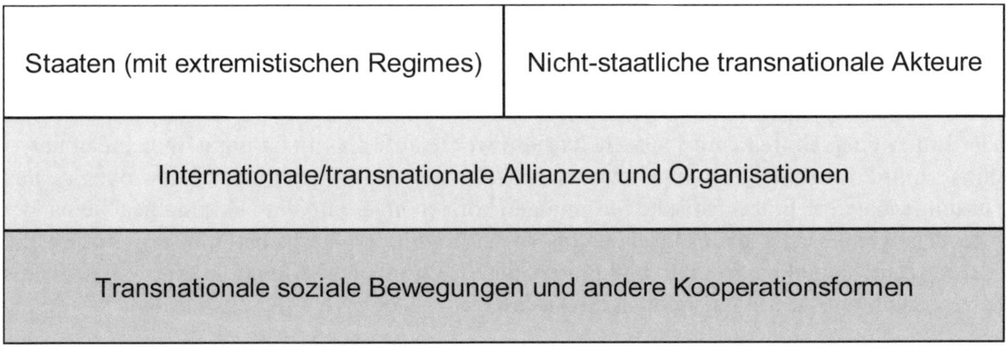

Abb. 5.5 *Grobe Akteurs-Typologie innerhalb internationaler Beziehungen.*

Bei der eingehenden Beschreibung eines extremistischen Phänomens spielt auch der Zeitfaktor eine Rolle. Es ist wichtig, ob es sich um dauerhafte oder kurzfristige Zusammenschlüsse handelt. Auch der Organisationsgrad, die Form der Strukturen (z.B. föderative, konföderative, supranationale) und Entscheidungsmechanismen (z.B. einstimmige, mehrheitliche, hegemoniale) in Bezug auf einen Akteur können zur Beschreibung herangezogen werden und unter dem Zeitaspekt diskutiert werden. (siehe hier auch das Kapitel 2.7.5. über Netzwerkforschung).

5.3 Vertikale Strukturierung des Extremismus

Extremistische Zusammenhänge lassen sich im Rahmen der Wirkebene beschreiben. Diese Ebenen entsprechen bestimmten Ebenen der gegenwärtigen Politik:

---

[691] Daphné Josselin, William Wallace: Non-state Actors in World Politics – a Framework. In: Wallace, William (Hrsg.): Non-state Actors in World Politics. New York 2001. S. 1–20.

[692] Vgl. Ondřej Císař, Petr Fiala: Obhajoba zájmů a transnacionální vztahy – Úvod do studia. In: Ondřej Císař, Petr Fiala (Hrsg.): Obhajoba zájmů a transnacionální vztahy. Brünn 2004. S. 9–26.

1. Lokale Ebene
2. Regionale (innenstaatliche) Ebene
3. Staatliche Ebene
4. Regionale Ebene (internationale, mehrere Stufen möglich – subregionale, kontinentale usw.)
5. Globale Ebene.

Internationale Elemente können folgende Erscheinungen darstellen:

1. Internationale/transnationale Kooperation
2. Staatliche Auslandsunterstützung
3. Internationaler Operationsraum
4. Extremistische Aktivitäten gegen fremde Staatsbürger
5. Transnationale Strategien und Konzepte
6. Fremdstaatliche Unterstützung von Inländern

Bei Extremismus heimischer Herkunft mit Auslandsbasis kann man von Exil-Extremismus oder Emigranten-Extremismus sprechen (diese werden oft durch Diaspora-Gemeinden unterstützt). Extremistische Strömungen wirken in vielen gegenwärtigen globalen sowie regionalen Zusammenhängen. Extremistische Strömungen können innerhalb der Diaspora gegeneinander befehden, wie dies z.B. die türkischen Grauen Wölfe mit den türkischen Linkextremisten tun, oder auch ideologieübergreifend und pragmatisch zusammenarbeiten (wie etwa einige palästinensische Interessenorganisationen im Ausland).

Gus Martin unterteilt die staatliche Unterstützung des Terrorismus wie folgt:

- „Moralunterstützung;
- Technische Unterstützung;
- Selektive Partizipation (Sponsoring einzelner Aktionen);
- Aktive Partizipation (gemeinsame Operationen)“.[693]

Besonders im deutschen Sprachraum, und hier insbesondere im Zusammenhang mit dem Verfassungsschutz, wird das Konzept des Ausländerextremismus verwendet, der sich auf ‚fremde‘ extremistische Aktivitäten auf eigenem Staatsgebiet bezieht. Es handelt sich zwar besonders um eine amtliche Kategorie, die in den Verfassungsschutzberichten benutzt wird, aber dieses Konzept wurde auch in der Fachliteratur diskutiert[694]. Klaus Grünewald hat bemerkt, dass nur bestimmte extremistische Ausländerbewegungen aus Sicht des Aufenthaltsstaats sicherheitsgefährdend sind.[695] Mit der Hilfe des Ansatzes von Grünewald und dessen Modifizierung[696] lässt sich eine Typologie des Ausländerextremismus darstellen, die

---

[693] Gus Martin: Understanding Terrorism – Challenges, Perspectives and Issues. 2. Auflg. Thousand Oaks/London/New Delhi 2006. S. 125.

[694] Vgl. Artur Hertwig: Sicherheitsgefährdende und extremistische Bestrebungen von Ausländern in der Bundesrepublik Deutschland – Ausgewählte Teilaspekte und Volksgruppen. In: Backes, U., Jesse, E. (Hrsg.): Jahrbuch Extremismus & Demokratie (E & D). 8. Jahrgang 1996. Baden Baden 1996 181–193.

[695] Klaus Grünewald: Sicherheitsgefährdende und extremistische Bestrebungen von Ausländern in der Bundesrepublik Deutschland. In: Der Bundesminister des Innern (Hrsg.): Ausländerextremismus in der Bundesrepublik Deutschland. Bonn 1991. S. 25–35.

[696] Miroslav Mareš: Extremismus cizinců – Analýza konceptu a jeho aplikace v ČR. Rexter, 3, 2, http://www.rexter.cz

mit zwei Achsen arbeitet. Die erste Achse bezieht sich auf die Staatsräson des Regimes. Die erste Kategorie der Ausländerextremisten zeigt Interesse nur an den Herkunftsländern, aus denen sie stammen Hauptsächlich handelt es sich um Bestrebungen, einen Regimewechsel herbeizuführen; es kann sich aber auch um Verbündete eines nicht-demokratischen Regimes handeln, wie im Fall der iranischen extremistischen Schiiten. Die zweite Kategorie der Ausländerextremisten ist gewillt, auch das Regime im Aufenthaltsstaat umzustürzen, Die zweite Achse beinhaltet verschiedene Räume, wo Gewalt ausgeübt wird (aus der Sicht des Aufenthaltstaates). Gewalt nur in Herkunftsländer bzw. Gewalt im Ausland (einschließlich Aufenthaltstaates) richtet sich ausschließlich gegen Objekte (Personen, Sachen) der Herkunftsstaaten (Delegationen, Botschaften, Firmen usw.) oder gegen konkurrierende Fraktionen in den Milieus der Aufenthaltsstaaten, eingeschlossen der Gewalt auch gegen die Bevölkerung der Aufenthaltsstaaten.

Richtung der Intensität der Gefährdung des Staates durch Ausländer-extremismus

Interesse / **Gewalt**	Interesse ist die Veränderung oder Erhaltung des politischen Regimes in Herkunftsstaaten	Interesse am Regimewechsel auch in Aufenthaltsstaaten
Keine Gewalt (auch nicht in Herkunftsstaaten	z.B. frühere Strukturen der italienischen neofaschistischen MSI in Deutschland	Islamische Gemeinschaft Milli Görüs in Deutschland
Gewalt nur in Herkunftsstaaten	z.B. russische rechtsextremistische RNE-Strukturen in Deutschland	z.B. osteuropäische anarchistische Strukturen in Deutschland
Gewalt gegen Objekte der Herkunftsstaaten oder Konkurrenten in der Diaspora im Aufenthaltstaat	z.B. Tamil Tigers (LLTE) in Deutschland	z.B. schiitische Extremisten aus Iran in Westeuropa gegen iranisch Exilopposition
Gewalt auch gegen des Aufenthaltstaat un dessen Bevölkerung	Kurdische PKK in Deutschland in den 1990er Jahren	Aktivität der Islamischen Jihad Union (IJU) in Deutschland

Abb. 5.6 *Ausländerextremismus und Gefährdung. Grünewald modifiziert von Mares*

Das deutsche Konzept des Ausländerextremismus ist an Extremisten gekoppelt, die aus Ländern mit einer fremden politisch-kulturellen Herkunft stammen. Der Ausländerextremismus leidet so an einer gewissen ethno-nationalistischen Tendenz – z.B. werden die Aktivitäten der österreichischen Rechtsextremisten auf deutschem Territorium oft nicht als Ausländerextremismus betrachtet. Die ethno-nationalistische Tendenz ist ein Kritikpunkt an der Klassifikation. Beim Ausländerextremismus-Konzept besteht darüber hinaus das Problem, dass sich die verschiedenen Diaspora-Strömungen immer mehr ‚domestizieren' und die Bezeichnung Ausländerextremismus immer weniger zutrifft. Dies gilt beispielsweise für den Islamismus in Deutschland, der früher als Ausländerextremismus betrachtete wurde, und heute eine spezifische Kategorie darstellt. Die Problematik des Ausländerextremismus ist mit der Problematik der organisierten Kriminalität verbunden[697].

5.4 Irredentistische Strömungen

Der Begriff Fluida bezieht sich auf irredentistische Ideologien, wie etwa die ungarische Bewegung der 64 Gaue, die ihre Anhänger auch unter den Ungarn in der Slowakei hat. Extremismus kann jedoch auch aus der geopolitischen Sicht betrachtet werden. Auf dieser Basis können wir z.B. Kategorien wie einen Nahostextremismus oder lateinamerikanischen oder europäischen Extremismus konstruieren. Mit der politischen Kultur und mit der ‚Zivilisationszugehörigkeit' ist auch Problematik der kontextuellen Nutzung des Begriffs verbunden, z.B. in einem ‚islamischen Raum'.

5.5 Methoden und Strategien

Abprüfbare Kriterien des Extremismus sind die gewählten Methoden und Strategien, die in einer vollständigen Beschreibung nicht fehlen sollten. Einzelne Methoden und Strategien sind in der Regel mit konkreten Akteurs-Typen verbunden, deren Bezeichnungen oft von diesen abgeleitet werden.

Zu den quasi-legalistischen Strategien gehören gewaltfreie Wahl- und Aufklärungsstrategien. Es handelt sich dabei um die (propagandistische) Mobilisierung mit dem Ziel der Erweiterung der Wählerschaft bzw. des Anhängerpotentials. Die Extremisten können die echten Ziele ihrer Politik nicht immer offenlegen, so besagt es die Mimikry-Theorie. Es werden demnach verschiedene ‚Mimikry-Strategien' entwickelt, um die eigenen Ziele zu verschleiern. ‚Politische Mimikry' ist ein gerade für quasi-legalistische Kräfte oft genutzter Begriff.

---

[697] Vgl. Liber Bossert, Guido Korte: Organisierte Kriminalität und Ausländerextremismus/Terrorismus. Brühl 2004.

Die Koalition mit anderen politischen Kräften wird auch als ‚Querfronstrategie' beschrieben. Bei dieser Bündnisstrategie nutzen Extremisten, bestimmte politische Themen und Kampagnen zur eigenen Profilierung innerhalb eines breiteren Spektrums der Bevölkerung und überwinden dadurch manchmal die bisherige Isolation (z.B. engagierten sich Rechtsextremisten in der Antikriegsbewegung gegen den Irak-Krieg). Ein der Querfrontstrategie ähnliches Konzept ist der Entrismus (ein plastisches Beispiel bietet der Trotzkismus, s. das Kap. zum Linksextremismus), der die Infiltration einer breiteren Organisation oder Bewegung mit einer nachfolgenden Manipulation beschreibt. Die Querfronstrategie und der Entrismus können mit gewaltfreien und gewaltvollen Komplementärstrategien verbunden sein.

Der Begriff der Gewalt beinhaltet ein breites Spektrum an Formen. Wir sprechen oft von Violentia und Potestas, legitimer und illegitimer, konkreter oder struktureller, physischer oder psychischer, manifester oder symbolischer Gewalt. Im Forschungsfokus kann neben der konkreten Gewalt auch deren Perzeption stehen. Heitmeyer und Schröttle definieren Gewalt wie folgt: „In der Regel unterscheidet die Gewaltforschung zunächst zwischen direkter interpersonaler Gewalt einerseits, bei der Menschen gegen andere Menschen mehr oder weniger intentional körperliche, sexuelle oder psychisch-emotionale Gewalt ausüben oder auch lebensnotwendige Hilfe und Unterstützung versagen [...]. Neben Formen direkter interpersonaler Gewalt gibt es auch Gewaltphänomene, die durch oder gegen Institutionen und politische Systeme verübt werden (zum Beispiel staatliche Gewalt, Terrorismus), sowie die strukturelle und die kulturelle/symbolische Gewalt (Galtung und Bourdieu), welche indirekt über soziale Unterdrückungs- und Diskriminierungsverhältnisse einer Gesellschaft und kulturelle Konstruktion von Ungleichheit geformt werden."[698]

Extremistische Gewaltstrategien[699] existieren in verschieden Dimensionen. Es kann sich um isolierte Gewaltakte von Einzelpersonen, um kollektive Gewalt und staatliche Gewalt handeln. Strategische subversive Elemente beinhaltet besonders die nach Peter Imbusch als politische Gewalt bezeichnete Form, die das Ziel hat, „politische Macht zu erringen oder etablierte Herrschaftsverhältnisse zu ändern"[700]. Sicherlich kann dies leicht um das Spektrum derjenigen Motive erweitert werden, die etablierte Herrschaftsverhältnisse beibehalten wollen und deshalb Gewalt nutzen. Gewalt kann der Bedrohung des Staates oder politischer Opponenten dienen, zur Vertreibung missliebiger Ethnien oder allgemein dazu, eine politische Situation herzustellen, in der die Machtübernahme erleichtert wird.

---

698 Wilhelm Heitmeyer, Monika Schröttle: Zur Einführung. In: Ebd. Gewalt – Beschreibungen, Analysen, Prävention. Lizenzausgabe. Bonn 2006. S. 16.

699 Zur Typologie der Gewaltphänomene siehe Peter Imbusch: Der Gewaltbegriff. In: Wilhelm Heitmeyer, John Hagan (Hrsg.): Internationales Handbuch der Gewaltforschung. Wiesbaden 2002. S. 26–57.

700 Ebd. S.47.

Die Gewalt wird in ihrer Zieldimension beschrieben und in der konkreten Form, die sie annimmt. Es kann sich (a.) um psychische oder (b.) physische Gewalt handeln, die sich (c.) direkt gegen Menschen oder (d.) gegen Sachen richtet. Weitere Analysemomente können aus der Heitmeyerschen Definition erwirkt werden. Rüdiger Kreuz unterscheidet die Erscheinungsformen organisierter politischer Gewalt und wählt dabei ein breites Verständnis von Gewalthandeln.

„1. Mahnwachen;
2. Störaktionen;
3. Sitzblockaden;
4. Aktive Behinderungen;
5. Symbolische Sachbeschädigungen;
6. Sachbeschädigung als Sabotage;
7. Militante Demonstrationen;
8. Organisierter Aufruhr und Bürgerkrieg;
9. Terrorismus;
10. Militärische Aggression durch auswärtige Staaten auf ‚Hilfeersuchen‘ von innen“[701].

Terrorismus, den Kreuz als eine der Formen organisierter Gewalt benennt, stellt eine sehr spezifische Form des Extremismus dar. Es ist wichtig zu betonen, dass der Extremismus grundsätzlich eine Kategorie darstellt, der Terrorismus eine Methode der politischen Interessendurchsetzung. Obwohl manche Autoren neben dem politischen Terrorismus auch mit nicht-politischen Kategorien arbeiten (krimineller Terrorismus, psychopathologischer Terrorismus[702]), wird Terrorismus durch das Kriterium der politischen Motivation (mit)definiert.

Nach Dietl, Hirschmann und Tophoven kann Terrorismus „als eine andauernde und geplante Gewaltanwendung mit politischer Zielsetzung, um mittels terroristischer Mittel das (politische) Verhandeln des Gegners zu beeinflussen“, definiert werden.[703] Charakteristisches Merkmal des Terrorismus ist eine propagandistische Kommunikation[704]. Nach Peter Waldmann besteht das terroristische Kalkül aus drei Elementen:

„1. Einem Gewaltakt oder dessen öffentlicher Androhung;
2. Damit ist eine starke emotionelle Reaktion intendiert (negative Gefühle und Verunsicherung bei der Feinden, positive Gefühle bei Anhänger und Sympathisanten);
3. Als Konsequenz dieser Emotionen zielen terroristische Anschläge auf bestimmte Verhaltensreaktionen ab (überstürzte Schutz- und Vergeltungsmaßnahmen einerseits (Gegner), Unterstützung und Mithilfe andererseits (Befürworter))“[705].

---

701 Rüdiger Kreuz: Organisierte Gewalt in der Gesellschaft – Gruppierungen, Inhalte, Aussagen. Bonn 1989. S. 83–101.

702 Maxmilián Strmiska: Terorismus a demokracie – Pojetí a typologie subverzivního teroristického násilí v soudobých demokraciích. Brünn 2001. S. 14.

703 Wilhelm Dietl, Kai Hirschman, Rolf Tophoven: Das Terrorismus-Lexikon – Täter, Opfer, Hintergründe. Frankfurt a.M. 2006. S. 17.

704 Alex P. Schmid: Frameworks for Conceptualizing Terrorism. Terrorism and Political Violence, 16, 2 (Summer 2004). S. 197–221.

705 Peter Waldmann: Terrorismus und Bürgerkrieg. München 2003. S. 38.

Aus der psychologischen Wirkung des Terrorismus lassen sich terroristische Hauptstrategien ableiten. Dabei wird oft auf die Konzeption von Axel Merari[706] zurückgegriffen. Die Strategie-Dimension wurde an dieser Stelle ergänzt und Merraris Konzeption[707] erweitert.

Propaganda der Tat	Hauptziel ist die Verbreitung der eigenen Ideen und Einwerbung weiterer Anhänger.
Bedrohung	Hauptziel ist die Bedrohung des Gegners mit dem Ziel, Handlungen des Gegners zum Vorteil des Terroristen zu generieren.
Provokation	Hauptziel ist Provokation des Gegners die zu übertriebenen repressiven Maßnahmen führen sollen, die Antipathie der Bevölkerung hervorrufen.
Chaos	Hauptziel ist es einen Zustand des Chaos herzustellen, so dass die Position des Gegners geschwächt und Sympathie für die eigene Gruppe erwirkt wird.
Spannung	Hauptziel ist es, eine Antipathie gegen den politischen Gegner hervorzurufen.
Verschleiß	Terroristische Taten sollen zu Verschleißerscheinungen führen, die den Gegner schwächen.

Abb. 5.7 *Terrorismus-Strategien. Orig. Merrari. Erweitert durch Mareš.*

Als spezifische Strategie sowie Aktionsform, die entweder mit der Strategie der Propaganda der Tat, mit der Bedrohungsstrategie, aber auch mit der Chaos-Strategie zusammenhängen kann, ist der Vigilantismus. Ein Vigilant ist im deutschen Sprachgebrauch ein Polizeispitzel. Wer vigiliert, lauert auf, fahndet und ist wachsam. Im deutschen Sprachgebrauch ist Vigilanz also ein staatsbezogenes Phänomen. Die Vigilanz kann in diesem Sinne als Phänomen des Staatsterrorismus untersucht und kritisch begutachtet werden, ob jede staatliche Maßnahme zur Bekämpfung abweichenden Verhaltens auch angemessen ist. Im angloamerikanischen Sprachraum wird mit dem Vigilieren auch nicht-staatliches Handeln beschrieben. Hier geht es um eine Bürgerwehr-Mentalität, die Verfolgung von Abweichlern, die das eigene lebensweltliche Milieu empfindlich stören, um die (illegale) Bewachung (z.B. eigener Straßenzüge)

[706] Ariel Merari: Terrorism as a Strategy of Insurgency. Terrorism and Political Violence, 5, 4 (Winter 1993). S. 213–251.

[707] Ariel Merari: Terrorism as a Strategy of Insurgency. Terrorism and Political Violence, 5, 4 (Winter 1993). S. 213–251.

im Sinne eines privaten Sicherheitsapparates. Extremisten (meistens Rechtsextremisten oder religiöse Extremisten) nutzen vigilantische Gewalt, manchmal auch mit eigenen paramilitärischen Einheiten. David Kowalewski bezeichnet mit dem Begriff Vigilantismus „Aktivitäten zur Unterdrückung von abweichendem Verhalten (Devianz) anderer Bürger seitens Privatpersonen oder auch seitens Beamter außerhalb ihrer Dienstzeit“[708]. Deviantes Verhalten umfasst nach Kowalewski drei Formen:

„1. Kriminelle Devianz;
2. Kulturelle Devianz;
3. Politische Devianz“[709].

Die oben genannten Methoden und Strategien sind hauptsächlich subversiv. Daneben stehen Methoden und Strategien zur Abschreckung der Bevölkerung (Terror, Bedrohung in Arbeits- und Privatsphäre etc.), und Methoden und Strategien zur Erhöhung der Popularität und Loyalität (soziale Maßnahmen, Karriere-Möglichkeiten in Regime-Institutionen). Generelle Strategie ist eine permanente oder zeitbeschränkte Mobilisierung der Bevölkerung[710].

Eine interessante Frage ist, ob der Extremismus auch spezifische historische Typen hervorgebracht hat. Für die Bezeichnung mancher extremistischer Ideologien wird das Präfix „neo“ benutzt (Neofaschismus, Neonazismus etc.), was eine klare linguistische Trennung von historischen und neuen Typen darstellt. Ein anderes Präfix mit Bezug zur Zeitdimension ist das Präfix „post“, das auch innerhalb der Extremismusforschung eine Rolle spielt (z.B. im Begriff „Postkommunismus“).

Ein sehr wichtiger Markationspunkt ist das Zerbrechen von Regimes, in denen Extremisten Herrschaftspositionen einnehmen. Nach dem Fall eines Regimes müssen die Nachfolgebewegungen die Argumentation, Mobilisierungsmodelle modifizieren und auf die neue legale Situation entsprechend Bezug nehmen. Eine ähnliche Rolle spielen auch wichtige Prozesse und Taten der einzelnen Varianten des Extremismus (z.B. der 11. September 2001 für den islamistischen Extremismus).

5.6 Sicherheitspolitische Gefährdung

Es ist angebracht, den politischen Extremismus nach dem Kriterium seiner Gefährlichkeit für ein politisches Regime zu untersuchen (siehe dazu auch Kapitel 1.5 Das Konzept der Wehrhaften Demokratie).

Aus der Sicht der Sicherheitsforschung es ist wichtig, ein Referenzobjekt zu bestimmen, das zur Bestimmung der Sicherheit dient. Diese Rolle spielt meistens ein politisches Regime,

---

708 David Kowalewski, Vigilantismus, Wilhelm Heitmeyer, John Hagan (Hrsg.): Internationales Handbuch der Gewaltforschung. Wiesbaden 2002. S. 426–440.

709 Ebd. S. 426.

710 Jan Holzer, Stanislav Balík: Postkomunistické demokratické režimy – Studie k proměnám politické teorie v posttranzitivním čase. Brünn 2007. S. 137–138.

wenn es die Sicherheit unterschiedlichster Schichten der Bevölkerung gewährleistet. Ein alternatives Referenzobjekt sind die Menschenrechte, oder abstraktere Begriffe wie die Differenzgesellschaft. Die Kopenhagener Schule teilt die Sicherheit auf fünf Bereiche (militärische, politische, gesellschaftliche, ökonomische)[711] Peter Hough[712] hat weitere Gefährdungspotentiale herausgestellt:

1. Militärische Gefährdungen von Staaten;
2. Militärische Gefährdungen von nicht-staatlichen Akteuren;
3. Ökonomische Gefährdungen;
4. Soziale Identität als Gefährdung;
5. Umwelt-Gefährdungen;
6. Gesundheitsgefährdungen;
7. Naturgefährdungen;
8. Unfallgefährdungen.

Gefährdungen, die vom politischen Extremismus ausgehen, gehören laut dieser Typologie zum Typ der politischen Sicherheit. Alan Collins spricht aber – in Ergänzung der Forschung der Kopenhagener Schule – nicht über politische Sicherheit, sondern über Regime-Sicherheit. Er bezieht diesen Begriff auf internationale Regimes[713], aber diese Kategorie ist auch auf nationaler Ebene anwendbar. Aus der traditionellen Sicht ist der Extremismus eine Gefährdung der inneren Sicherheit, doch aufgrund des gegenwärtigen Prozesses der Globalisierung muss im Blick auf Gefährdungspotentiale der Extremismus auch im außenpolitischen Bereich bzw. im Bereich der internationalen Sicherheit ins Auge gefasst werden.

Kopenhagener Schule

Nach Ole Weaver lassen sich in der kontemporären Sicherheitsforschung drei verschiedene Schulen ausmachen. Neben der Kopenhagener Schule existieren die Pariser und die walisische Schule. Die walisische Schule ist mit der kritischen Sicherheitsforschung verbunden und ein Produkt der Frankfurter Schule, während der Kopenhagener Schule die Idee eines internalisierten und überbordenden Sekuritätsbewusstseins zugeschrieben wird. Die Pariser Schule wird in einem weiteren Sinne mit dem Namen Foucault zusammengebracht.

Der Extremismus wirkt als eine Gefährdung für politische Regimes, aber eine Gefährdung ist der Extremismus auch für bestimmte Sozialgruppen, die als Zielscheiben dienen. Über den Extremismus (bzw. einzelne Varianten oder Gruppierungen) können wir also auch in den folgenden Dimensionen sprechen:

1. Regime-politische Gefährdung;
2. Soziale-Identität Gefährdung;
3. Kriminal-Gefährdung.

---

711 Barry Buzan, Ole Waver, Jaap De Wilde: Security A New Framework for Analysis. Boulder 1998.
712 Peter Hough: Understanding Global Security. Oxon/New York 2004. S. 21–230.
713 Alan Collins: Introduction – What is Secrurity Studies. In: Alan Collins (Hrsg.): Contemporary Security Studies. Oxford 2007. S. 1–9.

Allgemeine Kriterien, die zur Bestimmung der Stärke einer extremistischen Strömung[714] beitragen können zum Beispiel folgende sein:

Kriterien für die Stärke des politischen Extremismus	1. Erfolg bei Wahlen; 2. Größe der Organisation; 3. Aggressivität der Ideologie; 4. Vorgefundener Handlungsstil; 5. Extremistische Einstellungen in der Gesellschaft; 6. Infiltration (Positionen bes. im politischen System).
Rahmenbedingungen	1. Politische Kultur; 2. Antiextremismus; 3. Schutzmechanismen; 4. Institutionelle Systemschwächen; 5. Innere Sicherheit.

Abb. 5.8 *Kriterien zur Stärkebestimmung. Backes, Jesse.*

Backes und Jesse fanden heraus, dass es keinen universalen Handlungsstil gäbe, der als ‚der Gefährlichste' für das politische Regime eingeschätzt werden kann[715]. Insbesondere die Kategorien von Zimmermann, die im Kapitel zum Konzept der Wehrhaften Demokratie veranschaulicht wurden, widersprechen dem. Nach Zimmermann ist der Extremismus die ungefährlichste Form der politischen Gewalt. Bei allen Forschungsarbeiten, die den Extremismus aus Sicht der Sicherheitsstudien bearbeiten, ist es wichtig, die objektive und die subjektive Sicherheit voneinander zu trennen. Objektive Sicherheit bezieht sich auf real existierende (oder nicht existierende) Gefährdungen, die subjektive Sicherheit meint die Wahrnehmung der Sicherheit aus Sicht des Einzelnen.[716]

In Bezug auf die Bestimmung der Gefährlichkeit kann man auch nach Legalität und Illegalität unterscheiden. Dieses Kriterium weist eine enge Verbindung zur Gesetzgebung auf. Einzelne Staaten unterscheiden sich deutlich in dem, welche Tätigkeiten sanktioniert werden. Was betrachtet die Gesetzgebung als Delikt, was als Straftat und wie werden diese Handlungen sanktioniert? Sind die Sanktionen in Übereinstimmung mit den Menschenrechten? Sind sie verhältnismäßig? Handelt es sich bei dem begutachteten Fall eventuell um eine Situation, bei der es Individuen gar nicht möglich ist, legalen Protest auszuüben, weil jegliche Form des

714 Siehe: Uwe Backes, Eckhard Jesse: Vergleichende Extremismusforschung, Baden Baden 2005. S. 249–251.
715 Uwe Backes, Eckhard Jesse: Vergleichende Extremismusforschung. Baden Baden 2005. S. 249–250
716 Barry Buzan, Ole Waver, Jaap De Wilde 1998. S. 29–31.

Protests illegalisiert ist? Sind Individuen eventuell dazu gezwungen gewesen, in die Illegalität zu gehen, weil ein Regime liberale Freiheitsrechte missachtete und jegliche Form des Protests sanktionierte? Auch gruppenbezogene Gründe, wie sie in den Kapiteln zu Gruppen und Netzwerken beschrieben sind, könnten ausschlaggebend gewesen sein.

Unter Hinzuziehung juristischer Aspekte ist es ratsam, die extremistischen Organisationen nach ihren Rechtsformen hin zu analysieren, z.B., ob diese als solche registriert sind. In Regimen, in denen das Recht als Instrument des Staatsextremismus dienende Funktion hat[717], lässt sich auch die Gefährlichkeit des (Un)Rechts untersuchen, wie dies etwa Ernst Fraenkel in seiner berühmten Studie zum Doppelstaat eindrücklich vorgemacht hat.

717 Petr Černý 2005. S. 55–57.

6 Religiöser Extremismus: Islamismus

6.1 Islamistischer Extremismus

Der islamistische Extremismus ist insbesondere nach dem 11. September 2001 in den Fokus der Aufmerksamkeit gerückt. Der Islamismus ist eine Variante des Extremismus, der die religiösen Elemente durch verschiedene politische Thematiken ersetzt bzw. verändert. Der Islamismus hat die Fähigkeit zur Massenmobilisierung sowie die Überzeugungskraft, die viele Leute zu kämpferischen Handlungen, einschließlich Terrorismus geführt hat. Die Dynamik der Entwicklung des Islamismus in den letzten Jahren war hoch.

Die Islamisten zeigten sich unfähig, wichtige strategische Erfolge zu erzielen. Die Hauptfeinde des Islamismus, die USA und Israel, sind aufgrund der islamistischen Aktivität nicht wesentlich geschwächt worden, obwohl islamistische Gruppen viele Staaten und ihre Bürger gefährdeten. Das Ziel, im gesamten islamischen Raum islamistische Regimes aufzubauen, ist noch weit von seiner Verwirklichung entfernt.

Die Entwicklung der heutigen sowie zukünftigen Konflikte auf den verschiedenen Kampfeldern des Jihads[718] sowie die Rolle der muslimischen Diaspora determiniert die weitere Entwicklung und stärkte den Islamismus. Die globale Entwicklung nach dem Modell des „Clash of Civilisations“[719] und die Bildung von Parallelgesellschaften kann dem Islamismus eine neue Stärke bringen. Das gute ethnisch-religiös-kulturelle Zusammenleben ist wichtig dafür, den Einfluss der Islamisten zu minimalisieren.

Gerade im Westen wird der islamistische Extremismus unter dem Aspekt der Globalen Bewegung begriffen, was mit dem 11. September 2001 zusammenhängen mag. Das Al-Ahram Center for Political and Strategic Studies hat die im Westen aufkommenden Theorien und Erklärungen zusammengefasst und kritisch kommentiert. Bei näherer Betrachtung sind die vom Center aufgegriffenen Theorien wenig schlüssig und reduzieren dieses soziale Phänomen auf einzelne Ursachen und Entwicklungen, was das Phänomen des islamistischen Extremismus als unterkomplex erscheinen lässt. Das Bild des Clash of Civilisations ist ein solches Beispiel. An dieser Stelle wenden wir uns den vom Al-Ahram Center beschriebenen Tendenzen des Islamismus zu, später wird auf die Begriffslegung eingegangen.

---

718 Walid Phares: Future Jihad – Terrorist Strategies Against America. New York 2005.

719 Samuel P. Huntington: The Clash of Civilizations and the Remaking of World Order. New York 1996.

„After the exceptional events of September 11, 2001, three competing, though flawed, theories emerged in the West to explain the rise of Islamic revivalism in the Middle East. These theories are particularly concerned with international Islamism, which has crossed the boundaries of the nations in which it was born to spread across five continents. [...] The first theory, espoused most prominently by Noam Chomsky, views international Islamism as a response to Washington's extremely pro-Israeli policies and its grave undermining of the rights of Arabs, if not their outright humiliation. [...] A second camp views the revivalist movement as the fundamental core of the ‚Clash of civilisations' between Muslims and the West. Upheld by Samuel Huntington, this theory gained greater currency after the bombings in New York and Washington and began to strongly colour the discourse of the two mortal enemies, the United States and al-Qaeda.[...] The third camp held that Islamic revivalism is a cultural-psychological response to the political, social, and economic consequences of Western modernity, which has shaken the still waters of the past in Middle East and elsewhere. Paul Berman advocates this understanding of the mutual contempt between the violent wing of islamic revivalism and the West, particularly the U.S."[720]

Das Al-Ahram Center for Political and Strategic Studies hat die verschiedenen Reichweiten der islamistischen Organisationen systematisiert.[721] Grob werden religiöse und sozialpolitische Bewegungen mit islamistischer Plattform unterschieden. Die religiösen Bewegungen charakterisiert das Zentrum folgendermaßen:

„These [religious] movements are based on a specific reading of Islam and the Quran that sees members of societies and states only through the lens of doctrinal authenticity or correctness. They do not show much concern for other levels and sources of jurisprudence and Islamic law. For these movements, the main issue – perhaps the only issue – is establishing God's true religion as they see it. [...] For these groups the Quran, the prophetic hadith, and some selected texts of the pious ancestors represent the virtual sole source of ideas, and organizational and operational experience."[722]

Die verschiedenen Organisationen, Verbände und theoretischen Begründer können mit der Aufschlüsselung der Tendenzen unter die daraus evozierten verschiedenen Kategorien subsumiert werden. Die Tendenzen sind zunächst einmal wichtig, um zu verstehen, dass der Islamismus kein rein polit-religiöses Phänomen ist, sondern eine eigene Kultur, eine eigene Geschichtsschreibung entwickelt hat, denen konkrete sozial-politische Ziele, Überlegungen zu einer idealen Jurisdiktion etc. zukommen. Die zweite Tendenz beschreibt das Center folgendermaßen:

---

720 Al-Ahram Center for Politcal and Strategic Studies (Hrsg.): The Spectrum of Islamist Movements. Berlin 2007. S. 25.

721 Ebd. Al-Ahram Center for Political and Strategic Studies: The Spectrum of Islamist Movements. Berlin 2007. S. 16–22.

722 Ebd. Al-Ahram Center for Political and Strategic Studies: The Spectrum of Islamist Movements. Berlin 2007. S. 16.

„This second major type of Islamist movement does not limit its interpretation of scripture to the apparent, literal meaning, but takes into account the intent of the law, the general welfare, the context of revelation, and the independent interpretations of jurists. This makes their reading more historically and socially grounded than the literal reading of scripture favored by religious Islamist movements. In addition, the source of historically authority for these movements does not stop with the prophetic age and the era of the rightly-guided caliphs, but includes all of Islamic history and its fourteen-century legacy, from which they derive their terminology and bases of comparison for lived experience, occasionally making use of other, non-Islamic sources or authority.“[723]

Für ein erste Annäherung ist diese tendenzielle Aufschlüsselung wichtig, doch neben den, dem islamistischen Extremismus zugrunde liegenden Tendenzen, ist es vor allem die Begriffslegung, die einen wichtigen Hinweis auf weitere Forschungsmöglichkeiten, Fokusse usw. gibt.

6.2 Konzepte des islamistischen Extremismus

Der islamistische Extremismus (Islamismus) ist durch eine intolerante Interpretation der islamischen Glaubenslehre charakterisiert und durch die folgerichtige (politische) Durchsetzung der Werte dieser rigiden Islamauslegung. Laut Sibylle Wentker sind die drei Grundfesten des Islams die ‚göttliche Einheit‘ (tawhid), das ‚Prophetentum Mohammeds‘ (nubuwa) und die schriftliche Niederlegung des auf Arabisch ‚offenbarten Wort Gottes‘ (qur-an).[724] Der Islamismus steht der Idee der liberalen Demokratien, der übrigen Hochreligionen sowie toleranten Strömungen des Islams konträr gegenüber. Es handelt sich um einen Zweig des religiösen Extremismus, doch aufgrund seiner gegenwärtigen Bedeutung wird ihm ein eigener Abschnitt gewidmet (die Charakteristiken des religiösen Extremismus werden im nächsten Abschnitt dezidierter vorgestellt). Als religiöser Extremismus hat der extremistische Islam eine überaus präsente politische Dimension, deshalb wird er als eine eigenständige Variante des politischen Extremismus aufgefasst[725].

Die begriffliche Bestimmung des islamistischen Extremismus ist relativ schwierig, weil verschiedene Autoren diesen Begriff sowie ähnliche Begriffe unterschiedlich nutzen. Der Begriff Islamismus wurde sowohl als Synonym für islamischen Extremismus[726] als auch als

---

723 Ebd.: Al-Ahram Center for Politcal and Strategic Studies (Hrsg.): The Spectrum of Islamist Movements. Berlin 2007. S. 21.

724 Sibylle Wentker: Grundfragen des Islams. In: Walter Feichtinger – Sibylle Wentker (Hrsg.): Islam, Islamismus und islamischer Extremismus. Wien /Köln /Weimar 2008. S. 18.

725 Siehe: Uwe Backes – Eckhard Jesse Islamismus, Jihadismus, Totalitarismus, Extremismus. In: Uwe Backes, Eckhard Jesse (Hrsg.): Jahrbuch Extremismus und Demokratie. 14. Jahrgang 2002. Baden Baden 2002. S. 13–26.

726 Verfassungsschutz Nordrhein-Westfallen. Islamischer Extremismus in NRW. 2. Überarbeitete Ausgabe. Düsseldorf 1999.

islamistischer Extremismus[727] verwendet. Es existieren daneben Begriffe wie ‚Islam-Faschismus', ‚Jihadismus' und ‚Islamismus', aber auch ‚radikaler Islam' oder ‚globaler Jihadismus'. Der Islam unterscheidet sich vom Islamismus, da es sich bei jenem um eine Religion insgesamt handelt, beim Islamismus aber um eine spezifisch politisch-religiöse Strömung. Gisbert Gemein und Hartmut Redmer differenzieren den Islam hinsichtlich Glaubenpraxis und Verhaltenweisen wie folgt:[728].

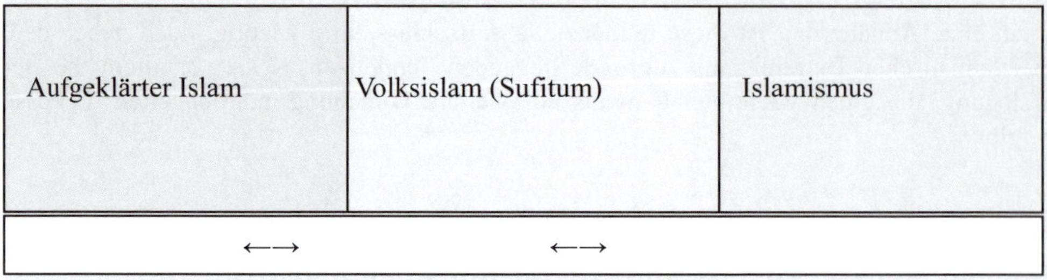

Abb. 6.1 Einteilung der islamischen Stile. Redmer, Gemein.

Der Begriff islamischer Extremismus wird heute relativ selten genutzt, was mit der begrifflich nicht eindeutigen Abgrenzung gegenüber Muslimen/Islam und den extremistischen Strömungen zusammenhängt. Im Folgenden werden wir mit dem Begriff ‚islamistischer Extremismus' arbeiten, doch ist es wichtig zu betonen, dass ähnliche Begriffe wie christlicher Extremismus, jüdischer Extremismus etc. in diesem Buch ohne „-ismus" benutzt werden.

Der Begriff Islamismus ist nicht eindeutig. Wie schon gesagt, wird er häufig mit dem Extremismusbegriff gleichgesetzt. Matenia Sirseloudi versteht unter dem Begriff Islamismus „die aktive Werbung für islamische Glaubensätze, Vorschriften, Gesetze oder Politikprogramme"[729], d. h., mit dieser Fassung des Islamismus wird jede politische Durchsetzung des Islams (nicht nur in extremistischer Weise) verbunden. Eine andere Terminologie gibt der Islamforscher Luboš Kropáček vor, der als islamischen Extremismus nur die terroristische Variante des Islamismus[730] bezeichnet. Nach Guido Steinberg und Jan Peter Hartung bezeichnet Islamismus „dasselbe wie die ebenfalls verbreiteten Begriffe politischer Islam,

[727] Silke Wolf: Islamistischer Extremismus. In: Ministerium des Innern des Landes Brandenburg (Hrsg.): Integration, Radikalisierung und islamistischer Extremismus – Materialien des brandenburgischen Verfassungsschutzes. Potsdam 2010. S. 11–20.

[728] Gisbert Gemein – Hartmut Redmer: Islamischer Fundamentalismus. Münster 2005. S. 141.

[729] Matenia Sirseloudi: Radikalisierungsprozesse in Diaspora. In: Aus Politik und Zeitgeschichte, Jg. 57, Nr. 44. S. 40.

[730] Luboš Kropáček: Islámský fundamentalismus. Prag 1996. S. 32.

Fundamentalismus oder – meist im französischen Sprachraum verwandt – Integrismus“[731]. Demgegenüber lehnen Gisbert Gemein und Hartmut Redmer die Begriffe Islamismus und Fundamentalismus als Synonyme ab und schreiben: „Der Begriff Islamismus bleibt allerdings der relativ jungen politischen Bewegung seit den 1970er Jahren vorbehalten, zu deren unmittelbare Vorgeschichte die 1928 gegründete Muslimbruderschaft gehört. Nicht von diesem Begriff des Islamismus erfasst ist der heute als fundamentalistisch eingeschätzte saudische Wahhabismus, der oft als eine orthodoxe Form des Islams beschrieben wird“[732]. Sibylle Wentker versteht unter dem Islamismus „die politische Richtung des islamischen Fundamentalismus, in dem es um die Errichtung eines islamischen Systems, also eines islamischen Staates geht“[733] und Stephan Rosiny versteht darunter „[...] die zeitgenössische Variante einer religiösen Ideologie [...] die eine ganzheitliche, alle Bereiche des gesellschaftlichen und politischen Lebens durchdringende, an die heutigen Umstände angepasste Neuinterpretation des Islams anstrebt.“[734] Hier wird der Begriff Islamismus (sowie islamistischer Extremismus) auch für diejenigen fundamentalistischen Varianten des Islams verwenden, die im tiefen Kontrast zu Werten der liberalen Demokratien stehen (d.h. im Grunde alle Varianten, einschließlich des saudischen staatszentrierten Wahhabismus). Dementsprechend wurde hier eine Begriffsbildung nach dem verfassungspolitischen Ansatz vorgenommen. Eine eher der Cleavage-Theorie angelehnten Begriffsbildung könnte den islamischen Extremismus als Reaktion auf die Modernisierung verstehen, Mit Scheuch/ Klingemann als Reaktion auf die neu auftauchenden Anforderung der sozialen Mobilität, die mit der Industrialisierung einhergeht.

> „Islamistische Bewegungen weisen einen starken Rückbezug auf eine idealisierte Frühzeit des Islams, die Zeit der ‚frommen Altvorderen‘ auf.“
>
> Guido Steinberg – Jan Peter Hartung, Islamistische Gruppen und Bewegungen. In Werner Ende – Udo Steinbach (Hrsg.): Der Islam in der Gegenwart. Bonn 2005, S. 681–695, hier S.681.

Die Grundvarianten des Islamismus sind aus ideologischer und theologischer Sicht von der konfessionellen Teilung des Islams geprägt. Deshalb kann man von einem sunnitischen (mit manchen Abspaltungen) wie von einem schiitischen Extremismus sprechen (kleinere Sekten, meistens von der Schia abgespalten, wie z.B. Ismailiten, Alawiten, Drusen, Ahl-i haaqq, Yeziden, Bahais oder Ahmadis[735] sind aus der Sicht der Extremismusforschung bisher als wenig relevant eingestuft worden. Diese Varianten können aber auch zu gemeinschaftlichem Handeln führen (was z.B. die gegenwärtige iranische Hilfe für die Hamas zeigt).

---

731 Guido Steinberg, Jan Peter Hartung: Islamistische Gruppen und Bewegungen. In: Werner Ende, Udo Steinbach (Hrsg.): Der Islam in der Gegenwart. Bonn 2005. S. 681.

732 Gemein, Redmer. S. 15.

733 Sibylle Wentker: Fundamentalismus und Islamismus – Definition und Abgrenzung. In: Walter Feichtinger, Sibylle Wentker (Hrsg.): Islam, Islamismus und islamischer Extremismus. Wien/Köln /Weimar 2008. S. 37.

734 Stephan Rosiny: Islamismus bei den Schiiten im Libanon – Religion im Übergang von Tradition zur Moderne. Studien zum Modernen islamischen Orient Bd.8. Berlin 1996. S. 2.

735 Werner Schmucker: Sekten und Sondergruppen. In: Werner Ende, Udo Steinbach (Hrsg.): Der Islam in der Gegenwart. Bonn 2005. S. 712–732.

Hamas

Die Hamas verkörpert eine islamische (z.T. paramilitärische) Organisation in den palästinensischen Autonomiegebieten. Seit 2006 beteiligt sie sich an allgemeinen Wahlen. Viele Staaten stufen sie als eine terroristische Organisation ein. Die Hamas entwickelte sich aus der Muslimischen Bruderschaft heraus. Grundlegend sind auch heute die in ihrer Charta von 1988 niedergelegten Grundsätze, wonach dem Staate Israel das Existenzrecht abgesprochen und die Schaffung eines islamischen Staates im alten Mandatsgebiet Palästina angestrebt wird – auch mit Mitteln des Terrors. Die Hamas hat insbesondere im Gazastreifen, den sie nach gewaltsamen Auseinandersetzungen mit der Fatah, die als korrumpiert dargestellt wird, quasi eine politische Monopolstellung, einen großen Rückhalt in der Bevölkerung. Dies zeigte sich nach den Wahlen zum palästinensischen Legislativrat im Jahre 2006, als sie die absolute Mehrheit erringen sollte. Sie erfreut sich aufgrund ihres sozialpolitischen Engagements großer Beliebtheit.

6.3 Verschiedene Strömungen des islamistischen Extremismus

6.3.1 Sunnitischer Extremismus

Die wichtigste Variante des heutigen sunnitischen Extremismus hat seine Wurzeln in der Muslimbruderschaft (MB) (arabisch Jama'at al-Ikhwan al-muslimin), die im Jahre 1928 in Ägypten gegründet wurde. Zu den Hauptideologen dieser Strömung gehörte ihr Gründer Hassan al-Banna (1906–1949) sowie – in den 50er und 60er Jahren – der Schriftsteller Sayyid Qutb (1906–1966). Die Muslimbruderschaft hat sich als eine Widerstandorganisation gegen die Kolonialisierung durch europäische Mächte entwickelt, gegen die Säkularisierung des islamischen Raums (vor allem im Nahen Osten) und gegen die Annäherung zwischen arabischen Regimes und Israel[736]. Von Ägypten aus expandierte die MB in die Region; sie hat auch die Islamisierung des palästinensischen Widerstandes stark beeinflusst. Von der MB haben sich mehrere radikale Organisationen abgespalten. Die früheren Mitglieder der MB haben sich auch an der Gründung von Al-Qaida in den 80er Jahren beteiligt[737].

---

736 Benjamin Dörfler: Die Organisation der Muslimbrüder in Ägypten. In: Walter Feichtinger, Sibylle Wentker (Hrsg.): Islam, Islamismus und islamischer Extremismus. Wien/Köln /Weimar 2008. S. 77–88.

737 Wilhelm Dietl, Kai Hirschmann, Rolf Tophoven: Das Terrorismus Lexikon. Frankfurt a.M. 2006. S. 157–158.

Muslimbruderschaft

Die Muslimbruderschaft begann nach und nach, Einfluss auf das politische Ägypten zu nehmen und ein reaktionäres System im strengen Geiste des Islams zu etablieren. Diese islamische „Reformbewegung“ war ideologisch beeinflusst von den totalitären Herrschaftsideologien vor 1945. Beinahe wäre der Muslimbrüderschaft die Eroberung der Macht in Ägypten gelungen. General Nasser, der als einer der führenden Initiatoren des „Komitees der Freien Offiziere“ 1952 den Sturz der Monarchie herbeiführte und seit 1954 als ägyptischer Staatspräsident fungierte und über Jahre die führende Figur der Geltendmachung arabischer Interessen in der Welt war, hatte die Muslimbrüderschaft verfolgt und vertrieben. Ihr Schutzpatron wurde Saudi-Arabien, das äußerst komfortable finanzielle Zuwendungen lieferte. Die Muslimbruderschaft stieg zur bestorganisierten politischen Bewegung in der arabischen Welt auf. Anwar el-Sadat, der Nachfolger Nassers und anfänglich selbst Angehöriger der Bruderschaft, ließ dieser zunächst freien Handlungsspielraum; aber diese dankte es ihm nicht, als er seine Friedenspolitik gegenüber Israel einleitete. Die MB manifestierten sich als Oppositionspartei gegen das Sadat-Regime, waren aber nicht an dessen Ermordung im Jahre 1981 beteiligt. Nachdem sich in den 1970er Jahren eine extremistische Richtung von der Bruderschaft abgespalten hatte, nimmt sie gegenwärtig eher eine reservierte Position in der ägyptischen Politik ein, was sich auch an ihrer eher passiven Haltung beim Sturz des Mubarak-Regime zeigt.

Mit traditionalistischen Werten des Islam wurden die religiösen Strömungen verbunden, die sich schon viel früher als die MB etablierten, und die aufgrund der globalen Entwicklung in der zweiten Hälfte des 20. Jahrhunderts einen starken politischen Einfluss erworben haben. Dabei handelt es sich erstens um die sogenannten Deobandis, die von der im Jahr 1866 gegründeten islamischen Hochschule Dar ul-Ulum Deoband (Haus des Wissens im indischen Deoband) inspiriert wurden[738]. Diese Strömung besaß Einfluss vorwiegend in Pakistan, Afghanistan und Indien.

Deobandis

Zu den fundamentalen Grundsätzen des Deobandi-Glaubens gehört der Jihad sowie die Gegnerschaft sowohl zu Schiiten als auch den dem schiitischen Kontext angehörenden Aleviten. Sie vertreten eine strenge Islamauslegung, indem sie eine *Revitalisierung* eines originären Islam predigen, weil der Islam durch die Penetrierung des Westens und dessen Amoralismus und Materialismus in seinem Kern verfälscht worden sei. In Europa sind die Deobandis vor allem in Großbritannien verbreitet.

738 Thomas Schmidinger: Politischer Islam mit indischem, pakistanischem und afghanischem Migrationshintergrund. In: Thomas Schmidinger, Dunja Larise: Zwischen Gottesstaat und Demokratie – Handbuch des politischen Islam. Wien 2008. S. 210.

Zweitens handelte es sich um die Wahhabiten, die ihre Wurzeln im ultrakonservativen Denken von Abd al-Wahab im 18. Jahrhundert hatten. Wahab hat ein Bündnis mit Muhammad Ibn Saud in der zentralarabischen Region geschlossen[739], und bis heute ist der *Wahhabismus* die Staatsideologie im theokratischen Saudi Arabien, doch reicht dessen Einfluss auch in andere Regionen (Kaukasus, Balkan etc.). Der Wahhabismus stand im 18. und 19. Jahrhundert in Opposition zum Salafismus, der damals als Reformbewegung entstand; heute zählt er sich zu den fundamentalistischen Strömungen. Die Salafiten sind in verschiedenen extremistischen Strukturen organisiert und arbeiten mit Wahhabisten zusammen[740]. Etymologisch ist das Wort Salafismus abgeleitet von dem Nomen Salaf, was man mit Vorfahre oder Vorgänger übersetzen kann. Der Salafismus ist als fundamentalistische Variante der islamischen Religion zu begreifen, der davon ausgeht, die reine authentische Lehre des Propheten zu repräsentieren und alle jene mit Verachtung zu bestrafen, die davon abweichen. In seinen religionsgeschichtlichen Grundlagen geht der Salafismus auf die Lehre al-Wahhabs zurück. Sein Denken ist rein manichäisch aufgebaut: Es existiere nur Gutes (Islamisches) oder Böses (Nicht-Islamisches), Differenzierungen werden nicht zugelassen. Oft werden Salafismus und Sufismus verwechselt – der Sufismus ist eine mystische Glaubenslehre, der eine innere Dimension des Islams aufgreift. Tatsächlich werden die Sufisten von den rigiden islamistischen Bewegungen verurteilt, weil ihre Lehre heterodox sei.[741]

Neben den genannten Hauptströmungen des extremistischen sunnitischen Islam kann man auch viele spezifische regionale Gruppierungen finden, z.B. der wachsende türkische und pantürkische Islamismus (als Erbe des Osmanischen Reichs) oder ostasiatische islamistische Strömungen etc.

> Wahhabismus
>
> Der Wahhabismus erscheint zweierlei: eine auf die arabischen Beduinenstämme zugeschnittene Variante des Islam, welche (in scharfer Abgrenzung zum Luxus der städtischen Händler) eine strenge Form des sunnitischen Islam mit rigiden sozialen, rechtlichen und moralischen Vorschriften besitzt. Abd al-Wahab strebte in dem Bündnis mit den Sauditen eine autoritäre Theokratie an, in welcher der Staat als der oberste Garant des islamischen Rechts (Scharia) auftritt. Insoweit lässt sich der Wahhabismus im zweiten Sinne als eine Reform- oder, wenn man will – als Erneuerungsbewegung des sunnitischen Islam auffassen, der die Restitution der ursprünglichen Lehren Mohammeds mit Gewalt und Zwangsmitteln auf der arabischen Halbinsel durchsetzte.

6.3.2 Schiitischer Extremismus

Die Schia ist ursprünglich eine religiös-politische Bewegung, und die in ihr enthaltenen traditionellen Topoi sind die des Kampfes für soziale Gerechtigkeit und der Überwindung der (ungerechten) sozialen Verhältnisse. An die Tradition des gewalttätigen Aktivismus, wie etwa die Assassinen, eine terroristische ismaelitische Sekte im Iran des 11. und 12. Jahrhunderts,

---

739 Schmidinger 2008. S. 69.
740 Schmidinger 2008. S. 70–71.
741 Fréderik Volpi: Political Islam – a critical reader. London/New York 2011. S. XV.

sie begründeten, knüpften die in der ‚Befreiungsbewegung des Iran' zusammengeschlossenen Gruppierungen an, um sich gegen die Herrschaft des säkular orientierten Schahs zu stemmen, der ein sehr autoritäres Regime im Iran installierte und alles andere als ein Demokrat war.

6.3.3 Iran

Um das Jahr 1950 keimte die Bewegung für die Nationalisierung des iranischen Öls auf. Die sich daraus entwickelnde Protestbewegung schuf eine Verbindung zwischen Religion und Politik. Die Bewegung zur Nationalisierung des iranischen Öls wurde von Mohammed Mosaddeq angeführt, der die Nationale Front (Jebhe Melli) mit anderen zusammen gegründet hatte. Die Nationale Front war eine Dachorganisation, in der mehrere Parteien zusammengefasst waren (Toilers Party, National Party, and the Tehran Association of Bazaar Trade and Craft Guilds[742]). Die Nationale Front kritisierte dabei hauptsächlich die Verwestlichung iranischer Ressourcen und machte die Anglo-Persian Oil Company (APOC) zu einem Präzedenzfall. Die Nationalisierung der Unternehmung führte später zur Krise von Abadan, in der die westlichen Länder Sanktionen gegen den Iran verhängten. Einige Bewegungsteilnehmer islamisierten den sozialen Protest, der eigentlich nationalistischer Natur war. Hier lässt sich eine Ähnlichkeit in der Gegnerschaft zu ausländischen Firmen erkennen, die auch im Marxismus südamerikanischer Prägung eine Rolle spielte. Im Iran formierte sich der *nationalistische* Protest gegen die Anglo-Iranian Oil Company (firmierte bis 1935 als Anglo-Persian Oil Company und wurde 1954 British Petrol), während sich der Protest in Südamerika gegen die United Fruit Company richtete. Beide Unternehmen wurden als Vorhut der westlichen ‚imperialistischen Kräfte' betrachtet. Im Iran ermöglichte dieser gemeinsame äußere Feind Zusammenschlüsse ungleicher Partner, etwa den Anhängern Mosaddeqs, Tudeh-Anhängern und den Islamisten. Zu der Protestbewegung zählte auch die hochschulstudentische Islamische Assoziation (HSIA), die ‚Bewegung Gottesgläubiger Sozialisten' (auch: Gottverehrenden Sozialisten) (Sosialistha-ye Choda Parast), die eine Gruppe innerhalb der Iranischen Partei war und das „Zentrum zur Propagierung von islamischen Wahrheiten" (Kanun-e Nashr-e Haqayeq-e Eslami). Später spaltete sich die Bewegung Gottesgläubiger Sozialisten von der Iranischen Partei ab und nannte sich um in ‚Liga für die Freiheit der Iraner'. Die Liga transformierte sich bald (1954) zu einer Partei: die ‚Iranische Volkspartei' (Nehzat-e-Moqavemat-e Melli). Mosaddeq wurde 1953 gestürzt. Laut BBC[743] hatten der britische sowie der amerikanische Geheimdienst CIA aktiven Anteil am coup d'état. Der Iran ist in Deutschland im Bereich des Ausländerextremismus insbesondere im Jahr 1967 aufgefallen, als der Schah Reza Pahlavi dem Land einen Besuch abstattete. Am 02. Juni 1967 wurden gezielte und organisierte Angriffe auf Anti-Schah-Demonstranten durch die Schah-Anhänger („Jubelperser") verübt, die umstehenden Polizeikräfte der Bundesrepublik leisteten den Demonstranten keine Hilfe. Eine umfassende strafrechtliche Aufarbeitung gegen die iranischen Angreifer steht noch aus, genauso wie gegen die damals im Dienst stehenden Polizisten, die Hilfe unterließen und zum Teil selbst gegen die Demonstranten handgreiflich wurden. Diese Akte des

742 Ervand Abrahamian: A History of Modern Iran. Cambridge 2008. S. 115.
743 Vgl. http://www.bbc.co.uk/radio4/history/document/document_20050822.shtml

Ausländerextremismus strafrechtlich nicht verfolgt zu haben bleibt einer der großen Skandale der Bundesrepublik Deutschland.

Der gegenwärtige schiitische Extremismus entwickelte sich im allgemeinen aus Ideen der islamischen Revolution im Iran und aus der Lehre von Ruhollah Khomeinis, aber auch der Ideologie des in Deutschland nahezu unbekannten Denkers Ali Schariati, den das iranische Regime heute immer mehr in den Hintergrund rückt. Schariati bereitete der islamischen Revolution den Boden, indem er die ‚Religion' des Islam zur ‚Ideologie' des Islam umdeutete.[744]. Dies brachte ihn in Opposition zu den orthodoxen Klerikern und zum Schah-Regime. Die hier propagierten Lehren entspringen Quellen theologisch-ideologischer Vorstellungen schiitischer Splittergruppen aus den vierziger und fünfziger Jahren des 20. Jahrhunderts (wie z.B. die Gemeinschaft der Glaubenskämpfer für den Islam – Jam'iyat-e Feda'iyane- Eslam) und manch andere[745], etwa der Mystik (z.B. Mohammad Iqbal) und der Reformtheologie (z.B. Mohammad Abduh 1849–1905, Jamal-ud-Din al-Afghani (1839–1897)). Insbesondere die Aufspaltung von Gut und Böse findet im schiitischen Islamismus eine ältere Wurzel, die auf den binären Code Unterdrücker/Unterdrückte konzentriert ist. Die Unterdrückten sind die Nutznießer einer Revolution islamischer Prägung. Die Unterdrücker, die Herrscher und Reichen, sind diejenigen, die den Namen des Islams missbrauchen und abgesetzt werden müssen.[746] Dieser mythische Kampf zwischen Gut und Böse ist dem Parsismus entnommen.

Der persische Prophet Zoroaster (ca. 600 v. Chr.) entwickelte den Parsismus. Der Parsismus geht davon aus, dass sich die Welt in einem ewigen Kampf zwischen Licht und Finsternis befindet. Der Gott des Lichts, Ahura Mazda, kämpft in einem mythischen Bild gegen den Gott der Finsternis, Ahriman (oder Angra Manju), den Herrscher der materiellen Welt. Die Existenz des Menschen in der materiellen Welt wird als Produkt des Sündenfalls betrachtet. Der Körper ist diesem Verständnis nach das Gefängnis der Seele, der Lichtwesen. Die Lichtwesen befinden sich in einer Art Dämmerzustand, gefesselt im Körper durch das Vergessen. Nur durch die Erkenntnis der eigenen Lichtnatur ist eine Befreiung aus der materiellen Welt möglich.

Der schiitische Extremismus ist heute durch die politische Praxis des iranischen Regimes und seiner Verbündeten (wie z.B. die libanesische Bewegung Hezbollah sowie schiitischer Gruppen im Irak) geprägt.

Die Hezbollah ist eine schiitische Untergrundbewegung im Libanon, die zum ersten Mal nach der Besetzung des Süd-Libanons durch die Israelis 1982 in Erscheinung trat. Sie formierte sich als paramilitärische Organisation und führte gegen die israelischen Besatzer einen guerillaähnlichen Krieg, z.T. mit schweren Waffen und mit Selbstmordattentaten. In den 90er Jahren wandelte sich die Organisation in eine politische Gruppierung und nahm an allgemeinen Wahlen im Libanon teil (sog. „Libanonisierung" der Hezbollah). Gleichwohl gehen die terroristischen Anschläge weiter. Aber die Hezbollah hat in der libanesischen Bevölkerung

[744] Ali Rahnema: An islamic utopian – a political biography of Ali Schariati. London/New York 1998. S. 287

[745] Walter Posch: Islam und Revolution in Iran oder Schiismus und Politik. Walter Feichtinger, Sibylle Wentker (Hrsg.): Islam, Islamismus und islamischer Extremismus. Wien/Köln/Weimar 2008. S. 109f.

[746] Siehe: Ali Schariati: a message to the enlightened thinkers – surah al rum, the romans. http://www.shariati.com/rome/rome1.html

einen recht guten Rückhalt, was sich u.a. darin ausdrückt, dass sie ein fester Bestandteil der Parteienlandschaft geworden ist. Ihr politisches Ziel ist eine an den Iran angelehnte Transformierung des Libanon in eine schiitische Theokratie. Der Iran ist auch der größte Geldgeber der Bewegung.

6.3.4 Baathismus und Extremismus

Eine spezifische Problematik stellt die Beziehung zwischen Baathismus und Extremismus dar. Der Baathismus entwickelte sich als Bestandteil des sog. arabischen Sozialismus, der sich seit der ersten Hälfte des 20. Jahrhunderts in dieser Region zu entfalten begann und der aus einem Konglomerat panarabischer, nationalistischer, sozialistischer und gemäßigter islamischer Ideen, die zum Teil einander widersprechen, besteht. Der Name dieser Bewegung ist von der Baath Partei (Arabische Sozialistische Partei der Wiedererweckung), die im Jahre 1940 gegründet wurde, abgeleitet. Die baathistischen Regime und Parteien (im Irak, in Syrien etc.) beinhalten in ihren Programmatiken extremistische Elemente, die aber eher bonapartistischen Tendenzen[747] und kulturellen Determinanten des Vorderen Orients geschuldet sind als einer zielgerichteten „Extremisierung" des Islams. Doch aus pragmatischen Gründen haben manchmal baathistische Diktaturen islamische Aufrufe zu ihren Zwecken genutzt, wie z.B. Saddam Hussein nach der Invasion der USA im Jahre 2003. Die Geheimdienste der baathistischen Regimes haben mit islamistischen Gruppen zusammenarbeitet (Syrien hat z.B. die Hamas unterstützt); sie haben sich aber nicht gescheut, aus Gründen der Staats- und Parteiräson die sich im Untergrund befindende islamistische Opposition zu unterdrücken[748]. Ähnlich lassen sich islamische Appelle[749] des libyschen Führers Muammar al-Gaddafi (der aber kein Baathist ist) bewerten. Der im Frühjahr 2011 ausgebrochene libysche Bürgerkrieg hat hier zu einer völlig neuen Situation geführt, deren Auswirkungen noch abgeschätzt werden müssen.

6.3.5 Aufgeklärter Islam, Euroislam, Pop-Islam

In der heutigen Welt lassen sich verschiedene Varianten der islamischen Politik finden. Manche dieser Varianten sind von eher undogmatischer Natur, manche fanatisch orientiert wie islamistisch-fundamentalistische Varianten des islamischen Extremismus.

Es handelt sich nicht nur um einen im Volk verwurzelten Islam, sondern auch um einen aufgeklärten Islam[750]. In Europa werden die modernisierten Varianten als Euroislam bezeichnet[751]. Im Kontext der Übernahme des westlichen jugendkulturellen Stils durch die muslimi-

---

747 Hanz Brakemeier: Arabischer Sozialismus. In: Carola Stern, Thilo Vogelsang, Erhard Klöss, Albert Graff (Hrsg.): dtv-Lexikon zur Geschichte und Politik im 20. Jahrhundert. München 1974. S. 38.

748 Miroslav Mareš: Terorismus v ČR. Brünn 2005. S. 72.

749 Gaddafi hatte im Jahr 2010 in Italien gesagt, das ganz Europa zum Islam konvertieren solle. ČT 24, Kaddáfí vyzval Evropu, aby konvertiovala k islámu. http://www.ct24.cz/svet/99969-kaddafi-vyzval-evropu-aby-konvertovala-k-islamu/.

750 Gemein, Redmer. S. 141.

751 Jytte Klausen: The Islamic Challenge. Oxford 2005. S. 97.

sche Jugend ist auch der Ausdruck Pop-Islam geprägt worden[752]. Der sog. Arabische Frühling, der eine Welle von Protesten in arabischen Ländern wie Tunesien, Ägypten oder Libyen gegen die etablierten autoritären Regimes im Frühjahr 2011 hervorgerufen hat, wurde in wesentlichen Teilen von der Jugendgeneration getragen. Diese Generation ist von modernen islamischen Medien (wie z.B. der Fernsehsender al-Jazeera) beeinflusst und nutzt verschiedene neue Technologien. Deshalb werden diese Ereignisse auch als Facebook-Revolution, Youtube-Aufstand, SMS-Demos oder Twitter-Revolte[753] bezeichnet. Diese Modernisierung bedeutet, dass bestimmte islamistische Dogmen abgelehnt werden. Meistens handelt es sich im Falle des aufgeklärten Islam und den damit zusammenhängenden Varianten und Ereignissen um eine „De-Extremisierung" des islamischen Raums, doch in manchen Teilen der neuen islamischen Bewegungen können die intoleranten (oft auch als anti-westlich bezeichneten) oder rein extremistischen Elemente weiterhin ihre Wirkung entfalten. Viele Aktivisten dieser Strömungen lehnen auch heute die westlichen demokratischen und menschenrechtlichen Standards (Frauenrechte, LGBT [Lesbian, Gay, Bisexual, Transgender]-Rechte) ab. Sie grenzen ihre Identität ab, was zunächst ein intolerantes Identitätsgefüge ausweist – meist gegen die USA, ‚den' Westen insgesamt und Israel gerichtet. Hierbei handelt es sich jedoch nicht grundsätzlich um islamistische Dogmen.

6.4 Merkmale des islamistischen Extremismus

6.4.1 Ideologische Merkmale des islamistischen Extremismus

Der Islamismus ist heute mehr eine politische Ideologie als ein religiöses Phänomen. Nach Gisbert Gemein und Hartmut Redmer verfügt er über eine dezidiert gesellschaftspolitische Zielsetzung, die „aus einem koranischen Auftrag gefolgert [ist]" und die Utopie einer „nicht nur Gott gehorchenden, sondern islamischen Welt" entwickelt[754]. Es handelt sich um einen politischen Missbrauch der Religion, wie sie bereits mit dem Begriff der politisierten Religion (die quasi das Gegenüber der Politischen Religion ist) beschrieben ist. Die wichtigsten Merkmale des Islamismus (im Unterschied zum nicht-islamistisch geprägten Islam) sind in der folgenden Tabelle dargestellt, die die Forschungsergebnisse von Olaf Farschid und Ekkehard Rudolf[755] wiedergeben.

---

752 Götz Nordbruch: Islamische Jugendkulturen in Deutschland. In: Aus Politik und Zeitgeschichte, Jg. 57, Nr. 27, 2010, S. 34–38.

753 Asiem el Difraoui: Die Chance zum echten Dialog. Berlin 2011. http://www.swp-berlin.org/de/kurz-gesagt/dialog-mit-der-arabischen-jugend.html.

754 Gemein–Redmer 2005. S. 142.

755 Siehe: Olaf Farschid, Ekkehard Rudolph: Zeitgenossische Akteure der Muslimbruderschaft – Eine extremismustheoretische Analyse der legalistischen Islamismus. In: Armin Pfahl-Traughber (Hrsg.): Jahrbuch für Extremismus- und Terrorismusforschung 2008. Brühl 2008. S. 406–409.

Religions-verständnis	„Als wichtigstes Kennzeichen der islamistischen Ideologie gilt die Ableitung eines explizit politischen Anspruchs der islamistischen Religion, dem mit dem Slogan, der Islam sei ‚Religion' und ‚Staat' (al-islam din wa daula), Nachdruck verliehen wird."
Scharia	„Bezüge auf das islamische Recht gelten dann als islamistisch, wenn dieses nicht allein als Rechtssystem, sondern als ein spezifisches und gesellschaftliches Ordnungsprinzip verstanden wird".
Koran und Sunna	„Islamistisch sind Bezüge auf den Koran und Sunna dann, wenn diesen beiden wichtigsten religiösen Quellen Verfassungsrang bzw. die Funktion eines Gesetzbuchs mit Vorbildcharakter für politisches Handeln in einem künftigen – als ‚islamischer Staat' bezeichneten – islamistischen Staatswesen zugeschrieben wird".
Herrschafts-theorien	„Als islamistisch gelten ferner Versuche, spezifische Herrschaftskonzepte durch Bezüge auf vermeintlich religiöse Grundlagen zu legitimieren."
Abgrenzungs-mechanismen und Feindbilder	„Als islamistisch gelten – neben dem Anspruch auf absolute Wahrheit – Zurückweisungen des Prinzips des Säkularismus, der Trennung von Religion und Staat. Dies gilt auch für Abgrenzungen gegenüber den politischen Systemen der Herkunftsländer sowie gegenüber westlichen – als ‚unislamisch abgelehnten" – Demokratiemodellen. Islamismusrelevant sind auch die Feindbilder von ‚Juden' und ‚Christen', die Nichtmuslime als vermeintliche ‚Ungläubige' diffamieren und die häufig auf einer dichotomischen Zweiteilung der Welt auf ‚Gebiet des Islam' (dar al-islam) und ein ‚Gebiet des Krieges' (dar al-harb) basieren".
Jihad-Konzepte	„Da es sich um einen Ausdruck religiöser Legitimation von Gewalt handelt, die sowohl das Völkerrecht als auch nationale Verteidigungsrechte ignoriert, gelten sämtliche Bezüge auf die militante Variante des Dschihad (in der Bedeutung von Kampf und kriegerische Handlung) als islamistisch".

Abb. 6.2 *Kriterien zur Abgrenzung des Islamismus. Farschid, Rudolf.*

Der Islamismus knüpft an eine als ‚Tradition' bezeichnete kriegerische Auseinandersetzung an, die die Muslime im Laufe ihrer Geschichte gegen eindringende Mächte geführt haben, z.B. die Kriege gegen die christlichen Kreuzzüge im Mittelalter (mit dem ‚Hauptidol' Saladin), antikoloniale Kriege, Kriege gegen Israel (seit Gründung des modernen jüdischen Staats), gegen die Sowjetunion und kommunistische Infiltrationsversuche (meist in Bezug auf den Kampf gegen die Sowjetunion in Afghanistan in den 80er Jahren sowie in Bezug auf die Einmischung der Kommunisten in die Politik der islamischen Staaten während des Kalten Krieges) und gegen die USA und westliche Staaten allgemein (im Sinne einer Abwehrhaltung gegenüber Liberalisierung, Dekadenz und Imperialismus). Die Liste der Feindbilder des heutigen Islamismus umfassen laut Thomas Schmidinger und Dunja Larise meist Liberale, Kommunisten, Sozialisten, Juden, Christen, Amerikaner, Sexual-Revolutionäre, Feministinnen und Homosexuelle[756]. Für manche Islamisten bestimmter Konfessionen ist auch die Bekämpfung der rivalisierenden Glaubensrichtungen (auch mit terroristischen Mitteln) wichtig, wie z.B. die Auseinandersetzungen zwischen Sunniten und Schiiten im Irak verdeutlichen[757]. Immer wieder muss man sich ins Gedächtnis rufen, dass die größte Opferzahl des Islamismus selbst Muslime sind, die Muslime also die am stärksten betroffene Gruppe des Islamismus ist.

Saladin

Der ägyptische Sultan Saladin (1137/38–1193) wird in der islamischen Welt hochverehrt und zum Mythos verklärt, weil er gegen die Kreuzfahrer losschlug und am 2. Oktober 1187 Jerusalem für den Islam zurückeroberte. Damit löste er den 3. Kreuzzug aus, der zur Rückeroberung Akkons 1191 durch die Kreuzfahrer führte, aber nicht zu derjenigen Jerusalems. Einer seiner großen Gegenspieler war der englische König Richard Löwenherz. Auch in der abendländischen Geschichtsschreibung und Literatur (man denke an Lessings „Nathan der Weise") ist ihm ein gebührender, geradezu respektvoller Platz eingeräumt worden.

Die Islamisten versuchen, die gemäßigten Muslime zu radikalisieren und für extremistische Ziele einzuspannen. Laut dem Ministerium des Innern des Landes Brandenburg sind die Merkmale der Radikalisierung:

- „Strenger werdende Religionsauslegung
- Sichtbare äußere Veränderungen (Kleidung, Verhalten, etc.)
- Veränderung des Umfeldes, Abgrenzung von der Familie, Hinwendung zu ‚neuen Freunden' mit radikalem Hintergrund
- Äußerung von islamistischen Parolen
- Religion wird zum Dauerthema und zur Erklärung für alles
- Freund-Feind-Sichtweise der Welt
- Der Islam wird als Lösung, der Westen als Ursache aller Probleme gesehen.
- Die eigene religiöse Strenge wird auch von der gesamten Gesellschaft gefordert.
- Muslime mit anderen Ansichten werden als Ungläubige beschimpft.
- Fester Kontakt zu anderen extremistischen und radikalen Personen
- Besuch bekannter radikaler bzw. islamistischer Moscheen und Prediger
- Teilnahme an Islamseminaren mit radikalen Predigern
- Konsum von jihadistischen Gewaltvideos, Besuch islamistischer Webseiten
- Survivalwochenenden, Nahkampfübungen und ähnliche militärische Betätigungen mit anderen, als radikal geltenden Personen
- Zunehmende Bereitschaft zur aggressiven und gewalttätigen Durchsetzung religiöser oder religiös gefärbter politischer Forderungen gegenüber anderen

[756] Thomas Schmidinger, Dunja Larise: Ideologeme des politischen Islam. In: Thomas Schmidinger, Dunja Larise: Zwischen Gottesstaat und Demokratie. Handbuch des politischen Islam. Wien 2008. S. 33–46.

[757] Siehe: Landesamt für Verfassungsschutz Sachsen: Sächsisches Handbuch zum Extremismus und zu sicherheitsgefährdenden Bestrebungen. Dresden 2009. S. 165–168.

- Kriminelle Aktivitäten, vor allem wenn sie mit Verweis auf die Minderwertigkeit der Ungläubigen oder gegen Personen verübt werden
- Längere Reisen ins Ausland, Besuch von Sprachschulen oder militärischen Ausbildungslagern
- Verheimlichungsbemühungen (Passverluste, etc.)
- Unerklärliche Geldeinkünfte, plötzliche Verschuldung im großen Stil
- Eventuell abrupte Abkehr von der eigenen Radikalität (Rückkehr zu westlicher Kleidung, Besuch von Partys, etc.)“[758].

Mitchell D. Silber and Arvin Bhatt[759] unterscheiden demgegenüber vier Phasen der Radikalisierung:

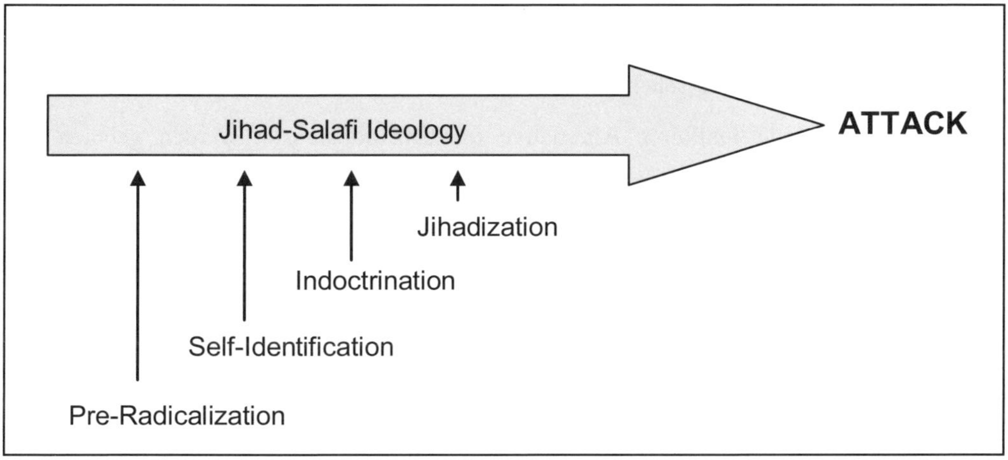

Abb. 6.3 *Radikalisierungsphasen. Silber, Bhatt.*

Der österreichische Verfassungsschutz unterscheidet sogenannte Push- und Pull-Faktoren. Das Phänomen der Radikalisierung und Rekrutierung sei ein komplexer Prozess. Die Push- und Pull-Faktoren bedingten sich wechselseitig. Die Push-Faktoren, voraussetzende Faktoren, werden vom österreichischen Verfassungsschutz folgendermaßen beschrieben:

„Die so genannten push-Faktoren bilden sich auf multidimensionalen Ebenen und haben direkte Auswirkungen auf die betroffene Person. Individuelle (Persönlichkeit, Lebenserfahrung, Identität, religiöser Glaube), soziale (Familie, Freunde, religiöse Anführer, die Gesellschaft im Allgemeinen, Medien, religiöse Gemeinschaft, Internet) sowie situationsbedingte

---

758 Ministerium des Innern des Landes Brandenburg: Islamistischer Extremismus als Bedrohung von Freiheit und Demokratie. In: Ebd. (Hrsg.): Integration Radikalisierung und islamistischer Extremismus – Materialien des brandenburgischen Verfassungsschutzes. Potsdam 2010. S. 31.

759 Mitchell D. Silber, Arvin Bhatt: Radicalization in the West – The Homegrown Threat. NYPD-Report. http://www.nypdshield.org/public/SiteFiles/documents/NYPD_Report-Radicalization_in_the_West.pdf

Faktoren (Lebensbedingungen, Ereignisse auf lokaler und globaler Ebene) können als so genannte push-Faktoren bezeichnet werden."[760]

Die Pull-Faktoren seien identitätsbildende Alternativen und böten eine Abgrenzungsfunktion. Die Rhetorik bietet den Haupteinfluss der Pull-Faktoren:

„Im islamistisch-extremistischen Kontext bilden vorwiegend die salafistisch-jihadistische Ideologie und die damit verbundene radikale Rhetorik markante pull-Faktoren. Die salafistisch-jihadistische Ideologie – vorwiegend das Konzept des Globalen Jihad – ist bereits weltweit verankert und wird durch Instrumentalisierung der Medien verbreitet. Insbesondere die Radikalität der Rhetorik im Zusammenhang mit den Handlungen westlicher Staaten und deren Auswirkungen auf die muslimische Welt – sowie die Verfestigung simplifizierter Feindbilder (anti-amerikanisch, antiisraelisch, anti-jüdisch, anti-westlich etc.) bzw. Feindbildklischees – finden die notwendige Resonanz."[761]

Dabei werden durch die Rhetorik gewisse Elemente in der betreffenden Person aktiviert. Diese werden vom österreichischen Verfassungsschutz folgendermaßen beschrieben:

- „Identitätsstiftende Funktion: Alternative Identifikationsmuster werden geboten und adoptiert.
- Gemeinschaftsbildende Funktion: Das Zugehörigkeitsgefühl ist besonders ausgeprägt.
- Abgrenzungsfunktion: Die Abgrenzung zu anderen Gruppen oder Ideologien ermöglicht die Schärfung des eigenen Profils.
- ‚Viktimisierungsdiskurs': Bildet eine verstärkte Gruppenidentität."[762]

6.4.2 Strategische Merkmale des islamistischen Extremismus

Als gemeinsames strategisches Ziel der Islamisten gilt die Entstehung und Aufrechthaltung eines islamistischen Staates in der ganzen Welt. Doch verfügt der Islamismus über keine einheitliche und konsistente Gesamtstrategie zur Erreichung dieses Ziels. Verschiedenartige Gruppierungen verfolgen ihre eigenen strategischen Pläne. Manche Islamisten operieren auf der globalen Ebene, andere sind eher auf die regionale Ebene hin orientiert, wobei regionale Gruppierungen in globale Netzwerke integriert werden können. Nationale oder pan-nationale (arabische, turkistische etc.) Identitäten können eine Rolle hinsichtlich der Strukturierung des islamischen Spektrums und ihrer Strategien spielen.

Als gemeinsame Grundsatzelemente der islamistischen Strategien lassen sich die folgenden Stufen nennen, die auf der Basis der Synopsis der ausgewählten Literatur vorgenommen worden ist[763]:

---

760 Bundesministerium für Inneres, Bundesamt für Verfassungsschutz und Terrorismusbekämpfung: Verfassungsschutzbericht 2010. Wien o.J. S. 64.

761 Bundesministerium für Inneres, Bundesamt für Verfassungsschutz und Terrorismusbekämpfung: Verfassungsschutzbericht 2010. Wien o.J. S. 65.

762 Bundesministerium für Inneres, Bundesamt für Verfassungsschutz und Terrorismusbekämpfung: Verfassungsschutzbericht 2010. Wien o.J. S. 64.

1. Herstellung der islamischen Regime in traditionellen islamischen Gebieten (durch Terrorismus, Bürgerkriege, Revolutionen und Staatsstreiche);
2. Entstehung der neuen islamistischen Staaten auf Territorien, in denen die heutigen islamistischen separatistischen Bewegungen agieren (Guerilla-Kriege, Terrorismus);
3. subversive Tätigkeit der Islamisten in der Diaspora in westlichen Demokratien sowie anderen nicht-islamistischen Gebieten (Quasi-legalistischer Islamismus; Nutzung der westlichen Anti-Diskriminierungsnormen zum Verbot der Kritik des Islamismus; Terrorismus; Massenunruhen, Bildung der islamistischen Parallelgesellschaft (auch mit Hilfe der demographischen Expansion; generell Gewinn der wichtigsten Positionen und Einflüsse in ursprünglich nicht-islamistischen Staaten);
4. Krieg der islamistischen Staaten gegen nicht-islamistische Staaten (klassischer Krieg, Krieg und Terrorismus mit ABC-Waffen, Nutzung der islamistischen Diaspora für Sabotagen und Aufstände) und konsequente Islamisierung der anderen Gebieten;
5. Entstehung der islamistischen Herrschaft mit rigider Anwendung der Scharia im globalem Maßstab;
6. Aufrechthaltung der islamistischen Herrschaft mit Mitteln der totalitären Regime – theokratische Staatsstrukturen und Ideologie, Unterdrückung, Exekutionen und Liquidation der Gegner, Reformisten und Nicht-Gläubigen, geheimpolizeiliche und theokratische Kontrolle des privaten Lebens – mit Unterstützung der staatlich gelenkten fundamentalistischen Kontrollinstanzen.

Die Experten des Hamburger Landesamtes für Verfassungsschutz[764], die von der Typologie der „International Crisis Group" (ICG)[765] ausgehen, differenzieren drei Richtungen extremistischer islamistischer Bewegungen anhand (1.) ihres politischen Ansatzes, (2.) ihrer Zielrichtung und (3.) der Wahl ihrer Mittel, die sich drei Gruppen zuordnen lassen, und im nachstehenden Schaubild[766] erfasst werden. Die erste Kategorie, die von der ICG als „politischer Islamismus" bezeichnet wird, ist hier als „quasilegalistischer Islamismus" bezeichnet, weil hier versucht wird, islamistische Ziele in Gestalt einer legalen politischen Partei oder Interessengruppe zu artikulieren und zu realisieren. Eine präzise Unterscheidung zwischen legalistischen Islamisten und islamistisch-konservativen Strömungen ist noch nicht gefunden. Dementsprechend stehen oft konservative Gruppierungen unter dem Generalverdacht des Islamismus – ein unhaltbarer Zustand. Man kann die Typologie auch um die Kategorie des *„Regime-Islamismus"* erweitern. Eine Kombination verschiedener Taktiken (quasilegalistische Strategien, Gewaltstrategien etc.) ist realiter oft vorhanden. Die Kombination kann als Ergebnis eines planmäßigen Vorgehens entstanden sein oder sie kann sich aus dem unter-

---

763 Jarret M. Brachman: Global Jihadism – Theory and Practice. London/New York 2010; Christopher Caldwell: Reflections on the Revolution in Europe. London 2009; Klausen 2005; Gemein, Redmer 2005; Friedrich Steinhäusler: Terrorziel Europa – Was uns bedroht, Wie wir überleben. Wien 2011; Alex P. Schmid, Rasmi Singh: The Metrics of Counterterrorism – Measuring Success and Failure in Countering ‚Jihadist' Terrorism. In The Proceeding of the Hague Conference of the European Expert Network on Terrorism Issues (EENeT) 15–17 October 2008. Den Hague, Wiesbaden 2008.

764 Landesamt für Verfassungsschutz: Formen des Islamismus. Hamburg 2010. http://www.hamburg.de/islamismus/486486/islamismus-formen-verfassungsschutz-hamburg.html

765 International Crisis Group: Understanding Islamism. In: Middle East/North Africa Report N°37, 2005. http://www.crisisgroup.org/en/regions/middle-east-north-africa/north-africa/037-understanding-islamism.aspx

766 International Crisis Group (2005); Landesamt für Verfassungsschutz Hamburg (2010), hier modifiziert.

schiedlichen strategischen Denken der einzelnen Schulen und Organisationen des Islamismus herausentwickeln. Oft findet sich schlicht die Anpassung an Gegebenheiten als Grund für die eine oder andere gewählte Taktik oder Strategiekombinationen. Doch determiniert die grundsätzliche konfessionelle und subkonfessionelle Orientierung des Islamismus nicht die strategischen Handlungsformen, prinzipiell lässt sich also aus der Herkunftskonfession keine handelnde Taktik ableiten. Vielmehr scheint es sinnvoll Strategien und ihre Kombinationen unter den von Stöss oder Klingemann erarbeiteten Methodiken aufzugreifen und nach ihren Theorien zu arbeiten, da diese die Gesamtgesellschaft und ihre Diskurse aufgreifen.

Quasilegalistischer Islamismus in Form von Parteien und Interessengruppen	Gruppierungen, die über die Einflussnahme auf gesellschaftliche Entscheidungsprozesse versuchen, die politische Macht auf staatlicher Ebene zu erlangen („Marsch durch die Institutionen"). Gewalt zur Durchsetzung dieser Ziele lehnen diese Islamisten in der Regel in der heutigen Situation ab, teilweise mit Ausnahme von militanten Demonstrationen.
Missionarischer Islamismus	Diese Islamisten konzentrieren sich auf die missionarische Bekehrung. Andersgläubiger (z.B. Juden und Christen), Atheisten und säkular eingestellter Muslime zu einem islamistisch verstandenen Islam. Erweiterung der islamistischen Identität sowie die Verbreitung der islamistischen Glaubenideologie stehen im Vordergrund. Extremistischer Hintergrund und extremistische Ziele der missionarischen Islamisten sind nicht immer klar in der öffentlichen Agitation erkennbar, da ihre Lehrmeinungen nach außen hin geheim gehalten werden.
Djihadistischer Islamismus (Djihadismus)	Die Anhänger des Djihadismus orientieren sich am bewaffneten Kampf, der vom militanten Verständnis des Djihads ausgeht. Djihadisten sind in terroristischen Aktivitäten, Guerilla-Kriegen, Bürgerkriegen sowie interstaatlichen Kriegen engagiert (oder als Milizen in den okkupierten Gebieten) und verfügen über eigene Fortbildungslager und logistische Einrichtungen, ebenso über transnationale Strukturen zur Rekrutierung neuer Mitkämpfer.
Regime-Islamismus	Islamismus, der mit Institutionen des theokratischen politischen Regimes nach innen sowie nach außen wirkt; institutionalisiert in Diplomatie, Geheimdiensten, Armee und staatlichen Medien.

Abb. 6.4 *Islamismus-Typen. Crisis Group (hier modifiziert).*

Die subversive Strategie der Islamisten in westlichen Staaten lässt sich nach politischen und gesellschaftlichen Feldern, wo sie praktiziert wird, differenzieren. Walid Phares spricht in diesem Zusammenhang von sechs Jihadistischen Strategien, die aber nicht durchgehend zu Mitteln der Gewalt greifen:

1. Ökonomischer Jihad (Öl als Waffe);
2. ideologischer Jihad (intellektuelle Penetration);
3. politischer Jihad (im Original: Erweichung – engl. Mollification – der Politik);
4. Intelligence-Jihad (Infiltration im Land):

5. subversiver Jihad (hinter der feindlichen Linie unter derem rechtlichen Schutz);
6. diplomatischer Jihad (Kontrolle der Außenpolitik)[767].

Das Phänomen des Islamismus lässt sich auch auf der lokalen bzw. regionalen Ebene erforschen, einschließlich individueller Dispositionen. Der Islamexperte Richard Hrair Dekmejian, von dessen Analyse Sibylle Wentker ausgeht, hat die nachstehenden Zielbestimmungen des Islamismus ermittelt:

1. Er schafft eine neue Identität für diejenigen, die ihre sozialen und spirituellen Milieus verloren haben.
2. Er definiert ein Weltbild, das den Gläubigen unzweideutig mitteilt, was Gut und was Böse ist.
3. Er bietet alternative Möglichkeiten, mit einer unfreundlichen Umwelt umzugehen.
4. Er bietet eine Protestideologie gegen die etablierte Ordnung.
5. Er garantiert Zugehörigkeit und spirituelle Zuflucht vor dem Zustand der Unsicherheit.
6. Er verspricht ein besseres Leben in einer islamischen Utopie, vielleicht noch auf Erden, gewiss aber im Himmel[768].

Die Islamisten können für ihre Zwecke auch die demokratischen (z.B. Menschenrechts-) Organisationen infiltrieren oder mit anderen Extremisten kooperieren. Auf diese Weise entstanden ideologisch gemischte Organisationen zwischen Linksextremisten und Islamisten, (z.B. die ‚Antiimperialistischen Zellen' in Deutschland in den neunziger Jahren),[769] und manche Linksextremisten sind zum Islam konvertiert oder haben den Islamismus unterstützt (wie z.B. im Buch des ehemaligen Linksterroristen Carlos[770]). Auch manche ehemalige Rechtsextremisten traten zum Islam über (Wie z.B. der Österreicher Robert Schwarzbauer, der sein politisches Projekt „Eiserne Krone" betreibt[771]); Islamisten kooperieren mit Rechtsextremisten, meist auf der Basis einer antisemitischen sowie antiamerikanischen Ideologie (z.B. in Rahmen des ‚Radio Islam')[772]. In einzelnen Regionen mit separatistischen Tendenzen oder Konfliktkonstellationen kam es auch zu einer Zusammenarbeit islamistischer Gruppen mit andersorientierten Gruppierungen, z.B. in der Entwicklungsphase des palästinensischen Separatismus.

---

767 Walid Phares: Future Jihad. Terrorist Strategies against the West. New York 2005. S. 137.

768 R. Hrair Dekmejian: Islam in revolution – fundamentalism in the Arab world. (2.Auflg.) Syracuse 1995. S. 49. Zit.n. Wentker 2008. S. 40.

769 Miroslav Mareš: Extreme Left Terrorism in Contemporary Europe – From Communist Combatant Parties. Central European Political Science Review, Jg. 9, Nr. 2–3, pp. 293–314.

770 Siehe: Iljich Ramirez Sanchez (mit Jean Michel Vernochet): L'islam révolutionnaire. Paris 2003.

771 Thomas Schmiddinger: Politischer Islam mit mehrheitsösterreichischem Hintergrund. In: Thomas Schmidinger/Dunja Larise: Zwischen Gottesstaat und Demokratie – Handbuch des politischen Islam. Wien 2008. S. 252–253.

772 Vgl. George Michael: The Enemy of My Enemy – The Alarming Convergence of Militant Islam and the Extreme Right. Lawrence, Kansas 2006. S. 139–140.

6.5 Übersicht über den islamistischen Extremismus

6.5.1 Angewandte Kategorien auf das Spektrum

Das islamistische Spektrum in der heutigen Welt kann nach verschiedenen Kriterien differenziert werden. Die konfessionellen Kriterien wurden schon erwähnt, die in der Dichotomie zwischen Sunnitismus und Schiitismus ihren Kern hat; ebenso Erwähnung fand die vertikale global-regionale Achse. Als ein spezifisches Kriterium lässt sich auch die Frage der Anwendung von Gewalt anführen, doch bleibt der Bezug der Analyse darauf nicht unproblematisch. Auch diejenigen Gruppierungen, die aus taktischen Gründen nicht zu Gewaltmitteln als ultima ratio greifen, sind oft bereit, sich ihrer zu bedienen, wenn sich plötzlich eine entsprechende politische Konstellation ergeben würde. Das berühmte Möglichkeitsfenster der Political-Opportunity-Structure Analyse ist hier angesprochen. Diese lässt sich ansiedeln zwischen der Bewegungsforschung und Collective-Choice Modellen.

Die Gewaltfrage beeinflusst die Differenzierung auf der Akteurs-Ebene, die in den folgenden Abschnitten behandelt wird. Der Begriff der politischen Partei im gegenwärtigen Islamismus heißt nicht, dass solche Parteien nur an Wahlkämpfen teilnehmen. Es handelt sich um Organisationen, die z.B. die Beteiligung an einer Wahl im eigenen Land mit dem Instrument des bewaffneten Kampfes gegen feindselige Konkurrenten kombinieren (z.B. die libanesische Hezbollah), oder über eigene bewaffnete Untergliederungen verfügen (z.B. die palästinensische Hamas und ihre Quassam-Brigaden). Manche Parteien (z.B. die Hizb ul-Tahrir) entstanden als Bewegungsorganisationen, die in bestimmten Regionen öffentlich in Erscheinung traten, in anderen aber im Untergrund agierten. Terroristische Gruppierungen können Reste oder Abspaltungen von politischen Parteien sein (wie z.B. die Bewaffnete Islamische Gruppen – GIA in Algerien, die ihre Wurzeln in der verbotenen Islamischen Heilsfront – FIS hat).

Mit allen islamistischen Akteuren sind verschiedene weitere Bereiche der Aktion verbunden, z.B. eigene Medien (virtuelle Internet-Gemeinden). Der Islamismus unterwandert in der Regel keine sozialen Bewegungen, aber er selbst ist von manchen Autoren als soziale Bewegung charakterisiert worden[773]. Diese schließt verschiedenartige andere Akteure ein. Er ist auch als „transnationaler religiöser Nationalismus" betrachtet worden[774].

Aus geopolitischer Sicht ist es wichtig zu berücksichtigen, *wo* die konkreten Akteure handeln, ob in den traditionellen islamischen Gebieten (Naher und Mittlerer Osten, Zentralasien, Afghanistan/Pakistan), in separatistischen Landstrichen (Nordkaukasus, Südthailand usw.) oder in multireligiösen und multinationalen Gesellschaften (z.B. auf dem Balkan), wo die Stärke des muslimischen Bevölkerungsanteils selbstverständlich von großer Bedeutung ist. In nicht-islamischen Gebieten (wie Westeuropa, die USA) wird die Situation innerhalb der islamischen Diaspora analysiert. In manchen Staaten sind die Beziehungen zwischen der traditionellen muslimischen Minorität und neuen muslimischen Gruppierungen von Interesse

---

[773] Thomas Olesen: Social Movement Theory and Radical Islamist Activism. In: Thomas Olesen, Farhad Khosrokhavar: Islamism as Social Movement. Aarhus 2009. S. 7–33.

[774] Stephen Vertigans: Militant Islam. A sociology of characteristics, causes and consequences. London/New York 2009. S. 55–84.

(vor allem in Bezug auf Osteuropa z.B. in Bulgarien aufgrund der Interaktion von Extremisten aus dem Ausland oder mit Immigrationshintergrund und Extremisten aus der türkischen Bevölkerung.)[775].

Manuel Samir Sakimani fügt demgegenüber folgende Kategorisierung islamistischer Organisationen aus der staatszentrierten Perspektive an und bezieht sich damit auf Ulrich Schneckener: „Im Nahen und Mittleren Osten stehen sich hauptsächlich zwei unterschiedliche Konzepte staatlichen Umgangs mit islamistischen Organisationen gegenüber: (a.) Isolation und/oder Repression (bis hin zu gezielten Exekutionen von Schlüsselfiguren und dem grundsätzlichen Verbot betroffener Organisationen) und (b.) Integration und Annäherung (bis hin zu Regierungsbildungen oder -beteiligungen islamistischer Parteien). Als von Entscheidungsträgern angewandte Methoden lassen sich einerseits Eliminierung oder Eindämmung bzw. Kontrolle von Differenzen für das hier präferierte Konzept (a.) und andererseits Akzeptanz – nicht notwendigerweise unter prinzipieller Gutheißung – von Differenzen für das hier präferierte Konzept (b.) identifizieren und klar voneinander abgrenzen.“[776]

Gruppierungen

Quassam-Brigaden

Die 1992 formierten Quassam-Brigaden sind eine militärische Unterorganisation der palästinensischen Hamas. Sie lehnen ohne wenn und aber Israels Existenzberechtigung ab. Ihr Name geht auf einen militanten moslemischen Prediger aus den 20er Jahren zurück. Die Brigaden verübten mehrere terroristische Anschläge auf israelische Ziele.

GIA

Die Group islamique Armé ist eine radikale islamistische Gruppe in Algerien, die sich aus der Islamischen Heilsfront heraus entwickelte bzw. deren militanter Zweig darstellte. Unrühmlich bekannt wurde sie durch ihre terroristischen Anschläge in Frankreich. Später distanzierte sich die Islamische Heilsfront von der GIA.

Islamische Heilsfront

Der Front islamique du Salut ist eine islamische Partei in Algerien, die sich 1989 offiziell als politische Partei registrieren ließ. Programmatisch wollte die FIS ein autoritäres, hierarchisch gegliedertes islamisches Gesellschaftssystem. Als bei den Parlamentswahlen 1991 bzw. bei Nachwahlen 1992 sich ein Erdrutschsieg der FIS abzuzeichnen begann, brach das Militär die Wahlen ab, löste die Nationale Volksversammlung auf und rief den Notstand aus. Die FIS wurde verboten, woraufhin viele ihrer Anhänger in den Untergrund gingen und es zu einem brutalen Bürgerkrieg kam. Im Jahre 1997 begann sich die FIS zu pazifizieren und schwor den Methoden des Terrorismus ab.

---

775 Yana Buhrer Tavanier: Bulgaria – Mysterious Mosques and Schools. Transitions Online, 02/01/2005. http://www.tol.cz/look/TOL/article.tpl?IdLanguage=1&IdPublication=4&NrIssue=100&NrSection=3&NrArticle=13387

776 Manuel Samir Sakmani: Der Weg der Hizbullah – Demokratietauglichkeit, Konflikt- und Stabilisierungspotentiale im Libanon. Studien zum modernen islamischen Orient. Bd. 10. Berlin 2008. S. 12.

6.5.2 Islamistische Regimes

Der Islamismus hat nur in einzelnen Staaten Einfluss auf die staatliche Politik gewonnen[777], obwohl in vielen muslimischen Ländern die heftig umstrittenen Elemente der Scharia präsent sind. Als ein theokratisches islamisches Regime lässt sich der Iran bezeichnen, wo eine zivile, meist demokratisch gewählte staatliche Verwaltungsstruktur dem Obersten Rechtsgelehrten (aus dem Klerus) unterworfen ist. Eine stabilitätssichernde Rolle spielen die paramilitärisch organisierten iranischen Revolutionsgarden (Sepah)[778]. Der Iran ist oft auch als totalitäre Demokratie bezeichnet worden. Eine Beschreibung des iranischen Staatssystems liefert René Klaff, wie aus folgendem Schaubild[779] zu entnehmen ist:

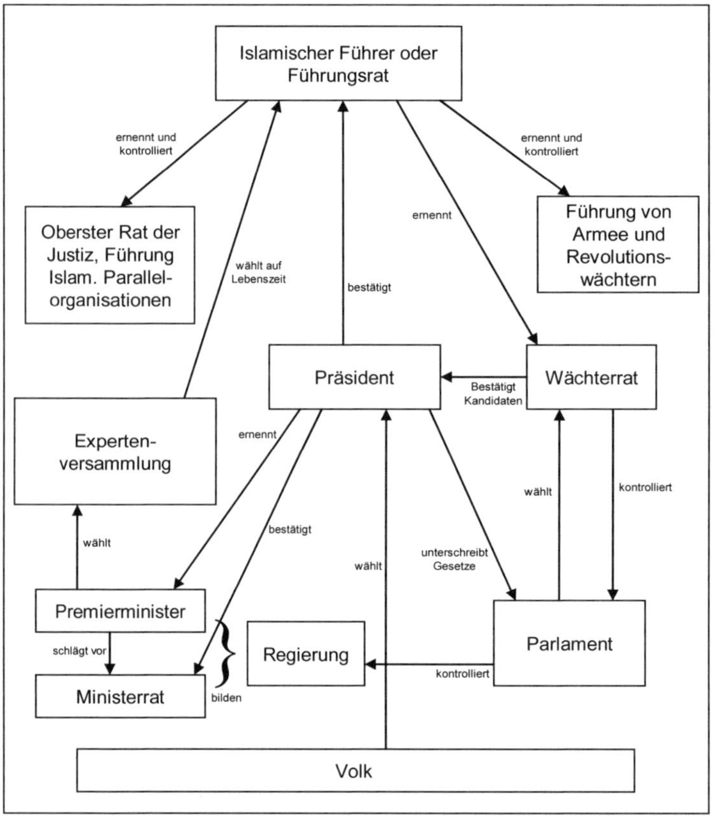

Abb. 6.5 *Iranisches Staatssystem. Klaff.*

777 Daniel E. Price: Islamic Political Culture, Democracy and Human Rights. Westport 1999. S. 33.

778 Greg Bruno: Iran's Revolutionary Guards. New York/Washington 2009. http://www.cfr.org/iran/irans-revolutionary-guards/p14324.

779 René Klaff: Islam und Demokratie – Zur Vereinbarkeit demokratischer und islamischer Ordnungsformen, dargestellt am Beispiel der Staatsauffassung Khomeinis. Kieler Schriften zur Politischen Wissenschaft. Bd. 1. Frankfurt a.M./Bern/New York/Paris 1987. Siehe auch: http://www.digitale-schule-bayern.de/dsdaten/123/10.pdf

Der dogmatische Islam ist in anderen Staaten z.T. domestiziert worden. Der politische Charakter derartiger Regime, die sich durch eine etatistische Autokratie definieren lassen und oft nach außen hin durch ihre bilateralen Verbindungen mit dem Westen in Erscheinung treten, ist für das Entstehen einer binnenstaatlichen islamistischen Opposition verantwortlich zu machen, die gegen die Herrscherdynastien Front machen (wie z.B. in Saudi Arabien). Reine islamistische Regimes entstanden auch in den Gebieten, die in Bürgerkriegen unter die Kontrolle islamistischer Bewegungen kamen, so z.B. das Taliban-Regime in Afghanistan[780].

6.5.3 Islamistische Parteien und Interessengruppen

Islamistische Parteien wirken in traditionellen islamischen Staaten, wo moderate wie dogmatische Varianten im parteipolitischen Spektrum zu finden sind, die teilweise in der Illegalität operieren. Dogmatische Parteien wollen das System zerstören, wie die schon erwähnte Islamische Heilungsfront (FIS) in Algerien. In der Türkei hat sich gezeigt, dass die islamistische Partei ihre führende Position in Wahlen aufrechterhalten kann, obwohl ihre Vorgängerin verboten war (es handelt sich um die Gerechtigkeits- und Entwicklungspartei[781]). Die moderaten Parteien wie z.B. El Wasat in Ägypten[782] oder die marokkanische Partei der Gerechtigkeit und Entwicklung (PJD) bringen den Willen auf und haben das Potential, sich im pluralistischen Parteieinspektrum in Stellung zu bringen[783]. Die ersten wahlorientierten islamistischen Parteien wurden auch in Europa gegründet, die bisher meist auf lokaler Ebene tätig sind, aber ohne größere Erfolge[784]. Eine spezifische Rolle im Prozess der Emanzipierung der Afroamerikaner in den USA haben seit den 60er Jahren auch islamistische Gruppierungen gespielt, z.B. die Black Panther Party for Self-Defense. In diesem Zusammenhang muß natürlich auch die Gruppierung „Nation of Islam“ erwähnt werden, mit ihrem charismatischen Führer Louis Farrakhan. Die Militanz der Programmatik dieser Organisation zeigt sich in der strikten Ablehnung der Homosexualität oder der Abtreibung.

Manche Parteien und Interessengruppen (bzw. Bewegungsorganisationen) operieren auf transkontinentaler oder gar globaler Ebene mit lokalen Untereinheiten und Satellitenorganisationen, wie z.B. Studentenvereine, Medien etc. in einzelnen Staaten und Diasporas[785]. Als wichtigste aus diesem Bereich kann man die Muslimbruderschaft (MB) mit ihrem Zentrum in Ägypten zu nennen (s.o.), die, auch mit Hilfe von Tarnorganisationen, in vielen Staaten (u.a. in Europa) präsent ist. Weit verbreitet ist die Partei der islamischen Befreiung (Hizb-ut Tahrir)[786], die über Organisationen verfügt, die z.T. Gewalt einsetzen.

---

780 Juan José Linz: Totalitarian and authoritarian Regime. London 2000. S. 37.

781 Walter Posch: Islam und Islamismus in der Türkei. In: Walter Feichtinger, Sibylle Wentker (Hrsg.): Islam, Islamismus und islamischer Extremismus. Wien/Köln/Weimar 2008. S. 197–200.

782 Mohamed Abdel Salam: First religious political party founded in Egypt 2011. http://bikyamasr.com/wordpress/?p=27872

783 Rachid Ouaissa: Der Aufstieg islamistischer Parteien. Aus Politik und Zeitgeschichte, Jg. 55, Nr. 47. S. 42–43.

784 Jean Yves Camus: Nurty europejskiej skrajnej prawicy-populisci, integrysci,narodowi rewolucjonisci, Nowa Prawica. In: Uwe Backes (Hrsg.): Skrajnie prawicowe ideologie w historii i wspolczesnosci, Walbrzych, Varsovie 2005. S. 227.

785 Amel Boubekeur: Islamist Parties in the Maghreb and their Links with EU – Mutual Influences and the Dynamics of Democratisation. Brüssel/Rabat 2006. S. 14–18.

786 Berndt Georg Thamm: Der Jihad in Asien – Die islamistische Gefahr in Russland und China. München 2008. S. 41–48.

El Wasat

Die 1996 gegründete Al-Wasat-Partei stellt eine Splittergruppe aus der Muslim-Bruderschaft dar und ist programmatisch fixiert auf einen eher moderaten Islam mit toleranten Aspekten. So kann die Scharia nicht traditionalistisch ausgelegt werden, sondern mit Umakzentuierungen analog den liberalen und pluralistischen Idealen des Westens Der Antrag, eine offizielle Bestätigung als politische Partei zu erhalten, scheiterte jedes Mal an einem Zusatz von Artikel 5 der Verfassung, nach dem Parteien auf religiöser Grundlage nicht zugelassen dürften. Erst im Zuge der ägyptischen Revolution war dies möglich. So ist sie die erste legale politische Partei in Ägypten mit einem islamischen Hintergrund.

Partei der Gerechtigkeit und Entwicklung

Eine islamische Partei in Marokko, die seit 1997 im Parlament vertreten ist und als stärkste Oppositionspartei gilt. Die antiwestliche Rhetorik der Partei und die Kritik daran hat dazu geführt, dass der Bombenanschlag in Casablanca 2003 ihr in die Schuhe geschoben wurde, obwohl sich die Partei davon distanzierte

Nation of Islam

Auch bekannt als „Black Muslims", wurde 1930 in den USA gegründet als Sammelbecken schwarzer Amerikaner außerhalb der islamischen Orthodoxie. Die Hauptforderung bestand in der Schaffung eines separierten Territoriums für Afroamerikaner. Erst nach dem 2. Weltkrieg wurde in der Öffentlichkeit die gesellschaftlich-politische Relevanz der „Nation" als ideologische, z.T. militante Opposition gegen die von Weissen dominierten Eliten in den USA wahrgenommen. Das zeigt sich an einem vermehrten Bau von Tempeln und Moscheen im ganzen Lande, aber auch außerhalb. Einer ihrer bekanntesten Aktivisten war Malcolm X, der mit der „Nation" brach und 1965 ermordet wurde. Nach einer Phase der Moderierung ihrer Rhetorik und Zielsetzungen führte sie Louis Farrakhan (seit 1977) in alte segregierende Gewässer wieder zurück durch eine Politik der Rückkehr zu den Ursprüngen, insbesondere bezüglich ihrer rassistischen Position gegenüber Weißen.

Partei der Islamischen Befreiung (Hizb ut-Tahrir al-Islami)

Diese Partei, die in allen arabischen Staaten verboten ist, wurde 1953 durch den Rechtsgelehrten Taqi ad-Din an-Nabhani im jordanischen Ost-Jerusalem gegründet. Das Hauptziel ist die Schaffung eines islamischen Staates in Form eines Kalifats bzw. mit der Einführung der Scharia. Die Strategie ist der Staatsstreich als Alternative gegenüber der Fraternisierung mit den gegebenen Verhältnissen (vor allem im sozialen Bereich). Dazu gehört auch die Liquidierung des israelischen Staates. Die Organisation ist heute weltweit vernetzt und autoritär-hierarchisch gegliedert. Ihre martialische Rhetorik ist insbesondere gegen die Juden insgesamt gerichtet.

6.5.4 Islamistische Stiftungen und Missions-Gesellschaften

Die Verbreitung des Islamismus wird unterstützt von verschiedenen Stiftungen, die in der Öffentlichkeit meist als karitative Organisationen auftreten. Viele dieser Stiftungen haben ihren Ursprung (und erhalten oft offizielle Unterstützung) in Saudi Arabien, z.B. Muslim

World League (MWL), International Islamic Relief Foundation (IIRO), Al Haramain Islamic Foundation (AHIF), World Assembly of Muslim Youth (WAMY), Al Wafa Humanitarian Foundation oder Benevolence International Foundation[787], andere sind sudanischer Herkunft, z.B. Islamic African Relief Agency (IARA), Islamic Relief Agency (IRA), Third World Relief Agency (TWRA)[788] oder sind mit palästinensisch-islamistischen Gruppierungen verbunden (z.B. Al-Aksa International Foundation)[789]. Die Rolle der Stiftungen aus der Türkei nimmt an Bedeutung zu, was der Zwischenfall um die humanitäre Flotte auf ihrer Fahrt in den Gazastreifen gezeigt hat[790], wenngleich hier eine stark humanitäre Note festgestellt werden kann, die international organisiert ist und auch in anderen europäischen Ländern, etwa Spanien, gefunden wird. Neben den islamistischen Stiftungen gibt es Missionsgesellschaften (wie z.B. die Tablagi Jammaat). In vielen Staaten (wie z.B. in Pakistan) spielen die islamistischen Schulen eine wichtige Rolle. An manchen Orten entstanden auch informelle islamistische Intellektuellenzirkel, die großen Einfluss auf die Entwicklung des Islamismus gehabt haben wie z.B. die Gruppe von Muhammad al-Masari, Saad al-Faqih, Yassir al-Sirri und Omar Bakri Muhammad in London in den neunziger Jahren[791].

6.5.5 Islamistische terroristische, Guerilla- und Miliz-Organisationen

Islamistische Gruppierungen im Rahmen des bewaffneten Jihads führen in manchen Regionen terroristische und auch Guerilla-Operationen durch (z.B. Ostafrika, Teile Zentralasiens oder Irak) oder operieren als Milizen[792]. Die Jihadisten konzentrieren sich einerseits auf Territorien mit kriegerischen Kampfhandlungen, in denen islamistische Interessen berührt sind (Afghanistan, Kaschmir, Irak, Kaukasus, Somalia, Bosnien, Kampfhandlungen im Kontext der „arabischen Revolutionen“, z.B. in Libyen oder im Jemen). Andererseits attackieren sie mit terroristischen Mitteln Ziele auf Gebiete (z. B. Angriffe gegen westliche Botschaften in Pakistan) sowie in westlichen Ländern selbst. Eine spezifische Taktik der islamistischen Terroristen sind Selbstmord-Attentate.

Islamistische Terrorgruppen sind auf der globalen wie auf der regionalen Ebene organisiert (dazu gehören auch Aktivitäten in der Diaspora). Als wichtigste islamistische globale terroristische Organisation bzw. Netzwerk wird Al-Qaida genannt. Diese Gruppe entstand im Jahre 1988. Ihre Gründer waren Mujahidin, die in Afghanistan gegen die Sowjetunion gekämpft hatten, ihre Aktionen aber in der Folgezeit meistens gegen die USA und ihre Verbündeten gerichtet haben. Die Führungsperson dieser Organisation war bis zu seinem Tode im

---

787 Siehe: J. Millard Burr, Robert O. Collins: Alms for Jihad – Charity and Terrorism in the Islamic World. Cambridge 2006. S. 26–46.

788 Siehe: Burr, Collins 2006. S. 112 und 140.

789 Siehe: Matthew Levit: Hamas – Politics, Charity, and Terrorism in the Service of Jihad. Washington 2006. S. 154–157.

790 Siehe: Intelligence and Terrorism Information Center. IHH. http://www.terrorism-info.org.il/malam_multimedia/English/eng_n/html/hamas_e105.htm.

791 Jarret M. Brachman: Global Jihadism – Theory and Practice. New York 2009. S. 119.

792 Richard H. Schulz Jr., Andrea J. Dew: Insurgents, Terrorists and Militias – The Warriors of Contemporary Conflict. New York 2006.

Frühjahr 2011 Osama bin Laden. Die bekannteste Aktion von Al-Qaida waren die Angriffe gegen das World Trade Center in New York und das Pentagon in Washington am 11. September 2001[793]. Nach diesen Terrorangriffen wurde die Organisation umstrukturiert, so dass sie nunmehr als freieres Netzwerk von Lokalgruppen agiert. Weitere Umstrukturierungen sind nach bin Ladens Tod zu erwarten[794]. Al-Qaida verfügt über regionale Unterorganisationen, die meist auf der Basis der früheren regionalen terroristischen Gruppen entstanden sind. Die wichtigsten sind Al-Qaida im islamischen Maghreb (AQIM), Al-Qaida auf der Arabischen Halbinsel (AQAP), Al-Ouaida im Irak (Mesopotamien), Al-Qaida in Pakistan, Al-Qaida in Asien, Al-Qaida der zwei Nile (Sudan), Al-Qaida in Ostafrika, Al-Qaida in Europa und Al-Qaida in den USA[795].

Neben Al-Qaida operieren mit globalen Zielen andere Organisationen, wie die Islamische Jihad Union (IJU) (vorwiegend unter den Turkvölkern)[796]. Die strategischen Führer des globalen Jihad bevorzugen aktuell kleine unabhängige Zellen des sogenannten Individual Jihad oder „Do-It-Yourself"-Terrorismus, der mit dem sog. „homegrown terrorism" in westlichen Staaten verflochten ist[797], und deren Anhänger sich aus einer „globalen Cyber-Umma" rekrutieren[798]. Hier ist das Bild des Schwarms angesprochen, das mittels Netzwerkmodellen aufgegriffen werden kann.

Das iranische Regime unterstützt globale Schia-Netzwerke mit ihren Geheimdiensten; Hilfstruppen stellen die Diaspora-Strukturen der Hezbollah und irakische Schia-Militante dar[799].

Viele islamistische terroristische, Guerilla- und Miliz-Gruppen sind auf regionaler Ebene aktiv, mit dem Ziel, die islamistische Herrschaft in den Staaten oder in Territorien mit Dissoziationserscheinungen herzustellen, wie z.B. die sunnitische Hamas, der Palästinensische Islamische Jihad, Fatah al-Islam und Asbat al-Ansar in Palästina, der Ägyptische Islamische Jihad, Gama'a al-Islamiyya und Takfir wal-Hirja in Ägypten, die Libysche Kämpfende Islamistische Gruppe, Great Eastern Islamic Raiders Front und die Türkische Hezbollah, Ansar al-Sunna in Kurdistan, Emirat Kaukasus, die Islamistische Bewegung Usbekistans, die Islamische Bewegung Ostturkistan (auf chinesischem Territorium), Harakat ul-Mujaheddin, Laskhar-e-Toiba und Laskhar-e-Jhangvi in Pakistan und Indien (insbesondere aufgrund der Kaschmir-Frage), Taliban in Afghanistan und Taliban in Pakistan, Jamaat-ul-Mujahideen in Bangladesch, Abu Sayyaf und Jemaah Islamiya in Südostasien, die Islamische

---

793 Dietel, Hirschmann, Tophoven 2006. S. 168–171.

794 Alexander Ritzmann: Strukturen des Terrors – Wie al-Qaida und Hezbollah sich organisieren und was der Tod Osama Bin Ladens für al-Qaida bedeutet. BIGS-Essenz, Nr. 3, 2011. S. 9. http://www.bigs-potsdam.org/files/BIGS%20Essenz%20-%20Strukturen%20des%20Terrors%20-%20Druckversion.pdf

795 Ritzmann S. 5.

796 Michail Logvinov: Islamische Jihad Union – al Quaidas Türkzentrale. In: Institut für Sicherheitspolitik an der Universität Kiel (Hrsg.): Jahrbuch Terrorismus 2009. Opladen/Framington Hills 2010. S. 265–277.

797 Brian Michael Jenkins: Al Qaeda after Bin Laden – Implications for American Strategy. Testimony presented before the House Armed Services Committee, Subcommittee on Emerging Threats and Capabilities on June 22, 2011. Santa Monica 2011. S.2. http://www.rand.org/content/dam/rand/pubs/testimonies/2011/RAND_CT365.pdf

798 Thomas Tartsch: Die neue Al-Qaida Generation – Strategien und Gegenstrategien, Gefährdungseinschätzung Deutschland. Studien & Analysen der Forschunsgruppe Sicherheit, Nr. 4, 2007. S. 4–5.

799 Miroslav Mareš: Terorismus. In Josef Smolík, Tomáš Šmíd (Hrsg.): Vybrané bezpečnostní hrozby a rizika. Brünn 2010. S. 127.

Mujahedin-Bewegung Patani (in Südthailand), Harakat al-Shabaab al-Mujahideen in Somalia, Boko-Haram in Nigeria oder die schiitische Hezbollah im Libanon oder die Mahdi Army im Irak usw[800].

6.5.6 Jugendsubkulturen mit islamistischem Einfluss

Abb. 6.6 *Eine Abbildung der Website des Herstellers Style Islam.*

Islamismus hat ähnlich wie der Rechts- und Linksextremismus, moderne Jugendsubkulturen etabliert (neben der bisher für das islamistische Spektrum wichtigeren Erziehung der Jugend auf traditioneller islamischer Weise), sie finden sich oft in der Diaspora und unter den Konvertiten in westlichen Demokratien.

So z.B. die islamistische Hip-Hop-Szene (wie z.B. Soldiers of Allah)[801] sowie Hard-Core Gruppen (wie z.B. die amerikanische Straight-Edge Gruppe Vegan-Jihad[802]) oder Industrial-Musik-Projekte (wie Muslimgauze in England[803]).

Auch kleinere Wirtschaften haben davon profitiert, sie stellen Kleidung her (z.B. Styleislam), verbreiten Aufkleber und tragen so zu einem Lebensgefühl bei. Hier ist keine Militanz vorhanden, vielmehr reihen sich diese Phänomene in einen Extremismus der Mitte ein, bei denen die Umstehenden in das Blickfeld der Forschung geraten und nicht die Extremisten

---

800 Vgl. Mareš 2010, S. 127–128. Steinhäusler 2011, S. 71–73.

801 Sean O'Neil: Islamic hip-hop artists are accused of indoctrinating young against the West, The Times 11. November 2006. http://www.timesonline.co.uk/tol/news/uk/article633520.ece.

802 Mareš 2005, S. 275.

803 Muslimgauze, Press Releases & Reviews, 2010. http://www.muslimgauze.org/pressIndex.html

selbst. Bei der hier gezeigten Abbildung handelt es sich zum Beispiel um das Kleidungsportal „Styleislam" des in Witten sitzenden Designers Melih Kesmen, der mit seiner Kollektion ein Zeichen gegen die Stigmatisierung von Muslimen setzen wollte und setzt, aber nicht extremistisch ist.

Diese Subkulturen sind nicht leicht zu untersuchen, am ehesten kommen wohl dichte Beschreibungen in Frage, um das Phänomen zu untersuchen, kombiniert mit Interviews. Viele Modeunternehmen wehren sich gegen eine Vereinnahmung durch Extremisten, haben jedoch kaum Einfluss darauf, wer letztlich die Produkte kauft.

Abb. 6.7 *Pierre Vogel. Einladung zum Paradies.*

Extremisten greifen die hier so positiven und integrierenden Zeichen auf, deuten diese um, wie es im Bereich des Rechtsextremismus etwa mit den Modelabeln Thor Steinar oder Helly Hansen geschehen ist. Daneben setzten aber insbesondere salafistische Gruppierungen Standards, was die zumindest äußerliche Modernisierung angeht. Diese haben es verstanden, ihre auf Rückbesinnung ausgerichtete Islamauslegung mit hypermodernen Elementen zu verbinden. Insbesondere ist hier der Aktivist Pierre Vogel zu nennen, der auf diesem Bild zu sehen ist. Er hat großen Erfolg bei gerade jüngeren Personen und ist attraktiv für Konvertiten. Dies hängt auch damit zusammen, dass er auf Deutsch predigt und auf diese Weise alle diejenigen Personen ansprechen kann, die die in den deutschen Moscheen üblichen Sprachen (Türkisch, Arabisch) nicht verstehen. Gerade Vogel hat es geschafft, den rigiden Lebensstil des Salafismus als ‚cool' zu präsentieren, immer wieder kokettiert er damit, in seinem ‚früheren Leben' Boxer gewesen zu sein.

6.5.7 Islamistischer Extremismus in Deutschland

In Deutschland können die Wurzeln des islamistischen Extremismus zurückverfolgt werden bis in die 1960er Jahre. Deutlicher wurden die islamistischen Tendenzen erst in den 1980er und 1990er Jahren sichtbar. In der ersten Dekade des 21. Jahrhunderts ist die Gefahr des Islamismus signifikant angestiegen.

Der Migrationshintergrund ist eine der möglichen Kriterien für die Typologie islamistischer Strukturen in Deutschland (türkische, arabische, zentralasiatische, bosniakische, kaukasische, iranische und andere Gruppen), doch in vielen Fällen (einschließlich der Jihadistischen Gruppierungen) spielt die Nationalität keine ernsthafte Rolle, weil die Mitgliederbasis des Islamismus grundsätzlich multinationalen Charakter besitzt, darin eingeschlossen die deutschen Bürger aus der zweiten oder dritten Immigrantengeneration oder andere Personen. Das Kriterium des Migrationshintergrunds ist insofern problematisch, da es ebenfalls zur Begründung des ‚ethnic profiling' genutzt werden kann, eine umstrittene Sicherheitsmaßnahme.

Das Spektrum der islamistischen Gruppen in Deutschland ist vielfältig[804]. Manche Gruppierungen streben nach einer rechtsförmigen Existenz, sie wenden weder Gewalt an noch propagieren sie diese. Andere lehnen zwar Gewalt nicht ab, üben sich aber in Deutschland ihr gegenüber in Abstinenz. Diese Organisationen lassen sich als (quasi)legalistische bezeichnen. Die Bezeichnung ‚quasi legalistisch' bleibt problematisch. Als einen weiteren Typ des Islamismus kann man die fanatischen Religionszirkel meist salafistischer Provenienz anführen.

In Deutschland sind auch die Filialen der regionalen islamistischen Organisationen aktiv, einschließlich der terroristischen Gruppierungen, die aber auf deutschem Territorium auf Gewalt verzichten. Sie realisieren von Deutschland aus eine ausgiebige logistische und propagandistische Tätigkeit. Bei den globalorientierten Jihadistisch formierten Gruppierungen hat sich durchaus ein spezifisch anti-deutscher Flügel herauskristallisiert, der vor allem aus ethnisch deutschen Islamisten besteht, so dass man hier von einem Deutschland-Jihadismus sprechen kann. Eine relativ begrenzte Rolle spielen die Organisationen unter dem Einfluss nichtdemokratischer islamischer Regime. Es ist wichtig zu betonen, dass in Deutschland auf der Ebene von Wahlen keine islamistische politische Partei um Stimmen wirbt, und es gibt hier auch keine signifikant dominierende islamistische Organisation, ebenso keine vom Islamismus penetrierte islamistische Jugendsubkultur[805].

6.5.8 (Quasi)legalistischer Islamismus

Die wahrscheinlich wichtigste legalistische Organisation in Deutschland ist die Islamische Gemeinschaft Milli Görus (IGMG), deren ungefähr 29 000 Anhänger meist türkischer Herkunft sind. Die IGMG ist faktisch mit der Saadet Partisi in der Türkei verbunden[806]. Eine andere Organisation ist mit der Muslimbruderschaft verflochten, nämlich die Islamische Gemeinschaft in Deutschland e.V., die als deutsche Mitgliedssektion der Föderation der islamischen Organisationen in Europa (FIOE) wirksam ist[807]. In Deutschland hat sich darüber hinaus die Tablighi Jama'at festgesetzt. Trotz Verbots halten hier die Partei der islami-

---

804 Siehe: Ministerium für Inneres und Kommunales des Landes Nordrhein-Westfalen: Verfassungsschutzbericht 2010. Dortmund 2011. S. 111–140. http://www.mik.nrw.de/publikationen/produktauswahl.html

805 In „pop-islamischen" Jugendsubkulturen sind meistens moderate Muslime eingegliedert. Siehe: Götz Nordbruch. Aus Politik und Zeitgeschichte, Jg. 57, Nr. 27, 2010. S. 37.

806 Uwe Backes: Organisationen 2009. In: Uwe Backes, Alexander Gallus, Eckhard Jesse (Hrsg.): Extremismus & Demokratie. 22. Jahrgang 2010. Baden Baden 2011. S. 139.

807 Farschid – Rudolph, 2008 S. 453.

schen Befreiung (HuT) sowie der Kalifatsstaat (Hilafet Devleti) weiterhin ihre Strukturen aufrecht, wenn auch nur rudimentär[808]. Andere quasilegalistische Organisationen haben nur begrenzten Einfluss.

In Deutschland finden sich auch die fanatischen islamistischen religiösen Zirkel zusammen, meist unter salafistischer Fahne. Es handelt sich um einzelne Gruppierungen (wie z.B. „Einladung zum Paradies“ in Nordrhein-Westfalen[809] oder „Die Wahre Religion“) und einzelne Prediger ohne organisatorischen Rückhalt. Eine wichtige Rolle spielen auch die Internet-Diskussionsforen. Im salafistischen Spektrum ist ein militanter Zweig erkennbar[810]. Wichtige Personen seien mit Pierre Vogel, Hassan Dabbagh, Mohamed Benhsaid und Ibrahim Abou Nagie genannt.

6.5.9 Regionale ausländische islamistische Gruppen

In Deutschland wirken Personen aus der Diaspora schon in der zweiten oder dritten Generation. Studenten, Arbeiter und Immigranten. Mitglieder und Anhänger islamistischer Organisationen, deren Hauptziele auf das Ausland gerichtet sind, finden sich hier. Zu erwähnen ist hier die nicht zu Gewaltaktionen neigende marokkanische Gemeinschaft für Gerechtigkeit und Wohltätigkeit (JAI)[811] oder die Aktive Islamische Jugend (AIO) aus Bosnien oder die Hezbollah (mit ihrem TV-Sender Al-Manar), die Hamas und die mit ihr verbündete Al Aksa Stiftung, Ansar Al-Islam, verschiedene Gruppierungen des tschetschenischen und nordkaukasischen Separatismus[812]. Manche Gruppierungen, wie z.B. die Islamische Bewegung Usbekistans, sind in transnationale Jihadistische Strukturen inkorporiert.

6.5.10 Jihadisten

Jihadistische Strukturen der „freien Mujahedins“ wurden in Deutschland bereits in den 1990er Jahren festgestellt. Sie fungieren als Proliferanten für Rekrutierung und logistische Unterstützung der Kämpfer in Konflikten im Ausland (z.B. in Bosnien). In Deutschland war z.B. der Sitz der „Hamburger Zelle“ von Al-Qaida[813]. Diese war verantwortlich für die Ausführung des Attentats vom 11.September 2001.

Die Ereignisse um den ‚Krieg gegen den Terror‘, den ‚Irak-Feldzug‘ sowie der ‚Afghanistankrieg‘ radikalisierte einen Teil der Bevölkerung in Deutschland, so dass den Jihadisten Freiwillige zuliefen, die in Trainingscamps in Pakistan, Afghanistan und anderen Gebieten ausgebildet wurden. Manche aus Deutschland stammende Jihadisten wurden auch zu Propagandazwecken von Al-Qaida und Taliban benutzt, um den Drohungen der Organisationen in

808 Ministerium für Inneres und Kommunales des Landes Nordrhein-Westfalen2011. S. 128–129.
809 Ministerium für Inneres und Kommunales des Landes Nordrhein-Westfalen2011. S. 132.
810 Dirk Baehr: Charakteristika salafistischer Strömungen in Deutschland. Uwe Backes, Alexander Gallus, Eckhard Jesse (Hrsg.): Extremismus & Demokratie. 22. Jahrgang 2010. Baden Baden 2011. S. 139.
811 Bundesamt für Verfassungsschutz: Verfassungschutzbericht 2009. Berlin 2010. S. 263.
812 Ministerium für Inneres und Kommunales des Landes Nordrhein-Westfalen 2011. S. 124–127.
813 Dietel, Hirschmann, Tophoven 2006, S. 170.

deutscher Sprache Gehör zu verschaffen, zuerst[814] im Jahre 2007 aufgrund der deutsch-amerikanischen Zusammenarbeit in Afghanistan. Immer wieder tauchten in den letzten Jahren Bedrohungsvideos auf, so etwa von Eric Breininger und Bekkay Harrach, die auf den Bildern abgebildet sind.

Abb. 6.8 *Eric Breininger (oben), Bekkay Harrach (unten).*

Die deutschsprachige Variante der Globalen Islamischen Medienfront entstand im Jahre 2006[815]. Im Jahre 2009 trat die Deutsche Taliban Mujahideen (DTM) in Erscheinung[816], die das Ziel vertrat, eine spezifische Form des „Deutsch-Jihadismus" zu propagieren.

Auf deutschem Gebiet wurden mehrere islamistische Terroranschläge geplant (so 2006 von den sog. Kofferbombern von Köln, die aus dem libanesischen militanten Milieu kamen und sich gegen den Bahnverkehr richteten; im Jahre 2007 die sog. Sauerland Gruppe von IJU, die gegen US-Soldaten in Frankfurt und Ramstein geführt wurden; 2010 ein Attentat eines Terroristen syrischer Herkunft gegen amerikanische Kasernen in Deutschland[817]). Wegen technischer Probleme bzw. präventiver Sicherheitsmaßnahmen wurden diese Anschläge nicht ver-

[814] Petter Nesser: Ideologies of Jihad in Europe. In: Terrorism and Political Violence. Vol. 23, Nr. 2, 2011. S. 185–186.

[815] Baehr 2011, S. 189.

[816] Jamestown Foundation (Hrsg.): Picking Up Where the Red Army Faction Left Off – Tales from the German Jihad. 2011. http://www.unhcr.org/refworld/docid/4d9ea3b92.html.

[817] Steinhäusler 2011, S. 104–106.

wirklicht. Erst Anfang März 2011 hatte ein Islamist kosovoalbanischer Herkunft am Frankfurter Flughafen zwei US-Soldaten erschossen. Er war durch das Internet mobilisiert worden. Dies muss man im Kontext des deutschen „home grown"-Terrorismus sehen, dessen Gefährlichkeit weiterhin gegeben ist[818]. Es drohen nicht nur Attacken gegen amerikanische Ziele in Deutschland, sondern auch gegen die deutsche Zivilbevölkerung[819].

6.5.11 Gruppierungen unter dem Einfluss islamistischer Regime

Manche islamistischen Organisationen in Deutschland stehen unter dem besonderen Einfluss nicht-demokratischer islamischer Regime oder es handelt sich um staatliche Institutionen (dazu gehören auch die Geheimdienste dieser Staaten). Das iranische Regime penetriert die Islamische Gemeinschaft der schiitischen Gemeinden in Deutschland e. V. sowie einzelne islamistische Begegnungszentren, vor allem das Islamische Zentrum Hamburg (IZH)[820]. Unter dem Einfluss der saudi-arabischen Regierung sowie der Muslimbruderschaft ist die World Assembly of Muslim Youth (WAMY) in Deutschland propagandistisch aktiv[821].

---

818 Der Spiegel: Verfassungsschützer warnen vor Radikalisierung im Internet. Der Spiegel, 25. Juni 2011. http://www.spiegel.de/politik/deutschland/0,1518,770554,00.html

819 Steinhäusler 2011, S. 104–106.

820 Bundesamt für Verfassungsschutz 2010, S. 275.

821 Farschid, Rudolph, 2008 S. 455.

7 Weitere religiöse Extremismen

7.1 Konzepte des religiösen Extremismus

Der religiöse Extremismus bekennt sich zu solchen glaubensbezogenen bzw. -begründeten Werten, die menschenrechtslegitimierten Standards diametral entgegenstehen und durch beträchtliche Intoleranz gegenüber Anders- und Nicht-gläubigen geprägt ist. Es wird versucht, diese Intoleranz auch im öffentlichen Raum durchzusetzen (dies ist die äußere aggressive Dimension), und/oder er unterdrückt seine Anhänger (dies ist die interne repressive Dimension). Den religiösen Extremisten geht es entweder um die Herstellung eines theokratischen Systems oder um die Eliminierung ihrer Gegner bzw. um die Herbeiführung des Endes dieser Welt durch die Zerstörung der Menschheit insgesamt. Sie sind völlig respektlos gegenüber dem Willen ihrer Anhänger und ihren Familienangehörigen (exemplifiziert an erzwungenen religiös motivierten Kinderselbstmorden, Zwangsehen mit Kindern u.ä.). All diese Elemente werden in den modernen westlichen Gesellschaften als ein Politikum angesehen, so dass diese Form der Religiosität eine politische Dimension angenommen hat und zum Extremismus gezählt wird. Es wird zukünftig zu diskutieren sein, inwieweit sektenartige Kult- und Religionsgemeinschaften tatsächlich mit dem Begriff des Extremismus zu fassen sind. Hier ist eine tatsächliche theoretische Grundlegung noch ganz am Anfang. Es erschien deshalb sinnvoll, diese Phänomene zunächst mit dem Extremismusbegriff zu fassen und mit einer expliziten Aufforderung an die Politische Theorie zu verbinden, hier eine vertiefte Diskussion erfolgen zu lassen. Eine zureichende Analyse dieser Phänomene, die heute zweifelsohne ein Politikum darstellen, lässt sich doch tatsächlich *nicht* auf der Grundlage des Konzepts der Politischen Religion vornehmen, weil sie nur (wenn überhaupt) am Rande politische Themen artikulieren bzw. politische Forderungen erheben. und (wenn überhaupt) meist nur ganz am Rande politische Thematiken für sich aufgreifen oder politische Forderungen stellen.

Eine grobe Klassifikation ergibt, dass der religiöse Extremismus demnach in zwei Hauptformen existiert:

1. Als extremistischer Rand von Religionen, die ihrem Kern nach nicht-extremistisch sind (meistens handelt es sich um fundamentalistische Strömungen der großen Weltreligionen);

2. als extremistische Kulte und Religionsgemeinschaften[822] mit entsprechenden extremistischen Glaubenspostulaten[823].

Viele der kleinen extremistischen Religionsgemeinschaften knüpfen in Fragen ihrer lehrmäßigen Dogmatisierung an spezifische Elemente der traditionellen Religionen an (z.B. Peoples Temple[824] an das Christentum oder Aum Shinkrikyo[825] an den Buddhismus). Sie sind der fundamentalistisch-sektenförmige Teil der großen Weltreligionen. Eine alternative Differenzierung in neue und alte Religionen ist hier nicht unproblematisch, weil nicht immer klar ist, was jeweils das ‚spezifisch Neue' daran sein soll. Entscheidend ist vielmehr das Vorhandensein extremistischer Ideen und Aktivitäten, die durch intolerante Religionsüberzeugungen begründet sind[826] (im Sinne des verfassungspolitischen Ansatzes, oder die einen aggressiven Fanatismus begünstigen, wie es etwa sozialpsychologische Modelle ausdrücken. Mit Scheuch/ Klingemann könnte man die religiösen Extremismen auch als Folge von Spannungszuständen betrachten, die sich hier in fanatischer Weise entladen. Mit Roger Griffin könnte man argumentieren, dass ebenfalls palingenetische Konfigurationen nachweisbar sind. Das Konzept des religiösen Extremismus ist in der bisherigen Fachliteratur im Vergleich zu anderen Formen des Extremismus nicht so ausführlich analysiert worden. Manche Autoren erforschen lediglich *eine* Variante des Extremismus und gelangen auf dieser Basis zu allgemeinen Schlussfolgerungen, die in allgemeine Konzepte einmünden. Hier kann Charles E. Liebman genannt werden, der den jüdischen Extremismus erforscht und den religiösen Extremismus durch drei Elemente definiert sieht: (1.) Expansion des religiösen Rechts, (2.) Sozialisation und (3.) kulturelle Ablehnung.[827]

Einzelne Arbeiten nutzen als Synonym den ‚Fundamentalismus'[828], doch ist dieses Vorgehen nicht unumstritten. Der Begriff Fundamentalismus[829] bezeichnet nach Klaus Kienzler solche religiösen Strömungen, die die Religion als Fluchtburg, als Protest und Reaktion gegen die

---

822 Wegen der unklaren Bedeutung und dem unterschiedlichem Gebrauch wird an dieser Stelle nicht auf den Begriff der ‚Sekte' zurückgegriffen. Gerade in Bezug auf den Begriff der Sekte, wie im Laufe des Kapitels deutlich wird, kann man fundamental unterschiedliche Qualitäten im Bereich der verschiedenen Ansätze der Extremismusforschung ausmachen. Zur Problematik des Sektenbegriffs siehe auch: Helmut Langel: Kulte und Sekten – Gefährliche Zeiterscheinung oder moderne Religionsvielfalt. (3. Auflg.). München 2000. S. 16–22.

823 Miroslav Mareš: Terorismus v ČR. Brünn 2005. S. 244–245.

824 Eine amerikanische Sekte, deren 911 Mitglieder im Jahr 1978 durch Selbstmorde bzw. Morde ums Leben kamen. Zdeněk Vojtíšek: Nová náboženská hnutí a kolektivní násilí. Brünn 2009. S. 68–90.

825 Eine japanische Gruppe, die einen Anschlag mittels C-Waffe in Tokio im Jahr 1995 durchgeführt hat. Vojtíšek, S. 124–152.

826 Deshalb gelten verschiedene linksextremistische Versuche um die Nutzung der Religion nicht als religionsextremistisch. So zum Beispiel die Bewegung ‚Pacem in Terris', die während des kommunistischen Regimes in der Tschechoslowakei mit der Regierungsmacht kollaborierte. Oder auch verschiedene Interaktionen der Befreiungstheologie mit lateinamerikanischen Linksextremisten. Diese werden primär durch ihre politische Überzeugung charakterisiert und nicht über die enthaltenen religiösen Elemente. Demgegenüber weisen einige rechtsextremistische und nationalistische Überzeugungen starke Elemente der Religiösität auf und wurden als Religionsextremismus bezeichnet.

827 Charles E. Liebman: Extremism as a Religious Norm. In: Journal for the Scientific Study of Religion, Jg.22, Nr. 1, 1983. S. 75–86.

828 Reza Aslan: Beyond Fundamentalism – Confronting Religious Extremism in the Age of Globalization. New York 2009.

829 Dieses Wort hat seinen Ursprung in der Bezeichnung der amerikanischen antimodernistischen protestantischen Strömungen in 19. Jahrhundert.

moderne Welt nutzen. Sie dient als Quelle eines Sendungsbewusstseins, womit verunsicherte Menschen beeinflusst werden, um Macht auf sie auszuüben. Zu diesen Strömungen gehören nach Kienzler elementar (1.) das fundamentalistische Schriftenverständnis, (2.) der Traditionalismus und (3.) der Dogmatismus sowie (4.) eine fundamentalistische Moral[830].

Lambrecht und Baars schreiben: „Fundamentalisten halten ihre Form des Glaubens oder ihre Ideologie für die einzig richtige und einzig wahre. Andere Überzeugungen lehnen sie ab. Deshalb wollen sie ihren Glauben oder ihre Ideen verbreiten – einige auch mit Gewalt.“[831]

Der *historisch-politische Kontext des Begriffs* des Fundamentalismus ist die Abspaltung von evangelikalen Minderheiten aus der protestantischen Mehrheitskultur in den USA, die sich als Auserwählte betrachten und nur die Bibel als alleinige Grundlage für ihre Glaubensposition gelten lassen.[832] Dieser Fundamentalismus zeigt sich primär als christlicher Extremismus. Es können auch viele Verzweigungen des Fundamentalismus mit rechtsextremistischen Ideen und Gruppierungen (besonders in den USA) festgestellt werden.[833] Eine Zwischenform stellt z.B. der Kreationismus dar, der eine fundamentalistische Annahme des christlichen Extremismus ist, als Element selbst aber nicht extremistisch ist.

Einen Kriterienkatalog des religiösen Extremismus hat Stefan Braun vorgelegt, dieser hat folgende Merkmale:

- ideologisch-religiös begründete Grundüberzeugungen, die im scharfen Widerspruch zu anderen Kulturen, Religionen, Weltanschauungen stehen,
- ein theologischer Absolutheitsanspruch, der sich vor allem gegenüber anderen Religionen zeigt und antritt, sämtliche privaten und gesellschaftlichen Bereiche zu umfassen,
- ein utopisches letztes Ziel, das in der Erlösung der eigenen Glaubensmitglieder und der Verwerfung oder Bestrafung der nicht Konvertierten besteht,
- scharf gegen die Außenwelt abgezirkelte Wertvorstellungen und eine Binnenethik, die zur internen Agitation ebenso herangezogen werden, wie zur Sanktionierung der Mitglieder und von der Mehrheitsgesellschaft abgelehnte Aktionen – etwa Attentate – rechtfertigen,
- verschwörungstheoretische Ansätzen, welche für die mangelnden Erfolge bei der Umsetzung der eigenen Vorstellungen und Ziele einen ‚Satan‘ verantwortlich machen, der mit allen zur Verfügung stehenden Mitteln bekämpft werden muss,
- eine spezifische Bedrohung, die sich aus den theologischen Begründungen und religiösen Bezügen ergibt, welche nicht in Übereinstimmung mit den vorherrschenden Vorstellungen von weltlich ausgerichteten extremistischen oder terroristischen Organisationen zu bringen sind,
- autoritäre oder totalitäre Ansprüche im Falle eines Machtwechsels in einem Staatswesen.

---

830 Klaus Kienzler: Der religiöse Fundamentalismus – Christentum, Judentum, Islam. (3. Auflg.). München 2001. S. 21–27.

831 Oda Lambrecht, Christian Baars: Mission Gottesreich – fundamentalistische Christen in Deutschland. S. 11f.

832 Vgl. Rainer Prätorius: In God We Trust – Religion und Politik in den USA. München 2003. bes. S. 66ff.

833 Vgl. Leonard Weinberg, Ami Pedazhur: Introduction. In: Ebd.: Religious Fundamentalism and Political Extremism. London, Portland 2004. S. 1–10.

- Religion wird soziologisch als wertneutraler Terminus technicus für Phänomene verstanden, die als Sinn vermittelndes Ideenkonstrukt eine Heilslehre und einen Heilsweg aufzeigen.
- Die vermittelte Lehre und die sich aus ihr speisende Lebensführung gilt nicht nur dem individuellen Gläubigen, sondern die gesamtgesellschaftlichen Entwicklungen sollen widerspruchslos und nachhaltig umgesetzt werden.
- Die religiöse Schrift wird einseitig, das heißt abseits der Theologie, politisch instrumentalisiert und gesellschaftlich umgesetzt[834].

Der religiöse Extremismus wurde im Kontext der Gewaltforschung und Terrorismusforschung analysiert[835]. Gewalt ist ein typisches Merkmal vieler religiöser Extremisten. Hauptformen der Gewalt sind (1.) religiöse Kriege, (2.) religiöser Terrorismus, (3.) Repressionsmaßnahmen in theokratischen Regimes und gegen eigene Mitglieder innerhalb der religiösen Gemeinschaften (einschließlich Massenselbstmorden).

Religiöse gewaltorientierte extremistische Gruppierungen zeichnen sich nach Kai Hirschmann[836] durch extremistische oder apokalyptische Überzeugungen aus:

Dualismus	Der Glaube, dass die Welt in Gut und Böse aufgeteilt ist, wobei die Mitgliedschaft das Gute repräsentiert.
Verfolgte Auserwählte	Man sieht sich selbst als auserwählte Elite (Propheten), die von paranoiden und tyrannischen Mächten verfolgt wird..
Determinismus	Die Bewegungen glauben, nur sie könnten der ultimative Gewinner eines letzten Kampfes sein. Dabei erscheint ihnen eine gewaltsame Auseinandersetzung immer notwendiger.
Rettung durch Konflikt	Eine Seelen-Rettung hängt von der Teilnahme am erwarteten/herbeigesehnten Kampf ab, dessen Ziel die Vernichtung des Gegners ist.
Mitgliederkontrolle/ Totalitäre Strukturen	Die Bewegung (oder Gruppe) kontrolliert jeden Lebensbereich ihrer Mitglieder. Sie ist totalitär strukturiert.
Fehlende Hemmschwellen	Da die gesellschaftlichen Normen und Regeln ‚des Feindes Werk' sind, können sie beliebig missachtet werden.

Abb. 7.1 *Extremistische oder apokalyptische Überzeugungen. Hirschmann.*

834 Stefan Braun: Religiöser und separatistischer Extremismus – Neue Wesensformen bekannter antidemokratischer Bezüge. In: Beiträge zur Internationalen Politik & Sicherheit, 2, 2005. S. 29–39. http://www.bmlv.gv.at/pdf_pool/publikationen/06_bips.pdf

835 Mark Juergensmeyer: Terror in the Mind of God – The Global Rise of Religious Violence. Berkeley/ Los Angeles/New York 2000.

836 Kai Hirschmann: Terrorismus. Hamburg 2003. S. 23

Im Rahmen der Forschung zum religiösen Extremismus (im Kontext der Forschung über die ‚neuen Religionen') erscheint es wichtig zu betonen, dass nicht jede neue Religion extremistische oder sicherheitsgefährdende Elemente beinhalten muss. Auch die diesen entgegengesetzte Anti-Kult-Bewegung ist gelegentlich mit extremistischen oder terroristischen Strömungen verbunden[837].

In fast allen Religionen üben sich die Menschen freiwillig in persönlicher Selbstbeschränkung und versuchen, andere von ihrem Glauben zu überzeugen. Kirchen und Religionsgemeinschaften suchen ihre Vorstellungen und Ideen in Gestalt von Interessengruppen zu artikulieren und durchzusetzen, sie respektieren Menschen anderer Glaubenszusammenhänge. Dies ist vor allem dort empirisch festzustellen, wo die staatlichen Strukturen sehr stark laizistisch geprägt sind oder von einer Konfession übermäßig dominiert werden. In diesen Ländern haben sich sehr früh nach der Staatswerdung (oder neuer Verfassungsordnungen) ausgesprochen religiös-konfessionelle politische Parteien gebildet. Diese „normalen" oder „üblichen" Aspekte des religiös-kirchlichen Lebens lassen sich im Blick auf die neuen Religionen natürlich nicht als extremistisch bewerten.

In den nachfolgenden Abschnitten werden anhand ausgewählter Beispiele Arten des religiösen Extremismus (oder religiöse Erscheinungen, die in der relevanten Fachliteratur als extremistisch bezeichnet werden) dargestellt. Allgemein lässt sich sagen, dass religiöse extremistische Organisationen unterschiedliche Strukturen aufweisen, so dass die Leitung auf der Ebene kleiner Zellen beruhen kann (die nur freie Strukturen bilden können)[838] oder sie bilden große globale hierarchische Strukturen.

Ein wichtiger Aspekt, der eine klare Unterscheidung zwischen den normalen religiösen und extremistischen Strukturen bildet, ist die *Erziehung*. Während in nicht-extremistischen Glaubenzusammenhängen die freiheitliche Religionsausübung im Vordergrund steht und der Respekt vor anderen monotheistischen oder polytheistischen Religionen gelehrt wird, wird durch fanatische, extremistische Religionsströme zum Teil eine systematische Kindesmisshandlung insbesondere seelischer, zum Teil auch körperlicher Art, ausgeübt. Hier ist der Unterschied zwischen *Lernen* und *Indoktrination* angesprochen. Ein bekanntes Beispiel für die Indoktrination von Kindern ist die der charismatischen Pfingstbewegung zugehörige Organisation Kids in Ministry International (KIMI)[839]. Nach Janet Heimlich kann die religiös motivierte Kindesmisshandlung folgende Kriterien beinhalten:

„A subjet of this larger phenomenon, religious child maltreatment is child abuse or neglect that is largely caused by religious beliefs held or propagated by perpetrators or a surrounding community. Religious child maltreatment manifests itself in many ways including:

- justifying abusive physical punishment with religious texts or doctrine;
- having children engage in dangerous religious rituals;
- taking advantage of religious authority to abuse children and procure their silence;

---

837 Massimo Introvigne: Moral Panics and Anti-Cult Terrorism in Western Europe. In: Terrorism and Political Violence, Jg. 12, 2000, Nr. 1. S. 47–59.

838 Langel 2000. S. 29.

839 Heidi Ewing, Rachel Grady: Jesus Camp. ICA Films 2008.

- failing to provide children needed medical care due to a belief in divine intervention;
- terrifying children with religious concepts, such as an angry and punitive god, eternal damnation, or possession by the devil or by demons;
- making children feel guilty and shameful by telling them they are sinful;
- neglecting children's safety by allowing them to spend time with religious authorities without scrutinizing the authorities' backgrounds;
- inculcating children with religious ideas; and
- failing to acknowledge or report child abuse or neglect to protect the image of a religion or a religious group."[840]

Nach Heimlich beinhaltet die religiöse Kindesmisshandlung in allen Fällen Erwachsene, die davon überzeugt sind, dass ihre Handlungen ein gerechter Ausdruck ihrer Frömmigkeit sind und nichts Fehlerhaftes darin erkennen wollen. Nicht alle von Heimlich aufgezählten Prüfsteine der Kindesmisshandlung religiöser Natur sind auch Prüfsteine des religiösen Extremismus. Heimlichs Ansatz ist breit aufgestellt und hat auch solche Formen des Missbrauchs im Visier, die apolitisch sind und somit nicht politisches, abweichendes religiöses Verhalten darstellen. Insbesondere das fünfte Kennzeichen, Kindern Angst einzujagen mittels religiöser Konzepte eines bösen, rachsüchtigen Gottes, sowie das sechste Merkmal, Kindern Schuld einzureden, um sich für ihre Sündigkeit zu schämen und ihnen (Punkt acht) religiöse Ideen indoktrinierend einzuschärfen, sind wichtige Merkmale des religiösen Extremismus. Der religiöse Extremismus schreckt nicht nur nicht davor zurück, die Erziehung aufzugeben und stattdessen eine Praxis der Indoktrination aufzunehmen, sondern hat dies zu einer seiner Strukturen gemacht. Neben der Indoktrination mit religiösen Dogmen, die selbst eine Misshandlung darstellen, steht der Missbrauch dieser Kinder als Glaubenskämpfer, als Missionäre.

Peoples Temple

Eine vom ehemaligen Kommunisten Jim Jones 1955 gegründete Organisation im amerikanischen Indiana, die nach einem hierarchisch-sozialistischen Modell strukturiert war und einen apostolischen Sozialismus predigte. Sie wurde weltweit unrühmlich bekannt, als sich 918 ihrer Angehörigen am 18. November 1978 in Guyana das Leben nahmen.

Anti-Kult-Bewegung

Eine Organisation, die vor sektenartigen Bewegungen warnen und an die Öffentlichkeit gehen. Sie greift insbesondere kleine, auf Zwang aufgebaute und manipulative Gruppierungen an (neue Religionen).

[840] Janet Heimlich: Breaking their will – shedding light on religious maltreatment. Amherst/New York 2011. S. 29.

7.2 Christlicher Extremismus

Der Begriff ‚christlicher Extremismus‘ wurde in mehreren Dimensionen konzeptualisiert. In der Geschichte des Christentums lassen sich einzelne Epochen finden, wo diese Religion auf gewalttätige und nicht wenige Male brutale Weise ihrem Missionierungsauftrag nachzukommen suchte. Sie wollte ihre Glaubensbestimmungen und moralisch-ethischen Postulate anderen Völkern und Kulturen einpflanzen – wie in den Konfessionskriegen in der europäischen Frühen Neuzeit, im Rahmen der Kolonialisierung Lateinamerikas insbesondere durch die Spanier, der Unterwerfung weiter Landstriche Afrikas und Asiens durch die europäischen Mächte im Zeitalter des Imperialismus. Darin eingeschlossen waren Methoden des repressiven Terrors wie z.B. die Inquisition.

Hinsichtlich der Gegenwart lässt sich die Instrumentalisierung der christlichen Konfessionen für kriegerische Ziele beobachten, wie z.B. der Bürgerkrieg im Libanon, im ehemaligen Jugoslawien oder in Nordirland verdeutlicht haben. Doch waren die fundamentalistischen Elemente hier nicht so zentral im Sinne eines intoleranten Identitätsanspruchs. Die Lord's Resistance Army (LRA) in Uganda, die eine christliche Identität beansprucht, ist in ihren Mitteln extrem brutal, aufgrund des Charakters ihrer auf Reformierung der katholischen Kirche hinzielenden Führungspersonen und aufgrund ihrer strategischen Kultur, nicht aber wegen ihres ideologischen Hintergrunds.

> Lord's Resistance Army (LRA)
>
> Sie wurde 1987 als paramilitärische Organisation im Norden Ugandas gegründet, die sich als Widerstandsgruppe gegen die ugandischen Machthaber definiert und für einen christlichen Gottesstaat kämpft. Nach ihrer Vertreibung ging sie terroristisch in benachbarten Ländern vor. Dabei soll sie vom Sudan finanziell unterstützt worden sein.

Im Rahmen der Extremismus-Forschung standen traditionalistische katholische Gruppen wie die Priesterbruderschaft St. Pius X, Una Voce, der Verlag Pro Fide Catholica, die die Ergebnisse und Beschlüsse des Zweiten Vatikanischen Konzils kritisierten, im Blickpunkt der Forschung[841]. Im globalen Kontext kann man bei diesen Gruppen neben fundamentalistischen auch extremistische Elemente finden, einschließlich des Antisemitismus. In manchen Ländern arbeiten diese Gruppierungen mit extremen Rechten zusammen[842], ohne freilich Gewaltmittel einzusetzen.

---

841 Eric W. Steinhauer: Katholischer Traditionalismus und Demokratie in Deutschland – Anmerkungen zu einer ‚frommen‘ Grundrechtkritik. In: Uwe Backes, Eckhard Jesse (Hrsg.): Extremismus & Demokratie, 14. Jahrgang 2002. Baden Baden 2002. S. 120–133.

842 Miroslav Mareš: Křesťanství a politický extremismus v České republice. In Petr Fiala, Jiří Hanuš (Hrsg.): Katolická církev a totalitarismus v českých zemích. Brünn 2002. S. 161–190.

Priestbruderschaft St. Pius X

Es handelt sich um eine Vereinigung katholischer Traditionalisten, die vom später exkommunizierten Erzbischof Lefebvre 1970 gegründet wurde. Sie wurde benannt nach Papst Pius X. (Pontifikat 1903–1914), der sehr stark antimodernistisch eingestellt war. Die Priesterschaft übt scharfe Kritik an den Beschlüssen des Zweiten Vaticanums und hält an der tridentinischen Liturgie fest. Ihre sozialen und politischen Ansichten decken sich zum Teil mit rechtsextremistischen Parteien, zu denen auch Kontakte bestehen: Rassismus, Antisemitismus, Antiislamismus, Leugnung des Holocaust. Eine erhebliche Affinität bestand zu rechtsgerichteten Diktaturen wie Argentinien und Chile.

Una Voce

Eine 1966 in Rom gegründete Bewegung des reaktionär-traditionalistischen Katholizismus, die für eine Restitution der tridentinischen Messe eintritt. Die Una Voce Korrespondenz erscheint in Deutschland seit 2010 im Bernardus Verlag.

Verlag Pro Fide Catholica

Dieser vertritt eine katholisch-traditionalistische Sichtweise, die sich kritisch auf die Amtskirche bezieht und einen erklärten *Sedisvakantismus* repräsentiert, d.h. eine Lehre, nach der es seit Pius X. keinen rechtmäßigen Papst mehr gibt.

Opus Dei

Der 1928 von Josemaría Escrivá in Spanien gegründete katholische Laienorden, der sich direkt dem Papst unterstellte, vertritt eine Spiritualisierung des katholischen Glaubens. Politisch vertritt er ultrakonservative, reaktionäre und rechtsextremistische Ansichten. Seine Geheimniskrämerei und sein Hang zur Entwicklung von Verschwörungstheorien ist mit Händen zu greifen und begründet mit seinen zweifelhaften Ruf. Seine Affinität zum Francoregime ist nachgewiesen; viele franquistische Minister waren Mitglieder des Opus Dei. Eines seiner Ziele ist die Infiltrierung von Politik und Wirtschaft bzw. die Rekrutierung von Führungspositionen in den Funktionseliten.

Innerhalb der katholischen Kirche bewegen sich fanatische fest organisierte Gruppen, die die Kirche intern dogmatisch zu indoktrinieren versuchen; ob hier aber das Etikett ‚Extremismus' verwendet werden kann, erscheint fraglich. Vor allem ist hier die Organisation Opus Dei[843] zu nennen. In manchen Staaten, meist in Osteuropa, wirken noch Gruppierungen, die an die historischen klerikalfaschistischen Bewegungen anknüpfen wie die Ustaschas in Kroatien oder die Ludaken in der Slowakei[844].

843 Matthias Mettner: Die katholische Mafia – Kirchliche Geheimbünde greifen nach der Macht. München 1993.

844 John Pollard: ‚Clerical Fascim' – Context, Overview and Conclusion. In: Totalitarian Movements and Political Religions, Jg. 8, Nr. 2. S. 434.

Ustaschas in Kroatien

Eine von Ante Pavelic 1929 gebildete faschistisch-rechtsextremistische Gruppierung, die sich aus der kleinen Kroatischen Rechtspartei herausentwickelt hatte, die mit terroristischen Methoden die Unabhängigkeit Kroatiens forderte, indem sie das Kroatentum und das Bauerntum verklärte. Als 1941 die Achsenmächte Kroatien besetzten, proklamierten sie einen unabhängigen kroatischen Staat und setzten Pavelic als Staatschef ein, der ein faschistisches Regime errichtete. Die Ustascha-Bewegung verschmolz mit dem Staatsapparat. Dieses System war verantwortlich für die Errichtung von Konzentrationslagern und Massenhinrichtungen von Juden und Serben.

Ludaken in der Slowakei

Klerikalfaschistische Angehörige aus der nationalistisch-antisemitischen Slowakischen Volkspartei, die eine Autonomie der Slowakei in der 1. Tschechoslowakischen Republik anstrebten. Nach der Staatswerdung der Slowakei im März 1939 als ‚Schutzstaat' des nationalsozialistischen Deutschlands, mutierte die SVP zur Staatspartei und begann mit dem Aufbau eines autoritär-faschistischen, ständestaatlich hierarchisierten Staatswesens.

In der *orthodoxen Kirche* lassen sich fanatische Gruppierungen besonders in Russland beobachten, die vor Gewalt nicht zurückschrecken (z.B. der Ausschuss für spirituellen und geistlichen Wiederaufbau der Heimat) und die in der Literatur als Extremisten bewertet werden[845].

Der *Protestantismus* weist extremistische Strömungen auf, meistens in den USA, wo sie mit patriotischen Milizen[846] oder mit terroristischen Vereinigungen (Army of God) verbunden sind. Aus blindwütigem Milieu, das seine Nähe zur extremen Rechten hervorhebt, kamen Terroristen wie Timothy Mc Veigh, der im Jahre 1995 ein Attentat in Oklahoma City verübt hat (mit 168 Opfern)[847]. Eine Mischung von Protestantismus, Freimaurerei und Erbe der Templerorden hat in seinem Manifest „2083: Europäische Deklaration der Unabhängigkeit" der norwegische rechte Terrorist Anders Behring Breivik 2011 propagiert[848].

Army of God

Dabei handelt es sich um eine christliche terroristische Gruppierung in den USA, die gegen Abtreibungen vorgeht und sich Anfang der 1980er Jahre zu formieren begann. Die Gruppe wird in Verbindung gebracht mit einer Reihe von Mordanschlägen auf Abtreibungsbefürwortern.

---

845 Nikoai Mitrokhin: Non-Islamic Extremism in Contemporary Russia. In: Timo Hellenberg, Kelly Robins (Hrsg.): Roots and Routes of Democracy and Extremism – A broad based dialogue on the development of democracy and extremism in countries with large Muslim populations. Helsinki 2006. S. 157–171.

846 Douglas Pratt: Religion and Terrorism – Christian Fundamentalism and Extremism. In: Terrorism and Political Violence, Jg. 22, Nr. 3, 2010. S. 453.

847 Juergensmeyer 2000. S. 20–36

848 Andreas Breivik [AKA Andrew Berwick]: A European Declaration of Independence. London 2011. http://www.kevinislaughter.com/wp-content/uploads/2083+-+A+European+Declaration+of+Independence.pdf

Aus der christlichen Lehre gingen verschiedene kleinere Gruppierungen hervor, die Kommunen mit totalitärem Charakter gründeten, wie die Davidians in den USA, die nach einem Gefecht mit Sicherheitskräften in Waco im Jahre 1993 Massenselbstmord begannen[849]. Schon erwähnt wurden die Peoples Temple, ein weiterer Massenselbstmord ereignete sich unter Anhängern der marianisch-katholischen Kult Restoration of the Ten Commandments of God in Uganda im Jahre 2000[850]. Kleinere extremistische Gruppen in unterschiedlichen christlichen Denominationen sind verschiedentlich vorhanden.

Davidians

Eine Abspaltung aus der adventistischen Religionsgemeinschaft in den USA (Branch Davidian Seventh Day Adventists). Der Name soll an die Wiedererrichtung des Königreichs Davids erinnern. Zentraler Glaubensinhalt kulminiert um die Endzeiterwartung vor dem Jüngsten Gericht.

Restoration of the Ten Commandments of God

Eine römisch-katholischer Zusammenschluss, der Ende der 1980er Jahre in Uganda erstanden ist. Ihre Führer hatten eine Vision der Gottesmutter Maria zum Anlass genommen, die Apokalypse für das Jahr 2000 vorauszusagen. Im Frühjahr 2000 gab es einen kultisch inspirierten Massenselbstmord, bei dem über 500 Mitglieder umkamen. Strengste Befolgung der Zehn Gebote war die Grundlage dieser Lehre.

Eine wichtige Strömung des christlichen Extremismus stellt die Christliche Rechte in den USA dar, die personelle und strukturelle Verzweigungen in den amerikanischen Konservativismus/Neokonservativismus und den Rechtsextremismus aufweist. In diesem Kontext wurde der Begriff des Fundamentalismus neu geprägt. Die historischen Ursprünge des christlichen Extremismus liegen in den USA im sog. Second Great Awakening (1800–1840), als sich ein protestantischer Evangelikanismus herausbildete, der auf die Etablierung eines ‚Neuen Israel' bzw. die Errichtung eines ‚Reiches Christi' hinarbeitete. Alleinige Grundlage sind die biblischen Texte; Neuinterpretationen im modernen Sinne sind für diese Strömung unstatthaft, weil sie nur Verfälschungen der ‚reinen Lehre' darstellen. Die Resultate der modernen Naturwissenschaften werden angezweifelt, weil sie angeblich nicht mit der Bibel in Einklang zu bringen bzw. dieser diametral entgegenstehend sind. Insbesondere die kreationistische Bewegung, die vor allem im Süden und im Mittleren Westen ansässig ist, entfaltet eine enorme ideologische Energie und eine ernst zu nehmende Gegenmacht zu den Positionen der Aufklärung. Die Weltansicht ist manichäistisch. Ein extrem-aggressiver Antikommunismus, der sich schon kurz nach dem 1. Weltkrieg im Red Scare gezeigt hatte (der Furcht vor einer Bolschewisierung Amerikas nach der Oktober-Revolution 1917) und nach 1945 im McCarthyismus seinen Höhepunkt erreicht hatte, sorgte für vielerlei Verschwörungstheorien, die christlich-religiöse Wurzeln besaß.

---

849 Vojtíšek 2009. S. 91–108.
850 Vojtíšek 2009. S. 188–199.

McCarthyismus

Er ist Ausdruck einer reaktionären Ausprägung des amerikanischen Rechtskonservativismus, der die amerikanischen politischen Entscheidungszentren, insbesondere das State Department, von Kommunisten infiltiert sah. Namensgeber war der konservative republikanische Senator Joseph McCarthy (1908–1957), der eine landesweite Kampagne gegen Kommunisten inszenierte. McCarthy war in seiner eigenen Partei nicht unumstritten und wurde später abberufen.

Der ‚Evangelikanismus' richtete sich nicht nur gegen linkes Gedankengut, sondern wandte sich gegen Modernismen unterschiedlicher Art, gegen Liberalisierungen und eine zunehmende Säkularisierung der Gesellschaft. Eine Gruppierung des Evangelikanismus stellen die Pfingstler dar (pentecostalism), wo die Taufe durch den Heiligen Geist von zentraler Bedeutung ist. Linguistisches Kennzeichen dieser Gruppierung ist die Glossolalie, die Zungenrede. Bei diesen Sprachgebeten ist das unverständliche Sprechen, der Sprachwirrwarr oder das Gebrabbel auch Zentrum der Namensgebung. Hier wird angenommen, dass die Fähigkeit, das Gebrabbel des Betenden auszulegen eine besondere Fähigkeit, eine Gabe des Heiligen Geistes sei, das (unverständlich) Gesagte wird in diesem Zusammenhang als Wort Gottes verstanden. Von der Praxis der Glossolalie rührt der Name der (charismatischen) Pfingstbewegung, denn in der Apostelgeschichte wird zu Pfingsten beschrieben, die Jünger hätten ‚neue Sprachen' gesprochen. Diese Bewegung zentriert sich um einen rigiden Pietismus bzw. einen moralisch-spiritistischen Perfektionismus. Weniger militant und aggressiv treten die Neoevangelikalen auf, die puristisch sind und von einem manifesten Anti-Intellektualismus durchdrungen zu sein scheinen. Eine wichtige Organisation der pfingstlerischen Denomination ist die von Becky Fischer gegründete Kids in Ministry international. Die wichtigste Forderung der pfingstlerischen Denomination ist die Rücknahme des Wissens um die Evolutionsbiologie und die Ersetzung evolutionsbiologischer Lehren durch den Kreationismus. Der Kreationismus ist eine Ideologie, in der davon ausgegangen wird, dass Adam und Eva die ersten Menschen auf der Erde waren, und Gott die Welt erschuf. Die Erde hat dieser Ideologie zufolge eine viel kürzere Lebensdauer, als durch Geologie, Evolutionsbiologie und Physik festgestellt. Der Kreationismus lehrt ein rigides Verhältnis von Mann und Frau und hat eine patriarchalische Ausprägung inbegriffen. Der grundlegende Referenzbuch der Kreationisten ist das erste Buch Moses (Genesis). Mit dem Kreationismus verbunden ist die militante Anti-Abtreibungsbewegung. Damit Kinder nicht in die Nähe evolutionsbiologischer Lehren gelangen, haben die Kreationisten eine Taktik der Privatbeschulung eingeführt in der lediglich mit der Lehre des Kreationismus in Übereinstimmung stehende Inhalte gelehrt werden. Der Kreationismus wendet sich gegen wissenschaftliche Erkenntnisse und ist wissenschaftskritisch eingestellt, so werden etwa Ergebnisse zur Erforschung des Weltklimas abgelehnt. Das Übernatürliche, die übernatürliche Macht Gottes, so wird hier angenommen, fährt in den Körper des Gläubigen ein, der von nun an eine starke Verbindung mit ihm aufnimmt. Insbesondere Kinder sind das Ziel indoktrinärer Versuche, da von ihnen angenommen wird, Gott fahre leichter in sie ein. Auch hier findet sich eine interessante Beziehung zur Zeit wieder, die bereits im Bereich der Ideologiekritik ihre Besprechung fand, denn umso weiter man sich von der Geburt entfernt, desto weiter weg bewegt man sich von Gott, was als Prozess nur durch intensives Beten und ein nach rigiden Normen bestimmtes Leben aufgehalten werden kann.

Es gibt jedoch zahlreiche Organisationen, die dieser Strömung zuzuordnen sind. Die Frontiers setzen sich in Deutschland für die Missionierung zum Christentum in islamischen Ländern ein. Gründer der Frontiers war Greg Livingstone. Daneben steht die Arbeitsgemeinschaft Evangelikaler Missionen. Insbesondere die Missionierungsgemeinschaften sind in Deutschland in die Kritik gekommen, nachdem jugendliche Missionare der Bibelschule Brake während einer Missionierungsmission ums Leben kamen. Andere wichtige Gruppen sind u.a. die Evangelical Alliance, die Assembly of God in den USA, sowie in Deutschland die Operation Mobilisation, die AG Evolutionsbiologie und der Bundesverband Lebensrecht.[851]

In den 1980er Jahren hat sich in den USA eine ‚neue christliche Rechte' etabliert, die sich als ‚Moral Majority' bezeichnet, deren spektakulärster Propagandist der Fernsehprediger Jerry Falwell war. Ihr Selbstverständnis ist politisch, da sie die Restitution einer christlich geprägten amerikanischen Gesellschaft anstrebt, was man legalistisch auf konstitutionellem Wege initiieren möchte. Diese Strömung weist zahlreiche Verbindungen zu den Republikanern auf und übt Einflussnahme auf deren Kongressarbeit aus. Die 1989 von Reverend Pat Robertson gegründete ‚Christian Coalition of America', in der sich die wichtigsten konservativen protestantischen Bewegungen und Katholiken zusammengeschlossen haben, hat zahlreiche Topoi der christlichen Rechten aufgenommen und sucht diese im Sinne eines Sprachrohrs der religiösen Bürger politisch in den Gesetzgebungsprozess einzubringen. Das Aufkommen der Tea Party-Bewegung, die z.T. rechtsextreme Elemente aufweist, ist ohne die Rhetorik und die vielfältigen Aktivitäten der christlichen Extremisten nicht begreifbar.[852]

7.3 Jüdischer Extremismus

Der jüdische Extremismus hat seine Wurzeln in der traditionellen Lehre von der Gotteserwählung des jüdischen Volkes, die von den Extremisten auf intolerante Weise verstanden wird. Die religiös-fundamentalistischen Varianten des jüdischen Extremismus umfassen einmal orthodoxe Gruppen in der jüdischen Diaspora wie in Israel selbst, soweit sie dort mit religiösen Parteien verbunden sind[853], zum zweiten die gemäßigt dogmatischen[854], aber fanatischen Anhänger des sog. ‚Kahanismus'.

Der Kahanismus leitet sich von dem Namen seines Gründers Meir Kahane (1932–1990) ab, einem Rabbiner, der wegen der tragischen historischen Erfahrungen des jüdischen Volkes nach den Worten des Terrorismus-Experten Bruce Hofmann „eine militante Aggressivität (empfahl), die sich lediglich als Wahrnehmung des unveräußerlichen Rechts zur Selbstverteidigung präsentierte"[855]. Kahane hat die politische Partei Kach (Dennoch) in Israel gegründet,

---

[851] Oda Lambrecht, Christian Baars: Mission Gottesreich – fundamentalistische Christen in Deutschland.

[852] Manfred Brocker: Protest, Anpassung, Etablierung – Die Christliche Rechte im politischen System der USA. Frankfurt/New York 2004. S. 61–66, S. 80f.,S. 139f.; vgl. auch Prätorius 2003.

[853] Marek Čejka: Judaismus a politika v Izraeli. Brünn 2009.

[854] An dieser Stelle kann man betonen, dass die historischen jüdischen terroristischen Gruppen aus den 40er Jahren (Irgun, Stern) eine linke zionistische Orientierung hatten.

[855] Bruce Hoffman: Terrorismus, Der unerklärte Krieg – Neue Gefahren politischer Gewalt. Frankfurt am Main 2001. S. 131.

die aber verboten wurde und als terroristische Organisation (ähnlich wie die Nachfolgergruppe Kahane Chai! – Kahane lebt!) betrachtet wird[856]. Neben den terroristischen Aktionen von Kach verübten einzelne jüdische Terroristen individuelle Attentate, wie z B. der Massenmord an Muslimen von Baruch Goldstein im Jahre 1994 oder die Ermordung des israelischen Premierminister Jhitzak Rabin durch Jigal Amir ein Jahr später[857]. Aus dem Kahanismus ging die Jewish Defence League (JDL) hervor, deren deutsche Sektion, Jüdische Verteidigungsliga, zum ersten Male 2009 im Internet in Erscheinung trat[858].

Jewish Defence League (JDL)

Diese Organisation wurde 1968 durch Kahane gegründet und dient dem Schutz der Diaspora-Juden vor Antisemitismus. Dabei werden terroristische Mittel angewendet, obwohl die Organisation dies in ihren Schriften stets verneint. Die deutsche Sektion ist bislang (2011) in vier Städten organisiert.

7.4 Hinduistischer Extremismus

In den östlichen Religionen wie dem Hinduismus und dem Buddhismus etablierten sich extremistische Gruppierungen in dem Streben nach einer gewissen extravaganten Originalität[859]. Daneben entstanden – hauptsächlich in Indien – extremistische politische Parteien mit hinduistischer Identität, von deren Umkreis Gewalt gegen Andersgläubige (Muslimen und Christen) ausgeht. Diese erwuchsen aus dem sog. ‚Hindu-Nationalismus', in welchem sich bereits seit Ende des 19. Jahrhunderts eine gegen die britische Kolonialherrschaft gerichtete breite politische Bewegung artikuliert hatte, die autochthone religiöse und politische Vorstellungen mit europäischen Bildungsstandards zu kombinieren trachtete. Die wichtigsten sind die Bharatiya-Janata-Partei (BJP) und die militanten Gruppen Bajrang Dal und Vishnu Hindu Parishad (VHP)[860], die ihre Anhänger auch in indischen Sprengeln in Europa haben.

Aus der hinduistischen Lehre sind einzelne Kulte entstanden, die totalitäre Gemeinschaften bildeten und deren Mitglieder gewalttätig gegen ihre Gegner vorgegangen sind, wie Ananda Marga in den 1970er Jahren[861] oder die Bhagvan Rajnees-Bewegung in den 1980er Jahren (deren Anhänger in Oregon Salmonellenbakterien gegen ihre Gegenspieler eingesetzt haben)[862]. Mehrere kleinere Gruppen hinduistischer Herkunft mit zweifelhafter Richtung, die Grenzen zum Extremismus tangierend, sind in allen Weltregionen verstreut (einschließlich der westlichen Demokratien).

---

856 Mareš 2005. S. 264.
857 Mareš 2005 S. 135–136.
858 Jüdischer Verteidigungsliga (2011) http://jdl-germany.org/cms/
859 Vicente Fatone: The extremism of eastern philosophy. Philosophy and Phenomenological Research, Jg. 9, Nr. 3, S. 370–376 S. 371.
860 Paul Marshall: Hinduism and Terror. In: First Things – A Monthly Journal of Religion & Public Life. Nr. 144, 2004. S. 10–13.
861 Zdeněk Vojtíšek: Encyklopedie náboženských směrů v České republice – Náboženství, církve, sekty, duchovní společenství. Prag 2004. S. 329.
862 Siehe: Langel 2000. S. 135–136. Vojtíšek 2009. S. 200–213.

Vishnu Hindu Parishad

Diese 1964 begründete, internationalistisch ausgerichtete Hinduorganisation reklamiert die Umwandlung Indiens in einen reinen Hindustaat, was die Exklusion anderer Religionen impliziert. Die VHP zielt auf eine Hindubrüderschaft auf der Grundlage des Sanatana Dharma (= ewiger Kosmos des orthodoxen Hinduismus, im Sinne der Erfüllung sittlich-moralischer und religiöser Pflichten).

Bajrang Dal

Sie ist die Jugendorganisation des Vishwa Hindu Parishad (VHP). Diese sich betont militant gebende Organisation wurde 1984 in Uttar Pradesh gegründet und vertritt eine rigide Hinduisierung der indischen Gesellschaft.

Ananda Marga

Damit ist eine universalistisch orientierte spirituelle Philosophie bezeichnet, die von der Lehre der Unendlichkeit des menschlichen Bewusstseins (Brahma) ausgeht. Diese Lehre versteht sich weniger als Religion, sondern vielmehr als synkretistisches Konglomerat unterschiedlicher religiöser Herkünfte. Ananda Marga wurde 1955 von Shrii Shrii Ananadamurti begründet. Dieser Gemeinschaft werden terroristische Aktionen gegen indische Diplomaten und Geschäftsleute im Ausland, insbesondere in Australien, zur Last gelegt.

Bhagvan Rajnees-Bewegung

Sie geht auf Rajneesh Chandra Mohan zurück, der sich seit Ende der 60er Jahre mit seinen Jüngern im indischen Poona niedergelassen hatte, und fortan Guru Bhagwan nannte und vor allem intellektuelle Aussteiger aus dem Westen anzog. Als Steuersünder musste die Sekte in die USA ausweichen, wo sie in den 90er Jahren zerbrach. Die Lehre dieser Bewegung und vor allem ihre Methode gab zu vielerlei Kritik Anlass, da sie nicht nur esoterisch angehaucht war, sondern auch eine strikte Unterordnung des Einzelwillens unter den Guru gefordert wurde. Man sprach von einem Experimentierfeld für Menschenversuche.

Bharatiya-Janata-Partei (BJP):

Die 1979 gegründete BJP ist die hinduistisch-nationalistische Partei Indiens, die in den vergangenen zwei Dekaden in den Parlamentswahlen mehr und mehr an Zulauf bekam. Zwischen 1998 und 2004 stellte sie sogar den Premierminister (Atal Behari Vajpayee). Die manifeste Demagogie dieser Partei und ihrer Unterorganisationen schürte mehrere Gewaltwellen gegen Muslime (z.B. im Bundesstaat Gujarat 2002). Die BJP vertritt programmatisch die Ideologie des freien Privatkapitalismus, eines sozialen Konservativismus der Eigenverantwortung sowie außenpolitisch eine Stärkung der nationalen Interessen Indiens (auch atomar).

7.5 Buddhistischer Extremismus

Der Buddhismus gilt im allgemeinen als eine friedliche Religion, doch in einzelnen Regionen, wo ethnisch-religiöse Spannung dominieren, kam es zu Gewaltanwendungen buddhistischer Gruppen gegen ihre Gegner (z.B. in Sri Lanka[863] oder in Südthailand[864]). In einzelnen Fällen kann man diese Gewaltaktionen als Selbstverteidigungshandlungen gegen die jeweilige repressive Herrschaftskaste betrachten, wie das Beispiel Tibet lehrt, wo sich die lamaistischen Mönche gegen die Obersuprematie der VR China zur Wehr setzten[865].

Zum Buddhismus hat sich die Gruppe Omu (Aum) Shinrikyo (seit dem Jahre 2000 unter dem Namen Aleph), gerechnet, die für die Sarin-Attentate in der Tokioter U-Bahn im Jahre 1995 verantwortlich war[866]. Diese Sekte entstand Mitte der 80er Jahre in Japan, hat sich aber auch auf andere Länder ausgebreitet. Zwischen buddhistischen und taoistischen Wurzeln ist die chinesische Falun Gong-Sekte anzusiedeln. Diese wurde Anfang der 90er Jahre von Li Hongzhi gegründet. Ihre Philosophie kulminiert in Übungen zur Kultivierung von Körper und Geist, um einem angeblichen Verfall der Sitten gegensteuern zu können. In der VR China wird diese Sekte seit Ende der 90er Jahre von den Behörden brutal verfolgt. Manche westliche Beobachter kritisieren Falon Gong als sektiererisch und intolerant.

7.6 Sikhischer Extremismus

Der Sikhismus stellt aus religiöser Sicht eine Synthese aus hinduistischen und islamischen Einflüssen dar[867]. Die extremistische Variante des Sikkhismus ist eng mit den separatistischen Versuchen der Sikhs verbunden, einen eigenen Staat ‚Khalistan' im Nordwesten Indiens zu gründen. Sikhische extremistische und terroristische Gruppierungen und ihre Unterstützungs-Organisationen operieren nicht nur in Indien, sondern in globalem Ausmaß. Es handelt sich vor allem um die Khalistan Zindabad Force (KZF), die Babbar-Khalsa International (BKI), die International Sikh Youth Federation (ISYF) und die Kamagata Maru Dal International (KMDI)[868]. Die kleineren, aber nicht-separatistisch orientierten Religionskulte sikhischer Orientierung, die sich in Europa betätigen, stehen wegen ihres Führerkults in der Kritik (wie Sant Mat[869]), doch ist ihre Kennzeichnung als extremistisch wahrscheinlich unzutreffend.

---

863 Anada Abeysekara: The Saffron Army, Violence, Terror(ism) – Buddhism, Identity and Difference in Sri Lanka. Numen. International Review for the History of Religions. Jg. 48, Nr. 1, 2001. S. 1–18.

864 Religion and Conflict in Southern Thailand – Beyond Rounding Up the Usual Suspects. Contemporary Southeast Asia, Jg. 32, Nr. 2. S. 258–279.

865 Vgl. Derek F. Mahler: The Rhetoric of War in Tibet – Toward a Buddhist Just War Theory. Political Theology, Jg. 9, N. 2, 2008. S. 179–191.

866 Brian Forst: Terrorism – Crime and Public Policy. Cambridge 2009. S. 120.

867 Vojtíšek 2004. S. 382.

868 Bundesamt für Verfassungsschutz: Verfassungsschutzbericht 2009. Berlin 2010. S. 324–325.

869 Vojtíšek 2004. S. 386.

Khalistan Zindabad Force (KZF)

Eine militante Gruppierung, die mit terroristischen Mitteln für die Errichtung eines eigenen Sikh-Staates – Khalistan – kämpft. Sie wurde 1986 gebildet und hat, von Kaschmir aus, mehrere Bombenattentate auf zivile Einrichtungen in Indien durchgeführt. Von der EU wird sie als terroristische Organisation geführt.

Babbar-Khalsa International (BKI)

Sie wurde 1978 in Indien gebildet, zahlreiche Niederlassungen wurden in anderen Ländern, v.a. in Kanada und Großbritannien, errichtet. Mehrere Bombenanschläge in den vergangenen Jahren gingen auf das Konto dieser Terrorgruppe.

International Sikh Youth Federation (ISYF)

Diese Organisation, 1984 von der All India Sikh Students Federation in Bewegung gesetzt, ist verantwortlich für Attentate auf indische Personen und moderate Sikhs.

7.7 Satanistischer Extremismus

Der Satanismus entstand als Reaktion auf das Christentum, in dessen biblischer Lehre der Satan als das schlechthin Böse das extreme Gegenbild Gottes verkörpert[870]. Satanistische Gruppierungen existierten schon im Mittelalter. Damals wurde der Satanismus auch mit Hexerei gekoppelt, indem die kirchliche Obrigkeit die inquisitorisch verfolgten Hexen des Bündnisses mit dem Teufel geziehen hatten[871]. Der moderne Satanismus hat seine Wurzeln in okkulten Bewegungen des späten 19. Jahrhunderts; die gegenwärtige Szenerie in den westlichen Staaten hat ihre Ursprünge in den sechziger Jahren. Ein subkulturelles Milieu hat ihm seit den achtziger Jahren die Black-Metal-Szene erschlossen[872]. Es ist problematisch, den Satanismus als Extremismus zu bezeichnen, weil Strömungen sich in der Regel in nicht-destruktiver Weise an die individuelle Ebene richten, andere dagegen haben eher eine kollektivistische Zielrichtung, doch treten sie nach außen hin nicht aggressiv auf. Es gibt jedoch auch Strömungen, die extremistisch im Sinne des Strebens nach einer totalitären Herrschaft im Namen Satans[873] sind, oder organisierte antihumanistische Aktionen[874] durchführen. Das satanistische Spektrum kann man mit Hilfe der Typologie von Arthur Lyons wie folgt einteilen:

1. Neusatanistische Kirchen und solche kulturelle Konzeptionen, die Satan zum individuellen oder kleingruppen-spezifischen Protest nutzen, die aber eine offene und aggressive Intoleranz gegenüber Andersdenkenden ablehnen. Zu diesen Gruppen gehört die größte

---

870 David V. Barrett: Sekty, kulty, alternativní náboženství. Prag 1996. S. 217.
871 Arthur Lyons: Satan tě chce. Brünn 1995. S. 40.
872 Rainer Fromm: Satanismus in Deutschland – Zwischen Kult und Gewalt. München 2003. S. 163–168.
873 Maja Wicki: Jugendliche auf der Suche nach dem Okkulten. In: Pestalozzianum Zürich (Hrsg.): Das Paradies kann warten – Gruppierungen mit totalitären Tendenz. Zürich 1993. S. 111–127.
874 Jan Chmelík: Extremsimus a jeho sociologické a právní aspekty. Prag 2001. S. 49.

Satanskirche, die von Anton Szandor LaVey 1966 gegründet wurde. Diese Gruppierungen werden im Allgemeinen nicht als extremistisch eingeschätzt.

2. Religiöse Gruppierungen und Kulte, die sich einer intoleranten aggressiven Fassung des Satanismus verschrieben haben. Diese Gruppen streben eine brutale Satansherrschaft an, die rituelle Opferhandlungen (animalische sowie menschliche) nutzen und in manchen Fällen gegen Gegner aggressiv auftreten. Es entstanden terroristische satanistische Gruppen, wie z.B. der Black Metal Inner Circle in Norwegen zu Beginn der neunziger Jahre[875]. Manche Gruppierungen berühren sich mit rechtsextremistischen Strömungen (wie Order of Nine Angels aus England[876]). Diese zweite Kategorie kann man als extremistisch bezeichnen.
3. Einzelne Täter, einschließlich brutaler Mörder und ihre Aktionen, die ihre psychopathologischen Handlungen meistens mit primitiven satanistischen Ideen begründen[877]. Mit dieser Kategorie verbindet sich ein kriminologisches Problem.

Hier sei das Problem des Sektierertums angesprochen. Dies besitzt insbesondere dann Relevanz, wenn Bezug genommen wird auf die Problematiken der einzelnen Extremismusforschungsansätze. Immerhin ist der verfassungspolitische Ansatz eine Theorie großer Reichweite, ein Meta-Ansatz gleichsam, der auch an dieser Stelle eine gewisse Problematik offenbart: Das Sektierertum kann nur dann als eine Form des Extremismus bestimmt werden, wenn darin auch dezidiert politische Elemente enthalten sind. Im Rahmen des verfassungspolitischen Ansatzes ist dies nicht eindeutig, das Hauptmerkmal (der binäre Code) generiert keine so spezifischen Kriterien, dass Sekten und extremistische Gruppierungen eindeutig getrennt werden könnten. Die Extremismusdefinitionen, die das Phänomen mit induktiver Methodik ergründen, haben gerade hier den Vorteil, scharfe Trennungen vorzunehmen. Der verfassungspolitische Ansatz im Sinne eines Meta-Ansatzes läuft Gefahr, einem in dubio contra reo zu folgen oder gar gesellschaftlich zu legitimieren. Die induktiv arbeitenden Ansätze begründen hier ein in dubio pro reo, welches an dieser Stelle zur Folge hat, dass etwa satanistische Gruppierungen als Sekten beschrieben werden, hingegen diejenigen rechtsextremen Gruppierungen, die Elemente der (ggf. satanischen) Religion aufweisen, als rechtsextreme Esoterik bezeichnen. Sekten werden als Phänomen der Religionssoziologie aufgefasst, mit Extremismus haben sie entsprechend dieser Ansätze überhaupt nichts zu tun, da maßgebliche Elemente fehlen. Seit den religionssoziologischen Forschungen Ernst Troeltschs zum Sektenwesen ist dies soziologisches Allgemeingut.

7.8 Neuheidentum und westliche Esoterik

In der gegenwärtigen religiösen Szene spielen Neuheidentum und eine diffuse esoterische Tendenz in den westlichen Ländern eine wichtige Rolle, die in mancher Hinsicht unter-

---

875 Diese Gruppe hat Brandstiftungen gegen christliche Kirchengebäude verübt. Michael Moynihan, Didrik Søderlind: Lords of Chaos – The Bloody Rise of the Satanic Metal Underground. Venice 1998.

876 Marek Suchánek: Satanismus jako hrozba pro vnitřní bezpečnost. Rexter, Jg. 1. Nr. 1, http://www.rexter.cz/satanismus-jako-hrozba-pro-vnitrni-bezpecnost/2003/05/01/#more-392

877 Miroslav Mareš: Terorismus v ČR. Brünn 2005. S. 266.

schiedslos ineinander greifen. Das Neuheidentum (germanischer, keltischer, slawischer und anderer Orientierungen) ist in der Regel nicht extremistisch, insofern es nicht aggressiv nach außen hin auftritt[878]. Derartige Handlungsmuster lassen sich aber besonders in Verbindung mit der extremen Rechten finden, wobei der Rassismus dabei eine wichtige Rolle spielt. Dies ist z.B. bei der Pagan Front oder bei der Allgermanischen Heidenischen Front – AHF[879] der Fall, ebenso bei russischen gewaltbereiten neopaganistischen Gruppen[880]. Die subkulturelle Szene, die mit einem nationalistischen Heidentum verbunden ist, nennt sich Pagan Metal[881].

Allgermanische Heidnische Front/AHF:

Eine völkisch-heidnische Organisation in Skandinavien, Russland, im Baltikum; in den USA und in Deutschland. Ihren Ausgangspunkt hatte sie in Norwegen. In ihrer Ideologie ist sie stark antichristlich und nationalistisch orientiert. Ebenso lassen die Grundkategorien ihrer Weltanschauung Blut, Boden, Spiritualität auf die Anbindung an die Blut- und Bodenmystik des Nationalsozialismus schliessen.

Eine besondere Erscheinung, die ihre Nähe zum Satanismus sowie zum Heidentum aufweist, ist der Vampirismus. Der Glaube an Vampire ist nicht bedenklich bzw. von extremistischer Art, ebenso wenig die subkulturelle Inszenierung des Vampirismus (meist in der Gruftie-Szene) mit dem nicht lebensgefährdenden freiwilligen Trinken von Blut. Doch stellt die aktive aggressive vampiristische Handlung ein Problem dar, wenngleich eher in psychopathologischer und kriminologischer[882] Hinsicht als in einem extremistischem Sinne[883]. Lediglich das potentielle Streben nach vampirischer Herrschaft oder die massive Unterdrückung zur Ausübung vampirischer Rituale lässt sich (nur sehr randständig) als extremistisch apostrophieren, da es in der Regel nicht um politische Zielsetzungen geht, also die Kategorie des Extremismus zur Einordnung dieses Phänomens fehlerhaft ist. Dennoch wird der Fall ‚Vampirismus in der Literatur' diskutiert, was etwas befremdlich anmuten mag. Im Rahmen des breiten politischen Spektrums der *westlichen Esoterik* kann man verschiedene fest organisierte autoritäre Gemeinschaften identifizieren, die aber meistens nicht extremistisch orientiert sind. Nur in seltenen Fällen kam es zu tragischen Ereignissen, wie im Massenselbstmord der vierundsiebzig Mitglieder der *Sonnentempler*[884] im Jahre 1994.

---

878 Und auch die positive Bewertung der alten Barbarei der Heiden (der kriegerischen Brutalität) spielt heute mehr eine kulturelle Rolle, ist Inspiration für gegenwärtige oder zukünftige Handlungen.

879 Diese Gruppe entstand im Jahr 1998 und ihre Ideologie bildet lt. Fromm eine „krude Mischung aus Antisemitismus, Rassismus und Neuheidenkult". Fromm 2003. S. 171.

880 Martin Laryš: Komparace pravoslavného a slovanského pohanského aspektu pravicového extremismu v postkomunistických zemích. In: Lucia Grečková (Hrsg.): Náboženské korene pravicového extrémizmu. Bratislava 2010. S. 128–137.

881 Innerhalb der Szene sind verschiedene Traditionen wie z.B. nordische/germanische oder slawische (sog. Slavic Power Scene) wichtig.

882 Z.B. im sadistischen, sexuell motivierten Vampirismus. Reiner Fromm: Schwarze Geister, Neue Nazis – Jugendliche im Visier totalitärer Bewegungen. München 2008. S. 204.

883 Mareš 2005. S. 268.

884 Dieser Kult wurde nach dem Vorbild eines mittelalterlichen Ordens zu Beginn der 1980er Jahre gegründet. Vojtíšek 2009. S. 109–123.

Sonnentempler:

Esoterik, Theosophie, Okkultismus, New Age sind die Hauptquellen der synkretistischen Anschauung der Sonnentempler, die Anfang der 1970er Jahre in Erscheinung traten. Der Eskapismus der Gruppe von der irdischen Realität brachte sie zu der paranoiden Vorstellung, sie würde von einem UFO abgeholt und in einem Transit zum Planeten Sirius gebracht werden. Die Gruppe schied 1994 in einem Massenselbstmord aus dem Leben.

7.9 Extremistische (?) UFO-Kulte

In der zweiten Hälfte des 20. Jahrhunderts entstanden viele kleine Kulte, deren religiöse Identität sich in Anlehnung an den Glauben an außerirdische Wesen entfaltete[885]. Ein solcher Glaube ist an sich keineswegs extremistisch. Nur im Falle rigider Verletzungen von Menschenrechten oder organisierter terroristischen Tendenzen vor dem Hintergrund staatsferner bzw. staatsfeindlicher Ziele kann man im Rahmen des verfassungspolitischen Ansatzes von Extremismus sprechen. Ein derartiger Kult in den USA – Himmelstor (Heaven's Gate) – propagierte einen ‚Transfer' seiner Mitglieder in andere Dimensionen, an dessen schreckliches Ende ein Massensterben im Jahre 1997 stehen würde[886]. Ein Jahr zuvor haben die Gruppen der amerikanischen Ufologen (einschließlich der ehemalige Vorsitzende des Long Island UFO-Network) geplant, jene Politiker zu vergiften, die angeblich Informationen über UFO-Landungen geheim halten würden[887]. In manchen Fällen ist dieser UFO-Glaube mit rechtsextremistischen Ideen verbunden, und zwar im Sinne der angeblichen Verbindung des Nazismus mit außerirdischen Zivilisationen, die die Wiederherstellung der nationalsozialistischen Herrschaft herbeiführen könne[888]. Auch hier wird die Problematik des verfassungspolitischen Ansatzes offenbar, denn an dieser Stelle würden andere, induktiv arbeitende politologische Ansätze eine scharfe Trennung vornehmen, die durch den verfassungspolitischen Ansatz Gefahr laufen, verwischt zu werden.

7.10 Scientology-Organisation und Extremismus?

Eine relativ häufig in der Kritik stehende Organisation die einen religiösen Charakter beansprucht, ist die Scientology-Organisation, bzw. Scientologische Kirche und ihre Satellitenorganisationen. Diese wird mit einer totalitären Organisation nach Innen gekennzeichnet. Die Aufmerksamkeit der deutschen Extremismus-Forschung ist hier eng verbunden mit repressi-

885 Richard Škvařil: Ufologie jako náboženství. Prag 1999.
886 Vojtíšek 2009. S. 153–168.
887 Nadine Gurr, Benjamin Cole: The New Face of Terrorism – Threats from Weapons of Mass Destruction. London, New York 2000.
888 Friedrich Paul Heller, Anton Maegerle: Die Sprache des Hasses – Braune Esoterik, Jan van Helsing, Neue Rechte und Rechtsextremismus. Stuttgart 2001.

von Maßnahmen gegen die Scientologen in Deutschland. Auch hier wird offenbar, wie unterschiedlich die Theorieansätze der Extremismusforschung mit dem Phänomen Scientology umgehen – ähnlich wie im Fall des Satanismus wird mit engen Definitionen davon ausgegangen, dass Scientology eine Sekte ist, sie ist dementsprechend kein Begutachtungsfall der politologischen Extremismusforschung, sondern ein der Religionssoziologie zugeordnetes Phänomen. Scientology wurde 1954 in den USA von L. Ron Hubbard gegründet, als Hauptschrift gilt Hubbards Buch „Dianetik – Die moderne Wissenschaft der geistigen Gesundheit“[889]. Die Scientologische Kirche versteht sich als Religionsgemeinschaft, die sich in der buddhistischen Tradition verwurzelt sieht. Faktisch nutzt sie außerirdische Motive[890] und im Rahmen der sog. Dianetik verschiedene psychomanipulative Elemente, so dass sie als Psycho-Sekte bezeichnet wird.[891] Die Scientology Church wurde ebenfalls im Rahmen des politischen Extremismus analysiert. Der Extremismus-Experte Andreas Klump hat folgende aus verfassungsrechtlicher Sicht wichtige Merkmale ausdifferenziert:

- „Menschenrechte nur für Scientologen;
- keine Volkssouveränität;
- keine politischen Parteien, keine parlamentarische Opposition, kein Pluralismus;
- nur noch weisungsabhängige Gerichte, keine Unabhängigkeit der Justiz;
- Abschaffung der Gewaltenteilung“[892].

Dazu kommen extremistische Merkmale wie der Absolutheitsanspruch, die Freund-Feind-Stereotypik, die Neigung zu Verschwörungstheorien bzw. Verschwörungsideologien, ein anthropologischer Radikalismus und ein Plädoyer für den organisierten Autoritarismus[893]. Manche Autoren kritisieren Scientology aufgrund ihrer Profitmaximierungs-Orientierung[894]. Dieser Sichtweise steht die Meinung gegenüber, dass manche Autoren diese Organisation als ‚normale‘ Religionsgemeinschaft verstehen, die sich in ihren Methoden nicht wesentlich von denen anderer, moderner Denominationen unterscheidet. Die repressiven Maßnahmen werden als notwendige Konsequenz im Konkurrenzkampf zwischen „alten“ und „neuen Religionen“ zu erklären versucht[895].

---

889 Bundesamt für Verfassungsschutz: Verfassungsschutzbericht 2009. Berlin 2010. S. 366.

890 Glaube an Thetans. Vgl. Vojtíšek 2004. S. 260.

891 Vgl. Andreas Klump: Demokratie und neuer politischer Extremismus – Eine extremismustheoretische Einschätzung der Ideologie der Scientology-Organisation. In: Armin Pfahl-Traughber (Hrsg.): Jahrbuch für Extremismus- und Terrorismusforschung 2009/2010. Brühl 2010. S. 571–603.

892 Klump 2010. S. 585.

893 Klump 2010. S. 589.

894 Liane von Billerbeck, Frank Nordhausen: Der Sektenkonzern – Scientology auf dem Vormarsch. München 1994.

895 Dušan Lužný: Nová náboženská hnutí. Brünn 1997.

8 Rechtsextremismus

8.1 Konzeptualisierung des Rechtsextremismus

Der Rechtsextremismus bezeichnet eine Variante des Extremismus, die ‚rechte Grundsätze und Werte' in einer extremistischen Weise thematisiert. Die allgemeine Definition des ‚rechten Raumes' im politischen Spektrum wird in der gegenwärtigen osteuropäischen Politikwissenschaft durch sozioökonomische Kriterien charakterisiert (im Sinne der Orientierung hin zu einer Wirtschaftsderegulierung, ökonomischer Freiheit und Ablehnung der Zentralplanung[896]), wobei einzuräumen ist, dass diese bei der Analyse des Rechtsextremismus nur eine untergeordnete Rolle spielen. Hinsichtlich sozioökomischer Kriterien orientieren sich viele rechtsextremistische Strömungen an den Instrumenten einer relativ starken Regulierung der Wirtschaft und den Transferleistungen des Staates. Im westeuropäischen Kontext charakterisiert der ‚rechte Raum' eine ganze Anzahl an Merkmalen. Seymour Martin Lipset et.al. verstehen unter dem Begriff Rechts: „[...] by right we shall mean supporting a traditional, more or less hierarchical social order, and opposing change toward greater equality."[897] Wichtige Begrifflichkeiten in Zusammenhang mit dem Rechtsextremismus sind Anti-Egalitarismus, Nationalismus, Reserviertheit gegenüber radikaldemokratischen Verfahren und Kapitalismus. In Hinblick auf die Ökonomie kann die Deregulierung genauso genannt werden, wie die Regulierung.

Für die Analyse rechtsextremer Strukturen ist der Blick auf eine „Extremisierung" rechter Werte angebracht (wie nationale Identität, strenge „Law-and-Order"-Ansätze oder Machtautorität)[898]. Klingemann und Pappi[899] empfehlen die Analyse nach Zielen und Mitteln. Auch die SINUS-Studie nutzte die Wert- und Normdimension zur Kontrastierung konservativen und rechtsextremen Denkens: „Die befragten [...] erweisen sich als konservative

---

896 Vgl. Andrzej Antoszewski – Ryszard Herbut, Jacek Sroka, Stranický systém Polska. In Petr Fiala, Ryszard Herbut, Středoevropské systémy politických stran. Česká republika, Maďarsko, Polsko a Slovensko. Brünn 2003. S. 105–151.

897 Seymour Martin Lipset Paul Lazarsfeld, Allen Barton, Juan Linz: The Psychology of Voting – an analysis of political behaviour. In: Gardner Lindzey (Hrsg.): Handbook of Social Psychology. Vol.2. Reading, Massachusetts/London 1954. S. 1135. Zit.n. Hans D. Klingemann, Franz U. Pappi: Politischer Radikalismus – Theoretische und methodische Probleme der Radikalismusforschung, dargestellt am Beispiel einer Studie anlässlich der Landtagswahl 1970 in Hessen. S. 18.

898 Miroslav Mareš, Terorismus v ČR, Brünn 2005, 131.

899 Hans D. Klingemann, Franz U. Pappi: Politischer Radikalismus – Theoretische und methodische Probleme der Radikalismusforschung, dargestellt am Beispiel einer Studie anlässlich der Landtagswahl 1970 in Hessen. S. 73.

Konstrastgruppe. Im Wertebereich zeigen sich durch Überbetonung von Begriffen wie ‚Volk und Vaterland‘ Affinitäten zum Rechtsextremismus, im Normbereich unterscheiden sie sich jedoch deutlich. Sie akzeptieren die Bundesrepublik Deutschland und identifizieren sich mit ihrer freiheitlich-demokratischen Grundordnung. Auch ihre Sympathie gilt durchweg Organisationen, die zweifelsfrei die freiheitlich-demokratische Grundordnung unterstützen, während ihre Abneigung links- wie rechtsextreme Organisationen gleichermaßen trifft. Ansatzpunkte und Gemeinsamkeiten mit rechtsextremen Positionen ergeben sich in erster Linie auf dem Feld der antiindustriegesellschaftlichen Kultur- und Zivilisationskritik, ferner bei Werten wie ‚Vaterland‘, ‚Patriotismus‘, ‚Opferbereitschaft‘, ‚nationale Selbstverteidigung‘, ‚Staat‘, ‚Autorität‘. [...] Gleichzeitig sind Rechtsextreme und Konservative aber auch durch scharfe Gegensätze im Wertebereich gekennzeichnet. In schroffem Kontrast zu den Rechtsextremen betrachten Konservative Menschenrechte, Gewissensfreiheit, Rechtsstaat usw. als ‚Errungenschaften der großen westlichen Revolutionen‘ die es zu bewahren gilt.“[900]

Die Selbstbeschreibung von Rechtsextremisten erweist sich z.T. als problematisch. Manche Rechtsextremisten beschreiben ihre singuläre Identität außerhalb der traditionellen Rechts-Links-Skala, oder sie betonen eine spezifische ‚linke Identität‘[901] die sie aus dem ‚Revoluzzertum‘ (das sie ‚links‘ einordnen) ableiten. Selbst einzelne politisch stark rechts stehende ‚Weisheitsfreunde‘ ordnen Mussolini oder Hitler der linken Seite des politischen Spektrums zu[902]. Gerade beim Rechtsextremismus lässt sich belegen, dass die Selbstsicht der Akteure kein maßgebliches Beschreibungskriterium ist, wenngleich es in Analysen zum Extremismus grundsätzlich nicht fehlen sollte. Beim Rechtextremismus ist es wichtig, die entsprechenden wissenschaftlichen Kriterien von außen zu bestimmen, die eigene Positionierung der Rechtsextremisten kann nur als ein Hilfskriterium dienen.

Beim verfassungspolitischen Ansatz ist das maßgebliche Kriterium zur Bestimmung des Rechtsextremismus das Verhältnis zur Gleichheitsidee. Demnach lehnen Rechtsextremisten die Werte der fundamentalen menschlichen Gleichheit und allgemeinen Freiheit grundsätzlich ab[903]. Neben dem Kriterium, welches der verfassungspolitische Ansatz zur Erfassung rechtsextremistischer Phänomene vorgibt, können eine ganze Vielzahl an anderen Kriterien genannt werden, die andere Forscher ausweisen, wie die schon beschriebene Norm- und Wertdimension. Thomas Greven und Thomas Grumke verstehen den Rechtsextremismus auf eine Weise, die eine starke Nähe zu dem Crisis-Modell von Gabriel Almond und Lucian Pye vermuten lässt. Hier sind es die geschichtlichen Ereignisse, die den Rechtsextremismus als Reflex erscheinen lassen. Diese zeitigen sich in Ausdrücken des rechtsextremistischen Spektrums.[904]

---

900 SINUS Institut (Hrsg.): 5 Millionen Deutsche: „Wir sollten wieder einen Führer haben…“ – Die SINUS-Studie über rechtsextremistische Einstellungen bei den Deutschen. Hamburg 1981. S. 35f.

901 z.B. in dem Artikel der englischen rechtsterroristischen Zeitschrift von Ende der 90er Jahre: „We are Left-Wingers, we are Revolutionaries!“ Strikeforce, 1, 1997, 17.

902 Erik von Kuehnelt-Leddihn, Leftism, From de Sade and Marx to Hitler and Marcuse, New Rochelle, New York 1974.

903 Eckhard Jesse, Tom Thieme: Extremismus in den EU-Staaten. Theoretische und konzeptionelle Grundlagen. In Eckhard Jesse, Tom Thieme (Hrsg.): Extremismus in den EU-Staaten. Wiesbaden 2011. S. 17.

904 Thomas Greven, Thomas Grumke: Globalisierter Rechtsextremismus? Die extremistische Rechte in der Ära der Globalisierung. Wiesbaden 2006.

Rechtsextremismus

„Rechtsextremismus bezeichnet eine politische Einstellung, die sich gegen die Ordnung des demokratischen Verfassungsstaates stellt und gesellschaftliche Vielfalt sowie freie Wirtschaftssysteme fundamental ablehnt. Charakteristisch für den Rechtsextremismus ist die Aufspaltung in Gruppen und Untergruppen, die in der Regel auf persönlichen Gefolgschaften (Führer und Gefolge) beruhen. Rechtsextremismus basiert auf Intoleranz und Vorurteilen (z.B. gegen Ausländer und Minderheiten), fördert autoritäres Verhalten, verherrlicht Macht und Gewalt. Rechtsextreme Ideologien führen alle aktuellen politischen, ökonomischen und sozialen Probleme auf eine einzige Ursache zurück und setzen dagegen ein autoritäres, menschenverachtendes Weltbild, dessen Fundament i.d.R. ein aggressiver, expansionistischer Staat ist." Martina Klein, Klaus Schubert: Das Politiklexikon. (3.Auflg.) Bonn 2003. Stichwort: Rechtsextremismus

„Rechtsradikalismus ist eine politische Ideologie, die im Kern aus einem Mythos in Form eines populistischen und romantischen Ultranationalismus besteht und die sich daher tendenziell gegen die liberale Demokratie und deren zugrunde liegende Werte von Freiheit und Gleichheit sowie die Kategorien von Individualismus und Universalismus richtet." Michael Minkenberg, Die neue radikale Rechte im Vergleich. USA, Frankreich, Deutschland. Wiesbaden, Opladen 1998, 33

„Ich verstehe unter Rechtsextremismus ein Konglomerat aus nationalistischen, rassistischen, antisemitischen und antidemokratischen Einstellungs- und Handlungsmustern." Sebastian Fischer, Rechtsextremismus bei Jugendlichen, BIS Verlag, Oldenbourg, Schriftenreihe des IBKM 23, 7

„Unter Rechtsextremismus verstehen wir die Gesamtheit von Einstellungen, Verhaltensweisen und Aktionen, organisiert oder nicht, die von der rassisch oder ethnisch bedingten sozialen Ungleichheit der Menschen ausgehen, nach ethnischer Homogenität von Völkern verlangen und das Gleichheitsgebot der Menschenrechts-Deklarationen ablehnen, die den Vorrang der Gemeinschaft vor dem Individuum betonen, von der Unterordnung des Bürgers unter die Staatsräson ausgehen und die den Wertepluralismus einer liberalen Demokratie ablehnen und Demokratisierung rückgängig machen wollen. [...] insbesondere Zielsetzungen, die den Individualismus aufheben wollen zugunsten einer völkischen, kollektivistischen, ethnisch homogenen Gemeinschaft in einem starken Nationalstaat und in Verbindung damit den Multikulturalismus ablehnen und entschieden bekämpfen. Rechtsextremismus ist eine antimodernistische, auf soziale Verwerfungen industriegesellschaftlicher Entwicklung reagierende, sich europaweit in Ansätzen zur sozialen Bewegung formierende Protestform." Hans-Gerd Jaschke: Rechtsextremismus und Fremdenfeindlichkeit – Begriffe, Positionen, Praxisfelder. (2.Auflg.). Wiesbaden 2001. S. 30.

Die Literatur über den Rechtsextremismus bedient sich verschiedener Ansätze und behandelt dieses Phänomen als Ganzes oder betrachtet ausschließlich einzelne Subvarianten, Akteure, verschiedene politische Regionen, Staaten sowie in zeitlichen Dimensionen. Die Fachliteratur rekurriert in ihren Analysen auf verschiedene Strömungen, die von konservativen Kräften bis zu Nationalanarchisten reichen. Die Begrenzung des rechtsextremistischen Spektrums ist bei den einzelnen Autoren unterschiedlich und kann sich auf eine Bewertung der gegenwärtigen rechten Parteien in Europa beziehen. Chloé Lacheur betrachtet z.B. als rechtextremistisch auch manche liberal-konservative Parteien.[905] Andere Autoren bewerten nur antiverfassungsstaatliche Elemente der Parteien als extremistisch.[906] Cas Mudde bezeichnet als rechtsextremistisch nur die traditionellen antiegalitären und antidemokratischen Parteien, die anderen Parteien sind nach ihm rechtsradikal und populistisch.[907]). Es findet sich auch der Begriff Faschismus als Dachbegriff für heterogene Phänomene[908], und zwar in demselben Sinne wie der Begriff Rechtsextremismus. In diesem Kapitel wird der *Faschismus* (und der *Neofaschismus*) als eine Unterkategorie des Rechtsextremismus betrachtet, neben dem antidemokratischen Konservatismus, dem Nationalsozialismus und Neonationalsozialismus und extremistischen Spielarten der neuen Rechten und Rechtspopulisten. Ebenso wie im Kapitel zum Islamismus, ist hier also ein möglichst breites Spektrum aufgezeigt.

8.1.1 Antidemokratischer Konservatismus

Als antidemokratischen Konservatismus bezeichnet man eine Variante des Konservatismus, dessen historische Wurzeln in den etatistisch-repressiven Gegenkräften der Demokratisierung der westlichen Gesellschaften im 19. Jahrhundert zu suchen ist. Ähnliche Strömungen lassen sich auch in nicht-europäischen Gesellschaften feststellen, doch sind diese meistens mit dem religiösen Fundamentalismus verbunden und tendieren deshalb mehr zu einem religiösen Extremismus. Eine Verbindung zu christlichen Konfessionen ist auch für die gegenwärtigen westlichen Gesellschaften typisch.

Klaus von Beyme führte dazu aus: „Bonapartistische, antisemitische und autoritäre Gruppen waren frühe Äquivalente der rechtsextremistischen Gruppen. Faschistische Parteien jedoch, entstanden erst als Antwort auf die Herausforderung durch die extreme Linke. Die militante Ausdifferenzierung rechtsextremistischer Gruppen aus dem konservativen Lager lief vielfach parallel zur Radikalisierung eines Teils der Sozialisten und der Konstituierung der revolutionären kommunistischen Parteien"[909]. Diese Betrachtungsweise auf den Faschismus scheint an Ernst Noltes Verständnis zum Aufkommen faschistischer Bewegungen geknüpft zu sein. Der antidemokratische Konservatismus hat aber insbesondere mit dem Begriff der Reaktion zu tun. Dieser bezieht sich auf diejenigen Teile der Bevölkerung des 19.Jahrhunderts, die sich gegen die durch die Französische Revolution und im Rahmen der französischen Besatzung auch in Europa durchsetzenden Werte des Code civil (Code Napoléon) wehrten. Der Bonapartismus hingegen beschreibt einen autoritären Politikstil des 19. Jahrhunderts, der sich auch als Diktatur begreifen lässt.

---

905 Vgl. Chloé Lacheur, Die Dunkle Seite Europas. Rechtsextremismus auf dem Weg zum politischen Akteur? Marburg 2005.

906 Jesse, Thieme 2011

907 Cas Mudde: Radikale Parteien in Europa. Aus Politik und Zeitgeschichte, Jg. 45, N. 47, S. 12–18.

908 Walter Laqueur: Faschismus. Gestern, Heute, Morgen. Berlin 1997.

909 Klaus von Beyme: Parteien in westlichen Demokratien, München 1982. S. 175.

> Ernst Nolte
>
> Noltes Faschismusansatz, der sich auf den europäischen Raum der Zwischenkriegszeit bezieht und vergleichend angelegt ist, versucht, den Faschismus phänomenologisch aus sich selbst heraus zu verstehen, im Grunde im Vollzug einer Selbstexplikation. Was dies Unternehmen problematisch macht, ist die Tatsache, dass es beim Betrachter zumindest eine latente sympathetische Affektbezogenheit voraussetzt, um das Phänomen Faschismus verstehen zu können. Der implizite Antikommunismus, der bei Nolte durchschmimmert, muß ihn ja zu der Annahme führen, dass es die faschistischen Bewegungen aufrichtig mit ihrem Abwehrkampf gegen den Bolschewismus meinten. – Nolte ist auch Anlass des sog. „Historikerstreits" Ende der 1980er Jahre, als er in einem FAZ-Artikel von der „Vergangenheit, die nicht vergeht" handelte und von Jürgen Habermas äußerst kritisch mit dem Verweis des Revisionisten belegt wurde, der die nationalsozialistische Herrschaft relativiere bzw. für ihr Vergessen plädiere.

Eine viel spätere Schrift, die Reaktion und Rechtsextremismus inhaltlich verbunden hat, ist Julius Evolas Schrift „Revolte gegen die moderne Welt", welche 1934 in Italien erstmalig erschien. Einige Reste früherer „ultrakonservativer" Bewegungen haben also überlebt. Es handelt sich dabei um eine Mischung aus ‚restaurativem' und ‚revolutionärem' Konservatismus, bzw. um diejenigen Strömungen, die gegen die Werte der westlichen pluralistischen Demokratien die Dominanz der Herrschaftsgruppen (Adel, Monarchen, Klerikale) und der traditionellen moralischen Überzeugungen fundmentalistisch zu begründen suchen. Selbstverständlich sind nicht alle Monarchisten Extremisten. Diejenigen, die z.B. konstitutionelle Monarchien innerhalb demokratischer Gesellschaftsordnungen unterstützen, sind nach dem verfassungspolitischen Ansatz Bestandteile des demokratischen Spektrums.

Mit dem Begriff des rechtsextremen Einstellungspotential, welcher vor allem durch die SINUS-Studie Bekanntheit erlangte, kann man Monarchisten ebenfalls erfassen. Im Rahmen des Verständnisses des Rechtsextremismus nach Heitmeyer lässt sich die Kategorie der Ideologie der Ungleichheit anwenden, die durch monarchistische Tendenzen klar gegeben ist, ganz gleich ob es sich um eine Wahl- oder Erb-Monarchie, um eine parlamentarische, konstitutionelle oder absolute Monarchie handelt.

Uwe Backes[910] unterscheidet zwischen dem restaurativen und revolutionären Konservatismus nach den Kategorien Modernität, Besitzstand, Reaktion und Machtstaat. Nach Backes sind die Strömungen wie folgt aufgeschlüsselt.

---

910 Uwe Backes 1989. S. 187.

Restaurativer Konservatismus	Revolutionärer Konservatismus
Modernität abwehrend	Modernität verarbeitend
Besitzstandorientiert	Sozial reflektierend
Reaktion	Planende Antizipation
Machtstaat	Weltanschauungsstaat

Abb. 8.1 *Restaurativer und Revolutionärer Konservatismus: Merkmalpositionen. Backes.*

In Verbindung mit fundamentalen christlichen Werten können solche Strömungen auch begrenzte Wahlerfolge erzielen, wie z.B. die Liga der polnischen Familien. Solche Bewegungen gehen oft eine Verbindung mit anderen Teilen des rechtsextremistischen Spektrums ein, pflegen aber oft Kontakte zum demokratischen Konservatismus (oder zur anderen demokratischen Strömungen) und können deshalb die Funktion eines Brückenkopfes zu verschiedenen Bewegungen bilden.

8.1.2 Faschismus und Neofaschismus

Zur Erklärung des Faschismus sind unterschiedliche theoretische Konzepte entwickelt worden, die sich auf die gesamte Geschichte dieses Phänomens erstrecken[911]. Aus der großen Zahl der Theorieansätze können als die fünf wichtigsten herausgestellt werden[912]:

1. Faschismus als eine Reaktion auf die Modernisierung der Gesellschaft (der Ansatz Talcott Parsons)[913];
2. Faschismus als einer *der* Steigbügelhalter des Kapitalismus (orthodoxe marxistische Theorien);
3. Faschismus als eine Reaktion auf den Aufstieg des Kommunismus (der Ansatz Ernst Noltes)[914] und in diesem Sinne auch als eine von mehreren Erscheinungsformen des Totalitarismus;

---

911 Vgl. Ernst Nolte, Vierzig Jahre Theorien über den Faschismus. In Ernst Nolte, Theorien über den Faschismus, Zweite Aufl g.), Köln, Berlin 1970, S. 15–75.

912 Vgl. Jerzy W. Borejsza, Schulen des Hasses. Faschistische Systeme in Europa. Frankfurt a.M. 1999, Griffin 2006, Nolte 1970, Tomáš Pasák, Český fašismus 1922–1945 a kolaborace 1939–1945, Prag 1999, Wolfgang Wippermann: Europäischer Faschismus im Vergleich (1922–1982). Frankfurt a.M. 1983. S 12–21.

913 Richard Saage: Faschismus – Konzeptionen und historische Kontexte.Wiesbaden. 2007.

4. Faschismus als eine „normale" Gesellschaftspathologie (der Ansatz Th. G. Masaryks)[915];
5. Faschismus als ein Resultat der autoritären Persönlichkeit (der Ansatz Adornos et al.)[916].

Thomáš G. Masaryk:

1850–1937, tschechoslowakischer Politiker, Soziologieprof. in Prag, führender Repräsentant der tschechoslowakischen Unabhängigkeitsbewegung. Schloß das sog. „Pittsburgher Abkommen" vom Mai 1918 zwischen den tschechischen und slowakischen Organisationen in den USA ab, das auf die Bildung eines gemeinsamen tschechoslowakischen Nationalstaates nach Beendigung des Krieges abzielte. Masaryk wurde am 14. 11. 1918 Präsident der Tschechoslowakei, Wiederwahl jeweils 1920, 1924 und 1934, Rücktritt 1935. Sein wissenschaftliches Hauptwerk war die viel beachtete Studie „Die philosophischen und sociologischen Grundlagen des Marxismus" von 1899.

Eine andere Klassifizierung der Faschismustheorien bietet Richard Saage an:

1. Sowjetmarxistische Interpretationen des Faschismus;
2. bonapartismustheoretische Faschismusinterpretationen;
3. konfliktheoretische Ansätze einer Faschismusanalyse;
4. totalitarismustheoretischer Ansatz;
5. Faschismus als Gegenstand der Modernisierungstheorie;
6. geistesgeschichtliche Faschismusdiagnosen;
7. sozialpsychologische Faschismuskonzeptionen[917].

Saage hat die aufgelisteten Faschismustheorien anhand der je unterschiedlichen Entstehungszusammenhänge bzw. normativ-politischer Kontexte charakterisiert (Saage 2007, 16). Entkleidet man sie ihrer Standortgebundenheit und nimmt sie als analytische Instrumente, dann lassen sie sich eklektizistisch in unterschiedlichem Niveau und unter Verwendung einzelner Erklärungselemente der genannten Theorien hinsichtlich der Untersuchung historisch konkreter Faschismen in ein komplementäres Verhältnis zueinander setzen und sodurch nutzbringend anwenden, d.h. die Erklärbarkeit faschistischer Tendenzen und Strukturen forcieren. Maßstab ist der einzelnen Gegenstand, nicht die stringente Geschlossenheit *einer* Theorie in Bezug auf diesen Gegenstand.

Der Begriff Faschismus wurde erstmals als Bezeichnung der italienischen politischen Bewegung und einer Partei unter der Führung von Benito Mussolini im Jahre 1919 benutzt[918]. Der Begriff Fascismo, der sich von dem lateinischen Begriff faces ableitet und mit ‚Rutenbündel' übersetzt wird, hat mit dem Abzeichen der römischen Lictoren zu tun, die die Stärke der Gemeinschaft gegenüber dem einzelnen symbolisieren sollen.[919]

---

914 Ernst Nolte: Der Faschismus in seiner Epoche. Action francaise – Italienischer Faschismus – Nationalsozialismus. München 1963.

915 Jan Herben, T. G. Masaryk: Život a dílo presidenta osvoboditele. Prag 1947.

916 Theodor W. Adorno, Else Frenkel-Brunswik, Daniel J. Levinson, R. Nevitt: The Authoritarian Personality. New York 1950.

917 Saage 2007.

918 John Pollard: The Fascist Experience in Italy. London 1998. S. 22–23.

919 Siehe: Günter Rieger: Faschismus. Dieter Nohlen, Rainer Olaf Schultze: Lexikon der Politikwissenschaft. München 2002. Stichwort: Faschismus.

Ideologisch verkörperte der Faschismus eine neue revolutionäre, nationalistische, sozialkritische Bewegung, die 1922 nach dem sogenannten „Marsch auf Rom“ die Macht in Italien an sich gerissen hatte. Dies wurde möglich, nachdem die alten politischen Eliten des Bürgertums die Schmach der Ausklammerung Italiens vom Kreis der Siegermächte und die daraus resultierenden Enttäuschungen in weiten Schichten der Bevölkerung nicht zu kanalisieren vermochten, so dass es einer radikal-nationalistischen Bewegung wie dem Partito Nazionale Fascista mühelos gelang, sich zu einer Massenbewegung zu erweitern und den in Agonie verfallenen traditionellen Parteien den Todesstoß zu versetzen und in Italien die Macht zu übernehmen. Das faschistische Regime kapitulierte 1943, doch bis 1945 existierte in Norditalien die obskure Italienische Sozialrepublik, wo Mussolini seine ursprünglichen Ideen durchzuführen versuchte. Der italienische Faschismus ist ein Produkt der Nachkriegskrise.

Italienische Sozialrepublik

Diese Repùbblica Sociale Italiana, die sich offiziell am 23. September 1943 konstituierte und in Salò am Gardasee lokalisiert war, war de facto ein Satellitengebilde der deutschen Besatzungsmacht, gewissermaßen ein Potemkinsches Dorf, das über keine institutionelle Basis verfügte. Auch zerfiel die faschistische Bewegung in zwei unterschiedliche Lager: dasjenige, das auf eine Demokratisierung der neuen faschistischen Partei drängte, und dasjenige, das an alten diktatorischen Strukturen festhalten wollte: ein zum „Liberalismus“ neigender Faschismus sowie ein squadristischer, reaktionären Vorstellungen verhafteter konservativer Faschismus.

Marsch auf Rom:

Er stellt einen eher symbolischen Akt der Machtübernahme der Faschisten unter Führung Mussolonis in Italien dar, nachdem der seit der Staatsgründung das politische Leben dominierende politische Liberalismus aufgrund wirtschaftlicher Nöte, mehr noch aber seit der Demütigung durch die Alliierten nach dem Weltkrieg, mehr und mehr in die Defensive gedrängt worden war, antisozialistische Affekte im klerikalen und bürgerlichen Milieu aufkamen und nach unorthodoxen Lösungen gesucht wurde. Die bisher klientelistisch-oligarchisch bestimmte politische Klasse wurde durch neuartige Bewegungsformationen, die den Charakter von echten Volksparteien annahmen, an den Rand gedrängt. Insbesondere die Faschisten in einem extremen Nationalismus fanden hier ihre spezifische Rolle, indem sie Italien eine „Politik“ der Erneuerung, der Läuterung nach den, wie sie glaubten Verwerfungen des instabil gewordenen liberalen Zeitalters, ausriefen. Arbeiterunruhen, Fabrikbesetzungen, die sich insbesondere in der Mitte und im Norden des Landes zwischen 1920 und 1922 häuften, taten ein Übriges, um das mittelständische und kleingewerbliche Bürgertum zu verängstigen. Hier traten die faschistischen Verbände auf den Plan und es kam zu zahlreichen brutalen Übergriffen, Überfällen, vor allem auch auf sozialistische Kommunalverwaltungen. Die Politik des führenden liberalen Politikers Italiens, Giolitti, die Faschisten gemäß seiner Absorptionstheorie in die Verfassung einzubinden und so zu einer Art Versöhnung der extremen politischer Lager beizutragen, war zum Scheitern verurteilt, da es für diese wirksamer erschien, mit Gewalt die Macht zu erringen, als auf Wählerstimmen zu bauen. Der kritische Punkt bestand in der Forderung nach Eintritt der Faschisten in eine nationale Regierung. Der sog. „Marsch auf Rom“ sollte diesem Verlangen, mit militanter Begleitmusik, Vorschub leisten, stellte also keine bewaffnete Machtergreifung dar. König Viktor Emmanuel III. verweigerte am 28. Oktober 1922 die Anerkennung eines Notstandsdekrets des Kabinetts. Einen Tag später wurde Mussolini gebeten, eine Regierung zu bilden.

Der Faschismus hat auf viele ausländische Bewegungen und Regime eingewirkt, doch ist der Umfang dieses Begriffes bis heute umstritten. Es bleibt fraglich, welche Phänomene unter das ‚Dach des Faschismus' fallen sollen und welche schon eine andere Dimension haben. Diese Diskussionen werden auf der politischen sowie politikwissenschaftlichen Ebene geführt. Als ein gemeinsames Minimum des Faschismus bezeichnet Roger Griffin „eine Kernideologie der nationalen Wiedergeburt (palingenesis)"[920]. Doch in dieser breiten Fassung beinhaltet der Begriff Faschismus ziemlich alle rechtsextremistischen und rechtsradikalen Formen sowie manch andere ähnliche Phänomene. Es ist daher wichtig, eine generische Linie des Faschismus zu berücksichtigen, aber diese nicht zum einzigen Kriterium des Faschismus zu bestimmen.

Palingenese

Eigentlich die Wiedergeburt der Seele durch Seelenwanderung. Politisch die Erneuerung einer vermeintlich zersetzten Nation (durch äußere oder innere Feinde), die durch die Inthronisierung einer in sich geschlossenen politischen Kraft zu neuer Größe gelangen sollte. Es handelt sich um das Denkmotiv des Untergangs, der aufhaltbar ist, wenn eine Bewegung einen ‚neuen Morgen' heraufbeschwören kann.

Ungefähr zur selben Zeit wie in Italien, ist unter ähnlichen wirtschaftlichen Bedingungen[921] die nationalsozialistische Bewegung in Deutschland entstanden. Zu dieser Zeit setzte eine Diskussion ein, ob der Nationalsozialismus als eine Subkategorie des Faschismus oder als ein Phänomen sui generis betrachtet werden kann. Schon in den zwanziger Jahren wurde von den Gegnern beider Bewegungen eine beide Begriffsbestimmungen umschließende Charakterisierung entwickelt. Aus wissenschaftlicher Sicht sind in heutiger Zeit die breiter angelegten Konzeptionen über den Faschismus/Neofaschismus (dem das Phänomen Nazismus/Neonazismus subsumiert ist) geprägt.

Die Problematik des Faschismus lässt sich nicht auf das italienische und deutsche Milieu begrenzen, denn der Faschismus hat seit den zwanziger Jahren viele Nachfolger in anderen Staaten gefunden, und mit diesem Begriff wurden verschiedene Gruppierungen, Bewegungen und Regime bezeichnet, z.B. die rumänische Eiserne Garde. Es handelte sich auch um subversive Bewegungen in Europa und Amerika in den 1920er und 1930er Jahren, um Bewegungen und Regimes, die mit Deutschland und Italien während des Zweiten Weltkriegs kollaborierten, oder um autoritäre Bewegungen und Regimes in Südeuropa und teilweise in Lateinamerika, die im 20. Jahrhundert eine zählebige Existenz aufwiesen.

Die Niederlage des Faschismus im Zweiten Weltkrieg hat einen Bruch in seiner Entwicklung gebracht. Die Faschisten reagierten auf die neuen Verhältnisse und diese veränderten die Ideologie und ihre Selbstpräsentation grundlegend (siehe auch Basis- und Randbezirke der Ideologie). Der Begriff Neofaschismus wurde zur Bezeichnung der Nachfolger des Faschis-

[920] Roger Griffin, Fascism's new faces (and new facelessness) in the „post-fascist" epoch. In: Roger Griffin, Werner Loh, Andreas Umland (eds.): Fascism Past and Present, West and East – An International Debate on Concepts and Cases in the Comparative Study of the Extreme Right. Stuttgart 2006. S. 29–67.

[921] Vgl. Walter Laqueur: Faschismus.Gestern, Heute, Morgen. Berlin 1997. S. 29.

mus in der Nachkriegsperiode verwendet. Manche Autoren arbeiten mit dem Begriff Post-Faschismus, der auf die Nachfolgerstrukturen der früheren neofaschistischen Bewegungen[922] angewandt wird oder auf faschismusähnliche Handlungsmechanismen in der heutigen Welt[923] bezogen ist. „In den fünfziger Jahren hieß das Leitthema ‚Postfaschismus', Auseinandersetzung um die Erbschaften des Dritten Reiches. In den sechziger Jahren begegnet in Gestalt der NPD und ihrer Wahlerfolge eine Woge rechtsextremistischen Protests, der von außen weitgehend in den Kategorien des Postfaschismus verstanden und bekämpft wurde."[924] Die Bestimmung des Post-Faschismus ist dennoch vage geblieben.

Der Begriff des Neofaschismus wurde zur Bezeichnung eines umfassenden Erscheinungsspektrums genutzt, nicht nur zur Bezeichnung der klaren ideologischen Nachfahren des historischen Faschismus, die diese Identität auch selbst internalisieren (wie z.B. die neofaschistischen Parteien in Italien oder Strömungen der Skinheads in der neunziger Jahren), die ihre ideologischen Vorbilder in der faschistischen Ideologie der Vorkriegszeit gesucht haben[925]. Im Rahmen einer ideologiekritischen Begriffslegung, kann hinterfragt werden, ob die simple Zeitdimension (vor dem Zweiten Weltkrieg/nach dem Zweiten Weltkrieg) wirklich eine Attribution als ‚neu' rechtfertigt, da sich die Basisideologeme nicht verschoben haben, sondern lediglich kosmetische Sanierungen in den Randbezirken der Ideologie vorgenommen wurden, die etwas genuin Neues in der Ideologie vermissen lassen.[926]

Es bleibt aber wichtig zu betonen, dass der Faschismus mit anderen Weltanschauungen bzw. Religionen verbunden war/ist. In dieser Hinsicht ist besonders der Klerikal-Faschismus zu nennen, der eine Verflechtung des Faschismus mit den politischen Ambitionen des christlichen Klerus (meist römisch-katholischer Provenienz) bezeichnet[927] hierzu kann das frankistische Spanien gezählt werden. Dieses Verbindungs-Phänomen tauchte bereits in den zwanziger Jahren in Italien auf, später handelte es sich de facto um eine Staatsideologie einzelner Achsen-Verbündete wie der Slowakei zwischen 1939–1945[928].

---

922 Maxmilián Strmiska: Národní aliance a italský „post-fašismus". Proglas : revue pro politiku a kulturu. Vol V, No. 8, 1995. S.18–20.

923 Gaspar Miklos Tamás: On Post-Fascism – How Citisenship is becoming an exlusive privilege. Boston Review, 2000. http://bostonreview.net/BR25.3/tamas.html

924 Lutz Niethammer: Nach dem Dritten Reich ein neuer Faschismus? In: Paul Lersch (Hrsg.): Die verkannte Gefahr. Reinbek 1981. S. 107.

925 A. James Gregor analysiert in seinem Buch im Kontext der Neofaschismus-Forschung solch unterschiedliche Phänomene, Personen und Gruppen, wie z.B. Julius Evola, schwarzer Nationalismus und Neofaschismus (Universal Negro Improvement Association und Lost-Found Nation of Islam), „Islamofaschismus" im Mittleren Osten, Hindutva in Indien oder post-maoistischem China. Vgl.: James A. Gregor: The Search for Neofascism – The Use and Abuse of Social Science. Cambridge 2006.

926 Siehe: Astrid Bötticher: Warum ‚Neo'Nazis? Marburg 2008.

927 John Pollard: „Clerical Fascism": Context, Overview and Conclusion. Totalitarian Movements and Political Religions Volume 8, Issue 2, 2007.

928 Miroslav Mareš: Länderporträt Slowakei. In: Uwe Backes, Eckhard Jesse: Extremismus & Demokratie 19. Jahrgang 2007. Baden Baden 2008. S. 239–240.

8.1.3 Nationalsozialismus und Neo-Nationalsozialismus

Im Begriff Nationalsozialismus sind nationale und sozialistische Elemente kombiniert. Sozialismus wurde als eine internationale Bewegung zuerst von den Marxisten konzipiert, doch gegen den intendierten Internationalismus setzten sich schon im 19. Jahrhundert die nationalen Kräfte innerhalb der Arbeiterbewegung zur Wehr. Zuerst als relativ neutraler Begriff geschaffen, gewann er dank der Prägung durch Hitler und mit ihm verbündeter Strömungen erhebliche normative Konsequenzen, denen auch die Neonazis im Grunde treu geblieben sind.

Entwicklung außerhalb Deutschlands

Die Wurzeln des Nationalsozialismus lassen sich in Österreich-Ungarn im späten 19. Jahrhundert auffinden, doch ohne den eindeutigen extremistischen Anstrich (im damaligen politischen Kontext). In der multiethnischen Doppelmonarchie haben die verschiedenartigen Völker in zähem Ringen nach nationaler Autonomie gestrebt. Die Tschechen z.B. waren in dieser Hinsicht wenig erfolgreich. Im Jahre 1867 kam es zum sogenannten österreichisch-ungarischen Ausgleich, wonach die Ungarn in der Monarchie gleichberechtigt wurden, zumindest was ihre inneren Angelegenheiten betraf. Die Tschechen haben eine derartige quasi-souveräne Position nie erreicht, was zur weiteren Radikalisierung der nationalen Repräsentation geführt hat. Die nationalen Verhältnisse haben auch die sozialistische Bewegung beeinflusst. Gegen den sog. Austromarxismus, der für die sozialdemokratische Partei Österreichs prägend war, haben sich die tschechischen Nationalsozialisten profiliert.

Diese tschechische Strömung, die eine radikale ‚plebejische' nationalistische Politik betrieben hat[929], hat auf die deutschen Nationalisten in der Habsburger Monarchie Einfluss genommen. Die Deutschen wurden in diesem Staat politisch zersplittert; ein Teil hat die katholische Habsburger Krone unterstützt, der andere Teil ist den revolutionären Ideen von ‚1848' gefolgt und hat sich für die Eingliederung in das Deutsche Reich eingesetzt.

Aus der zweiten Strömung sind die deutschen Nationalisten in den tschechischen Ländern hervorgegangen, die 1904 die Deutsche Arbeiterpartei in Österreich gegründet haben. Diese hat sich 1918 in Böhmen als Deutsche Nationalsozialistische Arbeiterpartei (DNSAP) formiert (diese Partei hat das Hakenkreuz zum Symbol des deutschen Nationalsozialismus erklärt). Nach dem Zerfall der Habsburgermonarchie und dem Ende des Deutschen Kaiserreichs haben die deutschen Nationalsozialisten aus Böhmen, Mähren und Schlesien eine Plattform mit Gleichgesinnten aus Österreich und Deutschland gebildet[930]. Der Sudetendeutsche Rudolf Jung hat ein erstes ausgearbeitetes Konzept dieser Strömung in seinem Buch „Der nationale Sozialismus. Seine Grundlagen, sein Werdegang und seine Ziele" vorgestellt[931].

---

[929] Vgl. Jiří Harna: Česká strana národně sociální. In Jiří Malíř, Pavel Marek (Hrsg.): Politické strany – Vývoj politických stran a hnutí v českých zemích a Československu 1861–2004. I. Díl: Období 1861–1938. Brünn 2005. S. 395–412.

[930] Ladislav Josef Beran: Odepřená integrace – Systémová analýza sudetoněmecké politiky v Československé republice 1918–1938. Prag 2009. S. 255.

[931] Rudolf Jung: Der nationale Sozialismus. Seine Grundlagen, sein Werdegang und seine Ziele. (2 Auflg.) München 1922.

Deutsche Arbeiterpartei (Österreich-Ungarn)/Deutsche Nationalsozialistische Arbeiterpartei (Österreich/Tschechoslowakei)

Die Deutsche Arbeiterpartei wurde 1903 in Böhmen gegründet. Sie war stark deutsch-nationalistisch geprägt, mit antiklerikaler, antisemitischer, antimarxistischen und antiliberaler Orientierung. Sie stand als Interessenspartei der deutschen Bevölkerung in Böhmen und Mähren sowie der Arbeiterschaft in ständigem Konflikt mit der tschechischen Nationalbewegung. Die Deutsche Nationalsozialistische Arbeiterpartei ging aus der DAP hervor (Namensumbenennung Anfang Mai 1918). Nach dem Zusammenbruch der Doppelmonarchie kam es zu einer Spaltung der Partei in einen deutschen und einen tschechoslowakischen Zweig, wobei Letztere in der tschechoslowakischen Republik eine gewisse Bedeutung erlangen sollte. Als Interessenspartei der Sudentendeutschen stellte sie sich gegen den neu gegründeten tschechoslowakischen Staat und den Anschluss der deutschsprachigen Gebiete an das Deutsche Reich bzw. an Österreich forderte. In Wahlbündnissen mit anderen deutschnationalen Parteien war sie im Prager Parlament vertreten. Mit dem Aufstieg der deutschen NSDAP begann sich die DNSAP immer stärker zu radikalisieren, indem sie sich u.a.. auch paramilitärisch organisierte. Einem bevorstehenden Verbot durch die tschechoslowakische Regierung kam sie 1933 durch Selbstauflösung zuvor. – Der österreichische Zweig nahm ab 1920 Kontakt zur deutschen DAP in München auf; auch Hitler hielt in Österreich Reden. Im Jahre 1926 kam es zu einer Neubildung mit vollständiger Ausrichtung auf die deutsche NSDAP.

Rudolf Jung

Jung (1882–1945) war führender Funktionär der DAP, später der DNSAP, 1926 übernahm er den Vorsitz und leitete den Verband „Volkssport“ (vergleichbar der SA). Im Jahre 1935 floh Jung ins Deutsche Reich, wurde SS-Mitglied und avancierte zu einem Professor der Deutschen Hochschule für Politik in Berlin. Jung war einer der wichtigsten nationalsozialistischen Theoretiker. Bereits vor Erscheinen von Hitlers „Mein Kampf“ hatte Jung im Prinzip die Grundlagen der nationalsozialistischen Ideologie entwickelt.

8.1.4 Entwicklung in Deutschland

Die Nationalsozialisten aus Deutschland haben unter der Führung Hitlers, der vor dem Ersten Weltkrieg lange Zeit in Wien gelebt hatte, schnell eine dominierende Rolle eingenommen. Der Nationalsozialismus in Deutschland hat seine Triebkraft aus der Unzufriedenheit mit dem Versailler System und mit den sozioökonomischen Verwerfungen in der Weimarer Republik, die weite Bevölkerungsteile erfasste, und aus einer diffusen Angst vor einer Machtübernahme der Kommunisten geschöpft. Hier beginnt der unzweifelhafte extremistische Charakter der nationalsozialistischen Bewegung.

In Deutschland haben sich die Nationalsozialisten um die Jahreswende 1918/1919 in der marginalen Deutschen Arbeiterpartei (DAP) unter Führung von Anton Drexler (1884–1942) formiert. Sie war Sprachrohr der antisemitisch-völkischen-antibolschewistischen ‚Thule-Gesellschaft‘. Sie zielte ab auf die Handwerker- und Arbeiterschaft als Nährboden ihrer Programmatik. Am bekanntesten war ihr Kampf gegen den Privatkapitalismus bzw. die sog. ‚Zinsknechtschaft‘, wie sie insbesondere von Gottfried Feder vertreten worden war. Ihr gehörten von den später führenden Nationalsozialisten Alfred Rosenberg, Ernst Röhm und Rudolf Heß als Mitglieder an. Hitler stieß im September 1919 zur DAP. Auf sein Drängen hin wurde die DAP 1920 in Nationalsozialistische Partei Deutschlands (NSDAP) umbenannt. Die Partei verabschiedete ein neues, 25 Punkte umfassendes Programm, in welchem antisemitische, pangermanische, antikapitalistische und rassistische Elemente enthalten waren, die kleinbürgerliche Ressentiments bedienten. Neuartige Propagandapraktiken und der Aufbau eines straffen Parteiapparates machten Hitler, der sich keineswegs als Führer einer Honoratiorenpartei, sondern als Berufspolitiker verstand, für die Partei unentbehrlich. Der durch einen Saalschutz (die spätere SA) flankierte Aktionismus dieser Partei neuen Typs auf dem rechten bzw. völkischen Spektrum und in ihrer Zielsetzung auf die Reaktion potentieller Machtansprüche linksrevolutionärer Organisationen fixiert, machte sie in konservativen Kreisen bekannt. Hitler wurde 1921 Parteiführer und mit diktatorischen Vollmachten ausgestattet. Es galt fortan das ‚Führerprinzip'. Der Stabsoffizier und spätere Chef der SA, Ernst Röhm, machte Hitler mit führenden Leuten der Reichswehr bekannt. General Erich Ludendorff, vom Mythos des Tannebergsieges über die russische Armee Ende August 1914 umweht und darüber hinaus ein erklärter Antisemit, fraternisierte sich mit Hitler. Der Schwerpunkt der Parteiarbeit lag in Bayern. Mitglieder waren meist die ‚Zukurzgekommenen', die ‚Deklassierten', Arbeitslose, Handwerker, Einzelhändler, aber auch gestrauchelte Studenten und Schüler.

SA

Abkürzung für *Sturmabteilung*, bis 1934 der Kampfverband der NSDAP mit paramilitärischem Charakter. Nach diversen Reorganisationsmaßnahmen und -phasen, Kompetenz- und Abgrenzungskonflikten zwischen Parteiorganisation und SA übernahm Ernst Röhm 1930 die Stabsführung der SA und formte diese zu einer schlagkräftigen Einheit, die in der Endphase der Weimarer Zeit mit brutalen Mitteln gegen politische Gegner und jüdische Bürger vorging. Ein im April 1932 erlassenes Verbot verpuffte. Nach der Machtergreifung oblag es der SA, mit terroristischen Mitteln die Gleichschaltung durchzusetzen. Die SA zählte um 1933/34 ca. 4 Millionen Angehörige und verstand sich als gleichberechtigter Wehrverband neben der regulären Reichswehr. Da Hitler für seine Kriegsziele das Bündnis mit der Reichswehrführung benötigte und diese in der SA einen gefährlichen Konkurrenten sah, entschied sich Hitler, mit Rückendeckung der Reichswehr, Röhm und den größten Teil der SA-Führung zu liquidieren und die SA insgesamt zu verkleinern, indem Röhm vorgehalten wurde, gegen Partei und Staat zu putschen. Am 30. Juni 1934 wurden Röhm und seine Anhänger ermordet (in der Sprache der Nationalsozialisten der ‚Röhm-Putsch').

Im Laufe des Jahres 1923 verdichtet sich der Kampf von rechts gegen die Republik. Fanal war die Kassierung des passiven Widerstands gegen eine allzu starre französische Ruhrpolitik. Die rechten Gegner von Weimar setzten auf einen Verfassungswandel auf der Basis des präsidentiellen Notverordnungsrechts und die Ausschaltung der parlamentarischen Institutionen. Die Extremisten unter den Rechten zogen den gewaltsamen Umsturz vor, allerdings präsentierten sie sich geschickt kalkulierend, als *reaktives Moment* auf einen kommunistischen Aufstand, der objektiv nicht auszuschließen war. Ein Konflikt Bayerns mit dem Reich, der sich auf ein von Berlin verhängtes Verbot des ‚Völkischen Beobachters' bezog, der Parteizeitung der NSDAP, war als klarer Verfassungsbruch zu werten. Der sog. ‚Hitler-Putsch' am 9. November 1923, als Hitler zusammen mit Ludendorff durch München zur Feldherrnhalle zog, um seine Machtansprüche vor der Bevölkerung zu demonstrieren, schlug fehl. Hitler wurde festgenommen; ihm wurde der Prozess gemacht und er wurde zu 5 Jahren Festungshaft verurteilt. Er wurde rasch begnadigt. In Landsberg entstand der erste Band seiner Programmschrift „Mein Kampf". Die NSDAP wurde im ganzen Reich verboten.

Nach diesen Ereignissen war evident, dass es für Hitler nur den ‚legalen Weg' gab, um an die Macht zu gelangen; seine Politik bestand darin, eine Doppelstrategie zu verfolgen. Auf der einen Seite präsentierte sich die Partei mit ihren Organisationen im Sinne einer Bewegung in Permanenz, die den Umsturz des bestehenden Staates anstrebte und mit brutalen Mitteln gegen ihre Gegner vorging. Sie rief sich so unter Einsatz aller propagandistischen Register in Erinnerung. Auf der anderen Seite zeigte sich Hitler dem Bürgertum gegenüber (das er brauchte) als staatstragend und im Hinblick auf die rabiaten Exzesse seiner Parteigliederungen als zurückhaltend. Ideologische Auseinandersetzungen waren nicht an der Tagesordnung. Als Gregor Strasser den sozialistischen Charakter des Parteiprogramms herausstellen wollte, stieß er auf die Ablehnung Hitlers, der auf den Antibolschewismus weiter bürgerlicher Kreise Rücksicht nehmen wollte. Grundsätzlich behandelte Hitler die Ideologie des Nationalsozialismus als eine Frage der Opportunität, was in Konsequenz zu Widersprüchlichkeiten und Inkonsistenzen führte. Wenngleich auch der Marxismus vielgestaltig ist, so hatte dieser doch eine weitaus größere Konsistenz, als der Nationalsozialismus, der in der Rückschau wie ein Stückwerk erscheint.

Die große Wirtschaftskrise von 1929 und das Scheitern der letzten Koalitionsregierung unter Reichskanzler Hermann Müller und damit inbegriffen die Krise des Parteienstaates führten eine Lösung von oben herbei, die Bildung von Präsidialregierungen nach dem Notverordnungsartikel 48 der Reichsverfassung durch den Reichspräsidenten von Hindenburg. Zwar benannten die etablierten Parteien den staatsfeindlichen Charakter der NSDAP; aber die einsetzenden Wahlerfolge der Partei und die regional unterschiedlichen (halbherzigen) Reaktionen der legitimierten Institutionen gegen die aggressive Vorgehensweise der NS-Kampfverbände, zeigten nur begrenzte Wirkung. Der politische Trend ging stetig nach rechts. Auch das Zentrum der Parteienlandschaft nahm immer konservativere Positionen ein und vollzog einen Schwenk nach rechts. Es blieb eigentlich nur die SPD als einzige bedeutende Kraft übrig, die das Weimarer System verteidigte. Die Präsidialkabinette Brüning, von Papen und Schleicher waren Förderer und Garant dieses Kurses in Richtung auf ein autoritäres Staatswesen. Die nationalsozialistische Bewegung sollte hierbei nützliche Dienste erweisen. Die ‚alten Eliten' wollten sie wohl zähmen und einhegen, mit der Absicht, dass sie die Präsidialkabinette toleriere, ohne nennenswerte Machtansprüche zu erheben. Die Reinigung des ‚roten' Preußens (durch von Papens Verfassungsbruch im Sommer 1932) und anhaltende Wahlerfolge der NSDAP führten zu immer radikaleren Forderungen Hitlers, man möge ihm die Reichskanzlerschaft übertragen. Dieser Forderung wurde schließlich am 30. Januar 1933 entsprochen. Gerade anderthalb Jahre nach der Machtergreifung, Mitte 1934, nach der Zerschlagung der SA, dem Tod Hindenburgs und der Übernahme des Oberbefehls über die Wehrmacht, hatte Hitler Deutschland in einen totalitären Staat in einem nationalsozialistischen Sinne radikal umgewandelt.

Klaus Hildebrand hat die Entwicklung des Dritten Reichs (als sog. erstes Reich gilt in der nationalsozialistischen Fassung das Heilige Römische Reich der deutschen Nation, als sog. zweites Reich das deutsche Kaiserreich) in vier Phasen eingeteilt:

1. „Machtergreifung“ und „Gleichschaltung“ (1933–1935)
2. Vorbereitung des Krieges (1936–1939)
3. Deutschland im Zweiten Weltkrieg (1940–1942)
4. „Weltmacht oder Untergang“ (1943–1945)[932].

Es ist wichtig zu erwähnen, dass sich innerhalb der NSDAP schon in den Anfangsjahren eine innerparteiliche Opposition gegen Hitlers Führungsanspruch formiert hatte, die den Verlust des revolutionären Charakters der nationalsozialistischen Bewegung beklagte. Dieser ‚revolutionäre‘ Flügel konzentrierte sich um die Schwarze Front und den Kampfverlag der Gebrüder Otto und Gregor Strasser[933]. Nach Hitlers Machtergreifung wurden die Protagonisten dieser Strömung verfolgt und später im Zuge der Entmachtung der SA-Führung 1934 zum Teil liquidiert, oder konnten noch rechtzeitig emigrieren.

Otto und Gregor Strasser:

Die Strasser-Brüder Gregor (1892–1934) und Otto (1897–1974) verkörperten die soziale und solidarische Komponente innerhalb der NSDAP, die im Berliner „Kampfverlag“ und in der „Schwarzen Front“ institutionalisiert war. Gregor Strasser nahm am Hitler-Putsch 1923 teil und war in den 1920er Jahren wichtigster Organisationsfunktionär der Partei. Seine oppositionelle Haltung zu Hitler führte zum offenen Bruch mit diesem Ende 1932. Er wurde im Zuge der Liquidierung der SA-Führung am 30. Juni 1934 erschossen. – 1925 in die NSDAP eingetreten, verließ Otto Strasser die Partei 1930 wieder unter der Losung „Die Sozialisten verlassen die NSDAP“ und musste nach der Machtergreifung emigrieren. Otto Strasser vertrat einen nationalrevolutionären Solidarismus.

Die Nationalsozialisten bekämpften in Gebieten mit deutschsprachiger Bevölkerung die Regierungen dieser Staaten. Das gilt insbesondere für Österreich und für das Sudetenland in der Tschechoslowakei in den dreißiger Jahren. Mit ihrer NSDAP/Auslandsorganisation hatte die Partei in vielen anderen Staaten ein System von Netzwerken errichtet.

Nasjonal Samling

Die von Vidkun Quisling (1887–1945) 1933 gegründete faschistische Partei Norwegens, fühlten sich in vielerlei Hinsicht den ideologischen Positionen den Nationalsozialisten verwandt (z.B. Antikommunismus, Schaffung eines rassereinen Norwegen). Quisling war kein Außenseiter, sondern im politischen Establishment Norwegens verankert, zeitweise war er Verteidigungsminister. Die Sammelbewegung vermochte es aber nicht, durch Wahlen einen Sitz zu erhalten. Erst als die Deutschen Norwegen 1940 überfielen, diente sich Quisling und seine Partei den Okkupanten an, indem er die norwegische Bevölkerung dazu anhielt, keinen Widerstand zu leisten. Im Jahre 1942 wurde die erste Regierung des Nasjonal Samling unter Quisling gebildet. ‚Quisling‘ bildete hinfort das geflügelte Wort für ‚Kollaborateur‘.

---

932 Klaus Hildebrandt: Das Dritte Reich. (5. Auflg) München 1995.

933 Markus März: Nationale Sozialisten in der NSDAP – Strukturen, Ideologie, Publizistik und Biographien des national-sozialistischen Straßer-Kreises von der AG Nordwest bis zum Kampfverlag 1925–1930. Graz 2010.

Nationalsozialistische Bewegung/NSB

Ndl.: Nationaal Socialistische Beweging, 1931 von Anton Mussert (1894–1946) gegründet, die aber nur spärliche Ergebnisse bei Wahlen erzielen konnte. Das Ziel der Partei, die sich zu Beginn zunächst am italienischen Faschismus orientierte, war die Schaffung der „nationalen Einheit", unter Abschaffung des parlamentarischen Regierungssystems und der Errichtung einer Art Führerdiktatur. Die zunehmende Penetrierung der NSB durch die deutsche NSDAP bewirkte eine ideologische Neuausrichtung an den Prinzipien des Nationalsozialismus und insbesondere an dessen außenpolitischen Vorstellungen. Nach der deutschen Besetzung 1940 entwickelte sich die NSB zur einzigen niederländischen Kraft, die mit den Deutschen zu kollaborieren bereit war, obwohl Mussert auf die nationale Autonomie des Landes bedacht war. Die Partei war ein Rekrutierungsbecken für zahlreiche staatliche und halbstaatliche Institutionen. Sie war verantwortlich für die Deportation der jüdischen Bürger.

Der Nationalsozialismus hat auf Bewegungen in anderen Ländern einzuwirken gesucht, die seine Strategie und Strukturen übernommen, ihre spezifisch nationalen Werte und Eigenheiten aber bewahrt hatten (wie z.B. die Nationalsozialistische Bewegung/NSB in den Niederlanden). In manchen Staaten (Dänemark, Schweden) handelte es sich dabei lediglich um kleine ‚Sekten'[934], vereinzelt wurden sie zu Stützpfeilern von Kollaborateur-Regimes nach der deutschen Okkupation (wie z.B. Nasjonal Samling in Norwegen).

Zum Nationalsozialismus neigten auch die Bewegungen, die aus Eigeninteresse gegen die Anti-Hitler-Koalition kämpften, z B. die SS-Einheiten der baltischen Staaten. In einzelnen Fällen hat der Nationalsozialismus die ethno-regionalen Bewegungen für seine Zwecke einzunehmen versucht, die auf die Bildung jeweils autonomer Staaten (im Rahmen der Neuen Europäischen Ordnung) gehofft hatten, wie z.B. in Mähren oder in Bretagne.

Neue Europäische Ordnung

Nach dem Sieg über Frankreich propagiertes Ziel der Unterwerfung und Aufteilung Europas nach nationalsozialistischer Vorstellung, das in der Befestigung eines „Germanischen Reichs deutscher Nation" bestehen sollte, der Schaffung eines autarken wirtschaftlichen Großraums sowie der Umgestaltung dieses Raumes nach rassenideologischen Gesichtspunkten mit gewaltigen Bevölkerungsverschiebungen und der Ausrottung sämtlicher Juden.

Nach der Niederlage des nazistischen Deutschlands gab es eine kurzlebige Existenz von nazistischen Untergrundeinheiten (Wehrwolf), die von den Alliierten aber schnell zerschlagen wurden[935]. Andere Netzwerke unterstützten Partei- oder SS-Angehörige bei ihrer Flucht insbesondere nach Lateinamerika, wo stabile Nazi-Zirkel sich domestizierten. Doch über deren reale Tätigkeit und Existenz (wie z.B. ODESSA/Organisation der ehemaligen SS-Angehörigen) ist sich die einschlägige Forschung uneinig[936]. In Deutschland und Österreich blieb der Nationalsozialismus in manchen Veteranen-Verbänden lange Zeit präsent.

934 Wippermann 1983, S. 157.

935 Perry Biddiscombe: The Last Nazis – Werewolf Guerrilla Resistance in Europe 1944–1947. 1998.

936 Vgl. Heinz Schneppen: Odessa und das Vierte Reich – Mythen der Zeitgeschichte. Berlin 2007; Uki Goñi: Odessa – Die Wahre Geschichte. Hamburg/Berlin, 2006.

Während des Kalten Krieges formierte sich die neonazistische Bewegung, die in verschiedener Weise an die historischen nationalsozialistischen Vorbilder anknüpfte. Einflüsse aus dem „linken“ Strasser-Kreis blieben für viele Fälle typisch, doch auch die Glorifizierung des Dritten Reichs ist unverkennbar und üblich (als eine neue marginale ideologische Strömung entstand auch der Nationalanarchismus, der faktisch Beziehungen zur neonazistischen Szene hat[937]). Der Neonazismus wurde in Form kleinerer Parteien und Organisationen, z.T. mit militanten Strukturen und Subkulturen, in westlichen und in geringem Maße in östlichen oder Dritte-Welt-Gesellschaften etabliert. Auch nach dem Ende des Kalten Krieges sind die neonazistischen Strukturen lebendig, gerade auch unter veränderten Bedingungen in den postkommunistischen Staaten.

8.1.5 Neue Rechte und Extremismus

In den Rahmen der Extremismusforschung gehören auch die verschiedenen Varianten der *Neuen Rechten* als Forschungsgegenstand. Die Bestimmung des Extremismus in diesem Feld ist schwierig, da nicht alle Gruppierungen aus diesem Spektrum deutlich extremistisch sind. Bei anderen ist die Einbindung in die extremistische Szene interpretationsbedürftig. Die Neue Rechte ist zu charakterisieren als intellektuelle Begründungs- und Rechtfertigungsoffensive für extremes rechtes Gedankengut (s. Kailitz 2004). Wie schon erwähnt wurde, ist der Begriff „Neue Rechte“ vielfältig. Im englischen Sprachgebiet werden als *‚New Right‘* solche Strömungen bezeichnet, die an das Erbe der liberalen Ideologie von Friedrich August von Hayek in Verbindung mit konservativen Vorstellungen erinnern und die auf der politischen Ebene z.B. von Margaret Thatcher repräsentiert wurden[938]. Diese Variante ist für die Extremismusforscher weniger interessant, weil sie keine signifikanten extremistischen Elemente aufweisen. Sie sind vielmehr als Bestandteil der demokratischen konservativen Rechten anzusehen.

Kulturelle Hegemonie:

Antonio Gramsci (1891–1937) war ein italienischer kommunistischer Politiker und Philosoph, er wurde 1919 Redakteur der linken Zeitschrift „L’Ordine Nuovo“. Gramsci war 1921 einer der Mitbegründer der KP Italiens, später Parlamentsabgeordneter. Seine antifaschistische Haltung führte zu seiner Verurteilung durch ein Sondergericht zu 20 Jahren Haft (1928). Dort begann er mit der Niederschrift seiner „Quaderni“ (Hefte). Seine Position war im Grunde antistalinistisch, u.a., weil er sich gegen eine Gleichsetzung von Faschismus und Sozialdemokratie ausgesprochen hatte. Seine Thesen wurden später von der Neuen Rechten aufgegriffen und für ihre Zwecke genutzt.

Ein anderes Verständnis der Neuen Rechten lässt sich auf das kontinentale (deutsche und französische) Umfeld beziehen – hier ist die Vermischung mit dem Extremismus oft analy-

---

937 Vgl. Casey Sanchez: National Anarchism. In: Intelligence Report Nr. 134, 2009, http://www.splcenter.org/get-informed/intelligence-report/browse-all-issues/2009/summer/national-anarchism

938 Ian Fraser: New Right. In Ian McLean (Hrsg.): The Consice Dictionary of Politics. Oxford/New York 1996. S. 341–343.

siert worden[939]. Diese Neue Rechte hat sich seit Ende der sechziger Jahre als eine Reaktion auf die neue Linke entwickelt – wenn man sich in den Denkkategorien Ernst Noltes bewegt. Es handelt sich dabei um „eine intellektuelle Strömung, die den Pluralismus [...] einer ‚offenen Gesellschaft' (Karl Popper) unterlaufen, ethnisch verstandene Kollektive wie Volk und Nation ins Zentrum der Politik rücken und sich um nachhaltigen Einfluss auf die öffentliche Meinung bemüht"[940]. In diesem Kontext übt gelegentlich die Neue Rechte direkten Einfluss auf die extremistische Szene aus bzw. ist mit dieser eng verflochten. Manchmal dient sie als eine Art Brückenkopf zwischen demokratischer und extremistischer Rechten.

Nach Thomas Pfeiffer können die strategischen und strukturellen Merkmale der Neuen Rechten wie folgt umschrieben werden:

- „der intellektuelle Anspruch;
- der Rückgriff auf antidemokratische Theoretiker der Weimarer Republik (Konservative Revolution);
- der Versuch, gesellschaftliche Diskurse zu prägen und Begriffe zu besetzen (Gewinnung der ‚kulturellen Hegemonie'), somit der Bezug auf die strategischen Ansätze des italienischen Marxisten Antonio Gramsci;
- das Bemühen um eine Erosion der Abgrenzung zwischen rechtsextremistischen und demokratischen Kräften, um Ersteren mehr Einfluss und Ansehen zu verschaffen;
- die informelle Struktur, da sich die Neue Rechte vorwiegend in Diskussionsrunden und im Umfeld publizistischer Projekte formiert".[941]

Konservative Revolution

Damit ist eine Geisteshaltung gemeint, vertreten von unterschiedlichen intellektuellen Zirkeln und Zeitschriften, die einen Konservativismus entsprechend den Erfordernissen der Gegenwart anstrebten. In politischer Hinsicht war diese Geisteshaltung antiparlamentarisch, von einem grundlegenden anti-Parteienaffekt bestimmt. Die Vertreter der „konservativen Revolution" sprachen sich für eine in sich homogene, organisch gewachsene „Volksgemeinschaft" aus, mit ständestaatlichen Strukturen und unter einer autoritären Staatsleitung. Auch stand die Forderung nach einem „deutschen Sozialismus" im Raum, dessen Realisierung sich nicht entlang von Klassenkampfparolen ergeben sollte, sondern aus dem Volk selbst heraus. Hauptvertreter waren Schriftsteller wie Arthur Moeller van den Bruck und Oswald Spengler. Eine der wichtigen Köpfe war Edgar Julius Jung, der einer der Stichwortgeber Papens war und der im Zusammenhang mit dem sog. „Röhmputsch" 1934 ermordet wurde.

---

939 Wolfgang Gessenharter – Thomas Pfeiffer (Hrsg.): Die neue Rechte: Eine Gefahr für Demokratie? Wiesbaden 2004.

940 Thomas Pfeiffer: Die Kultur als Machtfrage – Die neue Rechte in Deutschland. Dortmund: Innenministerium des Landes Nordrhein Westfallen, ohne Datum, S. 7.

941 Pfeiffer, S. 11–12.

8.1.6 Rechtspopulismus und Extremismus

Als weiteren Begriff zur Bezeichnung verschiedener neuartiger parteipolitischer Gruppierungen nutzen viele Forscher den Begriff Rechtspopulismus, der sich auf einen spezifischen politischen und propagandistischen Stil bezieht, der sich unter den rechten Rand des politischen Spektrums subsumieren lässt. Der Rechtspopulismus bezeichnet eine politische Strömung, die seit den siebziger Jahren in westlichen Gesellschaften und nach dem Fall des Kommunismus auch in Osteuropa als besondere politische Erscheinung entstand und wirkt, meist in Form von Parteien mit charismatischen Führungspersönlichkeiten. Er hat als politische Kraft die gesamte politische Kultur der betroffenen Länder wesentlich beeinflusst bzw. beeinträchtigt. Freilich ist die Bestimmung extremistischen Verhaltens und extremistischer Agitation auf diesem Felde schwierig, da sich die meisten Parteien dieser Art im allgemeinen minimalistisch an die verfassungsrechtlichen Spielregeln des jeweiligen Staates halten und extremistische Attitüden mit Rücksicht auf ihre Wählbarkeit zurückstellen oder zumindest nicht offen zeigen. Allerdings gibt es Beispiele, wo die Grenze zum Extremismus weniger reserviert gezogen ist.

Frank Decker und Mark Lewandowsky charakterisieren als Kernkonzept des Populismus eine strikte Orientierung am Volk als das im Mittelpunkt stehende „homogene(s) Kollektiv, nicht nur als Adressat, sondern (moralisch überhöht) auch als Quell jeglichen politischen Handelns. Maßstab allen Handelns hat der ‚Volkswille' zu sein, ein letztlich vages Konstrukt, das als Mischform aus reinem Mehrheitswillen und ideeller Überhöhung daher kommt."[942] Eine Konsequenz ist, dass Rechtspopulisten Fremdfeindlichkeit und Ressentiments gegen Andere zur eigenen Profilierung nutzen[943].

Der Rechtsextremismus unterscheidet sich vom Rechtspopulismus dadurch, dass er eine antidemokratische holistische Ideologie darstellt[944], während demgegenüber der Rechtpopulismus mit einer vagen Anti-Establishment-Kritik arbeitet (z.B. die dänische *Steuersenkungspartei von Glistrup* in den 80er Jahren). Doch bedienen sich die Rechtsextremisten des rechtspopulistischen Stils bzw. treten sie rechtspopulistischen Parteien bei, um hier eigene Interessen durchsetzen zu können. Manche Autoren bezweifeln die Unterscheidung zwischen Rechtspopulismus und Rechtsextremismus in verschiedenen Dimensionen[945] oder bezeichnen alle Rechtsaußenparteien als rechtsextrem ohne weitere Differenzierung (so dass auch konservative oder rechtsliberale Parteien in diese Kategorie fallen). Chloé Lacheur etwa schreibt in ihrem Buch über rechtsextreme Parteien in Europa auch über die dänische Partei Venstre, über die italienische Partei Forza Italia oder über die tschechische Bürgerlich-

---

942 Frank Decker, Mark Lewandowsky: Rechtspopulismus als (neue) Strategie der politischen Rechten. Berlin 2010. http://www.fes-online-akademie.de/common/medien/100420_decker_lewandowsky_rechtspop.pdf

943 Decker, Lewandowsky 2010.

944 Karin Priester: Fließende Grenzen zwischen Rechtsextremismus und Rechtspopulismus in Europa? Aus Politik und Zeitgeschichte, 47 (1), S. 33–39.

945 Michael Kohlstruck: Rechtspopulismus und Rechtsextremismus – Graduelle oder Qualitative Unterschiede? In: Richard Faber/Frank Unger (Hrsg.): Populismus – ihre Geschichte und Gegenwart. Würzburg 2008. S. 211–230.

Demokratischen Partei (ODS)[946]. Andere verwenden Begriffe wie „weicher Rechtsextremismus"[947] oder „Rechtsextremismus-Light". Richard Stöss arbeitet mit dem Begriff ‚Rechtsextremismus-Light' und er unterscheidet (im Rahmen des Rechtsextremismus in Westeuropa) drei Typen von Parteien: 1. Gemäßigt nationalistisch und fremdfeindlich, eher systemkonform (u.a. Schweizerische Volkspartei, Dansk Folkeparti, Lijst Pim Fortuyn, FPÖ usw.); 2. Nationalistisch bzw. völkisch, eher systemkritisch (u.a.. Front National, Vlaams Blok, Laikos Orthodoxos Synagermos usw.); 3. Faschistisch, bzw. rassistisch, eher systemfeindlich (u.a.. Fuerza Nueva).[948] Cas Mudde bietet hier auch ein differenzierteres Bild, indem er deutliche Grenzen zieht zwischen rechtsradikalen populistischen Parteien, nicht-radikalen Populisten, nichtpopulistischen Rechten, Konservativen und Ethnoregionalisten[949].

> Steuersenkungspartei
>
> Dabei handelt es sich um die von dem Steuerberater Mogens Glistrup (1926–2008) im Jahre 1972 gegründete „Fremskridtspartiet" (Fortschrittspartei), deren politisches Hauptanliegen darin bestand, insbesondere die Einkommensteuer in Dänemark abzuschaffen und überhaupt die Erhebung von Steuern als wesensfremd mit einer Demokratie anzusehen. Es war eine reine Protestpartei, die später durch rassistische und antiislamische Äußerungen auffiel. Bei der Parlamentswahl von 1973 erreichte die Glistrup-Partei 15,9% der Stimmen und errang 28 Sitze im dänischen Parlament.

8.2 Merkmale

8.2.1 Ideologische Merkmale

Der Rechtsextremismus als Ganzer verfügt über keine fest ausgebildete Ideologie und trat in unterschiedlichen Formen in Erscheinung. Verschiedene Auflistungen der Kriterien des Rechtsextremismus bzw. der extremen Rechten wurden von einzelnen Autoren erstellt, gelegentlich unter dem starken Einfluss des politisch-kulturellen Kontexts der zu bearbeitenden Problematik. Für die folgende Synopsis wurden die Beiträge von Richard Stöss (der über Einstellungen handelt)[950], Willibald I. Holzer,[951] Cas Mudde[952] sowie Petr Fiala, Miroslav Mareš und Petr Sokol[953] ausgewählt:

---

946 Vgl. Chloé Lacheur, Die dunkle Seite Europas, Rechtsextreme auf dem Weg zum politischen Akteur? Marburg 2005.

947 Jesse, Thieme 2011.

948 Richard Stöss: Rechtsextremismus im Wandel. Berlin 2007. S. 186.

949 Cas Mudde: Populist Radical Right in Europe. Cambridge 2007. S. 41–52.

950 Stöss 2007.

951 Willibald I. Holzer: Rechtsextremismus – Konturen, Definitionsmerkmale und Erklärungseinsätze. In: Stiftung Dokumentationsarchiv des österreichischen Widerstandes (Hrsg.): Handbuch des österreichischen Extremismus. (2. Aufl g) Wien 1993. S. 11–101.

952 Cas Mudde: The ideology of extreme right. Manchster/New York. 2000.

953 Petr Fiala, Miroslav Mareš, Petr Sokol: Eurostrany – Politické strany na evropské úrovni. Brünn 2007.

Stöss (Rechtsextremismus)	Holzer (Rechtsextremismus)	Mudde (extreme Rechte)	Fiala, Mareš, Sokol (extreme Rechte)
• Nationalismus • Ethnozentrismus • Sozialdarwinismus • Antisemitismus • Pro-Nazismus • Befürwortung der Rechts-Diktatur • Sexismus	• Volk und Volksgemeinschaft • Ethnozentrismus, Ethnopluralismus und die Ausgrenzung der Fremden • Kritik der Demokratie: Antiliberalismus, Antipluralismus, Autoritarismus • Antisozialismus und Solidarische Leistungsgemeinschaft • Autoritarismus und Verfassung: Der starke Staat • Feindbildkonstrukte und Sündenböcke • Traditionsbezug: Nationalisierende Geschichtsbetrachtung als Medium personaler Identitätsvergewisserung	• Nationalismus (interne Homogenisierung, äußere Exklusivität, ethnischer Nationalismus, Staatsnationalismus) • Exklusionismus (Ethnopluralismus, Antisemitismus) • Xenophobie • Starker Staat (Recht und Ordnung, Militarismus) • Welfare-Chauvinismus • Traditionelle Ethik • Revisionismus	• Nationalinteressen (im Sinne der traditionell definierten Interessen der ethnisch definierten Nation) • Schutz der „traditionellen" Bevölkerung vor der negativen Wirkung der Immigration aus der Dritten Welt (Kriminalität, Terrorismus, Kulturverfall) • Widerstand gegen Missbrauch der Leistungen des Sozialstaates • harte Strafpolitik • Widerstand gegenüber der gegenwärtigen europäischen Integration, die meistens als Linksprojekt wahrgenommen wird

Abb. 8.2 *Synopse rechtsextremistischer Definitionsvarianten.*

Hinsichtlich der Kategorie des Nationalismus hat man es im Rahmen der Extremismus-Forschung meist mit einem intoleranten antiliberalen Nationalismus zu tun. Es ist in diesem Zusammenhang zu betonen, die verschiedenen Ausprägungen des Nationalismus in Beziehung auf deren Affinität zu extremistischer Ideologie und Praxis einer differenzierten Betrachtung zu unterziehen. Nationalismus ist nicht unbedingt ein Ausweis von Extremismus. Hier spielt insbesondere die von Griffin ausgearbeitete Variante des Ultranationalismus eine Rolle. Nationalistische Ideen verweisen auf traditionelle Geschichtsvorstellungen und Entwicklungslinien, die zu rechtsextremistischem Gedankengut geworden sind. Hier sind Glorifizierung des NS-Systems und die Verharmlosung seiner Verbrechen ein wichtiger Hinweis. In anderen Staaten können sich die rechtsextremistischen Parteien und Gruppierungen propagandistisch auf die historischen antifaschistischen und nationalbewussten Aktivisten beziehen, wie die Beispiele der Britischen Nationalpartei oder rechtsextremistischer Organisationen in einzelnen slawischen Staaten wie Tschechien oder Slowenien demonstrieren.

Manche extremistische Strömungen arbeiten auch mit dem Konzept des Pannationalismus, der mehrere Nationalismen einer ähnlicher Gruppe integriert. Wohl das bekannteste Beispiel war die Nutzung des Pangermanismus in der nazistischen Propaganda, die die Verschmelzung der germanischen Nationen anstrebte. Doch auch der russische Panslawismus war und ist Bestandteil der rechtextremen Ideologie in manchen slawischen Ländern[954]. Der gegenwärtige Neonazismus agitiert u.a. mit panarischen Ideen. Der Pannationalismus ist im gewissen Sinne imperialistisch.

Im europäischen Raum ist die Konzeption der europäischen Identität unter den Rechtsextremisten populär, obwohl sie in Opposition zur heutigen europäischen Integration stehen. Die Idee von den starken traditionellen, organisch gewachsenen Nationalstaaten, die im Kampf gegen „fremde Elemente" kooperieren, wird propagiert (Europa der Völker). Gewöhnlich in Osteuropa sind die traditionellen nationalen Territorialkonflikte für die extreme Rechte charakteristisch[955]. Teile des Neonazismus möchten ein Europa auf der Basis der Neuen Europäischen Ordnung aus der historischen Nazi-Ära errichten[956].

Wenn Richard Stöss den Antisemitismus als eine der rechtsextremistischen Einstellungen bezeichnet, dann erscheint es wichtig, darauf hinzuweisen, diese Einstellung nur zum Teil auf die Rechtsextremisten zu beziehen, wie dies Stöss auch selbst unternimmt, indem er Antisemitismus nicht ausschließlich an die rechtsextremistische Ideologie rückkoppelt. Der früher dominante Antisemitismus ist inzwischen überlagert worden durch das Phänomen der Fremdenfeindlichkeit. Im rechtsextremistischen Schrifttum hat die These von der Auschwitzlüge ein viel größeres Gewicht. Man muß kein Rechtsextremist sein, um Antisemit zu sein. So ist z.B. die israelische extreme Rechte selbstverständlich nicht antisemitisch, zweitens hat eine Strömung der europäischen extremen Rechten die traditionelle Vorstellung des Antisemitismus hinter sich gelassen. In Westeuropa werden Feindbilder heute auch mittels islamophober Konstrukte konstruiert[957], in Ostmitteleuropa findet sich häufig der Antiziganismus, in Russland ist Feindschaft gegen Menschen aus dem Kaukasus und Zentralasien zentraler Bezugspunkt rechtsextremen Gedankenguts. Doch für weite Teile der Rechtextremisten bleibt der Antisemitismus (auch im Kontext des historischen Revisionismus) ein wichtiger Teil des ideologischen Apparates.

Die Rechtextremisten lehnen vielfach die Globalisierung als eine Bedrohung der nationalen Identität ab. Damit verbunden ist eine Kritik am Kapitalismus, da dieser die Globalisierungseffekte vorantreiben würde und Mitverursacher für nationale Krisen sei[958]. Allerdings lassen sich auf dem Gebiet der Wirtschaft innerhalb des rechtsextremistischen Spektrums unterschiedliche Konzeptionen feststellen, die von nationalrevolutionären über kleinere Innovationen traditioneller korporativer faschistischer Konzeptionen reichen.

---

954 Miroslav Mareš: Panslawismus im ideologischen Hintergrund der radikalen und extremistischen Strömungen in der Tschechischen Republik. In: Uwe Backes – Eckhard Jesse (Hrsg.): Gefährdungen der Freiheit. Extremistische Ideologien im Vergleich. Dresden 2006. S. 359–369.

955 Miroslav Mareš: The Extreme Right in Eastern Europe and Territorial Issues. Středoevropské politické studie, 2, (11), S. 82–106 http://www.cepsr.com/clanek.php?ID=367

956 Miroslav Mareš, Petra Vejvodová: Transnacionální dimenze soudobého českého neonacismu. Mezinárodní vztahy, 1 (46), S. 75–90.

957 Astrid Bötticher:Antisemitismus und Islamophobie – Ein Vergleich der Grundkonzeptionen. In: Utopie Kreativ Nr. 217, 2008.

958 Thomas Greven: Rechtsextreme Globalisierungskritik – Anti-globaler Gegenentwurf zu Neoliberalismus und Global Goverenance. I: Ebd., Thomas Grumke (Hrsg.): Globalisierter Rechtsextremismus – Die extremistische Rechte in der Ära der Globalisierung. Wiesbaden 2006. S. 15–29.

8.2.2 Strategische Merkmale

Die aktuellen rechtsextremistischen Strategien pendeln zwischen (pseudo-)legalistischen parlamentarischen Prozeduren und illegaler Gewaltanwendung. Die politischen Parteien im europäischen Raum akzeptieren mindestens aus taktischen Gründen formal die gegebenen demokratischen Mechanismen (hier ist das Stichwort ‚Politische Mimikry' wichtig), doch weite Teile des rechtsextremistischen Lagers sperren sich gegen ihre Einbindung in die verfassungsmäßigen Gepflogenheiten, um nicht in den Geruch der Anbiederung an das jeweilige politische ‚System' zu gelangen. Die extremistischen Gruppierungen suchen ihre Wirkung zumeist in einer relativen Isolation zu entfalten. Es hat in der letzten Zeit in Europa die Vier-Säulen-Strategie der deutschen NPD Anklang gefunden, die in breiteren Kreisen diskutiert wurde. Diese Strategie hat Lazaros Miliopoulos[959] wie folgt zusammengestellt:

I. Kampf um die Straße	Die Bewegungsstrategie
II. Kampf um die Köpfe	Die Strategie ideologischer Flexibilität
III. Kampf um die Parlamente	Parlamentsregierungs-, Regionalisierungs-, Professionalisierungsstrategie
IV. Kampf um den organisierten Willen	Volksfrontstrategie

Abb. 8.3 *Strategien der extremen Rechten. Miliopoulos.*

In Wahlkampagnen sowie in Parlamenten sind diese Strategien unterschiedlich angewandt, doch allgemein herrscht eine großes Interesse an der medialen Aufmerksamkeit, auch durch gegen herrschende Normen der Medienkultur gerichtete Mittel (Nutzung provokativer Plakate, xenophobe Witze usw.).

Traditionell ist für den Rechtsextremismus das Führerprinzip typisch. Der Aufstieg der modernen rechtsextremistischen Parteien war wesentlich geknüpft an das charismatische Auftreten einzelner Führungsleute (Jörg Haider, Jean Marie Le Pen, Vladimir Zhirinovski etc.). Die-

---

959 Lazaros Miliopoulos: Strategische Ansätze, Potentiale und Perspektiven der NPD. In: Uwe Backes, Henrich Steglich (Hrsg.): Die NPD. Erfolgsbedingungen einer rechtsextremistischen Partei.Baden Baden 2007, S. 121–141.

jenigen rechtsextremistischen Parteien allerdings, die über solches Führungspersonal nicht verfügen, haben kaum politische Erfolge erzielen können (typisches Beispiel ist die NPD).

Haider, Jörg

1950–2008, von 1986–2000 unumschränkter Führer der Freiheitlichen Partei Österreichs, separierte sich 2005 von der FPÖ und gründete das „Bündnis Zukunft Österreich“ (BZO), 1989–91 u. 1999–2008 Landeshauptmann von Kärnten. Die Nationalratswahlen von 1999 machte die FPÖ zur zweitstärksten Fraktion (hinter der SPÖ). Es wurde eine Regierungskoalition von ÖVP und FPÖ gebildet, in welcher die Haider-Partei im Ausland als rechtsextrem galt. Haider gefiel sich in fremdenfeindlichen und antisemitischen Ausfällen. Die Sozialpolitik der Nationalsozialisten bedachte er mit freundlichen Worten. Er was ein charismatischer Populist, der an die Ressentiments seiner Anhänger und Wählerschaft appellierte.

Le Pen, Jean-Marie

geb. 1928; Le Pen war Begründer des rechtsextremen französischen „Front National“ (1972), der durch rassistische und xenophobe Manifestationen populistisch agierte, bei den Parlamentswahlen aber nie über den Rang einer Splitterpartei hinauskam und im Grunde nur vom Charisma seiner Führungsgestalt Le Pen lebte. Dessen größter politischer Erfolg war sein Einzug in die Stichwahl zum französischen Präsidenten 2002 gegen Jacques Chirac.

Zhirinovski, Vladimir

geb. 1946; Führer der Liberaldemokratischen Partei Russlands, deren Gründung 1990 erfolgt war und die in Wahlen in den 90er Jahren immer mehr an Zulauf gewann. Zhirinovski vertrat einen rüden Nationalismus. Der russische Staat sollte eine autoritär-militaristische Grundlage erhalten. Er wurde im Ausland als Faschist in Verbindung mit rassistischen und antisemitischen Vorstellungen oder als nützliches Werkzeug des Kremls zur Absorbierung rechtsgerichteter Wähler gesehen.

Um die junge Generation für ihre Ideen zu gewinnen, nutzen die Rechtsextremisten Formen der modernen Popkultur, z.B. die sog. White Power Music Szene oder der Rechts-Rock. Das Ziel ist, eine alternative Kultur von rechts zu etablieren[960]. Die Tonträger weisen eine starke Propagandarolle auf, die Konzerte dienen daneben zusätzlich zur Vertiefung der Kontakte und zur inneren Verfestigung der Szene. Auch im Internet, einschließlich neuer sozialen Foren, sind Rechtsextremisten weitgehend aktiv.

In der Durchführung von Querfront-Strategien haben sich Rechtsextremisten teilweise mit neuen sozialen Bewegungen verbunden, dabei waren sie kaum erfolgreich (ökologische Bewegung, Anti-Globalisierungsbewegung, Antikriegsbewegung). Wichtiger ist ihre Infiltrierung kommunaler Strukturen der Zivilgesellschaft (Sportvereine, freiwillige Feuerwehverbände usw.) und in manchen Staaten (z.B. Ungarn) auch die Infiltrierung eines Teils der Medien.

---

[960] Christian Dornbusch, Jan Raabe: RechtsRock – Vom Skinhead-Rock zur Alltagskultur. In: Ebd. (Hrsg.): Rechtsrock – Bestandaufnahme und Gegenstrategien. Hamburg/Münster 2002. S. 19–50.

Die Rechtextremisten haben keine stabilen politischen Partner. In manchen Staaten können sie Allianzen mit Konservativen etablieren (wie in Italien, teilweise in Frankreich). In Osteuropa vermählen sich antiwestliche Tendenzen der extremen Rechten mit ‚linkspatriotischen Akteuren'. Vielfältig sind die Beziehungen zu Islamisten und Panarabisten. Neonazis sind auf Grund gewisser Kooperationen des Nationalsozialismus mit muslimischen Staaten bzw. Gruppierungen aus der Epoche des Zweiten Weltkriegs bereit zu einem gemeinsam gepflegten Antisemitismus auf globaler Ebene, lehnen aber meist die Immigration der Muslime in westliche Gesellschaften ab. Ein Teil der Rechtsextremisten verabschiedete sich indes vom Antisemitismus und kooperiert auf der Basis einer gemeinsamen Islamphobie mit der jüdischen Rechten. Allgemein gesprochen ist die Feindschaft gegen das Judentum sowie gegen Israel weiterhin ein typisches Merkmal. Das wichtigste strategische Feld stellt hier der *Revisionismus* dar. Dieser ist darauf gerichtet, das Stigma des Nationalsozialismus abzulegen, indem die Zeit des NS-Regimes beschönigt und der Holocaust geleugnet wird[961]. Manche Autoren halten den Revisionismus als einen irreführenden Begriff und präferieren stattdessen den Begriff Negationismus. Urs Altermatt und Hanspeter Kriesi z.B. erwähnen kritisch, dass die Geschichtsforschung den Begriff Revisionismus auch in anderen Zusammenhängen gebraucht, „wenn sich angesichts neuer relevanter Quellen eine neue Sicht auf historische Phänomene ergibt."[962] Das ist nicht der Fall beim politischen Revisionismus, der in enger Beziehung zu den Rechtsextremisten steht.

Brigitte Bailer unterscheidet drei Arten revisionistischer Propaganda:

1. Die einfache Leugnung, die die Massenmorde in den Konzentrationslagern einfach in Abrede stellt (Ignoranz der einschlägigen wissenschaftlichen Literatur)
2. Die Herstellung (gefälschter) Gegenbeweise
3. Die selektive und manipulative Interpretation historischer Quellen[963].

Die Anti-Defamations League hat drei Zielsetzungen des *Revisionismus* herausgestellt, die Bailer um eine vierte erweitert hat:

1. Neue Methoden zu finden, mit denen antisemitische Themen angesprochen werden können
2. Den Ruf des „Dritten Reiches" und seiner Führer wiederherzustellen
3. Die Legitimation des Staates Israel anzugreifen
4. Die Weiterverbreitung des deutschen Nationalismus durch revisionistische Geschichtsbeschreibung[964].

Der Rechtsextremismus nutzt auch vielfach Strategien der Gewalt. Grundsätzlich lässt sich in diesem Zusammenhang festhalten, dass einer relativ unorganisierten Gewalt eine strategische Rolle zukommt, weil sie einerseits zur Identität der eigenen Anhänger wesentlich beiträgt

---

961 Brigitte Bailer: Der Revisionismus – pseudowissenschaftliche Propaganda. In: Stiftung Dokumentationsarchiv des österreichischen Widerstandes (Hrsg.): Handbuch des österreichischen Extremismus. (2. Auflg.) Wien 1993. S. 444–450.

962 Urs Altermatt, Hanspeter Kriesi: Rechtsextremismus in der Schweiz – Organisationen und Radikalisierung in den 1980er und 1990er Jahren. Zürich 1995. S. 66–67.

963 Bailer 1993, S. 445–446.

964 Bailer 1993, S. 446–447.

(das gilt auch für Gewalt der rechtsextremistischen Fußball Hooligan-Gangs, die auch als Trainings-Milieu dienen), andererseits bei den bedrohten Gruppen (Immigranten, nationale Minderheiten usw.) Bedrohungen hervorruft. In Europa lassen sich als wichtigste Gewaltstrategien des Rechtextremismus anführen:

1. Unterstützung der Alltagsgewalt (Identität der Szene, Schrecken);
2. Gewaltdemonstrationen und Unruhen (Erlebnis-Welt für Rechtsextremisten);
3. Anti-Antifa Strategie (selektive Bedrohung konkreter individueller Feinde des Rechtsextremismus);
4. Schrecken-Strategie (gezielte brutale Attacke gegen zufällig ausgesuchte Repräsentanten des feindlichen Lagers);
5. vigilantische Strategie (geheimdienstliche ‚Wachsamkeits'-Obsessionen, einschließlich des Konzepts nationalbefreiter Zonen);
6. Strategie der Spannung, die zu Konflikten in der Gesellschaft führen und als Zündfunke des Bürger- oder Rassenkrieges dienen soll.

In realen kriegerischen Konflikten sind nach dem Ende der Balkankriege die rechtsextremistischen Einheiten ausschließlich in der Dritten Welt engagiert (herkömmlich als paramilitärische Einheiten in Lateinamerika), wo sie nach der Macht streben. In den früheren Szene-Schriften wurden die Aktionen, die dem linken Terrorismus ähneln, in parteilichem Gewande und unter legalistischer Fahne propagiert (wie z.B. „Eine Bewegung in Waffen. Band II. Strategie und revolutionärer Kleinkrieg" von Hans Westmar aus dem Jahre 1991)[965]. Doch schrittweise sind verschiedene breitere ethnische, religiöse und rassische Konflikte thematisiert worden. Wohl am Bekanntesten ist ein Konzept amerikanischer Herkunft, der sogenannte Racial Holy War (RaHoWa). Dieses Konzept wurde vom amerikanischen weißen Separatisten ukrainischer Herkunft Ben Klassen (1918–1993) propagiert und war gegen alle nicht-weißen Ethnien in den USA gerichtet. Seine institutionelle Form fand diese rassistische Ideologie in der „Church of the Creator", die Klassen 1973 gegründet hatte. Der heilige Rassekrieg hat für Rechtsextremisten den strategischen Vorteil, Rassisten aus ganz Europa und Amerika zu integrieren. Endziel ist der Genozid der (subjektiv) feindlichen ethnischen oder religiösen Gruppen.

8.3 Gesamtübersicht

8.3.1 Übersicht über das rechtsextremistische Spektrum

Die verschiedenen Arten des Rechtsextremismus, bei denen Netzwerke eine ganz wesentliche Rolle spielen, agieren sowohl in westlichen als auch in postkommunistischen Staaten. Außerhalb dieser Regionen lassen sich Rechtsextremisten oft nur schwer eindeutig bestimmen, was z.T. auf spezifische nationale Einfärbungen zurückzuführen ist.

---

965 Mareš 2005, S. 135.

Wichtigste Akteure sind die politischen Parteien, die auch internationale Netzwerke bilden. Mit Parteien sind in vielen Staaten rechtsextreme Bewegungen und/oder militante Organisationen verbunden. Als spezifisch transnationales Netzwerk wirken die Revisionisten. In vielen Staaten spielen rechtextremistische militante Gruppierungen eine zentrale Rolle, die transnationale Strategien verfolgen. Subkulturelle Akteure dienen in westlichen Staaten meistens der Mobilisierung der Jugend für militante oder parteipolitische Zwecke.

8.3.2 Rechtsextremistische Regimes

Rechtsextremisten verfügen über keine eigenen *klassisch-faschistischen Regierungen*, die noch für die erste Hälfte des 20. Jahrhunderts für Europa typisch waren (s.o.). Noch bis in die siebziger Jahren hinein existierten solche Regimes in Südeuropa (Spanien, Portugal, die Militärdiktatur in Griechenland) und bis Anfang der neunziger Jahre in Lateinamerika z.B. die Pinochet-Diktatur in Chile. Als spezifische Ethnokratien etablierten sich solche Regime im post-jugoslawischen Raum in den neunziger Jahren (z.B. Serbien), doch schrittweise haben sie z.T. demokratischen Charakter angenommen[966].

Heute existieren Diktaturen, die das Führerprinzip mit einem übersteigerten Nationalismus kombinieren, wie z.B. die zentralasiatischen Staaten oder die Militärjunta in Burma/Myanmar. Doch ist die Benennung dieser Regime als ‚rechtsextremistisch' nicht üblich. Das gilt auch für das Lukaschenko-Regime in Weißrussland. Autoritäre Tendenzen lassen sich auch im heutigen Russland feststellen, was viele Rechtsextremisten in Europa mit Wohlwollen aufnehmen, doch dieses System rechtsextremistisch zu nennen würde z.T. den realen Gegebenheiten widersprechen[967].

8.3.3 Rechtsextremistische Parteien

Die wichtigsten politischen Parteien, die aus Sicht der Extremismusforschung analysiert worden sind, finden sich in Europa. Doch sind viele Parteien im westeuropäischen Kontext allenfalls rechtsradikal oder rechtspopulistisch, eindeutige extremistische Elemente fehlen oft. Eine klassische Partei des parteilichen Rechtsextremismus lässt sich in Deutschland in Gestalt der NPD finden. In Italien agiert die kleine Fiamma Tricolore, andere neofaschistische Parteien integrierten sich in konservative Blöcke. Dazu gehört auch die Alleanza Nazionale.

Fiamma Tricolore

Kleine faschistische Partei, als Abspaltung des rechten Flügels des „Movimento Sociale Italiano" (MSI) 1995 von Pino Rauti gegründet, als Fini den MSI in die gemäßigtere „Alleanza Nazionale" überführte.

966 Věra Stojarová et.al.: Security Perspectives on the Western Balkan Countries. Brünn 2010. S. 38–39.

967 Stanislav Balík, Jan Holzer: Axis Mentality – Ideology in Post-Communist Non-Democratic Regimes. In: Uwe Backes, Tytus Jaskulowski, Abel Polese (Hrsg.): Totalitarismus und Transformation – Defizite der Demokratiekonsolidierung in Mittel- und Osteuropa. Göttingen: S. 101–106.

Eine Welle neuer Parteigründungen, die noch erhebliche rechtsextremistische Elemente aufweisen, suchte Westeuropa in den achtziger Jahren heim[968]. In zwei Staaten blieben sie bis heute die relevanten Repräsentanten dieser Richtung – der Front National (FN) in Frankreich und die Freiheitliche Partei Österreichs (FPÖ).

Front National

Der Front National (FN), 1972 begründet, ging auf die poujadistische Bewegung in Frankreich zurück, die in den 50er Jahren in Gestalt der „Union de défense des commercants et artisans" vor allem Kaufleute und Handwerker anzusprechen suchte. Ihr Führer Pierre Poujade rief zu einem landesweiten Steuerstreik auf (1955). Im Jahre 1956 erreichte seine Partei 11,6% der Stimmen bei den Wahlen zur Nationalversammlung und damit 52 Sitze im Parlament; später zerfiel sie aufgrund von Abspaltungen. Le Pen war damals Abgeordneter für die Poujade-Partei. Die Hauptforderung des FN besteht in dem Zurückdrängen ausländischer Immigranten nach Frankreich sowie in einer rigiden Bekämpfung der Kriminalität. Der FN spricht sich klar gegen das Überhandnehmen islamischer Tendenzen aus, was sich z.B. in Attacken gegen Moscheebauten ausdrückt. Er propagiert eine völkische, national-soziale Politik, unter eindeutiger Bevorzugung der weißen Bevölkerung. Anklänge an nationalsozialistische Ideen sind erkennbar.

Die FPÖ wird oft als populistische Partei bezeichnet. In anderen Staaten haben rechtsextreme Parteien an Einfluss verloren (wie die deutschen Republikaner) oder ihre Positionen schrittweise verbessert wie die British National Party (BNP) oder LAOS in Griechenland – diese Partei aufgrund ihrer besonderen christlich-orthodoxen Orientierung (darüber hinaus ähnelt sie mehr den osteuropäischen Parteien mit klerikalfaschistischer Grundlage).

British National Party

Im Jahre 1982 gegründet aus einer Abspaltung aus der „National Front". Die BNP ist eine rechtsextremistische rassistische Partei, die alle farbigen Immigranten in ihre Heimatländer repatriieren will. In den Wahlen zum Europäischen Parlament 2009 errang sie überraschend zwei Abgeordnetensitze.

LAOS

Die „Laikos Orthodoxos Synagermos" (Orthodoxe Volksbewegung) wurde 2002 vom ehemaligen Journalisten und früherem Mitglied der Nea Dimokratia Georgios Karatzaferis gegründet. Sie versteht sich als nationalkonservative Partei, die sich entschieden gegen die Globalisierung wendet. Ein konventionelles Lagerdenken lehnt sie ab. Sie steht für eine restriktive Politik gegenüber der Türkei, was deren Aufnahme in die EU anbelangt, sowie gegenüber Immigranten. In den nationalen Wahlen von 2009 errang sie 5,6% der Stimmen und stellt im Parlament 15 Abgeordnete.

[968] Michael Minkenberg: The Renewal of the Radical Right, 35 (2), 2000, S. 170–188.

Daneben existieren separatistische Parteien wie Vlaams Blok/Vlaams Belang (Belgien) oder die italienische Lega Nord.

Lega Nord

Die Lega Nord – eigentlich „Lega Nord per l'indipendenza della Padonia" – stellt den Zusammenschluß verschiedener regionalistisch-autonomistischer Vereinigungen im Norden Italiens dar, die 1991 durch Umberto Bossi (geb. 1941) geformt worden war und zu einem wichtigen Pfeiler in der seitherigen italienischen Politik geworden ist. Die Lega strebt im Grund eine Föderalisierung, einen devolutiven Prozess Italiens an und agitierte gegen ein zentralistisches System, das als korrupt und dekadent angesehen worden ist. Dieses „Los-von-Rom"-Motiv wird oft als Drohgebärde in Stellung gebracht. Rassistische Ingredienzien in der politischen Rhetorik der Lega sind permanente Markenzeichen der Partei.

Vlaams Blok/Vlams Belang

Der Vlaams Belang (Flämische Interessen) ist eine rechtsextremistische und -populistische separatistische Partei mit konservativen, wirtschaftsliberalen und rassistischen Elementen, die die Unabhängigkeit des niederländischen Teils Belgiens fordert. Die Partei ging 2004 aus dem 1979 gebildeten Vlaams Blok hervor. Die Diskriminierung von Ausländern gehört zum Bestandteil ihres Wirkens (gemäß der Parole „Eigenes Volk zuerst").

Bei anderen westeuropäischen rechtspopulistischen Parteien ist die Eingliederung in das rechtsextremistische Umfeld problematisch, weil sich diese Parteien auch liberalen und radikaldemokratischen Grundsätzen verpflichtet fühlen, obwohl ihre Propaganda xenophobe Züge trägt. Es handelt sich um die Liste Pim Fortuyn, später Partei für die Freiheit (PVV) in den Niederlanden, um die Schweizerische Volkspartei (SVP), die Dänische Volkspartei (DF), die Schwedendemokraten (SD) oder um die Wahren Finnen (PS). Daß dieser parteigebundene Rechtspopulismus nicht nur ein europäisches Problem darstellt zeigt der australische Fall, wo diese Strömung in der Australia First Party zentriert ist.

Liste Pim Fortuyn/Partei für die Freiheit

Niederländische rechtsextremistische Partei, gründete der Soziologe Pim Fortuyn 2001 nach Trennung von der rechtsbürgerlichen Partei Leefbar Nederland („Lebenswerte Niederlande"). Diese agitiert gegen eine muslimische Überfremdung der Niederlande. Sie hatte eine beträchtliche Resonanz.

Schweizerische Volkspartei

Die SVP mutierte unter dem Einfluß des Unternehmers Christoph Blocher (geb. 1940) zu einer rechtspopulistischen Partei, mit ausgesprochen rechter Sichtweise. Die provokative Rhetorik Blochers und der darin zum Ausdruck gekommene Populismus hat sich insbesondere gegen eine ‚Infiltrierung der Schweiz aus dem Ausland' gerichtet und tritt für ein verschärftes Asylrecht ein.

Dänische Volkspartei/Dansk Folksparti

Diese ging 1995 aus Mogens Glistrups „Fortschrittspartei“ hervor. Sie ist eine rechtspopulistische Protestpartei und zu einer tragenden Kraft im dänischen parlamentarischen System aufgestiegen. Die Partei verfolgt eine ausgesprochen kritische Haltung gegenüber der EU, Ausländern, insbesondere Muslimen. Die Mohammed-Karikaturen und die daraufhin ausgesprochenen muslimischen Morddrohungen bescherte der Partei weiteren Zulauf.

Schwedendemokraten/Sverigedemokratener

Diese rechtspopulistische Partei ging aus Gruppierungen mit rassistischer Provenienz hervor (1988). Sie tritt für eine rigide Asyl- und Ausländerpolitik ein und bekennt sich zu einer homogenen Gesellschaftsstruktur, die allein Garant für eine stabile Demokratie sein könne. Sie setzt sich für eine strikte Einwanderungspolitik ein.

Wahre Finnen

Nationalkonservative, EU-skeptische populistische Partei, die 1995 entstand. Sie pflegt eine aggressive Fremdenfeindlichkeit, votiert für eine beschränkte Zuwanderung und ein verschärftes Asylrecht.

Australia First Party

Die 1996 gegründete Splitterpartei richtete sich in ihrer Propaganda vor allem gegen eine angebliche „Überfremdung“ Australiens und lehnte grundsätzlich jegliche multikulturelle Entwicklung ab. Insbesondere die Migrationspolitik sollte äußerst streng gehandhabt werden.

In Osteuropa haben sich kurz nach dem Fall des Kommunismus die rechtextremistischen Parteien mit starker ethno-nationalistischer Affinität heftigst das neue Establishment und die Art und der Weise der radikalen politischen und ökonomischen Transformation befehdet, so dass sich durchaus auf sie das Etikett „Protesttransformationsparteien“ aufpropfen lässt[969]. Nur vereinzelt besitzen sie eine stabile Position im politischen bzw. Parteiensystem wie Liberaldemokratische Partei Russlands (LDPR), die Großrumänische Partei (PRM) oder die Slowenische Nationalpartei (SNS). In der Slowakei besaß die frühere separatistische Slowakische Nationalpartei (SNS) nach der Auflösung der Tschechoslowakei eine rechtextreme Schlagseite.

Großrumänische Partei (Partidue Romania Mare)

Eine 1991 gebildete Partei, deren politische Vorstellungen aus einem Konglomerat aus nationalistischen, kommunistischen und religiösen Wurzeln besteht. Die Partei strebt die Restitution der territorialen Integrität Rumäniens an, wie sie zwischen den beiden Weltkriegen bestanden hatte. Ihre autoritaristische Ausrichtung ist erkennbar an der Glorifizierung der Diktatoren Antonescu und Ceaucescu. Wechselweise sind es Juden, Sinti und Roma oder Ungarn, gegen die sich die Ressentiments richten.

[969] Fiala, Mareš, Sokol 2007, 168.

Slowenische Nationalpartei

Die Slowenische Nationalpartei wurde 1991 von Imago J. Plemeniti gegründet. Sie verfolgt einen chauvinistisch-antikroatischen Kurs und gefällt sich in einem äußersten Skeptizismus gegenüber der EU. Auffällig ist ihr Anti-Katholizismus.

Slowakische Nationalpartei

Diese Partei ist ultranationalistisch eingestellt, mit rassistischen Zügen, was sich in einer ausgeprägten Abwehrhaltung gegenüber allem Ungarischen und gegen die Roma manifestiert. Ihre Gründung fällt in das Jahr 1989; sie versteht sich als Erbe der alten Slowakischen Nationalpartei aus der Habsburger Monarchie. Im Jahre 2006 kommt es zu ihrem Eintritt in die Regierung Mečiar.

Das rasche Entstehen rechtextremistischer Parteien in Osteuropa in der ersten Dekade nach 1989 unterschied sich von demjenigen in Westeuropa: es handelt sich um betont christlich-traditionalistische Parteien (z.B. die Liga der polnischen Familien – LRP), um Parteien mit irredentistischen Zielen und paramilitärischen Einheiten (Bewegung für ein besseres Ungarn – Jobbik) oder mit ausgesprochen antiziganistischen Intentionen (z.B. der Nationalverband Ataka in Bulgarien).

Liga der polnischen Familien

Sie wurde 2001 als Sammelbecken rechtskonservativer, nationalistischer und konservativ-katholischer Schattierungen gegründet, hauptsächlich, um gegen den Beitritt Polens in die EU zu agitieren. In dieser Gruppierung werden ebenso antideutsche wie antijüdische Ressentiments bedient.

Jobbik

Vollständig „Bewegung für ein besseres Ungarn". Diese rechtsextreme ungarische Partei existiert seit 2003. Seit den Wahlen von 2010 ist sie die drittstärkste Fraktion im ungarischen Parlament. Sie definiert sich als politischer Arm der verbotenen Ungarischen Garde (s. u.) und bestimmt sich nationalkonservativ, christlich und patriotisch, operiert aber radikal. Die Jobbik-Partei erinnert stark an die nationalistisch/faschistischen „Pfeilkreuzler" unter Szálasi, die sich voll und ganz in den Dienst Hitler-Deutschlands stellten und aktiv an der Terrorisierung und Ghettoisierung der Juden in Ungarn und deren Überstellung an die Deutschen eifrig beteiligt waren. Wie die Pfeilkreuzler (auch Hungaristen genannt) propagiert Jobbik die Wiederherstellung eines Großungarns in den Grenzen vor dem Friedensschluß von Trianon (1920), auf dem es sämtliche um das ungarische Kernland arrondierte Gebiete abtreten musste. Dies hatte revisionistische Gedanken befeuert.

Nationalverband Ataka

Die bulgarische Partei Ataka wurde 2005 gegründet, ist am rechtsextremistischen Rand angesiedelt und gibt sich betont fremdenfeindlich. Dabei richtet sie ihre Angriffe insbesondere auf Türken und die Türkei und fällt durch einen scharfen Antiziganismus auf.

Der unterschiedliche Charakter der rechtsextremen Parteien ist nicht ohne Einfluss auf ihre transnationale Zusammenarbeit. Nur kurzfristig haben die Fraktionen im Europäischen Parlament überlebt (wie „Identität, Tradition, Souveränität" 2007), doch manche dieser Parteien haben sich eher euroskeptischen Fraktionen angeschlossen („Europa für Freiheit und Demokratie"). Die paneuropäischen Zusammenschlüsse weisen eine vage Struktur auf, wie die Allianz der europäischen Nationalen Bewegungen (AENM), die 2009 gegründet wurde. In der Europäischen Nationalfront (ENF) sind kleine neofaschistische Parteien und Gruppierungen versammelt. Die russische LDRP organisiert jedes Jahr die Weltkongresse der „patriotischen" Parteien.[970] Ad hoc-Treffen werden auch in anderen Staaten organisiert. In den letzten Jahren kommt den antiislamischen Netzwerken der Rechtsextremisten eine signifikante Rolle zu (neben Konservativen und Libertärianen).

Identität, Tradition, Souveränität

Zwischen Januar und November 2007 existierender Zusammenschluss von rechtsdemokratischen bzw. nationalpatriotischen Parteien im EU-Parlament als eine Fraktion. Die meisten Abgeordneten stellten der französische Front National, die Großrumänien Partei, der belgische Vlaams Belang, die bulgarische Ataka. Die Fraktion kämpfte gegen die EU-Verfassung und gegen ein zentralistisches Europa, dafür erstrebte sie eine Art „Europa der Vaterländer". Globalisierung und Migrationsflüsse waren zentrale Gegenstände ihrer Kritik. Gegen die Aufnahme der Türkei wurde heftigst agititiert.

Europa für Freiheit und Demokratie

Stellt einen Zusammenschluss euroskeptischer nationalpopulistischer rechtsextremistischer Parteien im EU-Parlament dar, die sich 2009 konstituierte und der hauptsächlich von der UK Independent Party und der Lega Nord dominiert wird. Weitere Mitglieder sind u.a.. „Wahre Finnen", die dänische Volkspartei, LAOS und die slowakische SNS.

Allianz der Europäischen Nationalen Bewegungen

Es handelt sich hier um eine 2009 gegründete Vereinigung europäischer rechtsextremistischer Parteien. Sie stellt sich gegen einen europäischen „Superstaat" und propagiert stattdessen die nationale Unabhängigkeit der europäischen Länder. Partner sind u.a.. der Front National, Jobbik, die Fiamma Tricolore sowie die schwedischen Nationaldemokraten.

Europäische Nationalfront

Zusammenschluß mehrerer nationalistischer und rechtsextremistischer Parteien und Organisationen in Europa, der 2004 aus der Taufe gehoben wurde. Dieser Organisation gehört u.a. an die deutsche NPD, die spanischen Falangisten und die italienische Forza Nuova. Sie strebt die Bildung einer europäischen Rechtspartei an. Ihre Ideologie richtet sich gegen die Globalisierung, gegen Einwanderung, aber auch gegen den ‚US-Imperialimus'. Ein starker unabhängiger Nationalstaat und eine rigide Rechristianisierung mit Diskriminierung von Homosexualität und Abtreibung stehen auf der Agenda.

[970] Miroslav Mareš: Rechtsextremistische Parteien in Ostdeutschland, Tschechien, Polen und Russland. In: Backes, Uwe, Jaskulowski, Tytus, Polese,Abel: Totalitarismus und Transformation – Defizite der Demokratiekonsolidierung in Mittel- und Osteuropa. Göttingen 2009. S. 154–183.

8.3.4 Rechtsextreme Bewegungen und Intellektuellenzirkel

In vielen Ländern spielen Bewegungen bzw. quasiparteiliche Organisationen im rechtsextremistischen Milieu eine wichtige Rolle, besonders hinsichtlich der politischen Bildung bzw. Indoktrinierung von Anhängern sowie als Rekrutierungsbasis bzw. als Vorstufen der politischen Parteien im eigentlichen Sinne. In Russland z.B. hat bei der Formierung des rechtsextremistischen Lagers die Organisation Pamyat eine wichtige Rolle gespielt, in den USA hat die Nationale Allianz (NA) großen Einfluss auf die rechtextremistische Ideologie. Die rechtsextremistischen Akteure können sich auch in Form einer Stiftung organisieren und politisch in Erscheinung treten wie z.B. die Stiftung „Kontinent Europa", die zur Unterstützung der Organisationen in vielen Ländern dient.[971]

Pamyat

Eine ultranationalistische russische Organisation mit fremdenfeindlichen, antisemitischen und rassistischen Zügen, deren Entstehung bereits in den untergegangenen Sowjetkommunismus fiel. Ihr Hauptmerkmal ist ein kruder Antizionismus.

Nationale Allianz

Eine 1967 von William L. Pierce gegründete rechtsextremistisch-rassistische Organisation, die auf eine Arisierung der amerikanischen Gesellschaft hinwirkt, sich für eine Wirtschaftspolitik auf rassistischer Basis ausspricht und eine Segregationspolitik nach ethnischen Prinzipien anstrebt.

Stiftung Kontinent Europa

Eine 2004 vom schwedischen Unternehmer Patrik Brinkmann gegründete Institution, die sich der Förderung der Forschung im rechten Sinne verschreibt. Ihr Hauptzweck scheint in der Vernetzung der „Neuen Rechten" in Europa zu bestehen. Sie fällt in der politischen Praxis durch spektakuläre Aktivitäten kaum auf, befindet sich wohl aber auf der Suche nach einer rechtspopulistischen Partei vom Schlage der österreichischen FPÖ oder der SVP.

Transnationale informelle Kreise sorgen für den Aufbau von Netzwerken, um intellektuellen Revisionisten, die den Holocaust leugnen und strafrechtlich belangt werden, zu unterstützen. Zu den bekanntesten Revisionisten gehört der Engländer David Irving. In den USA sitzt das ‚Institute for Historical Review', das eine unrühmliche Rolle in Sachen Revisionismus einnimmt. Die Revisionisten mit neo-nazistischem Hintergrund sind auch in das islamistische Milieu eingedrungen und haben sich dort domestiziert, was in dem gemeinsamen Antisemitismus beider Strömungen spürbar wird. Einer nachhaltigen Förderung erfreuen sich die revisionistischen Zirkel durch den iranischen Staat, vor allem nach der Wahl Mahmud Ahmadinedschads im Jahre 2005 zum Staatspräsidenten.

[971] Albrecht Kolthoff: Hochfliegende Pläne für eine europäische Denkfabrik. Netz gegen Nazis. http://www.netz-gegen-nazis.de/lexikontext/hochfliegende-plaene-fuer-eine-europaeische-denkfabrik

Institute for Historical Review:

Eine pseudowissenschaftliche „Denkfabrik“ rechtsextremistischen Charakters, in dessen Zentrum die Leugnung des Holocaust steht. Im Jahre 1978 gegründet, wird das „Institute“ seit 1993 von Mark Weber geleitet, einem Aktivisten der NSDAP-Aufbau-Organisation in den USA. Es steht in Verbindung mit neonazistischen Gruppierungen und stellt Kontakte zu islamistischen Organisationen her.

8.3.5 Militante Jugendsubkulturen

Jugendsubkulturen haben eine wichtige Mobilisierungsfunktion, und deren Mitglieder sind für viele Gewalttaten verantwortlich. Die bekannteste Subkultur in diesem Sinne sind die *Skinheads*, die Ende der 60er Jahre aufkamen und später in westliche Länder expandierten (auch in osteuropäische Staaten noch während der Agonie des Kommunismus). Die rassistischen und neonazistischen Teile der Subkultur haben ihre goldene Ära in der zweiten Hälfte der achtziger sowie in den neunziger Jahren erlebt. Damals sind die transnationalen Organisationen wie Hammerskins Nation und Blood & Honour entstanden.

Hammerskins Nation

Eine neonazistische Organisation, 1986 in den USA gebildet; versteht sich als Eliteeinheit der Naziskins. In Deutschland tauchte sie zum ersten mal 1991 auf und ist vor allem in der rechtsextremen Musik- und Konzertszene tätig.

Blood & Honour

Ein rechtsextremistisches Netzwerk, das neanazistische Bands koordiniert. Seine Urspünge liegt in England, in Deutschland ist die Organisation seit 2000 verboten.

Zu Beginn dieses Jahrzehnts bleiben die Skinheads in manchen Regionen eine dominierende Kraft des juvenilen Rechtsextremismus (Norditalien, Balkan, Russland). Aus dem mitteleuropäischen Raum (meist aus Deutschland) sind sukzessive die ‚Autonomen Nationalisten‘ expandiert. In manchen Staaten gibt es eine enge Verbindung mit der Fußball-Hooligan-Szene (Polen, Balkanländer, Russland, aber auch in Italien und Spanien). Eine relativ geringe Mitgliedschaft besitzen die ‚Nationalsozialistische Black Metal‘ und die ‚Pagan Metal Szene‘, die zurzeit in Skandinavien, Deutschland, und in Osteuropa großen Anklang haben. In Mitteleuropa, Südeuropa und Osteuropa wirkt die kleine Nazi-Industrial und die Gothic-Szene.

Autonome Nationalisten

Jugendliche Neonazi-Gruppierung, die sich von den „freien Kameradschaften“ herleiten. Ihre Widerstandsformen und -folkloristik haben sie den autonomen Linken entlehnt. Ihre Rhetorik ist antikapitalistisch; die Lösung liegt in einer nationalen Revolution, die in eine national-soziale Gesellschaftsordnung münde. Antisemitismus und ‚Rassismus allgemein sind weitere wichtige Ingredienzien ihrer Ideologie‘.

Als spezifische Subkultur – nicht nur juveniler Natur – lassen sich die ‚Military-Fans' oder ‚Lebendige-Geschichte'-Gruppen einordnen. Auch die Viking-Jugend besitzt rechtextremistische Züge und ist Teil der rechtsextremistischen Szene in europäischen und nordamerikanischen Ländern. Dort findet eine paramilitärische Ausbildung statt.

Viking-Jugend

Die älteste neonazistische Jugendorganisation in Deutschland. Sie wurde 1952 gegründet und erst 1994 verboten. Ihre Wurzeln hatte sie in den Kameradschaftsverbänden der Waffen-SS. In der Folgezeit avancierte sie zur mitgliederstärksten Jugendorganisation des Neonazismus. Ihre Hauptfunktionen liegen in der Schulung Jugendlicher zur NS-Ideologie und in der Führerauslese. Die Ausbildung hat paramilitärischen Charakter und zentriert neben der ideologischen Indoktrinierung in der Organisierung von Lagern, Fahrten, Festen und Aufmärschen.

8.3.6 Rechtextremistischer Terrorismus und Paramilitärs

Der rechtsextremistische Terrorismus verfügt über keine kompakten Strukturen wie z.B. der Linksterrorismus in den siebziger und achtziger Jahren oder wie der gegenwärtige islamistische Terrorismus. Doch die informellen Netzwerke liegen immanent ebenso in den transnationalen strategischen Konzepten der Rechtsextremisten wie z.B. in leaderless resistance (das seine Wurzeln in den USA hat) oder in manchen Konzeptionen des Freien Widerstandes (der in Deutschland in den neunziger Jahren entstanden ist). Auch die ältere Bezeichnung für die englische Gruppe aus den 90er Jahren Combat 18 fungiert heute mehr als ‚Franchise' für bewaffnete neonazistische Tätigkeiten.

Combat 18

Eine neonazistisch-terroristische Organisation, die in zahlreichen europäischen Ländern aktiv ist und den bewaffneten Arm von Blood & Honour darstellt. Ihre Aktionen laufen nach dem Prinzip der „leaderless resistance" ab (d.h., jeder kann Mitglied werden, wenn er dieselbe Ideologie teilt). Die Zahl 18 markieren den ersten und den achten Buchstaben des Alphabet: A. und H., die Initialen von Adolf Hitler.

Auf der Grundlage gemeinsamer Ziele sollen Individuen oder kleine autonome Zellen terroristische Aktionen durchführen. Bisherige Aktionen sind noch relativ selten. Zu den bekanntesten gehört das Attentat auf das Federal-Gebäude in Oklahoma City, das von Timothy McVeigh im Jahr 1995 verübt wurde, oder eine Serie von Terroranschlägen in Schweden Ende der 90er Jahre und manche Aktionen in Deutschland.

Ein relativ stabiles rechtsextremistisches terroristisches Milieu hat sich in den letzten Jahren in Russland ausgebildet, wo ganz allgemein die rechtsextremistische Gewalt brachial ist (mit hunderten von Opfern, meistens Antifaschisten bzw. Leute aus der Kaukasusregion und

Zentralasien[972]). Die rechtsextremistische Anti-Roma-Terror-Gruppe hat sechs Menschen in Ungarn zwischen 2008 und 2009 auf dem Gewissen[973]. In Russland, Ungarn sowie in anderen osteuropäischen Staaten wirken auch paramilitärische Organisationen im Allgemeinen mit vigilantischen Zielen (Ungarische Garde und Nachfolgerorganisationen).

Ungarische Garde

Eine rechtsextremistische paramilitärische Organisation, die 2007 als Zweig der Jobbik-Partei gegründet worden ist. In ihrer Ideologie und ihrem Habitus ähnelt sie den faschistischen Pfeilkreuzlern. Ihr Verbot Ende 2008 hinderte sie nicht daran, in der Illegalität weiter zu agieren.

In den militärischen Auseinandersetzungen sind nach dem Ende des bewaffneten Konflikts im ehemaligen Jugoslawien und im Kaukasus rechtsextremistische Einheiten nicht engagiert, doch haben die serbischen Nationalisten 2007 zur Rückeroberung des Kosovo die Garde des Heiligen Tsar Lazar gebildet. In einem bürgerkriegsähnlichen Umfeld agieren die südafrikanischen Rechtsextremisten. In Lateinamerika kämpfen nichtstaatliche rechtsextreme Paramilitärs gegen linksextremistische Guerillas, z.B. die Vereinigte Bürgerwehren Kolumbiens (AUC) und kleinere anti-zapatistische Gruppen in Chiapas.

Heiliger Tsar Lazar

Eine 2007 errichtete serbische chauvinistische paramilitärische Organisation, die sich in antialbanischen Ressentiments gefällt. Sie benennt sich nach Lazar Hrebeljanovi'c (1329–1389), der bei der Schlacht auf dem Amselfeld (im heutigen Kosovo) gegen die Osmanen entscheidend verlor. Er avancierte später als Heiliger der serbischen orthodoxen Kirche.

Vereinigte Bürgerwehren Kolumbiens/Autodefensas Unidas de Colombia

Ein Dachverband rechtsgerichteter paramilitärischer Gruppen, die terroristische Aktionen gegen die Guerilleros der FARC durchgeführt hat. Ihre Ziele sind aber auch die Zivilbevölkerung, soweit sie als Basis der Guerilla angesehen wird. Im Abkommen von Ralito von 2005 verpflichtete die Regierung Uribe die AUC, sich zu demobilisieren, was aber in der Praxis sich nur recht oberflächlich auswirkt. Die AUC kontrolliert faktisch den kolumbianischen Drogenhandel und finanziert sich auch daraus. Sie verfügt zudem über großen Einfluß auf zahlreiche Parlamentsabgeordnete.

---

972 Martin Laryš, Miroslav Mareš: Right-Wing Extremist Violence in the Russian Federation. Europe-Asia Studies, 63 (1), 2011, pp. 129–154.

973 Miroslav Mareš: Terrorism-Free Zone in East Central Europe? Strategic Environment, Risk Tendencies, and causes of limited Terrorist Activities in the Visegrad Group Countries. Terrorism and Political Violence, 2011, 23 (2), S. 233–253.

8.3.7 Übersicht über den Rechtsextremismus in Deutschland

In Deutschland kann der zeitgenössische Rechtsextremismus auf eine kontinuierliche Entwicklung zurückblicken, die bis ans Ende des Ersten Weltkriegs reicht; doch die Niederlage des nazistischen Deutschlands stellt einen grundsätzlichen Umbruch in deren Geschichte dar. Bis heute ist das Erbe des nationalsozialistischen Regimes bestimmend für die Charakteristik des deutschen Rechtsextremismus. Die Hauptlinie der rechtsextremistischen Entwicklung nach der Teilung Deutschlands lässt sich besonders an der Bundesrepublik Deutschland sehen, nur begrenzten Einfluss haben die Ereignisse in der Deutschen Demokratischen Republik. In der deutschen Geschichte des 20. Jahrhunderts lassen sich die folgenden Traditionslinien des Rechtsextremismus herausstellen:

1. Aktionen der reaktionären (teilweise pro-kaiserlichen) Organisationen nach dem Ersten Weltkrieg (Kapp-Putsch, rechtsextreme Teile des Freikorps etc.);
2. Entstehungsphase der NSDAP bis zum Hitler-Putsch 1923;
3. Aufstieg der NSDAP in der zweiten Hälfte der zwanziger Jahre, einschließlich „Ethos" der Straßenkämpfe und Aktionen der revolutionären Nationalsozialsten;
4. Hitlers Machtergreifung 1933;
5. Politisches System des Dritten Reiches 1933–1945 (einschließlich Holocaust);
6. Deutschland im Zweiten Weltkrieg (einschließlich Ethos der Waffen SS und verschiedenen „Eliteneinheiten" der deutschen Streitkräfte aus dieser Zeit);
7. Nazistischer Untergrund im besetzten Deutschland kurz nach Kriegsende (Werwolf etc.) und Netzwerke für die Flucht der Nazi-Verbrecher (Spinne, ODESSA etc.);
8. Aufstieg der Sozialistischen Reichspartei bis zum Verbot 1952;
9. Rechtsextremistische Elemente in Veteranen-Verbänden und Vertriebenen-Organisationen (einschließlich Wahlerfolge des Gesamtdeutschen Blocks/Bundes der Heimatvertriebenen und Entrechteten in der fünfziger und sechziger Jahre);
10. Gründung und Aufstieg der Nationaldemokratischen Partei Deutschlands in den sechziger Jahren;
11. Welle der neuen neonazistischen Organisationen und rechtsextremistischen Terrorismus in den siebziger und der ersten Hälfte der achtziger Jahre (einschließlich Unterstützung mancher Aktionen von der Stasi);
12. Entstehung und Aufstieg der rechtsextremistischen Skinhead-Subkultur in den achtziger und neunziger Jahren;
13. Welle der Wahlerfolge der Republikaner und der DVU am Ende der achtziger und in den neunziger Jahren;
14. Aufstieg und Wahlerfolge der NPD (im Kontext des Nationalen Widerstandes) in der zweiten Hälfte der neunziger Jahre und nach 2000;
15. Aufstieg der Strukturen des Freien Widerstandes und der Autonomen Nationalisten in der ersten Dekade des 21. Jahrhunderts.

Kapp-Putsch

Ein Kreis von rechtsextremen Offizieren und Politikern, unter ihnen der ostpreußische Generallandschaftsdirektor und Mitbegründer der „Deutschen Vaterlandspartei", Wolfgang Kapp, suchte, eine Militärdiktatur zu errichten (Frühjahr 1920). Anlass war die Demobilisierung zweier Freikorps aufgrund einer Anordnung der Interalliierten Kontrollkommission. Als eine der betroffenen Einheiten, die Brigade Ehrhardt, am 13. März 1920 Berlin besetzte, musste der Reichstag Domizil in Stuttgart nehmen, weil ihm die Reichwehrführung nicht zu beschützen gewillt war. Kapp rief sich selbst zum Reichskanzler und preußischen Ministerpräsidenten aus, die Parlamente erklärte er für aufgelöst. Vor allem in Ost- und Norddeutschland sollten die Putschisten schnell Zulauf finden. In einem Appell an das deutsche Volk stellten Reichspräsident Ebert und die Regierung klar, wer die verfassungsgemäße Legitimation besäße. Als der Misserfolg des Putsches zu erkennen war, musste Kapp zurücktreten und ins Ausland fliehen.

Freikorps

Unter Freikorps versteht man freiwillige Kriegsverbände, die 1918/19 neben den regulären Einheiten aufgestellt wurden. Die Freikorps waren Sammelbecken für die „Feinde von rechts" der Republik. Nach ihrer Auflösung, bedingt durch den Aufbau der Reichswehr, fanden viele den Weg in die nationalsozialistische SA.

Gesamtdeutscher Block/Bund der Heimatvertriebenen

Eine Anfang der 1950er Jahre in Westdeutschland gegründete Interessenspartei der Flüchtlinge und Heimatvertriebenen. Auf Bundesebene wurde der BHE 1951 gegründet. Vor allen in den ländlichen Gebieten konnte der BHE reüssieren. Auf dem 1. Bundesparteitag 1952 benannte sich diese Partei um in „Gesamtdeutscher Block/Bund der Heimatvertriebenen und Entrechteten". Als die Adenauer-Regierungen durch Entschädigungshilfen und vor allem mit dem Lastenausgleich die materielle und soziale Integrierung der Heimatvertriebenen in die westdeutsche Gesellschaft in die Wege leitete und abschloss, zerfiel diese Partei immer mehr, da ihre Hauptinteressen anderweitig besser aufgehoben waren. Ihre Minister gingen in die CDU. In späteren Wahlen kam sie über den Status einer Splitterpartei nicht mehr hinaus. Die Ausrichtung von GP/BHE war konservativ bis revisionistisch.

Gegenwärtig bildet die NPD den Kern des deutschen Rechtsextremismus, die mit Teilen des militanten Spektrums zusammenarbeitet. Neben dieser Partei wirken kleinere parteimäßige Gruppierungen, Bewegungen, Intellektuellen-Kreise und Verlage. Offen bleibt die Frage der weiteren Entwicklung der Pro-Bewegung. Die militante Szene setzt sich aus Strukturen des Freien Widerstands, Resten der rechtextremistischen Skinheads und aus den autonomen Nationalisten zusammen. In Deutschland wirken daneben kleine Zirkel der rechten Ausländer-Extremisten.

8.3.8 Nationaldemokratische Partei Deutschlands – Die Volksunion

Die Nationaldemokratische Partei Deutschlands wurde in Jahre 1964 gegründet; sie speiste sich aus mehreren Strömungen des neonazistischen Lagers. In der zweiten Hälfte der sechziger Jahre erzielte die Partei Erfolge in mehreren Landtagwahlen, z.B. in Hessen und Baden-Württemberg). Nach 1969 kam es zu internen Auseinandersetzungen, was zur Folge hatte, dass sie ihre bisherige Position verlor. Der Wiederaufstieg der NPD begann Mitte der neunziger Jahre unter dem Vorsitzenden Udo Voigt. Ideologisch-programmatische Grundlage der Partei ist von nun an eine Vier-Säulen-Strategie. Die Nähe der NPD zu militanten rechtsextremen Gruppierungen ist offenkundig. Im Jahre 2001 scheiterte der Versuch der Bundesregierung, die Partei durch das Bundesverfassungsgericht verbieten zu lassen. Am 1. Januar 2011 fusionierte die NPD mit der Deutschen Volksunion und nennt sich seitdem NPD – Die Volkunion.

Mit der NPD eng zusammen arbeiten die Jungen Nationaldemokraten (JN) und der Ring Nationaler Frauen (RNF). In manchen Regionen pflegt die Partei enge Kontakte zu neonazistischen Kameradschaften und zu autonomen Nationalisten. Die neo-nationalsozialistische programmatische Prägung ist für diese Partei charakteristisch. Die NPD verfügt vor allem in Ostdeutschland über große Einflüsse, bevorzugt in ländlichen Gegenden. Auf der Bundesebene ist die Partei kaum erfolgreich.

8.3.9 Andere rechtsextremistische Parteien und Bewegungen

Im deutschen Parteiensystem agierten lange Zeit mehrere rechtsextremistische Parteien parallel bzw. standen in z.T. erbitterter Konkurrenz zueinander. Eine der bekanntesten, die Republikaner, entstanden in den achtziger Jahren, doch ihr taktischer Kurswechsel in Richtung auf eine populistische Partei, Mitte der neunziger Jahre, brachte sie in die Missgunst der rechten Wählerschaft, was sich in Wahlen bemerkbar machte. Die Deutsche Volksunion hat seit Ende der achtziger Jahre mehrere Wahlerfolge auf Landesebene erzielt, hat dann später aber mit der NPD fusioniert. Kleinere rechte Gruppierungen sind auf nicht-parteilicher Basis aktiv. Mehrere dieser Gruppierungen wurden verboten (wie z.B. die Heimattreue Deutsche Jugend (HDJ)), da sie sich offen zum Neonazismus bekannten. Manche Organisationen weisen eine revisionistische Orientierung auf wie die Junge Landsmannschaft Ostpreußen (JLO).

Als neues Phänomen, aber nicht eindeutig als rechtsextremistisch einzustufen (aus verfassungsstaatlicher Sicht), tauchen sog. Pro-Bewegungen mit starkem islamophobem Akzent auf, zuerst auf kommunaler Ebene wie die Bürgerbewegung pro Köln und später auf Landesebene wie die Bürgerbewegung pro Nordrhein Westfalen[974]. Diese Bewegung hat auch bundesweite Ambitionen. Sie ist aktiv auch auf internationaler Ebene, indem sie internationale antiislamistische Kongresse organisiert.

---

[974] Michael Lausberg: Die Pro-Bewegung – Geschichte, Inhalte, Strategien der Bürgerbewegung Pro Köln und der Bürgerbewegung Pro NRW. Köln 2010.

In Deutschland wirken kleinere rechte Intellektuellenkreise, die rechtsextremistische ideologische Hintergrundpropaganda mit pseudowissenschaftlichem Anstrich betreibt. Meistens gehören sie zur neuen Rechten wie z.B. das Thule-Seminar. Mehrere Verlage und Zeitschriften sind an einer Revision der jüngeren deutschen Geschichte interessiert bzw. nachhaltig daran beteiligt (wie z.B. der Arndt Verlag). Spezifische revisionistische und xenophobe Ideen sind im esoterischen Bereich angesiedelt.

8.3.10 Militante Subkulturen

In Westdeutschland entstanden schon in den siebziger Jahren erste rassistische Skinhead-Gangs, die Expansion dieser rechten Subkultur setzte allerdings erst zehn Jahre später auf breiterer Front ein. Schon vor dem Mauerfall lässt sich diese Subkultur schon in der DDR antreffen. Nach der deutschen Wiedervereinigung wurden gesamtdeutsche Strukturen der Skinhead-Szene geschaffen wie z.B. Blood & Honour Division Deutschland. Eine wichtige Rolle hat dabei die deutsche ‚White Power Musik' Szene gespielt (z.B. die Musikgruppen, Landser, Störkraft, Freikorps usw.).

In der zweiten Hälfte der neunziger Jahren hat sich die Szene restrukturiert und es kam zur Bildung freier kameradschaftlicher Netzwerke, unter Namen wie Freie Kameradschaften, Freier Widerstand, Freie Nationalisten usw. Das führte zwangsläufig zur Diskreditierung des Skinhead-Images. Ein neuer look, symbolisiert in der Modemarke Thor-Steinar, wurde propagiert. SPD-orientierte Gruppen nehmen hierauf Bezug mit ihrer ‚Storch-Heinar' Kampagne.

Ein Teil der Szene veränderte ihr Image und ihren Handlungsstil noch deutlicher. So sind seit 2002 die autonomen Nationalisten expandiert. Diese Subkultur hat sich die radikale antikapitalistische Rhetorik zu Nutze gemacht und hinsichtlich ihrer Struktur, ihres Outlooks und ihrer Symbolik nicht gescheut, sich von linksextremen Vorstellungen inspirieren zu lassen[975]. Die autonomen Nationalisten versuchen mit neuen Propaganda-Mitteln (z.B. Graffiti), stärker in ein breiteres jugendliches Spektrum hineinzuwirken als die frühere Skinhead-Szene, auch in die Hip-Hop-Richtung.

Neben rechtsextremistischen Skinheads und den autonomen Nationalisten spielen in Deutschland in diesem Spektrum rechtextremistische Fußball-Hooligans, kleinere Zirkel der National Socialist Black Metalisten und rechtextremistische Pagan-Metalisten auf (die auch in der Allgermanischen Heidnischen Front engagiert sind), der Nazi-Industrial und Gothic (in Deutschland auch als Nazi-Grufties bezeichnet), Nazi-Punker und Nazi-Military-Fans ihre suggestiv-gewaltmäßige Wirkung aus.

8.3.11 Rechtsterrorismus

Stabile rechtsterroristische Strukturen (etwa als Braune Armee Fraktion) entstanden in Deutschland nach der Wiedervereinigung nicht. Das ändert nichts daran, dass terroristische Propaganda im neonazistischen Lager verbreitet ist (einschließlich Combat 18 bzw. terroris-

---

[975] Vgl. Jan Schedler: Autonome Nationalisten. Aus Politik und Zeitgeschichte, 47 (1), S. 20–26.

tischer Akte im Rahmen der Anti-Antifa-Strategie). Rechtsterroristische Gruppierungen besitzen den Charakter von sog. Projektnetzwerken, d.h., sie organisieren sich temporär in Richtung auf eine bestimmte konkrete Aktion und unter den Bedingungen eines zuvor noch amorphen Schwarms heraus. Sie sind in sich fluide und lösen sich nach Beendigung der ‚Maßnahme' wieder auf und atomisieren sich. Roger Griffin hat auf diese Teile der Bewegung, die wie Einzeller agieren, Bezug genommen. Als ein typisches, auf unrühmliche Weise weit bekanntes Beispiel lassen sich die Ausschreitungen um die Zentrale Aufnahmestelle für Asylbewerber in Rostock-Lichtenhagen Ende August 1992 anführen. Zuerst kündigten ca. 400 Randalierer Krawallmaßnahmen gegen 115 vietnamesische Asylbewerber an. Während die Polizei ihre Einheiten zum Eingreifen formierte, trafen ca. 30 Neonazis ein. Die Fernsehbilder mobilisierten weitere neonazistische gewaltbereite Aktivisten aus dem gesamten Bundesgebiet. Diese Zusammenrottung löste sich nach den Gegenmaßnahmen der Polizeikräfte wieder in dem Maße wieder auf, wie sie entstanden war.

Das Modell des Freien Widerstandes ermöglicht eine ganze Palette politischer Aktionen von der Beteiligung an Wahlen bis zu Terrorismus und Rassenkrieg. Bisher kam es aber nur zu einzelnen Versuchen terroristischer Tätigkeit, wie das Attentat von Kai Diesner an einem linken Buchhändler und gegen einen Polizisten im Jahre 1997, wie der entdeckte Plan der *Kameradschaft Süd*, ein Bombenattentat gegen jüdische Einrichtungen in München zu verüben (im Jahre 2003) oder wie ein Fund von Sprengstoff und Waffen bei einem Neonazi aus Weil am Rhein (2009).[976]

8.3.12 Ausländerrechtsextremismus in Deutschland

Deutschland ist ein beliebtes Ziel des internationalen Rechtsextremismus. Neben kurzfristigen Besuchen wirken verschiedene rechtsextremistische Organisationen von Ausländern sozusagen in Diasporamilieus, da sie nicht regelmäßige Kontakte zur deutschen Szene pflegen. In den sechziger und siebziger Jahren waren das meistens die italienischen Neofaschisten, gegenwärtig handelt sich vorwiegend um türkische Rechtsextremisten („Graue Wölfe"), um russische Ultranationalisten (Zellen von Pamyat in Deutschland) oder um ähnliche Strömungen aus anderen osteuropäischen Staaten.

---

976 Bundesamt für Verfassungsschutz: Verfassungsschutzbericht 2009. Berlin 2010. S. 63.

9 Ethnischer und separatistischer Extremismus

Ethnischer und separatistischer Extremismus ist schwierig zu konzeptualisieren. Unabhängig von diesen wissenschaftlichen Problemen ist die Nutzung der Gewalt im Namen ethnisch-separatistischer Ansprüche sowie eine Verflechtung von Interessen mit extremistischen Ideologien eine Realität, die in vielen Regionen grundsätzliche Konsequenzen für die politischen Systeme und für Sicherheitssituationen aufweist. Insbesondere in Spanien, Frankreich und dem Vereinten Königreich leidet die Bevölkerung unter der Gewalt, die vom ethnisch-separatistischen Extremismus ausgeht. Der ethnisch-separatistische Extremismus hat eine tödliche Schlagkraft entwickelt, die politisch dringend verstärkt angegangen werden muss. Zur Bekämpfung ist ganz Europa gefragt. Die frühere Umgangsweise mit ethnisch-separatistischen Gewaltgruppen, sie in ihren Ruheräumen in Land X in Ruhe zu lassen, wird immer mehr durch eine aktive Sicherheitspolitik ersetzt. Die zarte Zusammenarbeit der einzelnen Sicherheitsinstitutionen in europäischen Ländern muss dringend weiter vertieft werden, um die Bevölkerung zu schützen. Das European Expert Network on Terrorism Issues ist hier nur eines der wünschenswerten Beispiele einer gemeinsamen Arbeit der Sicherheitsinstitutionen. Die Tätigkeit der ethno-separatistisch orientierten Gruppierungen in der Diaspora globalisiert z.T. regionale Konflikte. So führte Europol in der jährlich erscheinenden Publikation TE-SAT – EU-Terrorism Situation and Trend Report für das Jahr 2010 insgesamt 160 fehlgeschlagene, vereitelte und durchgeführte Attacken ethno-nationalistischer Machart auf. Im Jahr zuvor waren es 237 Attacken. Für den Islamismus waren es für 2010 im Gegensatz dazu nur 3 Attacken.[977] Es scheint wundersam, warum der Islamismus so stark diskutiert wird, während der ethnisch-separatistische Extremismus die meisten Gewaltakte in Europa ausführt und über die Jahre eine Opferzahl produziert hat, die in die Tausende geht. Als Warnung für Europa gelten die Visionen des Auseinanderbrechens des multikulturellen Zusammenlebens, also die separaten Entwicklungen der Parallelgesellschaften von einzelnen Streugemeinschaften sowie traditionellen Bevölkerungen, die in die Zukunft zu neuen Massengewaltkonflikten führen können[978]. Hier ist zum Beispiel Katalonien angesprochen, aber auch das Baskenland und Galizien, dazu gehören aber auch ethnisch-separatistische Erscheinungen in Belgien, die dazu geführt haben, dass Belgien seit längster Zeit Regierungslos geblieben ist. Die traditionellen ethnisch-separatistischen Konflikte haben ein gefährliches Potential in

---

977 https://www.europol.europa.eu/sites/default/files/publications/te-sat2011.pdf

978 Miroslav Mareš: Stav a perspektivy ultralevicového a ultrapravicového terorismu v Evropské unii a v České republice. In: Emil Souleimanov (Hrsg.): Terorismus. Pokus o porozumění. Prag 2010, S. 289–319, hier S. 316–317.

Europa, wie die Verhältnisse in Korsika, Nordirland, im Baskenland, Galizien, Belgien oder der Irredentismus in Ostmitteleuropa und im Balkanraum verdeutlichen. Auch in anderen Regionen der Welt ist dieses Konfliktpotential hoch einzuschätzen[979].

9.1 Konzeptualisierung des ethnischen und separatistischen Extremismus

Der Begriff ‚ethnischer Extremismus' bezieht sich auf extremistische Ansprüche im Namen einer Ethnie oder Nation, die sich in einer vermeintlich marginalisierten Position gegenüber anderen Ethnien/Nationen verortet. Der Begriff ‚separatistischer Extremismus' bezieht sich im allgemeinen Sinne auf die Separierung einer Ethnie oder eines Bevölkerungsteils eines bestimmten Territoriums. Beide Begriffe, die diese Phänomene beschreiben, überlappen sich in der Praxis, so dass sich durchaus auch vom ethnisch-separatistischen Extremismus sprechen lässt. Am Anfang ihres politischen Daseins reklamieren ethnisch-extremistische Bewegungen keine klar definierten Gebietsansprüche[980]. Auch sind manche separatistischen Tendenzen ohne eindeutige Anbindung an ein ausgebildetes ethnisches oder nationales Bewusstsein, es sei denn, es ist von betont regionalistischem Zuschnitt[981]. Raphael Zariski nennt drei Merkmale des ethnischen Extremismus, in dem der Separatismus lediglich *ein* Kriterium ist.

1. Bereitschaft zur politischen Gewalt oder deren Anwendung;
2. kulturelle und politische Exklusivität;
3. Separatismus[982].

Das Kriterium der Gewalt ist problematisch, weil manche extremistischen Bewegungen auch keine Gewalt bzw. deren Androhung nutzen. Das wichtigste Kriterium für den ethnischen Extremismus erscheint die exklusive Durchsetzung der Interessen im Namen der eigenen Ethnie oder Nation, die aber zwangsläufig zur deutlichen Diskriminierung anderer Ethnien und Nationen führt. Die Merkmale des separatistischen Extremismus definiert Stefan Braun[983] wie folgt.

---

979 z.B. mexikanischer Irredentismus in Texas. Siehe: George Friedman: The Next 100 Years – A Forecast for the 21st Century. New York 2009. S. 84–85.

980 Miroslav Mareš: Ethnic Extremism in the Czech Republic. In: Cabada, Ladislav (Hrsg.): Contemporary Questions of Central European Politics. Pilsen 2002. S. 172–175.

981 Pavel Barša – Maxmilián Strmiska, Národní stát a etnický konflikt. Brünn 1999. S. 243–249.

982 Raphael Zariski: Ethnic Extremism among Ethnoterritorial Minorities in Western Europe – Dimensions, Causes, and Institutional Responses. Comparative Politics, 21 (3), 1989. S. 253–272.

983 Stefan Braun: Religiöser und separatistischer Extremismus. http://www.bmlv.gv.at/pdf_pool/publikationen/06_bips.pdf

Ideologische Überhöhung	„Durch den Bezug auf Mythen, historische Entwicklungen, vor allem ehemals vorhandene Machtstrukturen wird eine Ethnie konstruiert oder künstlich überhöht. Zugleich werden deren ungesicherte Existenz, mangelnde Entwicklungsperspektive oder Lebensfähigkeit auf die Unterdrückung durch ein imperialistisch agierendes System zurückgeführt. Reale politische und gesellschaftliche Gegebenheiten werden demgegenüber ausgeblendet oder als bloße Propaganda der Repressionsmacht gebrandmarkt. Aus der eigenen Ethnie stammende moderate Kräfte und Personen anderer Meinungen werden der Kollaboration bezichtigt, da sie sich nicht genügend mit den Zielvorstellungen identifizieren (etwa ‚Spenden' Verweigerungen der im Ausland lebenden Volksangehörigen)".
Handlungs-Monopol	„Der separatistische Extremismus erhebt den exklusiven Anspruch, der Ethnie gegenüber einer feindlich empfundenen Umwelt zu ihrem nationalen Stellenwert zu verhelfen und insofern sämtliche zur Verfügung stehenden Mittel einsetzen zu dürfen, da der Ist-Zustand als Krieg erfahren wird. Der Kriegszustand erlaubt zudem die Aussetzung von Rechten, die nachhaltige Sanktionierung selbstschädigenden Verhaltens und das Verständnis der als Besatzung empfundenen Ethnie als Kriegsgegner. Letztlich ergibt sich daraus der Anspruch, sämtliche gesellschaftlichen Bereiche zu kontrollieren und Einfluss auf das Privatleben auszuüben".
Freund-Feind-Szenarien	„Die spezifische ideologisierte Sichtweise des Konfliktes sowie der Anspruch auf ein Handlungsmonopol führen zu immanenten Krisen, die etwa durch Freund-Feind-Szenarien, Verschwörungstheorien, eigene Mythenbildung oder Gewaltexzesse aufzulösen versucht werden. Dieses dichotome Denken begründet für den separatistischen Extremismus zudem das Recht, international zu agieren: Hierzu zählt etwa das vermeintliche Recht, Staaten, natürliche oder juristische Personen zu attackieren, die Beziehungen zu dem angeblichen Repressionsstaat oder dessen Vertretern unterhalten".
Hoher Emotionalisierungs-Faktor	„Die spezifische Bedrohung, die sich aus einer intensiven Bezugnahme auf die Geschichte oder deren Mystifizierung in Verbindung mit der agitatorischen Beschreibung des Ist-Zustandes ergibt, liegt in der Emotionalität einerseits und im vermeintlichen Realitätsbezug der Argumentationsmuster andererseits. Die Begründungen sind der Bevölkerung insgesamt zugänglich; ihnen kann sie ohne großen Widerstand folgen, wodurch diese über eine hohe Wirkkraft verfügen".
Herrschaftsmonopol	„Es besteht die Gefahr, dass separatistische Extremisten im Falle einer Machtübernahme oder der Errichtung eines eigenen Staatswesens mit autoritären oder totalitären Ansprüchen insofern auftreten, als sie den Erfolg des Separationsprozesses allein sich zuschreiben, die Menschen, die der ehemaligen Besatzungsethnie angehören, ausgrenzen oder unterdrücken und die vermeintlichen – einmal durch das ehedem eingeführte Sonderrecht erworbenen – Machtbefugnisse nicht mehr zu teilen bereit sind".

Abb. 9.1 *Religiöser und separatistischer Extremismus. Braun.*

Wichtige Entitäten des ethnisch-separatistischen Extremismus sind Irredentismus, Sezessionismus, Segregation und Separatismus. Separatistische Extremisten können verschiedene Gebietsansprüche erheben[984]. Ihre konkreten Formen lassen sich wie folgt beschreiben:

[984] Oldřich Krulík: Terorismus a organizovaný zločin ve střední a východní Evropě. Brünn 2002.

1. Sezession des Teilgebiets eines existierenden Staates und auf dessen Territorium Bildung eines neuen Staates (‚Sezessionismus'). Ein Beispiel stellt der extremistische Teil der Texas-Sezessionsbewegung dar[985].
2. Separierung ganzer Gebiete oder Teilgebiete aus mehreren existierenden Staaten und auf deren Territorien Bildung eines neuen ethnisch homogenen einheitlichen Staates (Separatismus im engeren Sinne, z.B. die kurdischen Extremisten in der Forderung nach einem kurdischen Staat)[986].
3. Segregation eines Teilgebietes eines existierenden Staates oder Teilgebieten von mehreren existierenden Staaten und Angliederung dieser Gebiete oder Angliederung existierender Staaten[987] insgesamt an einen existierenden Staat (*Irredentismus*, z.B. der ungarische extremistische Irredentismus[988]).

Oftmals existieren gemeinsame irredentistische Tendenzen (staatlich-gelenkte oder nichtstaatliche) aus dem Kernstaat und den beanspruchten Gebieten in Nachbarstaaten. Zumeist handelt es sich um nationale/ethnische Minderheiten derselben Nationalität, die im Kernstaat das dominante Staatsvolk bildet[989]. Manche Autoren nutzen den Begriff Irredentismus nur im Sinne von Gebietsansprüchen der souveränen Staaten oder nur im Sinne der Verschmelzung von jeweils homogenen Ethnien in einem jeweils übergreifenden Nationalstaat[990], doch sind diese Ansichten zu eng, um der Extremismus-Forschung zu genügen.

Im Rahmen der Forschung zu Separatismus/Irredentismus sind auch Bewegungen ins Blickfeld des Interesses geraten, deren Aktivitäten gegen eine Veränderung des gegenwärtigen status quo des Territoriums gerichtet sind, wie z.B. die nordirländischen Loyalisten, also jene protestantischen Gruppierungen, die die Union mit Großbritannien betreiben[991]. In solchen Fällen lässt sich von regionalen oder ethnischen Anti-Irredentisten sprechen. Auch auf dem Gebiet eines existierenden Staates, der mit einem anderen Staat fusionieren will, kann eine Gegen-Bewegung entstehen, wie z.B. die terroristische Weißrussische Befreiungsarmee, die 1997 gegen die damals vorgesehene Vereinigung Weißrusslands mit Russland mit Bombenangriffen vorgegangen war[992]. Eine spezifische Form des Separatismus ist mit Ansprüchen auf ein fremdes Gebiet verbunden, auf dem die Separatisten ein autonomes Staatswesen aufbauen wollen, wie z.B. die Pläne der kanadischen Rechtsextremisten für einen Staats-

---

985 Institute for Intergovernmental Research, Bureau of Justice Assistance, U.S. Department of Justice: Investigating Terrorism and Violent Extremism. Washington 2005–2009. S. 56. http://info.publicintelligence.net/DoJTerrorismCriminalExtremismTerms.pdf

986 Miroslav Mareš: Terorismus v ČR. Brünn 2005. S. 224–225.

987 z.B. rumänische irredentistische Ansprüche auf ganz Moldawien. Miroslav Mareš: Iredentismus – Tradiční a nová dimenze hrozby pro Českou republiku. Obrana a strategie. 10 (2), 2010. S. 102.

988 Miroslav Mareš: Iredentismus – Tradiční a nová dimenze hrozby pro Českou republiku. Obrana a strategie. 10 (2), 2010. S. 102.

989 z.B. Ableger ungarischer rechtsextremistischer Organisationen (z.B. die Ungarische Garde), die in der ungarischen Minderheit in der Slowakei wirken. Mareš 2010. S. 111.

990 Vgl. Markus Kornprobst: Irredentism in European Politics – Argumentation, Compromise and Norms. Cambridge 2008. S. 8–9.

991 Mareš 2010. S. 102–103.

992 Konstantin Zharinov: Terrorizm i terroristy – Spravotschnik. Minsk 1999. S. 129.

streich in Dominika im Jahre 1981, um eine utopistisch-rassistische Gesellschaftsordnung zu errichten[993].

Alle bisher genannten Formen von Gebietsansprüchen lassen sich auch für innerstaatliche Forderungen nach größerer Unabhängigkeit untergeordneter administrativer Einheiten von der politischen Zentrale identifizieren. Hier ist der Ausdruck ‚Autonomismus' eher angebracht, wie z.B. ein Teil der autonomistisch-separatistischen Jura-Bewegung in der Schweiz[994].

Alle Gebietsansprüche können sich auf in sich homogene bzw. konsistente Gebilde innerhalb eines Einheitsstaates beziehen, was typisch z.B. für traditionelle westeuropäische Separatisten im Baskenland oder auf Korsika ist[995]. Oder die Separatisten erstreben die Bildung einzelner in sich abgeschlossener ethnischer Enklaven in einzelnen Städten oder Regionen, wie z.B. ein Zweig der sog. *White Separatist Movement* in den USA, wobei in diesem Falle die Forderungen nach Separierung implizit mit der Diskriminierung der nicht-weissen Ethnien verbunden ist[996].

Es ist wichtig zu betonen, dass der Separatismus, der Sezessionismus, der Irredentismus oder der Autonomismus nicht a priori bzw. wesensnotwendig extremistischer Natur sind. Im Namen des Selbstbestimmungsrechts können diese Ansprüche auch von demokratischen Kräften erhoben und erkämpft werden, wie z.B. die nationalistischen Bewegungen der ethnischen Minoritäten in den europäischen Imperien bis zum Ende des 1. Weltkrieges (paradigmatisch die Habsburger Doppelmonarchie), zahlreiche antikolonialistische Befreiungsbewegungen nach dem 2. Weltkrieg oder die nationalen Bewegungen in den Sowjetrepubliken im agonalen Stadium der UdSSR Ende der achtziger Jahre.

Uwe Backes hat zwar postuliert: „Eine in der freiheitlichen Demokratie auf Dauer operierende separatistische Organisation wird nach aller Wahrscheinlichkeit zugleich extremistisch sein"[997] Doch der lange Zeit vorwiegend demokratische Charakter des schottischen Separatismus offenbart die Widersprüchlichkeit dieser These[998] und zeigt auf, dass eine Definition dieser Erscheinungen mittels verfassungspolitischem Ansatz schwierig bleibt. Auch die Anwendung von Gewalt ist nicht unbedingt antidemokratisch, insofern sie gegen eine nicht-demokratische Repressionspolitik gerichtet ist. Manche separatistischen terroristischen Organisationen können nach der Entstehung des geforderten eigenen Staates auch demokratische Systeme respektieren und innerhalb ihrer Institutionen als demokratische Komponente agie-

---

993 Stéphane Leman-Langlois, Jean-Paul Brodeur: Terrorism Old and New – Counterterrorism in Canada. In: Police Practice and Research, 6 (2), 2005. S. 126. http://www.crime-reg.com/textes/terrorismoldandnew.pdf

994 Maxmilián Strmiska: Jurský ‚separatismus', identitární mobilizace a regionální stranicko-politický systém. In: Středoevropské politické studie, 4 (1), 2002. http://www.cepsr.com/clanek.php?ID=55

995 Zariski 1989.

996 Betty A. Dobratz, Stephanie L. Shanks-Meile: The White Separatist Movement in the United States. Baltimore/ London 2000. S. 105.

997 Uwe Backes: Politischer Extremismus in demokratischen Verfassungsstaaten. Opladen 1989. S. 218.

998 Miroslav Mareš: Etnický extremismus a pravicový extremismus. In: Vladimíra Dvořáková, Andrea Heroutová: II. Kongres českých politologů. Prag/Suchdol 5.–6.9.2003. Prag 2003. S. 332.

ren[999]. Das Streben nach Entstehung von Ethnokratien sowie deren Existenz (mit der dominierenden Position der eigenen Ethnie und der potentiellen/latenten Diskriminierung von minoritären Gemeinschaften) kann als extremistisch aufgefasst werden, was für Bewegungen und Regimes auf dem Balkan in den 1990er Jahren zutrifft[1000].

Jura-Bewegung

Seit 1815 gehörte der heutige Kanton Jura dem Kanton Bern an. Im Jura war das französische Element dominierender, und mehrere Referenden, denen z. T. gewalttätige Auseinandersetzungen vorangegangen waren, sorgten für eine Ausgliederung des Jura aus Bern. Insbesondere das Rassemblement jurassien war mit die treibende Kraft der Sezession.

White Separatist Movement

Auch diese rassistische Bewegung, die von der Suprematie der „weissen" Rasse in den USA ausgeht und glaubt, aufgrund demographischer Entwicklungen würde die weisse Rasse zu einer Minorität verkümmern, ist gegenwärtig (2011) durch Festnahmen und Verurteilungen zahlreicher Anführer in die Defensive geraten. Wie andere terroristische Bewegungen auch, operiert sie nach dem Muster der „leaderless resistance", d. h., ihre Mitglieder organisieren sich in kleinen Zellen, ohne hierarchisch-autoritäre Strukturen.

9.2 Merkmale des ethnischen und separatistischen Extremismus

9.2.1 Ideologische Merkmale des ethnischen und seperatistischen Extremismus

Die grundsätzliche ideologische Begründung des ethnischen und separatistischen Extremismus wurzelt in einem ethnischen Nationalismus, für den sich auch der Begriff ‚Ethnonationalismus'[1001] zusehends eingebürgert hat bzw. in einer intoleranten Wahrnehmung und Durchsetzung der eigenen territorialen Identität. Nur selten kann man den Ethnonationalismus in einer Form finden, die keine weiteren politischen und religiösen Elemente beinhaltet, was meist nur für die Anfangsphasen der einzelnen ethnischen und separatistischen Bewegungen gilt. Üblich ist die Verbindung mit ideologischen und religiösen Items, gelegentlich finden sich auch andere Strömungen des politischen Extremismus, die sich mit ethnonationa-

---

[999] z.B. die Innere Makedonische Revolutionäre Organisation (IMRA), die früher terroristische Methoden genutzt hat. Nach der Entstehung des unabhängigen Mazedoniens wirkte sie (als Innere Makedonische Revolutionäre Organisation – Demokratische Partei für mazedonische nationale Einheit – IMRA-DPMNE) als ein nicht-gewalttätiger (doch nationalistischer) Bestandteil des mazedonischen Parteiensystems. Richard Stojar: Vnitřní makedonská revoluční organizace (VMRO). In: Emil Souleimanov (Hrsg.): Terorismus – Válka proti státu. Prag 2006. S. 225–245.

[1000] Věra Stojarová et al.: Security Perspectives of Western Balkan Countries. Brünn 2010. S. 38.

[1001] Berndt Georg Thamm: Terrorismus – Ein Handbuch über Täter und Opfer. Hilden 2002. S. 169.

listischen Tendenzen verbunden hat[1002]. Paradoxerweise definieren sich viele ethnonationalistische Bewegungen als ‚links'. Klaus von Beyme hat im Kontext der Parteienforschung in Westeuropa festgestellt, dass ein Linkstrend sich meistens dort zeigt, „wo die Linke eine traditionelle Oppositionsrolle gegen Zentralisationstendenzen der Metropole einnahm"[1003]. In den Ländern der Dritten Welt und des Nahen Ostens waren nach 1945 zahlreiche separatistische Bewegungen von linkextremistischen Ideologien beeinflusst, was auf die seinerzeitige Kooperation mit der Sowjetunion und anderen Ostblockstaaten und/oder westlichen linken Bewegungen zurückzuführen ist. Irredentistische Ziele in Europa fördern gegenwärtig rechtsextremistische Kräfte, was mit historischen Traditionen (Ungarn, Deutschland, Südtirol) zusammenhängt; spezifisch irredentistisch agieren die russischen Rechtextremisten im Namen der russischen Minderheiten in den ehemaligen Sowjetrepubliken[1004]. In vielen Fällen ist die ethnische und regionale Identität auch mit religiöser Identität konnotiert[1005], wie in Nordirland. Innerhalb ethnisch-separatistischen Bewegungen können demokratische wie extremistische Strömungen koexistieren. Extremisten unterschiedlicher Orientierung können in den Grenzen ihrer separatistischen Zielsetzungen miteinander in Konkurrenz stehen[1006].

9.2.2 Strategische Merkmale des ethnischen und separatistischen Extremismus

Ethnische und separatistische Extremisten nutzen legalistische und gewalttätige Strategien. Die extremistischen politische Parteien dienen oft als verlängerter politischer Arm von paramilitärischen Organisationen, z.B. die *Sinn Féin* für die Irish Republican Army/IRA oder Herri Batasuna/HB für die Euskadi Ta Askatasuna/ETA im Baskenland. Ethnische und separatistische Extremisten greifen vielfach auf terroristische Methoden zurück. Ethnische Gewalt kann auch zu bewaffneten Konflikten bzw. Kriegen führen[1007].

Sinn Féin

Im Jahre 1905 gegründet, ist Sinn Féin *die* irische Partei, die die Autonomie der Insel vom Vereinigten Königreich konsequent verfolgt hat, was sich auch in diversen Wahlerfolgen niederschlug. Im Jahre 1922 erreichte Irland nach mehrjährigen gewalttätigen Aufständen seine Unabhängigkeit, bis auf die vorwiegend protestantischen Grafschaften im Nordosten der Insel, das heutige Nordirland Ulster), das der britischen Krone weiterhin verbunden bleibt. Im Zeichen des nordirischen Bürgerkriegs wurde Sinn Féin als verlängerter politischer Arm der IRA betrachtet.

1002 Backes 1989. S. 217. Mareš 2003.
1003 Klaus von Beyme: Parteien in westlichen Demokratien. München 1982. S. 171.
1004 Miroslav Mareš: The Extreme Right in Eastern Europe and Territorial Issues. Central European Political Studies Review, 9 (2–3), 2009. S. 82–106. http://www.cepsr.com/dwnld/mares2009020301.pdf
1005 Ted Robert Gurr: Peoples versus States – Minorities at Risk in the New Century. Washington 2000. S. 18.
1006 z.B. kann man innerhalb der kleinen mährischen separatistischen Bewegung pro-germanische, Neo-Nazisten, pan-slawistische Nationalisten und sogar kommunistische Linksextremisten finden. Mareš 2005. S. 214.
1007 Donald L. Horowitz: Ethnic Groups in Conflict. Berkeley /Los Angeles/London 1985.

Generell kann man sagen, dass die wichtigsten ethno-separatistischen Bewegungen eine in sich stabile hierarchische Organisationsstruktur aufweisen[1008]. Mit Propaganda und Gewalt versuchen diese Gruppierungen, die eigene Bevölkerung zu mobilisieren (einschließlich Diasporagemeinden) sowie den Regierungsapparat und andere ethnische oder nationale Gruppierungen in ihrem Sinne zu beeinflussen[1009] und potentielle Unterstützung auch im Ausland oder im Rahmen internationaler Organisationen[1010] zu finden. Nach der Unabhängigkeit beenden solche Extremisten ihre Tätigkeit normalerweise[1011] oder nehmen innerhalb des gegebenen politischen Systems andere Funktionen wahr. Am Beispiel der Anerkennung irredentistischer Ansprüche lassen sich die Interessen der irredentistischen Kräfte im internationalen Rahmen aufzeigen (nach Thomas Ambrosio[1012]):

Höchste Ebene	Gültige Annexion (de jure akzeptiert).
	Effektive Annexion (de facto akzeptiert).
	Fragwürdige Annexion (als illegitime betrachtet, mit gewissen außenpolitischen Kosten).
	Informelle Akzeptanz der Grenzen (mit dauernder Einbeziehung).
	Formale Akzeptanz der Grenzen (ohne Einbeziehung).
Niedrigste Ebene	Volle Ablehnung der territorialen Ansprüche (Staat akzeptiert Diaspora).

Abb. 9.2 *Anerkennungsebenen. Ambrosio.*

Gemeinsame Koalitionen können zwischen den verschiedenen ethno-separatistischen Organisationen entstehen, wie die langjährige Zusammenarbeit zwischen ETA und IRA dies zeigt[1013]. In manchen Fällen können andere Faktoren – wie z.B. *pan-nationalistische* Ideen –

[1008] Wie z.B. ETA. Siehe: Peter Waldmann: Terrorismus – Provokation der Macht. München 1998. S. 64–65.

[1009] Eine spezifische Rolle spielt die rassistische und vigilantische Gewalt gegen Immigranten, z.B. baskische Gewalt gegen Immigranten aus Kastilien. Siehe: Zariski 1989, S. 254. Oder loyalistische Gewalt gegen Roma-Immigranten aus Osteuropa in Nordirland in den letzten Jahren. Siehe: Robbie McVeigh: First They Came for the ‚Gypsies'. In: The Bulletin, Runnymede's Quarterly, 359, 2009. S. 10–12.

[1010] Die ethno-separatistischen Bewegungen in Europa nutzen manchmal als Kommunikationskanal Kommuniqués zur Europäischen Union, weil sie diese Organisation als mögliche Verbündete gegen Nationalstaaten sehen. Siehe: Dana Prudíková: Násilné prosazování zájmů v EU – Analýza evropeizace ozbrojené opozice (Dissertationsarbeit). Brünn 2011. S. 104.

[1011] Wie z.B. die Hauptstrukturen der Armenischen Geheimarmee zur Befreiung Armeniens – ASALA. Kai Hirschmann, Rolf Tophoven: Das Terrorismus-Lexikon – Täter, Opfer, Hintergründe. Frankfurt a.M. 2006. S. 66f.

[1012] Thomas Ambrosio: Irredentism – Ethnic Conflict and International Politics. Westport 2001. S. 23.

[1013] Transnational Terrorism, Security and Rule of Law, Euroterrorism, 2008, S. 24–25. http://www.transnationalterrorism.eu/tekst/publications/Euroterrorism.pdf.

zu einer feindlichen Haltung zwischen einzelnen separatistischen Bewegungen führen[1014]. Eine pan-nationale Zusammenarbeit kann allerdings zur Einflusserhöhung kleiner separatistischer Bewegungen führen[1015]. Die ethnischen und separatistischen Extremisten kooperieren auch mit ideologischen Extremisten, wie z.B. die Arbeiterpartei Kurdistan (PKK) mit westeuropäischen Linksextremisten[1016] oder nordirländische Loyalisten mit amerikanischen und britischen Rechtsextremisten[1017].

Loyalisten

Es handelt sich hier um jene protestantischen, teilweise paramilitärischen Verbände, die loyal zur britischen Krone stehen und eine Abspaltung Ulsters (Nordirland) vom Vereinigten Königreich strikt ablehnen.

9.3 Gesamtübersicht

Gegenwärtig trifft man auf eine Vielzahl von Regionen, in denen ethnische oder separatistische Ansprüche eine extremistische Dimension besitzen, meist aufgrund der Brutalität der angewandten Gewaltmittel und/oder aufgrund der Verflechtung mit Versatzstücken ideologischen/religiöser Extremismen. Aus dem weiteren separatistischen Spektrum in Afrika, Lateinamerika, Asien und Ozeanien kann man als wichtige extremistische Gruppierungen besonders die Arbeiterpartei Kurdistans (PKK) und ihre Tarnorganisationen sowie einige andere kurdische Gruppierungen, wie die Vereinigte Befreiungsfront von Assam (ULFA) erwähnen[1018]. Diese Gruppen nutzen auch die eigene Diaspora in Europa.

Freiheitsfalken Kurdistans (TAK)

Eine kurdische terroristische Gruppe, die konspirativ vorgeht und über die sehr wenig an Informationen vorhanden ist. Sie operiert meist aus kleinen Einheiten heraus. Die türkische Regierung betrachtet sie als verlängerten Arm der PKK.

1014 Die mährischen Separatisten z.B. haben die Unabhängigkeit des Kosovos abgelehnt, wegen ihrer guten Beziehungen zwischen slawischen Mährern und Serben. Moravak, Moravský názor na Kosovo, 2008, http://moravak.bloguje.cz/647169-moravsky-nazor-na-kosovo.php

1015 Mährische Separatisten versuchen z.B., internationale panslawistische Strukturen zu nutzen. Siehe: Miroslav Mareš: Panslawismus im ideologischen Hintergrund der radikalen und extremistischen Strömungen in der Tschechischen Republik. In: Uwe Backes, Eckhard Jesse: Gefährdungen der Freiheit – Extremistische Ideologien im Vergleich. Göttingen 2006. S. 367ff.

1016 Mareš 2005. S. 224.

1017 Reiner Fromm, Barbara Kernbach: Europas braune Saat – Die internationale Verflechtung der rechtsradikalen Szene. Bonn 1994. S. 174f.

1018 Miroslav Mareš: Terorismus. In: Josef Smolík, Tomáš Šmíd (Hrsg.): Vybrané bezpečnostní hrozby a rizika 21. století. Brünn 2010. S.131.

In Nordamerika sind neosezessionistische Organisationen als Teil rechtsextremistischer Gruppierungen verankert, die gegen eine angebliche Überkonzentrierung der Befugnisse in einem ‚liberalen Zentralstaat' in Washington vorgeht, einschließlich der Bewegung für die Erneuerung der südstaatlichen rassistischen Konföderation[1019]. Schon erwähnt wurden die weißen rechtsextremistischen Separatisten; kleinere rassistische und separatistische Gruppierungen existieren aber auch unter Afroamerikanern, wie die Neue Black Panther Partei für Selbstverteidigung/NBPPSD)[1020], im amerikanischen Südwesten kann man auch mexikanische irredentistische Tendenzen beobachten[1021]. Mit dem Linksextremismus sind puertoricanische Separatisten assoziiert[1022]. Die früheren linken separatistischen Terrororganisationen im kanadischen Québec wie z.B. die Befreiungsfront Québec/FLQ haben ihre Aktivitäten eingestellt[1023]. In Kanada aber operieren weiterhin rassistische separatistische rechtsextremistische Gruppen[1024].

Die traditionellen ethnischen und separatistische Extremisten in Westeuropa werden durch Terrorgruppierungen repräsentiert wie die ETA im Baskenland, der Widerstand Galizien (RG), der Reale Irische Republikanische Armee (RIRA) in Ulster (Nordirland)[1025] oder die Nationale Korsische Befreiungsfront (FLNC)[1026]. Rechtsextremistisch imprägniert sind separatistische Bewegungen in Belgien oder in Südtirol[1027]. Als rechtsextremistisch wird die italienische Lega Nord eingeschätzt[1028], andere Autoren bezeichnen diese Partei als populistisch[1029].

In den osteuropäischen Ländern werden von Rechtsextremisten irredentistische Ansprüche in den ehemaligen Sowjetrepubliken (meist in den baltischen Staaten) thematisiert. Ähnliches gilt im Falle ungarischer rechtextremer Irredentisten, wie die Jugendbewegung der 64 Komitate/HVIM und die Ungarische Garde; serbische rechtsextreme Irredentisten wie die Garde des Heiligen Tsar Lazar im Kosovo oder auch im Falle der rumänischen Legionärsbewegung in Moldawien. Territoriale Ansprüche erheben darüber hinaus auch zahlreiche rechtextremistische Parteien in Ost- und Ostmitteleuropa[1030]. Auf dem Balkan spielen die albanischen militanten Gruppierungen eine erhebliche Rolle, die die Idee eines Großalbaniens forcieren[1031].

1019 Institute for Intergovernmental Research, Bureau of Justice Assistance U.S. Department of Justice 2005–2009. S. 55–56.

1020 Ebd. S. 56.

1021 Mark de Socio, Christian Allen: Irredentism in MexAmericana. In: Military Review 82 (5), 2002. S. 68–80.

1022 Karl A. Seger: Left-Wing Extremism – The Current Threat. Oak Ride 2001. S. 8. http://www.fas.org/irp/world/para/left.pdf

1023 Leman-Langlois, Brodeur 2005. S. 130–131.

1024 Miroslav Mareš: Terorismus v Kanadě – Od domácích skupin ke globálním sítím. The Science For Population Protection, 0 (1), 2008, S. 7. http://www.population-protection.eu/attachments/036_vol0_mares.pdf

1025 IRA-Gruppen beendeten ihre bewaffnete Tätigkeit im Rahmen des Friedensprozesses seit Ende der neunziger Jahre (im Jahre 1998 wurden das so genannte Karfreitags-Abkommen unterzeichnet). Dietl, Hirschmann, Tophoven 2006. S. 64.

1026 Europol: TE-SAT 2011 EU Terrorism Situation and Trend Report. Den Hague 2011. S. 21f. http://www.epractice.eu/files/TE-SAT2011.pdf

1027 Mareš 2003. S. 335.

1028 Siehe: Franziska Knogl: Die Lega Nord – Eine rechtsextreme Partei? München 2001.

1029 Stefan Köppl: Extremismus in Italien. In: Eckhard Jesse, Tom Thieme (Hrsg.): Extremismus in den EU-Staaten. Wiesbaden 2011. S. 205ff.

1030 Mareš 2009.

1031 Stojarova et al. 2010. S. 45f.

Befreiungsfront Québec (Front de libération du Québec/FLQ)

Diese linksextremistische Organisation war zwischen 1963 und 1970 in der französischsprachigen kanadischen Provinz Québec aktiv und suchte eine Abspaltung der Provinz von Kanada mit terroristischen Gewaltttaten herbeizuführen.

Widerstand Galizien (Resistencia Galega)

Eine sich 2005 formierende linksextremistische Gruppierung, die mit Terrroraktionen für eine Unabhängigkeit der nordwestlichen spanischen Region Galizien kämpft. Die Splittergruppe hat sich aus früheren separatistischen galizischen Organisationen herausgebildet. Auf ihr Konto gehen zahlreiche Terroraktionen auf Partei- und Bankengebäude in Galizien.

Nationale Korsische Befreiungsfront (Front de Libération Nationale de la Corse/FLNC)

Terrororganisation auf Korsika mit dem Ziel, die Autonomie der Insel von Frankreich mit gewalttätigen Aktionen voranzutreiben bzw. die Insel vom, wie sie es nennt, französischen Kolonialismus zu befreien. Die 1976 gebildete Organisation löste sich zwar 1983 wieder auf, doch auch interne Fehden konnte nicht verhindern, dass weiterhin französische Einrichtungen ziviler und militärischer Art von Nachfolgegruppierungen mit Terrorakten überzogen wurden.

Legionärsbewegung

Diese ist aus der rumänischen Eisernen Garde hervorgegangen, die in der Zwischenkriegszeit und besonders unter dem rumänischen Diktator Antonescu während des 2. Weltkrieges als nationalistisch-antisemitische paramilitärische Organisation der nationalsozialistischen Judenverfolgung zuarbeitete. Die Legionärsbewegung strebt die Vereinigung Moldawiens, der alten Bukowina, mit Rumänien an.

Die Befreiungsfront Québec, Resistencia Gallega, Front de Libération Nationale de la Corse und die Legionärsbewegung sind wichtige ethno-separatistische Organisationen, mit unterschiedlicher Herkunft.

9.4 Deutschland

Einen traditionellen ethnischen oder separatistischen Extremismus mit Gebietsansprüchen oder Abspaltungstendenzen hat es in markanter Form in der jüngeren Geschichte Deutschlands nicht gegeben. Von historischem Interesse ist der von der französischen Besatzungsmacht angestachelte pfälzische Separatismus in der Frühphase der Weimarer Republik, der 1923 in der Ausrufung einer autonomen Republik Pfalz durch die Freie-Pfalz-Bewegung gipfelte, was aber auf den massiven Widerstand der Bevölkerung, der staatlichen Behörden und der Androhung von Streiks stieß und rasch zusammenfiel. Ähnliche Versuche, sich vom Reich zu separieren wie in Oberschlesien, im Rheinland und in Ostpreußen, scheiterten. In der Bundesrepublik war die 1946 gegründete Bayernpartei (BP) separatistisch-konservativ bestimmt und in den 50er, teilweise noch in den 60er Jahren ein nicht zu unterschätzender

Konkurrent für die CSU, war aber demokratisch orientiert. Manche separatistischen Kuriositäten hat das Licht der Welt erblickt, in der eher der Spaßfaktor[1032] oder folkloristische Nostalgien im Schwange waren als ernsthafte Abspaltungswünsche, wie die fiktive Volksfront zur Befreiung des Saarlandes (VBS) oder die Forderung nach Bildung von Fußball-Nationalmannschaften für das Saarland und Helgoland[1033]. Immer wieder tauchen auch Forderungen nach einem autonomen Frankenland auf, eine Art ‚Weg-von-München-Bewegung'. Die Berliner Anti-Schwaben-Bewegung, die den Anspruch auf ‚Freiheit von Schwaben' propagierte, fällt genauso darunter. Nur von kurzer Dauer waren irredentistische Bestrebungen der *dänischen Minderheit in Schleswig* an das dänische Mutterland, das teilweise durch antinationalsozialistische Stimmungen motiviert war. Heute verstehen sich die politischen Repräsentanten der Dänen in Schleswig-Holstein, die im Südschleswigschen Wählerverband (SSW) ihren (eher sozialliberalen) parteilichen Ausdruck gefunden hat, als demokratischen Bestandteil der BRD[1034], separatistische Regungen spielen hier keine Rolle mehr.

Die Repräsentativorgane der sorbischen Minderheit sind nicht-separatistisch orientiert, das gilt auch für die kulturelle Dachorganisation Domowina sowie für die Serbska Ludowa Strona (SLS, d. i. die Wendische Volkspartei hervorgegangen aus der 1919 gegründeten Lausitzer Volkspartei). Die Landesarbeitsgemeinschaft sorbischer Mitglieder arbeitet seit 2007 in der Partei DIE LINKE[1035], aber diese AG weist keinen separatistisch oder ethnonationalen extremistischen Hintergrund auf. Als ‚Wächter' der sorbischen Minderheitsrechte verstehen sich manche tschechischen nationalistischen Rechtextremisten oder panslawistische Linksextremisten[1036]. Die ganz marginale tschechische national-bolschewistische Gruppe Černobílí (Die Schwarzweissen) hat gar die mögliche Annexion der Lausitz im Blick auf eine Restituierung der Tschechoslowakei in ihrem Programm verankert[1037]. Doch finden solche Visionen unter den Sorben kein Echo.

Demgegenüber fördern deutsche Rechtsextremisten irredentistische Ansprüche auf die ehemaligen deutschen Ostgebiete, was kein Thema offizieller deutscher Regierungspolitik darstellt. Auf diesem Feld arbeiten Rechtsextremisten mit einem Teil der Vertriebenenverbände zusammen. Doch unter den deutschen Minderheiten in den ostmitteleuropäischen Staaten stoßen derartige Vorstellungen auf sehr wenig Resonanz und finden dort kaum Sympathisanten.[1038] Nicht erfolgreich bleiben auch Versuche auf institutioneller Etablierung rechtsextre-

---

1032 Vgl. Claude Michael Jung: Satire – Neues von Europas Separatismus. Saarland/Helgoland planen Fußballnationalmannschaften. In: Scharf-Links 2007. http://www.scharf-links.de/54.0.html?&tx_ttnews[swords]=separatismus&tx_ttnews[tt_news]=271&tx_ttnews[cat]=36&cHash=6dd1679743

1033 z.B. satirische Beschreibung der Aktionen der fiktiven Volksfront zur Befreiung des Saarlandes (VBS). Gisbert Spränzer: Unabhängigkeitserklärung des Kosovo beflügelt Separatisten in Saarland. Saarländische Online-Zeitung, 2010, http://www.s-o-z.de/?p=26850

1034 Anke Spoorendonk, Lars Harms: 50 Jahre SSW. http://ssw.de/www/de/ueberuns/geschichte/ausfuehrlichegeschichteseit1945.php

1035 DIE LINKE. Landesverband Sachsen, 66/2007 Sorbischer Beitrag für linke Politik in Sachsen, http://portal.dielinke-in-sachsen.de/presse.asp?dtlpresse=T&lid=24&iid=24&mid=0&uid=0&jahr=2007&apxmnuakt=1

1036 Mareš 2010. S. 110.

1037 Černobílí: Černobílý manifest 2010, http://www.narodni-bolsevik.org/Knihovna/NBSCS/PROGRAM.pdf

1038 Als Fiasko kann man die Versuche zur Mobilisierung der deutschen Minderheit in Tschechien durch die Deutsche Volksunion (DVU) in den neunziger Jahren bewerten. Miroslav Mareš: Pravicový extremismus a radikalismus v ČR. Brünn 2003. S. 183. Die kleine Demokratische Partei Sudetenland (Demokratická strana Sudety mer Vertriebenengruppen in den ehemaligen Ostblockstaaten, wie die Aktivitäten der rechtextremistischen Danzig-Gruppen im Exil sowie die Versuche deutscher Rechtsextremisten hinsichtlich der Repatriierung der Russlanddeutschen nach Ostpreußen in den neunziger Jahren[1039].

Auf deutschem Gebiet wirken ausländische separatistische Extremisten, die ohne Bezug zu den deutschen Verhältnissen agitieren. In den sechziger, siebziger und achtziger Jahren wurden auf deutschem Boden kroatische rechtsextremistische Separatisten aktiv, die gegen gesamt-jugoslawische Ziele vorgingen[1040]. Konflikte der Nationen aus dem ehemaligen Jugoslawien wurden in den neunziger Jahren nach Deutschland transportiert[1041] und gewalttätig und mit militanten Massendemonstrationen ausgetragen[1042]. Auf deutschem Gebiet operierten auch die nordirländischen republikanischen Terroristen, gegen britische Personen und Objekte (z.B. der IRA-Angriff auf britische Kasernen in Osnabrück im Jahre 1996)[1043].

Deutschland diente als Operationsraum für den palästinensischen linksnationalistischen Terrorismus. Von trauriger Berühmtheit ist das Attentat des Kommandos Schwarzer September auf israelische Sportler während der Olympiade in München 1972[1044]. Mit diesen Organisationen im Nahen Osten haben deutsche Linksextremisten wie die RAF[1045], Rechtsextremisten wie die Hepp-Kexel Gruppe[1046] oder die ostdeutsche Stasi in den siebziger und achtziger Jahren zusammengearbeitet[1047]. Bis heute sind in Deutschland Sympathisanten kleinerer

---

– DSP) hat nur kurz (1992–1993) als nicht registrierte Organisation existiert. Klar rechtsextremistischen Charakter hatte in den neunziger Jahren die Skinhead-Organisation Sudetendeutsche Heimatfront (SHF), die nach der gleichnamigen Vorkriegsorganisation genannt wurde. Sie haben nur wenige Mitglieder. Im Jahr 2002 wurden die Flugblätter der angeblichen Gruppe unter dem Namen Heimatfront – Sudetenland, Böhmen und Mähren verbreitet, deren Motto ‚Sudeten bleibt Deutsch' war. Diese Aktion wurde meistens von ethnischen tschechischen Neonazisten durchgeführt, doch wahrscheinlich mit Unterstützung der rechtsextremistischen Vertriebenen aus Deutschland. Mareš 2010. S. 108–110.

1039 Deutscher Bundestag. Drucksache 14/5635: Antwort der Bundesregierung, auf die Kleine Anfrage der Abgeordneten Ulla Jelpke und der Fraktion der PDS – Drucksache 14/5420 – Rechtsextremistische Aktivitäten in Gebieten mit deutschen Minderheiten in Europa – Verbindungen deutscher Rechtsextremisten zu ausländischen Organisationen. http://dipbt.bundestag.de/dip21/btd/14/056/1405635.pdf

1040 Artur Hertwig: Sicherheitsgefährdende und extremistische Bestrebungen von Ausländern in der Bundesrepublik Deutschland – Ausgewählte Teilaspekte und Volksgruppen. In: Uwe Backes, Eckhard Jesse (Hrsg.): Jahrbuch Extremismus & Demokratie. 8. Jahrgang 1996. Baden Baden 1996. S. 181–193.

1041 So haben deutsche Freiwillige (zum Teil Rechtsxtremisten) in kroatischen und kosovoalbanischen paramilitärischen Gruppierungen gekämpft oder haben hier als Instruktoren gedient. Vgl. Deutscher Bundestag, Drucksache 14/6413, Antwort der Bundesregierung auf die Kleine Anfrage der Abgeordneten Carsten Hübner, Ulla Jelpke, Heidi Lippmann, Roland Claus und der Fraktion der PDS Deutsche Söldner in bewaffneten Konflikten, 2001. http://dipbt.bundestag.de/doc/btd/14/064/1406413.pdf Antwort der Global Investment Center, European Union Counter Terrorism Strategy, Programs and Activities Handbook. Volume 1. Strategic Information and Materials, Washington 2011, S. 12.

1042 Landesamt für Verfassungsschutz Baden-Württemberg, Erscheinungsformen der Ausländerextremismus. Stuttgart 2001, S. 47–49.

1043 Bundesamt für Verfassungsschutz: Verfassungsschutzbericht 1996. Bonn 1997. S. 205f.

1044 Dietl, Hirschmann, Tophoven 2006. S. 43–46.

1045 Karmon 2005. S. 66–95.

1046 Bernhard Rabert: Links- und Rechtsterrorismus in der Bundesrepublik Deutschland von 1970 bis heute. Bonn 1995. S. 294f.

1047 Bernhard Rabert: Links- und Rechtsterrorismus in der Bundesrepublik Deutschland von 1970 bis heute. Bonn 1995. S. 294f. Edward F. Mickolus, Susan L. Simmons: Terrorism 1992–1995 – a chronology of events and a selectively annotated Bibliography. Westport 1997. S. 67.

Gruppierungen, wie die Volksfront für die Befreiung Palästinas (PFLP), die Demokratische Front für die Befreiung Palästinas (DFLP) oder die Volksfront für die Befreiung Palästinas – Generalkommando (PFLP-GC) anzutreffen[1048].

Eine beachtliche Basis hat sich in Deutschland die Arbeiterpartei Kurdistans (PKK) aufgebaut, die nach dem Verbot in den neunziger Jahren auf Gewaltaktionen gegen deutsche Ziele gerichtet waren (z.B. gegen Polizisten). Gegenwärtig agiert die PKK unter dem Deckmantel des Volkskongresses Kurdistans (KONGRA-GEL) und anderen Nebenorganisationen[1049], einschließlich der Partei für ein freies Leben in Kurdistan (PJAK), die als ihr Hauptangriffsziel das iranische Regime sieht[1050]. Einige Linksextremisten unterstützen die PKK[1051]. In Deutschland haben auch die Befreiungstiger von Tamil Eelam (LTTE)[1052] sowie andere kleinere Zellen ausländischer ethischer und separatistischer extremistischer Bewegungen Fuß fassen können.

Wendische Volkspartei

Politische Vertretung der Interessen der sorbisch-wendischen Minderheit in Sachsen und Brandenburg. Sie wurde 2005 gegründet.

Hepp-Kexel Gruppe

Eine Anfang der 80er Jahre von Odfried Hepp gebildete neonazistische Terrorgruppe, die mit der DDR-Staatssicherheit zusammenarbeitete und zum Ziel hatte, Deutschland von einer amerikanischen „Besatzung“ zu befreien. Von dieser Gruppe stammt das einzige theoretische Werk des deutschen Neonazismus, „Der Abschied vom Hitlerismus“.

1048 Bundesamt für Verfassungsschutz 1997. S. 202.

1049 Bundesamt für Verfassungsschutz: Verfassungsschutzbericht 2010 – Vorabfassung. Berlin 2011. S. 252. http://www.verfassungsschutz.de/download/SHOW/vsbericht_2010_vorabfassung.pdf

1050 Ebd. S. 253f.

1051 Ebd. S. 260.

1052 Ebd. S 281–286.

10 Linksextremismus

Der Linksextremismus befindet sich aus strategischer Sicht in einer problematischen Position, weil er nach dem Fall des Kommunismus in Osteuropa unfähig war, eine neue langfristige und attraktive Alternative für die Menschen und Gesellschaften anzubieten. Die Antiglobalisierungsbewegung, die von den Linksextremisten beeinflusst wurde, hat ihre Ziele nicht verwirklicht. Die Linksextremisten erscheinen inkompetent, die gegenwärtige wirtschaftliche Krise für eigene Zwecke zu instrumentalisieren (mit der Ausnahme Griechenlands, das aber auch nach den schweren Unruhen seinen demokratischen Charakter verteidigte). Diese Unruhen weiteten sich im Frühsommer 2011 aus, als angesichts der desolaten griechischen Wirtschafts- und Haushaltslage die EU drastische Sparvorgaben gemacht hatte, die vor allem die Steuern und die Sozialpolitik betrafen. Die dogmatischen Linksextremisten waren in westlichen Demokratien sowie in manchen Ostblockstaaten befähigt, einen effektiven ‚Ersatz' (im Sinne der Zielgruppe der Propaganda) für das klassische Proletariat zu finden. Weder Prekariat noch Immigranten können diese Rolle einnehmen. Die internationalen linksextremistischen Netzwerke sind der vormaligen großzügigen Förderung durch die kommunistischen Länder Osteuropas verlustig gegangen. Das Interesse Chinas an den Idealen und Aktionen der internationalen linksextremistischen Bewegungen hält sich sehr in Grenzen, da China eigene Interessen verfolgt, so dass eine so massive Unterstützung, wie sie diesen von der Sowjetunion und ihren Satelliten zugute gekommen war, kaum zu beobachten ist. Die übrig gebliebenen kommunistischen bzw. linkspopulistischen Regimes in Asien bzw. Lateinamerika sind dazu politisch und ökonomisch einfach zu schwach. Immerhin gelingt es den Linksextremisten, einschließlich mancher nicht-reformierter kommunistischer Parteien, in manchen europäischen Staaten relativ hohe Wahlergebnisse zu erzielen,[1053]. Auch unter dem Deckmantel verstärkter neulinker Projekte können sich verschiedene linksextremistische Elemente verbergen. Die linksextremistischen Ideen sind geeignet, einen Teil der Jugend zu politisieren (auch zur Gewaltbereitschaft und Gewaltaktivität zu animieren). Trotz des Niedergangs des Linksterrorismus in westlichen Demokratien kann man linksterroristische- und Guerilla-Bewegungen in einzelnen Staaten der ehemaligen Dritten Welt vorfinden.

[1053] Vgl. Patrick Moreau: Der Scheintod des Kommunismus in Europa – Ein systematischer und typologischer Überblick zu den traditionalistischen, Rot-Grün/Linken und postkommunistischen Modellen. In Armin Pfahl-Traughber (Hrsg.): Jahrbuch für Extremismus- und Terrorismusforschung 2009/2010. Brühl 2010. S. 370–434.

10.1 Konzeptualisierung des Linksextremismus

Der Begriff Linksextremismus bezeichnet diejenige Spielart von Extremismus, die durch eine durchgehende Linksorientierung geprägt und gleichzeitig gegen zentrale Prinzipien demokratischer Grundwerte gerichtet ist. Eine umfassende Definition der ‚Linken' in der gegenwärtigen politischen Diskussion wird immer schwieriger, weil diese in ihrer heutigen Gestalt ein sehr breites *Spektrum* abbildet, das von der orthodoxen stalinistischen Variante über eine kollektivistische Form à la Rosa Luxemburg bis zur modernen Sozialdemokratie und Sozialdemokraten der ‚blairistischen' Prägung sowie von Formen des Linkspopulismus in Osteuropa reichen. Trotz dieser Heterogenität kann man als Grundelemente der linken Weltüberzeugung die egalitären Tendenzen in breiten menschenrechtlichen Bereich, die staatliche Intervention in soziale, ökonomische und kulturelle Felder und die Proklamierung fortschrittlicher Moralwerte nennen. Wichtige weitere Begriffe reichen von sozialer Gerechtigkeit über klassenlose Gesellschaft bis zur Herrschaftsfreiheit.

Doch die Kritiker der linken Strömungen behaupten, dass die Linken die traditionell deklarierten Werte verlassen hätten. Dirk Maxeiner und Michael Miersch aus dem liberalen Institut der Friedrich Naumann Stiftung sehen angebliche folgende ‚Abschiede' der Linken:

Abschied von der Freiheit	Die Linke gibt Diktatoren Rückendeckung.
Abschied von der Gleichheit	Die Linke verfestigt die kulturelle Abschottung der Bessergestellten.
Abschied von der Brüderlichkeit	Die Linke verteidigt die Privilegien und Sonderrechte.
Abschied vom Internationalismus	Die Linke zementiert Grenzen, nationale Abschottung und die Probleme der Dritten Welt.
Abschied vom Antifaschismus	Die Linke übernimmt immer häufiger die Parole der Rechtsradikalen.
Abschied von der Aufklärung	Im Windschatten der Linken gedeihen religiöser Obskurantismus, Esoterik und Verschwörungstheorien.
Abschied vom Fortschritt	Die Linke blockiert soziale Veränderungen und neue Technologien.

Abb. 10.1 *Deklarierte Werte der Linken. Maxeiner, Miersch.*

blairistisch

Benannt nach dem Labour-Premierminister Tony Blair (1997–2007), der in Großbritannien eine sozialdemokratische Wirtschafts- und Gesellschaftspolitik mit neoliberalen Akzentuierungen betrieben hatte (New Labour). Das Etikett „New Labour" sollte anzeigen, dass die „alte" Labour Party inklusive ihrer sozialistischen Vorstellungen und ihrer unbedingten Nähe zu den Gewerkschaften sich zu modernisieren begonnen hatte und einen „Third Way" zwischen Marktrealitäten und den Prinzipien der sozialen Gerechtigkeit anzusteuern bereit ist.

Definitionsversuche des Linksextremismus in der Beziehung zu Linken spiegeln die generelle Diskussion innerhalb der Extremismusforschung wider. Laut Eckhard Jesse und Tom Thieme „setzt der Linksextremismus gesellschaftliche Gleichheitsansprüche absolut und überlagert damit das Freiheitprinzip"[1054]. Nach Cas Mudde und Luke March lehnen Linksextremisten Demokratie und Kapitalismus grundsätzlich ab[1055], die radikalen Linken ziehen lediglich die liberale Demokratie in Zweifel[1056]. So bestimmte radikale Linke identifizieren nach Mudde und March soziale Ungleichheit als Grund gegenwärtiger politischer und sozialer Ordnung und erstreben kollektive ökonomische und soziale Rechte; die innere Konsistenz dieser radikalen Linken lagert sich um mehr antikapitalistische und antidemokratische Ideologeme an, (obwohl viele sich subversiv gegenüber der liberalen Demokratie verhalten). Diese Linke agiert in weitem Sinne auch aus einer internationalistischen Position heraus (in Netzwerk-Strukturen sowie in ideologischer Hinsicht)[1057].

Der Linksextremismus lässt sich nach verschiedenen Kriterien unterteilen, meist nach ideologischen Voraussetzungen. Manche Autoren analysieren den Linksextremismus allenfalls im Rahmen der Parteienforschung[1058], andere nur im Rahmen der Gewaltforschung[1059]. Die einzelnen ideologischen Varianten des Linksextremismus operieren im Rahmen verschiedenartiger Aktionsformen. Die grundsätzliche ideologische Differenziertheit des Linksextremismus erfolgt zwischen Kommunismus und Anarchismus, nicht alle Sub-Varianten dieser Grundtypen kann man unter dem Begriff Extremismus subsumieren. Nach dem politischen Wertdreieck könnte man den Anarchismus sogar als extremistische Ausprägung des Liberalismus verstehen, da Freiheit vor jeglicher Form der Herrschaft propagiert wird. Insofern ist eine vertiefte Diskussion um den Sachstand des Linksextremismus von Nöten und eine sinnvolle Differenzierung bisher unterblieben.

10.1.1 Kommunismus

Kommunismus bezeichnet in einem allgemeinen Sinne „jede Lehre, Tendenz und Bewegung, die eine Vergesellschaftung von Produktionsmitteln, Gütern oder gar Menschen anstrebt"[1060]. Der Kommunismus in diesem Sinne hat seine historischen Wurzeln schon in Platons politischer Philosophie, in der völligen Hingabe des Einzelnen an die Gemeinschaft (Popper). Im engeren – und allgemein mehr verständlichen – Sinne bezeichnet Kommunismus eine Ideologie und/oder eine Bewegung, die sich auf der Grundlage der Lehre von Karl Marx dem Prinzip des Klassenkampfes verschrieben hat, aus dessen Befolgung sich die klassenlose

---

1054 Eckhard Jesse, Tom Thieme: Extremismus in den EU-Staaten – Theoretische und konzeptionelle Grundlagen. In: Ebd. (Hrsg.), Extremismus in den EU-Staaten. Wiesbaden 2011. S. 11–32.

1055 Luke March: Parteien links der Sozialdemokratie in Europa – Vom Marxismus zum Mainstream? Berlin 2008.

1056 Luke March, Cas Mudde: What's Left of the Radical Left? The European Radical Left After 1989 – Decline and Mutation. In: Comparative European Politics, 3, 2005. S. 23–49.

1057 Ebd.

1058 March 2008.

1059 Karl A. Seger, Left Wing Extremism: The current Threat, Oak Ridge 2001, http://www.fas.org/irp/world/para/left.pdf

1060 Józef Maria Bocheński, Marxismus-Leninismus – Wissenschaft oder Glaube.2. Aufl g.). München 1974.

Gesellschaft entwickelt. Dieses Streben ist meist mit einer spezifischen Programmatik kommunistischer Parteien verbunden[1061].

Der Kommunismus – im engeren Sinne – bezeichnet eine große Menge an ideologischen Subvarianten, deren Zahl und Charakter sich im Laufe der Entwicklung von der Mitte des 19. Jahrhunderts bis heute änderte. Als Hauptlinie der Entwicklung des Kommunismus kann man – im Gefolge der Marx/Engelsschen Lehre[1062] – die Entstehung und Existenz der Ersten und der Zweiten Kommunistischen Internationale, die Lehre von Vladimir I. Lenin, die Praxis der bolschewistischen Revolution in Russland und schließlich die Entwicklung der Regime-Ideologie und -praxis in der Sowjetunion und im Sowjetblock begreifen. Gegen diese Ideologie und Praxis protestierten die kleineren Splitterströmungen, die ihre Basis außerhalb der Sowjetunion hatten und die z.B. die westeuropäische linksextremistische Szene wesentlich mehr als die osteuropäische beeinflussten (Trotzkismus, Maoismus, Luxemburgismus etc.).

Als eine der Hauptströmungen des Kommunismus kann man den *Marxismus-Leninismus* bestimmen. J. M. Bochénski[1063] hat den Aufbau des Marxismus Leninismus nach folgendem Schema bestimmt:

Dialektischer Materialismus (DIAMAT)	Die allgemeinen, rein theoretischen Grundprinzipien, gleichsam metaphysische Lehren, auch der Natur
Historischer Materialismus (HISTOMAT)	Die Anwendung dieser Lehre auf die Gesellschaft und die Geschichte
Moral	System von Geboten, Imperativen, Sollsätzen zur praktischen Anwendung von DIAMAT und HISTOMAT
Lehre von der dialektischen Einheit von Theorie (Seinsgesetz) und Praxis (Wertgesetz)	Moral und Ethik als Grundvoraussetzungen des gesamten Systems

Abb. 10.2 *Marxismus-Leninismus. Bochénski.*

Lenin war völlig von der Existenz einer starken zentralistisch geführten Avantgarde-Partei überzeugt, die allein gewaltsam eine Revolution durchzuführen im Stande war. Der Beweis für diese Lehre bzw. ihre praktische Umsetzung war die sog. ‚Große Sozialistische Oktoberrevolution' in Russland 1917. Die offiziöse Lenin-Exegetik macht dabei zwei Tatsachen geltend, die als revolutionär anzusehen seien: 1. die Tatsache, dass sich die Arbeiter-, Soldaten- und Bauernmassen spezifische Räte-Organisationen und damit eigene Machtstrukturen geschaffen hätten. 2. Mit der Parole „Alle Macht den Räten" sollte die Macht in die Hände nicht mehr den bourgoisen Kräften, sondern der Arbeiter und Bauern gelegt werden. Nach Rückschlägen im Sommer 1917 änderten die Bolschewiki ihre Taktik und mobilisierten alle

1061 Stephen Whitefield, Communism, In: Iain McLean (Hrsg.): The Concise Oxford Dictionary of Politics, Oxford, New York, 1996, 87–90.

1062 Eine andere – nicht extremistische – Strömung und Parteienfamilie, die als der ursprunglichen Marxismus enstand, war und ist die Sozialdemokratie.

1063 Józef Maria Bocheński, Marxismus-Leninismus – Wissenschaft oder Glaube.2. Auflg.). München 1974. S. 27.

revolutionären Kräfte für den bewaffneten Aufstand in Petrograd (später Leningrad) und übernahmen gleichzeitig in den Räten die dominierende Rolle. Lenin hat seine Macht mit Hilfe des Revolutionsterrors gefestigt. Sein Nachfolger, Josef V. Stalin, hat einen zentralistischen Staat errichtet, der mit wiederholten Wellen des Regime-Terrors seine Macht nicht nur erweitert, sondern hin zu einer personalistischen Gewaltdiktatur totalitärer Prägung zementiert hat. Im Zentrum der Ausschaltung von Kritikern standen Links- und Rechtsabweichler. Dieses System, das seit Mitte der 20er bis Mitte der 50er Jahre dauerte, wurde nach dem Zweiten Weltkrieg – der in der Sowjetunion seit 1941 als Großer Vaterländischer Krieg bezeichnet worden war – den eroberten und besetzten osteuropäischen Staaten rücksichtslos übergestülpt. Diese Politik mit starken expansiven Tendenzen hat die Macht der Sowjetunion befestigt und mit den Grundstein für den Kalten Krieg gelegt.

Links- und Rechtsabweichler

Linksabweichler nannte man jene Personen oder Gruppierungen, die betont idealistische und utopische Vorstellungen innerhalb des Kommunismus zu verwirklichen gedachten und denen eine Revolutionierung der Massen bzw. der Aufbau einer kommunistischen Gesellschaftsordnung nicht schnell genug gehen konnte. Häufig gebrauchte abschätzige Kennzeichnungen waren „Dogmatismus" oder „Abenteurertum" (Aktionen mit unkalkulierbarem Ausgang). Parteitaktische Überlegungen spielten hier keine Rolle. Prominenteste Linksabweichler waren Kurt Radek und Leo Trotzki. Rechtsabweichler wurden mit dem Schimpfwort „Revisionisten" belegt, weil diese versuchten, die marxistisch-leninistische Ideologie aufzuweichen oder sich opportunistisch gegenüber nichtkommunistischen Konkurrenten verhielten. In der Zeit vor den großen Säuberungen (1936/38) gehörten der Gewerkschaftsführer Tomskij und der Komintern-Funktionär Bucharin zu den prominentesten Rechtsoppositionellen. Eine klare Unterscheidung zwischen beiden Flügeln war in der Sowjetunion kaum möglich, da ihre Kennzeichnung vom jeweiligen strategisch-taktischen Standpunkt der Parteiführung abhing.

Gegen den Stalinismus hatte schon in den zwanziger Jahren Leo Trotzki, trotz tiefgreifender Meinungsverschiedenheiten Lenins enger Mitarbeiter, protestiert (teilweise wegen des als Legende sich herausstellenden Anspruchs auf Lenins Nachfolge, die ihm Stalin durch Intrigenspinnerei streitig gemacht habe). Er musste aus der Sowjetunion emigrieren und wurde offensichtlich auf Befehl Stalins 1940 im mexikanischen Exil ermordet. Trotzki hat eine spezifische Lehre erarbeitet, die auf die Strategie einer permanenten Weltrevolution setzte, nach der ausgehend von der bürgerlichen zur proletarischen erst eine internationalistische Revolution zum Sieg des Sozialismus verhelfen würde. Trotzki liebte die Massen und schätzte die Existenz einer straff organisierten Partei, wie dies Lenin verstand, gering ein. Stalin bekämpfte er erbittert, als dieser seine Vorstellung der Schaffung des „Sozialismus in einem Land" in die Tat umsetzte. Nach Trotzkis Tod zersplitterten sich seine Anhänger in viele Kleingruppen. Trotzkisten nutzen oft die sog. Entrismus-Taktik – eine verdeckte Infiltration der allgemein gerichteten Organisationen oder Kampagnen (einschließlich deren Gründung), um sie für eigene ideologische und strategische Ziele zu instrumentalisieren. Trotzkisten charakterisieren sich selbst meist als revolutionäre Marxisten[1064]. Schon vor dem Tod Stalins 1953 erwuchsen seiner

[1064] Miroslav Mareš, Terorismus v ČR, Brünn 2005.

expansiven Politik nach außen ernstzunehmende Gegner auch innerhalb des kommunistischen Lagers. Einer der wichtigsten war Jugoslawien unter der Führung von Josip Broz Tito, das an der Wende der vierziger und fünfziger Jahre in einen tiefen Konflikt mit dem Rest der Sowjetblocks geriet. Die Hauptlinie des Konflikts war außenpolitisch motiviert und betraf die Autonomie Jugoslawiens von der Sowjetunion. Innenpolitisch war der Titoismus seinen Gegnern gegenüber in den fünfziger Jahren von nicht zu gering schätzender Brutalität. Lediglich das Modell des Marktsozialismus (Jugoslawisches Modell) unterschied das Land wesentlich von anderen Ostblockstaaten[1065] Später sollte es zu weiteren ökonomischen und politischen Öffnungen und Freizügigkeiten kommen. Aus Jugoslawien kam auch ein damals äußerst prominenter und wortstarker Revisionist der kommunistischen Lehre – Milovan Djilas.

Jugoslawisches Modell

Dieses Modell des Reformkommunismus war einesteils gerichtet gegen ein etatistisch-bürokratisches Modell des Sozialismus, wie es Tito und die Kommunistische Partei Jugoslawiens (seit 1952 Bund der Kommunisten) in der stalinistischen Sowjetunion angesiedelt sah und das ihrer Ansicht nach eine Deformierung des sozialistischen Gedankens manifestierte. Das führte zum Aufbau einer sozialistischen Marktwirtschaft, in welcher die unternehmerischen Entscheidungen und die betrieblichen Arbeitsbeziehungen der Theorie nach autonom von übergeordneten Strukturen vonstatten gehen sollten. Es ging um Realisierung eines Selbstverwaltungssozialismus.

Djilas

Milovan Djilas (1911–1995) war einer der engsten Weggefährten Titos und wurde einer der führenden Theoretiker des Titoismus. Später wurde er aus der KP ausgeschlossen, weil er eine radikale Umsetzung einer sozialistischen Demokratie propagierte, er aber die Entwicklung zu einem Personenkult und einer Bürokratisierung des jugoslawischen Wirtschaftsmodells vorhersah.

Das stalinistische Modell wurde nach dem Tod des Diktators in der Sowjetunion kritisiert. Die berühmte Wende war die Rede Nikita S. Chruschtschows auf dem Parteitag 1956, in welcher dieser den „Personenkult" verdammte. An der imperialen Praxis der Sowjetunion änderte sich aber wenig, was die brutale Niederschlagung des Ungarn-Aufstands im Jahre 1956 gezeigt hat.

Nach Chruschtschow kam 1964 Leonid I. Breschnew an die Spitze der KPdSU. Er hat der Kritik am Stalinismus im Unterschied zu seinem Vorgänger kaum noch Geltung verschafft, man muß der neuen Führung aber zugute halten, dass sie nicht mehr zu den alten brutalen stalinistischen Methoden zurückgriff. Außenpolitisch verfügte die Breschnew-Doktrin die Invasion der Armeen der Warschauer Pakt-Staaten in die Tschechoslowakei im Jahre 1968, um mit Waffengewalt den Versuch der Etablierung eines „Sozialismus mit menschlichem Antlitz" niederzuschlagen. In Afghanistan marschierte die Sowjetarmee 1979 ein, um ein korruptes ungeliebtes kommunistisches Regime zu stützen. In Westeuropa hat sich gegen die Moskau-Dominanz der weniger dogmatische Eurokommunismus herausgebildet[1066].

[1065] Ben Fowkes, Aufstieg und Niedergang des Kommunismus in Osteuropa, Mainz 1994.

[1066] Helmut König, Der Rote Marsch auf Rom. Entstehung und Ausbreitung des Euro-Kommunismus. München 1978.

Breschnewdoktrin

Diese Doktrin bestimmte im Kern die begrenzte Souveränität der Mitglieder der Warschauer-Pakt-Staaten im kommunistischen Osteuropa. Sie wurde verkündet nach dem Einmarsch der Truppen von 5 Mitgliedstaaten des Warschauer Paktes in die Tschechoslowakei nach dem 21. 8. 1968.

Tschechoslowakei

Unter dem Parteichef Alexander Dubček (seit Januar 1968) begann die Tschechoslowakei mit dem Aufbau eines humanen Sozialismus (sog. „Prager Frühling"), indem versucht wurde, eine Art „Dritten Weg" zwischen Markt- und Zentralverwaltungswirtschaft anzustreben, begleitet von einer weitreichenden Demokratisierung und Liberalisierung des politischen und kulturellen Lebens. Dies Experiment wurde durch die Intervention des Warschauer Pakts im August 1968 unterbunden.

Eurokommunismus

Darunter versteht man die Abkehr der führenden Kommunistischen Parteien Westeuropas von der Orthodoxie des sowjetkommunistischen Modells und die Transformation zu reformistischen Parteien, die sich den Spielregeln des jeweiligen politischen Systems stellen und auch bereit sind, Bündnisse mit bürgerlichen Parteien einzugehen. Vorreiter war in dieser Entwicklung die Kommunistische Partei Italiens. Wo diese Transition verweigert wurde, wie ganz prägnant bei der französischen KP, wurde der drastische Rückgang in der Gunst der Wähler und die rapide abnehmende politische Bedeutung sichtbar.

Erst mit der Einsetzung von Mikhail Gorbatschow an die Spitze der KPdSU im Jahre 1985 wurde die Politik der Perestrojka (ökonomische Reformen) bzw. Glasnost (Presse- und Meinungsfreiheit) in die Wege geleitet, die gemeinsam mit den außenpolitischen Einflüssen zum Fall des Kommunismus in Osteuropa nach 1989 und dem Zerfall der Sowjetunion im Jahre 1991 geführt hat. Damals zerbrachen auch die nationalen Varianten des Kommunismus wie der konsumorientierte ‚Gulaschkommunismus' in Ungarn oder das totalitäre Ceausescu-Regime in Rumänien[1067]. Die historischen Etappen und Ereignisse des osteuropäischen Kommunismus spielen eine nicht unerhebliche Rolle auch innerhalb der gegenwärtigen kommunistischen Bewegung.

Manche Kommunisten kritisieren schon Chruschtschows Abkehr vom Stalinismus, weil sie generell die Stalinsche Politik positiv bewerten. Ein Teil von ihnen besitzt einen relativ positiven Bezug zur Breschnew-Ära, ein anderer Teil reibt sich, was die Breschnew-Ära angeht, an der lähmenden Parteibürokratie (Nomenklatura) sowie am Verlust des revolutionären Charakters der kommunistischen Parteien. Die Dogmatiker allgemein sahen in Gorbatschow den „Verräter des Kommunismus." Die Reformisten demgegenüber unterstützten Gorbatschow sowie die nationalen Reformversuche (wie z.B. den Prager Frühling 1968).

[1067] Jiří Vykoukal – Bohuslav Litera – Miroslav Tejchman, Východ. Vznik, vývoj a rozpad sovětského bloku 1944–1989, Prag 2000.

Die andere kommunistische Richtung, die, aus unterschiedlichen Gründen, Chruschtschows Parteitagsrede von 1956 und ihre für damalige Verhältnisse geradezu sensationellen Implikationen ablehnte, war die maoistische chinesische Volksrepublik. Der *Maoismus* – als ursprünglicher Marxismus-Leninismus – legt Wert auf die revolutionäre Aktivität der bäuerlichen Massen (demgegenüber betonten ja Marx und Lenin die führende Rolle des Proletariats im Aufbau des Sozialismus), was mit der spezifischen Art der kommunistischen Machtergreifung in China zusammenhängt. Im außenpolitischen Bereich stellte sich das maoistische System zwar quer zur, in ihrem Selbstanspruch, dominierenden kommunistischen Macht Sowjetunion, doch innenpolitisch wirkte es als eine totalitäre Diktatur, was sich auf erschreckende Weise während der sog. Kulturrevolution manifestiert hatte.[1068] Der Maoismus wurde in den 1960er und 1970er Jahren in Teilen der westlichen Linken zu einem wahren ideologischen Magneten, und seit dieser Zeit bis heute bildet er eine Grundideologie der Guerilla-Bewegungen und terroristischen Gruppierungen in der Dritten Welt. Der Maoismus hat auch Regimes wie Albanien inspiriert (sog. Enverismus – genannt nach dem albanischen Diktator Enver Hodscha). Neben dem Maoismus entstanden auch verschiedene obskure „Dritte Welt"-Kommunismen[1069] und weitere nationale Varianten, z.B. diktatorische Regimes mit einer Chuch'e-Ideologie [1070].

Kulturrevolution

Die 1965 in der VR China ausgebrochene und bis 1969 anhaltende „Große proletarische Kulturrevolution" entsprang der Strategie Mao Tse-tungs, sich seiner Kritiker in der Parteiführung, allen voran der Staatspräsident Liu Schao-tschi, zu entledigen einmal durch die Unterstützung des Militärs, zum zweiten durch die massenhafte Mobilisierung der Roten Garden (Verbände aus Schülern, Studenten und andere Jugendliche), die in Terroraktionen versuchten, alles, was bei Intellektuellen, im Partei- und Staatsapparat nach kritischem Potential aussah, auszumerzen. Erst als bürgerkriegsähnliche Zustände drohten, begann die Disziplinierung der Roten Garden (ab 1967). Die maoistischen Organisationen wurden zurückgedrängt.

Chuch'e-Ideologie

Die auf den nordkoreanischen Staatsgründer Kim il-sung zurückgehende Staatsideologie, wonach das Interesse des eigenen Landes höher einzustufen sei als die Ziele und Strategien des internationalen Kommunismus. Dies entsprach einer Relativierung wenn nicht gar Abwertung des klassischen Marxismus-Leninismus, was sich auch 1977 in der neuen Verfassung niederschlagen sollte. Insbesondere sollte dem Prinzip der Autarkie, das durch die Namensgebung ausgedrückt wird, entsprochen werden.

[1068] Wolfgang Uwe Friedrich, Formen des Totalitarismus. Zur Phänomenologie ideologischer Herrschaft in 20. Jahrhundert, In: Eckhard Jesse / Steffen Kailitz (Hrsg.): Prägkräfte des 20. Jahrhunderts. Demokratie, Extremismus, Totalitarismus, München 1997, 251–283.

[1069] Lyman Tower Sargent, Contemporary political ideologies. A comparative analysis. 5th edition Homewood, Georgetown 1981. S. 126–127.

[1070] Laut Uwe W. Friedrich gehören zu den Merkmalen dieser Ideologie, die faktisch auch vom Konfuzianismus inspiriert wurde, die Ideologisierung der Gesellschaft, der Terror, die hermetische Abschottung vom Ausland, die Verbindung von Nationalismus und Kommunismus sowie ein extremer Führerkult. Ebd.

Eine weitere Variante des Kommunismus hatte sich schon zu Beginn des 20. Jahrhunderts als Gegensatz zu Lenins Zentralismus herausgebildet – der sog. Linkskommunismus. Diese Variante teilt sich nach Uwe Backes auf in *Luxemburgismus* (Lehre von Rosa Luxemburg, die die Rolle der spontanen Bewegung, nicht der parteilichen Führungsgruppe betonte)[1071] und in Rätekommunismus (der die Rolle der Räte in Gemeinden gegenüber der zentralstaatlichen Führung bevorzugt)[1072]. Als marginale Strömung überlebt der Linkskommunismus bis heute, wobei die Nähe zu anarchistischen Positionen offenkundig ist.

Als eine spezifische Variante des Kommunismus kann man auch den Nationalbolschewismus nennen, der starke, wie der Name bereits suggeriert, nationalistische Elemente beinhaltet. Die Nationalbolschewisten werden aber auch oft dem rechtextremen Spektrum zugeordnet (z.B. Der Kampfbund Deutscher Sozialisten (KDS)). Heutige Nationalbolschewisten sind besonders von der Nationalbolschewistischen Partei Russlands (NBPR) unter Führung von Eduard Limonov beeinflusst. Neben den Nationalbolschewiken, die diese Identität selbst in Anspruch nehmen, kann man verschiedene Kommunisten mit stark nationalistischem (oder pannationalistischem) Hintergrund identifizieren, die aber sich selbst nicht als Nationalbolschewisten fühlen, so zum Beispiel die panslawistischen Kommunisten im heutigen Osteuropa.[1073]

Nationalbolschewistische Partei Russlands:

Eine 1992 vom russischen Schriftsteller und Politiker Eduard Limonow gegründete extremistische Partei, die stalinistische und nationalsozialistische Ideologeme kombinierte und die 2005 gerichtlich verboten wurde. Sie war antidemokratisch und antiliberalistisch und propagierte die Russifizierung der europäischen Nationen.

10.1.2 Anarchismus

Als zweite Hauptströmung des Linkextremismus gilt der Anarchismus. Dieser Begriff weist verschiedene Bedeutungen auf, von denen nicht alle eindeutig mit dem Linkextremismus verknüpft werden können (wie z.B. in der Theorie der internationalen Beziehungen, wo die Bezeichnung für die anarchistische Staatenwelt benutzt wird), auch nicht im Bereich der politischen Ideologien (z.B. der Anarcholiberalismus, der individuelle Freiheit mit liberaler Überzeugung verknüpft. Im rechtsextremistischen Spektrum findet sich der nationale Anarchismus). Der Hauptunterschied zwischen Anarchismus und Kommunismus bezieht sich auf die Stellung zum Staat. „Bei den Anarchisten (Bakunin) soll der Staat sofort beseitigt werden, bei Marx/Engels steht sein Ende am Schluß eines langen revolutionären Prozesses“[1074].

1071 Uwe Backes 1989. S. 146.

1072 Uwe Backes 1989. S. 148.

1073 Vgl. Miroslav Mareš, Panslawismus im ideologischen Hintergrund der radikalen und extremistischen Strömungen in der Tschechischen Republik. In: Uwe Backes, Eckhard Jesse (Hrsg.): Gefährdungen der Freiheit. Extremistische Ideologien im Vergleich. Dresden 2006. S. 359–369.

1074 Carl Böhert, Werner Jann, Eva Kronenwett: Innenpolitik und politische Theorie – Ein Studienbuch. (3.Auflg.). Opladen 1988. S. 385.

Eine generelle Definition des Anarchismus bietet Günter Bartsch an, der den antiautoritären Charakter dieser Bewegung hervorhebt: „Der Anarchismus ist jene soziale Bewegung, die sich die Befreiung der Gesellschaft und des Individuums vom Staat zum Ziel gesetzt hat. Er will alle über die Menschen stehenden Institutionen entweder schlagartig aufheben oder schrittweise abbauen. Unter diesem Gesichtspunkt kann er sich sowohl die der revolutionären als der evolutionären Methode bedienen [...]. Sein Ideal zeigt den Umriß einer herrschaftslosen Ordnung, in der weder befohlen noch gehorcht wird, weil sie sich auf Selbstverwaltung der Gesellschaft und Selbstbestimmung des Individuums gründet. Die Anarchisten sind Anhänger der Spontaneität und in gewisser Hinsicht vitalistisch – das Leben soll von allen Verkrustungen befreit werden, ungehemmt und impulsiv sein."[1075]

Der Anarchismus hat sich als eine konsistente politische Bewegung in der Mitte des 19. Jahrhunderts innerhalb der Arbeiterbewegung konstituiert (der wichtigste Propagandist war Mikhail Bakunin), doch seine Ideenwurzeln kann man schon früher finden[1076]. Der Anarchismus ist ein Randphänomen geblieben und er hat nie die Kraft aufgebracht, seine politischen Ziele langfristig durchzusetzen und zu erhalten.

Bakunin

Michael A. Bakunin (1814–1876), russischer Revolutionär und Anarchist, schloss sich im Berlin der 1840er Jahre den Jungehegelianern an und geriet dann später in den Bannkreis Proudhons. Er propagierte eine leidenschaftliche Ablehnung gegen jegliche Form der Autorität sowie gegen alle staatlichen Einrichtungen. Maßgebend für ihn war vielmehr eine Theorie der freiwilligen Assoziation von Menschen von lokalen Einheiten bis zu einer Weltföderation. Bakunin war Mitglied der I. Internationalen, fand aber in Marx seinen erbittertsten Gegenspieler und wurde auf dessen Betreiben ausgeschlossen.

Den modernen linksextremistischen Anarchismus kann man nach verschiedenen Kriterien differenzieren. Unterschiedliche Typen der einzelnen Kategorien können sich überlappen. Nach der Haltung zur Rolle des Individuums in Kollektiven lässt sich differenzieren:

- Individualistischer (Links)Anarchismus (unabhängige Individuen sollten in einer utopischen Gesellschaft in gegenseitigem Respekt leben)[1077],
- Mutualismus (Gesellschaft soll auf dem Prinzip des gerechten Austauschs gegründet werden, Vordenker war Pierre-Joseph Proudhon)[1078];
- Anarchistischer Kommunismus (der das Leben in selbstständigen Kollektiven außerhalb der Systeminstitutionen propagiert, Vordenker waren z.B. Peter Kropotkin oder Johann Most);[1079]

1075 Günter Bartsch: Entwicklung und Organisation des deutschen Anarchismus von 1945 bis zur Gegenwart. In: Manfred Funke (Hrsg.): Extremismus in demokratischen Rechtsstaat. Ausgewählte Texte und Materialien zur aktuellen Diskussion. Bonn 1978. S. 147–163.

1076 Miroslav Mareš: Terorismu v ČR. Brünn 2005. S.108.

1077 Vgl. Böhert, Jann, Kronenwett 1988. S. 387.

1078 Andrew Heywood: Politické ideologie. Prag 1994. S. 194–195.

1079 Mareš 2005. S. 109.

Es existieren auch die spezifischen Varianten, die den Anarchismus mit anderen Weltanschauungen verknüpft, z.B. mit dem Anarchofeminismus oder dem grünen Anarchismus etc.

Kropotkin

Peter A. Kropotkin (1842–1921) war von den Lehren Bakunins beeindruckt, lehnte aber dessen putschistische Methode sowie die Anwendung von Gewalt ab. Sein Hauptziel war die Entwicklung einer Theorie des „kommunistischen Anarchismus“, in welchem das Prinzip „jedem nach seinen Bedürfnissen“ vorherrschend war.

Most

Johann Most (1846–1906) war zunächst in der sozialistischen Arbeiterbewegung tätig, neigte aber seit den Sozialistengesetzen immer radikaleren Ansichten zu, die in der Aufforderung zu revolutionärem Handeln mündeten. Nach Ausschluss aus der SPD forderte er eine „Propaganda der Tat“ und weitere anarchistische Aktionen.

Nach dem Weg, wie die anarchistische Gesellschaft zu gestalten sei, lassen sich die folgenden Typen klassifizieren:

- Agraranarchismus (der die Landarbeiter, Kleinbauern und Handwerker in eine „rückwärtsgewandte“ anarchistische Bewegung versammeln will)[1080];
- Anarchosyndikalismus (der besonders die Gewerkschaftsbewegung beherrschen und nutzen will und besonders an der Arbeiterklasse orientiert ist)[1081];
- sozialer Anarchismus (der eine soziale Basis der zukünftigen Gesellschaft bereits in der anarchistischen Bewegung bildet, die sich dann massenhaft erweitert und der zur Revolution drängt, meist mit dem anarchistischen Kommunismus verbunden)[1082];
- pragmatischer Anarchismus (der innerhalb der Gesellschaft nur eigene Kreise und Freiräume bilden und mit eigenen Ideen und einer spezifischen Kultur Anhänger beeinflussen will)[1083].

Hinsichtlich der Beziehung zur Gewalt lässt sich sprechen vom:

- Anarchoterrorismus, der terroristische Gewalt nutzt;
- verschiedene Formen des Anarchismus, mit unterschiedlichen Formen der Gewalt (Gewaltdemonstrationen, bäuerliche Guerilla, Gewaltrevolution etc.);
- Anarchopazifismus, der Gewalt als Mittel zurückweist.[1084]

Als ein spezifisches Zwischenspektrum zwischen Kommunismus und Anarchismus kann man die Autonomen bezeichnen. Die Autonomen erwuchsen aus der Sponti-Bewegung, die sich gegenüber dem straffen Strukturmodell der altkommunistischen Gruppierungen abgrenzte[1085].

[1080] Vgl. Böhert, Jann, Kronenwett 1988. S. 385–386.

[1081] Ebd. 386.

[1082] Martin Bastl: Radikální levice v České republice – Devadesátá léta dvacátého století. Brünn 2001. S. 51–52.

[1083] Vgl. Backes 1989 S. 176. Doch Böhert, Jann und Kronenwett beschreiben diesen Typus mehr im Sinne des sozialen Anarchismus. Böhert, Jann, Kronenwett 1988. S. 387.

[1084] Mareš 2005. S. 110; Heywood 1994. S. 202.

[1085] Vgl. Uwe Backes, Links- und rechtsextreme Gewalt in Deutschland. In: Eckhard Jesse / Steffen Kailitz (Hrsg.): Prägkräfte des 20. Jahrhunderts. Demokratie, Extremismus, Totalitarismus, München 1997, 169–192.

Autonomistische Politik als linksextremistische politische Erscheinung hat seine Wurzeln in Norditalien in den 1970er Jahren, Ausformungen tauchten später in Deutschland auf. Die Autonomen fühlen sich – laut des AK Wantok – in der libertären linken Tradition verankert, es gibt auch Unterschiede: „Zwar gab es immer deutliche anarchistische Tendenzen, doch verstehen sich bei weitem nicht alle Autonome als AnarchistInnen (und nicht alle AnarchistInnen als Autonome). Es fanden sich seit jeher auch marxistische, operaistische oder radikalökologische Positionen in der autonomen Bewegung. Vereint sind diese Strömungen in ihrer Ablehnung des kapitalistischen Systems, in Kämpfen gegen Staatlichkeit, gegen Neofaschismus, Rassismus und Sexismus und gegen jede andere Form der Unterdrückung“[1086].

10.1.3 Neue Linke und Extremismus

Extremistische Elemente kann man aus verfassungspolitischer Sicht auch bei den verschiedenen Varianten der Neuen Linken (die teilweise auch kommunistische Wurzeln hat), finden[1087]. Der Begriff Neue Linke ist mehrdeutig. Er gilt für linke Protestbewegungen (Friedensbewegung, Frauenbewegung, Antirassismus-Bewegung usw.) und ihre Denker (z.B. Herbert Marcuse) in westlichen Demokratien in den 1960er, 1970er und 1980er Jahren[1088] sowie für die gegenwärtigen nicht-kommunistischen, aber anti-verfassungsstaatlichen Teile der Globalisierungskritiker[1089] und andere Bewegungen (Pro-Immigranten-Bewegung, antifaschistische Bewegung, Antikriegsbewegung und Netzwerke gegen Sicherheitsmaßnahmen) und ihre intellektuellen Stichwortgeber im Hintergrund der Neuen Linken (z.B. der slowenische Philosoph Slavoj Žižek). Im Parteienspektrum lässt sich diese Situation in der Entstehung der radikalen sozialistischen Parteien in der sechziger Jahren abbilden, in postmaterialistischen Gruppierungen wie der griechische Synaspismos oder ex-sozialistisch-(ex)kommunistischen Mischungen wie die deutsche Partei DIE LINKE. Eine spezifische Entität bildet die skandinavische grün-rote Linke, die radikale ökologische Elemente mit einer extrem linken Überzeugung verknüpft[1090].

Eine andere Strömung stellt die lateinamerikanische „boliviarische Linke“ dar, die besonders durch den venezolanischen Präsidenten Hugo Chávez und den bolivianischen Präsidenten Morales repräsentiert ist, teilweise auch durch die Zapatistische Bewegung in Mexiko (die sich aber nicht gleichsetzen lässt mit den politischen Zielen der genannten Präsidenten). Wie schon erwähnt, bewerten andere Ansätze der Extremismusforschung im Unterschied zum verfassungspolitischen Konzept die Neue Linke vorwiegend nicht als extremistisch.

[1086] AK Wantok: Einleitung. In: AK Wantok (Hrsg.): Perspektiven autonomer Politik. Münster 2010, 7–16

[1087] Ebd., 152.

[1088] Gerd Langguth: Protest von Links – Die Studentenbewegung in der Bundesrepublik Deutschland. In: Manfred Funke (Hrsg.): Extremismus in demokratischen Rechtsstaat. Ausgewählte Texte und Materialien zur aktuellen Diskussion. Bonn 1978. S. 164–201.

[1089] Patrick Moreau, Eva Steinborn: Die Bewegung der Altermondialisten – Eine Gefahr für die Demokratie? In: Uwe Backes, Eckhard Jesse (Hrsg.): Gefährdungen der Freiheit – Extremistische Ideologien im Vergleich. Dresden 2006. S. 147–177.

[1090] Uwe Backes, Patrick Moreau: Conclusion. In: Uwe Backes, Patrick Moreau (Hrsg.): Communist and Post-Communist Parties in Europe. Göttingen 2008. S. 333–607.

10.2 Merkmale des Linksextremismus

10.2.1 Ideologische Merkmale des Linksextremismus

Linkextremisten fühlen sich als die Träger des Fortschrittes und der Freiheitlichkeit. Der Linksextremismus nutzt in seiner Ideologie und Programmatik die Themen, die allgemein für das ganze linke Spektrum charakteristisch sind, einschließlich eines Utopismus, der eine nicht-realistische Qualität des Menschen als absolut gutes Wesen voraussetzt. Deshalb wurden in der Realität die linksextremistischen Versuche um das Zustandekommen der idealen Vorstelllungen durch verschiedene Exzesse begleitet (z.B. Verbrechen der Geheimpolizei, Gulags oder die Entstehung korrupter Nomenklatur, hierarchische Machtverhältnisse und Führerkult). Die nachstehende Liste der zentralen Ideologeme des Linksextremismus können auch mit anderen sozialen und politischen Strömungen konnotiert werden, sind also nicht per se linksextremistisch, sondern erst in einem entsprechenden Milieu:

Als Hauptfelder lassen sich nennen:

- Antikapitalismus
- Egalitarismus
- Antifaschismus
- Antimilitarismus
- Internationalismus
- Environmentalismus

Kritik an der kapitalistischen Gesellschaft und den entsprechenden Machtverhältnissen stellt eine Grundlage für die Identität von Linksextremisten und für andere Teile des linken Spektrums dar. Karl Marx hat die Realität des Kapitalismus des 19. Jahrhunderts kritisiert, und diese Kritik wurde von den Linksextremisten auch in weitere Entwicklungsphasen der Marktwirtschaft (in westlichen Demokratien) übertragen. Die Kritik der kapitalistischen Ausbeutung des Proletariats und der Existenz von permanenten Krisen des Kapitalismus[1091] bleiben die wichtigsten Merkmale der Wahrnehmung des Linksextremismus. Die post-moderne Linke nutzt nun auch den Begriff Prekariat, der auf die untersten Einkommensschichten sowie Arbeitslose und anderen vom Verlust ihres Arbeitsplatzes bedrohte Menschen bezogen ist. Nach Martin Dieckmann ist das Prekariat „die Unsicherheit von Lebensverhältnissen durch Widerruflichkeit des Erwerbs“[1092]. Linksextremisten nutzen alle Wirtschaftskrisen für ihre Propaganda, einschließlich der gegenwärtigen Weltrezession, populistisch aus. Verbunden ist dies mit einer undifferenzierten Kritik an ‚denen da Oben‘ die keine Unterschiede mehr wahrzunehmen vermag.

Die undifferenzierte Kapitalismuskritik ist eng mit dem egalitären Ethos des Linksextremismus verbunden. Das Streben nach Gleichschaltung der Gesellschaft wurde früher besonders

---

[1091] Bochenski 1974. S. 62–63.

[1092] Martin Dieckmann: Die Widerruflichkeit der Normalität – Über Prekarität und Prekarisierungen. Referat auf dem BUKO-Kongress in Hamburg. Mai 2005. http://www.labournet.de/diskussion/arbeit/realpolitik/prekaer/rede_buko05.html

an niederen Schichten der Bevölkerung ausgerichtet. In modernen Industriegesellschaften heutiger Zeit sind es jedoch oft ‚Kinder der Mittelschicht', die Träger des Linksextremismus sind. In der Realität der kommunistischen Systeme entstanden gravierende wirtschaftliche Ungleichheiten (z.B. UdSSR) und exorbitante Führerkulte (wie in Nordkorea). In gegenwärtigen westlichen Ländern verfügt die heimische Bevölkerung dank einer kontinuierlich ausgeweiteten wohlfahrtsstaatlichen Politik über ein relativ hohes Lebensniveau, so dass schon deshalb die bekannte traditionelle linksextremistische Propaganda nur relativ schwache Wirkung zeitigt, während die ‚Kinder der Mittelschicht' in der armen Bevölkerung jene zu beschützende Klasse erkennen, die sie unter Anwendung eines umgewandelten Altruismus zu beschützen suchen (siehe auch optimistische Illusion, falscher Konsensus-Effekt, falscher Einmaligkeits-Effekt).

Die Gleichheitsidee wurde auf die Unterstützung benachteiligter Randgruppierungen ausgedehnt, weshalb die westliche extremistische Linke von Beginn an die Frauenbewegung, lesbische bzw. homosexuelle und bisexuelle Gruppen oder die Transgender-Bewegung unterstützte (in den realkommunistischen Systemen blieb die Homosexualität freilich unterdrückt). Der legitime Druck, die Gleichberechtigung auch auf Fragen des Geschlechts oder der sexuellen Orientierung anzuwenden, ist so mit Idealen der extremistischen Linken unterwandert worden. Argumentationen finden hier häufig eine Verbindung mit der Kritik am Kapitalismus, der beinahe für alle Negativitäten der Gesellschaft verantwortlich gemacht wird. Heute ist die extreme Linke in Westeuropa besonders in der Hilfe für illegale Immigranten engagiert[1093] sowie in verschiedenen antirassistischen und Anti-Diskriminierungsinitiativen (in Osteuropa auch hinsichtlich der Situation der Roma). Der legitime Wunsch der Einbindung, der Integration und der Hilfe wurde auch hier mit Antikapitalismuskritiken verbunden. Insbesondere diese Verbindungen lassen sich schwerlich im Rahmen des verfassungspolitischen Ansatzes begreifen. Das Konzept der extremen Zivilgesellschaft ist hier ein überlegenes Arbeitskonzept, vermag es doch die Verbindung zwischen zivilgesellschaftlichen Akteuren und Akteuren des Linksextremismus aufzuarbeiten.

Die hier genannten Aspekte hängen ebenfalls mit dem Antifaschismus, der sich gegen jede Form des Rassismus richtet, zusammen. Der Linksextremismus kämpft insbesondere gegen seine Gegner aus dem rechtsextremistischen Lager, ein Kampf, der eine lange Tradition aufweist. Der Faschismus ist durch den Linksextremismus als eine Begleitform des Kapitalismus betrachtet worden (deshalb ist der Faschismusbegriff sehr weit gefasst). Der antifaschistische Kampf dient auch als eine Begründung für „Volksfronten" im Schulterschluss mit anderen politischen Strömungen. Dem linksextremistischen Antifaschismus geht es laut Armin Pfahl-Traughber „nicht primär um die Bewahrung der Demokratie, sondern um die Überwindung des Kapitalismus. Da die eigentliche Ursache für den Faschismus in eben dieser Wirtschaftsordnung gesehen wird, so die innere Logik der Argumentation, besteht die zentrale Zielsetzung des Antifaschismus in dessen Abschaffung"[1094].

1093 Miroslav Mareš: Extreme Left in Contemporary Europe – from Communist Combatant Parties to Militant Campaigns? Central European Political Science Review, 9 (2), 2007. S. 294–314. http://www.cepsr.com/clanek.php?ID=319

1094 Armin Pfahl Traughber: Antifaschismus als Thema linksextremistischer Agitation, Bündnispolitik und Ideologie – Zu den ideologischen Hintergründen und politischen Implikationen eines Kampfbegriffs. In: Ebd. (Hrsg.): Jahrbuch für Extremismus- und Terrorismusforschung 2009/2010. Brühl 2010. S. 273–300.

> Volksfront
>
> Eine der bekanntesten Volksfronten im Kampf gegen rechtsextremistische und faschistische Tendenzen wurde 1934 in Frankreich gebildet, als die beiden feindselig gegenüberstehenden Kommunisten und Sozialisten ein Bündnis eingingen, dem die bürgerliche Radikale Partei beitrat. Der 7. Komintern-Kongress hatte dieses Bündnis 1935 gebilligt und als Maßstab für die kommunistische Bewegung ausgegeben. Das Volksfrontbündnis scheiterte 1938.

Der Linksextremismus schreibt den Internationalismus auf seine Fahnen. Wie schon erwähnt, beinhalten die kommunistischen Bewegungen in vielen Ländern starke nationalistische Elemente. Linkextremisten protestieren gegen Imperialismus und gegen die internationale Zusammenarbeit der kapitalistischen Staaten. Deshalb kritisieren sie sicherheitspolitische Organisationen (wie NATO), globale Wirtschaftsorganisationen (wie WTO, IWF/WB usw.) sowie die heutige europäische Integration, die als neoliberales Projekt angesehen wird. Die Kritik der Globalisierung des neoliberalen Kapitalismus hat auch die Anti-Globalisierungsbewegung mit starker linksextremistischer Präsenz hervorgerufen.[1095]

Die Linksextremisten fühlen sich im Allgemeinen auch als Antimilitaristen, weil sie den Militarismus als eine imperialistische und kapitalistische Erscheinung betrachten. Deshalb lehnen sie den Militärdienst in ‚kapitalistischen Armeen' ab. Wenngleich die Verweigerung des Militärdienst sicherlich für sich selbst genommen kein Hinweis auf extremistische Tendenzen ist. Vielfach überhöhen Linksextremisten die Macht des Militärs und blähen die militärischen Einsätze auf, so dass ein Bild entsteht, dass dem Militär eine besonders negative Rolle zuweist und mit dem Imperialismus in Verbindung setzt. Allgemein kämpfen sie gegen stärkere Sicherheitsmaßnahmen in westlichen Demokratien, die sie als Instrument der Überwachung durch die herrschende Klasse bezeichnen. Die Abwehr von Überwachungsmaßnahmen ist für sich genommen kein speziell extremistisches Gebaren und findet sich in vielen Zusammenhängen der Parteipolitik (FDP, Piratenpartei) und der Zivilgesellschaft (ChaosComputerClub). Doch in den realen linksextremistischen Regimen spielen Armeen und Militarisierung eine sehr starke Rolle, die subversiven linksextremistischen Bewegungen beinhalten auch verschiedene Formen des Militär-Fetischismus (wie z.B. der „Che Guevara-Kult" der starke Elemente zur Popkultur aufweist, der in diesem Rahmen eher eine deradikalisierende Wirkung entfaltet). Dirk Freudenberg schreibt zutreffend über Lenin: „Lenin schmiedete sich aus dem Inhalt des Werkes ‚Vom Kriege' eine wirksame geistige Waffe für sein Ringen um die Begründung der Sowjetmacht und machte die Hauptthesen von Clausewitz über das grundsätzliche Verhältnis von Krieg und Politik zu feststehenden Elementen des Marxismus-Leninismus mit einer bezeichnenden Umkehrung. Während für Clausewitz der Krieg eine Fortsetzung der Politik mit anderen Mitteln war, stellte Lenin Clausewitz auf dem Kopf, indem er die Politik als Fortsetzung des Krieges mit anderen Mitteln verstand. Für Lenin war Krieg ein Teil des Ganzen, und das Ganze ist die Politik."[1096] Im Bereich innerer Sicherheit waren in allen kommunistischen Staaten die polizeilichen und insbesondere

1095 Mareš 2007.

1096 Dirk Freudenberg: Theorie des Irregulären – Partisanen, Guerillas und Terroristen im modernen Kleinkrieg. Wiesbaden 2008. S. 301–302.

geheimpolizeilichen Kräfte geradezu übermächtig. Auch innerhalb der subversiven linksextremistischen Bewegungen existieren starke interne Überwachungs-, Kontroll- und Repressionsmechanismen[1097].

10.2.2 Strategische Merkmale des Linksextremismus

Der Linksextremismus strebt entsprechend seinen erklärten Zielen in Richtung auf eine klassenlose Gesellschaft. Zur Beseitigung des kapitalistischen Systems greift er zu verschiedenen Arten der subversiven Aktion, aus taktischen Gründen kann er sich zudem, unter legalem Vorwand, der Instrumente und Institutionen der parlamentarischen Demokratie bedienen. Diese Vorgehensweisen führen zur einer revolutionären Situation, an deren Ende der angestrebte Systemwechsel steht. Nach dem Revolutionssieg wird die Macht gesichert, u.a. dadurch, dass die konterrevolutionären Kräfte im Innern und counter insurgency-Aktionen vom feindseligen Ausland bekämpft werden und darüber hinaus versucht wird, die eigene Herrschaft global zu erweitern.

counter insurgency

Nach der Kubakrise 1962 von der amerikanischen Kennedy-Administration eingeleitete Maßnahmen zur Eindämmung von nationalen Befreiungs-Bewegungen in Lateinamerika durch von der CIA zu organisierenden Gegenbewegungen.

Die Arten der Revolution sind sehr unterschiedlich. Eine wichtige Rolle spielt dabei Gewalt, so dass sich gewaltsame und gewaltfreie Revolutionsversuche unterscheiden lassen. Doch auch die gewaltsamen Revolutionierungen können sehr unterschiedlichen Charakters sein, u.a. determiniert durch die Zahl der beteiligten Revolutionäre. Einen Pol der Achse bildet der individuelle anarchistische Terrorismus, der andere Pol eine Massenrevolution des leninistischen Typs. Zwischen diesen Polen liegen z.B. blanquistische Versuche, also punktuelle Revolutionsaktionen mit großen negativen Auswirkungen für die bürgerlichen Herrschaftseliten[1098], z.B. der kommunistische Staatsstreich in der Tschechoslowakei im Jahre 1948.

Blanqui

Louis Auguste Blanqui (1805–1881) forderte die Strategie eines permanenten revolutionären Kampfes durch eine kleine Elite von Berufsrevolutionären. Er war aktiv an der Pariser Kommune 1871 beteiligt, fiel aber nach seiner Verhaftung als führender Revolutionär aus.

[1097] Mareš 2005. S. 36.

[1098] Walter Laqueur: Terrorismus. Kronberg 1977. S. 24.

Legalistische Wege sind meistens von politischen Parteien beschritten worden, wobei in leninistischen und ähnlichen Konzeptualisierungen diese auch als revolutionäre Kampfplattformen dienen können. Die propagandistische Tätigkeit der linksextremistischen Parteien kann langfristig das System untergraben und auf eine passende Gelegenheit für einen revolutionären Wechsel warten. Unterdessen ist es nach taktischem Ermessen teilweise von Vorteil für sie, mit anderen Parteien zu kooperieren bzw. zu paktieren, um Teilerfolge zu erzielen. Linksextremistische Parteien bilden auch verschiedene Satelliten-Organisationen wie z.B. Gewerkschaften, Jugend- oder Frauenorganisationen usw. Manche linksextremistische Richtungen lehnen die politischen Parteien in westlichen Demokratien grundsätzlich ab. Eine nähere Interpretation einer anarchistischen Haltung diesem Problem gegenüber präsentiert Ralf Burnicki:

„Zusammenfassend ergeben sich folgende Einwände gegen Arbeiter(innen)parteien und traditionellen Gewerkschaften:

- Parlamentarische Betätigung unterliegt der Gefahr einer Verfremdung ursprünglicher Absichten und führt zur Selbstanpassung an geltende Herrschaftsbedingungen;
- Parteistrukturen begünstigen Hierarchien;
- ebenso die Organisationsstrukturen der traditionellen Gewerkschaften; woraus sich
- die Gefahr der Kastenbildung der Funktionäre ergibt, d. h. Elitenbildung“[1099].

Doch auch linkextremistische politische Parteien können zu gewalttätigen subversiven Aktionen greifen, z.B. Gewaltstreiks, Blockaden und Gewaltdemonstrationen. Diese Instrumente (oder Milieus) nutzen auch nichtparteiliche Akteure. Dazu können sie spezielle Strukturen bilden, wie z.B. der Schwarze Block (Black Bloc), der gegenwärtig meistens während Antiglobalisierungsdemonstrationen (seit 1999) im Einsatz war. Zur Unterstützung von Gruppierungen innerhalb der linksextremistischen Szene, soweit diese von den Regierungen verfolgt und abgeurteilt werden, dienen Hilfsorganisationen wie z.B. das Anarchist Black Cross oder die Rote Hilfe.

> Schwarzer Block
>
> Eigentlich eine Demonstrationstaktik, bei der die beteiligten Aktivisten schwarz gekleidet und vermummt sind. Zumeist sind es Autonome, deren Wurzeln in der Antiatomkraft-Bewegung liegen.
>
> Anarchist Black Cross
>
> Zu Beginn des 20. Jahrhunderts gegründetes Hilfswerk für inhaftierte Anarchisten, das auch Solidaritätsadressen ausgibt.

[1099] Ralf Burnicki: Anarchie als Direktdemokratie, Selbstverwaltung, Antistaatlichkeit – Eine Einführung in den Gegenstand der Anarchie.(2.Auflg.). Moers 2009.

Rote Hilfe

Die 1975 auf Initiative der KPD/ML gegründete Hilfsorganisation für Aktivisten (beschuldigte, Angeklagte, Straftäter) aus dem linken Spektrum entstand in der Bundesrepublik Deutschland aus der Außerparlamentarischen Opposition heraus. Sie leistet juristischen Beistand und sorgt für die mediale Kenntnisnahme der behördlichen Strafverfolgungen. Die Organisation war sehr stark involviert in der Berufsverbotskampagne.

Als unerlässliche Untergliederungen bilden kommunistische Parteien und andere hierarchische Organisationen paramilitärische Einheiten im Sinne von Kampfformationen gegen den politischen Feind, die zumeist eine Basis für eine revolutionäre Armee darstellen (wie z.B. die Rote Ruhrarmee im Jahre 1920[1100]). Teile der Linksextremisten stehen diesen hierarchischen Versuchen ablehnend gegenüber und propagieren stattdessen so etwas wie einen *,sozialen Rebellismus'* von unorganisierten Banden ohne Anbindung an paramilitärische Strukturen[1101], die für Chaos und Unruhen sorgen (ausgehend meist von Jugendsubkulturen)[1102].

Rote Ruhrarmee

Diese von linken Arbeitern formierte „Armee" war eine Reaktion auf den Kapp-Putsch 1920. Ende März 1920 war das gesamte Ruhrgebiet in ihrer Hand. Gegenmaßnahmen der Reichsregierung mittels Reichswehr- und Freikorpsverbänden führten zu einem blutigen Ende der „Roten Ruhrarmee" (April 1920).

Ist eine längerfristige Revolutionierung abzusehen, spielt der Partisanenkrieg im linkextremistischen Spektrum eine sehr wichtige Rolle, was mit historischen Erfahrungen und Traditionen zusammenhängt, z.B. der Partisanenkampf während des Bürgerkriegs in Russland 1918–1921, der kommunistische Partisanen-Widerstand während des Zweiten Weltkriegs in der Sowjetunion (wobei hier aber die Verteidigung der eigenen Nation vor dem deutschen Aggressor die Haupttriebfeder war), der Partisanenkrieg Titos gegen die Deutschen, die Partisanenkriegsstrategie von Mao und der Chinesischen Revolution, der Kult um Ernesto Che Guevara[1103], der sich, was die kubanische bzw. lateinamerikanische Guerillataktik angeht, diesem anschloss, oder propagandistische Erfolge der post-modernen Guerilla der *Zapatisten (EZLN)* in Mexiko. Im gegenwärtigen Europa werden Aufstände der heimischen Bevölkerung sowie der Immigranten von der zapatistischen Bewegung, die partiell mit dem *Operaismus* verbunden ist, herbeigesehnt[1104]. Probleme Mexikos sollen über Veränderungen in Europa gelöst werden – unter völliger Ausblendung der hausgemachten Kardinalfragen.

1100 Reinhard Brühl et.al.: Wörterbuch zur deutschen Militärgeschichte. Mi-Z. Berlin 1985. S. 840–843.

1101 Einige aus der EX (MG): Der Weg von der Hassbrenerei zum organisierten sozial-Rebellisimus – Ein Nachtrag zur Militanzdebatte. Radikal, Nr. 162, 2010. S. 9–18.

1102 Claus M. Wolfschlag: Antifa ist Pop – Zur populärkulturellen Konstituierung einer radikalen Linken. In: Hans-Helmuth Knütter, Stefan Winckler (Hrsg.): Handbuch des Linksextremismus – Die unterschätzte Gefahr. Graz/Stuttgart 2002. S. 103.

1103 Freudenberg 2008. S. 303–313.

1104 Unsichtbares Komitee: Der kommende Aufstand. Hamburg 2010.

Operaismus

Diese in den frühen 1960er Jahren von Italien ausgehende marxistische Richtung war, im Gegensatz zur KPI, strikt antietatistisch orientiert und propagierte eine Ablehnung der Fabrikarbeit. Theoretiker wie Antonio Negri forderten eine Disziplinierung der Arbeit, um so die Entfaltung der Produktivkräfte zu sichern. Zahlreiche Streiks in der norditalienischen Autoindustrie machten den Operaismus bekannt. Insbesondere Antonio Negri hatte sich in den 1970er Jahren mit der Brigate rosse (Rote Brigarden) zusammengetan. Ausgehend von Arbeiterkämpfen wird im Operaismus der gesellschaftsgeschichtliche Prozess analysiert. Der Operaismus hat laut Negri mehrere Formen, Verbindungen und Bedeutungen. Einmal ist es die Verbindung einer revolutionären Partei und der Arbeiterbewegung in Form einer ‚subjektiven Objektivität' der Wahrnehmung und sucht seine Bedeutung statt in der Dekomposition der Klassen- in der Rekomposition der Klassen. Hier sind laut Negri zwei Strömungen des Operaismus wahrnehmbar. Einmal ist es der Operaismus der italienischen kommunistischen Partei, daneben der Operaismus der Autonomen. Der Operaismus der italienischen kommunistischen Partei fordert die Autonomie der Arbeiterschaft, der Operaismus der Autonomen die Autonomie des Politischen.

Der Linkextremismus setzt auch subversive terroristische Methoden ein nach dem Motto, der Terrorismus bewege die Gesellschaft zur Revolution. Orthodoxe und traditionsorientierte Marxisten-Leninisten und Trotzkisten lehnen jedoch den *individuellen Terrorismus* ab[1105]. Wichtige Vorbilder des linkextremistischen Terrorismus sind der anarchistische Terrorismus aus der zweiten Hälfte des 19. und den ersten Jahrzehnten des 20. Jahrhunderts *(„Propaganda der Tat“)* sowie als Erbe davon die südamerikanische und westeuropäische sog. Stadtguerilla aus den 60er, 70er und 80er Jahren des 20. Jahrhunderts[1106].

Es ist bereits darauf hingewiesen worden, dass nach einem Sieg der Revolution (und auch während der Revolution) Leninisten und ähnliche Ideologen einen revolutionären Terror propagieren und auch praktizieren. Im traditionellen Marxismus-Leninismus soll eine Diktatur des Proletariats herrschen, doch die einzelnen reformkommunistischen Strömungen haben deren Notwenigkeit bezweifelt[1107]. Kommunistische Regimes bauen parteiliche sowie staatliche Institutionen zur Machterhaltung als Parallelwelten auf. Die dominierende Rolle auf staatlicher und gesellschaftlicher Ebene spielt die Kommunistische Partei. Auf gesellschaftlicher Ebene handelt es sich um sog. Frontorganisationen, die unter kommunistischer Führung stehen[1108]. Auf internationaler Ebene haben die Kommunisten eine Blockpolitik realisiert und Strategien zur Globalisierung der Revolution („Weltrevolution“)[1109] entwickelt. Die Strategien zur Aufrechterhaltung einer anarchistischen Gesellschaftsordnung sind dagegen wenig ausarbeitet, ja, eigentlich utopisch geblieben[1110].

1105 Mareš 2005. S. 68.
1106 Walter Laqueur: The New Terrorism – Fanaticism and the Arms of Mass Destruction. London 1999. S. 24–29.
1107 Vgl. Santiago Carrillo: Eurokommunismus und Staat. Hamburg/Westberlin 1977. S. 164–165.
1108 Bochenski 1974. S. 120.
1109 Bochenski 1974. S. 121.
1110 Vgl. Böhert, Jann, Kronenwett 1988. S. 388.

10.3 Gesamtübersicht

Im gegenwärtigen linksextremistischen Spektrum in der Welt kann man sehr heterogene politische Akteure finden. Auch nach dem Zerfall der kommunistischen Systeme in Osteuropa existieren manche kommunistischen Regimes, deren weltpolitischer Einfluss mit Ausnahme der VR China eher geringer bestimmt ist, als der, der Sowjetunion und seiner Verbündeten während des Kalten Krieges. Über eine internationale kommunistische Bewegung im traditionellen Sinne kann man kaum noch sprechen, obwohl auch nach 1989 verschiedene Versuche zur Etablierung eines transnationalen Netzwerks kommunistischer Linksextremisten gemacht worden sind, die aber nur von kurzfristiger Dauer waren[1111]. Neben den kommunistischen Bewegungen wirken weiterhin die anarchistischen Gruppierungen. Extremistische Elemente kann man an verschiedenartigen Formen und Thematiken der neuen Linken – einschließlich der Parteien – analysieren. Linksextremistische Denker wirken in spezifischen Kreisen. Linkextremistische Ideologien haben Einfluss sowohl in das subkulturelle als auch militante Spektrum, das in vielen Staaten wirksam ist, einschließlich linksextremistischer terroristischer und Guerilla-Bewegungen. Als Sammelbecken für viele linksextremistische Strömungen dient die Antiglobalisierungsbewegung, die aber in ihren Organisationsformen und Programmatiken weit über das engere linksextremistische Spektrum hinausreicht und auch andere soziale Bewegungen mit extremistischen Elementen einschließt und überdies hinaus auch durch die Zivilgesellschaft getragen ist.

10.3.1 Linksextremistische Regimes

Nach dem Fall des kommunistischen Ostblocks existieren gegenwärtig die kommunistischen Regimes in China, Nordkorea, Kuba, Vietnam und Laos. China, Vietnam und teilweise auch Laos versuchen, die bislang unbekannten und unerprobten marktwirtschaftlichen Elemente mit der kommunistischen Gesellschaftsordnung (in der die jeweilige kommunistische Partei weiterhin auf ihrem Führungsanspruch besteht) zu verknüpfen. Im chinesischen Falle ist es wichtig, den sog. Danwei-Bereich zu berücksichtigen – also Arbeitseinheiten, die gesellschaftliche Dienstleistungen im sozialen, gesundheitlichen, schulischen Bereich und Partizipationsmöglichkeit anbieten und die (nach Wilfried Röhrich) der konfuzianischen Tradition folgt (Grundsatz der Gemeinschaftsbezogenheit des Einzelnen).[1112]

Das kubanische Regime stilisiert immer noch die Tradition der Castro-Revolution, doch seine Überlebensfähigkeit nach dem Tod des Maximo Líder ist strittig. Als eine Bedrohung für die regionale Sicherheit lässt sich das düstere Regime der Demokratischen Volksrepublik Korea charakterisieren, das seit 2006 auch über Atomwaffen verfügt. Das kubanische wie das

---

[1111] Ein Beispiel ist die Pchjongjang-Deklaration, die im Jahr 1994 viele dogmatische kommunistische Parteien unterzeichneten. Diese Deklaration beinhaltete große Ziele, die aber nicht realisiert wurden.

[1112] Wilfried Röhrlich: Die politischen Systeme der Welt. München 1999. S. 59.

nordkoreanische Regime sind eingefügt in transnationale Unterstützungsnetzwerke, die mit den dogmatischen kommunistischen Gruppierungen in der Welt verbunden sind[1113].

Weitere Regimes in der heutigen Welt lassen sich nicht eindeutig als linksextremistisch einstufen. Im Fall des Lukaschenko-Regimes in Weißrussland spielen Traditionen aus der Sowjet-Ära eine zentrale Rolle; auch kooperiert dieses System mit ausländischen Linksextremisten. Unter Anderem mit dogmatischen Kommunisten aus den slawischen Staaten im Rahmen des Internationalen Slawischen Ausschuss, wo Lukaschenko der Ehrenvorsitzende ist[1114]. Faktisch verfügt es aber über keine halbwegs konsistente weltanschauliche Ideologie. Dasselbe gilt auch für die zentralasiatischen postsowjetischen autoritären Regimes[1115]. Die gegenwärtigen linken Regimes in Lateinamerika (Bolivien, Venezuela) mit der kubanischen Ausnahme, haben nicht eindeutig einen anti-demokratischen Charakter (obgleich sie in Verbindung mit zahlreichen ausländischen linksextremistischen Kräften stehen). In der Literatur werden sie eher als populistisch bezeichnet[1116].

10.3.2 Linksextremistische Parteien und Interessengruppen

In vielen Staaten der Welt wirken bis heute relativ starke linksextremistische Parteien und Interessengruppen. Als Folge des Aufkommens des Eurokommunismus und des Falls des Kommunismus in Osteuropa haben sich auch viele ehemalige kommunistische Parteien reformiert und ihre Identität, die noch in der Linksaußenparteien-Familie gründete, in eine sozialistische/sozialdemokratische transformiert (z.B. in Italien, wo die Kommunistische Partei Italiens zur Partei der Demokratischen Linke wurde, oder die ehemaligen Staatsparteien in manchen osteuropäischen Ländern, die in die Sozialistische Internationale (SI) aufgenommen wurden (Polen, Ungarn usw.)[1117].

Doch sind im heutigen Europa die linksextremistischen Parteien weiterhin eine politische Größe. Eindeutigkeit herrscht hinsichtlich eines linksextremistischen Charakters im Fall der traditionellen nicht-reformierten kommunistischen Parteien. Die Charakterisierung der anderen Parteitypen (reformkommunistische Parteien, rotgrüne Parteien, postkommunistische Parteien)[1118] als extremistisch ist im Allgemeinen für die verfassungsstaatlich orientierte Extremismusforschung typisch. Schließlich besitzen manche demokratische sozialistische Parteien dogmatische Flügel, wie die Partei DIE LINKE in Deutschland.

1113 Miroslav Mareš: Formen der linksextremistischen Gewalt in Europa. In: Bundesministerium für Wissenschaft und Forschung (Hrsg.): Aggresivität und Gewalt in Europa. Grenzen und Prüfsteine der Integration der EU. Tagungsband. Krems an der Donau 2009. S. 217–227. Konferenz-Beitrag: 11. Internationale Europakonferenz „Aggressivität und Gewalt in Europa – Grenzfragen und Prüfsteine der Integration der EU“ Wien, 27.–29. November 2008. Der Europäischen Akademie für Lebensforschung, Integration und Zivilgesellschaft.

1114 Jan Jelínek: Předsedou mezinárodního slovanského výboru zvolen Nikolaj Lavriněnko. In: Haló noviny, 22.11.2010, http://www.halonoviny.cz/articles/view/211581

1115 Jan Holzer, Stanislav Balík: Postkomunistické nedemokratické režimy – Studie k proměnám politické teorie v posttranzitivním čase. Brünn 2007. S. 180.

1116 Hans Georg Golz: Editorial. Aus Politik und Zeitgechichte, 57: 41–42, 2010, 2.

1117 Lubomír Kopeček: Preface – Political Left in Contemporary Europe. In: Ebd. (Hrsg.): Trajectories of the Left, Social Democracy and (Ex-)Communist Parties in Contemporary Europe – Between Past and Future. Brünn 2005. S. 7–10.

1118 Backes, Moreau 2008.

Innerhalb des traditionalistischen Typs lassen sich meist marxistisch-leninistische Parteien auffinden. Nur in wenigen Staaten haben trotzkistische Parteien eine gewisse Relevanz (wie z.B. die Neue antikapitalistische Partei (NPA) in Frankreich). Parteien anderer Subvarianten des Kommunismus spielen in Europa keine Rolle. Zu erwähnen ist hier noch die Nationalbolschewistische Partei Russlands (NBPR), die in Russland wegen ihrer Oppositionstätigkeit verboten wurde, doch eine sichtbare Rolle bei den Protesten gegen das Putin-Regime hat. In der Europäischen Union bestehen zurzeit die wichtigsten kommunistischen Parteien in der Tschechischen Republik (Kommunistische Partei Böhmens und Mährens – KSČM), in Griechenland (Kommunistische Partei Griechenlands – KKE) und in Zypern (Fortschrittspartei des werktätigen Volkes – AKEL). Außerhalb der EU hat die größten Wahlerfolge die Kommunistische Partei der Republik Moldawien (PCRM) und die Kommunistische Partei der Russischen Föderation (KPRF) erzielt[1119].

Außerhalb Europas sind, selbstverständlich mit Ausnahme der Staatsparteien der obengenannten kommunistischen Regimes, die parteipolitisch organisierten Linksextremisten besonders mächtig in den Staaten, wo sie Verdienste im Kampf gegen frühere nicht-demokratische Systeme erworben haben (so z.B. die Maoisten in Nepal). In solchen Staaten knüpfen sie meistens an die frühere Guerilla-Tätigkeit an.

Linksextremistische Parteien treten auch auf dem Felde der internationalen Beziehungen in Erscheinung, haben darüber hinaus auch transnationale Beziehungen geknüpft. In Europa kooperieren die traditionalistischen und reformistischen Linksaußenparteien im Forum der Neuen Europäischen Linken (NELF) und in der Konföderalen Fraktion der Vereinigten Europäischen Linke – Nordische Grüne Linke (GUE-NGL). Die traditionalistischen Parteien lehnen die Mitgliedschaft in der Partei der Europäischen Linke (PEL) ab[1120], die selbst aber nur sehr informelle Strukturen hat (z.B. regelmäßige Konferenzen in Brüssel).

Die Trotzkisten verfügen über mehrere internationale Ideenfraktionen. Zu den wichtigsten kann man das Vereinigte Sekretariat der Vierten Internationale (US), die Internationale sozialistische Tendenz (IST), die Liga für die Fünfte Internationale und Internationaler Arbeiterkomitee (CWI) zählen.[1121] In Europa versuchen sie in Gestalt der Europäischen Antikapitalistischen Linken (EAL) zu agieren. Die maoistischen transnationalen Gruppierungen besitzen eine relativ begrenzte Mitgliederschaft und somit eine geringe Organisationsbasis. Zu den wichtigsten zählen hier die Widerstandbewegung der Weltvölker (WPRM), die Revolutionäre Internationalistische Bewegung (RIM), die Internationale Liga für Volkskampf (ILPS) und die Internationale Konferenz Marxistisch-Leninistischer Parteien und Organisationen (IKMLPO)[1122].

1119 Backes, Moreau 2008.

1120 Petr Fiala, Miroslav Mareš, Petr Sokol: Eurostrany – Politické strany na evropské úrovni. 2007.

1121 Vgl. Rudolf van Hüllen, Transnational Cooperation of Post-Communist Parties, In Uwe Backes, Patrick Moreau (Hrsg.): Communist and Post-Communist Parties in Europe. Göttingen 2008, 463–482.

1122 Vgl. Hüllen 2008.

> Forum der Neuen Europäischen Linken
>
> Ein 1991 gebildeter Zusammenschluß von 18 linken Parteien im Sinne eines Forums der gegenseitigen Konsultation und des Meinungsaustauschs. Von deutscher Seite ist die Partei DIE LINKE vertreten.
>
> Konföderale Fraktion der Vereinigten Europäischen Linke – Nordische Grüne Linke
>
> Ein Parteienbündnis und Fraktion im Europäischen Parlament, die sich aus Vertretern unterschiedlicher sozialistischer und kommunistischer Parteien zusammensetzt.
>
> Europäische Antikapitalistische Linke
>
> Ein Meinungsforum linker Parteien und Wahlbündnisse, die einen mehrheitlich trotzkistischen Hintergrund aufweisen.

Die anarchistischen Organisationen sind im Vergleich zu den marxistischen Gruppierungen schwach, doch ist das Niveau der anarchistischen Aktivitäten in globalem Umfang seit Mitte der neunziger Jahre allmählich gewachsen. Gabriel Kuhn versucht dies wie folgt zu erklären: „Die Gründe hierfür sind in der Diskreditierung der marxistischen Linken genauso zu suchen wie in einer zunehmenden Kritik am neoliberalen Kapitalismus und Entstehen stark basisdemokratisch und egalitär orientierter sozialer Bewegungen". Kuhn spricht in diesem Zusammenhang auch von einer „dritten Welle des Anarchismus" – nach der frühen Hochzeit zwischen 1870 und 1930 und dem ersten Wiederaufkommen des Anarchismus im Zuge der Protestbewegungen der späten 1960er Jahre[1123]. Die anarchistische Bewegung ist zersplittert (das gilt auch für die transnationale Ebene – zur anarchistischen internationalen kann man die Internationale der anarchistischen Föderationen (IAF-IFA) oder die Internationale Arbeiterassoziation (IWA) zählen) und verfügt über keinerlei Parteienstrukturen, mit Ausnahme von kurioser Punk-Projekte, wie die Pogo Partei in Deutschland. In den letzten Jahren haben mehrere Anarchisten in Europa die Piraten-Parteien unterstützt, doch diese Partei ist als ganzes weder anarchistisch noch linkextremistisch. Stattdessen strebt die Partei eine Veränderung der Copyright-Gesetze auf demokratischem Wege an[1124].

Die gegenwärtige linkextremistische Szene verfügt über keinen ideengebenden think-thank oder Gruppen dominanter Denker wie im 19. oder in der ersten Hälfte des 20. Jahrhunderts. Im marxistischen Intellektuellen-Milieu lässt sich eine Art Vermählung zwischen den Pop-Ikonen der neuen Linken und dem traditionellen Spektrum aufspüren. Als die großen Drei der gegenwärtigen neuen Linken sind der slowenische marxistische Philosoph Slavoj Žižek, der französische Maoist Alain Badiou und der italienische Neo-Marxist Antonio Negri zu zählen[1125]. Einzelne anarchistische Intellektuelle beeinflussen die öffentlich wirksamen

---

1123 Gabriel Kuhn (Hg.): Von Jakarta bis Johannesburg – Anarchismus weltweit. Münster 2010. S. 9–12.

1124 Udo Zolleis, Simon Prokopf, Fabian Strauch: Die Piratenpartei – Hype oder Herausforderung für die deutsche Parteienlandschaft? München 2010. http://www.hss.de/uploads/tx_ddceventsbrowser/AA-55_Piratenpartei_02.pdf

1125 Vgl. Philipp Oemke, Welcome to Slavoj Zizek Show, Der Spiegel, 7. 8. 2010 http://www.spiegel.de/international/zeitgeist/0,1518,705164,00.html 14.2.2011

Debatten, z.B. der amerikanische Linguist Noam Chomsky. Doch über kohärente Zirkel, die strategisch die Bewegung stärken, kann man in diesem Fall kaum sprechen.

10.3.3 Gewaltakteure linker Provenienz

Linksextremistische subversive Gewaltpotentiale haben nach dem Fall des europäischen Kommunismus im globalen Maßstab ein niedrigeres Niveau, was mit dem Rückgang der pro-sowjetischen Guerilla- und Terroristengruppen in der Dritten Welt zusammenhängt sowie mit dem schrittweisen Ausschalten der linksextremistischen terroristischen Gruppierungen in den westlichen Demokratien (Rote Brigaden in Italien, Action directe in Frankreich, Rote Armee Fraktion in Deutschland usw.).

Rote Brigaden

Die 1970 gebildeten Roten Brigaden war eine linksextremistische Terrororganisation in Italien, die sich im Sinne einer Stadtguerilla verstand und zahlreiche Anschläge verübte. Der spektakulärste Fall war die Entführung und Ermordung des italienischen Ministerpräsidenten Aldo Moro 1978.

Action directe

Eine französische linksextremistische Terrorgruppe, die „im Namen der Arbeiterklasse" zahllose Attentate beging. Sie bildete sich 1979 und wurde 1987 aufgelöst.

Doch agieren in manchen amerikanischen und asiatischen Staaten noch starke Guerillaverbände, die auf terroristische Methoden zurückgreifen, z.B. die marxistischen *Revolutionären* Streitkräfte Kolumbiens – Volksarmee (FARC-EP) oder die Kommunistische Partei Indien (Maoisten) und andere maoistische Einheiten in Indien (sog. Naxaliten), die auch im europäischen linken Spektrums propagandistische Wirkungen erzielen[1126].

Revolutionäre Streitkräfte Kolumbiens – Volksarmee (FARC-EP)

Diese marxistische Guerillaorganisation operiert seit 1966 als militärischer Arm der KP Kolumbiens. Sie vertrat zunächst die agrarischen Interessen, später die der Kokabauern. Heute finanziert sie sich zumeist aus Lösegeldern und dem Drogenhandel.

Der Terrorismus in den europäischen Ländern manifestiert sich zur Zeit am heftigsten in Griechenland, wo die Gruppen Revolutionärer Kampf (EA) und Konspirative Zellen des Feuers wirken. In Italien agiert die Informelle anarchistische Föderation. In den osteuropäischen Staaten hat sich kein ernst zunehmender linksextremistischer Terrorismus herausgebildet[1127]. Andere Formen der Gewalt äußern sich besonders in Straßenschlachten mit der Polizei während militanter Demonstrationen, die sich im Namen des Antifa-Widerstandes durch

[1126] Revolutionäre Linke: International Class War, Für den Sieg im Klassenkrieg! – Der Volkskrieg in Indien. Radikal, Nr. 162, 2010, 24–29.

[1127] Mareš 2007.

anarchistische Gruppierungen Geltung zu verschaffen sucht. Eine spezifische Form der Gewalt stellt die Massenrevolte in Griechenland in den Jahren 2008–2010[1128] dar.

10.3.4 Subkulturen mit linksextremistischen Elementen

Der Linksextremismus beeinflusst manche gesellschaftlich subkulturelle Milieus, insbesondere in Jugendsubkulturen finden diese Ideen Anklang. Allerdings bleibt festzuhalten, dass keine Subkultur einem linksextremen Purismus nacheifert, weil innerhalb dieser verschiedene ideologische Strömungen einwirken. Ein klares linksextremistisches Profil weisen dagegen die Autonomen auf. Nach Uwe Backes handelt sich um eine „militante Subkultur, die das Normengefüge des demokratischen Staates radikal zurückweist und nach eigenen Gesetzen zu leben beansprucht“[1129]. Die Autonomen bezeichnen sich selbst als eine Bewegung[1130], in welchem, um den Zentralbegriff der Autonomie, ein theoretischer Anspruch hergeleitet wird[1131]. Autonome haben eine starke Basis in Italien (wo ihre Wurzeln liegen) und in Deutschland, teilweise expandieren sie in die ostmitteleuropäischen Staaten (wo sie mit der anarchistischen Szene verknüpft sind)[1132]. Großen Einfluss hat der Linksextremismus (eher in relativ primitiven Formen) in der Punk-Subkultur (wo auch eine spezifische Variante der Anarcho-Punks entstand), zum Teil in der Hard-Core, in der Hip-Hop-Szene oder in der Techno-Szene[1133]. Eine Strömung von Skinheads – Red and Anarchist Skinheads (RASH) – weist eine linksextremistische Orientierung auf.

RASH Skins

Eine Vereinigung kommunistischer und anarchistischer Skinheads. Diese linke Subkultur hat Gruppierungen in Berlin, Brandenburg, Niedersachsen und Nordrhein Westfalen ausgebildet und hat sich gegen jede Form von ‚Machtstrukturen‘ positioniert. Ein bekannter Vertreter ist Thomas Meyer-Falk, der aufgrund eines politisch motivierten Banküberfalls mit Geiselnahme verurteilt ist.

10.3.5 Soziale Bewegungen mit linksextremistischen Elementen

Moderne und post-moderne soziale Bewegungen wurden teilweise mit dem Engagement von linksextremistischen Akteuren verknüpft. Das heißt aber nicht, dass diese Bewegungen ein linksextremistisches Profil gehabt haben. Zeitgenössische wichtige Bewegungen in obengenanntem Sinne sind die antirassistische/antifaschistische Bewegung, die eng mit der Bewegung gegen illegale Immigration verbunden ist, die ökologische Bewegung sowie die Antiglo-

1128 Mareš 2009.
1129 Ebd. 174.
1130 AK Wantok, 2010.
1131 Georgy Katsiaficas: The Subversion of Politics – European Autonomous Social Movements and the Decolonization of Everyday Life. Oakland/Edinburgh 2006. S. 235–267.
1132 Bastl 2001.
1133 Miroslav Mareš: Subkultúry mládeže a politický extrémizmus na Slovensku. In: Mlynarčíková, Viktória (Hrsg.): Nemaj trému z extreme – Informaciami proti extrémizmu (2. Auflg.). Bratislava 2010. S. 49–58.

balisierungs-Bewegung, deren Anhänger des linken Flügels sich selbst als *Alter-Globalisten* bezeichnet[1134]. Die ökologische Bewegung weist auch stark rechtsorientierte Modelle auf.

Der Politologe Ondřej Císař typologisiert die gegenwärtige Linke (mit Rücksicht auf die AG-Bewegung) folgend:

	Partikularismus/Kommunitarismus	**Globalismus/Individualismus**
Revolutionärer Radikalismus	Sozialpopulismus; Antiglobalisierungsbewegung	Revolution der „multitude" „spirit of Porto Alegre"
Post-revolutionärer Radikalismus	Traditionelle Sozialdemokratie	Alterglobalisierungsbewegung, globale (oder europäische) Sozialdemokratie

Abb. 10.3 *Typologie der gegenwärtigen Positionen. Císar.*

Die Antiglobalisierungsbewegung ist in der zweiten Hälfte der neunziger Jahren aus Netzwerken entstanden, die den Zapatistischen Aufstand in Mexiko unterstützte. Zum massiven Ausdruck kam sie 1999 in Seattle während der Anti-WTO-Demonstrationen. Weitere Massenaktionen sind in verschiedenen Städten erfolgt, einschließlich Genua im Jahre 2001, wo nach dem Tod des Demonstranten Carlo Giuliani die Bewegung auch ihren Märtyrer fand. Gewalt gegen die staatlichen Sicherheitskräfte ist das Kennzeichen des Schwarzen Blocks, insbesondere aus Anlass von Demonstranten gegen rechte Aufmärsche. Manche Teile der Bewegung wurden von traditionellen linksextremistischen Ideologien beeinflusst, wie z.B. ATTAC von Trotzkisten[1135]. Als Plattformen der Bewegung haben sich auf globaler, regionaler sowie nationaler Ebene Sozialforen herausgebildet; interne Streitigkeiten innerhalb der Bewegung hat zur Organisierung von Gegenforen anarchistischer bzw. kommunistischer Prägung geführt[1136]. Die Antiglobalisierungs-Bewegung wurde teilweise nach der Invasion der USA in Afghanistan 2001 und nach dem Irak-Feldzug 2003 in die Anti-Kriegsbewegung transformiert[1137], wobei beide Formen sukzessive in der Folgezeit an Einfluss verloren. Konzeptuell hängt mit der Antiglobalisierungsbewegung auch der Begriff Multitude zusammen, der eine Strategie des Schwarms darstellt.

1134 Ondřej Císař: The Left at the Beginning of the 21st Century. In: Lubomír Kopeček (Hrsg.): Trajectories of the Left, Social Democratic and (Ex-)Communist Parties in Contemporary Europe – Between Past and Future, Brünn 2005. S. 16.

1135 Rudolf van Hüllen, 2008. S. 474.

1136 Moreau, Steinborn 2006. S. 154.

1137 Mareš 2005.

Multitude

Multitude ist ein insbesondere durch Antonio Negri und Michael Hardt in den Diskurs der politischen Philosophie eingebrachter Begriff. Singularitäten handeln gemeinsam, gleichsam einem Schwarm, (mit Griffin als ‚Schleimpilz' verstanden) der keine eigene Struktur besitzt und sich immer wieder von Neuem zusammenfindet. Das offene Beziehungsnetzwerk ist Negri und Hardt zufolge gleichwohl eine politische Klasse, die gegen ‚das Empire' zu Felde zieht und es immer wieder herausfordert. In der Liquidität der Multitude liegt demenstprechend die Macht dieser politischen Klasse. Hier ist eine Verbindung zu Griffins Rhizom Metapher erkennbar, die auf Phänomene der Multitude angewandt werden kann.

10.4 Deutschland

Der Linksextremismus in Deutschland hat wirkungsmächtige Traditionen, hauptsächlich:

1. die rätekommunistische Bewegung um 1918/20;
2. antifaschistische Aktivitäten der Kommunistischen Partei Deutschlands (KPD) am Ende der 20er und in der ersten Hälfte der 30er Jahre;
3. linksextremistische Teile der 68er-Protestbewegung;
4. der Linksterrorismus der 70er, 80er und ersten Hälfte der 90er Jahre;
5. autonome und andere linksextremistische Elemente in den neuen sozialen Bewegungen in den 70er und 80er Jahren.
6. das Regime der Deutschen Demokratischen Republik (das in gewisser Weise alle vorherigen Traditionen beinhaltet)[1138].

An diese Traditionen knüpfen die gegenwärtigen linksextremistischen Kräfte an. Als Hauptakteur des deutschen Linksextremismus wird aus der Sicht des verfassungsstaatlichen Ansatzes die Partei DIE LINKE bezeichnet, doch über die Charakteristik dieser Partei, die der Beobachtung durch das Bundesamt für Verfassungsschutz unterliegt, als linksextremistisch werden vehemente Diskussionen geführt. Hier ist der schon genannte ‚weiche Extremismus' eingeführt worden, der im Grunde ein problematisches Konzept der Extremismusforschung darstellt. Neben dieser Partei sind kleinere kommunistische Organisationen mit sowjetkommunistischer, trotzkistischer, rätekommunistischer oder maoistischer Prägung (teilweise als Erben der früheren sog. K-Gruppen[1139]) aktiv. Diese Gruppen entstanden aus kommunistischen Teilen der studentischen Protestbewegung der 60er Jahre und wurden durch den ‚direkten Aktivismus' geprägt (heute spielen sie keine Rolle). Eine geringe Rolle spielen die Anarchisten. Hinsichtlich militanter Aktivitäten ist die subkulturelle Szene nicht zu unterschätzen, vor allem die Autonomen. Eng verbunden mit dieser Szene ist der Linksterrorismus, doch im

[1138] Kommunistische Traditionen bis 1945 hat das DDR-Regime in Staatsideologie und Ikonographie übernommen. Der Geheimdienst Stasi hat verschiedene subversive linksextremistische Aktivitäten in der BRD unterstützt (einschließlich des Linksterrorismus und der Protestbewegungen).

[1139] Vgl. Rüdiger Kreuz: Organisierte Gewalt in der Gesellschaft – Gruppierungen, Inhalte, Aussagen. Bonn 1989. S. 61–66.

Vergleich mit den 70er und 80er Jahren ist er in der BRD schwach entwickelt. Auf deutschem Boden wirken auch linksextremistische Gruppen ausländischer Herkunft. Linksextremisten beeinflussen darüber hinaus die gegenwärtigen sozialen Bewegungen in Deutschland.

10.4.1 Die Partei DIE LINKE

Die Partei DIE LINKE wurde im Jahre 2007 gegründet aufgrund der Fusionierung aus der Partei des Demokratischen Sozialismus (PDS) und der Wahlalternative Arbeit & Soziale Gerechtigkeit (WASG)[1140]. Die PDS ist die Nachfolgepartei der Sozialistischer Einheitspartei Deutschlands (SED), die Staatpartei in der DDR. Die WASG ist eine linke Splitterpartei die sich vornehmlich aus Unzufriedenen der SPD speiste und 2005 gegründet wurde. Die WASG wurde vom Verfassungsschutz nicht als extremistisch betrachtet. Diese Gruppierung hat nicht als eine de facto regionale ostdeutsche Partei wie die PDS[1141] gewirkt, sondern ist eine Geburt des Westens gewesen und rekrutierte sich hauptsächlich aus Gewerkschaftern und enttäuschten linken Sozialdemokraten, die in den sozialpolitischen Maßnahmen der rot-grünen Koalition unter Bundeskanzler Schröder einen Verrat an zentralen sozialdemokratischen Positionen sahen. Bei der Bundestagwahl 2009 hat die Partei 11,9% der Zweitstimmen erhalten.[1142] Im Dezember 2010 wies die Partei nach eigenen Angaben 75 462 Mitglieder aus[1143]. Auf der europäischen Ebene ist DIE LINKE Mitglied in der Partei der Europäischen Linken sowie der Fraktion GUE/NGL im Europäischen Parlament.

Die Partei DIE LINKE bekennt sich zu einem programmatischen Profil, das im Stadium ihres Entstehens u.a. folgende Eckpunkte beinhaltet: „Verwurzelt in der Geschichte der deutschen und der internationalen Arbeiterbewegung, der Friedensbewegung und dem Antifaschismus verpflichtet, den Gewerkschaften und neuen sozialen Bewegungen nahe stehend, schöpfend aus dem Feminismus und der Ökologiebewegung, verbinden sich ihre Identität erweiternd demokratische Sozialistinnen und Sozialisten und Mitglieder der Wahlalternative Arbeit und soziale Gerechtigkeit zu der neuen Partei DIE LINKE mit dem Ziel, die Kräfte im Ringen um menschenwürdige Arbeit und soziale Gerechtigkeit, Frieden und Nachhaltigkeit in der Entwicklung zu stärken. DIE LINKE strebt die Entwicklung einer solidarischen Gesellschaft an, in der die Freiheit eines jeden Bedingung für die Freiheit aller ist“[1144].

1140 Bundesamt für Verfassungsschutz: Verfassungsschutzbericht 2009. Berlin 2010. S. 172.

1141 Jonathan Olsen: Německá PDS – mezi východem a západem. In: Vít Hloušek, Lubomír Kopeček (Hrsg.): Rudí a růžoví – Transformace komunistických stran. Brünn 2002. S. 65–82.

1142 Datenhandbuch des Deutschen Bundestages 2010. http://www.bundestag.de/dokumente/datenhandbuch/01/01_06/01_06_05.html

1143 DIE LINKE: Mitgliederzahlen Dezember 2010. Berlin 2010. http://die-linke.de/partei/fakten/mitgliederzahlen_dezember_2010/

1144 DIE LINKE: Bundessatzung der Partei Die LINKE. http://die-linke.de/partei/dokumente/ bundessatzung_der_partei_die_linke/1_auftrag_und_name_der_partei/praeambel/

Die verfassungspolitischen Extremismus-Forscher identifizieren in dieser Partei extremistische Elemente. Diese Elemente (wie sie von Thomas Grumke ersichtlich gemacht worden sind)[1145] umfassen:

- die Stellung der „Systemfrage" gegenüber der BRD[1146];
- die positive Würdigung der kommunistischen Diktaturen und ihrer Vordenker (DDR-Diktatur, Lenin);
- die Verankerung offen extremistischer Zusammenschlüsse innerhalb der Partei[1147];
- die Zusammenarbeit mit deutschen Linksextremisten (z.B. mit der Deutschen Kommunistischen Partei und Autonomen);
- die Kooperation oder Solidarisierung mit linkextremistischen oder gar linksterroristischen Organisationen im Ausland (z.B. Kooperation mit Regime-Kräften in Kuba oder Solidarisierung mit PKK oder FARC)[1148].

Cas Mudde stuft (nach anderen Kriterien) DIE LINKE nicht als extremistische, sondern als radikale Partei ein. Er charakterisiert sie als „Prototyp eines neuen linksradikalen Phänomens, einer linkspopulistischen Partei, die einen (sanften) Sozialismus mit Populismus kombiniert. Da diese Parteien nicht länger den Anspruch geltend machten, die Verteidiger des Proletariats zu sein, waren sie zur Stimme des Volkes geworden. Statt purer sozialistischer Ideologie wurde populistische Kritik zur Waffe"[1149].

10.4.2 Kommunistische Organisationen

Organisationen der traditionellen Varianten des Kommunismus spielen im gegenwärtigen Deutschland nur noch eine untergeordnete Rolle. Einziger relevanter Repräsentant des orthodoxen Kommunismus ist die Deutsche Kommunistische Partei (DKP), die 1968 gegründet wurde und 2010 etwa 4000 Mitglieder verzeichnet[1150] Bei der Bundestagwahl 2009 kam die DKP auf nicht mehr als 1894 Zweitstimmen (0,0%)[1151]. Die Stärke der DKP resultierte bis 1990 aus der massiven, ja geradezu ausschließlichen Unterstützung aus der DDR, so dass nach der deutschen Wiedervereinigung ihre Schlagkraft und damit ihre politische Relevanz gegen Null zu tendieren begann. Armin Pfahl-Traughber sagt über die DKP aus: „Es handelt sich nur um eine Ansammlung von Alt-Kommunisten im doppelten Sinne des Wortes: zum

---

1145 Thomas Grumke: DIE LINKE zwischen Demokratie und Extremismus – Eine Analyse zum Spannungsverhältnis der Partei zur freiheitlichen demokratischen Grundordnung. In: Armin Pfahl Traughber (Hrsg.): Jahrbuch für Extremismus- und Terrorismusforschung 2009/2010. Brühl 2010. S. 301–318.

1146 Eckhard Jesse schreibt: „Wer die ‚Systemfrage' stellt oder einen ‚Systemwechsel' anstrebt, wie es im Entwurf zum neuen Programm heißt, lehnt die Grundlagen des Systems ab. Die Äußerung bedeutet in der Tat keine Rückkehr zum Realsozialismus der DDR – ebenso freilich keine Hinwendung zum demokratischen Verfassungsstaat der Bundesrepublik Deutschland". Eckhard Jesse, Extremismus in Deutschland. In: Eckhard Jesse – Tom Thieme (Hrsg.): Extremismus in den EU-Staaten, Wiesbaden 2011. S 93.

1147 Besonders die „Kommunistische Platform" (KPF) mit 1 100 Mitgliedern, sowie andere interne Gruppen. Vgl. Bundesamt für Verfassungsschutz 2010. S. 172–179.

1148 Grumke 2010. S. 318.

1149 Cas Mudde: Radikale Parteien in Europa. Aus Politik und Zeitgeschichte, Jg. 45, N. 47, S. 12–18.

1150 Bundesamt für Verfassungsschutz 2010. S. 179.

1151 Datenhandbuch des Deutschen Bundestages 2010.

einen bezogen auf die dogmatische Fixierung, zum anderen hinsichtlich des hohen Durchschnittsalters“[1152].

Eine andere parteiliche Organisation in diesem Rahmen ist die Marxistisch-Leninistische Partei Deutschlands (MLPD), die 1982 gegründet wurde. Die MLPD ist entschieden maoistisch orientiert und umfasst nicht mehr als etwa 2000 Mitglieder (2010).[1153] Bei der Bundestagswahl 2009 schnitt sie aber wesentlich besser ab als die DKP und holte immerhin 29 261 Zweitstimmen[1154] (0,1%). Dieses Ergebnis wurde als Misserfolg betrachtet und stürzte die Partei in existenzbedrohende innere Auseinandersetzungen[1155]. Es haben sich darüber hinaus manche trotzkistische Gruppierungen gebildet, die insgesamt ca. 1600 Mitglieder aufweisen und die klassische trotzkistisch-entristische Strategie anwenden[1156]. Alle altkommunistischen Gruppierungen in Deutschland sind zur Zeit (2011) als mögliche Partner für DIE LINKE interessant (was aber notwendigerweise zur Diskreditierung der Linken führen muß), als eigenständige Akteure sind sie allerdings marginal.

10.4.3 Anarchismus

Der traditionelle Anarchismus ist innerhalb der linksextremistischen Szene weitgehend irrelevant. Die stärkste Gruppierung ist die Freie Arbeiterinnen und Arbeiter Union (FAU), die etwa 300 Mitglieder hat[1157]. Günter Bartsch argumentiert, dass die Bewegung der Graswurzelrevolutionäre in den 70er Jahren als Reaktion auf Aktionsformen der Stadtguerilla aus einer Verbindung von anarchistischem und pazifistischem Gedankengut entstanden ist[1158]. Die anarcho-syndikalistische Gewerkschaftsföderation geht von einem grundsätzlichen Gegeninteresse von Lohnabhängigen und dem ‚Kapital‘ aus und strebt eine libertäre und klassenlose Gesellschaft an. Sie ist Gewalt nicht abgeneigt, in ihren Statuten findet sich dementsprechend der Pathos des Kampfes. Daneben existiert die Anarcho-Syndikalistische Jugend, die z.T. zu militantem Antifaschismus neigt. Anarchistischen Strukturen unterliegt normalerweise die Taktik der *direkten Aktion*, da repräsentative Organe abgelehnt werden. Die Abwehr jeglicher Form der Machtbeziehung und das Streben nach vollständiger und unbeschränkter Selbstherrschaft ist wichtiges Kennzeichen des Anarchismus.[1159]

1152 Armin Pfahl-Traughber: Die „Deutsche Kommunistische Partei“ (DKP) nach vierzig Jahren – Eine Bilanz zur Entwicklung des ehmaligen Interventionsapparates der SED. In: Armin Pfahl-Traughber (Hrsg.): Jahrbuch für Extremismus- und Terrorismusforschung 2008. Brühl 2008. S. 342–376.

1153 Bundesamt für Verfassungsschutz 2010. S. 185.

1154 Datenhandbuch des Deutschen Bundestages 2010.

1155 Vgl. Helmut Müller-Enbergs: Die MLDP und die Wahl zum 17. Deutschen Bundestag – Ein politisches Portrait der Partei und eine empirische Auswertung der Wahlergebnisse in den einzelnen Bundesländern. In: Armin Pfahl-Traughber (Hrsg.): Jahrbuch für Extremismus- und Terrorismusforschung 2009/2010. Brühl 2010. S. 319–369.

1156 Laut Bundesamt für Verfassungsschutz waren im Jahr 2009 in Deutschland 20 internationale Dachvebände mit 28 Sektionen oder Resonanzgruppen vertreten. Zu den wichtigsten zählen sich die marx 21 (Sektion der IST) und die Sozialistische Alternative (Sektion der CWI). Bundesamt für Verfassungsschutz 2010. S. 146–147.

1157 Bundesamt für Verfassungsschutz 2010. S. 171.

1158 Bartsch 1978. S. 162.

1159 Vgl. Ernst Viktor Zenker: Der Anarchismus – Kritische Geschichte der anarchistischen Theorie. Jena 1895.

10.4.4 Subkulturelle linksextremistische Szene

Die subkulturelle linksextremistische Szene wird in Deutschland zumeist mit den Autonomen in Verbindung gebracht. Die Zahl der Autonomen schätzt das BfV auf ca. 6 600 Personen[1160]. Aufgrund der autonomen Strukturen sind die linksextremistisch orientierten Mitglieder der Jugendsubkulturen wie Punk oder Hardcore politisiert[1161], die nur über relativ vage weltanschauliche Zielvorstellungen verfügen. Zum Teil gilt diese Feststellung auch für die Hip-Hop- und die in Deutschland nicht besonders entwickelte Free-Techno-Szene.

Die Autonomen sind in freien Strukturen organisiert, die im Allgemeinen als lokale autonome Antifa-Gruppen auftreten. Die Antifaschistische Aktion (AFA) existiert innerhalb der deutschen Szene seit Mitte der 80er Jahre, stützt sich aber in ihrer Symbolik auf die kommunistische AFA aus der 30er Jahren[1162]. Deutsche Autonome sind an Gewaltaktionen wie Straßenschlachten (typisch am 1. Mai in Hamburg und Berlin) oder Gewaltblockaden von rechtsextremistischen Aufmärschen sowie an Brandanschlägen auf „Luxusautos" beteiligt[1163]. Wichtiges Organ der Autonomen Szene ist die Zeitschrift *Zeck*. Zu unterscheiden sind interventionistische Ansätze (Interventionistische Linke) und revolutionäre Ansätze (Revolutionäre Linke).

10.4.5 Linksterrorismus

Der traditionelle deutsche Linksterrorismus erlebte seine Blütezeit in den 70er und 80er Jahren. Als symbolisches Ende dieses Teils der deutschen Geschichte kann man die Auflösungserklärung der Roten Armee Fraktion aus dem Jahre 1998 bezeichnen. Die inhaftierten Mitglieder der RAF werden von linksextremistischen Hilfsorganisationen – vor allem der Roten Hilfe – unterstützt. Das Erbe der RAF wird innerhalb des alternativen Kulturspektrums als eine Art ‚Pop-Ikone' gehandelt und mystifiziert[1164].

In den vergangenen zehn Jahren wurde die deutsche linksextremistische Szene von der Militanz-Debatte erfasst, die insbesondere in den Zeitschriften „Radikal" und „Interim" geführt wurde. Zwei Modelle von Militanz wurden propagiert – klandestine Aktionen unter verschiedenen Namen oder ohne Name (sog. No-Name-Militanz) einerseits und Aktionen von in sich geschlossenen Gruppen unter einem Namen andererseits. Bekanntester Repräsentant des zweiten Models war die eher autoritär organisierte Militante Gruppe (MG), die sich aber im Jahre 2009 auflöste[1165]. Die Aktionen derartiger Gruppierungen richteten sich ausschließlich auf Sachbeschädigungen, woraufhin die Frage aufgeworfen wurde, ob solche Aktivitäten

---

1160 Bundesamt für Verfassungsschutz 2010. S. 152.
1161 Wolfschlag 2002. S. 102–104.
1162 Miroslav Mareš: Symbolika používaná extremisty na území ČR v současnosti. Prag 2006. S. 69.
1163 Jesse 2011. S. 96.
1164 Wolfschlag 2002; Mareš 2007.
1165 Bundesamt für Verfassungsschutz 2010. S. 164–165.

noch vom Terrorismusbegriff gedeckt werden könne (was natürlich auch von juristischer Relevanz ist)[1166].

Die deutsche linksextremistische Szene hat von Beginn auf die weitverzweigte Antiglobalisierungsbewegung eingewirkt und sie für ihre strategischen Ziele umzufunktionieren versucht. Der intellektuelle Linksextremismus (einschließlich Trotzkismus und Marxismus-Leninismus) hat die deutsche Sektion von ATTAC penetriert[1167]. Deutsche Militante haben aktivistisch an den großen Antiglobalisierungsdemonstrationen im Ausland teilgenommen. Auf heimischem Boden kam es zur größten Gewaltdemonstration im Zusammenhang mit dem G-8-Gipfel in Heiligendamm 2007. Seit dieser „Sternstunde“ sollte das Engagement deutscher Aktivisten in der AG-Bewegung abnehmen.

10.4.6 Ausländer-Linksextremismus

In Deutschland wirken ferner linkextremistische Organisationen, die ihre Hauptinteressen im Ausland haben und meistens von Ausländern gebildet worden sind (manche Mitglieder können aber auch im Besitz der deutschen Staatsbürgerschaft sein). Im öffentlichen Diskurs werden im Allgemeinen diejenigen Organisationen in den Fokus gerückt, die vom BfV observiert werden, d. h. Gruppierungen, die öffentlich mit Demonstrationen und/oder Gewaltakte auffallen (auch innerhalb der Diaspora). Gegenwärtig sind das vor allem die türkischen linksextremistischen Organisationen. Vor allem die Revolutionäre Volksbefreiungspartei – Front (DHKP-C), die Türkische Kommunistische Partei/Marxisten-Leninisten (TKP/ML) und die Marxistisch-Leninistische Kommunistische Partei[1168] und Gruppierungen aus dem Nahen Osten[1169]. Kleinere linksextremistische Kreise aus europäischen Staaten, wie z.B. die griechischen Kommunisten oder osteuropäische Anarchisten, spielen aus Sicht des deutschen Sicherheitssystems nur eine ganz geringe Rolle.

[1166] Vgl. Miroslav Mareš: Militantní skupina (Militante Gruppe – MG) v kontextu vývoje německé militantní levice. Rexter, Jg. 4, Nr. 2, http://www.rexter.cz/militantni-skupina-militante-gruppe-%E2%80%93-mg-v-kontextu-vyvoje-nemecke-militantni-levice/2007/11/01/

[1167] Patrick Moreau: Militanter Linksextremismus – zwischen ideologischer Rezession und Aufbruch zu neuen Ufern. In: Thüringer Landesamt für Verfassungschutz (Hrsg.): Militanter Linksextremismus – zwischen ideologischer Rezession und Aufbruch zu neuen Ufern. Vorträge anlässlich des 2. Symposiums des Thüringer Landesamtes für Verfassungsschutz am 4. September 2003. Erfurt 2003. S. 5–16.

[1168] Vgl. Bundesamt für Verfassungschutz, 2010. S. 302–317.

[1169] Im Verfassungsschutzbericht 2009 wurde als ‚Verdachtsfall‘ z.B. die Arbeiterkommunistische Partei Iran behandelt. Bundesamt für Verfassungschutz, 2010. S. 318–320.

11 Öko-Extremismus

Den Öko-Extremismus trifft man in vielen ideologischen Varianten (einschließlich Verflechtungen mit anderen Formen des Extremismus) an. Gemeint sein können Gegner einer Umweltzerstörung, aber auch Gewalt ausübende Gegner von Umweltaktivisten. Die militante Szene (einschließlich militanter Tierschützer) wird oft unter dem Dachbegriff „Ökoterrorismus" subsumiert, doch über die Frage, ob es sich im Fall des „Monkeywrenching" wirklich um Terrorismus handelt, werden noch Diskussionen geführt[1170]. Ökoextremisten sind hauptsächlich in Europa und Nordamerika aktiv. In Deutschland hat die breite Wirkung einer ökologischen Grundhaltung auch Links- sowie Rechtsextremisten angezogen, die sich hier eine größere Plattform für die eigenen Überzeugungen erhoffen. Tatsächliche Ökoextremisten wirken in der Regel in kleinen freistrukturierten Zellen.

11.1 Konzeption

Die Problematik des Öko-Extremismus findet sich vor allem in einer starken Politisierung des Forschungskonzepts und einen nicht sehr weit fortgeschrittenen Stand der wissenschaftlichen Forschung bzw. durch eine Konfusion der Konzepte und unterschiedlichen Erklärungsansätze[1171]. Der Begriff dient oft als Kampbegriff in der politischen Auseinandersetzung[1172]. Die auf die Ökologie bezogenen extremistischen Ideen oder nicht-extremistischen ökologische Forderungen können sich mit verschiedenen anderen Varianten des ideologischen und religiösen Extremismus verflechten.

Im allgemeinsten Sinne umreißt Öko-Extremismus solche Positionen und Aktivitäten, die im Namen der ökologischen Interessen eine grundsätzliche Veränderung der gesellschaftlich-politischen Strukturen anstreben, die entweder zum Zerfall der gegenwärtigen demokratischen Strukturen oder zu einer Ökodiktatur führen[1173]. Nach Matthew Humpry führt der Öko-Extremismus zur Festigung einer ‚Öko-Autokratie' – die Furcht vor einem bevorstehenden Weltende infolge umweltzerstörerischer Entwicklungen und die Überzeugung, dass

---

1170 Randall Amster: Perspectives of Ecoterrorism – Catalyst, Conflations, and Casualties. In: Contemporary Justice Review, 9 (3), 2006, S. 287–301.

1171 Miroslav Mareš: Environmental Radicalism and Extremism in Postcommunist Europe. In: Journal for the Study of Radicalism. 2 (1), 2008. S. 92.

1172 Jan Keller: Extremismus a stigmatizace – Případ ekologických hnutí. In: Petr Fiala: Politický extremismus a radikalismus v České republice. Brno: Masarykova univerzita, 1998. S. 75–79.

1173 Mareš 2008. S. 93.

solche Regimes die gegenwärtigen depravierenden Demokratien ersetzen können[1174]. Die Welt soll durch neu angestrebte ökologiezentrierte Politikmodelle gerettet werden – Gegner werden aus Sicht der Öko-Extremisten zu potentiellen Vernichtern dieser Erde.

Bernhard Pötter definiert die Ökodiktatur wie folgt: „Wenn lebenswichtige Ressourcen zur Neige gehen oder Naturkatastrophen das Überleben bedrohen, könnten die demokratischen Regeln außer Kraft gesetzt werden. Um das Überleben zu sichern, müssten Grundrechte eingeschränkt oder abgeschafft werden, das öffentliche Leben einer strikten Kontrolle unterliegen und Rohstoffe und Lebensmittel rationiert werden. Die Ökodiktatur bedeutet demnach eine Notstandsregierung, die keinem Parlament zur Rechenschaft verpflichtet ist, sich nicht an Gesetze halten muss, von einer kleinen Gruppe geführt wird und intransparent und undemokratisch regiert, auch unter dem Einsatz von Gewalt“[1175]. Es bleibt gerade in Bezug auf den Begriff des Notstands, der hier eingefügt worden ist, fraglich, ob es sich demnach nicht auch um eine klassische Form der Diktatur handeln könne, oder dieses Verständnis eher der modernen Diktatur zugeordnet werden kann.

Anders als die Befürworter einer Ökodiktatur bezwecken die Öko-Primitivisten oder Anarcho-Primitivisten[1176] die Zerstörung der heutigen Zivilisation und ihrer Technologien, die aus ihrer Sicht die Umwelt beschädigen. Im extremsten Falle werden Menschheit und ‚böse‘ Menschen als Feinde einer per se ‚guten Natur‘ (Stichwort ‚Planet Gaia‘) gesehen; deshalb wird eine radikale Reduzierung oder gar Eliminierung der Art Homo Sapiens in Kauf genommen[1177]. Der Mensch ist in dieser Sichtweise eher eine Art Virus, der die Erde erkranken lässt, seine Dezimierung kommt demnach einer Kur der Erde gleich.

Der Begriff Öko-Terrorismus wird oft als Synonym für Öko-Extremismus benutzt. Insbesondere die Theorien aus dem anglophonen Sprachraum, die eine ungenügende Trennung der beiden Phänomene vorweisen, haben den Begriff des Öko-Extremismus/Öko-Terrorismus geprägt. Eine solche Auffassung ist problematisch, auch weil die Gewaltintensität von manchen sogenannten Öko-Terroristen weitaus niedriger ist, als bei anderen Varianten des Terrorismus[1178] (siehe die Beschreibung des „Monkeywrenching“ weiter unten).

Exkursorisch kann an dieser Stelle erwähnt werden, dass der Begriff Öko-Terrorismus oder verwandte Begriffe (auch als ‚Umweltterrorismus‘ bezeichnet) auch in anderen Deutungen vorliegt. Als Umweltterrorismus (engl. environmental terrorism) werden nicht nur die Aktivitäten bezeichnet, die durch ökologische Überzeugungen motiviert sind, sondern auch Attacken gegen die Umwelt, Handlungen, die den (umweltaktiven) Gegner beschädigen oder erschrecken sollen[1179]. Deutungen des Öko- oder Umweltterrorismus beziehen sich in der

---

1174 Mathew Humphrey: Ecological Politics and Democratic Theory – The challenge to the deliberative ideal. London/New York 2007. S. 140.

1175 Bernhard Pötter: Ausweg Öko-Diktatur? Wie unsere Demokratie an der Umwelt-Krise scheitert. München 2010. S. 23.

1176 Humphrey 2007. S. 31.

1177 Miroslav Mareš: Terorismus v ČR. Brno 2005. S. 292.

1178 De Mond Shondell Miller, Jason David Rivera, Joel C. Yelin: Civil Liberties – The Line Dividing Environmental Protests and Ecoterrorists. In: In Journal for the Study of Radicalism. 2 (1), 2008, S. 91–107, hier S. 109–123.

1179 Daniel M. Schwarz: Environmental Terrorism – Analyzing the Concept. In: Journal of Peace Research, 35 (4). S. 483–496.

Literatur auch auf Attentate gegen Umweltschützer oder die Zerstörung der Umwelt durch menschliche Verursachungen[1180]. Der Begriff des Umweltterrorismus weist so eine starke Mehrdeutigkeit auf. Einerseits sind Umweltterroristen solche Gruppen/Unternehmungen/ Institutionen, die Programme oder Vorhaben umsetzen, die umweltzerstörend wirken (quasi ein ‚Terror gegen die Umwelt'), andererseits sind es diejenigen Kräfte, die die Umwelt gegen menschliche Eingriffe zu schützen suchen. Neben einer dezidierten Klärung und Begründung, warum welche Ausformung der Begrifflichkeit in einer Studie genutzt wird, benötigt jede Analyse in diesem Bereich auch eine Hinwendung zum Machtbegriff, die kaum ohne normative Bezüge auskommt.

Die Begriffe Extremismus oder Terrorismus in Bezug auf ökologische Interessen werden gelegentlich unter dem Oberbegriff monothematischer (engl. „single-issue"-) Extremismus/ Terrorismus gefasst[1181]. Doch diese Bezeichnung – auch wenn sie sich ‚nur' auf die Rechte der Tiere bezieht und extremistisch/terroristische Aktionen vorgewiesen werden können – erscheint problematisch, weil die damit einhergehenden politischen und gesellschaftlichen Veränderungen in vielerlei Hinsicht breitere und tiefere Folgewirkungen zeitigten als die Ziele anderer Extremismen[1182].

11.2 Merkmale des Öko-Extremismus

11.2.1 Ideologische Merkmale des Öko-Extremismus

Der ideologische Hintergrund der Öko-Extremisten lässt sich nach einzelnen Strömungen des ökologischen Denkens differenzieren. An den Rändern mancher dieser Strömungen können extremistische Strukturen vorhanden und kultiviert sein. Dabei handelt es sich jedoch um minimale Splittergrüppchen. Die grüne bzw. ökologische Bewegung ist in ihrer Gesamtheit nicht extremistisch, doch wirkt sie auf Extremisten anziehend, die sich von einer Bewegungsteilnahme auch Gehör für andere Ziele zu verschaffen versuchen. Eine sinnvolle und allgemein anerkannte induktiv-theoretische Konturierung des ökologisch-environmentalistischen Denkens lässt noch zu wünschen übrig. Manche Autoren wie Andrew Dobson[1183] unterscheiden gar die ökologische und die environmentalistische (Umwelt)Denkschule; als Dachbegriff dient dann das ‚Grüne Denken' oder die ‚Grüne Bewegung'. Im Anschluss an solche Ansätze wurden Typologien eines „grünen Extremismus" bearbeitet[1184]. Hier wird das Wort „Öko-" im Wesentlichen als Synonym für ‚Umwelt' bzw. für die ‚grüne Ideologie' und die ‚grünen Bewegungen' genutzt. Dies ist insofern schwierig, als dass alle verschiedenen Strömungen begrifflich ungenügend voneinander abgegrenzt werden. Erklären lässt sich

---

1180 Mareš 2005. S. 290;

1181 G. Davidson, Tim Smith: Single-Issue Terrorism. Commentary 74, 1998, http://www.csis-scrs.gc.ca/pblctns/cmmntr/cm74-eng.asp

1182 Mareš 2005. S. 61.

1183 Andrew Dobson: Green Political Thought. (3.Auflg) London/New York 2000.

1184 Vgl. Bohuslav Binka: Zelený extremismus – Ideje a mentalita českých environmentálních hnutí. Brno 2008.

wohl, dass es keine allgemein verbindliche Konzeption, keine präzise Terminologie für den Öko-Extremismus gibt.

In vereinfachter Form und mit Hilfe der oben zitierten Werke lassen sich die einzelnen öko-extremistischen Strömungen folgendermaßen differenzieren – wobei sich die ersten beiden Kategorien als ‚echte' ökoextremistische Strömungen, die weiteren Kategorien als ‚gemischte' Formen bezeichnen lassen. Bei dieser Zusammenschau wurde auf den verfassungspolitischen Ansatz zurückgegriffen.

1. *Biozentrische*, *zoozentrische* und *deep ecologist Strömungen*, die Menschen und Menschheit negativ bewerten und die angeblichen Primärinteressen der Natur, „Planet Gaia" oder spezifische Teile der Natur (in der Regel Tiere) verteidigen und aus diesem Grunde extremistische Vorstellungen durchzusetzen suchen, bei Ausblendung der Tatsache, dass auch Menschen Teil der Natur sind;
2. *Anarcho-Primitivisten*, die aufgrund der von ihnen ausgemachten Interessen der Natur, die Menschheit in einen gesellschaftlich primitiven, nicht-technologischen Zustand zurückentwickeln wollen;
3. *Ökoanarchisten*, die die menschlichen Interessen im Zusammenhang mit Naturinteressen im Rahmen einer anarchistisch organisierten Gesellschaft durchzusetzen gedenken;
4. *Öko-Kommunisten/Öko-Marxisten*, die die von ihnen ausgemachten menschlichen Interessen in Zusammenhang mit Naturinteressen im Rahmen einer nicht-demokratischen kommunistisch-marxistischen Gesellschaft zu verbinden suchen;
5. *ökofaschistische und Ökorassistische Strömungen*, die die von ihnen ausgemachten menschlichen Interessen in Zusammenhang mit Naturinteressen und im Rahmen einer faschistischen oder rassistisch geformten Gesellschaft durchsetzen wollen. (‚Faschismus' hier gilt als Dachbegriff auch für neonazistische und ähnliche Spielarten);
6. *öko-theologische (öko-religiöse) Strömungen*, die ökologisches Denken mit nicht-demokratischen und anti-humanen Vorstellungen kombinieren. Mitunter lassen sich Berührungspunkte mit biozentrischen oder deep ecologist Ansätzen erkennen.

Eine interessante Variante ist Straight Edge (SxE)[1185]. Diese Strömung entstand innerhalb der Musik-Hard-Core-Szene gegen Ende der achtziger Jahre, als eine Reaktion auf Drogenkonsum, Alkoholismus, Sexismus, Promiskuität und Konsumismus in der Punk-Szene. Die SxE propagiert dagegen eine scharfe Ablehnung von Drogen und zeichnet sich aus durch Abstinenz, Einforderung von Genderrechten, Tierrechten und Umweltschutz[1186]. SxE hat zunächst auf die linksextremistische (meist autonome und anarchistische Szene) in den westlichen Staaten eingewirkt, später hat sie auch in der rechtsextremistischen subkulturellen Szene Fuß fassen können[1187], auch in Osteuropa.

[1185] Siehe zur Problematik der Einordnung auch: Merle Mulder: Straight Edge – Subkultur, Ideologie, Lebensstil? Münster 2009.

[1186] Gabriel Kuhn: Straight Edge – Geschichte und Politik einer Bewegung. Münster 2010. S. 46–47.

[1187] Kuhn 2010. S. 48–59.

> Deep ecology
>
> Meint eine naturphilosophische Richtung, nach der der Mensch Teil der Ökologie der Welt ist. Menschliche, vor allem soziale und kulturelle Zusammenhänge werden auf diese Weise biologistisch erklärt. Dieses Modell ist u. a. sehr stark vom norwegischen Philosophen Arne Naess (1912–2009) inspiriert worden, der weniger auf Hebung des menschlichen Wohlstandes, sondern auf Erweiterung menschlicher Lebensqualität abhebt. Diese kann nur durch Nachhaltigkeit und möglichst geringe Einwirkungen auf die natürlichen Vorgänge und Zusammenhänge erreicht werden. Der Mensch erscheint nur als Teil der Natur, er ist nicht ihr Beherrscher. Auch geht es nicht um Nützlichkeit, sondern um die Förderung eines tiefer gehenden Bewusstseins in die Umwelt als einem Wert an sich. Naess hat aber niemals einen verabsolutierenden Ökologismus propagiert, nach dem um jeden Preis der Mensch in das Ökosystem integriert ist.

11.2.2 Strategische Merkmale des Öko-Extremismus

Die Ökoextremisten verfügen über einen breit gefächerten Bestand an strategischen Mitteln. Die legalistischen Strategien sind relativ gering mit politischen Parteien und Wahlen verbunden, da die grünen Parteien zumeist demokratisch orientiert sind, wobei sich in ihren Reihen einzelne extremistische Flügel herausbilden können. Verschiedene kleinere grün-orientierte links- sowie rechtsextremistische Parteien nutzen den parteienpolitischen Wettbewerb. Als Plattform dienen den Öko-Extremisten intellektuelle Zirkel und Zeitschriften. Einzelne Repräsentanten dieser Strömung vermögen es, sich im breiteren medialen oder akademischen Milieu in Szene zu setzen und Geltung zu verschaffen. Öko-Extremisten nützen ebenso rechtsstaatlich verbürgte Instrumente wie Massendemonstrationen, aber auch rechtsstaatlich kontrovers diskutierte Mittel wie Massenblockaden. Oder sie suchen ihre Überzeugungen in breiter gestreuten Bewegungen zu propagieren und diese als Ausgangsbasis für ihren Aktivismus zu nutzen (wie z.B. im Rahmen der Antiglobalisierungsbewegung).

Als spezifisch illegale Taktik, die typisch für den Öko-Extremismus ist, darf das ‚Monkeywrenching' (dt. etwa „etwas beeinträchtigen", etwas „behindern") bezeichnet werden. Monkeywrenching benennt sich nach der Novelle „The Monkey Wrench Gang" des amerikanischen Schriftstellers Edward Abbey (publiziert 1995), in der eine fiktive Gruppe militanter Umweltschützer beschrieben wird[1188]. Dieses literarische Erzeugnis inspirierte ökoextremistische Gruppierungen, die verschiedene Sabotageakte durchführten, meist gerichtet gegen Holzgewinnung, Baumaschinen und andere Technologien, aber nicht gegen Menschen und andere lebende Organismen. Für militante Tierschützer ist die Unterbindung von Treibjagden[1189] typisch, die Befreiung von Tieren aus Massenzuchtanlagen, Übergriffe auf Vivisektions-Unternehmen, auf Tiergärten oder Zirkusse sowie Sachbeschädigungen von Betrieben (auch unter Einsatz von Bombenattentaten), die Tierrechte beschränken. Es geht dabei oft nicht so sehr um einen direkten Schaden, sondern um die Assekuranz solcher Firmen, die

---

1188 Edward Abbey: The Monkey Wrench Gang. New York 2000.

1189 Martin Balluch: Widerstand in der Demokratie – Ziviler Ungehorsam und konfrontative Kampagnen. Wien 2009. S. 93–94.

wegen permanenter Beschädigungen nicht leicht versichert werden[1190]. Gegen bestimmte Unternehmen wurden massenwirksame Kampagnen organisiert. Monkeywrenching wird in der Literatur sowie in zahlreichen offiziellen Dokumenten als eine Form des Terrorismus bezeichnet[1191], doch manche Autoren etikettieren ihn als Form zivilen Ungehorsams[1192]. Der Begriff des Terrorismus ist in diesem Zusammenhang sicherlich zu kritisieren, da dies einer Verharmlosung des Tatbestands des Terrorismus gleichkommt.

Wiederholt wenden Öko-Extremisten (einschließlich extremistischer Tierschützer) Gewalt an, oder greifen zu Gewaltandrohungen. Meistens handelt es sich um selektive Angriffe gegen konkrete Menschen, z.B. gegen Forscher, die Tierexperimente durchführen oder Eigentümer von Hühnerfarmen. Ein bekannter Fall war der amerikanischer Einzelterrorist Theodore Kaczynski, der zwischen 1978 und 1996 mit Briefbomben Unternehmer und Wissenschaftler angegriffen hatte, die in seinen Augen für ‚schlechte' technologische Forschung verantwortlich waren; von daher rührt auch sein Spitzname „Unabomber"[1193].

Seltener sind nicht-selektive Angriffe auf Menschen mit ‚ökologischer Motivation', z.B. die Gruppe R.I.S.E. (Reconstruction, Society, Exterminiation), die in den Jahren 1971–1972 einen Bioangriff in Chicago vorbereitete. Sie hatte das Ziel, den Großteil der Menschheit zu vernichten. Nur eine kleine Gruppe (der Menschen aus dem R.I.S.E. Kreis), die mit der Natur in Einklang lebte, sollte auf dem Planet überleben. Doch die Gruppe wurde verhaftet[1194]. Manche solcher Strategien weisen Nähe zu rassistischem Gedankengut auf. Andere obskure Visionen lassen sich schon nicht mehr unter den Begriff Terrorismus subsumieren, sondern sind Versuche, einen Genozid im Namen der Natur herbeizuführen, z.B. die Voluntary Human Extinction Movement (VHEMT) in den USA[1195]. In der Realität handelt es sich um Randphänomene, dasselbe gilt für auch provokative Vorschläge, die Ernährungsprobleme mit dem Kannibalismus zu lösen[1196].

11.3 Übersicht

Die öko-extremistischen Gruppierungen haben ihr Aktionsfeld hauptsächlich in den westlichen Staaten. Eine bedeutende Rolle für die Mobilisierung der einzelnen Strömungen haben einzelne Autoren oder Personen gespielt wie der bereits erwähnte Edward Abbey, der Unabomber oder der Gründer der Organisation ‚Earth First!', David Foreman[1197]. Das publizisti-

---

1190 Mareš 2005. S. 294, 330.

1191 Harwey W. Kushner: Encyclopedia of Terrorism. Thousand Oaks 2003. S. 116–118.

1192 Robert Young: „Monkeywrenching" and the Processes of Democracy. Environmental Politics, 4 (4), 1995, S. 199–214.

1193 Mareš 2005. S. 295.

1194 Vgl. W. Seth Carus: R.I.S.E. (1972). In: Jonathan B. Tucker (Hrsg.): Toxic Terror – Assessing Terrorist Use of Chemical and Biological Weapons. Cambridge/London 2000. S. 55–70.

1195 Kim Weissman: Vehement Environmentalism. Congress Action Newsletter April 8, 2001, http://www.tysknews.com/Depts/Environment/vehement.htm

1196 Mareš 2005. S. 292–293.

1197 Walter Laqueur: The New Terrorism – Fanaticism and Weapons of Mass Destructions. London 1999. S. 202–203.

sche Zentralorgan des Ökoanarchismus ist die Zeitschrift „Green Anarchist", das in Großbritannien herausgegeben wird. Die kleinen ökologischen Parteien und Gruppierungen wurden teilweise mit dem linksradikalen (in der Hauptsache in Skandinavien)[1198] und mit dem rechtsextremistischen Spektrum (im deutschsprachigen Raum, Frankreich[1199] sowie in Osteuropa) in Verbindung gebracht, ohne dass dabei zwangsläufig eine „Extremisierung" des ökologischen Denkens erfolgt ist.

Strukturell organisiert sich der gegenwärtige Öko-Extremismus in einzelnen autonomen Zellen, die Monkeywrenching ausüben. Diese Zellen operieren nach dem Prinzip der ‚leaderless resistance', d. h. ohne hierarchische Führung und im Grunde mit begrenzten Kontakten zu anderen Zellen[1200] (siehe hier auch den Abschnitt zu Netzwerken weiter oben). Als Kommunikationsplattformen dienen Webseiten des Internets, wo auch Listen mit angemeldeten ‚direkten Aktionen' aus der ganzen Welt verzeichnet und einsehbar sind.

In den achtziger Jahren dominierte in diesen Strukturen die Organisation Earth First!, die sich anschließend schrittweise de-radikalisiert hat (sie war noch einmal recht aktiv in der zweiten Hälfte der neunziger Jahre in der Anti-Globalisierungsbewegung)[1201]. Seit dieser Zeit übernahm die 1992 in England gegründete Earth Liberation Front (ELF) die Hauptrolle in der auf allgemeine Ziele gerichteten öko-extremistischen Bewegung[1202].

Seit Mitte der siebziger Jahre operierten die Zellen der militanten Tierschützer unter dem Dach der Gruppierung Animal Liberation Front (ALF), die im Jahre 1975 ebenfalls in England in Erscheinung trat. Die ALF arbeitet eng mit der ELF zusammen, so dass es deshalb problematisch wäre, den Öko-Extremismus und den Tierrechts-Extremismus eindeutig in Bezug zur realen militanten Szene zu differenzieren. Neben der ALF wirken auch eher radikale Gruppierungen, wie z.B. die Animal Rights Militia (ARM) oder Justice Department (JD)[1203]. Die Tierrechtsgruppierungen sind auch in Kampagnen aktiv, z.B. Stop Huntingdon Animal Cruelty (SHAC), die gegen das Unternehmen Huntingdon Life Sciences, Versuche mit Tieren durchführen[1204], gerichtet sind. Im Rahmen dieser Kampagne entstanden auch spezifische militante Zellen wie die ‚Militant Forces Against Huntingdon Life Sciences' (MFAH)[1205].

Die monkeywrenching-Netzwerke sowie mehrere militante Öko-Extremisten sind am häufigsten in den USA aktiv, wo die ELF dominiert, sowie in Großbritannien und Kanada, wo die ALF sowie mehrere aggressive Splittergruppen wie JD oder ARM wichtige Rollen spielen. Die ELF sowie ALF und ARM sind in den letzten Jahren sehr präsent in Russland und

---

1198 Uwe Backes, Patrick Moreau: Conclusion. In: Uwe Backes, Patrick Moreau (Hrsg.): Communist and Post-Communist Parties in Europe. Göttingen 2008. S. 535–607, S. 571–572.

1199 Laqueur 1999. S. 201.

1200 Paul Joosse: Leaderless Resistance and Ideological Inclusion – The Case of the Earth Liberation Front. In: Terrorism and Political Violence, 19 (3), 2007, S. 354ff.

1201 Mareš 2005. S. 311f

1202 Joosse 2007.

1203 Kushner 2003. S. 196f.

1204 Mareš 2005. S. 330f.

1205 Europol: TE-SAT 2011 – EU Terrorism Situation and Trend Report. Den Haag 2011. http://www.epractice.eu/files/TE-SAT2011.pdf, S. 31.

anderen postkommunistischen Staaten[1206]. Kleine Zellen und Einzelaktivisten kann man auch in vielen anderen Ländern antreffen. In der EU sind im Allgemeinen sowohl der militante Öko-Extremismus als auch der Tierrechts-Extremismus in den vergangenen Jahren im Aufschwung begriffen.[1207]

Animals Rights Militia:

Sie gibt es seit den achtziger Jahren, zuerst in England, dann auch in den USA und in anderen Ländern. Sie ist organisiert nach dem Prinzip der „leaderless resistance“ und operiert nach der Maßgabe der direkten Aktion.

Earth First!

In den Spätsiebzigern in den USA entstanden als dezentralisierte Bewegung, die sich Anleihen aus dem politischen Anarchismus geholt hat und der Strategie der direkten Aktion sich verpflichtet weiß. Earth First berührt sich in ihrer Ideologie mit dem sog. Bioregionalismus, einer Bewegung, die von kleinen, von typischen Landschaftsformationen geprägten Räumlichkeiten ausgeht, die als nachhaltige Lebensgrundlage von Pflanze, Tier und Mensch dienen soll. weist aber auch Möglichkeiten für missbräuchliche Interpretationen auf, wie sie z. T. von rechtsextremistischen Gruppierungen betrieben werden (Geopolitik; Blut- und Boden-Mystik).

Earth Liberation Front (ELF)

Diese ökoterroristische, lose organisierte und informelle Gruppe ist auf Wirtschaftssabotage spezialisiert (Sachbeschädigungen, Befreiung von Tieren aus Versuchsanstalten).

Animal Liberation Front

Einer der Vordenker der Tierschutzbewegung, der australische Philosoph Peter Singer, besteht darauf, die Aktionen der ALF genau auf den Gebrauch von Gewalt zu differenzieren, um zu entscheiden, ob die einzelnen Aktionen zu billigen oder zu verwerfen sind.

11.4 Deutschland

In Deutschland – hier ist die alte (westdeutsche) Bundesrepublik gemeint – wurden die ersten Diskussionen über das Verhältnis von Demokratie und Ökologie im Zusammenhang mit der Entstehung der Grünen-Partei und der Ökobewegung Ende der siebziger und in der Frühphase in den achtziger Jahren geführt. In den achtziger Jahren wurde z.B. die fehlende Distanzierung der Grünen zu Gewaltaktionen der autonomen Szene bei ökozentrierten Demonstrationen diskutiert (trotz grundsätzlich gewaltfreier Haltung der Grünen)[1208]. Bei der Entstehung der Grünen, die sich aus lokalen und regionalen Zusammenschlüssen und Organisationen

---

1206 Mareš 2008. S. 99ff.

1207 Europol 2011. S. 31f.

1208 Vgl. Rüdiger Kreutz: Organisierte Gewalt in der Gesellschaft – Gruppierungen, Inhalte, Aussagen. Bonn 1989. S. 80–81.

formierten, haben ideologische Elemente unterschiedlichster Provenienz eine wichtige Rolle gespielt. Zentraler Punkt war die Parlamentarisierung umweltspezifischer Probleme und die mögliche Implementierung entsprechender Lösungswege in die konkrete politische Praxis. Mit im Boot waren linkssozialistische Gruppierungen[1209] (vor allem aus den Großstädten wie Hamburg oder Berlin), bürgerliche Gruppen und Wertkonservative; aber auch rechtsradikale Splittergruppen beteiligten sich am Formierungsprozess. Diese Gruppen knüpften an die Traditionen der konservativen und nationalsozialistischen Umweltschutzbewegung an, die auch für die moderne rechtsextremistische Szene wichtig ist, sowie an Strömungen rechtsextremer Esoterik[1210].

Diese Fraktionen kehrten der Grünen-Partei nach heftigsten innerparteilichen Auseinandersetzungen spätestens seit der Wiedervereinigung den Rücken, da sich aus pragmatischen Gründen die Partei zunehmend verbürgerlichte[1211]. Die kleine Ökologisch-Demokratische Partei (ÖDP), die den Vorwurf des Ökofaschismus auf sich gezogen hatte, war weniger rechtsextremistisch als konservativ eingestellt, obwohl ihre Zentralfigur, der frühere CDU-Bundestagsabgeordnete Herbert Gruhl, auch Mitbegründer der Grünen, eine schwammige Haltung gegenüber rechtsextremen Positionen eingenommen hatte und die ÖDP verlassen musste. In diesem Zusammenhang kam es auch zum Prozess der De-Radikalisierung einzelner Aktivisten (prominentestes Beispiel und geradezu ein Symbol dafür ist Joschka Fischer, aber auch Jürgen Trittin kann hier aufgezählt werden).

Ökologische Gedanken sind in der Gegenwart ein wichtiges Mobilisierungsfeld rechtsextremistischer Gruppen[1212]. Auch für den Linksextremismus sind Umweltschutz und Ökologie sehr wichtige Themen. Schon in den achtziger Jahren haben die Autonomen zur Gewalt im Rahmen der Anti-AKW-Proteste aufgerufen und auch in die Tat umgesetzt (siehe das Kernkraftwerk in Brokdorf).[1213] Bis heute mobilisieren die Anti-Castor-Transporte die autonome Szene sowie weite Teile des linksextremistischen Spektrums[1214].

Die militante Tierrechtsbewegung ist teilweise mit den Autonomen verzahnt, doch die Frage des Anthropozentrismus/Zoozentrismus spielt hierbei eine kontroverse Rolle[1215]. In Deutschland wirkt eine lose verknüpfte Szene der militanten Tierschützer mit öko-extremistischer Überzeugung, die auf der Welle der Vegan-Life-Style Bewegungen mitschwimmen. Die militanten Tierschützer haben seit Beginn der neunziger Jahre bis heute dutzende Monkeywrenching-Aktionen (einschließlich Brandattacken) unter dem Dach verschiedener Organisationen – Animal Liberation Front, Animal Liberation Brigade/ALB, Animal Rights Militia/ARM, MFAH (= Militant Forces against Huntingdon Life Science) – in

---

1209 Vgl. Joachim Raschke: Die Zukunft der Grünen. Frankfurt, New York 2001. S. 38.

1210 Oliver Geden: Rechte Ökologie – Umweltschutz zwischen Emanzipation und Faschismus. Berlin 1996.

1211 Vgl. Pavel Pečínka: Hnědí a zelení: Analýza současných vztahů. In: Politologická revue, 12 (1), S. 143.

1212 Bayerisches Fernsehen: Braune Ökobewegung – Wie Rechte mit Umweltschutz punkten wollen. Kontrovers. http://www.br-online.de/bayerisches-fernsehen/kontrovers/kontrovers-beitrag-braune-biobewegung-ID1305038905858.xml

1213 Kreutz 1989. S. 80–81.

1214 Bundesamt für Verfassungsschutz: Verfassungsschutzbericht 2010. Vorabfassung. Berlin 2011. S. 172. http://www.verfassungsschutz.de/download/SHOW/vsbericht_2010_vorabfassung.pdf.

1215 AK Wantok (Hrsg.): Perspektiven Autonomer Politik. Münster 2010. S. 378.

Deutschland[1216] verübt. Die Ziele der Angriffe bezogen sich meistens auf Jagd, Zirkus, Fleischproduktion- und Konsum, Pelzindustrie und -handel sowie livestock farming[1217].

> Animal Liberation Brigade
>
> Diese, in den USA entstandene international agierende Gruppe ist ähnlich strukturiert wie die ALF, d. h., für sie gelten die Prinzipien der „leaderless resistance“ bzw. die direkte Aktion. In ihr verkörpert sich auch der Typ des „lone wolve“.

1216 KplusV Organisatieadvies: Final Report. International comparison of animal rights extremism – Commissioned by the Ministry of the Interior and Kingdom Relations, Arnhem 2011, S. 16. http://www.nuansa.nl/uploads/3f/95/3f954d1e9c388e140929451e0c183d00/1011273-055-Definitief-eindrapport-DRE--Engelstalig-2.pdf

1217 KplusV Organisatieadvies 2011. S. 18.

12 Nachwort

Die Extremismusforschung bearbeitet ein Phänomen, das keiner Disziplin ausschließlich zuzuordnen ist. Neben psychologischen Aspekten stehen soziologische, politologische, historische, gender- und linguistische Fragestellungen, die allesamt zu einem besseren Verständnis der Erscheinung beitragen. Die meisten Forschungsarbeiten sind bereits heute interdisziplinär angelegt, in theoretischer wie methodischer Hinsicht sind die Verbindungen dieser ‚Teilstücke' jedoch oft nicht eindeutig genug nachgezeichnet. Es bleibt oft unklar auf welche Weise die verschiedenen Versatzstücke zusammengeschmiedet wurden, wie dieses Zusammenwirken funktioniert. Die theoretische Ausarbeitung potentieller Dynamiken ist eine bisher noch ausgebliebene und interessante Aufgabenstellung.

Der Extremismus ist für die politische Theorie nicht nur aus der Perspektive normativer Blickwinkel ein reizvoller, zu bearbeitender Acker. Wie kann eine politische Theorie modelliert werden, die neben Fragen von Recht und Unrecht psychologische, soziologische, linguistische Modelle einbindet und auf welche Weise wirken diese Zusammen? Praktisch gesprochen, findet sich in der Extremismusforschung ein Bausatz für ein Haus, doch wie dieses Haus einmal aussehen wird ist unklar, lediglich einzelne Wände, Träger und andere Teile sind bereits begutachtet worden. Teilweise sind diese auch zusammengeführt worden, doch bleibt undeutlich, welche Dynamik die so verschweißten Bauteile besitzen, welche Aufgaben die Teilstücke für die Stabilität des Hauses besitzen. Vollkommen unterschiedliche Perspektiven sind dabei eingenommen worden: einige betrachten nur das „Dach" und sehen dies als wichtigste Komponente des Hauses; andere fokussieren auf die Wände und sehen hierin den wichtigsten Teil des Hauses; wieder andere gehen von dem Fundament aus. Es finden sich drei „große Theorien" unter den dargelegten Ansätzen. Diese übernehmen auch drei Standpunkte, von denen man aus beobachten kann. Die normative Theorie des Extremismus hier auch ‚verfassungspolitischer Ansatz' genannt, begutachtet das Phänomen aus einer Staatszentrierten Perspektive. Daneben steht der durch Klingemann entwickelte Ansatz der Bezugssystemsspannungen, der soziologisch orientiert ist und die Perspektive der Gesellschaft aufnimmt. Der dritte Ansatz ist der Individuumsbezogene Ansatz nach Kemmesies, der das Individuum in Beziehung zu sich selbst, seinen sozialen Strukturen im Nahfeld, der Gesellschaft und den makrostrukturellen kulturellen Verankerungen in Beziehung setzt.

Die normativen Grundsatzfragen, die inhärenter Teil einer politischen Theorie sind, sind durch die Extremismusforschung bisher noch nicht auf eine allseits akzeptierte Weise beantwortet worden. Vielmehr stehen konkurrierende Sichtweisen nebeneinander, viele Fragen bleiben ungeklärt. Versuche die Normativität als quasi vorpolitologisches Konstrukt, als nicht mehr diskutierbare Ausgangsbasis zu modellieren, sind dabei genauso zu finden, wie die absolute Ablehnung der Extremismusforschung unter Hinweis auf die Normativität.

Die Methoden erwirkenden Theorien sind teilweise problematisch umzusetzen, da sie einen hohen personellen wie zeitlichen Aufwand erfordern. Andere können zwar mit weniger Aufwand verbunden sein, müssen aber in Kauf nehmen, lediglich Teilaspekte aufgreifen zu können.

Neben sinnvoll zu integrierenden Disziplinen, unterschiedlichen Blickwinkeln, Normativitäten und Erhebungsmethoden kommt in der politischen Theorie immer wieder die Frage auf, wie eine ‚politische Welt' sich so darstellen lässt, dass sie ein möglichst objektives Bild der gegenwärtig erkannten Möglichkeiten ergibt. Der Dualismus von Links und Rechts ist hier längst überholt, aber sprachlicher Fakt. In Bezug auf die drei Darstellungsmethoden (Achsenartig, Spiegelung, Wertdreieck) sind spannende Diskussionen zu erwarten.

Die dargestellten Ergebnisse des zweiten Teils dieses Buches zeigen auf, dass eine Erforschung des Extremismus ein wichtiges Feld der Gesellschaftstheorie und der Inneren Sicherheit ist. Neben der Frage wie eine Gesellschaft aussehen muss, bei der politisch abweichendes Verhalten nicht entsteht, steht die Frage, wie das faktische abweichende Verhalten so verfolgt werden kann, dass das von ihr ausgehende Risiko für die Bevölkerung minimiert werden kann. Zur Klärung beider Sachfragen leistet die Extremismusforschung ihren Beitrag. Sie erklärt die zugrunde liegenden Werte einer Strömung, Handlungsweisen, Vorkommen und macht auf Irregularien zwischen bisheriger Theorie und Praxis aufmerksam. Sie zeigt ebenfalls auf, welche Netzwerke sich finden lassen, wie soziale Zusammenhänge konkret aussehen und welche Formen der Zusammenarbeit sich finden lassen. Die Aufklärung die Forschungsarbeiten leisten, sind wichtiger Gradmesser und fördern die gesellschaftliche Auseinandersetzung mit Problemen.

Der Eklektizismus zeigt sich in der Extremismusforschung in seiner deutlichsten Form. Die Relevanz des Eklektizismus ist aus der wissenschaftstheoretischen Perspektive kaum von der Hand zu weisen und kann in der wissenschaftstheoretischen Diskussion nicht ignoriert werden. Es liegt nahe, dass nur eine eklektizistische Betrachtungsweise ein realistisches Bild des komplexen Phänomens zu spinnen vermag. Aus dem Gewebe der unterschiedlichen Wissenschaften entsteht ein Flickenteppich, den die politische Theorie zu einem Gesamtbild komponieren muss, dies ist jedoch noch ausgeblieben.

13 Literaturverzeichnis

A

Abbey, Edward: The Monkey Wrench Gang. New York 2000.

Abeysekara, Anada: The Saffron Army, Violence, Terror(ism) – Buddhism, Identity and Difference in Sri Lanka. Numen. International Review for the History of Religions. Jg. 48, Nr. 1, 2001.

Abrahamian, Ervand: A History of Modern Iran. Cambridge 2008.

Aderhold, Jens: Soziale Bewegungen und die Bedeutung sozialer Netzwerke. In: Stegbauer, Christian; Häußling, Roger (Hrsg.): Handbuch Netzwerkforschung. Wiesbaden 2010.

Adorno, Theodor W. et.al.: Der autoritäre Charakter (Bd. 1). Amsterdam 1968.

Agramunt Font de Mora, Pedro: Fight against extremism: achievements, deficiencies and failures. Europarat. Doc. 12265. (19.05.2010).

Ahna, Karen de: Wege zum Ausstieg – Fördernde und hemmende Bedingungen. In: Bayer-Katte, Wanda von; Cleassens, Dieter; Feger, Hubert; Neidhardt, Friedhelm: Gruppenprozesse. (Analysen zum Terrorismus Bd.3) Opladen 1982.

AK Wantok (Hrsg.): Perspektiven autonomer Politik. Münster 2010.

Al-Ahram Center for Politcal and Strategic Studies (Hrsg.): The Spectrum of Islamist Movements. Berlin 2007.

Allport, Gordon W.: Attitudes. In: Murchison, C.: A Handbook of Social Psychology, 2. Worchester/Massachusetts 1935.

Almendola, Giovanni: Maggioranza e minoranza. In: Il Mondo 12.05.1923.

Altemeyer, Bob: Enemies of Freedom – understanding right-wing authoritarianism. San Francisco 1988.

Altemeyer, Bob: The authoritarian specter. Cambridge 1996.

Altemeyer, Bob: The other authoritarian personality. In: Mark P. Zanna: Advances in experimental social psychology. Vol. 30, 1998.

Altermatt, Urs; Kriesi, Hanspeter: Rechtsextremismus in der Schweiz – Organisationen und Radikalisierung in den 1980er und 1990er Jahren. Zürich 1995.

Ambrosio, Thomas: Irredentism – Ethnic Conflict and International Politics. Westport 2001.

Amster, Randall: Perspectives of Ecoterrorism – Catalyst, Conflations, and Casualties. In: Contemporary Justice Review, 9 (3), 2006.
http://ethik.univie.ac.at/fileadmin/user_upload/inst_ethik_wiss_dialog/
Amster__R._2006_Perspectives_on_Ecoterrorism.pdf

Antoszewski, Andrzej; Herbut, Ryszard; Sroka, Jacek: Stranický systém Polska. In: Petr Fiala, Ryszard Herbut, Středoevropské systémy politických stran. Česká republika, Maďarsko, Polsko a Slovensko. Brünn 2003.

Arendt, Hannah: Denktagebuch. (Bd. 1). München/Zürich (2 Auflg.) 2003.

Arendt, Hannah: Elemente und Ursprünge totaler Herrschaft – Antisemitismus, Imperialismus, totale Herrschaft. (10 Auflg.) München Zürich [1951] 2005.

Arendt, Hannah: Über das Böse – eine Vorlesung zu Fragen der Ethik. München 2006.

Arendt, Hannah: Was ist Politik? (2.Auflg.). München/Zürich 2005.

Arzheimer, Kai; Falter, Jürgen W.: Die Pathologie des Normalen. Eine Anwendung des Scheuch-Klingemann-Modells zur Erklärung rechtsextremen Denkens und Verhaltens. In: Fuchs, Dieter; Roller, Edeltraud; Weßels, Bernhard (Hrsg.): Bürger und Demokratie in Ost und West. Studien zur politischen Kultur und zum politischen Prozeß. Festschrift für Hans-Dieter Klingemann. Wiesbaden 2002.

Asch, Solomon E.: Opinions and social pressure. In: Scientific American 19/1955.

Aslan, Reza: Beyond Fundamentalism – Confronting Religious Extremism in the Age of Globalization. New York 2009.

Autorenkollektiv: Wörterbuch der Geschichte. Berlin 1983.

B

Backes Uwe; Jesse, Eckhard: Demokratie und Extremismus – Anmerkungen zu einem antithetischen Begriffspaar. In: Aus Politik und Zeitgeschichte 44/1983.

Backes, Uwe: Politischer Extremismus in demokratischen Verfassungsstaaten – Elemente einer normativen Rahmentheorie. Opladen 1989.

Backes, Uwe; Jesse, Eckhard: Politischer Extremismus in der Bundesrepublik Deutschland, Bonn 1993.

Backes, Uwe: Links- und rechtsextreme Gewalt in Deutschland. In: Jesse, Eckhard; Kailitz, Steffen (Hrsg.): Prägekräfte des 20. Jahrhunderts. Demokratie, Extremismus, Totalitarismus, München 1997.

Backes, Uwe: Gestalt und Bedeutung des intellektuellen Rechtsextremismus in Deutschland. In: Aus Politik und Zeitgeschichte B 46/2001

Backes, Uwe; Jesse, Eckhard: Islamismus, Jihadismus, Totalitarismus, Extremismus. In: Backes, Uwe; Jesse, Eckhard (Hrsg.): Jahrbuch Extremismus und Demokratie. 14. Jahrgang 2002. Baden Baden 2002.

Backes, Uwe: Antifaschismus – Anmerkungen zu Begriff und Geschichte. In: Agethen, Manfred; Jesse, Eckhard; Neubert, Ehrhart (Hrsg.): Der missbrauchte Antifaschismus – DDR-Staatsdoktrin und Lebenslüge der Deutschen Linken. Freiburg i.Br. 2002.

Backes, Uwe; Jesse, Eckhard: Vergleichende Extremismusforschung. In: Ebd. (Hrsg.): Extremismus und Demokratie. Bd. 11. Baden-Baden 2005.

Backes, Uwe: Politische Extreme – eine Wort und Begriffsgeschichte von der Antike bis zur Gegenwart. Göttingen 2006.

Backes, Uwe; Jesse, Eckhard: Gefährdungen der Freiheit – Extremistische Ideologien im Vergleich. Göttingen 2006.

Backes, Uwe: Meaning and Forms of Political Extremism in Past and Present. In: Central European Political Studies Review. Volume IX/4. 2007.

Backes, Uwe; Moreau, Patrick (Hrsg.): Communist and Post-Communist Parties in Europe. Göttingen 2008.

Backes, Uwe: Organisationen 2009. In: Backes, Uwe; Gallus, Alexander; Jesse, Eckhard (Hrsg.): Extremismus & Demokratie. 22. Jahrgang 2010. Baden Baden 2011.

Bacon, Francis: Neues Organon. (1620) Hamburg 1990.

Badiou, Alain: Über Metapolitik. Zürich/Berlin 2003.

Baehr, Dirk: Charakteristika salafistischer Strömungen in Deutschland. In: Backes, Uwe; Gallus, Alexander; Jesse, Eckhard (Hrsg.): Extremismus & Demokratie. 22. Jahrgang 2010. Baden Baden 2011.

Bagguley, Paul; Hussain, Yasmin: Non-Muslim Responses to the 7 July Bombing in London and the Muslim Diaspora in Britain and its Responses to the London Bombings of 7 July 2005. In: Hoffman, Bruce et.al.: The Radicalization of Diasporas and Terrorism – a joint conference by RAND Corporation and the Center for Security Studies, ETH Zurich. Santa Monica 2007.

Bailer, Brigitte: Der Revisionismus – pseudowissenschaftliche Propaganda. In: Stiftung Dokumentationsarchiv des österreichischen Widerstandes (Hrsg.): Handbuch des österreichischen Extremismus. (2.Auflg.) Wien 1993.

Balbach, Sonja: Wir sind auch die kämpfende Front – Frauen in der rechten Szene. Hamburg 1994.

Balík, Stanislav; Holzer, Jan: Axis Mentality – Ideology in Post-Communist Non-Democratic Regimes. In: Backes, Uwe; Jaskulowski, Tytus; Polese, Abel (Hrsg.): Totalitarismus und Transformation – Defizite der Demokratiekonsolidierung in Mittel- und Osteuropa. Göttingen 2009.

Ball, Terence; Dagger, Richard: Political Ideologies and the Democratic Ideal. New York 1991.

Balluch, Martin: Widerstand in der Demokratie – Ziviler Ungehorsam und konfrontative Kampagnen. Wien 2009.

Bandura, Albert: Aggression: A Social Learning Analysis. Englewood Cliffs 1973.

Bandura, Albert: Social Learning Theory. New York 1977.

Bandura, Albert: Mechanisms of moral disengagement. In: Reich, Walter (Hrsg.): Origins of Terrorism – Psychologies, Ideologies, Theologies, States of Mind. Cambridge/New York 1998.

Barrett, David V.: Sekty, kulty, alternativní náboženství. Prag 1996.

Barša, Pavel; Strmiska, Maxmilián: Národní stát a etnický konflikt. Brünn 1999.

Barth, Hans: Wahrheit und Ideologie. (2.Auflg.) Frankfurt a.M. 1974.

Bartsch, Günter: Entwicklung und Organisation des deutschen Anarchismus von 1945 bis zur Gegenwart. In: Funke, Manfred (Hrsg.): Extremismus in demokratischen Rechtsstaat. Ausgewählte Texte und Materialien zur aktuellen Diskussion. Bonn 1978.

Bastl, Martin: Radikální levice v České republice – Devadesátá léta dvacátého století. Brünn 2001.

Bayerisches Fernsehen: Braune Ökobewegung – Wie Rechte mit Umweltschutz punkten wollen. Kontrovers. http://www.br-online.de/bayerisches-fernsehen/kontrovers/kontrovers-beitrag-braune-biobewegung-ID1305038905858.xml

BBC: A very British coup. http://www.bbc.co.uk/radio4/history/document/document_20050822.shtml

Beck, Ulrich: Risikogesellschaft – auf dem Weg in eine andere Moderne. Frankfurt 1986.

Becker, Jürgen: Die wehrhafte Demokratie des Grundgesetzes. In: Kirchhof/Idensee (Hrsg.): Handbuch d. Staatsrechts VII. 1992.

Benoist, Alain de: Aufstand der Kulturen. (2.Auflg.). Berlin 2003.

Benthin, Rainer: Auf den Weg in die Mitte Öffentlichkeitsstrategien der Neuen Rechten. Frankfurt a.M. 2004.

Beran, Ladislav Josef: Odepřená integrace – Systémová analýza sudetoněmecké politiky v Československé republice 1918–1938. Prag 2009.

Bergmann, Werner ; Erb, Rainer: In Treue zur Nation – zur kollektiven Identität der rechtsextremen Bewegung. In: Hellmann, Kai-Uwe; Koopmans, Ruud: Paradigmen der Bewegungsforschung. Wiesbaden 1998.

Berg-Schlosser, Dirk; Stammen, Theo: Einführung in die Politikwissenschaft. (7.Auflg.). München 2003.

Bernart, Yvonne; Krapp, Stefanie: Das narrative Interview – Ein Leitfaden zur rekonstruktiven Auswertung (3.Auflg.). Forschung, Statistik und Methoden Bd. 3. Landau 2005.

Best, Ulrich Herbert: Biographische Studien über Radikalismus, Weltanschauungen und Vernunft 1903–1989. Bonn 1996.

Beyer, Hans: Der Antikommunismus – Wesen, Formen und Funktionen. Berlin 1975.

Beyme, Klaus von: Parteien in westlichen Demokratien, München 1982.

Beyme, Klaus von: Right-Wing Extremism in Western Europe. In: West European Politics Nr. 2/1988.

Beyme, Klaus von: Parteien im Prozess der demokratischen Konsolidierung. In: Merkel, Wolfgang; Sandschneider, Eberhard (Hrsg.): Systemwechsel 3. Parteien im Transformationprozeß. Opladen 1997.

Beyme, Klaus von: Totalitarismus – zur Renaissance eines Begriffs nach dem Ende der kommunistischen Regime. In: Siegel, Achim (Hrsg.): Totalitarismus nach dem Ende des Kommunismus. Weimar 1998.

Bierhoff, Hans Werner; Herner, Michael Jürgen: Begriffswörterbuch Sozialpsychologie. Stuttgart 2002.

Biddiscombe, Perry: The Last Nazis – Werewolf Guerrilla Resistance in Europe 1944–1947. Wales 1998.

Billerbeck, Liane von; Nordhausen, Frank: Der Sektenkonzern – Scientology auf dem Vormarsch. München 1994.

Binka, Bohuslav: Zelený extremismus – Ideje a mentalita českých environmentálních hnutí. Brno 2008.

Birsl Ursula: Rechtsextremismus: weiblich – männlich? Eine Fallstudie zu geschlechtsspezifischen Lebensverläufen, Handlungsspielräumen und Orientierungsweisen. Opladen 1994.

Birsl, Ursula: Rechtsextremismus und Fremdenfeindlichkeit, Reagieren Frauen anders? – Zur theoretischen Verortung der Kategorie Geschlecht in der feministischen Rechtsextremismus-Forschung. In: Falter, Jürgen W.; Jaschke, Hans-Gerd; Winkler, Jürgen R. (Hrsg.): Rechtsextremismus. Ergebnisse und Perspektiven der Forschung, Politische Vierteljahresschrift, Jg. 37 Sonderheft 27, Opladen 1996.

Bitzan, Renate: Differenz und Gleichheit – zur Geschlechterideologie rechter Frauen und ihren Anknüpfungspunkten zu feministischen Konzepten. In: Antifaschistisches Forschungsnetzwerk Frauen und Rechtsextremismus (Hrsg.): Braune Schwestern? – Feministische Analysen zu Frauen in der extremen Rechten. Münster 2005.

Blanton, Shannon L.: Images in Conflict – The Case of Ronald Reagan and El Salvador. International studies Quarterly, 40/1996.

Blasius, Dirk: Geschichte der Politischen Kriminalität in Deutschland 1800–1980. Frankfurt 1983.

Bocheński, Józef Maria: Marxismus-Leninismus – Wissenschaft oder Glaube. 2. Auflg.). München 1974.

Boguta, Kovas: Egypt Influence Network. http://www.kovasboguta.com/index.html

Böhert, Carl; Jann, Werner; Kronenwett, Eva: Innenpolitik und politische Theorie – Ein Studienbuch. (3.Auflg.). Opladen 1988.

Bohlender, Matthias: Die Herrschaft der Gedanken – über Funktionsweise, Effekt und die Produktionsbedingungen von Ideologie. In: Blum, Harald (Hrsg.): Die deutsche Ideologie. Berlin 2010.

Böllinger, Lorenz: Die Entwicklung zu terroristischem Handeln als psychosozialer Prozess. In: Jäger, Herbert; Schmidtchen, Gerhard; Süllwold, Lieselotte (Hrsg.): Lebenslaufanalysen. (Analysen zum Terrorismus Bd. 2.) Opladen 1981.

Böllinger, Lorenz: Die Entwicklung zu terroristischem Handeln als psychosozialer Prozess. In: Uwe E. Kemmesies (Hrsg.): Terrorismus und Extremismus – der Zukunft auf der Spur. Polizei und Forschung Bd. 33. München 2006.

Bonacich, Phillip: Power and Centrality: A Family of Measures. American Journal of Sociology 92, 1987.

Borejsza, Jerzy W.: Schulen des Hasses. Faschistische Systeme in Europa. Frankfurt a.M. 1999.

Borstel, Dierk: Engagement als Strategie – was will der nette Neonazi von Nebenan? In: Rechtsradikale Zivilgesellschaft? – Neonazis besetzen das Ehrenamt. In: Forschungsjournal Neue Soziale Bewegungen. 4/2008.

Borstel, Dierk; Teune, Simon; Klein, Ludger: Rechtsradikale Zivilgesellschaft? – Neonazis besetzen das Ehrenamt. Forschungsjournal Neue Soziale Bewegungen. 4/2008.

Borstel, Dierk: Braun gehört zu bunt dazu – Rechtsextremismus und Demokratie am Beispiel Ostvorpommern. Münster 2011.

Borum, Randy: Psychology of Terrorism – Executive Summary. Tampa 2004.

Bossert, Oliver; Korte, Guido: Organisierte Kriminalität und Ausländerextremismus/Terrorismus. Brühl 2004.

Bötticher, Astrid: Warum ‚Neo'Nazis? Marburg 2008.

Bötticher, Astrid: Antisemitismus und Islamophobie – Ein Vergleich der Grundkonzeptionen. Utopie Kreativ Nr. 217, 2008.

Bötticher, Astrid: Islamophobia? – the german discussion about islamophobia. Central European Studies Review XI, Nr. 2–3. 2009.

Boubekeur, Amel: Islamist Parties in the Maghreb and their Links with EU – Mutual Influences and the Dynamics of Democratisation. Brüssel/Rabat 2006.

Brachman, Jarret M.: Global Jihadism – Theory and Practice. London/New York 2009.

Brakemeier, Hans: Arabischer Sozialismus. In: Stern, Carola; Vogelsang, Thilo; Klöss, Erhard; Graff, Albert (Hrsg.): dtv-Lexikon zur Geschichte und Politik im 20. Jahrhundert. München 1974.

Brandes, Ulrik; Schneider, Volker: Netzwerkbilder – Politiknetzwerke in Metaphern, Modellen und Visualisierungen. In: Schneider, Volker; Janning, Frank; Leifeld, Philip; Malang, Thomas: Politiknetzwerke – Modelle, Anwendungen und Visualisierungen. Wiesbaden 2009.

Braun, Stefan: Religiöser und Separatistischer Extremismus – Neue Wesensformen bekannter antidemokratischer Bezüge. In: Beiträge zur Internationalen Politik & Sicherheit, 2, 2005. http://www.bmlv.gv.at/pdf_pool/publikationen/06_bips.pdf

Braun, Stefan: Entspricht die Organisationsstruktur der Behörden für Verfassungsschutz extremismustheoretischen Kategorisierungssystemen? In: Korte, Guido (Hrsg.): Aspekte der nachrichtendienstlichen Sicherheitsarchitektur. Brühl 2005.

Braun, Stefan : Religiöser und Separatistischer Extremismus.
http://www.bmlv.gv.at/pdf_pool/publikationen/06_bips.pdf

Braun, Stephan; Geisler, Alexander; Gerster, Martin (Hrsg.): Strategien der extremen Rechten – Hintergründe, Analysen, Antworten. Wiesbaden 2009.

Brehm, Jack W.: A theory of psychological reactance. New York 1966.

Brehm, Jack W.: psychological reactance – theory and applications. In: Srull, Thomas K., Association for Consumer Research (Hrsg.): Advances in Consumer Research Jg. 16. 1989.

Breininger, Eric (AKA Abdul Ghaffar El Almani): Mein Weg nach Jannah. Internetpublikation. o.J.

Breivik, Andreas [AKA Andrew Berwick]: A European Declaration of Independence. London 2011.
http://www.kevinislaughter.com/wp-content/uploads/
2083+-+A+European+Declaration+of+Independence.pdf

Brocker, Manfred: Protest, Anpassung, Etablierung – Die Christliche Rechte im politischen System der USA. Frankfurt/New York 2004.

Brühl, Reinhard et.al.: Wörterbuch zur deutschen Militärgeschichte. Mi-Z. Berlin 1985.

Bruno, Greg: Iran's Revolutionary Guards. New York/Washington 2009.
http://www.cfr.org/iran/irans-revolutionary-guards/p14324.

Buchheim, Hans: Totalitäre Herrschaft – Wesen und Merkmale. München 1962.

Buffardi, Laura E.; Campbell, Keith: Narcissism and social networking web-sites. In: personality and social psychology bulletin Nr. 34. 2008.

Buhr, Manfred; Klaus, Georg: Philosophisches Wörterbuch. Leipzig 1970.

Buhrer Tavanier, Yana: Bulgaria – Mysterious Mosques and Schools. Transitions Online, 02/01/2005.
http://www.tol.cz/look/TOL/article.tpl?IdLanguage=1&IdPublication=4&NrIssue=100&NrSection=3&NrArticle=13387

Bundesministerium für Inneres, Bundesamt für Verfassungsschutz und Terrorismusbekämpfung: Verfassungsschutzbericht 2010. Wien 2011.

Bundesamt für Verfassungsschutz (Hrsg):Verfassungsschutzbericht 1974. Bonn 1975.

Bundesamt für Verfassungsschutz (Hrsg.): Verfassungsschutz gegen Rechtsextremismus. Köln 2005.

Bundesamt für Verfassungsschutz (Hrsg.): Islamismus aus der Perspektive des Verfassungsschutzes. Themenreihe. Köln 2008.

Bundesamt für Verfassungsschutz (Hrsg.): Verfassungsschutzbericht 2009. Berlin 2010.

Bundesministerium des Innern (Hrsg.): Jäger, Herbert; Schmidtchen, Gerhard, Süllwold, Lieselotte: Lebenslaufanalysen. (Analysen zum Terrorismus Bd. 2.). Opladen 1981.

Bundeszentrale für politische Bildung (Hrsg.): Grundgesetz für die Bundesrepublik Deutschland. Bonn 2001.

Burnicki, Ralf: Anarchie als Direktdemokratie, Selbstverwaltung, Antistaatlichkeit – Eine Einführung in den Gegenstand der Anarchie.(2.Auflg.). Moers 2009.

Burr, J. Millard; Collins, Robert O.: Arms for Jihad – Charity and Terrorism in the Islamic World. Cambridge 2006.

Büsch, Otto; Furth, Peter: Rechtsradikalismus im Nachkriegsdeutschland – Studien über die Sozialistische Reichspartei SRP. Berlin/ Frankfurt a.M. 1957.

Buzan, Barry; Waver, Ole; Wilde, Jaap de: Security A New Framework for Analysis. Boulder 1998.

BverfG Urteil zum SRP Verbot: http://www.im.nrw.de/sch/doks/vs/srpverbot.pdf

BverfG Urteil zum KPD Verbot: http://www.servat.unibe.ch/dfr/bv005085.html

C

Caldwell, Christopher: Reflections on the Revolution in Europe. London 2009.

Camus, Jean Yves: Nurty europejskiej skrajnej prawicy-populisci, integrysci,narodowi rewolucjonisci, Nowa Prawica. In: Backes, Uwe (Hrsg.): Skrajnie prawicowe ideologie w historii i wspolczesnosci, Walbrzych, Varsovie 2005.

Carrillo, Santiago: Eurokommunismus und Staat. Hamburg/Westberlin 1977.

Cartwright, Dorwin; Zander, Alwin: Group dynamics. New York 1968.

Carus, W. Seth: R. I. S. E. (1972). In: Jonathan B. Tucker (Hrsg.): Toxic Terror – Assessing Terrorist Use of Chemical and Biological Weapons. Cambridge/London 2000.

Čejka, Marek: Judaismus a politika v Izraeli. Brünn 2009.

Černý, Petr: Politický extremismus a právo. Prag 2005.

Chambers, Simone; Kopstein, Jeffrey: Bad Civil Society. In: Political Theory, Vol. 29, Nr. 6, 2001.

Chmelík, Jan: Extremsimus a jeho sociologické a právní aspekty. Prag 2001.

Císař, Ondřej: The Left at the Beginning of the 21st Century. In: Lubomír Kopeček (Hrsg.): Trajectories of the Left, Social Democratic and (Ex-)Communist Parties in Contemporary Europe – Between Past and Future, Brünn 2005.

Cleassens, Dieter; Ahna, Karin de: Das Milieu der Westberliner ‚Scene' und die ‚Bewegung 2. Juni'. In: Bundesministerium des Innern, Cleassens, Dieter: Gruppenprozesse. (Analysen zum Terrorismus. Bd. 3.) Opladen 1982.

Clement, Rolf; Jöris, Paul Elmar: Die Terroristen von nebenan – Gotteskrieger aus Deutschland. München Zürich 2010.

Choe, Hyondok: Ideologie – Eine Geschichte der Entstehung des gesellschaftskritischen Begriffs. Frankfurt a.M. 1997.

Christakis, Nicholas A.; Fowler, James H.: Connected! – Die Macht sozialer Netzwerke und warum Glück ansteckend ist. Frankfurt a.M. 2010.

Císař, Ondřej; Fiala, Petr: Obhajoba zájmů a transnacionální vztahy – Úvod do studia. In: Císař, Ondřej; Fiala, Petr (Hrsg.): Obhajoba zájmů a transnacionální vztahy. Brünn 2004.

Collins, Alan: Introduction – What is Secrurity Studies. In: Alan Collins (Hrsg.): Contemporary Security Studies. Oxford 2007.

Collins, Eamon: Blinder Hass – Autobiographie eines irischen Terroristen. Frankfurt a.M. 1997.

Corrado, Raymond: A critique of the mental disorder perspective of political terrorism. In: International Journal of Law and Psychiatry Nr.4/1981.

Cottam, Martha, L. et al: Introduction to political psychology. (2. Aufl.) East Sussex/New York 2010.

ČT 24: Kaddáfí vyzval Evropu, aby konvertiovala k islámu.
http://www.ct24.cz/svet/99969-kaddafi-vyzval-evropu-aby-konvertovala-k-islamu/

D

Decker, Frank; Lewandowsky, Mark: Rechtspopulismus als (neue) Strategie der politischen Rechten. Berlin 2010.
http://www.fes-online-akademie.de/common/medien/
100420_decker_lewandowsky_rechtspop.pdf

Della Porta, Donatella: Social Movements – Political Violence and the State. Cambridge 1995.

Dekmejian, Richard Hrair: Islam in revolution – fundamentalism in the Arab world. (2. Auflg.) Syracuse 1995.

Der Spiegel: Verfassungsschützer warnen vor Radikalisierung im Internet. Der Spiegel, 25. Juni 2011. http://www.spiegel.de/politik/deutschland/0,1518,770554,00.html

Detel, Wolfgang: Logik. (Grundkurs Philosophie Bd.1). Stuttgart 2007.

Deutscher Bundestag (Hrsg.) (12. Wahlperiode des Deutschen Bundestages): Materialien der Enquete-Kommission „Aufarbeitung von Geschichte und Folgen der SED-Diktatur in Deutschland“ (Bd. III, 3.) Ideologie Integration und Disziplinierung.

Deutscher Bundestag. Drucksache 14/5635: Antwort der Bundesregierung, auf die Kleine Anfrage der Abgeordneten Ulla Jelpke und der Fraktion der PDS – Drucksache 14/5420 – Rechtsextremistische Aktivitäten in Gebieten mit deutschen Minderheiten in Europa – Verbindungen deutscher Rechtsextremisten zu ausländischen Organisationen.
http://dipbt.bundestag.de/dip21/btd/14/056/1405635.pdf

Deutscher Bundestag, Drucksache 14/6413, Antwort der Bundesregierung auf die Kleine Anfrage der Abgeordneten Carsten Hübner, Ulla Jelpke, Heidi Lippmann, Roland Claus und der Fraktion der PDS Deutsche Söldner in bewaffneten Konflikten, 2001.
http://dipbt.bundestag.de/doc/btd/14/064/1406413.pdf

Deutscher Bundestag (Hrsg.): Datenhandbuch des Deutschen Bundestages 2010.
http://www.bundestag.de/dokumente/datenhandbuch/01/01_06/01_06_05.html

Dieckmann, Martin: Die Widerruflichkeit der Normalität – Über Prekarität und Prekarisierungen. Referat auf dem BUKO-Kongress in Hamburg. Mai 2005.
http://www.labournet.de/diskussion/arbeit/realpolitik/prekaer/rede_buko05.html

DIE LINKE. Landesverband Sachsen, 66/2007 Sorbischer Beitrag für linke Politik in Sachsen, http://portal.dielinke-in-sachsen.de/presse.asp?dtlpresse=T&lid=24&iid=24&mid=0&uid=0&jahr=2007&apxmnuakt=1

DIE LINKE: Mitgliederzahlen Dezember 2010. Berlin 2010.
http://die-linke.de/partei/fakten/mitgliederzahlen_dezember_2010/

DIE LINKE: Bundessatzung der Partei Die LINKE.
http://die-linke.de/partei/dokumente/bundessatzung_der_partei_die_linke/
1_auftrag_und_name_der_partei/praeambel/

Diesner, Jana; Carley, Kathleen M.: Extraktion relationaler Daten aus Texten. In: Stegbauer, Christian; Häußling, Roger (Hrsg.): Handbuch Netzwerkforschung. Wiesbaden 2010.

Dietl, Wilhelm; Hirschman, Kai; Tophoven, Rolf: Das Terrorismus-Lexikon – Täter, Opfer, Hintergründe. Frankfurt a.M. 2006.

Difraoui, Asiem el: Die Chance zum echten Dialog. Berlin 2011. http://www.swp-berlin.org/de/kurz-gesagt/dialog-mit-der-arabischen-jugend.html.

Dobratz, Betty A.; Shanks-Meile, Stephanie L.: The White Separatist Movement in the United States. Baltimore/ London 2000.

Dobson, Andrew: Green Political Thought. (3.Auflg) London/New York 2000.

Döhring, Kirsten; Feldmann, Renate: Akteurinnen und Organisationen – Die Involviertheit von Frauen in der extremen Rechten. In: Antifaschistisches Forschungsnetzwerk Frauen und Rechtsextremismus (Hrsg.): Braune Schwestern? – Feministische Analysen zu Frauen in der extremen Rechten. Münster 2005.

Dörfler, Benjamin: Die Organisation der Muslimbrüder in Ägypten. In: Walter Feichtinger, Sibylle Wentker (Hrsg.): Islam, Islamismus und islamischer Extremismus. Wien/Köln/ Weimar 2008.

Dornbusch, Christian; Raabe, Jan: RechtsRock – Vom Skinhead-Rock zur Alltagskultur. In: Ebd. (Hrsg.): Rechtsrock – Bestandaufnahme und Gegenstrategien. Hamburg/Münster 2002.

Drath, Martin: Totalitarismus in der Volksdemokratie. In: Ernst Richert: Macht ohne Mandat – der Staatsapparat in der Sowjetischen Besatzungszone Deutschlands. Köln 1963.

Dudek, Peter; Jaschke, Hans-Gerd: Entstehung und Entwicklung des Rechtsextremismus in der Bundesrepublik. 2 Bände. Opladen 1984.

Durkheim, Emile: The rules of sociological method. New York 1938.

E

Eagleton, Terry: Ideologie – Eine Einführung. Stuttgart/Weimar 2000.

Eberle, Henrik: Briefe an Hitler – ein Volk schreibt seinem Führer. Köln 2007.

Edelmann, Murray: Politik als Ritual – Die symbolische Funktion staatlicher Institutionen und politischen Handelns. Frankfurt a.M. 2005.

Einige aus der EX (MG): Der Weg von der Hassbrennerei zum organisierten sozial-Rebellismus – Ein Nachtrag zur Militanzdebatte. Radikal, Nr. 162, 2010.

Elwert, Georg: Biologische und sozialanthropologische Ansätze in der Konkurrenz der Perspektiven. In: Wilhelm Heitmeyer/Hans Georg Soeffner: Gewalt. Frankfurt a.M. 2004.

Emek, Şeyda Dilek: Parteiverbote und Europäische Menschenrechtskonvention – Die Entwicklung europäischer Parteiverbotsstandards nach Art. 11 Abs. 2 EMRK unter besonderer Berücksichtigung des deutschen und türkischen Parteienrechts. München 2007.

Entscheidungen des Bundesverfassungsgerichtes (BverfGE) (Bd. 5) 1956.

Entscheidungen des Bundesverfassungsgericht (BVerfGE) 91, 276. Vom 17.11.1994.

Ermert, Matthias: Der Extremismus im Strafrecht – eine begriffskritische Analyse auf sozialwissenschaftlicher und verfassungsrechtlicher Grundlage. Herbolzheim 2007.

European Court of Human Rights (ECHR): Press Release by the Registrar – CHAMBER JUDGMENT HERRI BATASUNA AND BATASUNA v. SPAIN, ETXEBERRIA AND OTHERS v. SPAIN, HERRITARREN ZERRENDA v. SPAIN. http://cmiskp.echr.coe.int/tkp197/view.asp?action=html&documentId=851942&portal=hbkm&source=externalbydocnumber&table=F69A27FD8FB86142BF01C1166DEA398649

Europol (Hrsg.): TE-SAT 2011 – EU Terrorism Situation and Trend Report. Den Haag 2011. http://www.epractice.eu/files/TE-SAT2011.pdf

Everts, Carmen: Politischer Extremismus – Theorie und Analyse am Beispiel der Parteien REP und PDS. Berlin 2000.

Ewing, Heidi; Grady, Rachel: Jesus Camp. ICA Films 2008.

Eysenck, Hans: The Psychology of Politics. [1954] New Jersey 1999.

F

Falter, Jürgen W.: Hitlers Wähler. München 1991.

Farschid, Olaf; Rudolph, Ekkehard: Zeitgenössische Akteure der Muslimbruderschaft – Eine extremismustheoretische Analyse des legalistischen Islamismus. In: Armin Pfahl-Traughber (Hrsg.): Jahrbuch für Extremismus- und Terrorismusforschung 2008. Brühl 2008.

Fatone, Vicente: The extremism of eastern philosophy. Philosophy and Phenomenological Research, Jg. 9, Nr. 3.

Fehr, Ernst; Gächter, Simon: Altruistic punishment in humans. In: Nature Bd.415, 2002.

Fein, Helen: Genocide – a sociological perspective. London 1993.

Fleck, Ludwik: Enstehung und Entwicklung einer wissenschaftlichen Tatsache – Einführung in die Lehre vom Denkstil und Denkkollektiv. [1935] Frankfurt a.M. 1980.

Fiala, Petr; Mareš, Miroslav; Sokol, Petr: Eurostrany – Politické strany na evropské úrovni. Brünn 2007.

Fischer, Lorenz; Wiswede, Günter: Grundlagen der Sozialpsychologie. (3. Aufl.) München 2009.

Foote Whyte, William: Corner Boys. In: American Journal of Sociology. 46/1941.

Forst, Brian: Terrorism – Crime and Public Policy. Cambridge 2009.

Forsthoff, Ernst: Der totale Staat. Hamburg 1933.

Fowkes, Ben: Aufstieg und Niedergang des Kommunismus in Osteuropa, Mainz 1994.

Fraenkel, Ernst: Der Doppelstaat. [1974] Hamburg 2001.

Franz, Sandra: Die Religion des Grals. Schwalbach/Ts. 2009.

Fraser, Ian: New Right. In Ian McLean (Hrsg.): The Consice Dictionary of Politics. Oxford/ New York 1996.

Freeman, Linton: The Development of Social Network Analysis – A Study in the Sociology of Science. Vancouver 2004.

Freudenberg, Dirk: Theorie des Irregulären – Partisanen, Guerillas und Terroristen im modernen Kleinkrieg. Wiesbaden 2008.

Frey, Bruno S.: Terrorism from the Rational-Choice point of view. In: Diekmann,Andreas; Eichner, Klaus; Schmidt, Peter; Voss, Thomas (Hrsg.): Rational-Choice – theoretische Analysen und empirische Resultate – Festschrift für Karl-Dieter Opp zum 70. Geburtstag. Wiesbaden 2008.

Friedman, George: The Next 100 Years – A Forecast for the 21st Century. New York 2009.

Friedrich, Carl Joachim: Totalitäre Diktatur. Stuttgart 1957.

Friedrich, Carl Joachim; Brzezinski, Zbigniew: Totalitarian Dictatorship and Autocracy. New York 1962.

Friedrich, Carl: The agricultural basis of emotional nationalism. Public Opinion Quarterly Nr. 1, 1937.

Friedrich, Wolfgang Uwe: Formen des Totalitarismus. Zur Phänomenologie ideologischer Herrschaft in 20. Jahrhundert, In: Eckhard Jesse / Steffen Kailitz (Hrsg.): Prägekräfte des 20. Jahrhunderts. Demokratie, Extremismus, Totalitarismus, München 1997.

Frisch, Peter: Wandelt sich der politische Extremismus? In: Uwe Backes, Eckhard Jesse (Hrsg.): Extremismus & Demokratie, 5. Jahrgang 1993, Bonn 1993.

Fritz, Klaus: Professionalität des Lehrberufes und die Bedeutung einer konstruktivistischen Didaktik. Dissertation der Universität Hagen. Freiburg 2005.

Fromm, Rainer; Kernbach, Barbara: Europas braune Saat – Die internationale Verflechtung der rechtsradikalen Szene. Bonn 1994.

Fromm, Rainer: Satanismus in Deutschland – Zwischen Kult und Gewalt. München 2003.

Fromm, Rainer: Schwarze Geister, Neue Nazis – Jugendliche im Visier totalitärer Bewegungen. München 2008.

G

Geden, Oliver: Rechte Ökologie – Umweltschutz zwischen Emanzipation und Faschismus. Berlin 1996.

Geden, Oliver: Diskursstrategien im Rechtspopulismus – Freiheitliche Partei Österreichs und Schweizerische Volkspartei zwischen Opposition und Regierungsbeteiligung. Wiesbaden 2006.

Gemein, Gisbert; Redmer, Hartmut: Islamischer Fundamentalismus. Münster 2005.

Gemeinsame Arbeitsgruppe Justiz/Polizei, 1990/RiStBV 1991; Klaus von Lampe: http://www.organized-crime.de/okdef.htm

Gerdes, Luke M.: Codebook for Network Data on Individuals Involved with Terrorism and Counterterrorism. Institute for Software Research School of Computer Science Carnegie Mellon University. Pittsburgh 2008.

Gessenharter, Wolfgang; Pfeiffer, Thomas (Hrsg.): Die neue Rechte – Eine Gefahr für Demokratie? Wiesbaden 2004.

Glinka, Hans-Jürgen: Das narrative Interview – Eine Einführung für Sozialpädagogen. Weinheim/München 1998.

Golz, Hans Georg: Editorial. Aus Politik und Zeitgeschichte, 57, 2, 2010.

Goñi, Uki: Odessa – Die wahre Geschichte. Hamburg/Berlin, 2006.

Goote, Thor: Wir fahren den Tod. Berlin 1940.

Grebing, Helga: Rechts = Links und Links = Rechts – die falsche Gleichung. Wiesbaden 1971.

Gregor, James A.: The Search for Neofascism – The Use and Abuse of Social Science. Cambridge 2006.

Greiner, Bernd: Die Dekade der Angst. In: Blätter für deutsche und internationale Politik 06/2011.

Greiffenhagen, Sylvia: Theorie(n) der Politischen Kultur. In: Samuel Salzborn (Hrsg.): Politische Kultur – Forschungsstand und Forschungsperspektiven. Frankfurt a.M. 2009.

Greven, Michael Th.: Deutsche Policy-Forschung aus kritischer Perspektive. In: Nils Bandelow, Klaus Schubert (Hrsg.): Lehrbuch der Politikfeldanalyse 2.0. München 2009.

Greven, Thomas; Grumke, Thomas (Hrsg.): Globalisierter Rechtsextremismus – Die extremistische Rechte in der Ära der Globalisierung. Wiesbaden 2006.

Griffin, Roger: From slime mould to rhizome – an introduction to the groupuscular right. In: Patterns of Prejudice, vol.37, Nr.1, 2003.

Griffin, Roger (Hrsg.): Fascism, Totalitarianism and Political Religion. London/New York 2005.

Griffin, Roger: Völkischer Nationalismus als Wegbereiter und Fortsetzer des Faschismus – Ein angelsächsischer Blick auf ein nicht nur deutsches Phänomen. In: Heiko Kaufmann, Helmut Kellersohn, Jobst Paul (Hrsg.): Völkische Bande. Münster 2005.

Griffin, Roger: Fascism's new faces (and new facelessness) in the „post-fascist" epoch. In: Griffin, Roger; Loh, Werner; Umland, Andreas (eds.): Fascism Past and Present, West and East – An International Debate on Concepts and Cases in the Comparative Study of the Extreme Right. Stuttgart 2006.

Groebel, Jo; Feger, Hubert: Analyse von Strukturen terroristischer Gruppierungen. In: Bayer-Katte, Wanda von; Cleassens, Dieter; Feger, Hubert; Neidhardt, Friedhelm: Gruppenprozesse. (Analysen zum Terrorismus Bd.3) Opladen 1982.

Grumke, Thomas: DIE LINKE zwischen Demokratie und Extremismus – Eine Analyse zum Spannungsverhältnis der Partei zur freiheitlichen demokratischen Grundordnung. In: Armin Pfahl Traughber (Hrsg.): Jahrbuch für Extremismus- und Terrorismusforschung 2009/2010. Brühl 2010.

Grünewald, Klaus: Sicherheitsgefährdende und extremistische Bestrebungen von Ausländern in der Bundesrepublik Deutschland. In: Der Bundesminister des Innern (Hrsg.): Ausländerextremismus in der Bundesrepublik Deutschland. Bonn 1991.

Gurr, Nadine; Cole, Benjamin: The New Face of Terrorism – Threats from Weapons of Mass Destruction. London, New York 2000.

Gurr, Ted Robert: Why men rebel. Princeton 1970

Gurr, Ted Robert: Peoples versus States – Minorities at Risk in the New Century. Washington 2000.

Gusy, Christoph: Weimar – die wehrlose Republik? – Verfassungsschutzrecht und Verfassungsschutz in der Weimarer Republik. Tübingen 1991.

Gusy, Christoph: Staat und Sicherheit – der kooperative Präventionsstaat. Einführungspapier für den „Fachdialog Innere Sicherheit" beim BMBF 2008/2009.
http://www.jura.uni-bielefeld.de/Lehrstuehle/Gusy/Veroeffentlichungen_Vortraege/BMBF.pdf

Gusy, Christoph: Die Weimarer Verfassung als ‚negative Ordnungsidee'?. In: Journal der Juristischen Zeitgeschichte. Jg.5, Nr. 2, 2011.

Güttler, Carl: Einführung in die Geschichte der neueren Philosophie des Auslandes. München 1922.

H

Habermas, Jürgen; Luhmann, Niklas: Theorie der Gesellschaft oder Sozialtechnologie – Was leistet die Systemforschung? Frankfurt a.M. 1971.

Habermas, Jürgen: Faktizität und Geltung – Beiträge zur Diskurstheorie des Rechts und des demokratischen Rechtstaats. Frankfurt 1998.

Hacker, Frederick J.: Crusaders, Criminals, Crazies – Terrorism in our Time. New York 1976.

Haffner, Sebastian: Rechts und Links. In: DVA: Im Schatten der Geschichte. Stuttgart 1985.

Harna, Jiří: Česká strana národně sociální. In: Jiří Malíř, Pavel Marek (Hrsg.): Politické strany – Vývoj politických stran a hnutí v českých zemích a Československu 1861–2004. I. Díl: Období 1861–1938. Brünn 2005.

Hattenhauer, Hans: Deutsche nationale Symbole. Geschichte und Bedeutung. (4. Auflg.) München 2006.

Häußling, Roger: Relationale Soziologie. In: Stegbauer, Christian; Häußling, Roger (Hrsg.): Handbuch Netzwerkforschung. Wiesbaden 2010.

Hayes, Carlton J.H.: The Novelty of Totalitarianism in the History of the Western Civilization. In: Proceedings of the American Philosophical Society 82, Jg. 1940.

Heywood, Andrew: Politické ideologie. Prag 1994.

Heberle, Rudolf: From Democracy to Nazism – a regional case study on political parties in germany. Baton-Rouge, Louisiana, 1945.

Heckhausen, Jutta; Schulz, Richard: A lifespan theory of control. Psychological Review Nr. 102, 1995.

Heimlich, Janet: Breaking their will – shedding light on religious maltreatment. Amherst/ New York 2011.

Heinatsch, Eberhard: Werden und Sein. Leipzig/Berlin 1942.

Heitmeyer, Wilhelm: Rechtsextremistische Orientierungen bei Jugendlichen. München 1989.

Heitmeyer, Wilhelm: Die Bielefelder Rechtsextremismusstudie. München 1992.

Heitmeyer, Wilhelm; Schröttle, Monika: Zur Einführung. In: Ebd. Gewalt – Beschreibungen, Analysen, Prävention. Lizenzausgabe. Bonn 2006.

Heller, Hermann: Europa und der Fascismus. Berlin 1929.

Heller, Friedrich Paul; Maegerle, Anton: Die Sprache des Hasses – Braune Esoterik, Jan van Helsing, Neue Rechte und Rechtsextremismus. Stuttgart 2001.

Frank, Helmar: Paderborner Impulse: Politisches Wertdreieck.
http://www.paderborner-impulse.de/home-d/p_interaktiv_index.html

Hempelmann, Christian F.: „The Epic Tanganyika Laughter Epidemic Revisited." HUMOR – International Journal of Humor Research. 20/1. 2007.

Herben, Jan T.; Masaryk, G.: Život a dílo presidenta osvoboditele. Prag 1947.

Hertwig, Artur: Sicherheitsgefährdende und extremistische Bestrebungen von Ausländern in der Bundesrepublik Deutschland – Ausgewählte Teilaspekte und Volksgruppen. In: Backes, Uwe, Jesse, Eckhard (Hrsg.): Jahrbuch Extremismus & Demokratie (E & D). 8. Jahrgang 1996. Baden Baden 1996.

Hesemann, Michael: Hitlers Religion. München 2004.

Hess, Henner: Terrorismus, Quo vadis? – Kurzfristige Prognosen und mittelfristige Orientierungen. In: Uwe E. Kemmesies (Hrsg.): Terrorismus und Extremismus – der Zukunft auf der Spur. (Polizei und Forschung Bd. 33.) München 2006.

Heydemann, Günther; Schmiechen-Ackermann, Detlef: Zur Theorie und Methodologie vergleichender Diktaturforschung. In: Günther Heydemann, Günther; Oberreuter, Heinrich (Hrsg.): Diktaturen in Deutschland – Vergleichsaspekte. Lizenzausgabe. Bonn 2003.

Hilberg, Raul: Die Vernichtung der europäischen Juden. Frankfurt a.M. 1990.

Hildebrandt, Klaus: Das Dritte Reich. (5. Auflg) München 1995.

Hirschmann, Kai: Terrorismus. Hamburg 2003.

Höffe, Ottfried: Gerechtigkeit. In: Dieter Nohlen, Rainer-Olaf Schultze (Hrsg.), Lexikon der Politikwissenschaft Bd.1. München 2002.

Hoffmann, Bruce: Terrorismus, Der unerklärte Krieg – Neue Gefahren politischer Gewalt. Frankfurt am Main 2001.

Hoffmann, Karsten Dustin: Das Rechts-Links-Kontinuum – eine Theorie zur Strukturierung des politischen Raums. München 2006.

Hole, Günter: Fundamentalismus – Der Drang zum Extrem und seine psychischen Wurzeln. Gießen 2004.

Holzer, Jan; Balík, Stanislav: Postkomunistické demokratické režimy – Studie k proměnám politické teorie v posttranzitivním čase. Brünn 2007.

Holzer, Willibald I.: Rechtsextremismus – Konturen, Definitionsmerkmale und Erklärungseinsätze. In: Stiftung Dokumentationsarchiv des österreichischen Widerstandes (Hrsg.): Handbuch des österreichischen Extremismus. (2. Auflg) Wien 1993.

Horgan, John: The Search for the Terrorist Personality. In: Silke, Andrew (Hrsg.), Terrorists, Victims and Society – Psychological Perspectives on Terrorism and its Consequences. (2. Aufl.) West Sussex 2006.

Horowitz, Donald L.: Ethnic Groups in Conflict. Berkeley /Los Angeles/London 1985.

Hough, Peter: Understanding Global Security. Oxon/New York 2004.

Human Rights Council; Martin Scheinin: Promotion and Protection of all human rights, civil, political, economic, social and cultural rights, including the right to development-Report of the Special Rapporteur on the promotion and protection of human rights and fundamental freedoms while countering terrorism. Mission to spain.
http://www2.ohchr.org/english/issues/terrorism/rapporteur/docs/A.HRC.10.3.Add.2AEV.pdf

Humphrey, Mathew: Ecological Politics and Democratic Theory – The challenge to the deliberative ideal. London/ New York 2007.

Huntington, Samuel P.: The Clash of Civilizations and the Remaking of World Order. New York 1996.

Huster, Stefan; Rudolph, Karsten (Hrsg.): Vom Rechtsstaat zum Präventionsstaat. Frankfurt a.M. 2008.

I

Imbusch, Peter: Der Gewaltbegriff. In: Heitmeyer, Wilhelm; Hagan, John (Hrsg.): Internationales Handbuch der Gewaltforschung. Wiesbaden 2002.

Indymedia: Die Extremismustheorie und die Gewalt.
http://de.indymedia.org/2010/04/279463.shtml

Initiative gegen jeden Extremismusbegriff: Offener Brief gegen jeden Extremismusbegriff. http://ki23.blogsport.de/2008/05/17/offener-brief-gegen-jeden-extremismusbegriff/

Inowlocki, Lena: Sich in die Geschichte hineinreden – Biographische Fallanalysen rechtsextremer Gruppenzugehörigkeit. Frankfurt a.M. 2000.

Institute for Intergovernmental Research, Bureau of Justice Assistance, U. S. Department of Justice: Investigating Terrorism and Violent Extremism. Washington 2005–2009. http://info.publicintelligence.net/DoJTerrorismCriminalExtremismTerms.pdf

Institute for Safety, Security, and Crisis Management: Transnational Terrorism, Security and Rule of Law, Euroterrorism, 2008.
http://www.transnationalterrorism.eu/tekst/publications/Euroterrorism.pdf.

Instituut voor Veiligheids- en Crisismanagement: Lone-Wolf-Terrorism.
http://www.transnationalterrorism.eu/tekst/publications/Lone-Wolf%20Terrorism.pdf

International Crisis Group (Hrsg.): Understanding Islamism. In: Middle East/North Africa Report N°37, 2005.
http://www.crisisgroup.org/en/regions/middle-east-north-africa/north-africa/037-understanding-islamism.aspx

Intelligence and Terrorism Information Center. IHH.
http://www.terrorism-info.org.il/malam_multimedia/English/eng_n/html/hamas_e105.htm.

Introvigne, Massimo: Moral Panics and Anti-Cult Terrorism in Western Europe. In: Terrorism and Political Violence, Jg. 12, 2000, Nr. 1.

J

Jäger, Siegfried:Theoretische und methodische Aspekte einer Kritischen Diskurs- und Dispositivanalyse.
http://www.diss-duisburg.de/Internetbibliothek/Artikel/Aspekte_einer_Kritischen_Diskursanalyse.htm#_ftn3

Jamestown Foundation (Hrsg.): Picking Up Where the Red Army Faction Left Off – Tales from the German Jihad. 2011. http://www.unhcr.org/refworld/docid/4d9ea3b92.html.

Jaschke, Hans-Gerd: Formiert sich eine neue soziale Bewegung von rechts? – Folgen der Ethnisierung sozialer und politischer Konflikte. In: Mitteilungen des Instituts für Sozialforschung an der Johann Wolfgang Goethe Universität Frankfurt a.M. Nr. 2/1993.

Jaschke, Hans-Gerd: Politischer Extremismus. Lizenzausgabe. Bonn 2007.

Jelínek, Jan: Předsedou mezinárodního slovanského výboru zvolen Nikolaj Lavriněnko. In: Haló noviny, 22.11.2010, http://www.halonoviny.cz/articles/view/211581

Jenkins, Brian Michael: Al Qaeda after Bin Laden – Implications for American Strategy. Testimony presented before the House Armed Services Committee, Subcommittee on Emerging Threats and Capabilities on June 22, 2011. Santa Monica 2011. S. 2. http://www.rand.org/content/dam/rand/pubs/testimonies/2011/RAND_CT365.pdf

Jesse, Eckhard: Die Totalitarismusforschung und ihre Präsentanten. In: Aus Politik und Zeitgeschichte 20/1998.

Jesse, Eckhard: Die Wechselbeziehungen der beiden Großtotalitarismen im 20. Jahrhundert – Interpretationen und Fehlperzeptionen. In: Achim Siegel: Totalitarismustheorien nach dem Ende des Kommunismus. Weimar 1998.

Jesse, Eckhard; Lang, Jürgen P.: DIE LINKE – der smarte Extremismus einer deutschen Partei. München 2008.

Jesse, Eckhard; Thieme, Tom: Extremismus in den EU-Staaten – Theoretische und konzeptionelle Grundlagen. In: Ebd. (Hrsg.), Extremismus in den EU-Staaten. Wiesbaden 2011.

Joll, Christopher M.: Religion and Conflict in Southern Thailand – Beyond Rounding Up the Usual Suspects. Contemporary Southeast Asia, Jg. 32, Nr. 2.

Joosse, Paul: Leaderless Resistance and Ideological Inclusion – The Case of the Earth Liberation Front. In: Terrorism and Political Violence, 19 (3), 2007.

Josselin, Daphné; Wallace, William: Non-state Actors in World Politics – a Framework. In: Wallace, William (Hrsg.): Non-state Actors in World Politics. New York 2001.

Jüdische Verteidigungsliga (2011) http://jdl-germany.org/cms/

Juergensmeyer, Mark: Terror in the Mind of God – The Global Rise of Religious Violence. Berkeley/Los Angeles/New York 2000.

Jung, Claude Michael: Satire – Neues von Europas Separatismus. Saarland/Helgoland planen Fußballnationalmannschaften. In: Scharf-Links 2007. http://www.scharf-links.de/54.0.html?&tx_ttnews[swords]=separatismus&tx_ttnews [tt_news]=271&tx_ttnews[cat]=36&cHash=6dd1679743

Jung, Rudolf: Der nationale Sozialismus. Seine Grundlagen, sein Werdegang und seine Ziele. (2 Auflg.) München 1922.

K

Kailitz, Steffen: Politischer Extremismus in der Bundesrepublik Deutschland – Eine Einführung. Wiesbaden 2004.

Kaplan, Howard; Johnson, Robert; Bailey, Carol: Self-rejection and the explanation of deviance – refinement and elaboration of a latent structure. In: Social Psychology Quarterly Vol. 49 Nr. 2. 1986.

Katsiaficas, Georgy: The Subversion of Politics – European Autonomous Social Movements and the Decolonization of Everyday Life. Oakland/Edinburgh 2006.

Kaweh, Silvia: Ali Schariati interkulturell gelesen. Nordhausen 2005.

Keller, Jan: Extremismus a stigmatizace – Případ ekologických hnutí. In: Petr Fiala: Politický extremismus a radikalismus v České republice. Brno: Masarykova univerzita, 1998.

Keller, Reiner: Müll – Die gesellschaftliche Konstruktion des Wertvollen. Opladen 1998.

Kelman, Herbert C.: Compliance, identification and internalisation – three processes of attitude change. In: Journal of Conflict Resolution Nr. 2, 1958.

Kemmesies, Uwe: (Hrsg.): Terrorismus und Extremismus – der Zukunft auf der Spur. München 2006.

Kienzler, Klaus: Der religiöse Fundamentalismus – Christentum, Judentum, Islam. (3. Auflg.). München 2001.

Klaff, René: Islam und Demokratie – Zur Vereinbarkeit demokratischer und islamischer Ordnungsformen, dargestellt am Beispiel der Staatsauffassung Khomeinis. Kieler Schriften zur Politischen Wissenschaft. Bd. 1. Frankfurt a.M./Bern/New York/Paris 1987. http://www.digitale-schule-bayern.de/dsdaten/123/10.pdf

Klausen, Jytte: The Islamic Challenge. Oxford 2005.

Klingemann, Hans D.; Pappi, Franz U.: Politischer Radikalismus – Theoretische und methodische Probleme der Radikalismusforschung, dargestellt am Beispiel einer Studie anläßlich der Landtagswahl 1970 in Hessen. München/Wien 1972.

Klump, Andreas: Demokratie und neuer politischer Extremismus – Eine extremismustheoretische Einschätzung der Ideologie der Scientology-Organisation. In: Armin Pfahl-Traughber (Hrsg.): Jahrbuch für Extremismus- und Terrorismusforschung 2009/2010. Brühl 2010.

Knogl, Franziska: Die Lega Nord – Eine rechtsextreme Partei? München 2001.

Knowles, Eric S.; Linn Jay A. (Hrsg.): Resistance and Persuasion. New Jersey/London 2004. http://www.xageconsulting.com/HR%20Library/Resistance%20and%20Persuasion.pdf

Koglin, Ute; Petermann, Franz: Psychologie. In: Kinder erziehen, bilden und betreuen – Lehrbuch für Ausbildung und Studium. Berlin/Düsseldorf 2010.

Kogon, Eugen: Der SS-Staat – das System der deutschen Konzentrationslager. (Lizenzausgabe). Reinbek 1974.

Kohlstruck, Michael; Klärner, Andreas (Hrsg.): Moderner Rechtsextremismus in Deutschland. Hamburg 2006.

Kohlstruck, Michael: Rechtspopulismus und Rechtsextremismus – Graduelle oder Qualitative Unterschiede? In: Richard Faber/Frank Unger (Hrsg.): Populismus – ihre Geschichte und Gegenwart. Würzburg 2008.

Kohn, Hans: Communist and Fascist Dictatorship. In: Dictatorship in the Modern World. Minnesota 1935.

Kolthoff, Albrecht: Hochfliegende Pläne für eine europäische Denkfabrik. Netz gegen Nazis. http://www.netz-gegen-nazis.de/lexikontext/hochfliegende-plaene-fuer-eine-europaeische-denkfabrik

Kolářová, Marta: Gender representation of the anti-globalization movement in the alternative media. In: Czech Sociological Review, 2004, Vol. 40, No. 6.

König, Helmut: Der Rote Marsch auf Rom. Entstehung und Ausbreitung des Euro-Kommunismus. München 1978.

Kontopodi, Katerina: Die Rechtsprechung des Europäischen Gerichtshofs für Menschenrechte zum Verbot politischer Parteien. Baden-Baden 2007.

Koopmans, Ruud: Rechtsextremismus, fremdenfeindliche Mobilisierung und Einwanderungspolitik – Bewegungsanalyse unter dem Gesichtspunkt politischer Gelegenheitsstrukturen. In: Hellman,Kai Uwe; Koopmans, Ruud: Paradigmen der Bewegungsforschung. Wiesbaden 1998.

Kopeček, Lubomír (Hrsg.): Trajectories of the Left, Social Democracy and (Ex)Communist Parties in Contemporary Europe –Between Past and Future. Brünn 2005.

Kopecky, Petr; Mudde, Cas: What has eastern Europe taught us about the democratisation literature (and vice versa)? In: European Journal of Political research Nr. 37. 2001.

Kopecky, Petr; Mudde, Cas: Uncivil Society? Contentious Politics in Post-Communist Europe. London 2003.

Köppl, Stefan: Extremismus in Italien. In: Eckhard Jesse, Tom Thieme (Hrsg.): Extremismus in den EU-Staaten. Wiesbaden 2011.

Koppetsch, Cornelia: Zur Soziologie gesellschaftlicher Einflussnahme – der Beitrag der Systemtheorie. In: Burkhard, Günter; Runkel, Gunter (Hrsg.): Luhmann und die Kulturtheorie. Frankfurt a.M. 2004.

Kornprobst, Markus: Irredentism in European Politics – Argumentation, Compromise and Norms. Cambridge 2008.

Koselleck, Reinhart: Begriffsgeschichten. Frankfurt Main 2010.

Köttig, Michaela: Mädchen und Frauen in der extremen Rechten – ein Diskussionsbeitrag zu Erklärungskonzepten und Forschungsansätzen. In: Antifaschistisches Forschungsnetzwerk Frauen und Rechtsextremismus (Hrsg.): Braune Schwestern? – Feministische Analysen zu Frauen in der extremen Rechten. Münster 2005.

Köttig, Michaela: Zur Entwicklung rechtsextremer Handlungs- und Orientierungsmuster von Mädchen und jungen Frauen. In: Andreas Klärner, Michael Kohlstruck (Hrsg.): Moderner Rechtsextremismus in Deutschland. Hamburg 2006.

Kowalewski, David: Vigilantismus. Heitmeyer, Wilhelm; Hagan, John (Hrsg.): Internationales Handbuch der Gewaltforschung. Wiesbaden 2002.

Krebs, Valdis: Connecting the Dots Tracking Two Identified Terrorists. http://www.orgnet.com/prevent.html

Kreuz, Rüdiger: Organisierte Gewalt in der Gesellschaft – Gruppierungen, Inhalte, Aussagen. Bonn 1989.

Kraushaar, Wolfgang: Die RAF und der linke Terrorismus. Hamburg 2006.

Kropáček, Luboš: Islámský fundamentalismus. Prag 1996.

Krulík, Oldřich: Terorismus a organizovaný zločin ve střední a východní Evropě. Brünn 2002.

Kuehnelt-Leddihn, Erik von: Leftism, From de Sade and Marx to Hitler and Marcuse, New Rochelle, New York 1974.

Kuhn, Gabriel (Hrsg.): Von Jakarta bis Johannesburg – Anarchismus weltweit. Münster 2010.

Kuhn, Gabriel: Straight Edge – Geschichte und Politik einer Bewegung. Münster 2010.

Kühnl, Reinhard: Formen bürgerlicher Herrschaft – Liberalismus, Faschismus. Hamburg 1971.

Kukathas, Chandran: The Liberal Archipelago – a Theory of Diversity and Freedom. Oxford/ New York 2003.

Kushner, Harwey W.: Encyclopedia of Terrorism. Thousand Oaks 2003.

Küsters, Ivonne: Narrative Interviews – Grundlagen und Anwendungen. (2. Aufl.). Wiesbaden 2009.

KplusV Organisatieadvies: Final Report. International comparison of animal rights extremism – Commissioned by the Ministry of the Interior and Kingdom Relations, Arnhem 2011. http://www.nuansa.nl/uploads/3f/95/3f954d1e9c388e140929451e0c183d00/1011273-055-Definitief-eindrapport-DRE--Engelstalig-2.pdf

L

Lacheur, Chloé: Die Dunkle Seite Europas. Rechtsextremismus auf dem Weg zum politischen Akteur? Marburg 2005.

Lachmann, Rolf Jürgen: präsentative Symbolisierung. Metzler Philosophie-Lexikon. Stuttgart/Weimar 1999.

Lambrecht, Oda; Baars, Christian: Mission Gottesreich – fundamentalistische Christen in Deutschland. Berlin 2009.

Landesamt für Verfassungsschutz Hamburg (Hrsg.): Formen des Islamismus. Hamburg 2010. http://www.hamburg.de/islamismus/486486/ islamismus-formen-verfassungsschutz-hamburg.html

Landesministerium für Inneres und Kommunales des Landes Nordrhein-Westfalen (Hrsg.): Islamischer Extremismus in NRW. (2. Auflg.). Düsseldorf 1999.

Landesministerium für Inneres und Kommunales des Landes Nordrhein-Westfalen (Hrsg.): Verfassungsschutzbericht 2010. Dortmund 2011. http://www.mik.nrw.de/publikationen/produktauswahl.html

Landesamt für Verfassungsschutz Sachsen (Hrsg.): Sächsisches Handbuch zum Extremismus und zu sicherheitsgefährdenden Bestrebungen. Dresden 2009.

Landesamt für Verfassungsschutz Baden-Württemberg, Erscheinungsformen der Ausländerextremismus. Stuttgart 2001.

Lane, Robert: Politcal Ideology. New York 1962.

Lane, Robert: Patterns of Political Belief. In: Jeanne Knutson (Hrsg.): Handbook of Political Psychology. London 1973.

Lange, Hans-Jürgen et.al. (Hrsg.) Interdisziplinärer Arbeitskreis Innere Sicherheit (AKIS): Memorandum zur Entwicklung der Inneren Sicherheit in der Bundesrepublik Deutschland. Regensburg 1998.

Langel, Helmut: Kulte und Sekten – Gefährliche Zeiterscheinung oder moderne Religionsvielfalt. (3. Auflg.). München 2000.

Langer, Susanne K.: Philosophie auf neuem Wege. Frankfurt 1984.

Langguth, Gerd: Protest von Links – Die Studentenbewegung in der Bundesrepublik Deutschland. In: Manfred Funke (Hrsg.): Extremismus im demokratischen Rechtsstaat. Ausgewählte Texte und Materialien zur aktuellen Diskussion. Bonn 1978.

Laqueur, Walter: Faschismus – Gestern, Heute, Morgen. Berlin 1997.

Laqueur, Walter: The New Terrorism – Fanaticism and the Arms of Mass Destruction. London 1999.

Laryš, Martin: Komparace pravoslavného a slovanského pohanského aspektu pravicového extremismu v postkomunistických zemích. In: Lucia Grečková (Hrsg.): Náboženské korene pravicového extrémizmu. Bratislava 2010.

Laryš, Martin; Mareš, Miroslav: Right-Wing Extremist Violence in the Russian Federation. Europe-Asia Studies, 63 (1), 2011.

Lasswell, Harold: The Psychology of Hitlerism. The political Quarterly Nr.4 1933.

Laumann, Edward O.; Pappi, Franz U.: Networks of Collective Actions – a Perspective on Community Influence Systems. New York 1976.

Lausberg, Michael: Die Pro-Bewegung – Geschichte, Inhalte, Strategien der Bürgerbewegung Pro Köln und der Bürgerbewegung Pro NRW. Köln 2010.

Lauth, Hans Joachim; Wagner, Christian: Politikwissenschaft – Eine Einführung. (6.Auflg.). Paderborn 2009.

Lazaro, Julio M.; EL Pais: El Supremo anula la lista ‚abertzale' a las europeas – Cinco magistrados votan en contra pero no presentarán votos disidentes. http://www.elpais.com/articulo/espana/Supremo/anula/lista/abertzale/europeas/elpepunac/20090517elpepinac_10/Tes

Leavitt, Harold J.: Some Effects of Certain Communication Patterns on Group Performance. Journal of Abnormal and Social Psychology 46, 1951.

LeBon, Gustave: The Crowd – A study of the popular mind. New York 1895./LeBon, Gustave: Psychologie der Massen. Stuttgart 1968.

Leman-Langlois, Stéphane; Brodeur, Jean-Paul: Terrorism Old and New – Counterterrorism in Canada. In: Police Practice and Research, 6 (2), 2005. http://www.crime-reg.com/textes/terrorismoldandnew.pdf

Lenk, Kurt: Ideologie – Ideologiekritik und Wissenssoziologie (9.Auflg.) Frankfurt a.M./ New York 1984.

Lerner, Max: The Pattern of Dictatorship. In: Dictatorship in the Modern World, Minnesota 1935.

Levit, Matthew: Hamas – Politics, Charity, and Terrorism in the Service of Jihad. Washington 2006.

Lickel, Brian; Wieczorkowski, Grazyna ; Hamilton, David L.; Lewis, Amy; Sherman, Steven J.; Uhles, A. Neville : Varieties of groups and the perception of group entiativity. In: Journal of Personality and Social Psychology Nr. 78/2000. https://www.uzh.ch/psychologie/sowi/ssl-dir/ws0607/2150/documents/Text061106_000.PDF

Liebman, Charles E.: Extremism as a Religious Norm. In: Journal for the Scientific Study of Religion, Jg.22, Nr. 1, 1983.

Linz, Juan: Totalitarian and authoritarian Regime. London 2000.

Linz, Juan: Autoritäre Regime. In: Dieter Nohlen (Hrsg.): Kleines Lexikon der Politik. München 2001.

Linz, Juan: The religious use of politics and/or the political use of religion – ersatz ideology versus ersatz religion. In: Hans Maier (Hrsg.): Totalitarianism and Political Religions. London/New York 2004.

Lipset, Seymour Martin; Lazarsfeld, Paul; Barton, Allen; Linz, Juan: The Psychology of Voting – an analysis of political behaviour. In: Gardner Lindzey (Hrsg.): Handbook of Social Psychology. Vol.2. Reading, Massachusetts/London 1954.

Lipset, Seymour Martin: Fascism – Left, Right, and Center. In: Political Man – The Social Bases of Politics. (1960) Baltimore 1981.

Logvinov, Michail: Islamische Jihad Union – al Quaidas Türkzentrale. In: Institut für Sicherheitspolitik an der Universität Kiel (Hrsg.): Jahrbuch Terrorismus 2009. Opladen/Framington Hills 2010.

Lozek, Gerhard; Richter, Rolf: Legende oder Rechtfertigung? – Zur Kritik der Faschismustheorien in der bürgerlichen Geschichtsschreibung. Berlin 1979.

Luhmann, Niklas: Soziale Systeme – Grundriß einer allgemeinen Theorie. Frankfurt a.M. 1984.

Luhmann, Niklas: Ideenevolution. Frankfurt a.M. 2008.

Luks, Leonid: Einsichten und Fehleinschätzungen – Faschismusanalyse der Komintern 1921–1928. In: Keller, Claudia (Hrsg.): Die Nacht hat zwölf Stunden, dann kommt schon der Tag – Antifaschismus, Geschichte und Neubewertung. Berlin 1996.

Luks, Leonid: Bolschewismus, Faschismus, Nationalsozialismus – verwandte Gegner? In: Jesse, Eckhard (Hrsg.): Totalitarismus im 20. Jahrhundert – eine Bilanz der internationalen Forschung (2.Auflg.). Schriftenreihe der Bundeszentrale für politische Bildung. Bd. 336. Bonn 1999.

Lužný, Dušan: Nová náboženská hnutí. Brünn 1997.

Lynen von Berg, Heinz: Politische Mitte und Rechtsextremismus. Opladen 2000.

Lyons, Arthur: Satan tě chce. Brünn 1995.

M

Mahler, Derek F.: The Rhetoric of War in Tibet – Toward a Buddhist Just War Theory. Political Theology, Jg. 9, N. 2, 2008.

Mair, Peter; Mudde, Cas: The Party Family and its Study. Annual Review Political Science, Nr. 1, 1998.

Maier, Hans (Hrsg.):Totalitarismus und Politische Religionen – Konzepte des Diktaturvergleichs. (Bd. 3) Paderborn 2003.

Mann, Thomas: Tagebücher 1951–1952. Frankfurt a.M. 1993.

Mannheim, Karl: Ideologie und Utopie. (7. Auflg.). Frankfurt a.M. 1985.

March, Luke; Mudde, Cas: What's Left of the Radical Left? The European Radical Left After 1989 – Decline and Mutation. In: Comparative European Politics, 3, 2005.

March, Luke: Parteien links der Sozialdemokratie in Europa – Vom Marxismus zum Mainstream? Berlin 2008.

Marcus, George; Tabb, David; Sullivan, John: The Application of Individual Differences Scaling to the measurement of Political Ideologies. In: American Journal of Political Science Nr. 18 (1974).

Marcuse, Herbert: Der Kampf gegen den Liberalismus in der totalitären Staatsauffassung. In: Max Horkheimer (Hrsg.): Zeitschrift für Sozialforschung Jg. 3, 1934.

Mareš, Miroslav: Křesťanství a politický extremismus v České republice. In: Petr Fiala, Jiří Hanuš (Hrsg.): Katolická církev a totalitarismus v českých zemích. Brünn 2002.

Mareš, Miroslav: Ethnic Extremism in the Czech Republic. In: Cabada, Ladislav (Hrsg.): Contemporary Questions of Central European Politics. Pilsen 2002.

Mareš, Miroslav: Pravicový extremismus a radikalismus v ČR. Brünn 2003.

Mareš, Miroslav: Etnický extremismus a pravicový extremismus. In: Vladimíra Dvořáková, Andrea Heroutová: II. Kongres českých politologů. Prag/Suchdol 5.–6.9.2003. Prag 2003.

Mareš, Miroslav: Extremismus cizinců – Analýza konceptu a jeho aplikace v ČR. Rexter, 3, 2, (2005) http://www.rexter.cz

Mareš, Miroslav: Terorismus v ČR. Brünn 2005.

Mareš, Miroslav: Panslawismus im ideologischen Hintergrund der radikalen und extremistischen Strömungen in der Tschechischen Republik. In: Uwe Backes – Eckhard Jesse (Hrsg.): Gefährdungen der Freiheit. Extremistische Ideologien im Vergleich. Dresden 2006.

Mareš, Miroslav: Symbolika používaná extremisty na území ČR v současnosti. Prag 2006.

Mareš, Miroslav: Militantní skupina (Militante Gruppe – MG) v kontextu vývoje německé militantní levice. Rexter, Jg. 4, Nr. 2, http://www.rexter.cz/militantni-skupina-militante-gruppe-%E2%80%93-mg-v-kontextu-vyvoje-nemecke-militantni-levice/2007/11/01/

Mareš, Miroslav: The Extreme Right in Eastern Europe and Territorial Issues. Středoevropské politické studie, 2, (11), http://www.cepsr.com/clanek.php?ID=367

Mareš, Miroslav; Vejvodová, Petra: Transnacionální dimenze soudobého českého neonacismu. Mezinárodní vztahy, 1 (46).

Mareš, Miroslav: Extreme Left in Contemporary Europe – from Communist Combatant Parties to Militant Campaigns? Central European Political Science Review, 9 (2), 2007. http://www.cepsr.com/clanek.php?ID=319

Mareš, Miroslav: Environmental Radicalism and Extremism in Postcommunist Europe. Journal for the Study of Radicalism 2, 1 (2008).

Mareš, Miroslav: Länderporträt Slowakei. In: Uwe Backes, Eckhard Jesse: Extremismus & Demokratie 19. Jahrgang 2007. Baden Baden 2008.

Mareš, Miroslav: Terorismus v Kanadě – Od domácích skupin ke globálním sítím. The Science for Population Protection, 0 (1), 2008. http://www.population-protection.eu/attachments/036_vol0_mares.pdf

Mareš, Miroslav: The Extreme Right in Eastern Europe and Territorial Issues. Central European Political Studies Review, 9 (2–3), 2009. http://www.cepsr.com/dwnld/mares2009020301.pdf

Mareš, Miroslav: Rechtsextremistische Parteien in Ostdeutschland, Tschechien, Polen und Russland. In: Backes, Uwe, Jaskulowski, Tytus, Polese, Abel: Totalitarismus und Transformation – Defizite der Demokratiekonsolidierung in Mittel- und Osteuropa. Göttingen 2009.

Mareš, Miroslav: Formen der linksextremistischen Gewalt in Europa. In: Bundesministerium für Wissenschaft und Forschung (Hrsg.): Aggresivität und Gewalt in Europa. Grenzen und Prüfsteine der Integration der EU. Tagungsband. Krems an der Donau 2009.

Mareš, Miroslav: Terorismus. In: Josef Smolík, Tomáš Šmíd (Hrsg.): Vybrané bezpečnostní hrozby a rizika. Brünn 2010.

Mareš, Miroslav: Stav a perspektivy ultralevicového a ultrapravicového terorismu v Evropské unii a v České republice. In: Emil Souleimanov (Hrsg.): Terorismus. Pokus o porozumění. Prag 2010.

Mareš, Miroslav: Subkultúry mládeže a politický extrémizmus na Slovensku. In: Mlynarčíková, Viktória (Hrsg.): Nemaj trému z extreme – Informaciami proti extrémizmu (2. Auflg.). Bratislava 2010.

Mareš, Miroslav: Iredentismus – Tradiční a nová dimenze hrozby pro Českou republiku. Obrana a strategie. 10 (2), 2010.

Mareš, Miroslav: Terrorism-Free Zone in East Central Europe? Strategic Environment, Risk Tendencies, and causes of limited Terrorist Activities in the Visegrad Group Countries. Terrorism and Political Violence, 2011, 23 (2).

Marshall, Paul: Hinduism and Terror. In: First Things – A Monthly Journal of Religion & Public Life. Nr. 144, 2004.

Martin, Gus: Understanding Terrorism – Challenges, Perspectives and Issues. (2. Auflg.) Thousand Oaks/London/New Delhi 2006.

März, Markus: Nationale Sozialisten in der NSDAP – Strukturen, Ideologie, Publizistik und Biographien des national-sozialistischen Straßer-Kreises von der AG Nordwest bis zum Kampfverlag 1925–1930. Graz 2010.

May, Larry: Genocide – a Normative Account. Cambridge 2010.

Mayntz, Renate: Hierarchie oder Netzwerk? Zu den Organisationsformen des Terrorismus. Berliner Journal für Soziologie Nr. 14. 2004.

Mayring, Philipp: Qualitative Inhaltsanalyse – Grundlagen und Techniken. (9.Auflg.) Weinheim/Basel 2007.

McCauley, Clark R.: Terrorism, research and public policy – an overview. In: Terrorism and Political Violence Nr.3/1991.

McGuire, William J.: Inducing resistance to persuasion: Some Contemporary approaches. In: Leonard Berkowitz (Hrsg.) Advances in Experimental Psychology Nr.1, 1964.

McVeigh, Robbie: First They Came for the ‚Gypsies'. In: The Bulletin, Runnymede's Quarterly, 359, 2009.

Mead, George H.: Movements of Thought in the Nineteenth Century. Chicago 1936.

Merari, Ariel: Terrorism as a Strategy of Insurgency. Terrorism and Political Violence, 5, 4 (1993).

Merkel, Wolfgang: Systemtransformation – Eine Einführung in die Theorie und Praxis der Transformationsforschung. (2. Auflg.) Wiesbaden 2010.

Merton, Robert K.: Die Eigendynamik gesellschaftlicher Voraussagen. In: Ernst Topitsch (Hrsg.): Logik der Sozialwissenschaften. Köln 1965.

Merton, Robert K.: Sozialstruktur und Anomie. In: Fritz Sack, Rene König (Hrsg.): Kriminalsoziologie. (3.Auflg.) Wiesbaden 1979.

Merton, Robert K.: The Thomas Theorem and the Matthew Effect? Social Forces, 74(2), 12/1995.

Mettner, Matthias: Die katholische Mafia – Kirchliche Geheimbünde greifen nach der Macht. München 1993.

Meyer, Peter: Grundlagen menschlicher Gewaltbereitschaft – Beiträge evolutionärer Forschung. In: Wilhelm Heitmeyer, Hans Georg Soeffner: Gewalt. Frankfurt a.M. 2004.

Michael, George: The Enemy of My Enemy – The Alarming Convergence of Militant Islam and the Extreme Right. Lawrence, Kansas 2006.

Mickolus, Edward F.; Simmons, Susan L.: Terrorism 1992–1995 – a chronology of events and a selectively annotated Bibliography. Westport 1997.

Midlarsky, Manus; Crenshaw, Martha; Yoshida, Fumihiko: Why violence spreads – the contagion of international terrorism. In: International Studies Quarterly Nr. 24, 1980.

Milgram, Stanley: Das Milgram-Experiment – zur Gehorsamsbereitschaft gegenüber Autorität. [1974] Hamburg 1982.

Miliopoulos, Lazaros: Strategische Ansätze, Potentiale und Perspektiven der NPD. In: Uwe Backes, Henrich Steglich (Hrsg.): Die NPD. Erfolgsbedingungen einer rechtsextremistischen Partei. Baden Baden 2007.

Miller, Demond Shondell; Rivera, Jason David; Yelin, Joel C.: Civil Liberties – The Line Dividing Environmental Protests and Ecoterrorists. In: In Journal for the Study of Radicalism. 2 (1), 2008.

Ministerium des Innern des Landes Brandenburg (Hrsg.): Integration Radikalisierung und islamistischer Extremismus – Materialien des brandenburgischen Verfassungsschutzes. Potsdam 2010.

Minkenberg, Michael: The Renewal of the Radical Right, 35 (2), 2000.

Minkenberg, Michael: Der europäische Rechtsradikalismus heute – Profile in West- und Ost und der Vergleich des Unvergleichbaren. In: Minkenberg, Michael et.al.: Radikale Rechte und Fremdenfeindlichkeit in Deutschland und Polen – Nationale und europäische Perspektiven. Bonn 2006.

Mitrokhin, Nikolai: Non-Islamic Extremism in Contemporary Russia. In: Timo Hellenberg, Kelly Robins (Hrsg.): Roots and Routes of Democracy and Extremism – A broad based dialogue on the development of democracy and extremism in countries with large Muslim populations. Helsinki 2006.

Mohanty, Chandra Talpade: Under Western Eyes. In: Revisited: Feminist Solidarity through Anticapitalist Struggles. Signs 28 (2) 2003.

Moneta, Jakob: Schützt Liberalismus vor Faschismus? In: Deppe, Frank; Fülberth, Georg; Rilling, Rainer (Hrsg.): Antifaschismus. Heilbronn 1996.

Moore, Patrick: Hard Choices for the Environmental Movement. Leadership Quarterly, 5, 3–4 (1994), http://www.greenspirit.com/key_issues/the_log.cfm?booknum=12

Moravak: Moravský názor na Kosovo. 2008.
http://moravak.bloguje.cz/647169-moravsky-nazor-na-kosovo.php

Morf, Gustave: Terror in Quebec – case studies of the FLQ. Toronto 1970.

Moreau, Patrick; Steinborn, Eva: Die Bewegung der Altermondialisten – Eine Gefahr für die Demokratie? In: Uwe Backes, Eckhard Jesse (Hrsg.): Gefährdungen der Freiheit – Extremistische Ideologien im Vergleich. Dresden 2006.

Moreau, Patrick: Militanter Linksextremismus – zwischen ideologischer Rezession und Aufbruch zu neuen Ufern. In: Thüringer Landesamt für Verfassungsschutz (Hrsg.): Militanter Linksextremismus – zwischen ideologischer Rezession und Aufbruch zu neuen Ufern. Vorträge anlässlich des 2. Symposiums des Thüringer Landesamtes für Verfassungsschutz am 4. September 2003. Erfurt 2003.

Moreau, Patrick: Der Scheintod des Kommunismus in Europa – Ein systematischer und typologischer Überblick zu den traditionalistischen, Rot-Grün/Linken und postkommunistischen Modellen. In Armin Pfahl-Traughber (Hrsg.): Jahrbuch für Extremismus- und Terrorismusforschung 2009/2010. Brühl 2010.

Moynihan, Michael; Søderlind, Didrik: Lords of Chaos – The Bloody Rise of the Satanic Metal Underground. Venedig 1998.

Mudde, Cas: The ideology of extreme right. Manchster/New York 2000.

Mudde, Cas: Populist Radical Right in Europe. Cambridge 2007.

Mudde, Cas: Radikale Parteien in Europa. Aus Politik und Zeitgeschichte, Jg. 45, N. 47. 2008.

Mulder, Merle: Straight Edge – Subkultur, Ideologie, Lebensstil? Münster 2009.

Muller, Edward N.; Opp, Karl Dieter: Rational-Choice and rebellious collective action. In: American political Science Review Nr. 80, 1986.

Müller, Renate: Untersuchungen zur Struktur des Dritten Reiches und zur Theorie des Totalitarismus. Marburg 1961.

Müller-Enbergs, Helmut : Die MLDP und die Wahl zum 17. Deutschen Bundestag – Ein politisches Portrait der Partei und eine empirische Auswertung der Wahlergebnisse in den einzelnen Bundesländern. In: Armin Pfahl-Traughber (Hrsg.): Jahrbuch für Extremismus- und Terrorismusforschung 2009/2010. Brühl 2010.

Murphy, Detlef; Nullmeier, Frank; Raschke, Joachim et.al.: Haben „links" und „rechts" noch Zukunft? In: PVS 22/1981.

Muslimgauze: Press Releases & Reviews, 2010. http://www.muslimgauze.org/pressIndex.html

N

NARODNI-BOLSEVIK; Černobílí: Černobílý manifest 2010, http://www.narodni-bolsevik.org/Knihovna/NBSCS/PROGRAM.pdf

Narr, Wolf-Dieter: Vom Extremismus der Mitte. In: Politische Vierteljahresschrift 24/1993

Narr, Wolf Dieter: Radikalismus, Extremismus, in: Greiffenhagen, Martin (Hrsg.): Kampf um Wörter? Politische Begriffe im Meinungsstreit, München/Wien 1980.

Nassmacher, Hiltrud: Politikwissenschaft. München 2010.

Nave-Herz, Rosemarie: Jugendsprache. In: R. Nave-Herz/M. Markefka: Handbuch der Familien- und Jugendforschung, Bd. 2. Neuwied/Frankfurt 1989.

Neidhardt, Friedhelm: Erscheinungsformen und Handlungspotentiale des Terrorismus – Empirische Ansätze zu einem Vergleich linker terroristischer Gruppierungen. (Berichte aus dem Forschungsinstitut für Soziologie der Universität zu Köln.) Köln 1981.

Neidhardt, Friedhelm: Soziale Bedingungen terroristischen Handelns – Das Beispiel der Baader-Meinhof-Gruppe (RAF). In: Neidhardt, Friedhelm; Baeyer-Katte, Wanda; Claessens, Dieter; Feger, Hubert: Gruppenprozesse. (Analysen zum Terrorismus Bd. 3). Opladen 1982.

Nesser, Petter: Ideologies of Jihad in Europe. In: Terrorism and Political Violence. Vol. 23, Nr. 2, 2011.

Neugebauer, Gero: Einfach war gestern – Zur Strukturierung der politischen Realität in einer modernen Gesellschaft. Essay. APuZ 44/2010.

Neumann, Franz: Behemoth – The Structure and Practice of National Socialism. London 1944.

Niethammer, Lutz: Nach dem Dritten Reich ein neuer Faschismus? In: Paul Lersch (Hrsg.): Die verkannte Gefahr. Reinbek 1981.

Nohlen, Dieter; Schultze, Rainer-Olaf: Lexikon der Politikwissenschaft. München 2002.

Nolte, Ernst: Der Faschismus in seiner Epoche. Action francaise – Italienischer Faschismus – Nationalsozialismus. München 1963.

Nolte, Ernst: Theorien über den Faschismus, (2. Auflg.) Köln, Berlin 1970.

Nolte, Ernst: Vergangenheit, die nicht vergehen will – Eine Rede, die geschrieben, aber nicht gehalten werden konnte. Frankfurter allgemeine Zeitung vom 06.06.1986.

Nordbruch, Götz: Islamische Jugendkulturen in Deutschland. In: Aus Politik und Zeitgeschichte, Jg. 57, Nr. 27, 2010.

NTV: Starker Tobak von Gabriel, FDP ist fundamentalistisch.
http://www.n-tv.de/politik/FDP-ist-fundamentalistisch-article760070.html

O

Oemke, Philipp: Welcome to Slavoj Zizek Show, Der Spiegel, 7. 8. 2010
http://www.spiegel.de/international/zeitgeist/0,1518,705164,00.html

Olesen, Thomas: Social Movement Theory and Radical Islamist Activism. In: Olesen, Thomas; Khosrokhavar, Farhad: Islamism as Social Movement. Aarhus 2009.

Olson, Joel: Democratic Extremism – Abolitionists, Abortionists, and the Democratic Uses of Fanaticism. Conference Paper, Democracy and Extremism, June 11–13, 2008, Atlanta, Georgia State University.

Olsen, Jonathan: Německá PDS – mezi východem a západem. In: Vít Hloušek, Lubomír Kopeček (Hrsg.): Rudí a růžoví – Transformace komunistických stran. Brünn 2002.

Olsony, Jamie F.; Carley, Kathleen M.: Summarization and Information Loss in Network Analysis. Link Analysis, Counterterrorism, and Security Workshop 2008, SIAM International Conference on Data Mining. Atlanta.
http://www.casos.cs.cmu.edu/publications/papers/lacts2008-olson.pdf

O'Neil, Sean: Islamic hip-hop artists are accused of indoctrinating young against the West, The Times 11. November 2006. http://www.timesonline.co.uk/tol/news/uk/article633520.ece.

Opp, Karl-Dieter et.al: Left-Right Ideology and Collective Political Action: A Comparative Analysis of Germany, Israel, and Peru. In: Jenkins, J.Craig; Klandermanns, Bert: The Politics of Social Movements. Minneapolis 1995.

Ortiz Ortiz, Richard: Institutionelle Ansätze und die Präsidentialismusdebatte in Lateinamerika – Die Heidelberger Schule und der historisch-empirische Ansatz. Lateinamerika analysen Nr. 7. 02/2004.

Ottmann, Victor (Hrsg.): Das Deutsche Buch für die männliche Jugend. Dresden 1923.

Ouaissa, Rachid: Der Aufstieg islamistischer Parteien. Aus Politik und Zeitgeschichte, Jg. 55, Nr. 47.

o.V.: Front am Polarkreis. Berlin 1943.

P

Pasák, Tomáš: Český fašismus 1922–1945 a kolaborace 1939–1945, Prag 1999.

Paul, Jobst: Das ‹Tier›-Konstrukt als Grundprinzip in Ausgrenzungsdiskursen – Eine diskursanalytische Studie. Dissertation der Universität Duisburg Essen 2003.

Payne, Stanley G.: Fascistologist – a preface by Stanley G. Payne. In: Matthew Feldman (Hrsg.): A Fascist Century – Essays by Roger Griffin. New York/Hampshire 2008.

Pečínka, Pavel: Hnědí a zelení: Analýza současných vztahů. In: Politologická revue, 07/2010.

Peters, Ruud: Die ideologische und religiöse Entwicklung von Mohammed B. – Sachkundigenbericht in der Strafsache gegen Mohammed B. auf Anordnung der Staatsanwaltschaft erstellt für das Landgericht Amsterdam. http://www.sociosite.org/jihad/peters_rapport.pdf

Peters, Tim: Der Antifaschismus der PDS aus antiextremistischer Sicht. Wiesbaden 2006.

Petersen, Jens: Die Geschichte des Totalitarismusbegriffs in Italien. In: Hans Maier (Hrsg.): Totalitarismus und Politische Religionen. Paderborn 1996.

Pfahl-Traughber, Armin (Hrsg.): Jahrbuch für Extremismus- und Terrorismusforschung 2008. Brühl 2008.

Pfahl-Traughber, Armin (Hrsg.): Jahrbuch für Extremismus- und Terrorismusforschung 2009/2010. Brühl 2010.

Pfeiffer, Thomas: Die Kultur als Machtfrage – Die neue Rechte in Deutschland. Innenministerium des Landes Nordrhein Westfalen. Düsseldorf 2004.
http://www.extremismus.com/texte/neuerechte2.pdf

Pfeiffer, Thomas: Menschenverachtung mit Unterhaltungswert – Musik, Symbolik, Internet, Der Rechtsextremismus als Erlebniswelt. In: Glaser, Stefan; Pfeiffer, Thomas: Erlebniswelt Rechtsextremismus – Menschenverachtung mit Unterhaltungswert. Schwalbach/Ts 2007.

Phares, Walid: Future Jihad. Terrorist Strategies against the West. New York 2005.

Piontkowski, Ursula: Sozialpsychologie – Eine Einführung in die Psychologie sozialer Interaktion. München 2011.

Pollard, John: The Fascist Experience in Italy. London 1998.

Pollard, John: ‚Clerical Fascim' – Context, Overview and Conclusion. In: Totalitarian Movements and Political Religions, Jg. 8, Nr. 2. 2007.

Popper, Karl Raimund: Logik der Forschung. (11.Auflg.). Tübingen 2005.

Popper, Karl Raimund: Die offene Gesellschaft und ihre Feinde. 2 Bde. (8. Auflg.). [1945] Tübingen 2003.

Posch, Walter: Islam und Revolution in Iran oder Schiismus und Politik. Feichtinger, Walter; Wentker, Sibylle (Hrsg.): Islam, Islamismus und islamischer Extremismus. Wien/Köln/ Weimar 2008.

Posch, Walter: Islam und Islamismus in der Türkei. In: Feichtinger, Walter; Wentker, Sibylle (Hrsg.): Islam, Islamismus und islamischer Extremismus. Wien/Köln/Weimar 2008.

Post, Jerrold: Terrorist psycho-logic – Terrorist behaviour as a product of psychological forces. In: Walter Reich (Hrsg.): Origins of Terrorism – Psychologies, Ideologies, Theologies, State of Mind. Washington 1998.

Post, Jerrold et. al., The Terrorists in their own words – Interviews with 35 incarcerated Middle Eastern Terrorists. In: Terrorism and Political Violence 15, Nr. 1. 2003.

Post, Jerrold: The Mind of the Terrorist – the psychology of terrorism from the IRA to Al-Qaeda. New York 2007.

Pötter, Bernhard: Ausweg Öko-Diktatur? Wie unsere Demokratie an der Umwelt-Krise scheitert. München 2010.

Prätorius, Rainer: In God We Trust – Religion und Politik in den USA. München 2003.

Pratt, Douglas: Religion and Terrorism – Christian Fundamentalism and Extremism. In: Terrorism and Political Violence, Jg. 22, Nr. 3, 2010.

Prechtl, Peter; Burkhard, Franz-Peter (Hrsg.): Metzler Philosophie Lexikon. (2.Auflg.). Stuttgart/Weimar 1995.

Prentice, Deborah A./Miller, Dale T./Lightdale, Jennifer R.: Asymmetries in attachments to groups and to their members – Distinguishing between common-identity and common-bond-groups. In: Personality and Social Psychology Bulletin.20/1994.
http://psych.princeton.edu/psychology/research/prentice/pubs/pspb94.pdf

Price, Daniel E.: Islamic Political Culture, Democracy and Human Rights. Westport 1999.

Priester, Karin: Fließende Grenzen zwischen Rechtsextremismus und Rechtspopulismus in Europa? Aus Politik und Zeitgeschichte, 44 (1). 2010.

Prudíková, Dana: Násilné prosazování zájmů v EU – Analýza evropeizace ozbrojené opozice (Dissertationsarbeit). Brünn 2011.

Przyborski, Aglaja; Wohlrab-Sahr, Monika: Qualitative Sozialforschung – Ein Arbeitsbuch. (2. Aufl.). München 2009.

Puschnerat, Tânia: Zur Bedeutung ideologischer und sozialer Faktoren in islamistischen Radikalisierungsprozessen – eine Skizze. In: Uwe E. Kemmesies (Hrsg.): Terrorismus und Extremismus – der Zukunft auf der Spur. Polizei und Forschung Bd. 33. München 2006.

Pye, Lucian W.: Comparatative political culture. In: Pye, L. /Sidney Verba (Hrsg.): Political Culture and Political Development. Princeton 1965.

Q

Quackenbush, Stephen L.: Identifying Opportunity for conflict: Politically Active Dyads. In: Conflict Management and Peace Science 2006.

R

Rabert, Bernhard: Links- und Rechtsterrorismus in der Bundesrepublik Deutschland von 1970 bis heute. Bonn 1995.

Rahnema, Ali: An islamic utopian – a political biography of Ali Schariati. London/New York 1998.

Ramirez Sanchez, Iljich; Vernochet, Jean Michel: L'islam révolutionnaire. Paris 2003.

Ranstorp, Magnus (Hrsg.): Mapping Terrorism Research – State of the art, gaps and future direction. London/New York 2007.

Rasch, Wilfried: Psychological dimensions of political terrorism in the federal republic of germany. In: International Journal of Law and Psychiatry Nr.2/1979.

Raschke, Joachim: Innerparteiliche Opposition – Die Linke in der Berliner SPD. Hamburg 1974.

Raschke, Joachim: Soziale Bewegungen – Ein historisch-systematischer Grundriss. Frankfurt a.M./ New York 1988.

Raschke, Joachim: Die Zukunft der Grünen. Frankfurt, New York 2001.

Rattinger, Hans: Einführung in die Politische Soziologie. München 2009.

Reese-Schäfer, Walter: Niklas Luhmann – zur Einführung. (5. Auflg.). Hamburg 2005.

Reichel, Peter: Schwarz-Rot-Gold – Kleine Geschichte deutscher Nationalsymbole nach 1945. München 2005.

Revolutionäre Linke: International Class War, Für den Sieg im Klassenkrieg! – Der Volkskrieg in Indien. Radikal, Nr. 162, 2010.

Rheingold, Howard: Smart-mobs – the next social revolution, transforming cultures and communities in the age of instant access. Cambridge 2002.

Richardson, Louise: Was Terroristen wollen – Die Ursachen der Gewalt und wie wir sie bekämpfen können. (Lizenzausgabe). Bonn 2007.

Ridder, Helmut: Aktuelle Rechtsfragen des KPD-Verbots. Neuwied/Berlin 1966.

Rieger, Günter: Faschismus. Dieter Nohlen, Rainer Olaf Schultze: Lexikon der Politikwissenschaft. München 2002.

Ritter, Joachim; Gründer, Karlfried (Hrsg.): Historisches Wörterbuch der Philosophie, Bd. 5. Basel/Stuttgart 1980.

Ritzmann, Alexander: Strukturen des Terrors – Wie Al-Qaida und Hezbollah sich organisieren und was der Tod Osama Bin Ladens für Al-Qaida bedeutet. BIGS-Essenz, Nr. 3, 2011. S. 9. http://www.bigs-potsdam.org/files/
BIGS%20Essenz%20- %20Strukturen%20des%20Terrors%20-%20Druckversion.pdf

Röhrich, Wilfried: Die politischen Systeme der Welt. München 1999.

Rokkan, Stein: Citizens, Elections, Parties – Approaches to the comparative study of the processes of Development. Oslo 1970.

Roller, Edeltraud; Wessels, Bernhard: Contexts of Political Protest in Western Democracies – Political Organization and Modernity. Veröffentlichung der Abteilung „Institutionen und sozialer Wandel" des Forschungsschwerpunkts „Sozialer Wandel – Institutionen und Vermittlungsprozesse" des Wissenschaftszentrums Berlin. Papier FSIII 96-202. Berlin 1996.

Rosiny, Stephan: Islamismus bei den Schiiten im Libanon – Religion im Übergang von Tradition zur Moderne. Studien zum Modernen islamischen Orient Bd.8. Berlin 1996.

Ross, Lee; Greene, David; House, Pamela: The ‚false consensus effect' – an egocentric bias in social perception and attribution processes. Journal of experimental social psychology. Nr. 13, 1977.

Rotter, Julian B.: Generalized expectancies of internal versus external control of reinforcement. Psychological Monographs General & Applied Jg. 80 (Nr. 609) 1966.

Roy, Olivier: Der islamische Weg nach Westen – Globalisierung, Entwurzelung, und Radikalisierung. München 2005.

Rucht, Dieter: Modernisierung und neue soziale Bewegungen – Deutschland, Frankreich und USA im Vergleich. Frankfurt a.M./New York 1994.

Rucht, Dieter: The impact of national contexts on social movement structures – A cross movement and cross comparison. In: McAdam, Dough ; McCarthy, John; D.; Zald, Mayer N. (Hrsg.): Comparative Perspectives on Social Movements – Political Opportunities, Mobilizing Structures, and Cultural Framings. Cambridge 1996.

Runciman, Walter Gerry: Relative Deprivation and Social Justice. London 1966.

S

Saage, Richard: Faschismus – Konzeptionen und historische Kontexte. Wiesbaden 2007.

Saarländische Online-Zeitung, 2010, http://www.s-o-z.de/?p=26850

Sader, Manfred: Psychologie der Gruppe. Weinheim 1991.

Sagel, Rüdiger: LINKE wehrt sich gegen Beobachtung durch Verfassungsschutz! http://www.sagel.info/meldung.php?meldung=216 (2010)

Sagel, Rüdiger: FDP ein Fall für den Verfassungsschutz? http://www.sagel.info/meldung.php?meldung=267 (2011)

Sageman, Marc: Understanding Terror Networks. Pennsylvania 2004.

Sageman, Marc: Leaderless Jihad – Terrornetworks in the twenty first century. Pennsylvania 2008.

Saghi, Omar: Osama Bin Laden – Volkstribun im Medienzeitalter. In: Kepel, Gilles; Milelli, Jean-Pierre: Al-Qaida – Texte des Terrors. München 2006.

Sakmani, Manuel Samir: Der Weg der Hizbullah – Demokratietauglichkeit, Konflikt- und Stabilisierungspotentiale im Libanon. Studien zum modernen islamischen Orient. Bd. 10. Berlin 2008.

Salam, Mohamed Abdel: First religious political party founded in Egypt 2011. http://bikyamasr.com/wordpress/?p=27872

Salamun, Kurt: Ideologien und Ideologiekritik – Ideologietheoretische Reflexionen. Darmstadt 1992.

Salamun, Kurt: Bacons Ideenlehre aus der Sicht der neueren Ideologiekritik In: Archiv für Rechts- und Sozialphilosophie 1975.

Sanchez, Casey: National Anarchism. In: Intelligence Report Nr. 134, 2009, http://www.splcenter.org/get-informed/intelligence-report/browse-all-issues/2009/summer/national-anarchism

Sánchez Jankowski, Martin: Islands in the Street – Gangs and American Urban Society. Berkeley 1991.

Sargent, Lyman Tower: Contemporary political ideologies. A comparative analysis. (5 Auflg.) Georgetown 1981.

Sartori, Giovanni: Demokratietheorie. Darmstadt 1992.

Sartori, Giovanni: Totalitarismus – Modellmanie und Lernen aus Irrtümern. In: Eckhard Jesse (Hrsg.): Totalitarismus im 20. Jahrhundert – eine Bilanz der internationalen Forschung (2. Auflg.). Schriftenreihe der Bundeszentrale für politische Bildung. Bd. 336. Bonn 1999.

Schariati, Ali: Die Vier Gefängnisse des Menschen. Islamische Renaissance Nr.4. Botschaft der Islamischen Republik Iran (Hrsg.). Bonn 1981.

Schariati, Ali: a message to the enlightened thinkers – surah al rum, the romans. http://www.shariati.com/rome/rome1.html

Schäuble, Martin: Dschihadisten – Feldforschung in den Milieus. Berlin/Tübingen 2011.

Schedler, Jan: Autonome Nationalisten. Aus Politik und Zeitgeschichte, 44 (1). 2010.

Schelling, Thomas C.: Strategy of conflict. Cambridge/London 1960.

Scheuch, Erwin K.; Klingemann, Hans-Dieter: Theorie des Radikalismus in westlichen Industriegesellschaften. In: Hamburger Jahrbuch für Wirtschafts- und Sozialpolitik 1967 (12).

Schlangen, Walter: Die Totalitarismustheorie – Entwicklung und Probleme. Stuttgart 1976.

Schmid, Alex P.: Frameworks for Conceptualizing Terrorism. Terrorism and Political Violence, 16, 2 (2004).

Schmid, Alex P.; Singh, Rasmi: The Metrics of Counterterrorism – Measuring Success and Failure in Countering ‚Jihadist' Terrorism. In the Proceeding of the Hague Conference of the European Expert Network on Terrorism Issues (EENeT) 15–17 October 2008. Den Hague, Wiesbaden 2008.

Schmid, Carlo: Was heißt eigentlich Grundgesetz? Abgeordnetenrede vor dem Parlamentarischen Rat am 08.09.1948.

Schmidinger, Thomas; Larise, Dunja: Ideologeme des politischen Islam. In: Schmidinger, Thomas; Larise, Dunja: Zwischen Gottesstaat und Demokratie. Handbuch des politischen Islam. Wien 2008.

Schmidinger, Thomas: Politischer Islam mit mehrheitsösterreichischem Hintergrund. In: Schmidinger, Thomas; Larise, Dunja: Zwischen Gottesstaat und Demokratie – Handbuch des politischen Islam. Wien 2008.

Schmidinger, Thomas: Politischer Islam mit indischem, pakistanischem und afghanischem Migrationshintergrund. In: Schmidinger, Thomas; Larise, Dunja: Zwischen Gottesstaat und Demokratie – Handbuch des politischen Islam. Wien 2008.

Schmidt, Manfred G. (Hrsg.): Wörterbuch zur Politik, Stuttgart 1995.

Schmiechen Ackermann, Detlef: Diktaturen im Vergleich. Reihe: Kontroversen um die Geschichte. Darmstadt 2002.

Schmucker, Werner: Sekten und Sondergruppen. In: Ende, Werner; Steinbach, Udo (Hrsg.): Der Islam in der Gegenwart. Bonn 2005.

Schnegg, Michael: Die Wurzeln der Netzwerkforschung. In: Christian Stegbauer, Roger Häußling (Hrsg.): Handbuch Netzwerkforschung. Wiesbaden 2010.

Schneppen, Heinz: Odessa und das Vierte Reich – Mythen der Zeitgeschichte. Berlin 2007.

Schubert, Klaus; Klein, Martina: Das Politiklexikon, 2. Auflg. Bonn 2001.

Schulz, Richard H. Jr.; Dew, Andrea J.: Insurgents, Terrorists and Militias – The Warriors of Contemporary Conflict. New York 2006.

Schuppener, Georg: Sprache des Rechtsextremismus – Spezifika der Sprache rechtsextremistischer Publikationen und rechter Musik. (2.Auflg.) Leipzig 2010.

Schwarz, Daniel M.: Environmental Terrorism – Analyzing the Concept. In: Journal of Peace Research, 35 (4).

Schwemmer, Oswald: Die Macht der Symbole. In: Aus Politik und Zeitgeschichte 20/2006.

Sebag Montefiore, Simon: Stalin – Am Hof des Roten Zaren. (2.Auflg.) Frankfurt a.M. 2007.

Seger, Charles R.; Smith, Eliot R.; Mackie, Diane M.: Can emotions be truly group level? Evidence regarding four conceptual criteria. In: Journal of Personality and Social Psychology, Vol. 93(3). 2007.

Seger, Charles R.; Smith, Eliot R.; Kinias, Zoe; Mackie, Diane M.: Knowing how they feel: Perceiving emotions felt by outgroups. In: Journal of Experimental Social Psychology Nr. 45, 2009.

Seger, Karl A.: Left Wing Extremism – The current Threat, Oak Ridge 2001, http://www.fas.org/irp/world/para/left.pdf

Seiffert, Helmut: Einführung in die Wissenschaftstheorie Bd. 1. München 1969.

Shellman, Stephen M.: Leaders Motivations and Actions – Explaining Government-Dissident Conflict-Cooperation Processes. In: Conflict Management and Peace Science 2006.

Siegel, Achim: Totalitarismustheorien nach dem Ende des Kommunismus. Weimar 1998.

Silber, Mitchell D.; Bhatt, Arvin: Radicalization in the West – The Homegrown Threat. NYPD-Report.
http://www.nypdshield.org/public/SiteFiles/documents/
NYPD_Report-Radicalization_in_the_West.pdf

Silke, Andrew: Cheshire-cat logic – the recurring theme of terrorist abnormality in psychological research. In: Psychology, Crime an Law Nr.4, 1998.

Silke, Andrew (Hrsg.): Terrorists, Victims and Society – psychological perspectives on Terrorism and its consequences. West Sussex 2003.

SINUS Institut (Hrsg.): 5 Millionen Deutsche: „Wir sollten wieder einen Führer haben…“ – Die SINUS-Studie über rechtsextremistische Einstellungen bei den Deutschen. Hamburg 1981.

Sirseloudi, Matenia: Radikalisierungsprozesse in Diaspora. In: Aus Politik und Zeitgeschichte, Jg. 57, Nr. 44. 2010.

Škvařil, Richard: Ufologie jako náboženství. Prag 1999.

Smith, G.: Davidson Tim: Single-Issue Terrorism. Commentary 74, 1998, http://www.csis-scrs.gc.ca/pblctns/cmmntr/cm74-eng.asp

Smolík, Josef: Extremismus subkultur mládeže? Rexter, 5, 1 (2006), http://www.rexter.cz/extremismus-subkultur-mladeze/2006/05/01/

Socio, Mark de; Allen, Christian: Irredentism in MexAmericana. In: Military Review 82 (5), 2002.

Solschenizyn, Alexander: Der Archipel GULAG – Folgeband Arbeit und Ausrottung, Seele und Stacheldraht. Bern 1974.

Spieß, Erika; Rosenstiel, Lutz von: Organisationspsychologie – Basiswissen, Konzepte und Anwendungsfelder. München 2010.

Spoorendonk, Anke; Harms, Lars: 50 Jahre SSW.
http://ssw.de/www/de/ueberuns/geschichte/ausfuehrlichegeschichteseit1945.php

Stade, Albert von: Troilus. Leipzig 1875.

Starr, Amory: Naming the Enemy: Anti-corporate Movements Confront Globalization. London 2000.

Steinberg, Guido; Hartung, Jan Peter: Islamistische Gruppen und Bewegungen. In: Werner Ende, Udo Steinbach (Hrsg.): Der Islam in der Gegenwart. Bonn 2005.

Steinhauer, Eric W.: Katholischer Traditionalismus und Demokratie in Deutschland – Anmerkungen zu einer ‚frommen' Grundrechtkritik. In: Uwe Backes, Eckhard Jesse (Hrsg.): Extremismus & Demokratie, 14. Jahrgang 2002. Baden Baden 2002.

Steinhäusler, Friedrich: Terrorziel Europa – Was uns bedroht, Wie wir überleben. Wien 2011.

Stenner, Karen L.: The Authoritarian Dynamic. Cambridge 2005.

Stern.de: Sigmar Gabriel poltert FDP, jung gnadenlos, verfassungsfeindlich.
http://www.stern.de/politik/deutschland/
sigmar-gabriel-poltert-fdp-jung-gnadenlos-verfassungsfeindlich-1548244.html

Sternberger, Dolf: Lebende Verfassung. Meisenheim am Glan 1956.

Stocké, Volker: Framing und Rationalität – Die Bedeutung der Informationsdarstellung für das Entscheidungsverhalten. München 2002.

Stojar, Richard: Vnitřní makedonská revoluční organizace (VMRO). In: Emil Souleimanov (Hrsg.): Terorismus – Válka proti státu. Prag 2006.

Stojarová, Věra et.al.: Security Perspectives on the Western Balkan Countries. Brünn 2010.

Störk, Lothar: Tiere im Alten Ägypten. In: Münch, Paul; Walz, Rainer (Hrsg.): Tiere und Menschen – Geschichte und Aktualität eines prekären Verhältnisses. Paderborn 1998.

Stöss, Richard: Die extreme Rechte in der Bundesrepublik – Entwicklungen, Ursachen, Gegenmaßnahmen. Opladen 1989.

Stöss, Richard: Rechtsextremismus im vereinten Deutschland. Lizenzausgabe. Bonn 1999.

Stöss, Richard: Rechtsextremismus im Wandel. Berlin 2007.

Straßner, Alexander: Die dritte Generation der „Roten Armee Fraktion" – Entstehung, Struktur, Funktionslogik und Zerfall einer terroristischen Organisation. (2003) Wiesbaden 2005.

Strauß, Gerhard; Haß, Ulrike; Harass, Gisela: Brisante Wörter – von Agitation bis Zeitgeist. Berlin 1989.

Streck, Ralf (AG Friedensforschung): http://www.ag-friedensforschung.de/regionen/spanien/verbot2.html

Strmiska, Maxmilián: Národní aliance a italský „post-fašismus“. Proglas : revue pro politiku a kulturu. Vol V, No. 8, 1995.

Strmiska, Maxmilián: Terorismus a demokracie – Pojetí a typologie subverzivního teroristického násilí v soudobých demokraciích. Brünn 2001.

Strmiska, Maxmilián: Jurský ‚separatismus‘, identitární mobilizace a regionální stranicko-politický systém. In: Středoevropské politické studie, 4 (1), 2002. http://www.cepsr.com/clanek.php?ID=55

Suchánek, Marek: Satanismus jako hrozba pro vnitřní bezpečnost. Rexter, Jg. 1. Nr. 1, http://www.rexter.cz/satanismus-jako-hrozba-pro-vnitrni-bezpecnost/2003/05/01/#more-392

Suls, Jerry M.; Wan, Choi K.: In search of the false-uniqueness phenomenon – fear and estimates of social consensus. Journal of personality and social psychology. Nr. 52, 1987.

Sydow, Jörg et.al.: Kompetenzentwicklung in Netzwerken – Eine typologische Studie. Wiesbaden 2003.

T

Tajfel, Henri: Differentiation in social groups – studies in the social psychology of intergroup relations. New York 1978.

Tajfel, Henri: Experiments in intergroup discrimination. In: Scientific American. 223/1970.

Tajfel, Henri: Human groups and social categories. Cambridge 1982.

Tamás, Gaspar Miklos: On Post-Fascism – How Citizenship is becoming an exclusive privilege. Boston Review, 2000. http://bostonreview.net/BR25.3/tamas.html

Tarrow, Sidney: Power in movement – Social movements, collective action and politics. 2. Auflg. Cambridge 1998.

Tartsch, Thomas: Die neue Al-Qaida Generation – Strategien und Gegenstrategien, Gefährdungseinschätzung Deutschland. Studien & Analysen der Forschungsgruppe Sicherheit, Nr. 4, 2007.

Taylor, Max.: The fanatics – a behavioral approach to political violence. London 1991.

Tersteegen, Gerhard: Ohne Namen. Gebet. In: Erzbistum Hamburg, Erzbistum Osnabrück: Wer sterben kann, wer will den Zwingen? – Zur Seligsprechung der Lübecker Märtyrer. Werkheft. O.J.

Tetlock, Philip E.: Expert Political Judgement – how good is it? How can we know? Princeton 2005.

Teune, Simon: Rechtsradikale Zivilgesellschaft – contradictio in adjecto? In: Rechtsradikale Zivilgesellschaft? – Neonazis besetzen das Ehrenamt. In: Forschungsjournal Neue Soziale Bewegungen. 4/2008.

Thamm, Berndt Georg: Terrorismus – Ein Handbuch über Täter und Opfer. Hilden 2002.

Thamm, Berndt Georg: Der Jihad in Asien – Die islamistische Gefahr in Russland und China. München 2008.

Thamm, Berndt Georg: Erscheinungsformen, Wurzeln, und aktuelle Entwicklungslinien im Terrorismus.
http://www.bpb.de/veranstaltungen/DXKVCA,0,0,Erscheinungsformen_Wurzeln_und_aktuelle_Entwicklungslinien_im_Terrorismus.html

The german political party compass: http://www.politicalcompass.org/germany2005

Thibodeau, Paul; Boroditsky, Lena: Metaphors we think with – the role of metaphor in reasoning. PLoS ONE Bd. 6, Nr.2, 2/2011.
http://www-psych.stanford.edu/~lera/papers/crime-metaphors.pdf

Thiel, Christian: Sinn. In: Jürgen Mittelstraß (Hrsg.), Enzyklopädie Philosophie und Wissenschaftstheorie. Stuttgart /Weimar 2004.

Thomas, William Isaac; Thomas Swaine, Dorothy: The Child in America – Behavior, Problems and Programs. New York 1928.

Thomas, William Isaac; Thomas Swaine, Dorothy: Die Definition der Situation. In: H. Steinert (Hrsg.): Symbolische Interaktion – Arbeiten zu einer reflexiven Soziologie. Stuttgart 1973.

Thompson, Suzanne C.: Will it hurt less if i can controll it? A complex answer to a simple question. Psychological bulletin Nr. 90, 1981.

Thöndl, Michael: Einführung in die Politikwissenschaft – Von der antiken Polis zum internationalen Terrorismus – Idee, Akteure, Themen. Wien/Köln 2005.

Tinnes, Judith: Counting Lives in a Theater of Terror – an Analysis of Mediaoriented Hostage Takings in Iraq, Afghanistan, Pakistan and Saudi Arabia. In: Terrorism research Initiative (Hrsg.): Perspectives on terrorism Vol.4 Nr.5, 2010.

tns emnid: http://zeus.zeit.de/online/2007/33/zeit3207.pdf

Topitsch, Ernst; Salamun, Kurt: Ideologie – Herrschaft des Vor-Urteils. Wien/München 1972.

Topitsch, Ernst: Heil in und jenseits der Zeit. Weltanschauungsanalytische Betrachtungen. In: Salamun, Kurt (Hrsg.): Ideologien und Ideologiekritik. Ideologietheoretische Reflexionen. Darmstadt 1992.

Tschernikow, Gennady Pawlowitsch: Die Haupttheorien des Antikommunismus. Berlin 1974.

U

Udris, Linards: Politischer Extremismus und Radikalismus: Problematisierung und diskursive Gelegenheitsstrukturen in der öffentlichen Kommunikation der Deutschschweiz. Wiesbaden 2011.

Ullrich, Volker: Mord im Akkord. In: Neue Gesellschaft Frankfurter Hefte 11/2005.

Ulshöfer, Helmut: Liebesbriefe an Adolf Hitler, Briefe in den Tod – unveröffentlichte Dokumente aus der Reichskanzlei. Bad Homburg 1996.

Unsichtbares Komitee: Der kommende Aufstand. Hamburg 2010.

V

Van Hüllen, Rudolf: Transnational Cooperation of Post-Communist Parties, In Uwe Backes, Patrick Moreau (Hrsg.): Communist and Post-Communist Parties in Europe. Göttingen 2008.

Vertigans, Stephen: Militant Islam. A sociology of characteristics, causes and consequences. London/New York 2009.

Vykoukal, Jiří; Litera, Bohuslav; Tejchman, Miroslav: Východ – Vznik, vývoj a rozpad sovětského bloku 1944–1989. Prag 2000.

Voegelin, Eric: Die politischen Religionen. Wien 1938.

Vojtíšek, Zdeněk: Encyklopedie náboženských směrů v České republice – Náboženství, církve, sekty, duchovní společenství. Prag 2004.

Vojtíšek, Zdeněk: Nová náboženská hnutí a kolektivní násilí. Brünn 2009.

Vollnhals, Clemens: Der Totalitarismusbegriff im Wandel. In: Aus Politik und Zeitgeschichte 39/2006.

Volpi, Fréderik: Political Islam – a critical reader. London/New York 2011.

Vondung, Klaus: ‚Gläubigkeit' im Nationalsozialismus. In: Hans Maier, Michael Schäfer (Hrsg.): Totalitarismus und Politische Religionen – Konzepte des Diktaturvergleichs. (Bd. 2). Paderborn/München/Wien/Zürich 1997.

W

Wagner, Bernd: Kulturelle Subversion von rechts in Ost- und Westdeutschland – zu rechtsextremen Entwicklungen und Strategien. In: Grumke, Thomas; Wagner, Bernd (Hrsg.): Handbuch Rechtsradikalismus. Opladen 2002.

Waldmann, Peter: Terrorismus – Provokation der Macht. München 1998.

Waldmann, Peter: Terrorismus und Bürgerkrieg. München 2003.

Weinberg, Leonard; Pedazhur, Ami: Religious Fundamentalism and Political Extremism. London/Portland 2004.

Weingartner, Thomas: Stalin und der Aufstieg Hitlers – Die Deutschlandpolitik der Sowjetunion und der kommunistischen Internationale 1929–1934. Berlin 1970.

Weißberg, Robert: Political Learning, Political Choice and Democratic Citizenship. Englewood 1947.

Weißberg, Robert: Consensual Attitudes and Attitude Structure. In: Public Opinion Quarterly Nr. 40 (1976).

Weissman, Kim: Vehement Environmentalism. Congress Action Newsletter April 8, 2001, http://www.tysknews.com/Depts/Environment/vehement.htm

Wellman, Barry; Carrington, Peter J.; Hall, Alan: Networks and personal communities. In: Wellman, Barry; Berkowitz, Stephen (Hrsg.): Social Structures – a network approach. Cambridge/New York 1988.

Welzer, Harald: Wie aus ganz normalen Menschen Massenmörder werden. (4. Auflg.) Frankfurt a.M. 2006.

Wentker, Sibylle: Fundamentalismus und Islamismus – Definition und Abgrenzung. In: Feichtinger, Walter; Wentker, Sibylle (Hrsg.): Islam, Islamismus und islamischer Extremismus. Wien/Köln /Weimar 2008.

Wentker, Sibylle: Grundfragen des Islams. In: Feichtinger, Walter; Wentker, Sibylle (Hrsg.): Islam, Islamismus und islamischer Extremismus. Wien /Köln /Weimar 2008.

White, Harrison: Identity and Control – How Social Formations Emerge. Princeton 1992.

Whitefield, Stephen: Communism, In: Iain McLean (Hrsg.): The Concise Oxford Dictionary of Politics, Oxford, New York, 1996.

Wicki, Maja: Jugendliche auf der Suche nach dem Okkulten. In: Pestalozzianum Zürich (Hrsg.): Das Paradies kann warten – Gruppierungen mit totalitären Tendenz. Zürich 1993.

Wieland, Christoph Martin: Betrachtungen über die gegenwärtige Lage des Vaterlandes In: Philipp Reemtsma et. al.: Politische Schriften. (Bd. 3). Nördlingen 1988.

Wippermann, Wolfgang: Europäischer Faschismus im Vergleich (1922–1982). Frankfurt a.M. 1983.

Wippermann, Wolfgang: Politologentrug – Ideologiekritik der Extremismus-Legende. In: Standpunkte 10/2010.

Wiswede, Günter: Sozialpsychologie-Lexikon. München 2004.

Wolf, Silke: Islamistischer Extremismus. In: Ministerium des Innern des Landes Brandenburg (Hrsg.): Integration, Radikalisierung und islamistischer Extremismus – Materialien des brandenburgischen Verfassungsschutzes. Potsdam 2010.

Wolfschlag, Claus M.: Antifa ist Pop – Zur populärkulturellen Konstituierung einer radikalen Linken. In: Hans-Helmuth Knütter, Stefan Winckler (Hrsg.): Handbuch des Linksextremismus – Die unterschätzte Gefahr. Graz/Stuttgart 2002.

Y

Young, Robert: ‚Monkeywrenching' and the Processes of Democracy. Environmental Politics, 4 (4), 1995.

Z

Zariski, Raphael: Ethnic Extremism among Ethnoterritorial Minorities in Western Europe – Dimensions, Causes, and Institutional Responses. Comparative Politics, 21 (3), 1989.

Zenker, Ernst Viktor: Der Anarchismus – Kritische Geschichte der anarchistischen Theorie. Jena 1895.

Zharinov, Konstantin: Terrorizm i terroristy – Spravotschnik. Minsk 1999.

Zimmermann, Ekkart: Zur Bedeutsamkeit politischer Gewalt und ihrer Erklärungsfaktoren. In: Wilhelm Heitmeyer/Hans-Georg Schuppener (Hrsg.): Gewalt – Entwicklungen, Strukturen, Analyseprobleme. Frankfurt a.M. 2004.

Zolleis, Udo; Prokopf, Simon; Strauch, Fabian: Die Piratenpartei – Hype oder Herausforderung für die deutsche Parteienlandschaft? München 2010. http://www.hss.de/uploads/tx_ddceventsbrowser/AA-55_Piratenpartei_02.pdf

Zürn, Michael: Die Rückkehr der Demokratiefrage – Perspektiven demokratischen Regierens und die Rolle der Politikwissenschaft. In: Blätter für deutsche und internationale Politik 6/2011.

14 Sach- und Namensregister

Oldenbourg Verlag

Ein Wissenschaftsverlag der Oldenbourg Gruppe

Reimut Zohlnhöfer, Kathrin Dümig

Politik und Wirtschaft

2011 | XIV, 162 Seiten | Broschur | € 24,80
ISBN 978-3-486-58596-4

Das Buch besteht aus drei Teilen:

(I) Grundlagen der Politischen Ökonomik.

(II) Problemfelder: Wie beeinflusst Politik das wirtschaftliche Leistungsprofil?

(III) Politikfelder: Was beeinflusst die Wirtschaftspolitik?

Unter anderem werden folgende Themen dargestellt: Wirtschaftskreislauf, die ökonomischen Theorieschulen (Keynesianismus, Monetarismus, Angebotstheorie), Arbeitslosigkeit, Inflation, Geldpolitik, Steuerpolitik, Sozialpolitik, Handlungsspielraum nationalstaatlicher Wirtschaftspolitik in Zeiten der Globalisierung.

Bestellen Sie in Ihrer Fachbuchhandlung
oder direkt bei uns: Tel: 089/45051-248
Fax: 089/45051-333 | verkauf@oldenbourg.de

www.oldenbourg-verlag.de

Oldenbourg Verlag

Ein Wissenschaftsverlag der Oldenbourg Gruppe

Xuewu Gu

Theorien der internationalen Beziehungen

Einführung

2., völlig überarbeitete und erweiterte Auflage
2010 | XIV, 315 Seiten | gebunden | € 44,80
ISBN 978-3-486-58757-9

Lehr- und Handbücher der Politikwissenschaft, (Reihenherausgeber: Arno Mohr)

Das einführende Lehrbuch beschäftigt sich mit dem Theorienbereich der internationalen Politik und stellt die wichtigsten Theorieansätze und Methoden in der Lehre der internationalen Beziehungen systematisch vor. In einem einführenden Kapitel widmet sich der Autor zunächst der Entstehung und Klassifikation von Theorien, außerdem umreißt er kurz die Theoriegeschichte der Disziplin. Daran anschließend werden verschiedene Ansätze dargestellt. Ihre Kategorisierung erfolgt dabei entsprechend ihres Blicks auf ein Grundproblem der Staatenwelt: die Anarchie im Sinne einer fehlenden Regelungsinstanz für zwischenstaatliche Beziehungen. »Pessimistische« Ansätze wie der Neorealismus sind dementsprechend jene, die von einer Unüberwindbarkeit dieser Anarchie ausgehen, »optimistische« wie der Neoliberalismus glauben an eine mögliche Überwindung durch Kooperation. »Neutrale« Ansätze, etwa die Systemtheorie, rücken nicht die Anarchie in den Mittelpunkt, sondern fragen nach Ursachen und Ausformungen des Verhaltens von Staaten in bestimmten Situationen.

Das Buch richtet sich an alle Studierenden der Politikwissenschaft, die erstmals mit dem Teilbereich der Internationalen Beziehungen zu tun haben.

Bestellen Sie in Ihrer Fachbuchhandlung
oder direkt bei uns: Tel: 089/45051-248
Fax: 089/45051-333 | verkauf@oldenbourg.de

www.oldenbourg-verlag.de